国务院发展研究中心
壳牌国际有限公司   著

面向未来　助力增长
构建中国新型能源体系

EMBRACING THE FUTURE,POWERING GROWTH:
AN ENERGY SYSTEM RENEWED FOR
CHINA

中国发展出版社
CHINA DEVELOPMENT PRESS

图书在版编目（CIP）数据

面向未来　助力增长：构建中国新型能源体系 / 国
务院发展研究中心，壳牌国际有限公司著. —北京：中
国发展出版社，2024.2

ISBN 978-7-5177-1388-3

Ⅰ.①面… Ⅱ.①国… ②壳… Ⅲ.①新能源—产业
体系—研究—中国 Ⅳ.①F426.2

中国国家版本馆CIP数据核字（2023）第176425号

书　　　名：面向未来　助力增长：构建中国新型能源体系
著作责任者：国务院发展研究中心　壳牌国际有限公司
责 任 编 辑：吴佳　张楠
出 版 发 行：中国发展出版社
联 系 地 址：北京经济技术开发区荣华中路22号亦城财富中心1号楼8层（100176）
标 准 书 号：ISBN 978-7-5177-1388-3
经 销 者：各地新华书店
印 刷 者：北京博海升彩色印刷有限公司
开　　　本：787mm×1092mm　1/16
印　　　张：30
字　　　数：580千字
版　　　次：2024年2月第1版
印　　　次：2024年2月第1次印刷
定　　　价：198.00元
联 系 电 话：（010）68990625 68360970
购 书 热 线：（010）68990682 68990686
网 络 订 购：http://zgfzcbs.tmall.com
网 购 电 话：（010）68990639 88333349
本 社 网 址：http://www.develpress.com
电 子 邮 件：15210957065@163.com

《面向未来 助力增长：构建中国新型能源体系》
课题研究团队 *

总负责人

马建堂　国务院发展研究中心原党组书记

范伯登　（Ben van Beurden）　壳牌集团原首席执行官

魏斯旺　（Wael Sawan）　壳牌集团首席执行官（与范伯登先生先后接续）

执行负责人

隆国强　国务院发展研究中心副主任　研究员

海　博　（Huibert Vigeveno）　壳牌全球执行委员会成员 壳牌下游及新能源业务总裁

爱德华·丹尼尔斯（Edward Daniels）　壳牌全球执行委员会成员 全球战略、可持续
　　　　发展及企业关系董事（与海博先生先后接续）

黄志昌　壳牌集团执行副总裁 中国集团原主席

陈　琳　壳牌集团执行副总裁 中国集团主席（与黄志昌先生先后接续）

课题组组长

王金照　国务院发展研究中心产业经济研究部部长　研究员

拉兹罗·瓦　罗（Laszlo Varro）　壳牌全球战略副总裁

玛丽卡·伊诗瓦然（Mallika Ishwaran）　壳牌全球战略部总经济师

杰瑞米·本　森（Jeremy Bentham）　壳牌集团特别顾问

---

* 本书课题研究团队成员职务及头衔均更新至 2023 年 9 月。

核心专家

郑　剑　国家发展和改革委员会基础设施发展司司长

吕文斌　中国宏观经济研究院能源研究所所长　研究员

宋　雯　国家能源局规划司副司长

梁志鹏　国家能源局法制和体制改革司副司长

王　毅　第十四届全国人大常委会委员　国家气候变化专家委员会副主任　中国科学院科技战略咨询研究院研究员

史　丹　中国社会科学院工业经济研究所所长　研究员

田成川　生态环境部宣传教育中心主任

徐华清　国家应对气候变化战略研究和国际合作中心主任

周大地　国家发展和改革委员会能源研究所原所长　研究员

戴彦德　国家发展和改革委员会能源研究所原所长　研究员

康艳兵　国家节能中心副主任　研究员

王志轩　中国电力企业联合会原专职副理事长

蒋莉萍　国网能源研究院副院长

李宝山　中国可再生能源学会副理事长

张大勇　中国产业发展促进会副秘书长

课题协调人

许召元　国务院发展研究中心产业经济研究部副部长　研究员

王　岭　壳牌中国政府事务部总经理

吕　斌　国务院发展研究中心产业经济研究部四级调研员　副研究员

中方课题组成员

高世楫　国务院发展研究中心资源与环境政策研究所所长　研究员

杨建龙　国务院发展研究中心产业经济研究部一级巡视员　研究员

宋紫峰　国务院发展研究中心社会和文化发展研究部副部长　研究员

郭焦锋　国务院发展研究中心资源与环境政策研究所副所长　研究员

周　毅　国务院发展研究中心产业经济研究部研究室副主任　副研究员

路　倩　国务院发展研究中心产业经济研究部助理研究员

王　　科　　北京理工大学管理与经济学院教授 博士生导师 北京理工大学人文社会科学研究院院长

国际课题组成员

王　　威　　壳牌中国集团政府事务与业务支持副总裁

乔治奥·波尼亚斯（Georgios Bonias）　壳牌全球战略部高级能源分析师

尤　布·豪斯曼（Joep Huijsmans）　壳牌全球解决方案事业部高级顾问

马赛罗·埃斯匹诺扎（Marcelo Espinoza）　壳牌高级能源顾问 – 基础电力

布卡德·施兰哲（Burkard Schlange）　壳牌德国有限公司资源经理

彼　得·韦　博（Peter Webb）　壳牌原财税管理部经理

邓　　群　　壳牌中国研发合作总经理

陈肇楠　（Tobias Chen）　壳牌氢能业务亚太区总经理

寒　　娟　　壳牌上游业务战略开发总经理

贾玉莹　　壳牌中国氢能业务运营总监

付　　啸　　壳牌全球解决方案事业部首席研究员　能源系统模型工程师

序一

按照以习近平同志为核心的党中央的战略部署，统筹全面建设社会主义现代化国家和实现碳达峰碳中和，关键是高质量发展和绿色发展。要实现高质量发展和绿色发展，就要推动中国能源革命和转型，重塑当前以化石能源为主的能源系统，逐步转向新型能源体系。作为中英两国重要合作项目，国务院发展研究中心与壳牌国际有限公司自 2011 年起开展了关于能源问题的系列战略合作研究，连续形成了《中国中长期能源发展战略研究》《中国天然气发展战略研究》《全球能源转型背景下的中国能源革命》三期重要研究成果，本书是第四期合作研究的成果。本书对中国能源发展的未来蓝图进行了综合研判，提出了面向 2060 年的新型能源体系的愿景和政策建议。

首先，我们认为，以新能源为方向的能源时代正在到来。为此，需抓好四大支柱：一是始终把节能和提高能效放在"第一能源"的地位。要在不到 40 年的时间内建立起非化石能源全面替代化石能源的新体系，挑战巨大，节能和提高能源利用效率极为重要。二是持续提高终端电气化水平。新能源多以电力的形式被使用，将终端能源利用方式转向电力，全面实施电能替代，是广泛发展利用新能源的基础。我们预计，到 2035 年整体电气化水平将升至 40% 左右，2060 年或将达到 60% 以上。三是风光电源建设。中国电源结构将由火电为主逐步转向以风光电为主，风电和光伏装机规模将成倍增长。与此同时，水电、抽水蓄能、生物质发电都将较快发展，核电建设有序推进，火电按照兜底和调节的角色予以适度部署。四是发展氢能和生物燃料。"可再生能源 + 电气化"途径不能解决所有能源需求，钢铁、化工原料、重载卡车、航空航运等领域深度脱碳，以及非电能源需求，还需氢能和生物燃料的支撑。我们预计，2060 年中国氢能需求可能高达 1.2 亿吨。

其次，我们认为，构建新型能源体系，"安全"是底线，"创新"才能创造更好未来。新旧能源转换过程中，要将"保安全、促创新"贯穿始终，坚持先立后破、稳中求进。一是兜底电力系统安全，可控电源不容忽视。在新型电力系统构建过程中，可控电源始终是安全的"压舱石"，需正视不同电源类型在不同阶段的定位和作用。按照目前的支撑条件和电力系统运行模式，到 2060 年全国煤电装机仍需 4.2 亿千瓦左右的装机量。二是高度重视电力系统灵活性建设。随着输出功率较为不稳定的新能源比重不断上升，需依靠可控电源、电网互济、需求响应、灵活储能等来保系统稳定，需求响应、储能等调节资源在电力系统中的作用越来越重要。三是需强化新能源基础设施建设。未来能源资源与消费中心逆向分布的特征将长期存在，要以"大基地＋坚强网络＋分布式＋兜底保障"的思路部署能源系统建设，同时加快构建"大电网＋中小型区域电网＋智能配电网及微网"的柔性互联架构。四是大力推广碳捕集、利用与封存（CCUS）技术，使化石能源转变成为近零碳能源，为保留部分火电提供支持。五是安全地发展新型核电，加快受控核聚变技术的突破和商业化应用进程。

最后，我们认为，建设新型能源体系将催生更广泛意义上的产业革命。人类历史上的几次能源革命，都催生出新的产业和新的经济。以零碳为特征的新一轮能源革命将是中国乃至全球经济增长的新"发动机"。新能源孕育的巨大发展潜能有望持续得到释放。我们初步测算认为，中国到 2060 年能源基础设施累计投资需求将超过 80 万亿元，新能源电力建设及装备制造业每年可贡献超过 5% 的 GDP，并将催生新的更多的工作岗位。同时，能源体系的革命还将引发对新矿产的需求，从而推动新能源矿产行业的更大发展。

党的二十大明确提出要"加快规划建设新型能源体系"，这期研究成果对这一重大课题作了初步的探索，特结集出版，如有不足之处，亦请读者朋友们批评指正。

马建堂

全国政协经济委员会副主任，国务院发展研究中心原党组书记

序二

　　壳牌很荣幸与国务院发展研究中心再次携手合作。这是双方合作完成的第四份研究报告。在本报告编写过程中，项目团队克服了意想不到的挑战。新冠疫情蔓延意味着项目团队无法面对面沟通，这可能会产生严重的影响。然而，经过长达十多年的密切合作，双方能够继续秉持相互尊重、相互理解的原则开展无缝合作，共同完成了这份出色的研究报告。

　　项目团队一如既往地能够借鉴国务院发展研究中心对中国能源体系和有待解决能源发展挑战的全面认识。同时，项目团队还可以运用壳牌的国际经验、能源系统相关知识，以及对壳牌自身、特定国家乃至全球能源转型道路的深刻洞见。

　　在第一份合作研究报告中，国务院发展研究中心和壳牌整体审视了中国的能源体系。第二份报告是公开发表的首份报告，侧重天然气在促进中国能源结构多元化中发挥的作用。第三份报告在世界能源体系不断变化的背景下探讨了中国的能源革命。2020 年 9 月，习近平主席郑重宣布了具有历史意义的目标，即中国二氧化碳排放力争于 2030 年前达到峰值，努力争取 2060 年前实现碳中和。这份最新研究报告正是受此启发。

　　当习近平主席宣布这一伟大目标后，许多不了解中国的外国人士颇感惊讶。事实上，他们无需感到诧异，因为相关迹象早已有目共睹。2017 年，在党的十九大报告中明确提出，中国进入了"新时代"，并且"新时代"的目标包括确保人民生活水平的不断提高。显然，这意味着中国的能源体系需要进行变革，具体举措包括：加大清洁能源开发利用力度，改善大气质量和减少温室气体排放。在那段时期，中国已经在风力发电和太阳能发电领域进行了大规模投资。自从"新时代"开启，中国的进步速度令人印象深刻。

　　目前，中国在太阳能发电、陆上和海上风电、水力发电和核能发电技术领域的投资规模远超其他国家。中国的电池产能占全球总量的 75%；太阳能光伏组件产量占全球总量的 80% 以上。2022 年，中国售出的每四辆新车中就有一辆电动汽车。这些非凡的成绩不仅使中国自身受益，并且能够帮助降低低碳技术成本，惠及整个世界。

　　这些都将为中国成功在 2060 年前实现净零排放的目标奠定坚实的基础。正是立足于这些基础之上，中国才能取得成功。本报告着眼于探讨如何在当今的基础之上实现 2060 年目标。当然，无论是对于保障国内能源安全，还是对于实现长期去碳化目标，立即采取迅速行动胜于一切，认识到这一点十分重要。我们完全有理由相信，基于近年来在绿色能源方面取得的骄人成果，中国已准备好迎接这一挑战。

鉴于中国面临实现碳中和的历史性任务，本报告可以作为实现这一目标的行动蓝图。本报告明确描绘了中国实现碳中和目标的路径，并且探讨了每个主题所涉及的风险和机会，这有助于在全面了解相关风险和机会的基础上做出正确的判断。总的来说，本报告系统地着眼于能源需求和能源供应的转型要求，以及支持需求侧和供给侧改革所必需的配套新能源基础设施。此外，本报告还阐述了能源转型对区域经济发展和全国经济的影响。

本报告详细阐述了中国成功实现能源转型的关键原则，主要围绕能源效率和循环经济的重要性展开。值得一提的是，大力推动节能工作有助于确保所有其他目标更容易实现。

本报告强调，能源消费电气化和电力供应去碳化将发挥至关重要的作用。毋庸置疑，中国拥有丰富的可再生资源，并且在可再生能源开发方面已经取得了亮眼的成果。本报告还着眼于中国在扩大可再生能源发电容量工作中面临的一项主要挑战，即中国零碳电力资源富集地区与东部高需求负荷中心如何协调联动。

中国已经设定了许多待实现的目标，但本报告的内容明确指出，中国仍需在更多方面加大努力。对于无法电气化的行业，中国需要大规模扩大氢能生产和消费，同时大幅增加生物质能消费，包括发电用生物质能和作为液体燃料原料的生物质能消费。即使落实了上述所有举措，能源体系中仍将存在部分碳排放。正是出于这个原因，本报告接着阐述了碳捕集与封存（CCS）技术在帮助中国实现排放目标方面将发挥重要作用。

中国可以从多层面、多维度采取行动。目前，中国正在努力构建新型能源体系。能源是所有经济活动的基石，因此可以说，中国正在以多种方式构建全新的经济。具体而言，中国正在积极推进需求侧和供给侧改革，同时加大配套基础设施投资力度。构建新型能源体系带来的机会与该目标本身一样意义重大。如本报告所述，这将为中国创造巨大的潜在经济利益。

如果中国能够锚定目标、矢志前行，如果中国能够立足已有基础、不断突破，如果中国能够抓住可掌控的机会，那么中国将为世界树立强有力的榜样。壳牌有幸能够与国务院发展研究中心携手合作，助力中国的能源转型之旅。未来，这项合作将交付最优秀的成果。我十分期待见证中国成功完成能源转型的伟大时刻，也期待中国为实现全球能源转型做出积极贡献。

范伯登

壳牌集团原首席执行官

目录
Contents

总报告

一、中国能源转型与碳中和之路 ··· 001

二、推进碳中和，须持续深入实施电能替代 ························· 004

三、以风光为主体的新型电力系统面临挑战 ····················· 008

四、区域能源和生产力布局须做好整体战略谋划 ············· 010

五、氢能或将是碳中和重要的载体能源 ······························· 014

六、生物质能源的作用不可替代 ··· 017

七、适度超前推进新能源基础设施投资和建设 ················· 020

八、新能源是协同促进发展的重要引擎，但要重视资源问题 ······· 022

九、技术创新是打开碳中和大门的关键抓手 ····················· 026

十、构建"一三五"政策体系：一个先行、三大战略、五维支撑 ······· 030

第 1 章　迈向碳中和的经济社会能源蓝图

一、新发展阶段下中国经济发展与能源消费、碳排放的关系正出现重大改变 ······· 037

二、研究方法和情景设计 ··· 040

三、碳中和路径下中国经济增长和产业低碳化发展 ········· 043

四、碳中和实现路径 ··· 050

五、主要领域碳中和路径 ··· 053

六、政策建议 ··· 058

第 2 章　工业：抓实重点行业

一、工业低碳发展现状 ··· 063

二、工业低碳转型的主要路径、挑战与机遇 ····················· 067

三、重点行业低碳转型路径 ··· 081

四、政策建议 ··· 087

第 3 章　建筑：着力控制碳排放增量

一、建筑领域电气化现状 ··· 093

二、建筑领域电气化和低碳化潜力测算分析 ····················· 101

三、建筑领域电气化、低碳化技术路线 ····························· 106

四、政策建议 ··· 117

第 4 章 交通：大力推进电能替代

一、交通领域低碳化发展情况 ·· 127
二、交通领域低碳化转型潜力分析 ·· 132
三、交通领域低碳化转型的挑战 ··· 148
四、案例研究：全球最佳实践 ·· 153
五、交通领域低碳化发展路径 ·· 168
六、政策建议 ·· 173

第 5 章 面向碳中和的电力转型之路

一、国际能源发展形势 ··· 177
二、中国电力供需现状 ··· 178
三、中国电力需求预测与供应发展思路 ·· 181
四、中国低碳电力供应发展路线图 ·· 183
五、政策建议 ·· 188

第 6 章 风电光伏潜力与展望

一、中国实际可开发风能资源分析报告 ·· 193
二、中国实际可开发光资源分析报告 ··· 198
三、能源互联网发展趋势分析 ·· 208
四、政策建议 ·· 212

第 7 章 生物质发电、潮汐能展望

一、发展现状 ·· 217
二、资源和发展潜力 ·· 231
三、存在的问题和挑战 ··· 234
四、发展趋势与展望 ·· 239
五、政策建议 ·· 241

第 8 章 非电能源转型之路

一、发展低碳非电能源是落实"双碳"目标、实现能源转型的必要支撑 ·················· 247
二、我国低碳非电能源供应展望 ··· 249
三、低碳非电能源供应路线图 ·· 255
四、提升低碳非电能源供应保障能力的主要任务与保障措施 ·· 256

第 9 章 生物燃料

一、"双碳"目标下生物液体燃料的重要意义 ································· 259
二、国际生物燃料概况 ··· 259
三、国内生物液体燃料现状 ··· 268
四、生物液体燃料发展路线图 ··· 277
五、政策建议 ··· 281

第 10 章 氢能

一、氢能发展与供需现状 ··· 287
二、氢能供需形势展望 ··· 293
三、氢能供应路线图 ··· 295
四、以蓝氢为突破口的行动方案 ··· 296
五、政策建议 ··· 299

第 11 章 能源基础设施展望

一、新能源基础设施发展现状与挑战 ··· 305
二、电网基础设施发展路线图研究 ··· 309
三、储能发展路线图研究 ··· 315
四、氢能基础设施发展路线图研究 ··· 322
五、新能源基础设施投资 ··· 326
六、新型能源系统一体化研究 ··· 332

第 12 章 碳捕集、利用与封存（CCUS）

一、供需分析 ··· 343
二、现状与挑战 ··· 349
三、发展路径 ··· 351
四、政策建议 ··· 352

第 13 章 关注新能源资源矿产

一、中国新能源矿产供应短缺，资源形势不容乐观 ······························· 357
二、中国新能源矿产需求将迎来"井喷式"增长，供应风险将上升 ················· 359
三、国外主要经验 ··· 361
四、政策建议 ··· 362

第 14 章　电价机制

一、我国电价形成机制 ·· 369

二、现行电价机制存在的问题 ·· 381

三、典型国家的电价机制设计 ·· 387

四、新型电力系统下电价机制设计 ·· 397

五、政策建议 ·· 402

第 15 章　碳市场

一、碳市场在促进碳减排上的优势 ·· 407

二、全国碳市场情况 ··· 408

三、中国试点碳市场情况 ·· 412

四、借鉴国外碳市场经验以完善全国碳市场机制设计 ······························ 415

五、完善碳市场建设以促进绿色电力发展 ·· 418

六、完善碳市场建设以应对碳边境调节税 ·· 429

第 16 章　新能源发展综合效益评价

一、我国新能源产业现状 ·· 433

二、新能源发展的经济社会环境影响评估 ·· 443

三、政策建议 ··· 455

参考文献 ·· 463

总报告 * ————————————————————————————

    2020 年 9 月，国家主席习近平在第七十五届联合国大会一般性辩论上提出了中国二氧化碳排放力争于 2030 年前达到峰值，努力争取 2060 年前实现碳中和[①]的目标，这意味着中国将仅用 30 年左右时间从碳排放峰值降至近零排放，史无前例。挑战与机遇并存，推进实现"双碳"目标为新能源的发展和创新注入强大的原动力，并将推动新的经济增长。本研究以"双碳"目标为出发点，充分考虑安全和经济视角，综合采用可计算一般均衡模型（CGE）、长期能源可替代规划模型（LEAP）、综合资源战略规划模型（IRSP）和电力系统优化模型（WeSIM），对新型能源体系的构建和新能源的发展予以深入研究，谋划了中国推进实现碳中和的整体图景，对中国"新能源、新经济、新政策"进行了系统设计，提出了"概念图、设计图和施工图"。

一、中国能源转型与碳中和之路

    锚定碳中和，重中之重就是要发展零碳新能源、加快能源转型。基于当前可预见的技术选择，满足社会主义现代化强国建设和"双碳"目标要求，基本方略是降低用能需求，深度调整能源结构。

（一）迈向碳中和，总体上可分为 5 个阶段

    平衡好能源安全、经济发展、技术进步等要素，中国碳中和可分为 5 个阶段。2022—2025 年为启动期。做好"双碳"工作的谋篇布局和政策设计，统一思想、统一认识，推进各项工作步入"双碳"轨道。2026—2030 年为达峰期。大力推进新旧能源融合和接续发展，非化石能源成为增长绝对主力，能源二氧化碳排放总量预计在

———————————————————

* 总报告执笔人为国务院发展研究中心产业经济研究部王金照、许召元、吕斌，壳牌集团战略部玛丽卡·伊诗瓦然。

① 《习近平在第七十五届联合国大会一般性辩论上的讲话》，《人民日报》2020 年 9 月 23 日第 3 版。

2030 年前达峰。2031—2035 年为攻关期。一系列减碳技术在这一时期得到突破并推广应用，如碳捕集、利用与封存（CCUS）技术等。2036—2055 年为拓展期。发展进入新阶段，在新技术和总量控制机制下，二氧化碳排放量快速下降。2056—2060 年为中和期。能源二氧化碳排放量降至 12.4 亿吨左右，全社会形成新风尚，碳中和成为主旋律（见表 1）。

表 1　碳中和 5 个阶段及特征

阶段划分	第一阶段	第二阶段	第三阶段	第四阶段	第五阶段
时间段	2022—2025 年	2026—2030 年	2031—2035 年	2036—2055 年	2056—2060 年
阶段属性	启动期	达峰期	攻关期	拓展期	中和期
主要抓手	顶层设计，谋篇布局	大力发展可再生能源，推进能源转型	创新减碳技术及其他新能源技术推广应用	新技术体系整体性扩展	负碳技术，碳汇

资料来源：本报告研究成果

（二）经济进入高质量发展新阶段，能源利用效率将显著提高

2021 年，中国国内生产总值（GDP）达到 114.4 万亿元，折合 17.7 万亿美元（2021 年中汇率：1 美元 =6.4515 元），相当于美国的 77.0%，人均 GDP 达 1.26 万美元，人均国民总收入（GNI）为 1.24 万美元，已经接近世界银行定义的高收入国家门槛（2020 年为 1.27 万美元），中国经济在全球中的位置进一步提升。2010 年，中国制造业增加值首次超过美国，成为世界制造业第一大国；2020 年，中国制造业规模达到 3.85 万亿美元，比美国的 2.27 万亿美元高 69.6%，实现了党的十八大提出的工业化基本实现的战略目标。中国经济已经进入了高质量发展的新阶段。

展望 2060 年，中国经济仍将保持持续稳定增长态势，"十四五"时期平均经济增速预计达到 5.6% 左右，"十五五"时期经济增速将逐步过渡到中速增长阶段，增速在 4.5% 左右。2030—2060 年仍将实现平均约 3% 的增长。服务业比重将显著提升，从 2020 年的 54.5% 提高到 2060 年的 68% 左右。制造业内部结构不断优化升级，服务型制造成为提升附加值的重要渠道。高技术制造业占比持续增长，传统重化产业，例如钢铁、水泥的产量在达峰后将呈缓慢下降的态势，并带动高耗能行业占比持续降低。受产业结构持续优化和高质量发展的带动，能源效率将持续提升，"十四五"期间，中国单位 GDP 能耗预计将降低 14.3% 左右，到 2050 年、2060 年单位 GDP 能耗预计分别比 2020 年下降 60%、70%。

（三）实现碳中和目标，一次能源消费总量将呈倒"U"形走势，非化石能源将成为增长主力

一次能源消费将在 2030—2035 年趋稳达峰，峰值水平约 61 亿吨标准煤，2060 年将回落至 50 亿吨标准煤以下。中国能源消费增长态势短时间内仍难以扭转。随着工业化和城镇化阶段的变化，在产业结构进一步向三产转移的大势下，一次能源达峰后将持续走低，到 2060 年将降至 49.2 亿吨标准煤。从一次能源结构看，煤炭所占比重将持续下降，石油预计在 2025—2030 年达峰，天然气作为低碳能源，将扮演重要的桥梁过渡能源角色，将在 2035 年左右达峰，非化石能源持续快速增长，到 2060 年占比将达 85% 左右（见图 1）。

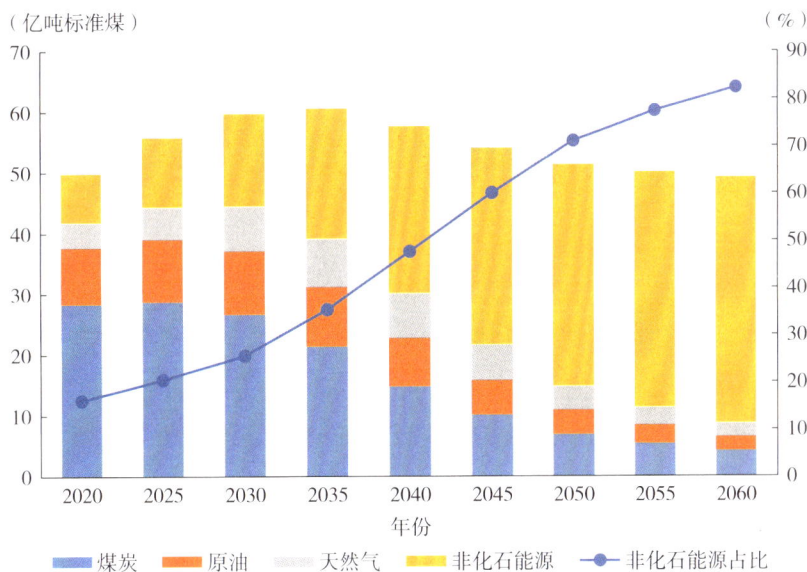

图 1　2020—2060 年一次能源消费量及其结构

资料来源：课题组模型测算

（四）从终端用能看，化石能源达峰后持续转向电气化

终端用能结构在 2030 年后加速调整，工业占比持续下降，电力占比大幅提升。全社会终端用能预计在 2030 年左右达峰，峰值约 43 亿吨标准煤，之后将回落至 2060 年的 28 亿吨标准煤左右。分领域来说，工业终端用能比重维持下行，由 2020 年的 70.3% 降至 2060 年的 52.1%，建筑领域由 2020 年的 20.3% 升至 2060 年的 30%，交通领域到 2060 年占比为 17.9%，较 2020 年增长 8.4 个百分点。从终端用能结构看，电

力占比快速提升，到 2060 年将达到 60% 左右，氢能的作用也日益凸显（见图 2）。

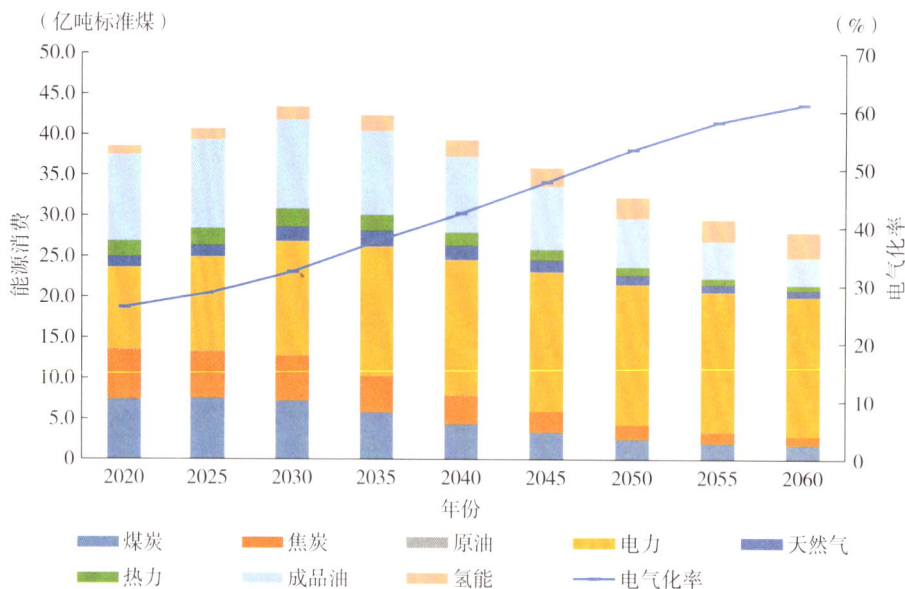

图2　2020—2060 年终端能源需求结构预测

资料来源：课题组模型测算

二、推进碳中和，须持续深入实施电能替代

2020 年，全国电能占终端能源消费比重约 26.5%，工业部门电气化率为 26.2%，其中四大高载能行业电气化率为 17.8%；建筑部门电气化发展水平快速提升，达到 44.1%；交通部门电气化率为 3.7%，潜力巨大。实现碳中和目标，电气化率需要大幅提高，2035 年整体水平需要升至 40% 左右，2060 年约 60%。若叠加电解制氢所用电量，电能占比将超过 78%。

（一）工业电气化率可达 56%

中国正迈入工业化后期阶段，工业部门终端能源需求将于 2028—2035 年进入平台期。工业部门能源消费主要由高耗能行业拉动，包括黑色金属冶炼及压延加工业、化学原料及化学制品制造业、非金属矿物制品业、有色金属冶炼及压延加工业等。随着高耗能产品产量趋于饱和，如水泥已达到产量峰值、钢铁接近甚至也已达峰（见图 3），预计到 2060 年水泥和粗钢的产量分别将降至 10 亿吨和 5 亿吨左右，工业部门能源需求先趋稳，之后下行。预计 2028—2035 年工业部门终端用能将处于平台期，2060 年将大幅降至 14.6 亿吨标准煤。

工业部门提高电气化率取决于多方面因素，预计 2040 年后终端电气化率加快提升，到 2060 年达到 56%。工业部门提高电气化率主要取决于工业化进程、技术路线革新和调整、产业发展方式等因素。由于钢铁、水泥、石化、玻璃、纺织等行业电能替代面临诸多挑战，2040 年前，电气化率提高速度将慢于其他部门，2040 年约为 40%。2040 年后，随着氢能技术、电锅炉等技术的升级，加上钢铁、水泥等需求大幅下降以及短流程炼钢占主流，工业部门电气化率将快速上升，到 2060 年预计达到 56%。

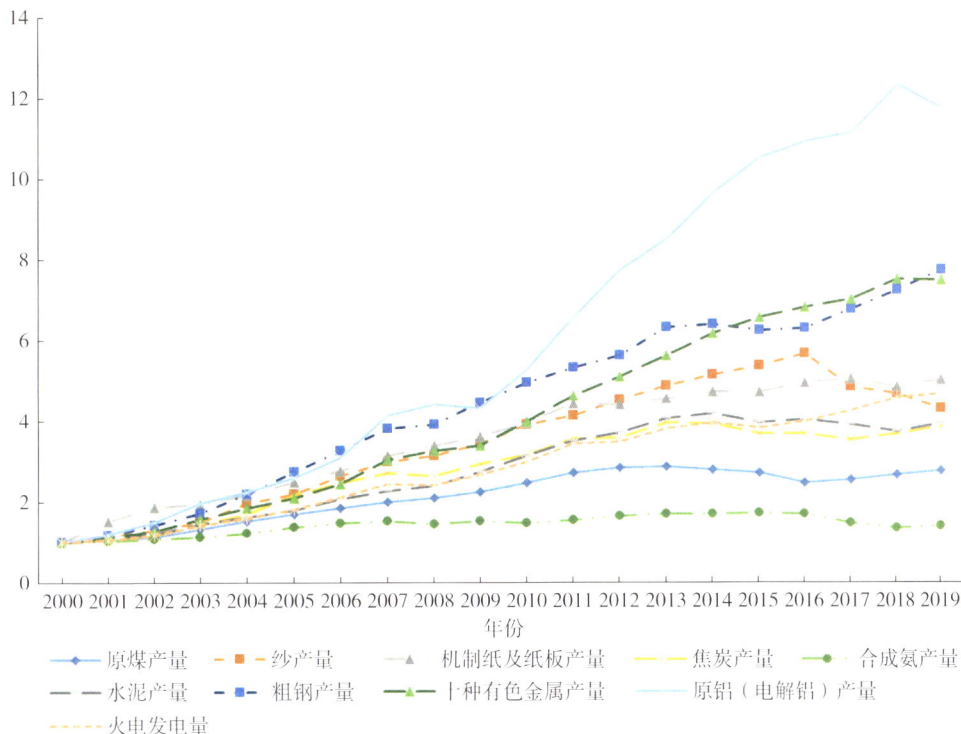

图 3　典型产品产量变化趋势（归一化处理）

资料来源：作者对国家统计局数据归一化处理后制作（2000 年 =1）

工业部门提高电气化率应抓好 4 个层次。一是在技术可行、经济合理的领域加快推进。当前，电力已广泛应用于工业过程，包括电机提供动力、热泵与电锅炉提供中低温加热、电窑炉冶炼钢铁以及少量的电解制氢。二是针对难减排领域提早谋划。加大对工业领域电能替代相关新材料、新装备等基础技术研究，以及电能替代关键技术、核心装备攻关力度，同时注重示范引领带动。三是从根源上减少需求。一方面是以低碳消费为风尚，鼓励使用低碳产品、低碳建筑，降低对高耗能产品的需求；另一方面是强化循环经济理念，提高资源再循环利用水平。四是创新完善商业模式和价格机制。突出市场引领，积极探索适应市场发展的工业电气化商业模式；完善分时、峰谷电价等价格机制，为工业部门主动转向电能注入动力。

（二）建筑电气化率将超过 70%

建筑面积仍将持续增长。随着用能效率的提高，中国建筑运行总能耗在 2030 年左右达峰，之后进入下行轨道。预计 2060 年城镇住宅、农村住宅、公共建筑和建筑总面积分别增至 478 亿平方米、97 亿平方米、213 亿平方米和 788 亿平方米，其中供暖面积约 242 亿平方米。中国建筑运行总能耗在 2030 年左右达峰，2030 年总能耗达 13.2 亿吨标准煤，之后持续下降，2060 年约为 8.4 亿吨标准煤。

建筑领域电气化水平将呈跨越式提升，2060 年电能占终端能源消费比重将达到约 73%。到 2060 年，北方城镇供暖、城镇住宅（不含供暖）、公共建筑（不含供暖）以及农村住宅电能占终端能源的比重将分别达到 65%、78%、80% 和 70%，总占比约 73%。从用电量看，2030 年建筑领域总用电量将达到 3.5 万亿千瓦时，是 2018 年的 2.1 倍；2060 年建筑领域总用电量将达到 4.6 万亿千瓦时，是 2018 年的 2.7 倍。

提高建筑领域电气化率须从 6 个技术路线发力。一是持续推动北方地区"煤改电"清洁取暖。坚持"宜电则电、宜气则气、宜煤则煤、宜热则热"的准则，统筹考虑全社会运行成本，逐步扩大电取暖份额。二是在南方夏热冬冷地区因地制宜推广热泵技术。三是持续推进北方城镇供热低碳化改造。四是推广商业电厨炊和家庭电厨炊。五是加快推广农村可再生能源应用技术，包括屋顶分布式光伏、农光互补等技术。六是面向大型公共建筑推广基于数字技术的综合能源服务，提升建筑运行的整体能效水平。

（三）交通领域电能替代加快推进，部分场景替代困难

交通运输需求仍将保持增长，能源消费总量峰值约为 7 亿吨标准煤。伴随工业化和城镇化进程，货物运输和城际旅客运输逐步由高速增长转向平稳增长，在全球化拉动下，货物运输周转量有望继续增长，由 2019 年约 20 万亿吨公里增至 2060 年约 30 万亿吨公里。其中，国内大宗货物运输量在 2030 年之前达到峰值，小批量、分散式、时效性货运以及国际运输需求进一步提升。客运周转量有望在 2040 年左右达峰，约 6 万亿人公里，2060 年回落至 5 万亿人公里。汽车保有量将持续增长，预计到 2060 年维持 5 亿辆规模。交通部门能源消费总量预计在 2030—2035 年达峰，约 7 亿吨标准煤，2060 年降至 5 亿吨标准煤。

交通领域电气化率提高空间广阔，终端用能电气化率 2060 年预计在 60% 以上。交通领域终端用能结构将由以油品为主，过渡到油电协同，再到电能占主导的低碳能源组合。油品占比将由当前的 90% 左右降至 2035 年的 56% 和 2060 年的 5%。直接用电将由当前的 3% 左右升至 2035 年的 31% 和 2060 年的 61%。到 2060 年，满足长途公路重型货运、长途船运、航空等需求，仍需依托氢能、生物燃料以及替代燃料（主要是氢基燃料）等形式，其中氢能占比在 20% 左右。铁路行业和公路运输电气化水平有望成为最高的，分别可达到 100% 和 90%。乘用车将加快转向纯电动，至 2050 年燃油车基本退出（见图 4）。

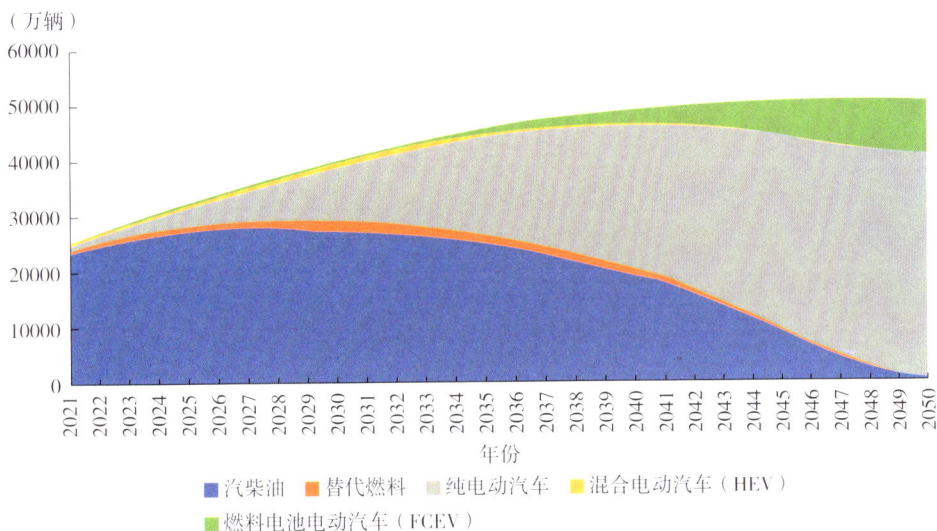

图 4　中国乘用车保有量趋势

资料来源：国家统计局数据及本报告研究成果

推进交通电气化应以乘用车和铁路为引领，短途和长途货运稳步推广，其他交通方式超前谋划。大力发展电动汽车。保有量渗透率到 2030 年提升至 25% 以上，到 2050 年乘用车基本实现全面电气化，其中纯电动汽车（BEV）占 80%，燃料电池电动汽车占 20%。持续推进铁路电气化改造。截至 2019 年底，中国现存未电气化铁路里程 3.9 万公里，2060 年前实现 100% 电气化。货车中短途、轻载将以纯电动为主，长途货运、重载运输将以氢燃料为主。加大燃料电池攻关力度，推动长途货运、重载运输以及长途客运氢燃料电池汽车（FCV）尽早实现商业化。针对航空和航运的燃料替代，关键是要在新技术方面寻求突破。

三、以风光为主体的新型电力系统面临挑战

到 2060 年，电力供需预计达 17.8 万亿千瓦时，其中约 3 万亿千瓦时用于制氢。无论是装机规模还是发电量，风电光伏都将成为绝对主力。然而，过高的不可控电源占比，将对电力系统的安全性和可靠性带来挑战，须多措并举做好统筹。

（一）电力系统可在 2045—2050 年实现净零碳排放

电力行业提前净零碳排放是全国实现碳中和的前提。随着煤电发展放缓以及新能源的加快发展，预计 2025—2030 年电力行业碳排放将进入峰值平台期。在可再生能源的替代发展下，叠加火电 CCUS 以及生物质能—碳捕集与封存（BECCS），电力系统有望于 2045—2050 年达到净零排放，2050 年后将负排放。

（二）风光装机将大幅增长，2060 年将达约 67 亿千瓦

电源结构由火电为主逐步转向风光主导。风电和光伏的装机规模将成倍增长，预计到 2060 年分别达到 32 亿千瓦和 35 亿千瓦，是 2020 年的 11.3 倍和 13.8 倍。其中风电以集中风电为主，占比达风电总装机的 68%；光伏集中与分布并重，分别占 43% 和 57%。煤电装机将从 2022 年的 13.3 亿千瓦降至 2060 年的 4.2 亿千瓦左右。水电、抽水蓄能电站、核电以及生物质发电等零碳电源都将充分挖潜。

（三）不可控电源比重占绝对份额，2060 年可控电源比重将降至 15% 以下

兜底系统安全，可控调节电源不容忽视。根据电力电量平衡评估，在用足抽水蓄能、电网互济、需求响应、电动汽车以及电化学储能等调节资源的基础上，满足 2060 年电力需求仍面临不小的长周期、大规模以及顶峰挑战。防范系统风险及各种不确定性的天气因素，基于分区域电力平衡测算，到 2060 年依然保留 6 亿千瓦左右火电较为稳妥，其中煤电 4.2 亿千瓦、气电 1.8 亿千瓦（见表 2），届时煤电和气电年发电利用小时数分别为 1500 小时和 4000 小时左右。

（四）应高度重视电力系统灵活性建设，储能需求大幅攀升

需求响应、储能等调节资源在电力系统中越来越重要。随着风光比重的不断上升，叠加负荷尖峰化趋势，电力系统调节需求持续拉大。按照当前的运行模式和电源发展走势，即使维持 12.5 亿千瓦煤电装机水平，2025 年调节需求预计将达到 2.7 亿千瓦，2030 年更将超过 7 亿千瓦，需要依靠电网互济、需求响应、电动汽车和储能等来补位。到 2060 年，要满足高比例可再生电力的灵活需求，在充分挖掘可控电源、电网互济、

需求响应等的潜力的基础上，预计还需高达 22.6 亿千瓦储能（含电动汽车）以及 4.2 亿千瓦抽水蓄能等资源才能支撑系统安全。未来电动汽车须深入参与系统灵活性，每辆车可提供约 7 千瓦的电力支持。若到 2060 年能有 2 亿辆车参与调节，将提供 14 亿千瓦的能力，仍有较大的储能缺口。

表 2　电力系统转型路径

	2020 年	2030 年	2060 年
电源装机结构			
水电 / 亿千瓦	3.4	4.2	5
抽水蓄能 / 亿千瓦	0.31	0.9	4.2
煤电 / 亿千瓦	10.8	12.5	4.2
气电 / 亿千瓦	1	1.7	1.8
核电 / 亿千瓦	0.52	1	2
风电 / 亿千瓦	2.82	7.5	32
光伏 / 亿千瓦	2.53	9	35
生物质 / 亿千瓦	0.3	0.55	0.66
发电总装机 / 亿千瓦	22	37	85
电力灵活性需求			
储能（含电动汽车）/ 亿千瓦	0.003	0.83	22.6
需求响应 / 亿千瓦	0.034	0.47	2.6
总电量 / 万亿千瓦时	7.42	11	17.8

资料来源：国家统计局数据及本报告研究成果

（五）土地问题值得关注，须协调好新能源开发与国土空间规划

大规模开发风电光伏对土地的需求大幅攀升，做好用地谋划势在必行。风电光伏建设需要大量空间资源，以集中式光伏发电为例，每万千瓦光伏装机占地面积 0.18 ~ 0.32 平方公里，若按每年新增 5000 万 ~ 10000 万千瓦测算，须新增用地 1250 ~ 2500 平方公里 / 年。若建成 35 亿千瓦光伏装机，大概需要 8.75 万平方公里。随着国家对生态保护更为重视，以及部分地区可供开发土地日益紧张，用地问题逐步成为制约风电光伏发展的因素之一。其中，西部地区集中式光伏和风电项目及配套外送通道用地受生态红线影响较大；东部地区受建设用地指标制约较大。面向长远发展，

须提早衔接好新能源开发与国土空间规划，保障合理用地需求。此外，还要注重同产业业态的有机结合，减少额外土地占用，如光伏农业、光伏建筑一体化、风电牧场等。

四、区域能源和生产力布局须做好整体战略谋划

中国新能源资源分布不平衡问题较为突出，未来能源资源与消费中心呈逆向分布的特征将长期存在。考虑到风光等间歇性能源带来的潜在安全风险，要坚持全国一盘棋，以"大基地＋坚强网络＋分布式＋兜底保障"的思路部署区域新能源系统建设，同时兼顾产业布局优化。

（一）可再生能源资源分布不均衡，未来能源供需区域不平衡呈加剧态势

风能资源主要集中在东北、西北、华北"三北"地区。中国是一个风能资源十分丰富的国家，基于目前已商业化的技术，可开发利用的风能储量约为42.6亿千瓦（以100米高度计算），其中陆上可开发利用的风资源为39亿千瓦，近海（离岸50公里以内）可开发利用的风资源为3.6亿千瓦。但资源分布并不均衡，陆上主要集中在东北三省、河北、内蒙古、甘肃、青海、西藏和新疆等地区。考虑投资收益情况，各省份目前平价可利用和开发的陆上风资源量共计17.5亿千瓦。其中，前十位地区数据如下，内蒙古2.72亿千瓦、黑龙江2.07亿千瓦、吉林1.21亿千瓦、新疆1.12亿千瓦、甘肃1.05亿千瓦、辽宁0.87亿千瓦、青海0.72亿千瓦、广西0.66亿千瓦、山东0.66亿千瓦、广东0.58亿千瓦。100米高度的海上风电资源中，离岸25公里以内的海域技术开发量1.9亿千瓦，离岸25～50公里的海域技术开发量1.7亿千瓦。

太阳能资源主要分布在西部地区。全国太阳能技术可开发装机容量预计约156亿千瓦，西部地区就达到137.95亿千瓦，占全国总量的88.4%。其中，前五位地区数据如下，新疆约为42亿千瓦，占全国比重达到26.92%；青海34亿千瓦，占全国比重达到21.79%；内蒙古西部26亿千瓦，占全国比重达到16.66%；甘肃21.3亿千瓦，占全国比重达到13.65%；西藏7亿千瓦，占全国比重达到4.49%。根据国家气象局风能太阳能评估中心划分标准，湖南、湖北、广西、江西、浙江、福建北部、广东北部、陕西南部、江苏北部、安徽南部以及黑龙江、四川、贵州、中国台湾地区东北部等地是中国太阳能资源较差的地区。

水能资源主要集中在西南和中南地区，生物质能潜力主要集中在华南、东北，以及华东部分地区。全国水能技术可开发资源中，西南地区占到67.8%。就生物质能

来说，华南地区比较适合种植生物质能源作物，东北地区玉米、水稻和小麦种植集中度较高，未来将是秸秆等生物质能源的主要来源地区。

（二）区域能源战略要按照"大基地＋坚强网络＋分布式＋兜底保障"的思路谋划，兼顾因地制宜匹配产业发展

西部地区新能源禀赋得天独厚，是重要的能源开发基地。应发挥西部风、光、水能资源储量丰富的优势，持续推进内蒙古、甘肃、青海、新疆等区域风光大基地建设。到 2060 年，西北地区风电光伏总装机预计将超过 20 亿千瓦。西南地区要谋划好水电大基地及抽蓄电站建设。同时，应在可再生能源就地消纳方面提早部署，鼓励高耗能产业产能合理向新能源大基地区域转移。

东北地区未来新能源布局主要侧重外送和发展氢能。东北地区拥有较丰富的新能源资源，其中吉林省处于"三北"风能资源富集区，是中国九大风电基地之一，黑龙江、吉林的秸秆等生物质能源也十分丰富。由于本地电力需求增长空间有限，东北地区也将成为重要的外送基地。鉴于区位优势和产业基础，还可考虑发展氢经济，用好区域内多元化的能源资源。

中部地区发挥好西电东送的枢纽作用，并推进生物质能、低速风电基地建设。中部地区在全国地理空间中纵贯南北，又在全国经济空间内承东接西。放眼长远能源供需格局，中部地区是连接西部资源和东部负荷的重要桥梁，要加大对能源基础设施的投入力度，做好疏导协调。从资源禀赋和就地新能源布局前景看，针对当前已经存在的结构性缺电问题，生物质发电和低风速风电有可能成为中部地区新能源布局的重要方向。

东部地区应大力发展就地消纳的分布式发电和微电网系统。未来很长一段时间，东部地区仍将是中国经济发展和人口分布的重心，以及能源负荷中心。东部地区新能源资源并不丰富，更适宜推进分布式风电和光伏、海上风电的建设。但从中长期来看，分布式新能源无法完全满足东部地区新增电力和电量需求。除需要依靠本地区常规电力供应外，西电东送仍然是解决东部地区未来电力供应短缺最行之有效的手段。进口或者从西部地区输送氢和氢基燃料也是一个可供考虑的选项。

注重区域间输电网络建设，完善电力交易机制，促进新能源消纳。未来随着中部、西部地区大型新能源基地的建设，跨省区远距离电力传输的需求将持续增长。预计到 2030 年、2050 年和 2060 年，跨区跨省电力流将分别达到约 4.6 亿千瓦、8.1 亿千瓦和 8.3 亿千瓦。一方面要建立更加安全可靠的智慧、坚强电网，保障西电东送的输电安全性；

另一方面要持续完善电力交易机制，消除省间电力输送壁垒，以适应新能源跨区域大规模输送电的发展需求。

（三）风电集中式占主导，光伏分布式比重更高，到2060年依然有必要保留一定的"压舱石"

68%的风电为集中式，57%的光伏为分布式，西北和华北均是重点区域。从风电来看，32亿千瓦装机中，以集中式为主，分布式为辅，海上风电为补充；就区域分布而言，西北排首位，其次是华北，两地总装机占全国比重约为47%，其他区域相对较为均衡。从光伏来看，总体上集中式和分布式并重，分布式占优势；区域分布上，西北占大头，占比将近35%，其次是华北，占比22%，两地合计占全国总装机的57%。

保留一定煤电发挥"压舱石"作用，守住民生电力供应安全底线。在没有100%切实可行的替代方案的情形下，要重视煤电"压舱石"作用，降低结构性、区域性和时段性等各类能源供应风险。在充分考虑其他电源保障能力、成本投入、碳排放情况以及就业等因素下，2060年全国煤电装机至少保留4.2亿千瓦装机较为稳妥。分区域来看，华东1亿千瓦、华北1亿千瓦、华中0.7亿千瓦、西北0.6亿千瓦、南方0.5亿千瓦、东北0.4亿千瓦（见表3）。

表3 主要电源类型分区域装机布局情况（亿千瓦）

区域	2030年				2060年			
	常规水电	抽蓄	核电	煤电	常规水电	抽蓄	核电	煤电
华北	0.04	0.20	0.08	3.04	0.04	0.35	0.19	1.00
华东	0.28	0.40	0.47	2.92	0.28	0.40	0.65	1.00
华中	1.96	0.15	0	2.02	2.47	1.25	0.50	0.70
东北	0.07	0.16	0.09	1.11	0.09	0.60	0.09	0.40
西北	0.46	0	0	1.79	0.60	0.95	0	0.60
南方	1.49	0.29	0.41	1.62	1.49	0.66	0.60	0.50
合计	4.30	1.20	1.00	12.50	4.96	4.21	2.00	4.20

资料来源：本报告研究成果

（四）大电网为主，微电网为辅，通道和网络建设须予以提速

积极建设形成"西电东送、北电南供"的大电网总体格局，统筹推进能源基地电力外送。大电网承担能源传输和安全保障任务，并与微电网、分布式电源、各类储能、电动汽车等进一步融合发展，提升电网互济能力。综合考虑清洁能源资源和电力需求分布，到2030年，建成特高压直流工程30回、输电容量2.4亿千瓦。初步形成东部"九横五纵"、西部"三横两纵"的东、西部两大同步电网格局；到2050年，建成特高压直流工程61回、输电容量达到4.9亿千瓦；到2060年，建成特高压直流工程64回、输电容量达到5.1亿千瓦（见图5）。

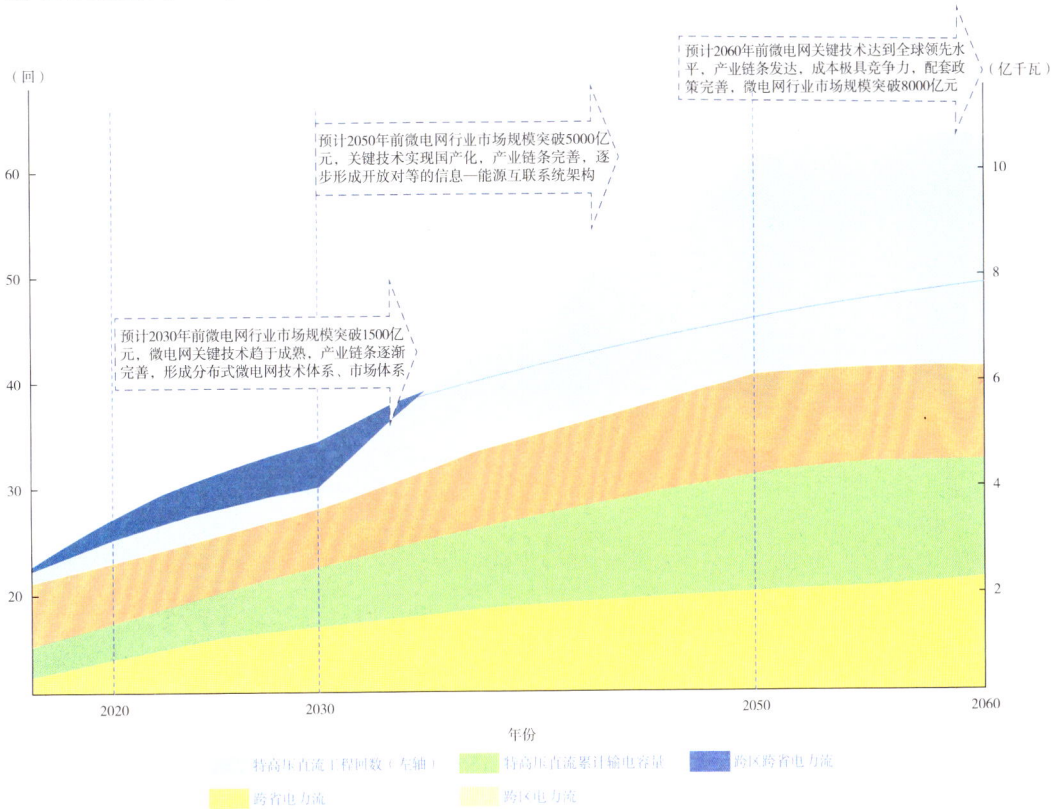

图5 2020—2060年电网发展路线图
资料来源：全球能源互联网发展合作组织，《中国碳中和之路》，中国电力出版社，2021

"大电网＋中小型区域电网＋智能配电网及微网"的柔性互联形态和数字化调控技术将使电网更加灵活可控（见图6），实现新能源按资源禀赋因地制宜广泛接入。依托微电网灵活调节能力实现分布式新能源就地消纳，微电网技术与互联网技术相结合，实现区域"能源互联网"的发展。到2030年，预计微电网行业市场投资规模将超过1500亿元，多数微电网项目将采用太阳能＋储能项目构建；到2050年，国内微电网市场完善，关键技术基本实现国产化，行业市场规模达到5000亿元；到

2060 年，关键技术尤其是新型智能设备技术达到全球领先水平，微电网行业市场规模突破 8000 亿元。

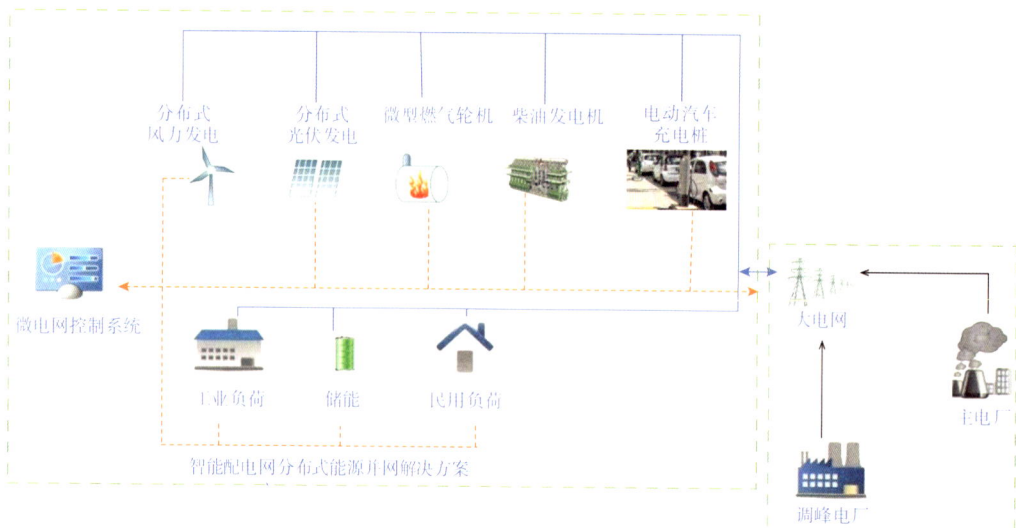

图 6　微电网与大电网关系结构图

资料来源：本报告研究成果

五、氢能或将是碳中和重要的载体能源

"可再生能源＋电气化"手段并不能解决所有碳排放问题。氢能具有清洁、高效、低碳、灵活等特点，不仅可以弥补"电气化的不足"，助推钢铁、化工原料、重载卡车、高品位热力需求等难减排领域深度脱碳，还可成为未来能源体系的重要枢纽。

（一）氢将由原料为主向碳中和重要载体转换

国际能源署（IEA）、国际可再生能源机构（IRENA）、能源转型委员会、麦肯锡等机构，都对氢能的未来做出了乐观判断。能源转型委员会认为，氢能将是最重要的非电气化手段，2050 年全球氢能需求将是现在的 5 ~ 7 倍；麦肯锡认为，2050 年全球将使用 6.6 亿吨氢能，占全球终端用能的 22%。从使用方式看，氢将逐步由工业原料为主转向碳中和重要载体。2017 年全球氢气消费量的 99% 用于工业原料和还原剂，其中化工领域 66%、炼油 26%、冶金及玻璃加工约 7%，作为燃料用于交通、建筑领域的仅占 1% 左右。面向碳中和，氢能将依托绿氢化工、氢能炼钢、氢燃料电池、氢基燃料等新技术，实现在工业、交通、建筑、能源等领域的多元化应用。

（二）2060 年中国氢能需求高位可达 1.2 亿吨

考虑到技术进步和成本下降均较快，理想情景下预计到 2060 年中国氢能需求总量可达 1.2 亿吨。分领域看，工业将占到 73%，交通占 17%，建筑和能源占 10%。

工业领域是大头，2060 年氢能总需求约 8800 万吨，用作工业原料及还原剂、工艺元素平衡、能源转换介质（用于生产纯氨、甲醇等富氢燃料）以及高品位燃料，主要用于钢铁、石化以及化工等行业。实现"双碳"目标情景下，2060 年中国粗钢产量预计为 5.5 亿吨，其中 50% 为电炉钢，剩下 50% 将由氢能炼钢（氢基竖炉直接还原铁）、氢能炼铁（高炉掺氢 +CCUS）等工艺路线来生产，按照不同氢能冶金技术路线的氢气消耗情况，2060 年氢能冶金对于氢能需求将达 2000 万吨。石化行业氢能需求主要来自氢基化工的发展，预计 2060 年国内生产的烯烃和芳烃，将有 30% 以上来自氢基化工，对氢的需求达 2000 万吨。化工行业中，氢主要用来生产合成氨、甲醇等产品，2060 年合成氨产量预计为 5000 万吨，其中包括 1600 万吨纯氨燃料，甲醇产量预计为 14000 万吨，其中包括 4000 万吨甲醇燃料，预计 2060 年化工行业氢能需求约为 2500 万吨。上述氢基燃料将为能源系统提供长周期的调节手段。此外，2060 年用于食品、电子、机械等行业的需求约 800 万吨，为工业特别是高耗能行业提供高品位热力（蒸汽）的纯氢燃料需求可达 1500 万吨。

2060 年交通部门氢能总需求有望达 2050 万吨，不仅可应用在重卡上，也可作为船舶、飞机的替代燃料。近中期交通部门氢能需求较少，预计到 2035 年左右，氢能生产、输送、储存技术将会有明显进步，氢能有望逐步用于交通部门电能难以替代的场景。重卡领域燃料替代方案主要有充电（换电）和氢燃料电池两种技术路线，日均运营里程较长或换电基础设施较为薄弱地区，燃料电池重卡优势明显，2060 年氢燃料汽车规模约为 300 万辆，氢能需求约 800 万吨。由于航空用能的特点，未来氢动力只能支持市场份额较小的近程、支线、通勤飞机低碳化发展，基于市场需求预测，2060 年民航氢能需求在 500 万吨左右。未来国际航行船舶发展和应用的清洁能源主要为生物燃料、甲醇和氨，综合来看，氨燃料电池将成为远期优选的船舶动力系统，氢能将以氨为载体通过燃料电池为远洋航行提供低碳动力，2060 年水运领域氢能需求约 600 万吨，其他交通领域为 150 万吨。届时氢能可占交通用能需求的 20% 左右，将发挥重要的替代作用。

在建筑、能源等领域氢能并不是必选项，终端氢能总需求约 1300 万吨，而氢能在能源系统中的储能属性将越来越重要。预计到 2060 年，氢能在建筑领域主要将用于分布式热电联供系统，需求约 500 万吨；在能源领域用于燃料电池备用电源，需求约 800 万吨。当波动性可再生能源在电源结构中占比较高时，单纯依靠短周期储能无法支撑电力系统安全稳定运行。氢能作为大规模储能介质，能量存储边际成本未来将低于电化学储能，可满足高比例可再生能源系统对大容量、长周期（日、月、季节尺度）储能的需求。消纳可再生能源电力制得的绿氢可直接用于工业、交通、建筑等终端用能部门，也可通过氢基液体燃料的方式实现长期存储和跨季节发电。预计到 2060 年，可再生能源发电储氢用电量约 3 万亿千瓦时。

（三）氢能的供应逐步由化石能源制氢转向以可再生能源电解制氢为主

从氢能供应看，当前以灰氢为主，占比约 70%，到 2060 年绿氢将成为主流，占比将超过 75%。经济性决定了可再生能源绿氢短时期内还不具备大规模开发的条件。目前煤制氢和工业副产氢的成本优势明显，2035 年前的过渡期，工业副产氢将扮演重要角色，供应占比维持在 30% 左右。面向长远，各类生产、储运和加注方式的成本都将随时间逐渐下降，绿氢比重将持续攀升，并逐步实现对灰氢的大比例替代（见图 7）。

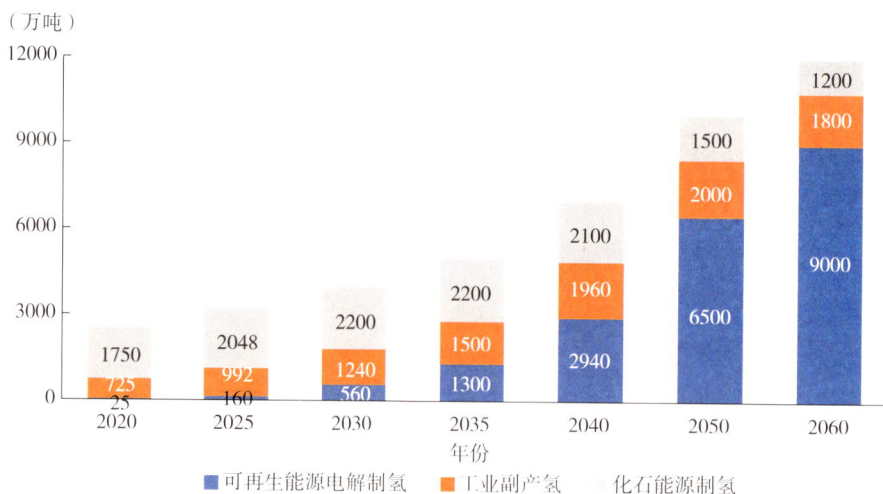

（万吨）

图 7 氢能供应结构预测

资料来源：本报告研究成果

综合终端销售价格看，2060 年氢能将降至 20 元/千克以下。氢能从制备、储存、运输、加注到终端应用，全产业链的成本将随着使用规模的提升而持续下降，进而达到或者低于各应用场景的成本接受度边界。到 2060 年可再生能源电力制氢将是成本最低的选择，系统供应成本低于 10 元 / 千克（见图 8）。

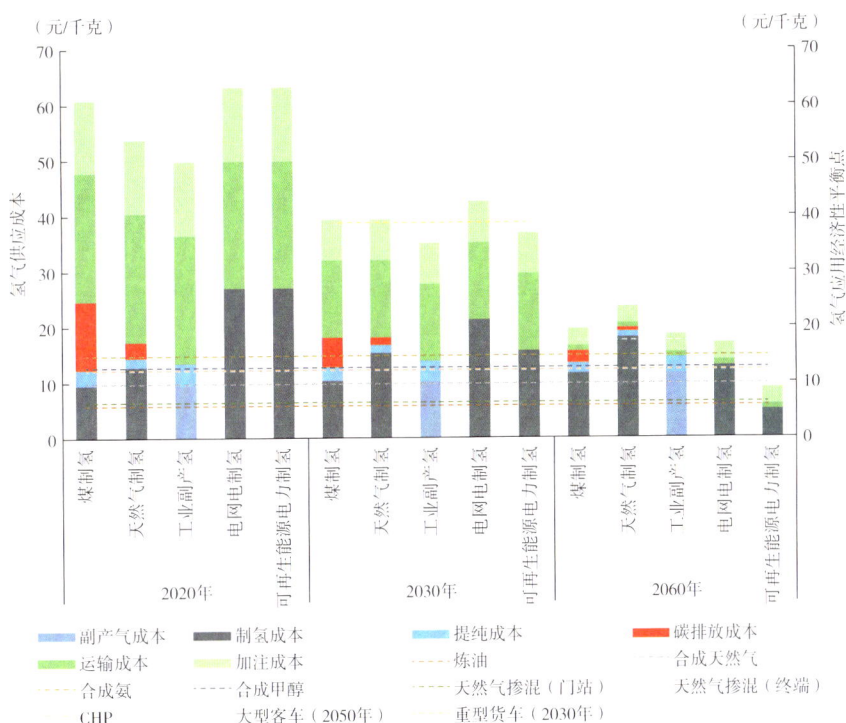

（元/千克）

（元/千克）

图 8　氢能供应成本预测

资料来源：课题组测算

六、生物质能源的作用不可替代

作为零碳能源，生物质能是全球公认的必不可少的碳减排选择，特别是匹配 CCUS 技术后，更是可做到负碳排放。实现碳中和，生物质能对航空、航运等难减排领域的深度脱碳支撑作用明显。未来应持续推进生物质发电，强化生物质燃料挖潜，着眼于燃料替代，超前谋划。

（一）生物质能源减碳效果显著

生物质能源具有零碳甚至负碳属性。生物质能是太阳能通过光合作用储存二氧化碳，进而转化为生物质中的化学能，国际上通常将生物质能作为零碳能源。在生物质能利用过程中，如在末端增加碳捕集与封存（CCS）或 CCUS，收集产生的二氧化碳，可实现负碳排放，是减少环境中的温室气体，达到碳中和不可或缺的重要途径。

生物质能不仅可实现零碳发电，还在非电燃料替代方面有着广泛的应用。一方面可利用农林生物质直接燃烧、垃圾焚烧、沼气等进行发电；另一方面可由淀粉类粮食、木薯等其他作物、纤维素等制备燃料乙醇，利用动植物油脂生产生物柴油、生物航煤等，是航空、航运等难以电气化领域的重要替代燃料。

生物质能在国际上已得到广泛重视。北美、欧洲和拉丁美洲生物质能源的消费占比已分别达到5%、11%和16%。其中，美国一直较为看重生物质能源的发展，2020年美国生物质发电装机容量约1600万千瓦，年发电量640亿千瓦时；美国也是全球最大的燃料乙醇生产国和消费国，占到全球燃料乙醇产量的50%，全球生物柴油产量的14%。

（二）中国生物质资源较为丰富

截至2020年，中国主要生物质资源年生产量约为34.94亿吨，可作为能源利用的开发潜力约4.6亿吨标准煤。中国生物质资源种类繁多，主要包括农作物秸秆及农产品加工剩余物、林木采伐及森林抚育剩余物、木材加工剩余物、畜禽养殖剩余物、城市生活垃圾和生活污水、工业有机废弃物和高浓度有机废水等。

可作为能源利用的生物质资源中，大头是农作物秸秆、畜禽粪便和生活垃圾。2020年农作物秸秆理论资源量约为8.2亿吨，可收集资源量约为6.94亿吨，主要分布在华北平原、长江中下游平原、东北平原等13个粮食主产省（区）。2020年，用于肥料、饲料、造纸等用途共计约4亿吨，可供能源化利用的秸秆资源量约4.2亿吨。畜禽粪便总量达18.68亿吨（不含清洗废水），沼气利用粪便总量达2.11亿吨；可利用林业剩余物总量为3.5亿吨，能源化利用量为960.4万吨；生活垃圾清运量为3.1亿吨，其中垃圾焚烧量为1.43亿吨。

未来随着经济的发展和消费水平的提高，生物质资源产生量将呈上升趋势，预计2060年国内生物质总资源量近54亿吨。其中，秸秆产生量约12.34亿吨，可收集资源量约10亿吨；畜禽粪便资源总量达23.73亿吨；林业剩余物总量将达到7.73亿吨。生活垃圾在2045年左右达到饱和，2060年生活垃圾产生潜力约为10.05亿吨。废弃油脂年产生量约为1394.7万吨。

（三）未来生物质能源将在清洁电力和燃料替代领域发挥重要作用

预计2060年生物质发电装机容量将增长至6600万千瓦。截至2020年底，中国生物质发电累计装机容量超过2952万千瓦，生物质发电量为1326亿千瓦时。未来农林生物质发电、垃圾发电将持续快速增长，2030年总装机容量约5500万千瓦，到2040年左右达到顶峰，总装机容量达到6600万千瓦（见图9）。

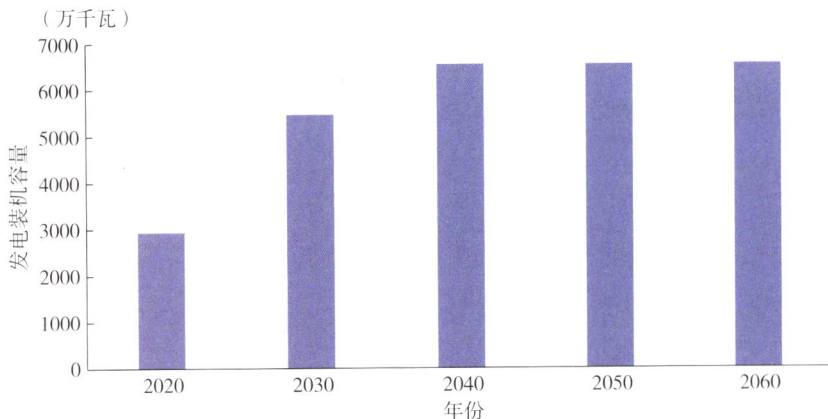

图 9　中国生物质发电装机容量预测

资料来源：本报告研究成果

　　生物液体燃料替代持续增长，预计 2060 年生物液体燃料总供应量将超过 1 亿吨标准煤。2020 年，生物液体燃料的供应能力约 700 万吨标准煤，主要为生物燃料乙醇和生物柴油。预计到 2030 年，生物燃料乙醇、生物柴油和生物航煤在现有供应规模基础上显著扩大，总供应量将达到 3809 万吨标准煤。到 2060 年，生物液体燃料将基本覆盖非电气化交通航空领域，生物燃料乙醇、生物柴油和生物航煤的供应总量将超过 1 亿吨标准煤（见图 10）。

图 10　中国生物质液体燃料供应量预测

资料来源：本报告研究成果

七、适度超前推进新能源基础设施投资和建设

新能源基础设施建设是构建以新能源为主体的能源供应体系、实现碳中和的基本保障，是推动能源革命、实现能源行业数字转型、智能升级与融合创新转型的重要抓手。推进新能源基础设施建设，将催生和加速新经济发展。经济发展和碳中和背景下，有必要加强顶层设计，适度超前开展新能源基础设施投资和建设。

（一）庞大的新能源建设催生绿色低碳新经济

40 年的累计投资需求总额将超过 80 万亿元。目前，中国在新能源基础设施领域的投资约为每年 1.3 万亿元。根据模型推演测算，2020—2060 年 40 年间，仅低碳电力系统、氢能和生物质系统、CCUS 以及工业领域配套基础设施的投资需求总额就至少可达 80.6 万亿元。

投资趋势总体呈先增后降特征。新能源基础设施投资总体呈先增后降的趋势，到2030 年投资需求将增加到约 2.2 万亿元 / 年；2031—2040 年达到峰值，约 2.34 万亿元 / 年；此后呈现下降趋势，2041—2050 年降低到 1.79 万亿元 / 年；2051—2060 年降到约 1.63 万亿元 / 年。

（二）新能源基础设施投资主要集中在四大领域

2020—2060 年，新能源电力及支撑灵活性投资需求总额达 54.78 万亿元。其中，风电、太阳能发电基础设施建设投资约 23.28 万亿元；新建核电站投资约 3.15 万亿元；特高压等远距离输配电基础设施升级投资约 19.86 万亿元；通过电池储能提升电力系统的灵活性投资约 3.42 万亿元[①]。不同阶段新能源电力及支撑灵活性投资重点如图 11 所示。

非电新能源基础设施建设投资需求总额达 10.21 万亿元。据测算，氢能供应基础设施建设投资需求约 2.96 万亿元，氢能输送、储存和分配基础设施建设投资需求为 2.11万亿元，生物质燃料基础设施建设投资需求为 5.14 万亿元。不同阶段的非电新能源基础设施投资如图 12 所示。

2020—2060 年，CCUS 基础设施建设投资需求总额约 16.4 万亿元。包括电力行业部署 CCUS 基础设施建设投资需求约 8.9 万亿元，工业领域部署 CCUS 基础设施建设投资需求约 3.08 万亿元，CCUS 输送和储存基础设施建设投资需求约 4.39 万亿元。

---

① 此处仅列出主要投资。

不同阶段 CCUS 的投资规模及重点领域如图 13 所示。

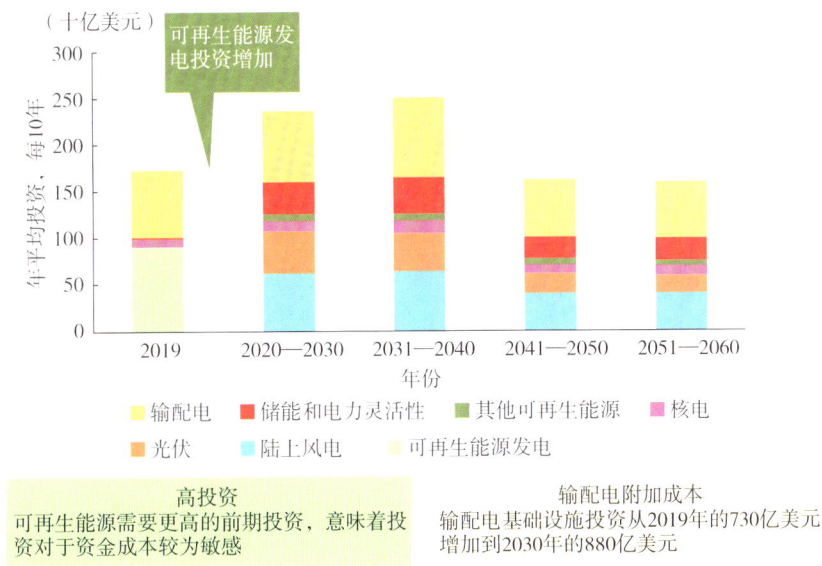

图 11　2019—2060 年新能源电力及支撑灵活性投资需求

资料来源：本报告研究成果

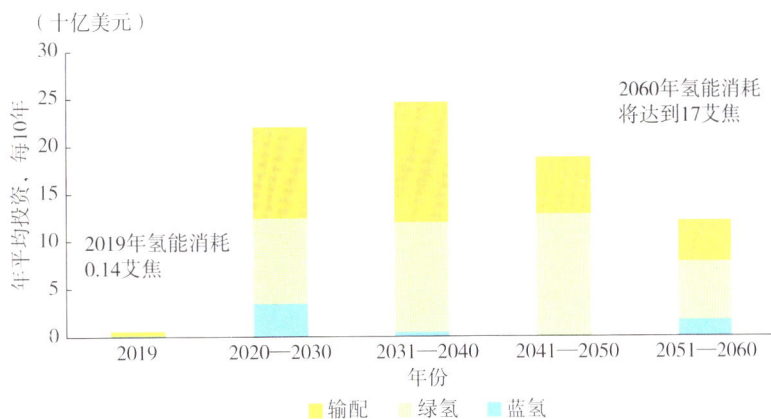

图 12　2019—2060 年非电新能源基础设施建设投资需求

资料来源：本报告研究成果

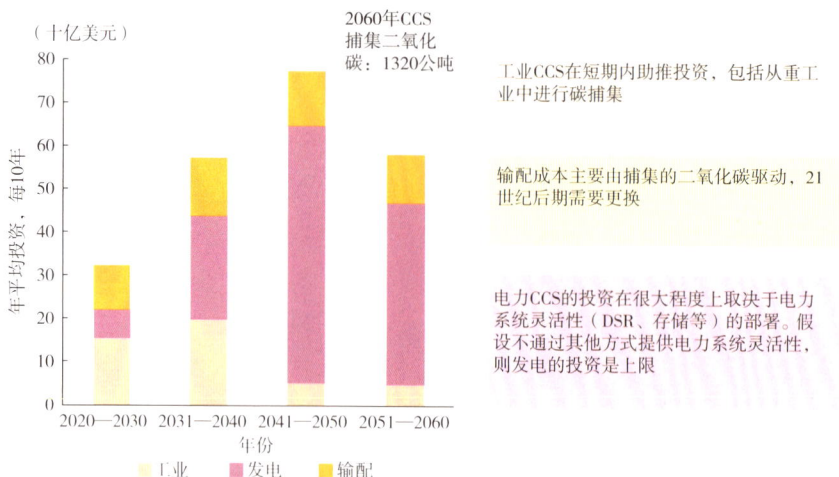

图13 2019—2060 年 CCUS 基础设施建设投资

资料来源：本报告研究成果

（三）多措并举适度超前推进投资建设

新能源基础设施属于长期必要性投资，其超大规模市场空间，短期有利于助推经济增长，长期有利于促进产业竞争力提升。通过"规划指导、政府引导、市场主导"相结合，加快释放投资潜能。要研究编制好相关规划，明确源网荷储以及其他新能源基础设施的部署安排，确定投资方位；发挥好政府财政资金的杠杆作用以及国有企业的带头作用，在"十四五"时期启动一批重大新能源基础设施建设项目；依托电价和碳市场改革，发挥市场配置资源的作用，激发社会资本参与新基建投资的热情。

八、新能源是协同促进发展的重要引擎，但要重视资源问题

新产业必然拉动新经济，新能源的发展将在拉动经济、创造就业、协同环境污染治理等方面释放巨大潜能。但也要看到，新能源产业的发展涉及 26 种矿产资源的支撑，且大多数矿产依赖进口，资源"卡脖子"风险不容忽视。

（一）碳中和拉动新经济持续增长

新能源将成为新经济发展的重要动力。一是新能源发展将推动更多产业和产品进行电气化、绿色化创新，使很多传统产业焕发新的生机与活力。例如，不少传统内

燃机动力将转向电动机动力，这将促进传统产业升级。二是在新能源和绿色低碳转型的背景下，全球将诞生一系列新兴产业，例如近年来蓬勃发展的新能源、智能网联汽车、智能制造和数字经济等，这将进一步推动中国经济转型升级。三是新能源发展将对优化经济布局产生推动作用。随着风光等新能源成为能源主体，中国的产业布局将出现新的优化机会，如在传统经济增长动力弱的西北等地，可能会有更多的高载能产业在当地发展起来。

碳排放同经济发展逐步脱钩，碳中和新经济效益显著。根据模型分析，碳中和催生的新经济将推动 GDP 持续增长，按照 2020 年不变价，预测到 2035 年将在 2020 年基础上接近翻一番，到 2050 年接近翻两番，2060 年将超过 400 万亿元大关。特别是新能源基础设施建设大规模投资需求将成为经济增长的新动能，仅新能源电力建设及装备制造业即可贡献 GDP 增加值超过 5%。以非化石电量占发电总量比重的未来趋势为依据，测算在电力领域、电气设备制造等行业中绿色低碳成分的经济规模，非化石能源发展创造的增加值占 GDP 的比重从 2020 年的 1.3% 逐步增加到 2030 年的 2.2%，进一步增加到 2060 年的 5% 左右（见图 14）。这仅仅是直接经济增长效应，如果考虑到电动汽车、工业减碳、节能建筑领域的投资和消费需求以及由于技术变革带来的竞争力提升的影响，低碳化对经济增长的带动作用在上述基础上再翻番，将成为经济增长的重要引擎。

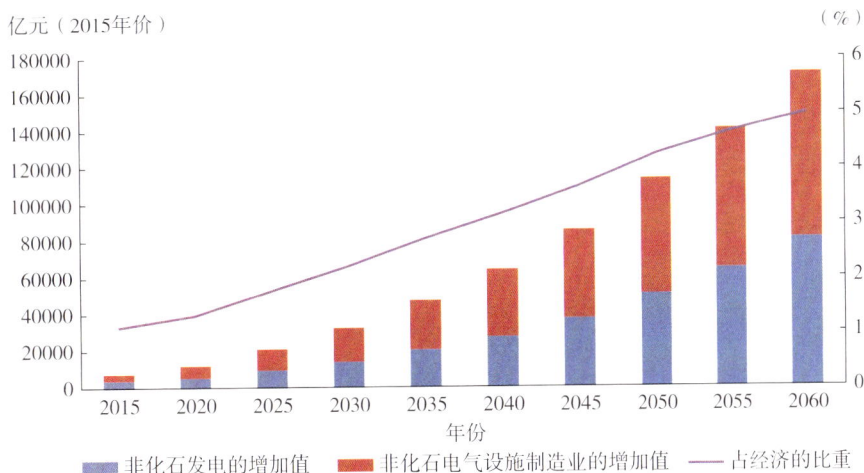

图 14 可再生能源发展对经济的直接拉动作用

资料来源：本报告研究成果

（二）将培育新的就业岗位

风光电全产业链就业岗位大幅增长。根据全生命周期就业核算模型研究结果显示，未来风光发电的相关就业岗位将会迅速增长，2045年的风电就业量将会达到峰值，就业人数将达到300万人左右，而光伏则于2050年左右达到峰值，在700万人左右。尽管此后由于新增装机量的下降，就业量将有所下降，但到2060年，仍有超过200万人的风电就业量和500万人的光伏就业量（见图15）。

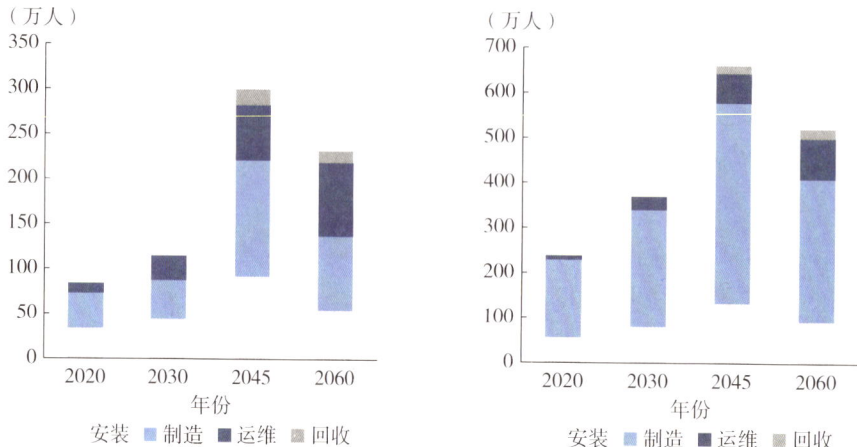

图15　风电（左图）与光伏（右图）分阶段分领域就业效应

资料来源：本报告研究成果

电力系统转型带动的直接就业总量有不确定性，但结构调整清晰。电力转型过程中一方面因可再生能源的大幅扩张将会产生新的就业增长点，另一方面也会造成煤电等传统电力行业就业岗位的消退。到2060年，预计直接就业人数最高可达965.8万人，相比于2020年的860.0万人高出100余万人，但由于技术进步和规模经济的发展，各类发电技术的就业系数有望持续下降。因此，电力系统就业总人数有较大的不确定性，大概率低于上限水平。从结构上讲，就业岗位从煤电向风光电的迅速转移是显著而确定的，化石能源发电行业的总就业规模从2020年的467.7万人持续下降到2060年的33.3万人，化石能源发电行业几乎清零。风光电的就业岗位将会迅速增长，2045年风电就业量将会达到峰值（300万人），2050年光伏就业量达到约700万人的峰值，此后由于新增装机量的下降，就业量将会有所下降，到2060年仍有230万人左右的风电就业和520万人左右的光伏就业（见图16）。

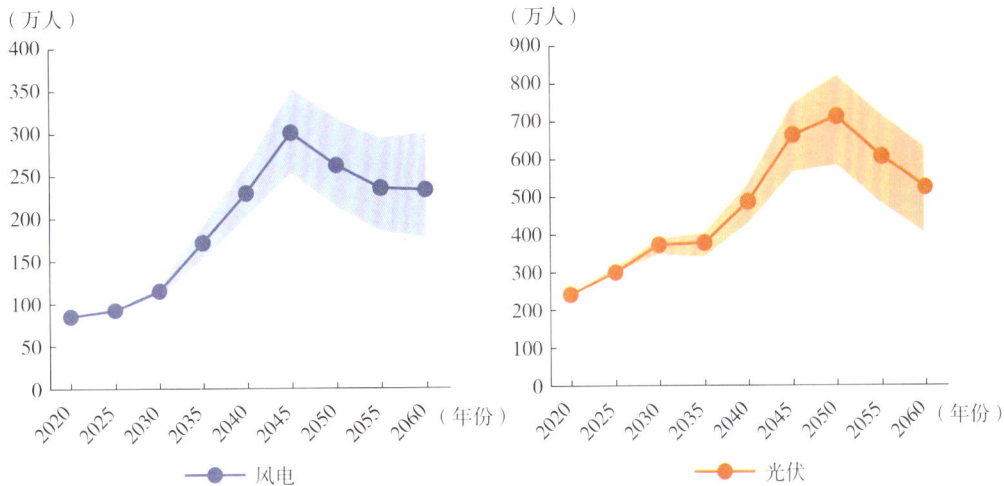

图 16 风电（左图）与光伏（右图）的总体就业效应
资料来源：本报告研究成果

（三）形成显著的环境效应

新能源替代将有助于大气污染治理和节水。一方面，将有效控制 SO_2、NO_x、PM 等大气污染物的排放。据测算，到 2060 年煤电 SO_2、NO_x 和 PM 排放量将大幅下降，将分别稳定在 18.4 万吨、38.0 万吨和 6.2 万吨。另一方面，不同电力技术对水资源的影响存在差异，风电、光伏发电运行过程中，仅在清洗风机叶片和光伏板时需要消耗水资源，相当于每发 1 兆瓦时的电仅分别消耗 5 升和 20 升水，因此可有效降低水资源压力。到 2060 年电力系统用水需求约 59.7 亿立方米，低于 2020 年的耗水量，这表明电力系统转型有助于降低取水量。

（四）新能源发展应注重防范资源风险

未来要实现"双碳"目标，对新能源矿产的需求还将成倍增长。在风电、太阳能及新能源汽车三大行业的强劲带动下，新能源矿产需求将持续快速增长。2030 年中国锂、钴、镍、铜等需求将较 2020 年增长 1.1 ~ 3.5 倍；到 2060 年，在无可替代材料情景下，多数新能源矿产需求将在 2030 年基础上再增长 20% ~ 50%，部分甚至可能翻一番。

中国新能源产业发展涉及的矿产资源储量堪忧，在全球处于明显的劣势地位。风电、光伏、电动汽车等新能源产业的发展涉及铜、镍、锰、锂、钴等 26 种矿产资源，这些资源在全球分布极不均匀，多数矿产资源 70% 的储量都集中在少数的 3 ~ 5 个国家。例如全球镍资源储备的 73.8% 集中在印度尼西亚、澳大利亚、巴西、俄罗斯和古巴；钴的 70.4% 集中在刚果（金）和澳大利亚。除重稀土外，中国各类矿产资源储量在全球均处劣势地位，其中铜、镍资源储量仅占全球 3%，锰占全球 4%、锂占全球 7%，钴、铬、铂族金属等新能源矿产在全球未排上名次。

资源禀赋决定了中国新能源矿产资源供应"大头在外"，产业发展涉及的 26 种矿产资源中，有 15 种对外依存度超过 50%，5 种超过 90%。因资源条件、应用技术水平、长期政策导向等原因，中国新能源矿产中镍、钴、铬、锆、铪等矿产对外依存度超过 90%，铂族金属、锰、铍、硒对外依存度超过 80%，铜、硼、锂、铀、铝对外依存度超过 50%。即便是资源较为丰富的重稀土，由于开发中受生态环境约束影响，导致国内供应不足，对外依存度也超过了 50%，2019 年最高时曾超过 70%。

高度关注资源风险，提早主动做出应对。在世界各国普遍抢抓新能源资源的大势下，中国也应做好战略供应部署。有必要从资源掌控、储备体系、循环经济等方面超前谋划。主动参与全球资源治理体系建设，积极建设境外资源基地，通过在资源所在地建立中国企业协会等组织，保障企业境外权益和正常生产。支持国内新能源矿产勘查开发，尽快实施新一轮找矿突破战略行动，并将关键新能源矿产纳入勘查重点。重视储备体系建设，建立包括实物储备、矿产地储备和矿产资源高效开发利用技术储备相结合的储备体系。倡导循环经济，重视二次资源回收与循环利用，鼓励技术创新以降低原材料使用强度、扩大资源替代范围。

九、技术创新是打开碳中和大门的关键抓手

依托当前可预见的技术路径迈向碳中和存在较大的不确定性以及系统安全挑战，应始终跟进能源技术前沿，重视通过技术创新平稳向新能源系统过渡。根据技术重要性及所处发展阶段，我们认为：2030 年前应侧重零碳电力系统相关技术的研发和应用；2035 年左右氢能技术、生物燃料、CCS 可以实现商业化；2050 年左右受控核聚变等新型核电技术及其他概念性技术力争派上用场；2060 年前碳捕集与利用（CCU）循环利用技术及未知重大技术等广泛应用。

（一）零碳电力系统支持技术：源网荷储全面攻关

发电方面，水电、地热能和常规核电已较为成熟，风电、光伏和大规模热泵已

处于商业化运用阶段。光热发电、海洋能以及煤电 +CCS、天然气发电 +CCS、生物质发电 +CCS 等尚处于商业化验证阶段。输电方面，特高压输电技术处于商业化阶段，灵活的高压交流电输送技术处于验证阶段，快速频率响应以及运用虚拟惯性解决风光发电带来的转动惯量较低的问题处于大规模原型试验阶段。充电方面，快速充电已开始商业化运用，智能充电则需要集成 IT 和 OT 技术，用以对电动汽车进行协调管理，通过感应线圈与特殊道路材料相结合实现汽车行驶过程中的无线充电属于远期技术。需求响应和储能方面，需求响应技术和电池储能技术已进入商业化验证阶段，化学储能技术基本成熟。

在交通、工业和建筑电气化转型技术方面，交通领域中铁路相关技术已较为成熟，轻载和重载客运车辆技术已开始商业化运用，船舶的电气化处于验证阶段，航空正在开发和测试电动飞机原型，但考虑到电池能量密度限制，航空用电可能仅限于短途飞行。传统工艺需要大量热能，工业领域中存在着中低温加热、高温加热和电解矿石等工艺需求，通过电能提供热能替代传统燃料正在加紧攻关中，目前较为成熟的技术主要用于电解铝。建筑领域的电气化过程需要引入大量先进的热泵技术，用以实现建筑物的供暖和制冷及空气的流通循环。此外，汽化冷却系统也已开始商业化运用，固态冷却系统尚处于小规模原型试验阶段。工业、建筑、交通领域的节能技术以及创新材料、工艺、设计、制造等技术也须持续深入推进。

（二）氢能技术：产业链条系统发力

氢能源的利用，特别是低碳氢能的利用尚未达到商业化规模的水平。目前许多涉及制氢、储运氢、用氢等的必要技术，处于不同的阶段并面临着特定的挑战。

在制氢环节，目前以灰氢为主，可再生能源电解制氢仍存在成本高和效率低的问题，须加快技术迭代进程。氢能的运输储存需要和众多基础设施相关技术结合，目前较为成熟的技术主要是管道输送技术和箱储技术，氨水箱储气和盐穴储气技术处于早期商业化阶段，天然气管道混输技术处于商业化验证阶段，液态氢储存和液态氢气运输尚处于大规模试验阶段。

氢能的使用主要集中在能源转型、工业、交通、建筑和发电方面。在能源转型方面，合成甲烷的相关技术处于商业化验证阶段，合成液态烃的技术处于大规模试验阶段。在工业中，电解甲醇和氨对氢能的利用处于商业化验证阶段，氢能用于钢铁行业的技术处于大规模试验阶段。在交通领域，使用氢燃料电池的轻型乘用车已进入商业化阶段，大型车辆、船舶和铁路的运用仍处于验证阶段，而直接运用氢能的引擎技术和使用氨的船舶也处于大规模试验阶段。在建筑领域，使用氢的锅炉和氢燃料电池均已开始商业化运用，使用氢能驱动的热泵处于商业化验证阶段。在发电领域，高温燃料电池已开始商业化运用，使用氢能的燃气轮机已开始商业化验证，与氨混合使用的煤电技术还处于大规模试验阶段。

（三）生物质能技术：供用两端同时推进

生物质能主要涉及供应端技术和应用端技术。其中，供应端技术主要有生物质获取、生物燃料生产和生物质发电。应用端，在工业、交通和建筑领域均有着广阔的前景和潜力。

直接获取生物质核心的技术是双季作物栽培技术，即在粮食作物种植的闲置时段种植能源作物，从而缓解粮食与能源之间的紧张关系，该项技术尚处于小规模试验阶段。生物燃料的制备目前已开始商业化的技术包括生物乙醇、生物甲烷、生物柴油和生物沼气技术，和 CCUS 技术相结合的生物乙醇、生物甲烷技术开始商业化验证，与 CCUS 技术相结合的生物柴油，以及以藻类为基础的生物柴油、沼气技术尚处于小规模试验阶段。生物质能发电技术较为成熟，基于生物气体或生物液体的内燃机技术开始商业化运用，固体生物质循环发电技术和搭配 CCUS 的生物质技术尚处于商业化验证阶段。

生物质能应用范围较广，部分技术成熟度很高。在工业领域，生物质能作为工业燃料的技术已较为成熟，运用生物质进行甲醇制备和其他化工产品生产的相关技术已进入商业化验证阶段，运用生物质进行氢、氨制备的技术尚处于大规模试验阶段。在交通领域，生物柴油或生物乙醇作为燃料的乘用车和轻型卡车相关技术已进入商业化运用阶段，生物柴油作为燃料的船舶和生物燃料飞机的相关技术尚处于商业化验证阶段。在建筑领域，生物质燃料供暖和生物质炉灶已开始商业化运用。

（四）CCS：使化石能源继续成为重要选项

CCS 是实现化石能源净零排放的唯一技术选择，即使未来大力发展以风能、光能等可再生能源为主的现代化能源体系，仍然需要依靠 CCS 削减来自化石能源的排放。生物质能—碳捕集与封存、直接空气碳捕获和储存（DACCS）等负排放技术更是实现碳中和目标的托底技术保障。

碳捕集技术进展较快。化工领域，氨生产过程中的化学捕集方式较为成熟，物理捕集方式和甲醇的化学捕集方式已开始商业化运用。钢铁领域，铁的直接还原中的化学捕集方式已进入商业化运用阶段，富氧冶炼还原的物理捕集方式还处在验证阶段，富氢高炉工艺的化学捕集处在大规模试验阶段。水泥领域，化学捕集技术和水泥—钙循环技术已进入商业化验证阶段，其余技术还处于大规模试验阶段。发电过程中的碳捕集主要涉及煤电、天然气发电和生物质发电，煤电的碳捕集已进入商业化阶段，其余尚处于商业化验证阶段。直接空气碳捕获技术主要包括固态、液态两种，均处在大规模试验阶段。

从碳封存潜力看，中国地质理论封存潜力为 1.21 万亿 ~ 4.13 万亿吨，是仅次于美国、排名第二的碳封存潜力大国。就运输和封存技术来说，目前成熟的运输方式为管道运输，海运的商业化情况尚待验证。封存技术主要包括陆上封存和离岸封存两种方式。其中，各个技术类别处于不同发展阶段，强化采油和浸采采矿技术发展最为成熟，能够实现商业化应用；强化深部咸水开采与封存技术从概念阶段发展到工业示范水平；驱替煤层气技术初步达到工业示范水平。

2035 年前的主要任务是推动技术由工业示范转向商业化阶段。2035 年左右技术将趋于成熟，逐步实现完全商业化运行。根据学习曲线研究，2040 年后火电加装 CCS 的度电成本可以控制在 0.15 元。到 2060 年 CCS 广泛应用，与之耦合的 BECCS 和 DACCS 等负排放技术得到全面推广。初步测算，2060 年 CCS 总的减排贡献将超过 10 亿吨二氧化碳。

（五）受控核聚变技术：期待破局之选

核聚变是一种理想的未来绿色能源。核聚变的主要过程是在高温下将氢的同位素氘和氚融合在一起形成氦，而这一过程会以热量形式释放出巨大能量。通过核聚变可以在全球范围内实现仅从廉价材料中获取少量燃料，就能长期得到近乎无限的清洁电力能源。现有研究数据表明：海水中储藏超过 40 万亿吨氘，1 升水可以电离 0.03 克的氘，仅这 0.03 克的氘反应释放的能量相当于燃烧 300 升的汽油，如果把自然界的氘和氚全部用于聚变反应，释放出来的能量足够人类使用 100 亿年。更重要的是，相比核裂变，核聚变是安全的，因为它不会引起"失控"链式反应。

各国普遍看好受控核聚变，不断实现新突破。根据国际原子能机构发布的数据，截至 2021 年底，全球在运营的核聚变装置有 96 座。2021 年 12 月 21 日，欧洲的研究团队实现了受控核聚变能量的新突破，在目前世界上最大的聚变反应堆欧洲联合环（JET）中，将氢的同位素氘和氚加热到 1.5 亿摄氏度并稳定保持了 5 秒钟，同时核聚变反应发生，原子核融合在了一起，释放出 59 兆焦耳的能量。美国在另一条技术路线上也取得了突破，利用 192 个激光器制造一个和人类头发丝直径差不多大的微小热点，从而在 100 万亿分之一秒内产生超过 10 万亿瓦的聚变能量。2006 年以来，欧盟、中国、印度、日本、韩国、俄罗斯和美国正在进行一项名为"国际热核聚变实验堆（ITER）计划"的项目，相当于建造一个大规模的"人造太阳"，该项目预计 2025 年底实现第一次点火，2035 年进入运行阶段。

中国受控核聚变技术处于第一梯队，2035 年后具备商业化的可能。中国受控核聚变研究几乎与国际同步，部分技术水平走在了前列。2020 年 12 月 4 日，新一代"人造太阳"装置——中国环流器二号 M 装置（HL-2M）在成都建成并实现首次放电，标志着中国自主掌握了大型先进托卡马克装置的设计、建造和运行技术。2021 年 12 月 30 日，全超导托卡马克核聚变实验装置东方超环（EAST）实现了 1056 秒的长脉冲高参数等离子体运行，这是目前世界上托卡马克装置高温等离子体运行的最长时间。据最新评估，中国最早可在 2035 年实现核聚变投入小于产出，为商业化创造条件。

（六）CCU 技术：二氧化碳循环利用革命

二氧化碳可作为生产原料使用。二氧化碳主要可用于制备尿素、混凝土、甲醇、合成甲烷及合成液态碳氢化合物。用于制备甲烷的技术较为成熟，制备混凝土的技术已开始商业化应用，制备甲醇、合成甲烷的技术还在商业化验证中，制备合成液态碳氢化合物的技术尚在大规模试验阶段。

CCU 加可再生能源制氢合成燃料有望实现二氧化碳循环利用。利用二氧化碳加氢合成甲醇的循环模式可作为应对油气时代过后能源紧缺问题的一条解决途径。目前，二氧化碳加氢制甲醇已经成为全球研究热点，并开发出催化剂及不同的技术路线，建成了一批示范装置。此外，二氧化碳和氢合成汽油技术也取得突破，中国首个试验量产。一旦"源源不断的可再生能源电解制氢 + 捕集燃料消耗产生的二氧化碳，合成变成燃料"这一循环成为现实，碳中和格局将迎来深远变化。

十、构建"一三五"政策体系：一个先行、三大战略、五维支撑

全球积极应对气候变化大势下，以低碳、零碳甚至负碳为特征的能源转型正在如火如荼地进行，以可再生能源为核心的新能源正大踏步地从补充能源转向主力能源。新旧能源转换，中国孕育着广阔的发展空间，须着眼长远、着手当下、系统谋划，着力将新能源新经济培育成为协同实现社会主义现代化强国建设和碳中和目标的主引擎。

（一）一个先行：始终重视规划先行

面向碳中和，方向和目标是明确的，但具体怎么走是并不确定且具有弹性的。应按照"长期愿景、中长期战略、短期规划"的总体思路，提出概念图、设计图、施工图，扎实有序推进能源转型和新能源发展。一是研究编制纲领性文件碳中和能源转型总体方案，以实现碳中和目标为基本遵循，提出能源转型的"四梁八柱"以及整体路径和推进节奏等。二是研究编制能源革命战略，以"四个革命一个合作"能源安全新战略为指导，在《能源生产和消费革命战略（2016—2030）》的基础上，每10年一个节点，研究提出能源消费革命、能源供给革命、能源技术革命、能源体制革命和能源国际合作的系统布局。三是扎实编制能源发展五年规划，以阶段性特征及目标要求为依据，一张蓝图绘到底，完整回答好这5年需要解决什么问题、干成什么样、各领域怎么干、如何保障实施等。四是从全局出发编制专项具体规划，如新能源发展用地规划、电网规划、储能规划、氢能规划、CCS/CCUS规划和核能规划等，为各领域发展和利益相关方协调提供规范。

（二）三大战略：节能循环优先、电能替代、能源去碳

节能循环优先：发挥好节能第一能源和循环第一资源的作用。基于当前可预见的技术，减少能源需求是实现碳中和的必要前提，要坚持将节能和提高能效贯穿于经济社会发展全过程和各领域。与此同时，随着钢铁、铜、铝以及生活垃圾等各类二次资源量的持续增长，要更重视通过打造循环型社会，降低对能源和一次资源的需求。例如，提高电炉钢比重主要就取决于废钢资源量。

电能替代：加速走向电能化智能化时代。实现碳中和，关键在于转向"电"，要大力提高终端用能电气化率，制定并细化分领域实施路线图。在交通领域，继续以推广电动汽车为突破口，这也将有助于逐步降低石油对外依存度。在建筑领域，推行电炊事、电采暖，考虑通过开展零碳社区试点，探索100%电气化叠加分布式绿电新模式。在工业领域，加大电锅炉应用力度，同时从具体行业属性出发，分类施策。

能源去碳：碳中和的根本出发点是去碳。碳中和并不等同于发展风光可再生能源，关键在于不对外排放二氧化碳等温室气体。核能、生物质能以及火电+CCUS都可以作为备选的技术方案，是否选择主要取决于成本、技术进步以及系统安全因素。根据电力运行模型研判，2030年前增量电源以风光为主是清晰可行的，但依靠风光实现碳中和仍存在一系列风险挑战，需要在技术、模式、基础设施等各方面做足准备。

（三）五维支撑：高度重视技术创新、用好电价和碳价两个价格、适度超前推进基础设施投资建设、做好区域协调和国际能源合作、完善法规制度保障

创新：高度重视技术创新。国际能源署 2021 年发布的《2050 年净零排放：全球能源行业路线图》（*Net Zero by 2050: A Roadmap for the Global Energy Sector*）指出，到 2050 年实现净零排放，几乎一半的减排将来自目前仅处于示范或原型阶段的技术。当前，低碳能源技术已成为各国抢抓的科技新赛道，中国也应主动作为、分类施策、赢得先机。针对跟跑类技术，包括核能、氢能、生物质能、智能电网、CCUS 等，加强对标对表和国际合作，尽早跟上国际最先进水平；针对并跑领跑类技术，如信息通信、光伏、电池、建筑技术等，加快市场普及，并依靠市场进一步促进技术升级；针对前沿及概念类技术，如氢基化工、二氧化碳原料利用技术、氢碳合成甲醇及合成氨等技术，要发挥举国优势，加大科研投入力度，力争在新一轮工业革命中引领全球。此外，要加强能源管理统筹，构建"脉络清晰、有机互动"的多层次科研支撑体系。第一层主要依托高校，要立好根基，重视基础科学研究；第二层考虑依托国家实验室，着眼于从理论走向现实，在生产工艺、装备设计制造以及新型产品和系统解决方案等方面寻突破；第三层由龙头企业组织创新联合体，依托重大科技攻关项目来加快新技术应用和产业化发展。

改革：用好电价和碳价两个价格。激发市场活力，关键在于电价和碳价的机制设计。一要深化电力体制改革，完善电价机制，调整优化上网电价、输配电价和销售电价，为提高电气化水平创造有利条件。上网电价改革的重点是建立火电容量成本补偿机制和新能源上网电价调整机制、建设电力现货市场、建立完善辅助服务市场和储能价格形成机制等；输配电价改革的重点是成本管理精细化、逐步消除交叉补贴、推行分时输配电价和激励性电价，建立大电网和分布式电网互动的容量电价机制等；销售电价的改革重点是完善分时电价和居民阶梯电价机制、建立多样化电价体系、合理分摊系统消纳成本、完善跨省跨区电价机制等。二要加紧完善碳市场，合理反映碳价值，提高全社会减碳热情。创造条件由免费配额稳步向拍卖转变，激发市场活力，并建立碳价稳定机制、配额存储机制，形成稳定的低碳投资激励。引导碳价格合理化和国际化，化解可能出现的绿色贸易壁垒。同时，随着碳价格的逐步客观合理，考虑同 CCUS、绿色电力证书（以下简称"绿证"）等减碳项目的协调和合并。三要建立碳交易、电力交易的协调衔接机制。按照"路归路、桥归桥"的方式来推进二者的衔接，对于火电项目，参与碳市场交易的减排成本应该体现在上网电价中，对于火电项目为电力系统提供的稳定性保障，应通过容量电价的方式给予体现。

投资：适度超前推进基础设施投资建设。能源系统重构将为全产业链的发展和技术进步带来新的市场红利，应从 3 个层次适度超前推进能源基础设施建设。第一个层次面向能源平稳过渡，统筹考虑煤炭、石油、天然气、火电、水电、核电等常规能源设施的建设规模和进度，"建有目的、退有依据"，确保能源供应安全可靠。第二个层次面向"新能源、新基建"，包括风光新能源供应、智慧韧性电网、分布式能源系统、可再生制氢、生物质能源、CCUS、充电桩等，须研究编制新能源新基建投资导引指南，细化具体化新能源新基建的边界范围、推进节奏、投资规模和配套政策，鼓励全社会积极投身新能源新经济时代，主动参与投资建设和模式创新。第三个层次面向产业升级及消费侧新型基础设施，实现碳中和离不开全社会的系统性变革，不仅要能源革命，还需要建筑革命、交通革命以及生产和生活方式的变革。因此，要加快全面转向低碳社会，加大超低能耗建筑、零碳工厂、新能源高速公路等"建筑 + 新能源""工业 + 新能源"和"交通 + 新能源"这类面向未来的新型基础设施的示范推广力度。从投资资金来源看，应坚持"政府引导、市场主导"，鼓励社会资本积极参与和投入。

协调：做好区域协调和国际能源合作。在碳中和推进过程中，全国需要"排头兵"，更需要整体向前进。资源条件决定了各地区实现碳中和的难度是不同的。区域层面新能源的发展和新经济的打造，应坚持全国一盘棋和树立全局意识，避免新能源盲目大干快上和产业招商引资地区间不合理竞争。在新能源布局上，要因地制宜，守得住底线。兼顾全国和本地区，逐步构建"大型基地为核、跨区网络为线、分布式为面、兜底能源为根"的多元能源保障体系。优先发展新能源大基地，通过坚强电网予以高质量跨区输送；大力发展就地消纳的分布式，鼓励自发自储自用；面向长远以不可控电源为主的系统，各区域要依据民生用电规模，配置兜底电源，防范极端风险。此外，各地区化石能源退出要通盘考虑，避免急刹车导致局部短供断供。同时，要用好市场优势，将引进来与走出去相结合，强化国际能源技术和产业合作。一是重视同欧洲及日韩等的技术合作，通过开放市场、加强专利保护、共建研发平台等方式促进产业化发展，助力我国技术升级。二是倡导绿色"一带一路"，支持"一带一路"沿线国家和地区依托我国低成本的低碳产品、技术和解决方案实现绿色升级、减碳发展，在促进全球低碳转型的同时，拓展我国低碳能源装备、产品和服务的市场。

法治：完善法规制度保障。以碳总量控制为总抓手，加快建章立制，建立健全法律和制度框架，搭建好碳中和工作的"四梁八柱"。一是尽快制定出台上位法，尽早实现有法可依，夯实推进碳中和各项工作的根基。特别要做好同节约能源法、可再生能源法、煤炭法等已有相关法律及规定的匹配衔接。二是研究制定系列制度体系，包括碳核算、碳足迹、碳标准、碳评估、碳认证等制度。三是借鉴节能工作经验，实行地方"目标分解＋考核"机制。做好碳排放总量目标、分解及考核的系统设计，创造条件从能源双控转向碳总量控制。要因地制宜、实事求是，可考虑基于"责任和潜力"的原则分解目标，对于纳入碳市场的部分，不再纳入地方考核。针对资源安全问题，也应通过制度安排予以保障。须逐步建立完善资源获取、资源开发、资源使用、资源回收、国际合作等全链条的管理规制和标准体系。

第1章
迈向碳中和的经济社会能源蓝图[*]

[*] 本章主要执笔人为国务院发展研究中心产业经济研究部许召元，南京航空航天大学胡秀蓉，壳牌集团战略部乔治奥·波尼亚斯，课题组其他成员参与了讨论和修改。

本章要点

　　中国经济平稳发展，预计到 2035 年人均 GDP 达到中等发达国家水平。到 2060 年，将全面实现现代化。经济增长将由资本驱动向创新驱动转变，由投资驱动向消费驱动转变。产业结构持续优化，第三产业比重到 2060 年占比将在 70% 左右。

　　能源消费量将先增后降，一次能源消费总量在 2030 年之后进入平台期，2035 年左右达到峰值，约 61 亿吨标准煤，之后开始下降，到 2060 年总量在 50 亿吨标准煤以内。与 2020 年水平相比，中国能源强度 2035 年下降接近 40%，2060 年下降 75% 以上。能源供应向清洁化转型，非化石能源在一次能源消费中的比重在 2030 年达到 25% 以上，2050 年超过 70%，2060 年达到 82%。终端用能清洁化快速发展，预计 2030 年、2050 年、2060 年电气化率分别超过 30%、50%、60%，氢能将在重工业、重型交通运输领域的碳中和过程中发挥重要作用。

实现碳达峰碳中和是党中央、国务院统筹国际国内两个大局做出的重大战略决策，充分展示了中国作为大国的担当。中国正开启全面建设社会主义现代化国家新征程，实现碳中和将为加快发展方式转变和经济结构调整提供战略导向。但这一目标非常具有挑战性，需要系统的顶层设计和科学的长期规划，结合短中长期目标，识别不同时期关键行业的转型路径，从根本上实现绿色可持续发展。因此，结合经济中长期发展目标，规划碳中和路径对科学制定政策措施具有重要的现实意义。

本章主要利用动态随机一般均衡模型，结合中国当前的碳中和政策措施及发展目标，模拟碳中和目标下经济发展、产业结构、对新能源的需求等。

一、新发展阶段下中国经济发展与能源消费、碳排放的关系正出现重大改变

（一）中国已经进入新发展阶段

根据党的十九届五中全会精神，2021 年起中国步入新发展阶段。这是在全面建成小康社会、实现第一个百年奋斗目标之后，全面建设社会主义现代化国家、向第二个百年奋斗目标进军的新发展阶段[①]。2020 年中国国内生产总值超过 100 万亿元，人均收入超过 1 万美元（2010 年价格），与高收入国家差距进一步缩小，综合国力和国际竞争力明显增强。

中国已经基本实现工业化。中国产业结构持续优化，工业化向中高端水平迈进，服务业比重持续提升，农业现代化取得明显成效。2020 年，第一、二、三产业增加值比重分别为 7.7%、37.8%、54.5%。工业化进程于 2011 年进入工业化后期阶段，2015 年进入工业化后期的后半阶段，到 2020 年基本实现工业化。高端制造业和绿色制造业成为工业发展的重要支柱，特别是最近几年，中国高端装备制造业飞速发展，不断加快布局智能产业，培育了许多智能制造企业，形成了专业化智能制造产业集群。

中国正处在产业转型升级的重要阶段。在供给侧结构性改革系列举措的支持下，中国实体经济发展环境不断改善，实体经济得到了快速发展，并带动产业结构不断优化。服务业比重提升的同时，中国制造业比重保持在适宜的水平，制造业内部结构不断优化升级。服务型制造成为提升附加值的重要渠道，制造业内部高技术制造业占比

---

① 《新发展阶段是我国社会主义发展进程中的一个重要阶段》，《人民日报》2021 年 1 月 13 日第 1 版。

持续增长。战略性新兴产业占比稳步提高，生产性服务业加速发展。

（二）近年来中国经济发展对碳排放增长的依赖度大幅下降

能源作为必要的生产要素之一，其消费增长速度常被用来判断经济形势。但随着科技进步和能源效率提升，产业结构和能源结构不断发生变化，导致经济增长和能源消费逐渐产生脱钩的趋势。根据国家统计局的数据，中国单位 GDP 能耗自 2005 年的 1.4 吨标准煤 / 万元，下降至 2020 年的 0.8 吨标准煤 / 万元，下降比例约 43%，如图 1-1 所示。

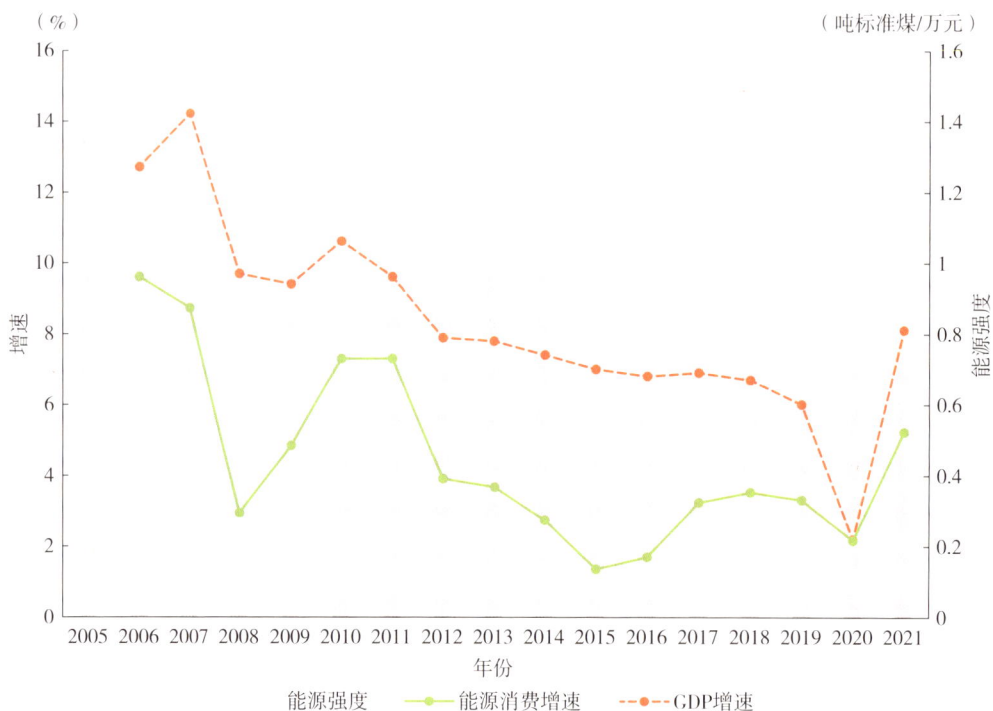

图 1-1　2005—2021 年中国能源消费与 GDP 发展趋势对比

资料来源：中国统计年鉴数据库

中国能源强度的下降主要归因于：①经济结构转变，部分高耗能产业产出的减小，以及第三产业占比的增加，使得单位 GDP 增量的能耗快速下降；②能效提升，尤其是高耗能行业的能耗下降。2020 年发布的《新时代的中国能源发展》白皮书指出，中国能源利用效率显著提高。2012—2019 年，以能源消费年均 2.8% 的增长支撑了国民经济年均 7% 的增长。

同时，随着能源结构的优化，中国经济社会发展对碳排放的依赖大幅减少。2005—2019 年，中国 GDP 增长了约 4 倍，同期，单位 GDP 二氧化碳排放下降了 48.1%，相当于减少了 56 亿吨二氧化碳排放。

（三）从其他国家经验看后工业化实现碳中和仍将是艰巨的任务

中国当前经济社会正处于中高速增长阶段，发展任务艰巨。在此背景下提出碳排放 10 年内达峰，之后迅速与经济增长脱钩，并在 30 年内实现碳中和，与欧美相比，中国实现碳中和必将付出更大的努力（见图 1-2）。作为成熟经济体，欧盟大致在 20 世纪八九十年代就已经实现碳达峰，其承诺的碳中和时间与碳达峰时间相距 50 ~ 70 年。中国从碳达峰到碳中和仅有 30 年，达峰后缓冲时间短，对经济结构转型、技术创新、资金投入、消费方式等都提出更高的要求，2060 年前实现碳中和是一项艰巨的任务。

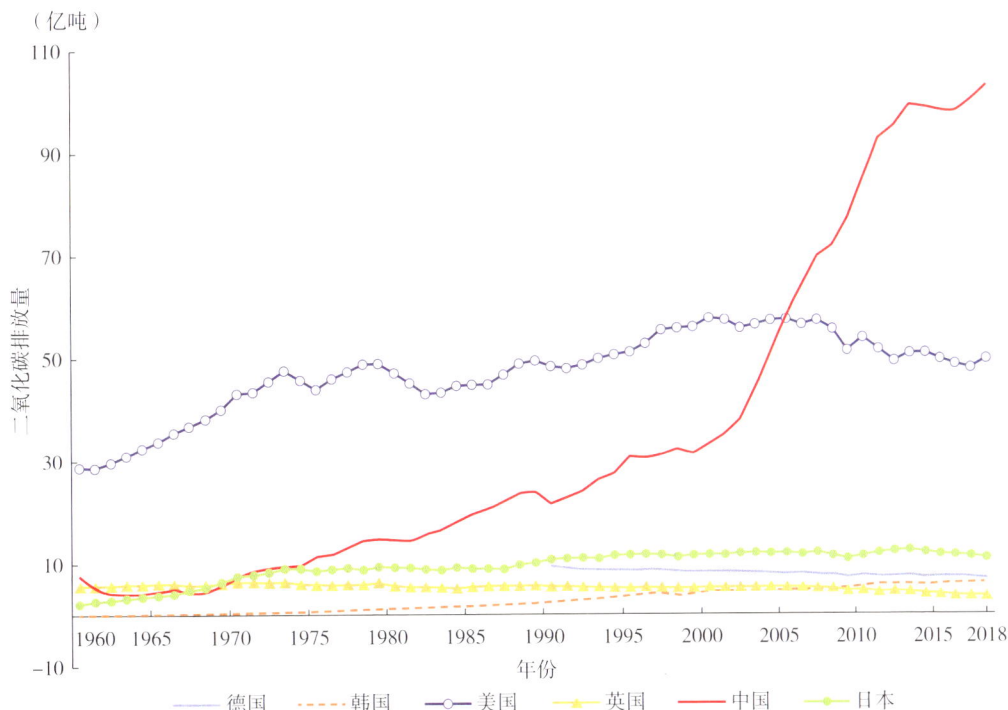

图 1-2　1960—2018 年主要国家二氧化碳排放量变化趋势

资料来源：国泰安数据库

二、研究方法和情景设计

（一）研究方法：模型介绍

可计算一般均衡模型由于能够描述能源环境经济系统之间的相互作用关系，捕捉经济系统一系列冲击的直接和间接影响，已成为能源环境政策分析的重要模型工具。本研究利用 DRC-CGE 模型模拟中国中长期经济和产业发展，揭示经济与能源排放之间的作用机理与反馈机制，提出新经济发展下的新能源需求结构与碳中和可能的实现路径。

DRC-CGE 模型通过建立中国经济的各部门生产函数、消费函数、国内外贸易方程、政府行为函数以及要素供给和积累方程刻画中国经济，已被广泛用于宏观政策分析。该模型包含经济模块、能源模块和排放模块，刻画了厂商、家庭、政府、投资、出口、存货 6 类经济主体，涵盖资本、劳动力、土地、其他特殊资源等要素，其中劳动力细分为低技术劳动力、中技术劳动力和高技术劳动力 3 类。模型采用多层嵌套生产函数来描述不同投入之间的替代关系。

模型数据基于 2017 年中国投入产出表等数据，拆分合并后涵盖 73 个部门（1 个农业、49 个工业、2 个建筑业、21 个服务业），其中电力生产分为煤电、水电、气电、光伏发电、风电、核电、生物质发电 7 种技术。模型详细描述了 4 类一次能源（包括煤炭、石油、天然气、一次电力），8 类终端使用能源［包括煤炭、石油、天然气、电力、液化天然气（LNG）、成品油、焦炭、氢能］。能源数据参考《中国统计年鉴》《中国电力统计年鉴》等，化石能源燃烧排放数据参考《2021 年世界能源展望》、中国碳核算数据库（CEADs）等。

（二）情景设计

力争 2030 年前实现碳达峰、努力争取 2060 年前实现碳中和已经成为中国经济社会发展的基本遵循。在此背景下，本章基于"双碳"战略设计了相关外部参数和主要政策。依据中国近年来经济发展、产业结构变化、能源效率提升的规律，构建了中长期经济和产业发展的几个主要参数。

一是人口和劳动力。根据联合国《世界人口展望 2019》中的方案预测，中国总人口规模在 2031 年达到峰值，约 14.64 亿人，2060 年总人口将降至 13.33 亿人。中国 15 ~ 64 岁的主要劳动力人口在 2013 年达到峰值，约为 10.10 亿人。随着人口老龄化，劳动力人口逐渐下降，2030 年约 9.87 亿人；到 2060 年，15 ~ 64 岁人口预计降至 7.49 亿人。

二是全要素生产率（TFP）。全要素生产率是指各要素（如资本、劳动力等）投入之外的因技术进步和能力实现等导致的产出增加的部分。如果全要素生产率对一个国家和地区的经济增长贡献大，说明这个国家和地区的经济增长主要依靠技术进步；反之，全要素生产率贡献小，说明这个国家和地区的经济增长主要依靠要素投入。由于边际要素报酬递减，经济的持续发展需要依靠技术进步不断提高要素使用效率。本章参考维也纳国际经济研究所发布的全要素生产率调查数据，根据同一发展水平下的美国、日本、英国、法国全要素生产率的数值，设定了 2020—2060 年的全要素生产率增长率。

三是居民消费结构。居民消费倾向影响商品需求，从而对能源需求总量造成影响。本模型设定的居民消费结构基于经济发展规律，参考相关研究，认为随着收入的增加，用于食品等必需品的比例将下降，而用于娱乐、医疗等项目的消费比例增加。

四是储蓄率的趋势变化。中国 2021 年最终消费占 GDP 比重仅为 50% 左右，这一比例在发达国家均在 80% 及以上。随着中国步入工业化后期和后工业化阶段，依照发达国家发展历程，中国最终消费占比将逐渐上升，投资对 GDP 的贡献将逐步减小。模型中，储蓄将会转化为投资，决定未来投资与资本供给。结合相关研究[1]，借鉴发达国家储蓄率水平，本研究假设中国城镇居民储蓄率于 2050 年下降至 30%，农村居民储蓄率于 2060 年下降至 30%。

五是城镇化率。城镇化发展速度影响基础设施投资，从而影响钢铁、水泥等重工业部门的能源需求。一般而言，城镇化率在 30% ~ 70% 是城镇化的快速推进时期。根据第七次全国人口普查数据，中国 2020 年末城镇化率为 63.9%，较 2010 年的 49.7% 提升了 14.2 个百分点。联合国《世界人口展望 2019》中情景预测中国 2060 年城镇化率达到 83.4%。本研究预计"十四五"时期将开启新一轮城镇化建设，城镇化率将维持较快增速，预计 2035 年达到 73% 左右。2035 年后城镇化率增速趋缓，2050 年达到 78.2%，2060 年超过 80%。随着城镇化节奏的放缓，钢铁、水泥需求将会出现下降。除了以上几个外部参数外，本章对碳中和相关政策做了详细的设定，主要考虑了以下内容。

中国推动实现碳中和的举措主要包括政策手段和市场手段。当前提出的具体举措主要集中在 2030 年前实现碳达峰目标，长期目标为到 2060 年，绿色低碳循环发展

① Zhang, L., Brooks, R., Ding, D., Ding, H., He, H., Lu, J. & Mano, R., 2018, "China's High Savings: Drivers, Prospects, and Policies", IMF Working Paper WP/18/277, International Monetary Fund, Washington, DC.

的经济体系和清洁低碳安全高效的能源体系全面建立，能源利用效率达到国际先进水平，非化石能源消费比重达到 80% 以上[1]。具体路径包括推进经济社会发展全面绿色转型，深度调整产业结构，加快构建清洁低碳安全高效的能源体系，加快推进低碳交通运输体系建设，提升城乡建设绿色低碳发展质量，加强绿色低碳重大科技攻关和推广应用，持续巩固提升碳汇能力，提高对外开放绿色低碳发展水平。政策机制方面包括：①完善投资政策，严控煤电、钢铁、电解铝、水泥、石化等高碳项目投资，加大对节能环保、新能源、低碳交通等项目的支撑力度；②积极发展绿色金融，有序推进绿色金融产品和服务开发，建立健全绿色金融标准体系；③完善财税价格政策，研究碳减排相关的税收政策，建立健全促进可再生能源规模化发展的价格机制，完善绿色电价政策；④健全优化市场化机制，进一步完善全国碳排放权交易市场配套制度。本章选择了一条充分发挥政策推动作用和市场机制发挥决定性作用相结合的路径。具体来说，有关"双碳"目标的主要设定有以下几个方面。

一是能效提升速度加快。随着工业、建筑、交通的许多能效措施很快付诸实施并扩大规模，能效将进一步提高。能效提升速率参考其他专题自下而上的研究结果，同时考虑能效提升需要付出的成本，假设能效改进的成本通过增加非能源投入的方式来体现。

二是能源替代。加快推进能源开发清洁替代与能源消费电能替代（"两个替代"），是实现碳中和的根本路径。清洁替代即在能源供应侧以太阳能、风能、核能、生物质能等清洁能源替代化石能源，从能源生产源头减少碳排放，到 2060 年非化石能源消费比重达到 80% 以上。电能替代则从能源使用侧出发，用清洁高效的电能替代其他化石能源。提高电气化水平是降低能源消费总量和碳减排的关键，本章将结合其他专题的研究结果，对不同行业终端能源消费趋势进行预判。

三是负排放技术。负排放技术包括农林碳汇、碳捕集、利用与封存（CCUS）、生物质能—碳捕集与封存（BECCS）以及直接空气碳捕获和储存（DACCS）。在农林碳汇方面，研究表明，到 2060 年中国森林碳汇能力在 7.5 亿～ 17 亿吨 / 年[2]，本章重点考虑由能源燃烧产生的二氧化碳减排路径。工业过程排放及其他温室气体被认为可以通过农业森林碳汇在 2060 年实现碳中和。《中国二氧化碳捕集利用与封存（CCUS）年度报告（2021）——中国 CCUS 路径研究》中总结了已有研究对碳中和

---

[1] 《中共中央 国务院关于完整准确全面贯彻新发展理念做好碳达峰碳中和工作的意见》，求是网，2021 年 10 月 24 日。
[2] 中国科学院可持续发展战略研究组：《2020 中国可持续发展报告：探索迈向碳中和之路》，科学出版社，2021。

目标下 CCUS 减排潜力的判断，如表 1-1 所示。

表 1-1　2025—2060 年各行业 CCUS 减排潜力（亿吨 / 年）

行业	2025 年	2030 年	2035 年	2040 年	2050 年	2060 年
煤电	0.06	0.2	0.5 ~ 1	2 ~ 5	2 ~ 10	2 ~ 10
气电	0.01	0.05	0.2 ~ 1	0.2 ~ 1	0.2 ~ 3.5	0.2 ~ 3.5
钢铁	0.01	0.02 ~ 0.05	0.1 ~ 0.2	0.2 ~ 0.3	0.5 ~ 2.1	0.9 ~ 2.9
水泥	0.001 ~ 0.17	0.1 ~ 1.52	0.2 ~ 0.8	0.3 ~ 1.5	0.8 ~ 1.8	1.9 ~ 2.1
BECCS	0.005	0.01	0.18	0.8 ~ 1	2 ~ 5	3 ~ 7
DACCS	0	0	0.01	0.15	0.5 ~ 1	0.3 ~ 3
石化和化工	0.05	0.1 ~ 0.5	0.1 ~ 0.8	-	1 ~ 1.5	1.5 ~ 2
全行业	0.09 ~ 0.3	0.2 ~ 4.08	1.19 ~ 8.5	3.7 ~ 13	6 ~ 14.5	10 ~ 18.2

资料来源：生态环境部环境规划院的年度报告；清华大学碳中和情景预测

　　四是碳定价政策。碳定价政策被认为是一种可以经济有效实现深度脱碳的重要手段。2021 年 7 月 16 日，全国碳排放交易市场正式启动上线交易，涵盖发电行业重点排放单位 2162 家，每年覆盖碳排放量超过 45 亿吨，是全球规模最大的碳市场。目前关于碳价格的研究，由于假设条件不同使得结果有所差别，相关研究测算的 2030 年达峰的碳价格在 8 ~ 120 美元 / 吨范围内。根据联合国政府间气候变化专门委员会（IPCC）《全球升温 1.5℃特别报告》，要实现 2℃温控，2030 年全球碳价水平需达到 15 ~ 22 美元 / 吨，2050 年需达到 45 ~ 1050 美元 / 吨，2070 年需达到 420 ~ 19300 美元 / 吨。关于中国碳价问题，张希良等（2021）指出，碳中和目标下碳价水平 2025 年不低于 70 元 / 吨，2030 年不低于 100 元 / 吨，2035 年不低于 180 元 / 吨，2050 年不低于 700 元 / 吨[①]。本研究假设 2060 年碳价为 700 元 / 吨。

三、碳中和路径下中国经济增长和产业低碳化发展

　　综合研判未来 40 年中国中长期经济增长、产业结构升级、人口和城镇化发展、

---

① 张希良等：《碳中和目标下的能源经济转型路径与政策研究》，《管理世界》2022 年第 1 期。

能源电力消费变化等关键指标，作为碳中和实现路径的主要边界条件。本章借助国内外权威机构关于人口、劳动力的预测，通过分析比对其他发达国家同一经济水平下的全要素生产率、产业结构等，为中国经济中长期发展提供参考借鉴指标。

（一）碳中和情景下中国宏观经济及需求结构变化

1. 宏观经济发展预测

中国经济运行总体平稳，经济结构持续优化，2021—2035 年，中国经济发展将进入增速动力转换的关键期。"十四五"时期平均经济增速预计达到 5.8%，"十五五"时期经济增速将逐步过渡到中速增长阶段，增速在 4.5% 左右。预计到 2035 年，GDP总量将达到 202.2 万亿元（按 2020 年不变价）左右，综合考虑汇率升值、价格变化等因素后，2035 年我国人均 GDP 有望达到中等发达国家水平。

2035—2060 年，在经济高质量发展取得阶段性成效的基础上，中国经济将持续增长。预计到 2050 年和 2060 年，中国 GDP（按 2020 年不变价）分别达到 323.1 万亿元和 409.6 万亿元，全面实现社会主义现代化（见表 1-2）。

表 1-2　碳中和情景下 2020—2060 年中国经济增长预测

年份	现价 GDP（万亿元）	实际 GDP（万亿元）	人均 GDP（万元）
2020	101.4	101.4	7.2
2025	147.8	133.7	9.4
2030	203.0	166.4	11.7
2035	272.4	202.2	14.3
2040	359.0	241.4	17.2
2045	462.7	281.8	20.3
2050	585.7	323.1	23.7
2055	732.5	366.0	27.5
2060	905.1	409.6	31.7

注：表中实际 GDP、人均 GDP 均为 2020 年不变价。
资料来源：课题组模型测算

2. 从要素动力来看，将由资本驱动向创新驱动转变

中国当前经济发展主要依靠资本积累的拉动作用，尤其是 2020 年受新冠疫情影响，全要素生产率增长的贡献为负值，经济增长主要依靠资本驱动。随着人口红利退

潮和资本积累放缓，要素增长带来的"赶超型"增长效应将逐渐消失。相应地，新技术新知识的不断累积将带来效率提升，全要素生产率对经济的贡献将继续保持稳定增长。党的二十大报告也将"着力提高全要素生产率"作为推动高质量发展的一个任务。本研究预测了资本、劳动力及 TFP 对 GDP 的增长贡献。如图 1-3 所示，TFP 对 GDP 增长的贡献将保持稳定增长的趋势。

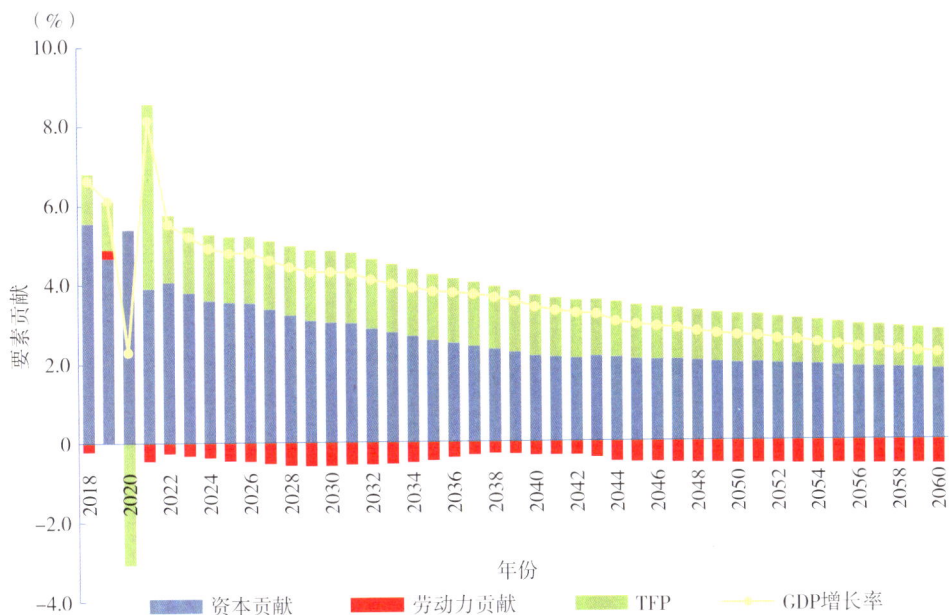

图 1-3　经济增长要素贡献分析

资料来源：课题组模型测算

3. 从需求动力来看，将由投资驱动向消费驱动转变

中国当前主要由投资和消费拉动经济增长。随着内需布局的扩大以及消费机制的完善，消费将成为推动新时代经济高质量发展的核心原动力。

居民消费贡献率不断提升，拉动经济作用进一步增强。消费能够很好地促进国家内需，推动内循环。中国 2020 年最终消费率（最终消费占 GDP 的比重）为 54.3%，远低于美国、英国、法国等发达国家 80% 以上的消费率水平。从居民消费看，中国当前的居民消费水平偏低，居民消费占 GDP 比重不到 40%。2020 年受新冠疫情的影响，中国居民消费占 GDP 比重相较于 2019 年的 39%，下降了 1.34 个百分点[①]。而美

———————
① 基于《中国统计年鉴 2021》核算。

国居民消费比重长期保持在 60% 以上，2020 年达到 69% 左右。日本、韩国也维持在 60% 左右。未来，在"坚持以国内大循环为主体"的背景下，随着中国人均收入的进一步提高，以及经济增长模式日益由投资驱动向消费拉动转变，消费占比将有明显提升，预计到 2035 年、2050 年、2060 年，居民消费率分别约为 44%、47%、50%。最终消费需求（包括居民消费、政府消费等）占比在 2060 年达到近 62%，如表 1-3 所示。

表 1-3　2020—2060 年需求端消费、投资、出口比重预测（%）

类别	2021—2025 年	2026—2030 年	2031—2035 年	2036—2040 年	2041—2045 年	2046—2050 年	2051—2055 年	2056—2060 年
居民消费	40.9	42.7	43.9	45.1	46.2	47.4	48.6	49.8
政府消费	14.4	13.8	13.5	13.2	12.9	12.6	12.3	12.0
固定资本形成	44.7	43.7	42.7	41.7	40.7	39.6	38.4	37.3
出口	18.1	18.2	17.6	16.5	15.1	13.9	12.9	12.1
进口	18.1	18.4	17.7	16.4	14.8	13.4	12.2	11.2

资料来源：课题组模型测算

投资对经济增长的拉动作用逐渐减小。从国际比较来看，不同历史时期工业化国家的实际投资率峰值呈现上升趋势，美国最初实现工业化时期的实际投资率峰值为 20%，美国工业革命时期约为 28%。"二战"后追赶国日本在 1973 年投资率达到峰值，为 31.6%，韩国 1996 年达到峰值 40.6%。中国长期以来一直具有高储蓄特征，高储蓄必然导致高投资率。中国 2020 年投资占 GDP 比重为 45%，未来十年中国的城镇化进程将继续为投资提供支持。随着人口的减少以及城镇化速度减缓，新建筑、基础设施等的长期投资将大幅下降，投资占 GDP 的比重到 2060 年下降至 37% 左右。

进出口占 GDP 比重将下降。出口方面，美国出口增速在 20 世纪 70 年代达到峰值后开始逐步下降，近年来有所回升。日本在 20 世纪 70 年代出口增速达到峰值后，开始出现下降，近年来增速有所回升。中国加入 WTO 以来出口整体保持较高的增速，但是 2008 年国际金融危机后出口增速有明显下降。当前中国出口规模已经相当大，并且随着中国制造的成本优势逐渐变弱，出口将难以保持过去的高速增长。在中国居民收入水平提高、消费升级的背景下，中国对于进口商品和服务的需求将保持稳定增长。从进出口占 GDP 比重来看，两者均呈下降趋势。

4. 消费结构变化明显，生存类消费下降、生活享受类消费提升

随着经济的快速发展和城乡居民的收入增加，消费结构也在不断发生变化。从2013—2018年的数据来看[1]，居民消费结构中占比下降最明显的是食品烟酒和衣着类消费，全国居民人均食品烟酒消费占比从2013年的31%降至2019年的28%，2020年受新冠疫情影响，享受类消费下降，食品烟酒消费比例有所上升。长期来看，居住、交通通信和医疗保健等享受类消费支出占比将逐渐上升。预计到2060年食品消费占总消费的比例下降至9.4%左右，文教娱乐住宿餐饮、医疗保健、金融居民服务零售的占比都将逐渐增大，居住（包括房租、水、电等）支出占比整体略有下降（见图1-4）。

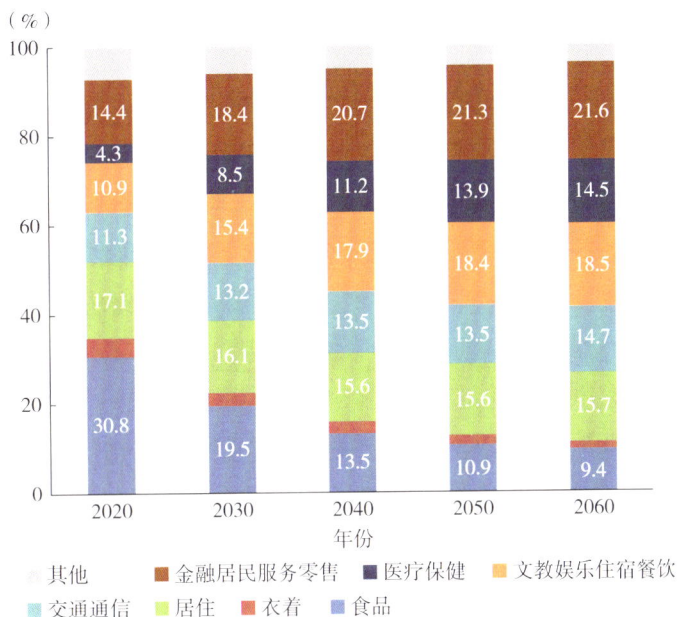

图 1-4　2020—2060 年居民消费结构预测[2]

资料来源：课题组模型测算

（二）产业结构升级

中国产业结构持续优化，第三产业比重持续增加，2012年第三产业比重首次超过第二产业，成为国民经济第一大产业。2015年，第三产业比重超过总量的一半，2020年第三产业的比重为54.5%[3]。第二产业内部结构不断优化调整，重工业发展实

---

[1] 从2013年起，国家统计局对城乡居民收入和消费支出情况进行调查。

[2] 居民消费分类参照国家统计局居民消费支出分类进行划分。

[3] 国家统计局：《中华人民共和国2020年国民经济和社会发展统计公报》，2021年。

现从粗放型增长到集约型增长的转变，钢铁、水泥、建材、化工、玻璃等产量陆续达峰，中高端制造业产值比重持续提升。中国制造业比重从 2011 年开始持续下降，到 2020 年时仅为 26.2%。与其他处于相似经济发展水平的经济体相比，当前中国制造业比重处于中间偏上的水平，但是近年来存在制造业比重下降速度偏快的问题。

2020—2035 年，中国将由工业化后期阶段向后工业化阶段过渡。第三产业对经济增长的贡献将持续增加，生产性服务业向专业化和价值链高端延伸，与先进制造业、农业深度融合，预计到 2035 年以后第三产业占 GDP 比重达到 63%。第二产业占 GDP 比重稳中趋降，内部结构不断优化升级。针对制造业，考虑建筑业和服务业中制造品占比的趋势性下降，居民消费结构升级带来的居民消费的商品中制造业的产品占比下降，以及制造业出口占最终需求的比重可能持续下滑，预计到"十四五"时期末中国制造业比重比 2020 年下降 1.4 个百分点左右，降至 24.8% 左右。

2035—2060 年，中国将步入后工业化时期，向服务经济和知识经济时代过渡。第三产业将在经济中占据支配地位。第二产业完成由机械化向智能化的转型升级，在第四次工业革命中保持领跑地位，智能制造、工业互联网等数字化工业壮大成熟。结合当前发达国家产业结构变化趋势，预计 2056—2060 年中国三大产业平均占比分别为 3.0%、25.9%、71.1%，如表 1-4 所示。

表 1-4　中国三大产业占 GDP 比重（%）

产业	2021—2025 年	2026—2030 年	2031—2035 年	2036—2040 年	2041—2045 年	2046—2050 年	2051—2055 年	2056—2060 年
第一产业	6.1	5.8	5.2	4.7	4.1	3.6	3.4	3.0
第二产业	38.2	35.5	33.2	31.3	29.8	28.5	27.1	25.9
第三产业	55.8	58.8	61.7	64.1	66.1	67.9	69.5	71.1

资料来源：课题组模型测算

相同经济发展水平下，人均 GDP 超过 20000 美元时，中国第二产业比重高于日本、美国和德国，低于韩国，如图 1-5 所示。第三产业的比重则相反。

制造业技术持续提升。2021 年，中国高技术制造业增加值同比增长 18.2%，高技术制造业投资同比增长 22.2%。随着中国产业技术创新能力的不断提升，智能制造的不断推进，高技术、中高技术制造业占比将持续上升，而资源型制造业、低技术制造业及中低技术制造业占比将逐渐下降，制造业内部结构不断优化（见图 1-6）。

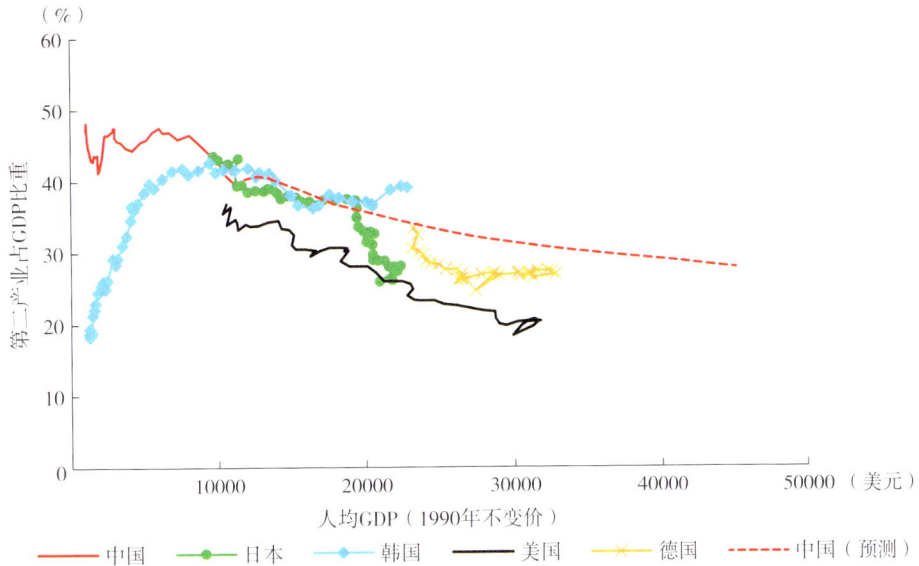

图 1-5　中国第二产业占 GDP 比重与其他国家的比较

资料来源：其他国家历史数据来源于世界银行，中国预测来自课题组模型测算

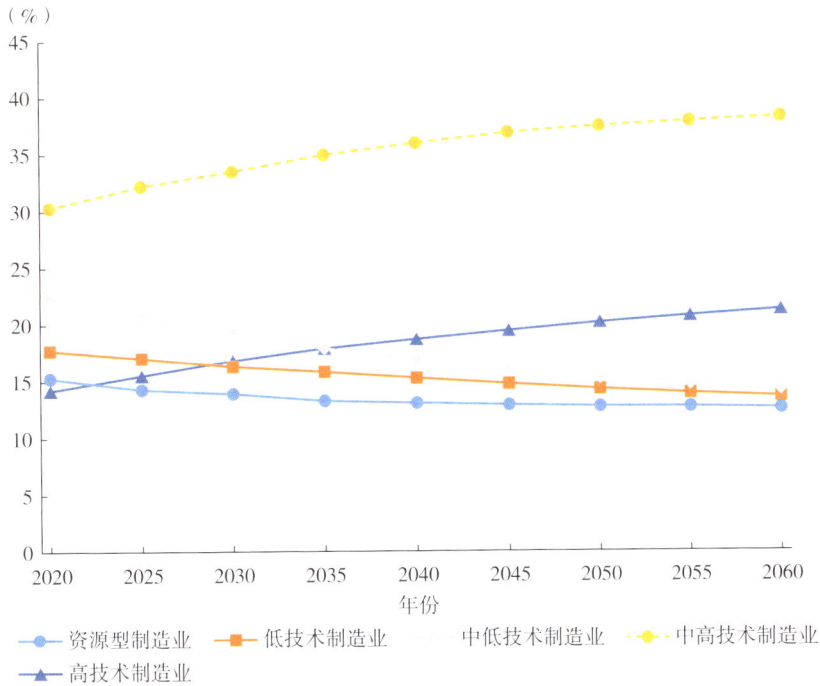

图 1-6　2020—2060 年不同技术类型制造业占总制造业 GDP 比重预测

资料来源：课题组模型测算

高能耗行业产值下降（见图 1-7）。2060 年中国行业总产值将扩大为 2020 年的 3.5 倍左右。增速较快的为服务业、电气设备制造业、交通设备制造业、运营交通行业、电力热力行业，这些行业 2060 年的产值均在 2020 年产值的 3 倍以上，其中新能源发电行业、新能源汽车制造业的产值增加比例最高，达到 10 倍以上。而煤炭、石油、天然气开采业，炼油行业以及水泥行业 2060 年的产值将比 2020 年有所下降。其他制造业部门 2060 年产值为 2020 年的 1 ~ 3 倍。

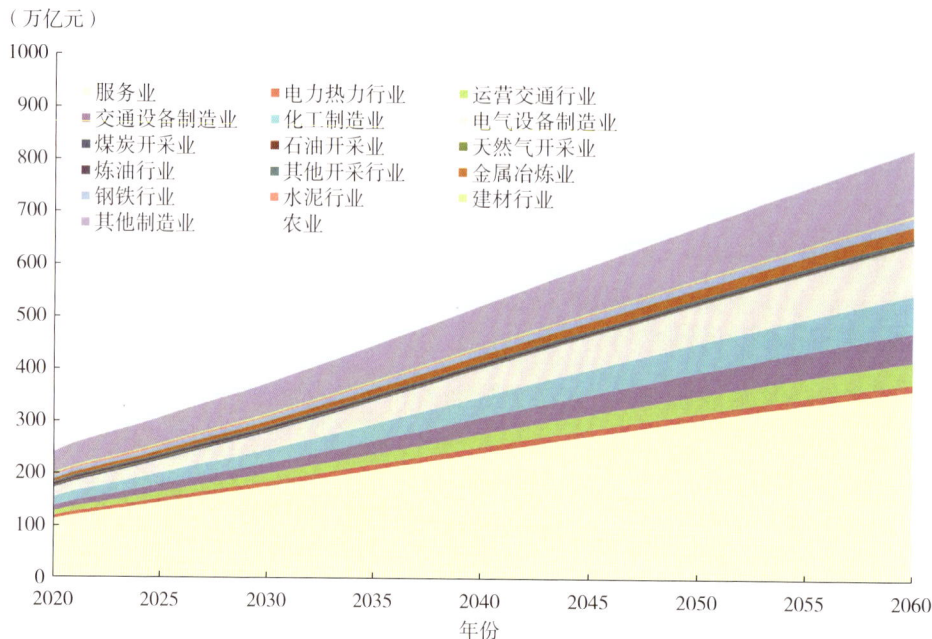

图 1-7　典型行业总产值变化趋势

资料来源：课题组模型测算

四、碳中和实现路径

（一）能源消费及能源结构变化趋势

碳中和目标下，中国一次能源消费总量预计在 2035 年左右达峰，峰值约 61 亿吨标准煤，到 2060 年下降至 50 亿吨标准煤以内。2060 年能源强度相较于 2020 年下降 75%，煤、油、气消费依次达峰，非化石能源占比达 82% 左右。具体来看，随着碳约束的增强，能效和电气化率的提升，中国一次能源需求总量预计从 2030 年开始进入平台期，到 2035 年左右达到峰值。2035 年之后，经济发展和能源消费逐渐脱钩，到 2060 年，中国一次能源需求量约为 49.2 亿吨标准煤。与 2020 年水平相比，单位 GDP 能耗到 2025 年下降约 15%，到 2050 年下降约 68%，到 2060 年下降约 75%，2020—2060 年单位 GDP 能耗年均下降约 3.5%。2035—2050 年下降速率较快，2050 年之后下降速率减缓。

能源结构将加速向可再生能源主导结构转变。中国煤炭消费预计将在 2025 年前后达峰，之后大幅降至 2060 年的 4 亿吨标准煤左右。随着交通部门的电气化转型，石油消费于 2025—2030 年达峰，峰值约为 10.5 亿吨标准煤，而后不断下降至 2060 年的 2 亿吨标准煤左右。天然气消费在 2035 年左右达峰，峰值约 8 亿吨标准煤，而后下降至 2060 年的 2 亿吨标准煤左右（见图 1-8）。非化石能源发展迅速，其占比从 2030 年的 25.4%，逐渐上升至 2060 年的 85% 左右。

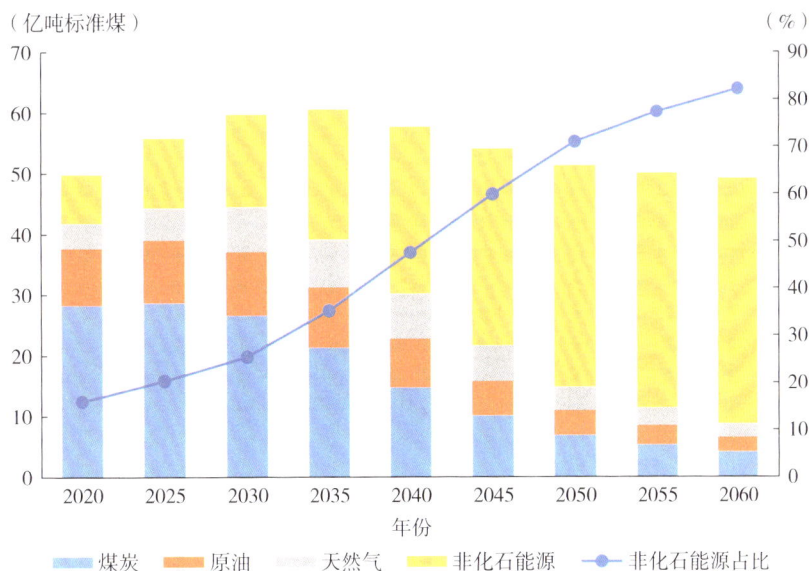

图 1-8　2020—2060 年一次能源需求量及其结构

资料来源：课题组模型测算

（二）终端能源消费需求

中国终端用能将在 2030 年左右达峰，峰值约 43 亿吨标准煤，而后下降至 2060 年的 28 亿吨标准煤左右，比峰值下降约 35%。终端用能逐渐清洁化，到 2060 年电气化率超过 60%，氢能占比达 12% 左右。

终端能源消耗主要来源于工业领域、建筑领域及交通领域。到 2060 年工业仍是中国最大的能源消耗部门，占终端能源消费的 52%，比 2020 年的 70.3% 下降 18.3 个百分点。建筑领域和交通领域终端能耗比重较 2020 年有所上升，建筑领域能耗占比由 2020 年的 20.3% 升至 2060 年的 30% 左右，交通领域则由 2020 年的 9.5% 上升至 2060 年的 18% 左右。

终端用能清洁化发展迅速，到 2060 年，终端电气化率将超过 60%（见图 1-9）。2020 年，全国电能占终端能源消费比重约 26.5%，电气化发展趋于平稳，其中 4 个高载能行业（包括化工、建材、钢铁和有色）电气化率约为 17.8%。随着能效提升以及能源替代，预计 2060 年工业领域电气化率将达到 56%。建筑领域电气化发展水平快速提升，"十三五"以来电气化率累计提高 10.9 个百分点，达到 44.1%，预计到 2060 年建筑领域电气化率超过 70%。交通领域当前电气化率在 3.7% 左右，预计到 2060 年，交通领域电气化率将超过 60%，行业电气化发展潜力巨大。随着氢能在钢铁冶炼、化工及重型交通运输等领域的应用，氢能需求占比将逐步提升。碳中和目标将推动能源系统绿色转型，实现高度清洁化、电气化的现代能源系统。

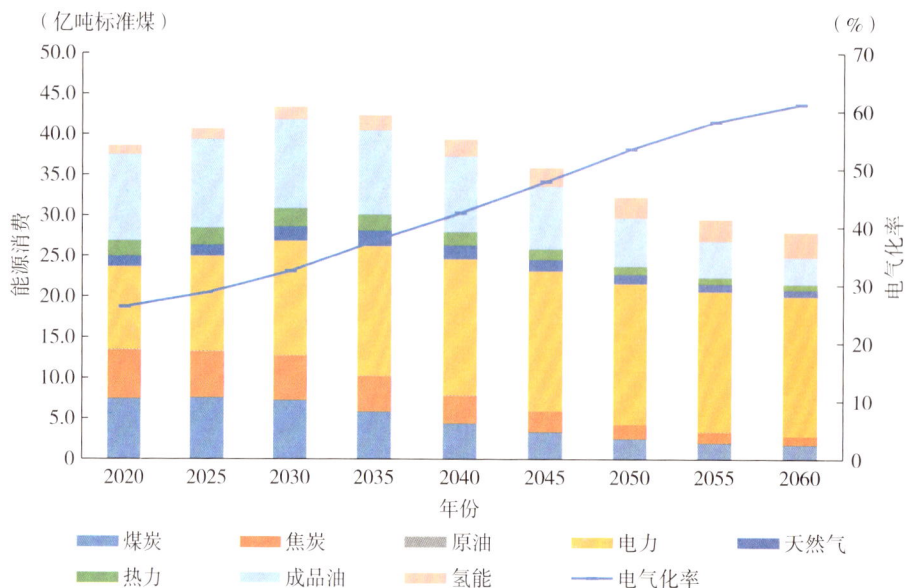

图 1-9　2020—2060 年终端能源需求结构预测

资料来源：课题组模型测算

（三）CCUS 技术发展潜力

CCUS 技术对碳中和具有重要意义。火电行业是当前 CCUS 示范的重点，预计到

2030 年，煤电和气电 CCUS 减排量将达到 0.14 亿吨 / 年，2050 年达到 3 亿吨 / 年左右。化工行业将从 2035 年的 0.89 亿吨 / 年，增长到 2060 年的 2.25 亿吨 / 年。2035 年起钢铁 CCUS 有一定的工业示范，约减排 0.35 亿吨 / 年，到 2060 年达到 1.3 亿吨 / 年左右。水泥 CCUS 将从 2035 年的 0.41 亿吨 / 年增长至 2060 年的 1.44 亿吨 / 年。BECCS 与 DACCS 在 2060 年将需要约 5 亿吨 / 年用于实现碳中和，如表 1-5 所示。

表 1-5　碳中和情景下 CCUS 技术的碳移除量预测（亿吨 / 年）

类别	2030 年	2035 年	2050 年	2060 年
化工行业	0.65	0.89	1.84	2.25
钢铁	0.24	0.35	0.82	1.30
水泥	0.27	0.41	0.96	1.44
电力热力	0.14	1.31	3.04	3.03
BECCS+DACCS	0.01	0.18	4.50	5.00

资料来源：课题组模型测算

五、主要领域碳中和路径

（一）电力领域

电力领域的减排脱碳是力争实现 2030 年前碳达峰和努力争取实现 2060 年前碳中和目标的关键部分和重要行动抓手。在碳中和路径下，电力系统面临着重大的结构性调整，从当前以高碳排放的化石燃料为基础的电力生产结构，逐渐调整为以零碳排放的可再生能源为主体的电力生产结构。

随着人们生活质量的提升、经济的增长，以及行业电气化发展，未来用电需求量将逐渐增加。根据模型预测，到 2025 年电力需求将超过 9 万亿千瓦时，到 2030 年将达 10.5 万亿千瓦时左右，而后不断增加，至 2060 年接近 18 万亿千瓦时（包含氢能发展的电力需求量）。

从电力结构来看，可再生能源成为电力增长的主导力量。到 2060 年，以风能和太阳能为主导的可再生能源在全国发电量中的占比将由 2020 年的 34% 左右提升至 90% 以上，在发展高比例可再生能源的同时，要做好多能互补、源网荷储一体化相结合，逐步构建安全、经济、低碳的新型电力系统。

电力领域要承担其他领域电气化带来的碳排放转移，同时碳达峰阶段的新增电力需求难以完全由非化石能源发电满足，两方面的因素共同导致电力碳达峰可能滞后于其他领域。

（二）工业领域

工业领域能源消费主要由高耗能行业拉动，包括黑色金属冶炼及压延加工业、化学原料及化学制品制造业、非金属矿物制品业、石油、煤炭及其他燃料加工业、有色金属冶炼及压延加工业等。随着高耗能产品产量趋于饱和，如水泥已达到产量峰值，钢铁接近甚至也已达峰，工业领域能源需求先趋稳，之后下行。预计 2028—2035 年工业领域终端用能将处于平台期，终端需求量在 23.3 亿吨标准煤左右，之后将大幅降至 2060 年的 14.6 亿吨标准煤左右，如图 1-10 所示。

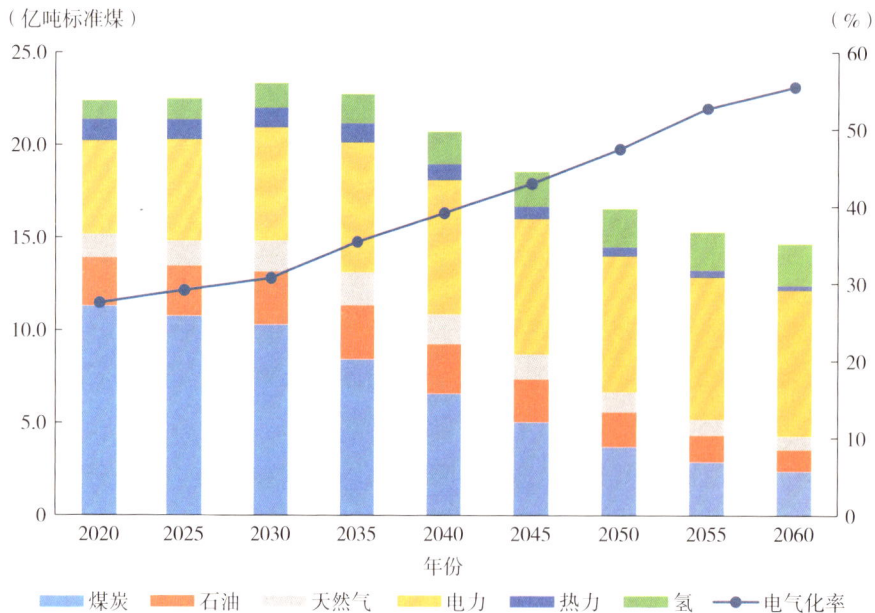

图 1-10　2020—2060 年工业领域能源消费结构

资料来源：课题组模型测算

工业领域提高电气化率主要依赖工业化进程、技术路线革新和调整以及产业发展方式等因素。由于钢铁、水泥、石化、玻璃、纺织等行业电能替代面临诸多挑战，2040 年前，电气化率提高速度将慢于其他领域，到 2040 年工业电气化率约为 40%。2040 年后，随着氢能、电锅炉等技术的升级，加上钢铁、水泥等需求大幅下降以及短流程炼钢占主流，工业领域电气化率将加快上升，到 2060 年预计达到 56% 左右。

具体来看，工业领域各行业实现碳中和的路径有所差异。

石油化工行业脱碳关键在于氢能与电能替代。从能耗水平看，预计在 2035 年左右达峰，峰值约 7.2 亿吨标准煤，其中氢能占比逐渐上升，2050 年、2060 年石油化工行业氢能需求分别达到 3900 万吨、4200 万吨，接近氢能总需求量的一半。

钢铁行业脱碳主要依靠短流程和氢能还原铁。钢铁行业工艺流程的转变将大大减少对煤炭和焦炭的依赖，增加对电力的需求。根据模型预测，到 2050 年电炉短流程钢产量将带来 1.9 万亿千瓦时左右的零碳电力需求量，2060 年进一步上升，需要 2.4 万亿千瓦时的电力，钢铁行业电气化率到 2060 年达 50% 以上。此外，对于剩余的长流程生产，可以采用氢气直接还原铁和碳捕集与封存技术，预计到 2060 年，钢铁行业需要约 2600 万吨氢能来支持钢铁生产的零碳化。

水泥行业脱碳主要依靠能效提升、CCS 及生物质技术等。随着基础设施建设浪潮退去，混凝土和水泥的需求量将逐步下降。经过 40 年的技术创新，中国已成为水泥生产领域的高能效先行者，预计到 2060 年，能效水平将进一步提升，能源需求量进一步下降。根据模型结果，到 2035 年、2050 年、2060 年水泥行业的能源需求分别为 2.5 亿吨标准煤、1.4 亿吨标准煤、1.2 亿吨标准煤。此外，水泥行业的过程碳排放占全国工业过程碳排放的 75%，CCS 技术将是水泥行业工业过程脱碳的必要手段。

（三）建筑领域

建筑领域脱碳依赖于电气化发展及能效提升。中国建筑面积仍将持续增长，由于用能效率的提升，中国建筑运行总能耗在 2030 年左右达峰，之后进入下行轨道。预计 2060 年城镇住宅、农村住宅、公共建筑和建筑总面积分别增至 478 亿平方米、97 亿平方米、213 亿平方米和 788 亿平方米，其中供暖面积约 242 亿平方米。中国建筑运行总能耗在 2030 年左右达峰，2030 年总能耗约为 13.2 亿吨标准煤，之后持续下降，2060 年约为 8.4 亿吨标准煤。

建筑领域电气化水平将大幅跃升，2060 年电气化率将达到 73.3% 左右（见图 1-11），其中北方城镇供暖、城镇住宅（不含供暖）、公共建筑（不含供暖）以及农村住宅电能占终端能源的比重将分别达到 65%、78%、80% 和 70%。

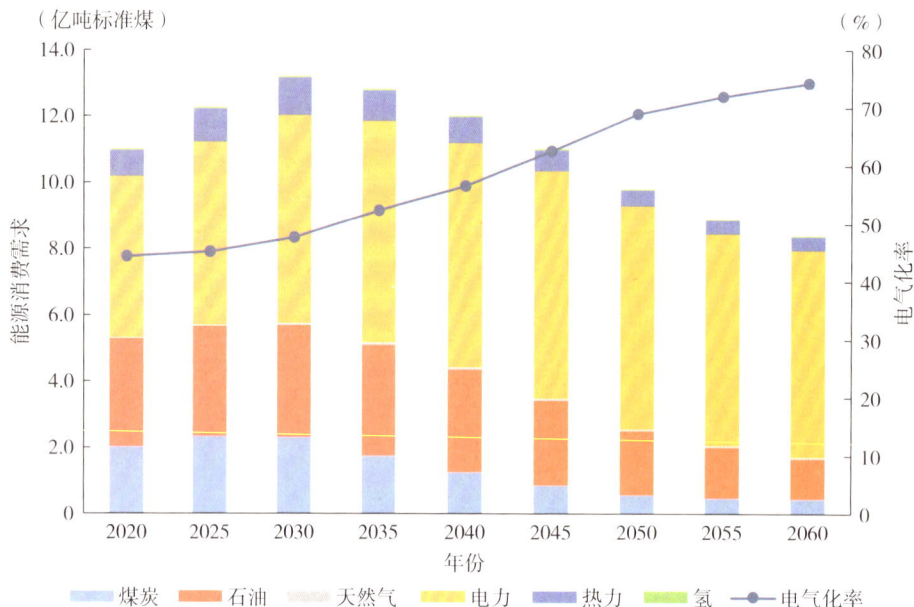

图 1-11　2020—2060 年建筑领域能源消费结构[1]

资料来源：课题组模型测算

（四）交通领域

交通领域脱碳主要依靠电能替代和氢能替代。交通领域通过推广电动汽车、公交、重卡氢能燃料电池的使用，铁路电气化率提升，航空航海的电能、氢能等低碳燃料替代帮助实现深度减碳。随着新能源汽车保有量的增加，对电力的需求增大，终端能耗会略有上升，预计将于 2030—2035 年达峰，峰值约为 7 亿吨标准煤，其后交通领域能源消费总量将逐渐下降，到 2060 年终端能耗约为 5 亿吨标准煤，如图 1-12 所示。

作为当前交通领域的主要用能品种，石油的消费总量将在 2025—2030 年达峰后逐步下降。随着电动化推进，交通领域用电占比从当前的 3.7%，迅速上升至 2050 年的 50% 左右，到 2060 年达 60% 以上，成为交通领域的主导能源。对于重型长途运输车辆，氢燃料电池将是重要补充。

---

[1]　按照国际通行的定义和分类，建筑耗能是指民用建筑使用过程中消耗的能源，包括采暖、空调、热水、炊事、照明、家用电器等。民用建筑分为居住建筑和公共建筑（含商业建筑）。

（亿吨标准煤）   （%）

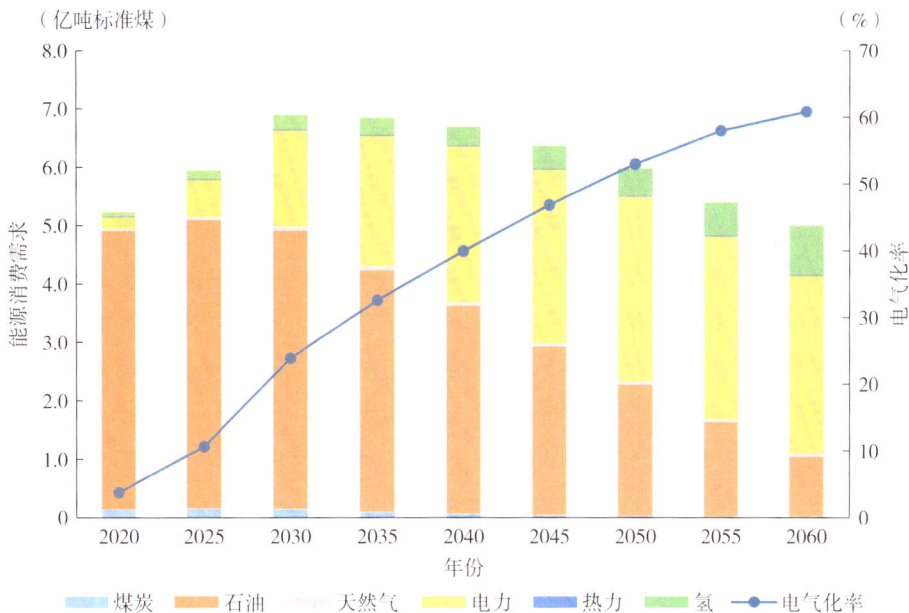

图 1-12　2020—2060 年交通领域能源消费结构

资料来源：课题组模型测算

（五）氢能源行业的重要作用

氢能在难脱碳行业中将发挥不可或缺的作用。要实现碳中和目标，中国需要将氢气年产量从 2020 年的 2500 万吨增加到 2060 年的 1.2 亿吨左右。

氢能将在重工业、重型交通运输领域的脱碳中扮演重要角色。它可以为水泥等许多工业提供直接热源，可以在直接还原技术中被用作还原剂，以生产零碳钢铁。此外，氢气还可以作为原料生产化工行业几乎所有主要产品。随着技术和投入成本不断下降，氢能将逐渐能够与现有燃料竞争，因此氢能需求的增长主要集中在后半程（见图 1-13）。到 2060 年，氢能在终端消费（不包括燃料的非燃烧使用）的占比约为 12%，在工业领域占比约为 18%，在交通领域占比亦在 18% 左右。

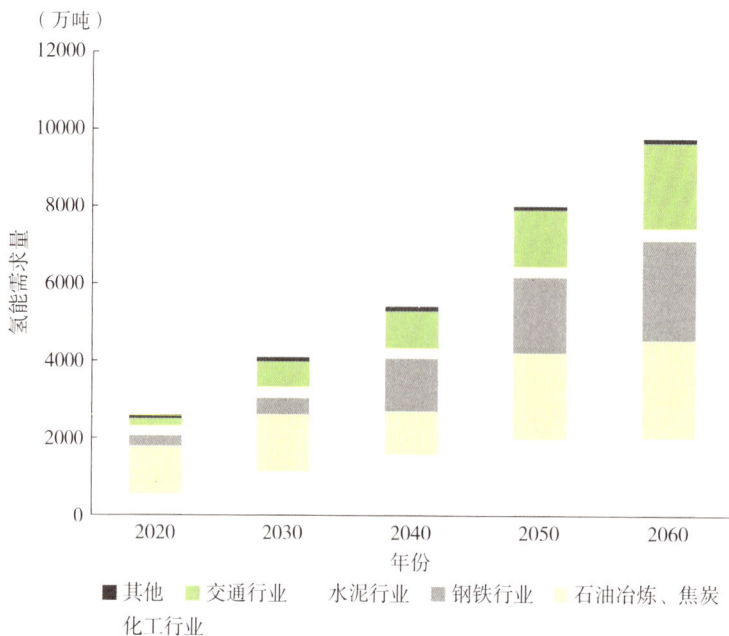

（万吨）

图 1-13　2020—2060 年主要行业氢能需求量

资料来源：课题组模型测算

六、政策建议

强化路径引领。贯彻落实习近平总书记关于应对气候变化、能源发展等方面的重要讲话和指示精神，加强国家战略顶层设计，明确碳排放总量控制路径。

始终重视提高能效。碳中和目标的实现依赖于产业升级和能源效率提升（包括结构调整、技术节能和管理节能等）。与 2020 年相比，中国单位 GDP 能源消费量到 2035 年下降 40% 左右，到 2050 年下降 68% 左右，到 2060 年下降 75% 以上。随着能效提升，一次能源消费总量在 2030—2035 年达到峰值，之后开始下降，至 2060 年降至 50 亿吨标准煤以内。

大力发展新能源。持续推进新能源对传统能源的替代，促使非化石能源在一次能源消费中的比重在 2030 年达到 25% 以上，2050 年达到 70% 以上，2060 年达到 82% 左右。

加快电能替代进程。提高终端用能电气化率是大力发展非化石能源、推进实现碳中和的基本条件，加大各领域电能替代力度，到 2035 年、2050 年、2060 年，全国电气化率水平分别达到 30%、50%、60% 以上。

支持氢能技术发展。推动氢能及燃料电池技术在交通运输、工业等领域的应用，有助于引导可再生能源的电力流向交通运输、工业、建筑业等终端使用部门，实现深度脱碳。预计到 2060 年氢能供应量在 9400 万吨以上，以绿氢为主。

积极布局 CCUS 技术和碳移除技术。CCUS 技术可以使化石能源继续成为重要选项，并能够助力水泥、钢铁等部门深度脱碳。根据模型测算，2060 年仍有部分碳排放需要依靠 CCUS 等技术移除，需提前做好技术研发、示范和推广。

关注重大革命性技术。国际能源署 2021 年发布的《2050 年净零排放：全球能源行业路线图》报告指出，到 2050 年实现净零排放，几乎一半的减排技术将来自目前仅处于示范或原型阶段的技术。要高度重视技术创新和研发，重点关注小型受控核聚变、碳捕集利用与封存、突破性生产工艺及节能技术等。

第2章

工业：抓实重点行业[*]

---

* 本章主要执笔人为中国电力科学研究院成岭，壳牌集团战略部乔治奥·波尼亚斯，课题组其他成员参与了讨论和修改。

本章要点

工业用能以煤炭为主，是中国温室气体排放第一大户。当前，工业用能占全社会用能比重、煤炭占工业用能比重均呈逐年下降趋势，但工业在终端用能中的主导地位和以煤为主的能源消费结构仍未改变。中国工业温室气体排放占全社会排放总量的62%，在不考虑电力行业的情况下，钢铁、建材、化工是工业的 3 个主要排放源。

工业节能与用能结构调整，特别是电气化率提升是低碳转型的重要途径。当前，碳捕集与封存（CCS）技术仍未成熟，工业低碳转型最重要的途径是节能与调整用能结构，推动电力、氢能和可持续生物质等低碳燃料取代化石燃料，其中大力提升工业电气化水平将是主要途径。

工业低碳转型需要政府政策的大力支持。当前中国工业低碳转型还存在技术不成熟、成本过高、投资回报期长等诸多制约因素，但庞大的国内市场也为工业低碳转型提供了规模化竞争力，亟须政府采取多方面的政策措施，促进低碳技术的研发与规模化普及应用。

　　工业是国民经济的重要组成部门，是推动经济增长的主要动力。同时，工业也是当前中国能源消费及温室气体排放的第一大户，减碳面临着技术不成熟、成本高、政策不完善、技术标准缺失等一系列现实问题，实现碳中和的难度很大。开展工业领域低碳发展研究，推动工业领域清洁化低碳化电气化转型升级，是助力中国碳中和目标实现的关键核心环节。

一、工业低碳发展现状

（一）工业碳排放现状

　　目前，工业温室气体排放量占中国温室气体排放总量的 62%。中国工业部门碳排放总量达 62.36 亿吨，占全部排放量的 62%[①]，是经济社会碳排放的第一大户。从国际经验来看，工业部门碳减排的难度最大，大多数国家所实现的工业减排幅度均不大。1990—2018 年，美国、英国、法国、德国等国家工业部门单位 GDP 碳排放强度未见明显下降。相比之下，中国 GDP 碳排放强度下降了 2/3（见图 2-1）。但是，由于中国工业生产规模高速增长，如果仅保持碳排放强度的这一下降趋势，工业部门总排放量仍将持续增长。1990—2018 年，中国工业部门虽然碳排放强度下降了 2/3，但碳排放总量增长了 34 亿吨。因此，要实现净零排放目标，中国需要以更快的速度降低工业 GDP 碳排放强度。

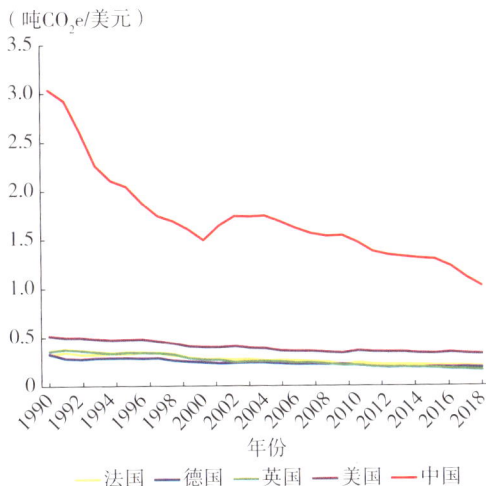

（吨CO_2e/美元）

图 2-1　工业 GDP 碳排放强度

资料来源：UNFCCC，2018 年；世界银行，2020 年

[①]　史丹、李鹏：《"双碳"目标下工业碳排放结构模拟与政策冲击》，《改革》2021 年第 12 期。

钢铁、水泥、化工是中国工业碳排放最大的 3 个子行业，是工业排放的主要来源。钢铁、水泥和化工是近些年中国经济的主要工业部门，也是工业三大高耗能行业，呈现出"高污染、高排放"的特点。2019 年，三部门排放量分别占全社会排放总量的 12%、11%、6%，是工业排放的主要来源。以钢铁行业为例，能源消费呈现"一煤独大"的特点，煤炭消费占钢铁行业能源总消费的 87%，过度依赖化石能源导致钢铁冶炼能效较低。2018 年我国重点大中型钢铁企业吨钢综合能耗达 555 千克标准煤，远高于德国 251 千克标准煤、美国 276 千克标准煤的能耗水平（全球能源互联网发展合作组织，2021）。

从全球来看，工业领域大规模深度脱碳仍然是一个尚未解决的难题。自 1990 年以来，主要经济体的工业碳排放量有所下降，但这主要是由于能效提高以及燃料从煤炭转为天然气。以英国为例，1990—2018 年，其工业碳排放量下降了 51%，在美英法这几个国家中降幅最大，很大一部分原因是煤炭在其工业能源需求中的占比从 1990 年的 68% 下降至 2018 年的 7%，而天然气的相应占比从 0 增长至 38%（国际能源署，2021）。目前，即便是在发达国家，碳捕集利用与封存以及氢能等深度脱碳技术也尚未大规模实施。

（二）工业用能现状

工业在中国终端能源消费中占据主导地位，但整体比重呈下降趋势。近年来，随着中国用能结构清洁化低碳化的转变和能源技术发展促进能效的提升，工业用能占终端能源消费的比重呈下降趋势。工业用能占终端能源消费的比重由 2010 年的 72.2% 降至 2019 年的 66.2%，下降 6 个百分点（见图 2-2）。相对来说，交通、农业用能均有较大增量，但基数较小；建筑、商业及其他产业用能的年均增长率与终端能源消费总量的增速基本持平。

中国工业用能以煤炭为主，电力已上升为工业第二大用能形式。从工业内部用能情况来看，煤炭占比最高，整体呈下降趋势，由 2010 年的 54.6% 下降至 2019 年的 46.4%，能源结构清洁化趋势逐渐显现。电力已成为占比第二大的用能形式，2019 年比例达到 25.5%。近年来石油在工业中应用比例有所下降，从 2010 年 15.3% 下降至 2019 年的 13.4%，石油及其制品利用形式较为多样，主要应用在化纤制造、石化加工、运输产业链等方面。热力需求呈上升趋势，主要用于纺织、化学制品等行业（见图 2-3）。

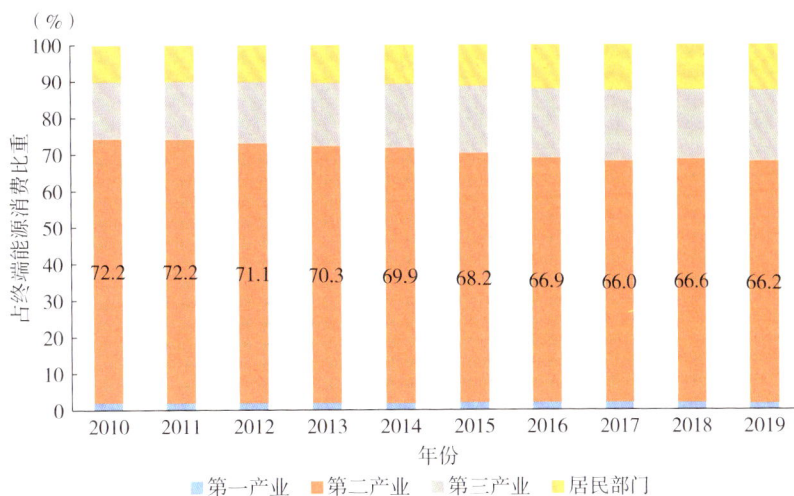

图 2-2　2010—2019 年中国终端能源消费结构

资料来源：《中国能源统计年鉴 2020》

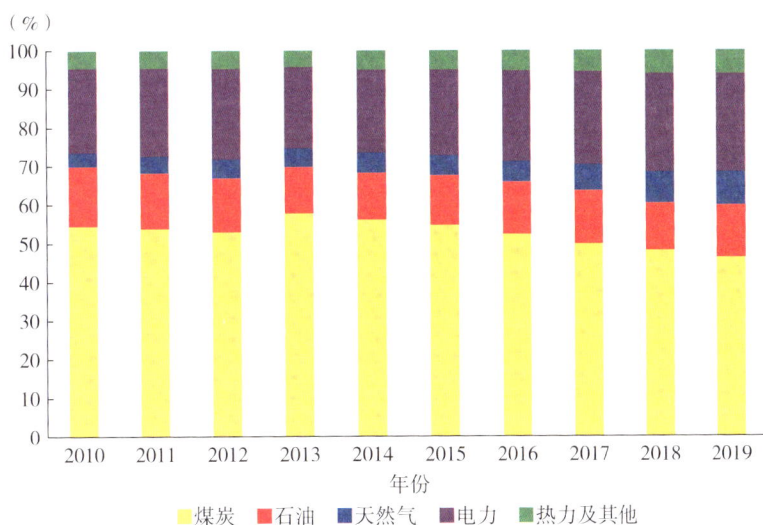

图 2-3　2010—2019 年工业部门能源消费结构

资料来源：《中国能源统计年鉴 2020》

（三）工业电气化发展现状

从全球来看，欧美等地区的发达国家在 20 世纪率先实现工业化，电气化水平较高（工业电气化水平是指工业用电量在工业能源消费总量中的占比），发展中国家正处于工业化进程中，落后国家还处在工业化初期阶段，整体电气化水平与发达国家有一定差距。2018年，中国的工业电气化水平虽然已经达到30%，超过全球平均水平，但在典型国家中处于中等水平，低于韩国、南非、日本、法国、德国、英国，较工业电气化水平最高的韩国低19个百分点（见图2-4）。

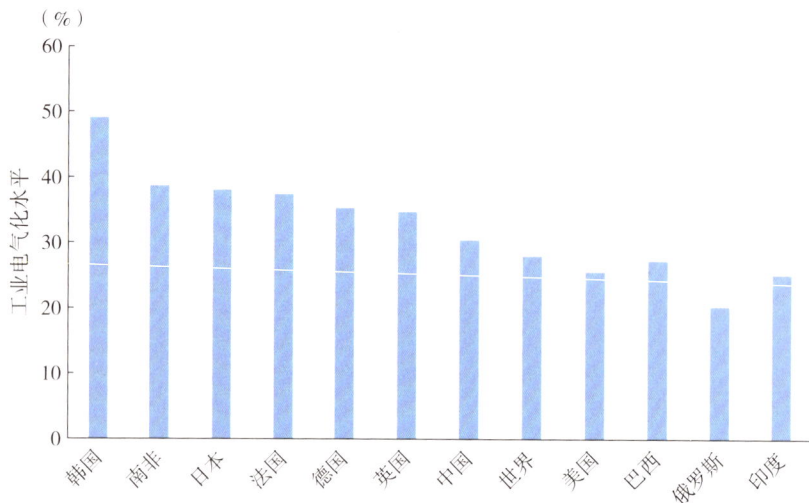

图2-4 2018年典型国家工业电气化水平

资料来源：国际能源署

发达国家电气化水平普遍高于发展中国家，但21世纪以来电气化进程有所放缓。2019年全球电能占终端能源消费比重为19.7%，比2000年平均提高了4.2个百分点[①]。全球电气化水平经过2000年以前的快速提升阶段，近20年进入了平稳发展阶段，发达国家普遍高于发展中国家，但受经济增长放缓、替代能源竞争力增强、弃核政策等因素影响，电气化进程有所放缓。

从工业内部细分行业来看，高耗能行业电气化率普遍偏低。黑色金属冶炼及压延加工业、化学原料及化学制品制造业、非金属矿物制品业、石油煤炭及其他能源燃料加工业、有色金属冶炼和压延加工业用能合计占比达到工业终端能源消费量的76.8%。除有色金属冶炼和压延加工业（电解铝行业导致）外，其余细分行业均低于中国工业领域电气化平均水平。其中，黑色金属冶炼及压延加工业受环保政策、产业结构转型升级影响，电气化水平呈现逐年上升趋势，由2010年的10%增长至2019年的11.2%。化学原料和化学制品制造业用能总量和电气化水平均呈现逐年上升趋势，

---

① 数据来源：国际能源署。

由 2010 年的 13.3% 增长至 2019 年的 15.9%。非金属矿物制品业整体用能呈现不断下降趋势，但电气化水平呈现逐年上升趋势，由 2010 年的 10.9% 增长至 2019 年的 16.7%。石油、煤炭及其他能源燃料加工业用能也逐渐趋于清洁化低碳化发展，电气化水平呈现逐年上升趋势，由 2010 年的 5.4% 增长至 2019 年的 6.6%。有色金属冶炼和压延加工业以电力消费为主，且呈现不断上升趋势，由 2010 年 53.5% 上升至 2019 年的 65.6%[①]，电气化水平较高。

二、工业低碳转型的主要路径、挑战与机遇

当前，碳捕集与封存技术仍未成熟，工业低碳转型最重要的途径是节能与调整用能结构，推动电力、氢能和可持续生物质等低碳燃料取代化石燃料，其中大力提升工业电气化水平将是主要途径。与此同时，中国工业深度脱碳也面临着技术不成熟、成本高、投资回报周期长、供应链协调难度大等诸多壁垒，但庞大的国内市场也为工业低碳转型提供了规模化竞争力。

（一）工业低碳转型的主要技术路径

中国工业低碳转型时间紧、任务重、难度大。工业是中国第一大终端能源消费与碳排放领域，占全部温室气体排放总量的 62%。

然而，目前一些关键脱碳技术尚不具有商业成熟性。国际能源署预计，在为实现 2050 年前全球净零排放目标而采取的减排措施中，通过目前已成熟的技术来实现的减排将不到 20%。

中国工业低碳转型对现有政策提出了巨大挑战，亟须聚焦脱碳技术研发攻关与普及应用。关键的脱碳新技术需要在 21 世纪 30 年代完成大规模部署，为此中国需要在短期内调整工业领域碳减排政策，以实现 2030 年碳达峰目标。到 2035 年，在工业能源结构中，将有 0.24 亿吨标准煤的能源来自氢能（壳牌，2021），相当于超过 1 亿吨钢铁产量所需的能源，或者中国目前产能的 10% 左右（世界钢铁协会，2020）。同样，到 2035 年，7% 的工业生产存量需要配备 CCS 基础设施，相当于超过 7500 万吨的钢铁产能转配 CCS 基础设施，相当于欧洲两大钢铁生产国德国和意大利目前的总产能（全球能源监测，2021）。为实现这一目标，尤其是考虑到中国碳排放权交易

---

① 数据来源：《中国能源统计年鉴 2020》。

体系（ETS）仍未覆盖工业部门，中国亟须研究出台配套政策，加大对氢能等清洁能源和 CCS 基础设施方面的研发与普及力度。

● **案例 1　英国配套基础设施投资**

政府需要提供公共资金来建设必要的配套基础设施，使私人 CCS 和氢能投资具有可行性（见图 2-5）。

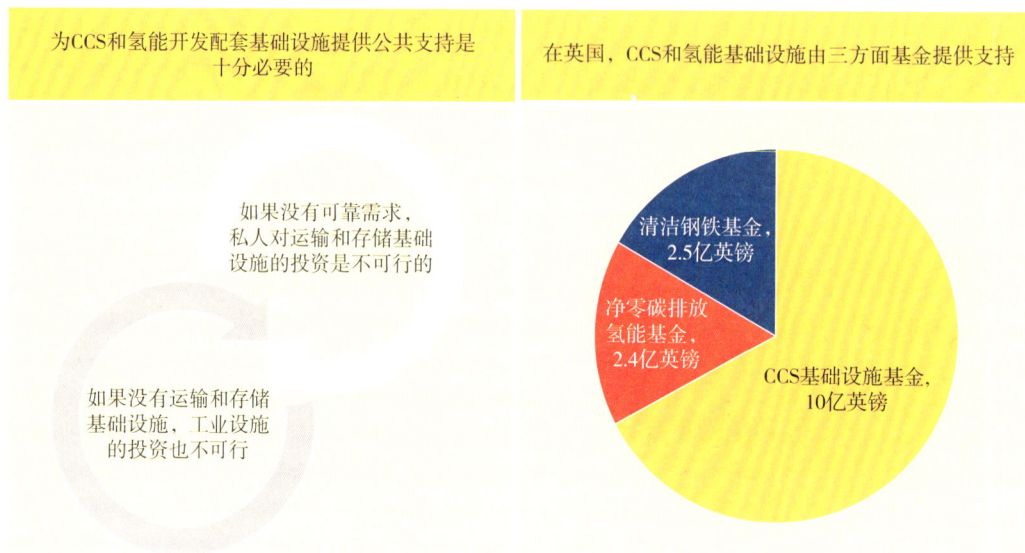

为CCS和氢能开发配套基础设施提供公共支持是十分必要的

如果没有可靠需求，私人对运输和存储基础设施的投资是不可行的

如果没有运输和存储基础设施，工业设施的投资也不可行

在英国，CCS和氢能基础设施由三方面基金提供支持

清洁钢铁基金，2.5亿英镑

净零碳排放氢能基金，2.4亿英镑

CCS基础设施基金，10亿英镑

图 2-5　英国支持工业基础设施建设政策

资料来源：Vivid Economics

政府应当提供公共资金来支持 CCS 和氢能基础设施的开发，以撬动社会资本投资工业低碳发展的基础设施建设。CCS 和氢能是支持工业脱碳的重要技术。在国际能源署净零排放情景中，到 2050 年，CCS 和氢能实现的减排分别占减排总量的 37% 和 11%。两者都要求建立广泛的配套基础设施，包括 CCS 封存与运输基础设施，以及氢能运输基础设施。除非配套基础设施将投入工业应用，否则，私人对配套基础设施的投资不具有可行性；除非存在配套基础设施，否则，工业企业对 CCS 或氢能生产的投资不具有可行性——这些都强有力地表明，政府必须提供相应公共资金支持。

英国已公布的工业脱碳战略将通过以下几种机制，在配套基础设施方面做出重大投资：一是 CCS 基础设施基金和净零碳排放氢能基金——规模分别达 10 亿英镑和 2.4 亿英镑，将直接用于配套基础设施建设。二是清洁钢铁基金——规模达 2.5 亿英镑，旨在为一些在早期阶段采用这些技术的钢铁企业提供支持，以促进这些尚未建立可靠商业案例的技术获得采用；CCUS 和氢能商业模式基金——将在各行业中发挥类似的作用，但其资金规模尚未公布。

案例 2 碳差价合约

尽管脱碳技术的回报周期较长，但可将碳差价合约作为碳价格的补充措施来支持低碳生产投资（见图 2-6）。

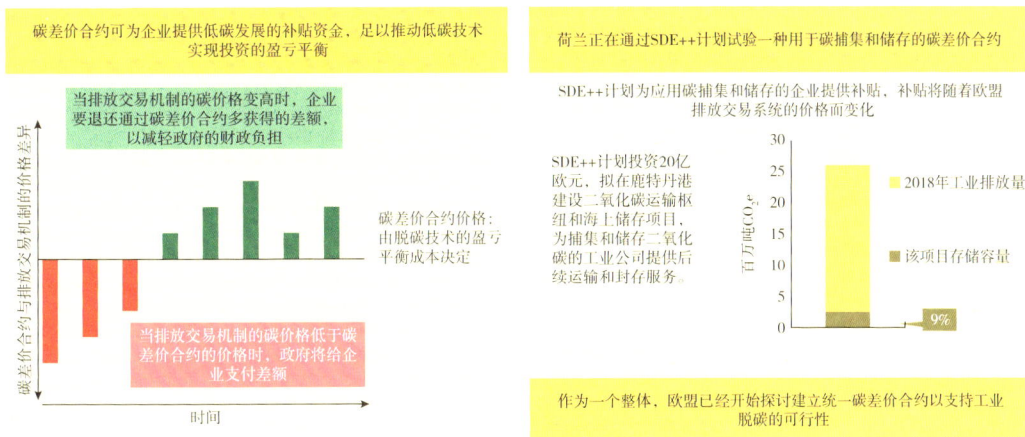

图 2-6 碳差价合约

资料来源：Vivid Economics

碳差价合约可缓解碳排放权交易体系（ETS）在激励低碳工业生产方面存在的两个局限（Sartor&Iddri，2019）：一是碳价格太低，无法确保低碳生产（相比于传统生产方法）实现收支平衡。在欧盟和美国，即将到期的老旧资产需要在未来 10 年内替换为低碳资产。预计到 2030 年，欧盟 ETS 价格仍将处于过低水平，无法发挥其低碳激励作用。在中国，由于生产资产较新，ETS 价格在未来 20 年内只需保持在足够高的水平，但该价格仍有可能过低以致无法单独发挥激励作用。碳差价合约可直接将价格设定在相应水平，以确保生产商的低碳生产达到收支平衡，从而缓解以上问题。二是碳价格波动，这可能抑制投资，因为低碳产能投资的回报周期较长。相反，碳差价合约是长期固定的。

在整个欧盟范围内，碳差价合约正在快速发展。其中，荷兰已开始通过其 SDE++ 计划，试行一种碳差价合约。该计划由之前的 SDE+ 计划扩展而来（荷兰企业署，2021）。该计划近期承诺为鹿特丹港口二氧化碳运输枢纽和海上储存中心碳捕集与存储项目提供 20 亿欧元的资金作为补贴，按照企业为清除每吨二氧化碳产生的成本与当年欧盟 ETS 平均价格之间的差额，对企业给予补偿（Porthos，2021）。欧盟正在考虑在整个欧盟地区实行碳差价合约，以支持工业脱碳（欧盟委员会，2014）。其原因在于，欧盟意识到欧洲许多工业设施即将退役，因而需要尽快部署用于激励低碳生产的措施。

CCS 可能是钢铁、水泥、化工等行业未来脱碳的关键技术路径，需要尽快实现商业化推广普及。钢铁企业寿命一般为 30 年左右，中国目前的钢厂平均建厂仅 8 ~ 12 年，2040 年前仍会持续生产运行，CCS 非常适合改造现有的高炉装置。同时，目前来看，CCS 也是水泥、化工行业减排的唯一选择。21 世纪 20 年代，中国应当逐步提高 CCS 采用率，并对试点企业进行监测、研究和完善，促进技术成熟和商业化。然后从 30 年代开始加快推广速度，到 2060 年将有近 60% 的化石燃料重工业设施需要对接 CCS 设施（见图 2-7）。

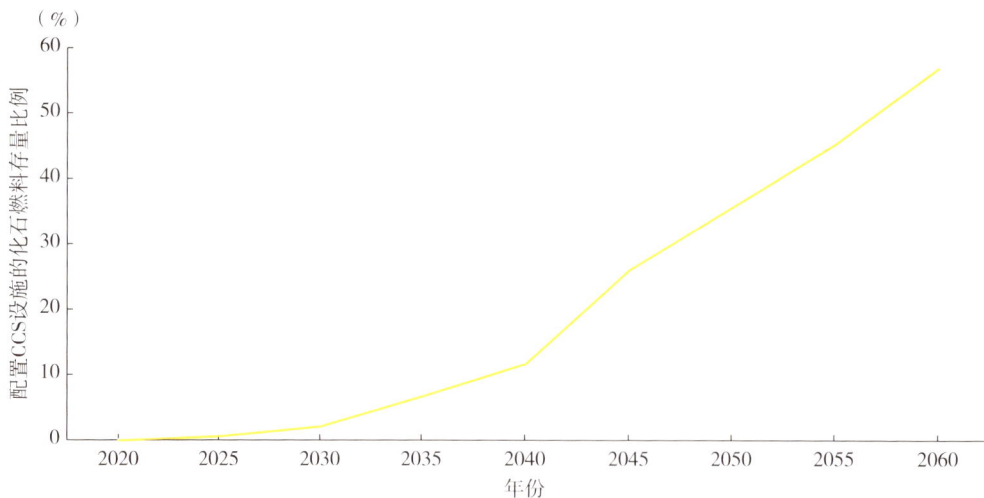

图 2-7 CCS 在工业中推广应用趋势图

资料来源：壳牌（2021）

节能技术可从源头减少碳排放，是短期内最直接、最经济的减排方式。作为世界上最大的发展中国家，我国仍处于工业化深化发展阶段，能源资源需求保持刚性增长。能源消耗特别是化石能源消耗是我国二氧化碳排放最主要的来源。节能作为提升工业能效的技术手段，可从源头有效减少工业能耗，特别是高耗能行业对化石能源的消耗，形成有效的碳排放控制阀门。

案例 3　工业能效加速计划

鉴于创新技术成本高且技术尚未成熟，可能阻碍技术开发商获得私人融资，因此，务必要通过大规模示范来展示创新技术的潜力，以取得公众支持。

过去 20 年，低碳技术的创新资金规模不断增长，但鉴于许多技术尚处于早期阶段，这些资金的规模还需要进一步扩大。国际能源署估计，自 2000 年以来，用于低碳能源创新的公共资金增长了 110%。进一步创新是实现工业脱碳的必要条件，据国际能源署估计，2020 年，在工业部门为实现全球净零排放目标而需要采用的技术中，只有 17% 的技术达到成熟阶段。应当根据创新周期，向相应技术提供这些资金，以确保最有前景的技术尽早进入市场。

英国商业、能源和工业战略部（BEIS）通过在英国现场开展大规模示范，促进英国工业采用节能技术。这些示范项目会邀请一家开发出某项技术的技术开发商和一家工业生产商在现场示范如何采用该技术。与此同时，该部门还提供了相关资金，以证明这些新技术适用于特定工业过程。

该加速计划于 2019 年启动，但相关项目已在众多工业部门中得到支持，包括两个部门：一是水泥部门。示范项目证明了使用熟料、磨细高炉矿渣和石灰石组成的混合物制成的多组分水泥比单组分水泥具有更高的熟料替代率。英国混凝土与矿物制品协会希望证明这种多组分水泥能够符合严格的安全规格，并适合全规模生产（英国混凝土与矿物制品协会，2021）。二是化肥生产部门。通过示范项目，证明了通过处理来自废水行业的氨和有机废物为化肥生产提供所需原料的可行性。该过程利用了来自热电厂的废热，这意味着，一方面，通过减少原料生产量，使化肥生产实现了节能；另一方面，通过使用废热和烟气，使废水处理实现了节能（CCm Technologies Limited & Severn Trent water，2021）。

案例 4　美国"能源之星"计划

如何识别能效绩效优秀的生产商，是购买者面临的一个关键难题。在此方面，美国的"能源之星"（Energy STAR）计划的绩效标签与认证提供了一个解决方案。

美国国家环境保护局（EPA）为一批生产厂家实施了一项能效绩效认证计划，该计划是美国"能源之星"大规模计划的组成部分。"能源之星"计划根据行业特定的能源绩效指标，对生产设施进行排名。每个行业排名前 25% 的工厂将获得认证。水泥厂、钢铁厂以及部分化工厂符合参与该计划的资格。

其标准旨在帮助工业产品的购买者识别能源绩效最佳的供应商。来自公共机构（例如，土木工程承包商）和私营公司（例如，汽车制造商）的购买者可能寻求从能效绩效最佳的生产商购买产品。美国已有多项公共采购项目（例如，华盛顿特区和亚利桑那州凤凰城）承诺使用"能源之星"认证产品（EPA，2014）。

在实施该认证计划的同时，美国还实施了一项合作计划，以便生产厂家与顾问公司合作，提高自身的能源绩效。该计划还鼓励参与厂家分享最佳实践和经验，以促进知识共享。总体而言，过去30年，通过实施该计划，水泥厂的能效得到大幅提升，其中，一些能源绩效较差的工厂的提升速度最快。

同时，工业部门还必须综合采取其他多种脱碳措施，才能实现所需达到的减排幅度。这些措施包括：通过制定精确的规格要求来提高终端部门的材料效率、在施工中改用木材等替代性低碳材料，以及通过循环再利用来提高产品和材料的利用率。此外，进一步提高生产能效和原料使用效率（尤其是较旧的生产设施的使用效率），将有助于实现减排。在国际能源署的净零排放情景中，到2050年，材料效率支持的减排将达到减排总量的20%（见图2-8）。

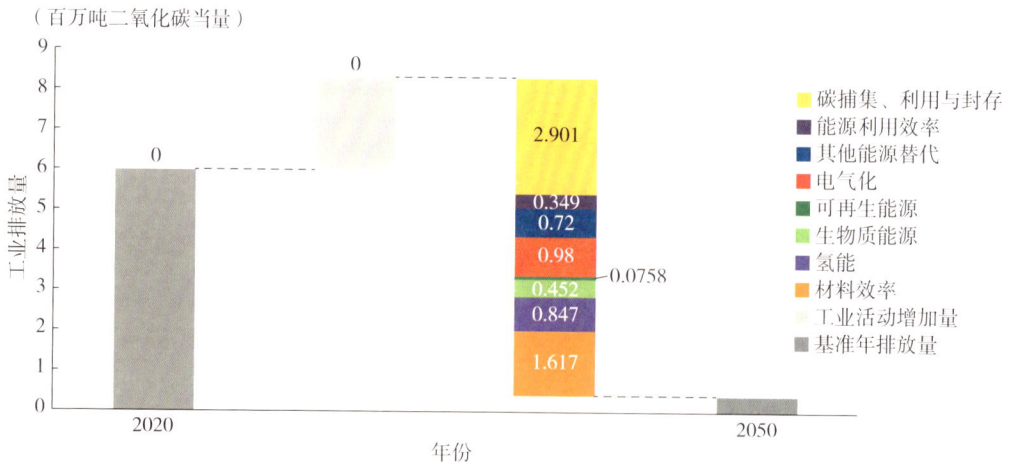

（百万吨二氧化碳当量）

图 2-8　2050 年前工业部门实现净零排放所需的缓解措施
资料来源：国际能源署（2021）

案例 5　欧盟《循环经济行动计划》

需要将循环经济原则融入所有部门的政策之中，以打破跨部门壁垒。要建立循环经济，供应链之间需要相互协调，以确保产品设计支持回收再利用等目的。因此，必须确保循环经济政策覆盖供应链的各个阶段，并为消费者提供相关工具和信息，以便其根据需求来选择相应产品。主要经济体尚未实施如此广泛的一揽子政策，但欧盟发布的《循环经济行动计划》为我们示范了如何将循环经济原则融入各个部门的政策之中（欧盟委员会，2015）。钢铁、水泥、化学品等"高影响力中间产品"是该行动计划的重点对象。

在该行动计划中，与工业生产者最为相关的提议包括，在工业设施许可证申请评估中应用循环经济原则，以及促进行业主导的报告与认证系统的应用。该行动计划主要包括更新和扩大现有立法范围（使循环经济原则融入其中）的提议。对于工业，最重要的提议是更新工业排放指令，该指令规定了工业设施必须遵守的污染物和温室气体排放水平。这些限制是根据最佳可行技术（BAT）文件设定的，行业专家定期对这些文件予以评审。由相应评估机构根据这些 BAT 文件，对工业设施进行评估，以确定是否向其授予生产许可证。《循环经济行动计划》将循环经济原则融入其中（欧洲议会，2022），其具体细节尚未公布，但可能涉及材料效率、寿命终止设计，以及如何避免供应链中的材料浪费。另一项可能给工业带来影响的提议，是促进工业主导的报告与认证系统的应用，以促进实现工业共生。工业共生是指共享和再利用工业生产中的二次资源和副产品。欧盟的计划强调，企业可通过利用与其他行业部门的共生关系来节省材料成本。例如，制药业生产过程中的副产品可用于汽车制造过程（欧洲生态创新委员会，2020）。该计划表明，要对此予以有效激励，首先需要优化数据共享，因而提议支持行业主导的报告系统的应用。

（二）工业用能结构调整，特别是电气化率提升是工业低碳转型的重要途径

1. 工业用能总量预计稳步下降，但仍需大力推进用能结构调整

中国工业领域用能总量将稳步下降，高耗能行业能耗占比持续下降。随着"双碳"目标的提出及贯彻实施，工业部门内部结构和技术优化升级，用能设备呈现电气化、数字化、智能化发展，能源利用效率不断提升，高耗能行业在工业部门用能的占比均持续下降，工业总体用能稳步下降。预计 2028—2035 年工业部门终端用能将处于峰值平台期，约 39 亿吨标准煤，2050 年降至 30 亿吨标准煤左右，2060 年进一步下降到 14.6 亿吨标准煤左右[①]。

---

① 国家电网：《中国能源电力发展展望 2020》，2020 年 11 月。

中国工业低碳转型中能源转型将是最重要的途径。要实现碳中和，必须改变工业产品的生产和使用方式，尤其是要转变工业能源消费结构，减少对固态化石燃料（主要是煤炭）的依赖，提升电能消费的占比。

未来，中国乃至全球的工业能源结构中，绝大部分化石燃料需要被电能、氢能和可持续生物质等低碳燃料取代。为此，中国可采用以下新燃料（见图 2-9）。

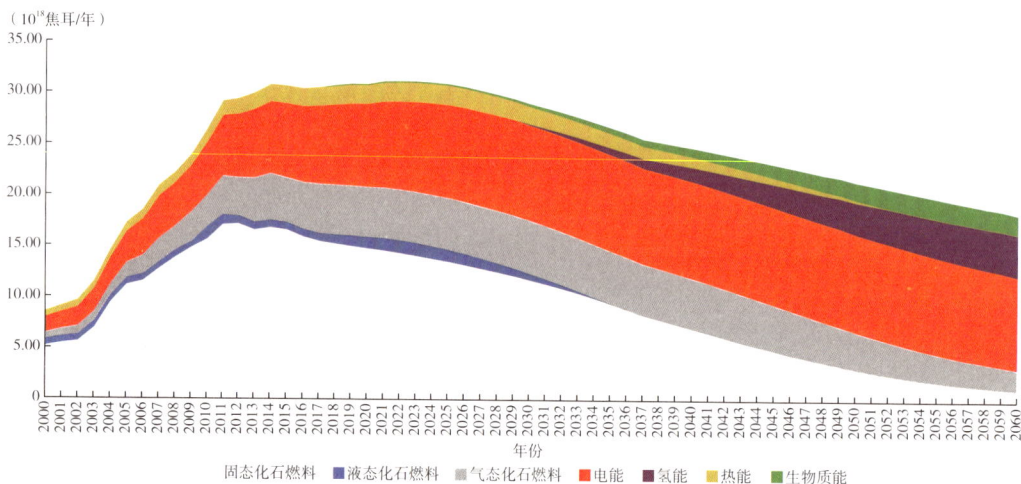

图 2-9　中国工业能源消费结构转型趋势
资料来源：Vivid Economics，基于壳牌（2021）

电能可作为燃料。部分工业过程（包括中低温加热和电机）的电气化程度可进一步提高。随着中国废钢存量的增长，通过电弧炉炼钢（EAF，也称短流程炼钢）并使用废钢而非原钢来实现钢铁生产电气化的可能性也将提高。电力在重工业燃料结构中的重要性已逐步提升，其在能源需求中的占比从 2000 年的 18% 增长到目前的 26%，但仍需继续提升，到 2060 年需达到 50%。

电解氢可用作原料或燃料，用于钢铁和氨的生产等。目前，大多数工业子部门的氢能生产技术尚不成熟，这意味着，氢能将从 2030 年才开始在满足工业能源需求方面发挥作用。到 2060 年，氢能将占燃料需求的 25% 左右。为实现净零排放目标，到 2035 年，工业氢能消耗将同比提高 45%。

可持续生物质和沼气也可用作某些工业过程的燃料。生物质将从 21 世纪 40 年代开始发挥重要作用，到 2060 年将占燃料总需求的 10% 左右。为实现净零排放目标，到 2030 年，工业生产中的生物质消耗将同比提高 11%。

案例 6　瑞典低碳钢生产

建立工业生产集群，有利于生产企业和终端企业之间的合作，以及循环经济基本原则的实现。

瑞典部分地区通过集中采用两项举措来生产无化石钢材，旨在于 21 世纪 20 年代中期前，实现商业规模的生产：一是制定瑞典钢铁（SSAB）、瑞典国有铁矿石生产商（LKAB）和瑞典大瀑布电力（Vattenfall）的突破性氢能炼铁（HYBRIT）计划。该计划获得了汽车制造商沃尔沃的支持，近期已完成其首批无化石钢材的生产（Hybrit, 2021）；二是建立氢能绿色钢铁（H_2 Green Steel），即由钢铁行业企业（Bilstein Group 和 SMS Group）、汽车行业企业（Mercedes 和 Scania）、制氢行业企业（EIT InnoEnergy）和建筑行业企业（Kingspan）组成的联合体，其目标是建立一座完全集成的、数字化的新型无化石钢材生产厂。这两项举措旨在于 21 世纪 20 年代中期前，实现氢能炼钢的大规模生产。

这两个项目从多个方面体现了跨供应链协作的重要性：一是项目地点位于瑞典北部，即靠近低成本的水电资源和优质铁矿石资源。低成本的可再生电力使氢能炼钢具有成本效益，同时，当地可用的铁矿石还可降低运输成本。二是生产企业和终端企业都参与到项目之中，使项目具有可行性，这样可确保钢材满足不同终端行业的规格要求，而来自终端企业的财务支持和需求保证，使钢铁制造商的相应投资具有可行性。三是循环经济原则通过这些项目得到推进，例如，由沃尔沃为 SSAB 的运营采购电动汽车和燃料电池汽车，或者将 H_2 Green Steel 生产厂产生的废热用于当地区域供暖系统。钢铁制造业与终端部门之间的密切合作还可确保将很大一部分废钢退回制造商，以便回收再利用。

2. 大力提升工业电气化水平是工业部门低碳化发展的重要途径

工业部门用电占全社会用电比例将逐渐下降，但仍是中国最主要的电力消费部门。当前，电力已广泛应用于工业过程，包括电机提供动力、热泵与电锅炉提供中低温加热、电窑炉冶炼钢铁以及少量的电解制氢。随着"双碳"目标的深入推进，中国的产业结构将逐步调整，但工业用电的主导地位仍将至少延续到 2045 年。未来，工业用电量将整体呈现先增后降的趋势，2040 年左右达到最高峰（见图 2-10），主要原因是高温热泵、工业电锅炉等技术在工业体系中的大规模推广应用，特别是随着废钢数量达到临界水平，电炉钢在钢铁生产中比重将不断增加，带来用电量持续增长。之后，随着工业用电技术的能效提升速度持续提高，能效成为工业用电的主要影响因素，用电量将呈现逐步下降趋势。

（万亿千瓦时）

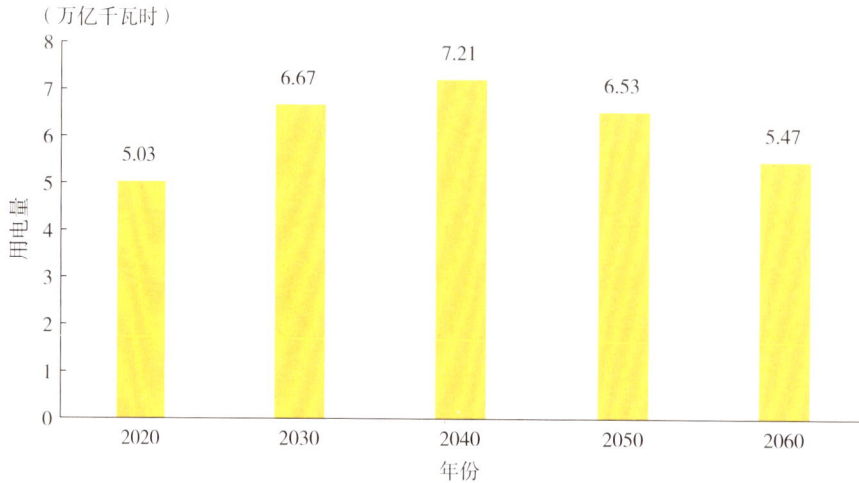

图 2-10　工业部门用电量需求预测

资料来源：本课题组研究成果

据国网能源研究院有限公司《中国能源电力发展展望 2020》研究结论，从各高耗能行业来看，电气化发展的潜力和趋势明显（见图 2-11）。

（万亿千瓦时）

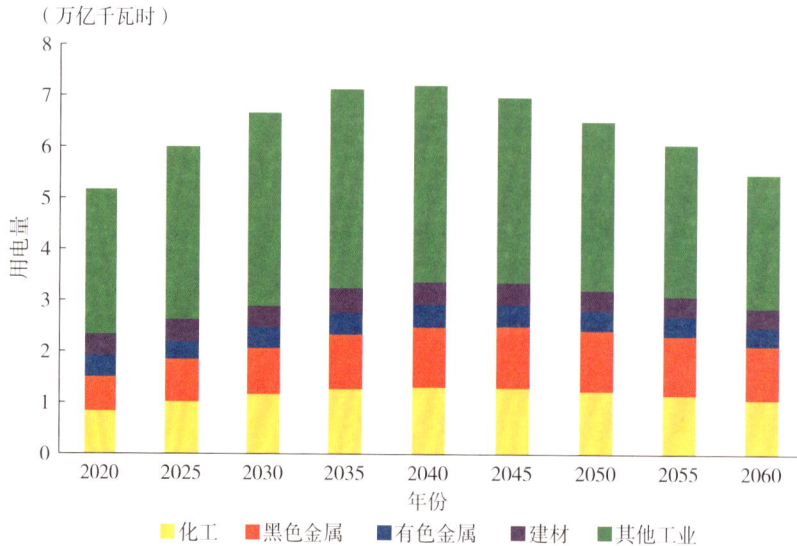

化工　黑色金属　有色金属　建材　其他工业

图 2-11　中国主要高耗能行业电力需求预测

资料来源：《中国能源电力发展展望 2020》《中国能源统计年鉴 2020》

有色金属行业中短期将迎来规模化扩张，同时节能效果显著。受新型技术设施建设的影响，有色金属中短期在芯片、电网、运输设备制造、机械、电子、航空航天、建筑、武器装备制造等行业中需求强劲，行业将出现规模性扩张；另外，粗铜自氧化精炼还原技术、高电流密度锌电解节能技术、节能高效强化电解平行流技术等推广应用，节能效果显著。

建材行业新型材料促进电力需求稳中有升。一方面，传统建材发展空间逐渐变小，水泥、墙体材料等的需求量在"十三五"时期达峰，水泥煅烧等工艺电能替代潜力有限，传统建材行业电力需求稳中有降；另一方面，绿色可再生及高性能新型材料将成为未来新型建材的主要趋势，新型建材市场电力需求将保持小幅增长。

化工行业中远期电能替代作用显现。氮肥（合成氨）、甲醇、纯碱、电石、烯烃、烧碱等子行业保持中速增长态势，其产量将在 2025—2030 年达到峰值。随着中国化工产业结构调整的深入以及工业技术水平的升级，化工行业的总能耗增速将趋于平缓，电能替代的作用也会逐步显现。

黑色金属行业向高质量发展转变。一方面，在国家推进供给侧结构性改革和新发展格局的双重刺激下，行业将保持长期持续稳中向好的发展态势；另一方面，伴随着新型纳米材料涂层上升管换热技术、工业锅炉通用智能优化控制技术（BCS）等的应用以及电炉钢比重的提升，使得节能环保工作再上新台阶。

以交通运输设备制造业、通信设备制造业、电气设备制造业为代表的其他工业面临新旧动能快速转换。其他工业的传统产能出口大幅受限，对应产值将快速下滑，综合新型技术设施建设的刺激，高新技术和高端制造业需求旺盛，面临新旧动能的快速转换，整体约在 2040 年进入电力需求饱和阶段。

（三）中国工业低碳转型的挑战和机遇

1. 工业脱碳的主要困难与挑战

与其他行业相比，工业深度脱碳更具挑战性，因为其面临诸多壁垒，所有这些壁垒都有可能阻碍或减缓脱碳技术采用率的提高，使之远低于实现 2060 年净零排放目标所需达到的水平。这些困难主要包括几个方面。

一是不少工业脱碳技术还不成熟，或者需要建设大量昂贵的配套基础设施。目前，实现脱碳目标所需采用的许多技术尚未成熟。例如，碳捕集与封存方案在技术上尚不成熟，而且需要建设强大的配套基础设施。与应用于发电厂的 CCS 相比，应用于工业设施的 CCS 成熟度仍然较低，成本仍然很高。如果没有强大的配套基础设施——

尤其是二氧化碳配送网络和封存设施，工业设施对 CCS 的投资将不具有可行性，而如果没有用于实施 CCS 的设施，配套基础设施的投资将不具有可行性。

二是不少脱碳路径存在成本过高和不具备商业竞争力的困难。例如，电解氢不仅受到技术成熟度低的影响，更因其对配套基础设施的需求使得早期投资尤其不具有可行性。在许多工业应用中，为了让绿氢具有经济可行性，还需要建设封存和配送网络。在大多数应用中，绿氢的成本仍然远高于化石燃料。而如果采用可持续来源的生物质、沼气或其他替代燃料，也需要承担比目前化石燃料更高的成本。发电和建筑等其他部门对生物质的竞争性需求使其供应潜力面临压力。另外，不少低碳材料的生产成本明显高于目前的传统生产成本。

三是投资回报周期长。某些脱碳技术的投资可能需要较长周期才会产生回报，因而无法快速资本化，难以支持商业案例的构建。不少先进生产设施可以实现更高的节能效果，因此能效提升并不难实现，但往往需要大量前期投资，而回报周期可能很长，这削弱了这类设施的投资吸引力。

四是跨供应链协调的难度较大。下游行业，特别是终端消费部门在实施脱碳措施时，往往需要跨部门、跨价值链开展协调，并将整个供应链的外部性予以内部化。为确保产品得到最佳使用，设计、生产、处置和回收阶段必须相互协调，但目前，由于受到产业分化的影响，这些协调并未充分实现。例如，在供应链的每个阶段，产品的环境和资源成本均未适当定价，这意味着价格信号无法被有效使用。

2. 中国工业低碳转型具有规模化优势

在采用脱碳技术形成的规模经济获益方面，中国处于独特的优势地位。虽然工业脱碳必然会产生成本，但中国庞大的国内市场也为提升低碳竞争力提供了机会。例如，电解槽（电解水制氢的核心装备）和碳捕集等支持工业脱碳的关键技术将通过规模经济，产生巨大的成本削减潜力。利用这些规模经济可显著降低低碳钢生产成本。再如，将 CCS 应用于高炉，可实现 11% 的成本削减；使用氢能直接还原铁，可实现 20% 的成本削减。这将降低钢铁的绿色溢价，使之逐渐获得与传统炼钢工艺相当的竞争力。由于拥有庞大的国内市场，中国在利用规模经济方面处于独特的优势地位，因为巨大的规模意味着可以分担 CCS 或氢能技术在研发和基础设施布置等方面的成本。中国钢铁产能占全球钢铁总产能的近 50%，主要在高炉—转炉（BF-BOF）生产线上（见图 2-12）。

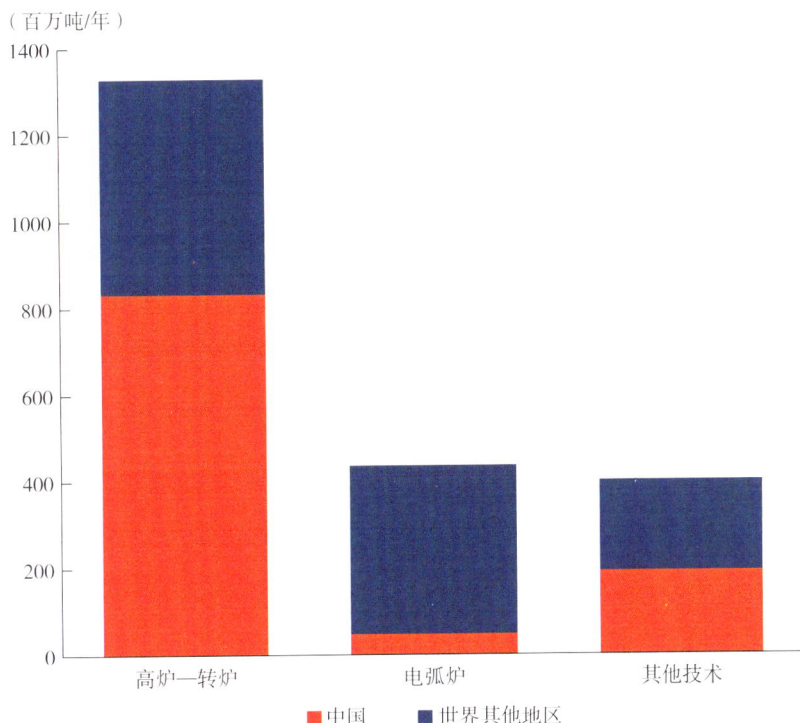

（百万吨/年）

图 2-12　按生产技术路线划分的全球钢铁产能

资料来源：Vivid Economics

目前，中国生产的大多数钢材在国内市场销售，但随着国内需求降低，出口的重要性可能会提高。鉴于钢铁行业利润率较低，低碳钢的竞争力至关重要。2019 年，中国生产的钢材中只有约 6% 作为成品或半成品出口。与 21 世纪 10 年代的钢材需求高点相比，国内钢材需求有所降低。预计至 2060 年，由于大规模的基建投资和房地产投资均已经度过需求高峰期，国内市场对钢材需求的增速将出现下降甚至负增长。在国外市场，高碳钢将在监管和需求方面面临日益增大的压力，这意味着，中国需要成为低碳钢生产的领军者。全球钢铁市场的净利润率极低且在不断下降——从 2016 年的 6% 下降至 2019 年的 3%，要在国际舞台上取得成功，必须继续大力提高中国钢铁企业的竞争力。

案例 7　荷兰公共采购

实施绿色公共采购计划并提供相关信息支持，有助于建立对低碳材料的需求。对于寻求开发低碳产品的工业生产商，公共采购计划可构成一个重要的需求来源。这些工业生产商需要大量投资来验证低碳工业生产中的突破性技术并予以大规模部署。因此，对于考虑做出这些投资的工业企业而言，低碳产品需求的确定性至关重要。在整个经济合作与发展组织中，公共采购占 GDP 的 12% 左右，其中超过 1/3 用于建筑和基础设施项目，因为这些项目需要大量使用工业材料（经济合作与发展组织，2015）。因此，公共采购是向这些考虑投资于低碳生产的工业企业提供需求确定性的重要工具。

早在 2008 年，荷兰就开始重点关注绿色公共采购，并建立了一套世界领先的体系，以确保通过以下方法，对环境绩效优秀和实现创新的工业企业给予奖励：一是制定参与公共采购须达到的基本绩效标准，针对每个产品组别制定相应标准，并定期予以更新，以确保有效鼓励工业企业达到最佳环境绩效（Hasanbeigi、Nilsson、Fontenit 和 Shi，2021）。二是通过采购者和投标商均可使用的 DuboCalc 工具，评估标书的总体环境绩效。因此，标书评估基于多标准评估，其中环境绩效起着关键作用，更具环保意识或创新性的标书的较高成本可通过其更优的环境绩效来抵消（荷兰企业管理局，2021）。

案例 8　行业主导的举措

通过行业主导的举措提供未来需求的确定性，有助于建立可信的商业案例，从而吸引低碳生产投资。

通过下游部门主导的举措（如零碳钢承诺倡议）来建立对低碳产品的需求，有助于激励整个供应链投资低碳生产。尽管低碳材料的成本较高，但为鼓励投资，建立对低碳材料的需求至关重要，因为低碳材料较高的生产成本意味着，无法确保其相比于传统材料的竞争力。零碳钢承诺倡议就是行业主导的脱碳举措之一。在该倡议中，工业企业须承诺，到 2030 年，将所采购的净零碳钢占比提高至 50%；到 2050 年，将该比例提高至 100%，该承诺依赖于独立的标准。各个需要使用钢铁的行业，尤其是建筑和基础设施行业的公司纷纷响应了这项倡议，从而给钢铁供应商带来满足低碳钢需求的压力。

积极参与整个供应链的生产商有机会投资采取循环措施。例如，积极参与建筑供应链中其他活动的水泥生产商处于有利地位，可尝试采取以循环为重点的脱碳措施。Lafarge Holcim 公司依靠低熟料规格、优化配合比设计以及使用建筑垃圾作为添加剂，开发了一系列低排放水泥产品（Holcim，2020）。该公司在水泥生产和建筑垃圾管理方面的积极参与，为其采取创新性循环措施提供了有利条件。

这些在整个供应链中由行业主导的举措反映了市场和监管压力方面的一些关键趋势（WBCSD & CLG Europe，2021）：一是越来越多的企业意识到碳定价在当前和未来的影响，政府（包括中国政府）公布扩展碳市场，并表明主要建筑材料的排放强度在未来将受到监管；二是企业（尤其是面向最终客户的品牌）希望通过减少整个供应链的碳排放来保持品牌忠诚度；三是企业希望在脱碳取得进展的同时，保持竞争力。

三、重点行业低碳转型路径

工业是中国第一大终端能源消费与碳排放领域，在不考虑电力行业时，钢铁、建材、化工三大高耗能行业为前三大排放源。实现"双碳"目标，必须加快推动三大高耗能行业节能减排。

（一）钢铁行业

1. 低碳发展趋势展望

碳中和对全球钢铁行业影响深远，为了实现《巴黎协定》的温控目标，国际能源署研究成果认为全球钢铁需求总量将受限、需求结构将发生较大改变。根据可持续发展情景（SDS）预测，为了实现《巴黎协定》的温控目标，2050 年全球钢铁行业的直接碳排放总量要比 2019 年减少 55%，到 2050 年全球钢铁需求只能增长 10%。国际钢铁行业和企业纷纷确定了钢铁行业减排日程表：欧洲钢铁工业联盟提出到 2030 年，欧洲钢铁工业碳排放量比 2018 年减少 30%，到 2050 年相较 1990 年减少 80% ~ 95%。日本铁钢联盟提出日本钢铁行业到 2050 年实现炼铁工序温室气体零排放，碳排放量减少 30%，到 2100 年前实现零碳钢铁生产。韩国钢铁协会提出要在 2030 年使碳排放量从最初的 1.357 亿吨降至 1.271 亿吨。

在中国，钢铁是主要的碳排放行业之一，占全球钢铁产能的 50%，其中，城市化和工业化是推动中国钢铁消费的主要原因。中国近一半（48%）的钢材用于建筑或铁路公路等基础设施，制造业钢铁用量中，汽车行业占最大份额。其中，90% 以上的产能是采用高炉（BOF）技术生产的长流程钢，使用废钢和电力的电弧炉炼钢仅占总量的 9%，与国际上 22% 的占比还有很大差距，与国际能源署《钢铁技术路线图》中提出的 2050 年电炉钢占比达到 38% 相比差距更大。

按照目前的生产和消费增长速度，预计中国将在 10 ~ 15 年内达到一般发达国家水平。按照规划速度，中国的城镇化率从 2019 年的 62% 上升到 2030 年的 70% 左右，用于房地产和新基础设施建设的建筑用钢材需求将会下降。预计到 2050 年，中国钢铁年均消费量可降至 4.75 亿吨左右（与国际能源署报告中的估计相一致），未来越来越多的钢材将来自循环利用废钢的短流程生产。随着越来越多的建筑、汽车和其他设备达到使用年限，废钢的供应量预计以每年 10% 的速度增长，废钢价格也将会大幅下降。根据 2℃ 温控目标要求，预计到 2050 年，中国电炉钢（短流程钢）需占钢铁总产量的 60%。

2. 可行的低碳发展技术路径

短流程炼钢将是钢铁行业脱碳的主要路径。根据国际能源署的《钢铁技术路线图》，加大废钢及电炉使用力度，改变能源结构，是钢铁行业实现减排的重要途径。同时，该路线图提出，到 2050 年，全球传统高炉—转炉流程比重需要从 2019 年的 70% 降低到 30%，熔融还原 + 转炉 +CCUS 的比重需要提高到 10%，以废钢为原料的电炉钢比重需要从 2019 年的 22% 提高到 38%，以氢直接还原（DRI）为原料的电炉钢比重将达到 8%。由于电炉钢生产的碳强度远低于高炉生产，因此电炉钢生产份额的增加将自动造成钢铁生产平均碳强度的降低。随着电力系统的脱碳，电炉钢生产路径的碳排放强度将逐渐下降至零。

氢还原改造是已有长流程炼钢脱碳的主要路径。利用清洁电力电解水制氢，作为还原剂还原冶炼钢铁，可以帮助实现钢铁生产的零碳化。瑞典 SSAB 钢铁公司已经开始建设氢气直接还原铁试点工厂，并计划在 21 世纪 40 年代初达到零碳钢铁生产的目标。德国 Salzgitter 钢铁公司也在进行试点工程，全球最大的钢铁生产商——安塞乐米塔尔（Arcelor Mittal）也在考虑这项技术。在中国，2019 年，宝武钢铁集团开始与中核集团及清华大学在炼钢用氢方面展开合作，并将与力拓集团在低碳冶金创新方面开展合作。

3. 低碳转型路线图

未来，钢铁行业低碳发展应重点从 3 个方面发力：一是构建适用钢铁工业发展的废钢循环利用体系。加快完善废钢资源回收、分类、质量控制、检测检验等国家和行业标准体系；优化废钢交易机制，推动废钢回收、拆解、加工、配送产业发展，促进产业链上下游深度合作，充分挖掘国内废钢资源潜力。制定废钢出口限制政策，避免大量优质废钢资源低价流出；进一步发掘废钢资源潜力，完善废钢进口政策，鼓励进口优质废钢，满足国内电炉炼钢需求。二是推动电炉炼钢技术研究和推广，提升经济性。持续加强先进电炉炼钢装备及工艺研发和推广，推动大容量、高功率及智能化电炉炼钢能效及经济性；引导废钢资源合理流向，鼓励大型钢铁企业扩大电炉钢规模，发挥规模经济效益。三是强化长流程炼钢氢还原工艺研究与推广。重点深化炉内反应机理和炉料特性变化研究，推动氢气高炉炼钢技术、耐氢耐高温高安全性材料、氢气防爆防泄漏等技术创新，提升氢能炼钢设备容量和产量。推进清洁能源发电、电解水制氢与氢能炼钢协同发展，完善氢能制备及运储机制，促进氢能成本下降与制氢效率提升。有序推动钢铁企业采用氢能炼钢替代长流程炼钢工艺，逐步提升氢能炼钢比重。建立绿氢补贴等配套政策机制，推动氢能炼钢与氢能产业链协调发展。

到 2030 年，中国废钢资源量达到 4.5 亿吨；电炉炼钢经济性将优于长流程炼钢，产量再翻一番，达到 4 亿吨，占钢铁产量的 34%；实现清洁能源发电与电解水制氢成本大幅降低，氢能炼钢的市场竞争力大幅提升，氢能炼钢产量达到 5700 万吨，占钢铁产量的 5%。到 2050 年，中国废钢资源量达到 5.5 亿吨以上，电炉炼钢年产量达到 5 亿吨，占钢铁产量的 65%，废钢供应及电炉炼钢进入稳定期，形成以电为中心的冶炼能源体系；清洁能源制氢技术取得突破，绿氢制取成本大幅降低，氢能炼钢实现大规模发展，氢能炼钢大规模替代高炉炼钢，氢能炼钢产量达到 2.3 亿吨，占钢铁产量的 30%。到 2060 年，中国废钢资源量将稳定在 5 亿吨以上，电炉炼钢年产量稳定在 5 亿吨左右，占钢铁产量的 67% 以上；氢能炼钢产量进一步达到 2.4 亿吨，占钢铁产量的 32%。

（二）水泥行业

1. 低碳发展趋势展望

2018 年中国的水泥产量占世界水泥总产量的 53%，高于世界其他所有国家的总和。经过多年的增长，中国的水泥产量在 2014 年达到了 24.8 亿吨的峰值，然后在 2016 年下降到 24.0 亿吨，在 2018 年进一步下降到 21.8 亿吨。中国的水泥产量是世界水泥产量排名第二的印度水泥产量的 10 倍左右。与生产成本相比，水泥的运输成本较高，因此，进出口水泥的量很少。基础设施和房地产行业的水泥需求占总需求比例达 55%。

水泥行业二氧化碳排放不仅来自将水泥窑加热到 1600℃ 以上的燃料燃烧，也来自石灰石分解的生产过程本身的二氧化碳排放，且后者的二氧化碳排放量约占总量的 60%。

经过 40 年的持续技术创新，中国已经成为世界水泥生产领域高能效的先行者。

大多数水泥厂都配备了先进的干法窑炉，而不是能耗较大的湿法窑炉。目前，中国水泥熟料的热耗强度为每千克 3600 千焦，比世界平均水平低 15%。生产每吨水泥的电耗强度也低于 90 千瓦时。中国水泥行业的目标是在 2050 年前，能效水平进一步提升 13% ~ 16%。尽管提高能效可以节约能源并减少二氧化碳排放，但中国仍需要采取进一步措施来实现水泥行业全面脱碳。这些选择包括：使用零碳能源（生物质或清洁电力）提供热力输入、用 CCS 处理化石燃料燃烧和生产过程碳排放。

2. 可行的低碳发展技术路径

水泥的生产过程是化学反应，不可避免地会释放二氧化碳（每吨硅酸盐水泥大约 330 千克二氧化碳），使用替代原料或配置 CCS 装备将是水泥脱碳的必要手段。

使用替代原料。水泥窑排放的二氧化碳主要来自石灰石分解，占水泥生产过程二氧化碳排放总量的 60%。使用替代矿物代替石灰石或熟料有助于减少化学工艺中固有的二氧化碳排放。粉煤灰和矿渣等替代品已被广泛使用，然而在零碳经济中，由于依赖转炉的钢铁生产和燃煤电厂的减少，粉煤灰和矿渣等的产量也将下降。

生物质供热 +CCS。分析认为，使用生物质供热配合 CCS 来处理水泥行业工艺排放可能是在任何条件下成本均最低的水泥生产脱碳路径，是最有可能实现中国水泥行业脱碳的途径。它不仅最具经济可行性，而且得到了最多的政策支持。2015 年，工业和信息化部等六部委宣布开展水泥窑协同处置生活垃圾的试点工作，有助于处置中国每年增长的 8% ~ 10% 的城市生活垃圾。但生物质的使用会受到资源短缺和当地可行性的限制，在水泥行业使用生物质资源须统筹考虑。

电气化供热 +CCS。水泥熟料煅烧环节所需温度为 1000℃ ~ 1450℃，采用金属、非金属发热元件的电加热温度可达 1000℃ ~ 1500℃、1500℃ ~ 1700℃，电加热水泥生产技术具有可行性。而且，中国已有大量的水泥厂建设在可再生能源资源丰富的地区，电气化供热配合 CCS 处理水泥工艺也是一种可行的低碳转型路径。但电炉水泥生产尚未商业化，电加热所需电能成本大约是煤炭、天然气等燃料成本的 1.5 倍、1.3 倍。电加热炉生产需采用铁铝合金、镍铬合金等金属材料以及碳化硅、二氧化钼等非金属材料，一次投资远高于回转窑。经济性低是目前电加热炉无法商业化的主要原因，未来将作为水泥行业低碳转型的辅助技术路径。

3. 低碳转型路线图

未来，水泥行业低碳化发展应从 4 个方面发力：一是加大低碳替代原料研发力度。加大水泥生产替代原料研究力度，开发低碳原料替代已有传统高碳原料，从源头减少二氧化碳排放。二是大力提升水泥窑炉 CCS 普及率。通过创新窑炉设计及相应技术手段，增加窑炉出口二氧化碳浓度，降低二氧化碳捕集成本。大力提升水泥窑排放废气 CCS 普及率，避免燃料燃烧和石灰石煅烧产生的二氧化碳排放。在大型水泥厂区周围就近建设碳封存设施。三是构建适用水泥行业的生物质燃料汇集利用体系。加快完善适用于水泥供热的生物质资源汇集、质量控制、检测检验等国家和行业标准体系；优化生物质交易机制，促进城市垃圾、农业、水泥行业的深度合作，充分挖掘国内生物质资源潜力。四是提升电加热炉经济性。在电加热炉结构设计、技术研发、耐火材料上取得进一步突破，提升设备能源利用效率，加快提升水泥电加热炉经济性。加大政策支持力度，为电加热炉提供设备补贴、优惠电价，逐步淘汰高耗能、高排放的回转窑，通过规模化发展进一步降低电加热炉设备成本。

到 2030 年，中国水泥行业生物质供热生产水泥产量占比达到 10%；适用于水泥行业的 CCS、电加热炉技术取得突破，开始试点应用。到 2050 年，水泥行业生物质供热生产水泥产量占比达到 45%；CCS 经济性大幅提升，在水泥行业普及应用；清洁电力成本大幅下降，电加热炉水泥产量占比达到 15%。到 2060 年，生物质成为水泥行业供热的主要能源，生产水泥产量占比达到 50%；CCS 在水泥行业全面普及应用；电加热炉水泥产量占比达到 20%。

（三）化工行业

1. 低碳发展趋势展望

2016 年，中国的石化和化工行业能源消耗量占工业能耗总量的 28%，在化工行业的数千种产品中，仅氨、甲醇和高价值化学品（HVC，包括轻烯烃和芳烃）三大类基础化工产品的终端能耗总量就占到中国该行业的 3/4 左右。根据国际能源署在其 2℃ 情景中的预测，该比例在 2050 年仍将高达 23%。通过发展循环经济，提升相关材料和产品利用效率以及回收率，可大大挖掘化工行业对原材料需求减量的潜力。然而，要实现完全脱碳，还须依赖零碳生产路径。

对于中国的化工行业而言，煤炭既是主要的能源，也是主要的原料之一。在无重大技术突破的情况下，预计到 2050 年，以煤炭为基础的生产路径仍将在中国化工行业中发挥重要作用。其中，Power-to-X（P2X）[①] 和基于生物质的新型生产路径也将得到较大程度的发展，从而扮演重要的角色。

---

① 将电力储存到 X，X 包括氢、甲烷、甲醇等各种储能物质。

Power-to-X 是以电为能量，将二氧化碳中的碳元素、水中的氢元素和空气中的氮元素等进行还原、重组，生成可以利用的有机或无机原材料，如电解水制氢，利用氢还原氮气可实现氨的制备；通过氢还原二氧化碳可以制造甲烷、甲醇等有机物，并可进一步合成乙烯、丙烯、苯等。

新型生产路径（如 Power-to-X 以及基于生物质的路径等）的成本将高于传统的化石能源路径，因此需要有力的政策支持来扶持新型生产路径的规模化发展。对中国而言，除非电能转化和基于生物质的生产路径具备明显的经济优势，否则以煤炭为基础的化工产品生产路径仍将在未来数年内占据主导地位。

2. 可行的低碳发展技术路径

Power-to-X 生产路径：化工生产是以氢和碳为基础元素的有机转化过程。以氢气、一氧化碳和二氧化碳为原料进行的合成反应，可形成化工行业价值链中的众多主要产品。Power-to-X 生产路径以零碳电力电解水生产的氢气和二氧化碳为主要原料。

在合成氨生产方面：基于零碳电力电解水产生的零碳氢气可以用于以氢气和氮气为原料的哈伯法合成氨工艺。根据国际权威化工数据库 DECHEMA 的计算，生产 1 吨合成氨需要 178 千克氢气，用电量为 9.1 兆瓦时。此外，生产 1 吨合成氨的压缩过程和其他过程还分别需要消耗 1.4 兆瓦时和 0.33 兆瓦时的电能。

在甲醇生产方面：二氧化碳和氢气反应用于甲醇生产的催化剂已经实现了商业化生产，一些试点工厂也已开始运行。冰岛碳循环国际公司（CRI）利用这一工艺，目前每年可生产 4000 吨绿色甲醇，并计划将产能扩大到 4 万吨。其所用的二氧化碳原料来自一家地热发电厂，用于制氢的 5 兆瓦电解水设备的动力也来自地热能。日本的三井化学也已建成一个使用氢气和二氧化碳合成甲醇的试点工厂，并进行了工业化生产的可行性研究。

在 HVC 生产方面：虽然可以直接将氢气和二氧化碳转化为烯烃和芳香烃（苯、甲苯、二甲苯等）的工艺技术成熟度仍然较低，但已经出现了以甲醇为原料生产轻烃（MTO 或 MTP 工艺）和芳香烃（MTA 工艺）的商业化生产。若甲醇原料来自上述零碳氢气和二氧化碳生产的甲醇，HVC 生产的脱碳化进程将得到极大的推进。目前，采用最优技术的 MTO 或 MTP 工艺的工厂生产 1 吨轻烃的能耗是 5GJ，MTA 工艺的能耗水平也与之类似。

3. 低碳转型路线图

目前电制原材料技术绝大部分仍停留在实验室阶段，电制氢、电制甲醇等个别技术已经建成示范项目，但其经济性与传统煤炭、石油化工相比仍不具备竞争力。下一步，应重点从以下 3 个方面发力：一是完善工艺流程，提升经济性。加强过程反应机理和动力学研究，研发制备新型催化剂，提高电制原材料转化效率和速率。完善和优化工艺流程、反应条件和反应器设计，降低工艺能耗和成本。二是积极推进科技示范。在清洁能源资源和二氧化碳资源丰富地区，积极推进高效电解水制氢，大容量二氧化碳加氢甲烷化、甲醇化等一体化科技示范项目，为电制原材料技术商业化应用奠定基础。三是完善行业标准，健全产业链。建立电制原材料技术相关标准体系，培育健全上游电制氢、碳捕集相关产业链，推动低能耗、高效的反应器装置规模化生产，降低原料与装置成本，实现电制燃料大规模商业化应用。

到 2030 年，部分经济性较好的电制原材料初步实现商业和示范应用，其中电制氨技术得到一定规模的推广应用。到 2050 年，电制原材料的经济性全面赶超化石能源，实现广泛商业化。清洁能源发电成本进一步下降，电制氨、电制甲醇产量规模分别达到 1600 万吨、3900 万吨。到 2060 年，电制原材料成为化工行业原材料主要来源。电制氨、电制甲醇产量规模分别达到 3000 万吨、4800 万吨。

四、政策建议

工业领域是中国实现碳达峰和碳中和的重点与难点。在受当前脱碳技术不成熟、脱碳成本过高等诸多制约因素影响的情况下，需要政府采取多方面的政策措施，促进低碳技术的研发、推广和使用，促进工业领域加快推进其低碳转型。

一是加快工业产业结构优化调整。产业结构是影响工业低碳发展的关键因素。当前，我国工业产业仍处于全球价值链中低端水平，以劳动密集型和资源密集型重工业为主，传统"三高一低"（高投入、高耗能、高污染、低效益）产业占比仍然较高，技术密集型、知识密集型产业占比偏低。实现碳中和必须加快战略性新兴产业、绿色产业发展，促进传统高耗能、高污染产业低碳转型，提高经济质量效益和核心竞争力，高质量建设现代化产业体系、现代化经济体系和现代化经济强国，实现绿色低碳和可持续经济增长。

构建工业循环经济体系。强化资源环境等约束性指标管理，以减排为抓手，构建覆盖全社会的资源循环利用体系，促进生产、流通、消费过程的减量化、再利用；推动生产消费从低效、粗放、污染、高碳的方式转向高效、智能、清洁、低碳的方式，实现经济社会与资源协调发展。

培育战略性新兴产业。大力发展新一代信息技术、高端装备制造、新材料、生物新能源、新能源汽车等知识、技术密集型产业。推进战略性新兴产业与大数据中心、电动汽车充电网络等新型基础设施高效联动发展。

推动绿色产业跨越式发展。推动建立可量化、可核查、可报告的绿色产业发展指标，强化产品全生命周期绿色管理。构建绿色技术创新体系，加快绿色制造关键核心技术攻关，加快突破一批原创性、引领性绿色技术。

推动高耗能、高排放行业转型升级。进一步加强高耗能项目能耗管理，加大淘汰落后产能和化解过剩产能力度，逐步压减整体产能。深挖高耗能产业电能替代、清洁发展潜能，实现技术升级和低碳转型。

二是以工业节能为抓手，推动工业用能提质增效。针对我国工业能源效率偏低问题，建议进一步发挥节能提高能效的倒逼作用，严格控制增量、调整优化存量，助力工业产业转型升级。

大力推动重点领域节能降碳。深入推进煤电、钢铁、有色、建材、石化化工等行业节能降碳工艺革新，加快推广先进高效节能产品设备，淘汰落后低效设备，全面建设绿色制造体系。提升数据中心、5G 等新型基础设施能效水平，加快绿色数据中心建设。

健全节能法规标准。加快修订节约能源法、节能审查办法等法律法规。开展工业节能降碳标准提升行动，抓紧修订一批能耗限额、产品设备能效强制性国家标准，扩大能耗限额标准覆盖范围。加强重点用能单位节能管理，深入开展节能监察，强化节能事中事后监管。推动地方实行用能预算管理。

夯实节能基础能力。健全能源计量、统计、监测制度体系，完善工业领域能源消费统计制度和指标体系，逐步推动节能降碳领域大数据资源共享和分析应用。

三是以工业电气化转型为重点，推动工业低碳化发展。短期内，建议将工业电气化作为实现"双碳"目标的重要抓手之一，健全完善政策引导、企业为主、市场驱动的工作机制，引导全社会科学推进工业领域电气化。

大力推进工业用热领域电气化。满足工业生产对热水、蒸汽、加热的需求，全面推进电锅炉、电窑炉替代燃煤锅炉、燃煤窑炉；在陶瓷、水泥、玻璃、石灰、石膏、岩棉、砖瓦、地板等建材行业推广应用电窑炉；在金属冶炼领域推广应用电阻炉、电弧炉、中/高频感应电炉等电冶金技术。

全面推进工业动力领域电气化。满足工业生产动力需求，在辅助电动力领域，推广应用电动鼓风机、电动空压机、电动挖掘机、电液锤、电动破碎机；在工业短途运输领域，推广电动皮带廊、电动重卡替代燃油车辆运输；在油田开采领域，推广电钻井等电动装置，提升采掘业电气化水平；在矿山采选领域，推广应用采矿电铲、矿山采选皮带廊。

积极利用 Power-to-X 推动工业间接电气化。积极推动绿电制氢＋氢还原冶炼钢铁技术，降低长流程炼钢碳排放水平。推进 Power-to-X 规模化应用于化工行业，满足氨、甲醇和 HVC 等基础化工产品生产需求，助力化工行业原料降碳。

积极探索工业电气化发展商业模式。突出市场引领，积极探索适应市场发展的工业电气化商业模式。因需制宜地探索运用合同能源管理、设备租赁、建设经营移交、工程总包及 PPP 等模式，推动电能替代项目高效落地。积极推动"共享替代"、一站式电能替代综合解决方案、"互联网＋能源托管"、能源电商新零售等新兴模式。推广工业系统能源综合服务。探索工业领域负荷的用电弹性，促进用户积极主动参与需求侧响应，更多消费风电、光伏等绿色电力。

四是加大 CCS 等脱碳技术研发力度，为工业实现低碳转型提供保底支撑。针对当前 CCS、氢能等脱碳技术不够成熟的情况，建议政府加大支持力度，既鼓励研发机构进一步发展相关技术，也支持企业对尚处于早期阶段的、缺乏成本竞争力的脱碳技术进行试点应用，通过应用不断优化完善相关技术。推动产学研用深度融合，鼓励有关行业协会、社会团体、骨干企业共同建设创新基地、联合实验室等合作平台，提升研发效率，不断降低脱碳技术应用成本。推动建设一批科技成果应用示范工程，发挥示范引领作用。

五是构建支持低碳工业产品的消费市场。要大力促进低碳工业品的需求，培育有利于工业低碳化发展的外部环境，为此，首先要建立相关标签和标准，以确保所有用户都能够识别低碳工业产品。提供经独立验证的可靠信息，是刺激低碳产品需求的首个关键步骤，这些标签和标准旨在区分最佳绩效或创新性方案。还要积极通过标准来引导需求，例如，政府可以调整产品的能效标准、建筑和材料的低碳标准等，通过标准不仅可促进工业生产部门的减排，还可促进整个供应链的减排。在公共采购中要注重增加对低碳材料的购买，形成示范效应。

六是完善体制机制，发挥市场引导力量。建议加大电价改革力度，科学核定输配电价，将电能替代配套电网建设投资作为国家政策性重大投资纳入电网企业有效资产，将配套电网运营成本足额纳入输配电准许成本。完善售电侧峰谷分时电价，适当扩大峰谷电价差，推行售电侧、上网侧联动的峰谷电价机制。另外，还要加快推进电力市场建设，支持电能替代项目参与电力市场中长期交易和现货交易。建立电能替代项目电量绑定新能源发电量机制。加快绿色债券市场的建立和基金发行，多渠道吸引社会资本，推动工业领域电气化市场化发展。加快全国碳市场的建设，健全重点工业领域碳排放核算办法，试点参与碳排放权交易，推动重工业领域脱碳。

第3章
建筑：着力控制碳排放增量[*]

* 本章主要执笔人为国能日新科技股份有限公司武晗，壳牌集团战略部乔治奥·波尼亚斯，课题组其他成员参与了讨论和修改。

本章要点 ————————————————————————————————

　　2018 年中国建筑领域能耗主要包括城镇住宅能耗（24%）、农村住宅能耗（22%）、公共建筑能耗（33%）和北方供暖能耗（21%）。

　　电气化和提高能源效率是建筑领域低碳化的最主要途径：推动北方地区和南方部分地区的清洁供暖，推广低能耗住宅和高能效家用电器，加快建筑领域可再生能源应用，推进数字能源发展。

　　在碳中和战略推动下，中国建筑领域电能占终端能源比重将从 2018 年的 25.4% 持续上升，本章预测 2030 年将达到 39.8%，2060 年将达到 73.3%。

　　研究建筑领域电气化、低碳化发展路线，提出新建筑低碳、数字化综合能源站、清洁供暖、低碳热源、电厨炊与节能家电、农村可再生能源利用等六大技术路线，包括 12 项关键技术。

中国建筑领域运行能耗和碳排放均占到了全国的约 21%。随着中国城镇化的发展，建筑总面积保持增长势头。随着共同富裕的实现和人民生活水平的提高，中国建筑能源消耗总量仍将在一定时间内保持增长。大力推动建筑领域电气化，加快推动建筑领域节能减排，促进能源生产和消费革命，是中国"双碳"目标落实的关键环节。

一、建筑领域电气化现状

（一）中国建筑领域基本现状

2020 年，中国城镇人口达到 9.02 亿人、3.10 亿家庭户；农村人口 5.10 亿人、1.84 亿家庭户。城镇化率从 2001 年的 37.7% 增长到 63.9%[1]，大量人口从农村向城镇转移，推动了城镇建筑面积和公共建筑面积持续增长。2014 年以来，我国民用建筑每年竣工面积稳定在约 25 亿平方米，全国建筑每年拆除面积在 15 亿平方米左右，使得我国建筑总面积不断增长[2]。

2018 年，中国建筑总面积约 601 亿平方米，其中城镇住宅建筑面积为 244 亿平方米，农村住宅建筑面积为 229 亿平方米，公共建筑面积为 128 亿平方米。另外，北方城镇供暖面积为 147 亿平方米[3]。

从统计数据看，中国人均住宅面积达到 33.9 平方米，已接近英国、日本等发达国家水平。但人均公共建筑面积仅 9.2 平方米，约为美国的 1/3，日本的 1/2[4]。现有公共建筑中，商场、医院、学校面积相对较小，交通枢纽、文体建筑和社区活动场所等面积也较小。

（二）建筑领域能源消耗与温室气体排放

建筑领域的用能和温室气体排放涉及建筑的不同阶段，包括建筑建造、运行、拆除等，如图 3-1 所示。本章重点关注建筑运行阶段的能耗和排放情况，建筑建造阶段的建材生产、运输、建造等宜纳入工业、交通等领域讨论，建筑拆除阶段的能耗和排放由于占比低故不单独讨论。

建筑运行用能指的是在住宅、办公建筑、学校、商场、宾馆、交通枢纽、文体娱乐设施等建筑内，为居住者或使用者提供供暖、通风、空调、照明、炊事、生活热

① 数据来源：《第七次全国人口普查公报》。
② 数据来源：《中国建筑节能年度发展研究报告 2021》。
③ 数据来源：《中国城乡建设统计年鉴 2018》。
④ 数据来源：《2020 World Energy Balances》，WDI 数据库。

水，以及其他为了实现建筑的各项服务功能所产生的能源消耗。建筑运行的温室气体排放，主要包括能源使用带来的二氧化碳直接排放、间接排放和其他温室气体排放。

根据国际能源署报告，2018 年全球建筑运行相关的终端用能占全球能耗的30%，相关二氧化碳排放占全球总排放的 28%。

图 3-1　建筑领域能耗及碳排放

资料来源：《中国建筑节能年度发展研究报告 2021》

（三）中国建筑领域能源消耗和碳排放现状

根据我国建筑能耗的真实类型和特点，我国建筑用能可分为城镇住宅能耗、农村住宅能耗、商业及公共建筑能耗（不含北方城镇供暖，以下称"公共建筑能耗"）和北方城镇供暖用能（以下称"北方供暖能耗"）四大类。

北方供暖能耗，指的是采取集中供暖方式的城镇地区[①]冬季供暖能耗，包括各种形式的集中供暖和分散供暖。北方城镇供暖多为集中供暖，包括大量的城市级别热网与小区级别热网，技术形式包括热电联产、燃煤锅炉、燃气锅炉、大型集中热泵等；分散供暖方式在供热管网无法覆盖的地区更为普遍，包括户式燃气炉、户式燃煤炉、热泵、空调和直接电加热等形式。能源种类主要为燃煤、燃气和电力等。

城镇住宅能耗（不含北方城镇供暖），指的是除了北方地区的供暖能耗外，城镇住宅所消耗的能源。用能形式包括家用电器、空调、照明、炊事、生活热水以及非北方城镇地区的冬季供暖等。能源种类主要为电力、燃煤、天然气、液化石油气和城

[①]　地域涵盖北京、天津、河北、山西、内蒙古、辽宁、吉林、黑龙江、山东、河南、陕西、甘肃、青海、宁夏、新疆的全部城镇地区，以及四川的部分地区。不包括西藏、川西、贵州部分地区等。

市煤气等。

公共建筑能耗（不含北方城镇供暖），指的是广义的公共建筑的能耗。包括办公、商业、旅游、科教文卫、通信以及交通运输建筑，覆盖城镇和农村的公共建筑。用能形式包括空调、照明、插座、电梯、炊事、各种服务设施，以及非北方城镇地区的取暖。能源种类主要为电力、燃气、燃油和燃煤等。

农村住宅能耗，指的是农村家庭生活消耗，包括炊事、供暖、降温、照明、热水、家电等。能源种类主要为电力、燃煤、生物质能、液化石油气、燃气等。其中生物质能部分的能耗未纳入国家能源宏观统计，后文将单独列出。

根据《中国能源统计年鉴》《中国城市建设统计年鉴》等，2018 年中国建筑运行的总商品能耗约为 10 亿 tce[①]，约占全国能源消费总量的 22%。4 个部分建筑能耗的统计数据如表 3-1 所示。

表 3-1　中国建筑运行能耗（2018 年）

用能分类	面积（亿平方米）	户数（亿户）	能耗（亿 tce）	用电量[②]（亿千瓦时）	单位面积能耗（kgce/m²）
北方供暖	147	/	2.12	571	14.4
城镇住宅（不含供暖）	244	2.98	2.41	5404	9.9
公共建筑（不含供暖）	128	/	3.32	8099	26.0
农村住宅	229	1.48	2.16	2623	9.4
合计	601*	4.46	10.01	16697	16.7**

注：* 此数值为城镇住宅、公共建筑、农村住宅面积之和，北方供暖面积含在城镇住宅和公共建筑面积中。** 此处为总平均值。

资料来源：《中国能源统计年鉴 2019》《中国城乡建设统计年鉴 2018》《中国建筑节能年度发展研究报告 2021》

农村住宅能耗中，树枝、秸秆、牛粪等生物质能也是农村能耗的重要来源，用来做饭、取暖等，经折合计算，农村生物质能能耗约 0.91 亿 tce。该部分生物质能非商品能源，未纳入国家宏观统计数据。图 3-2 为 4 个部分建筑能耗的规模、强度和总量，横向表示建筑面积，纵向表示单位面积建筑能耗强度，4 个方块的面积即是建筑能耗的总量。从建筑面积上看，城镇住宅和农村住宅的面积最大，北方城镇供暖面积约占建筑面积总量的 1/4，公共建筑面积仅占建筑面积总量的 1/5；从建筑能耗强度上看，公共建筑（不含北方供暖）能耗强度最高，其次为北方供暖，城镇住宅（不含北方供

---

① 　使用 tce 作为能耗单位。tce(ton of standard coal equivalent)，是 1 吨标准煤当量，是按标准煤的热值计算各种能源量的换算指标。

② 　按照每年的全国平均火电供电煤耗把电力消耗量换算为用标准煤表示的一次能耗，本文选用 2018 年全国平均火电供电煤耗值，为 308 克标准煤 / 千瓦时。

暖）和农村住宅相当；从能耗总量来看，基本呈现"四分天下"的局势，各占 1/4 左右，公共建筑（不含北方供暖）占比最多。

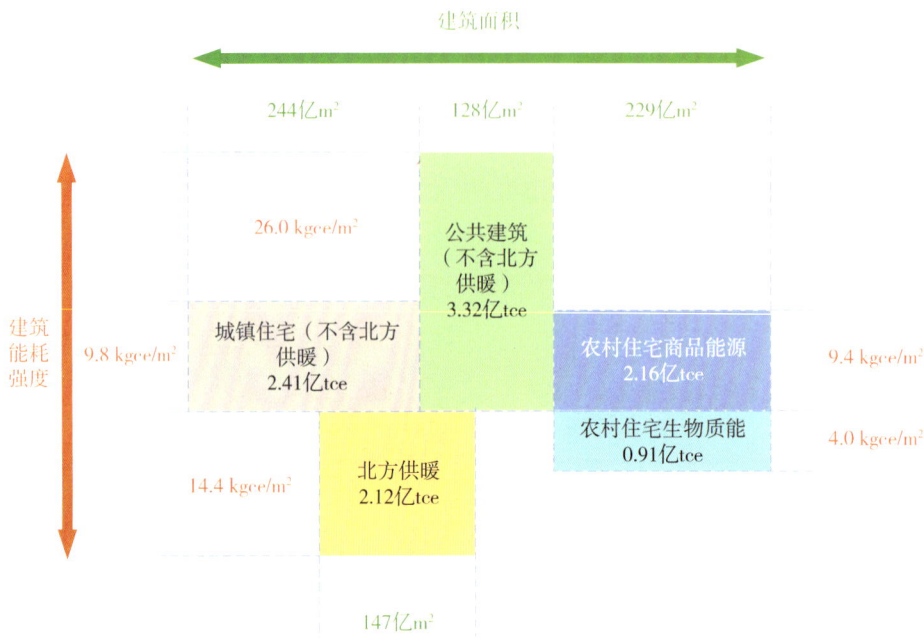

图 3-2 中国建筑运行能耗（2018 年）
资料来源：《中国能源统计年鉴 2019》《中国城乡建设统计年鉴 2018》《中国建筑节能年度发展研究报告 2021》

2018 年中国建筑运行的化石能源消耗相关的碳排放达 21 亿吨，其中直接碳排放占 50%，电力相关的间接碳排放占 42%，热电联产机组的热力相关的间接碳排放占 8%。中国建筑运行相关碳排放折合成人均建筑运行碳排放指标为 1.5 吨／人，折合单位建筑面积单位碳排放指标为 35kg/m^2。

城镇住宅和公共建筑这两部分中 70% 的能源均为电，以间接二氧化碳排放为主，北方城镇中消耗的热电联产机组的热力也会带来一定的间接二氧化碳排放。北方供暖和农村住宅这两类，能源消耗中使用煤的比例高于电，北方供暖中用煤比例高于 80%，农村住宅中用煤比例约 60%，导致大量的直接二氧化碳排放。4 个建筑用能分项的碳排放占比分别为：北方供暖 26%，城镇住宅 21%，公共建筑 30%，农村住宅 23%。

将 4 个部分建筑碳排放的规模、强度和总量表示在图 3-3 中，横向表示建筑面积，纵向表示单位面积碳排放强度，方块面积表示碳排放总量。可以对比图 3-2 和图 3-3，4 个部分的碳排放与能耗呈现不同的特点：公共建筑（不含北方供暖）单位建筑面积的碳排放强度最高，为 $49.7kgCO_2/m^2$；北方供暖由于大量燃煤，碳排放强度达到 $37.3kgCO_2/m^2$，公共建筑单位面积的碳排放是北方供暖的 1.33 倍；农村住宅由于电气化水平低、燃煤比例高，碳排放强度达到 $21.0kgCO_2/m^2$，而一次能耗强度更高的城镇住宅（不含北方供暖）碳排放强度仅为 $17.5kgCO_2/m^2$，农村住宅单位能耗的碳排放是城镇住宅（不含北方供暖）的 1.2 倍。

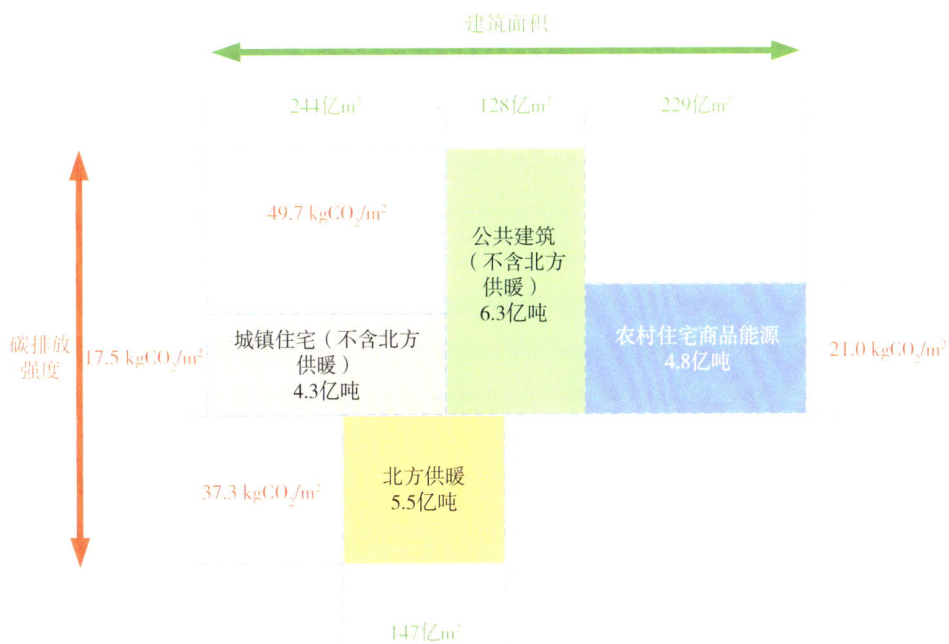

建筑面积

244亿m²   128亿m²   229亿m²

$49.7\ kgCO_2/m^2$

公共建筑（不含北方供暖）6.3亿吨

碳排放强度

$17.5\ kgCO_2/m^2$

城镇住宅（不含北方供暖）4.3亿吨

农村住宅商品能源 4.8亿吨 $21.0\ kgCO_2/m^2$

$37.3\ kgCO_2/m^2$

北方供暖 5.5亿吨

147亿m²

图 3-3　中国建筑运行相关二氧化碳排放量（2018 年）
资料来源：《中国能源统计年鉴 2019》《中国城乡建设统计年鉴 2018》《中国建筑节能年度发展研究报告 2021》

从国际对比来看，中国建筑单位面积能耗低于各发达国家，是美国的 1/3，是韩国、日本、英国、德国的 1/2；中国人均建筑能耗水平远低于美国，是德国、韩国、日本的 1/2 左右（见图 3-4）。但由于中国建筑总量增长较快，而且目前能源结构中化石能源比重较大，因此考虑直接和间接的碳排放量后，建筑物的碳排放总量仍然增长很快，到 2020 年，总量已经超过了美国（见图 3-5）。因此，考虑中国的碳中和与节能减排的发展目标，中国需要走一条不同于其他国家的发展路径，将面临极大的挑战。

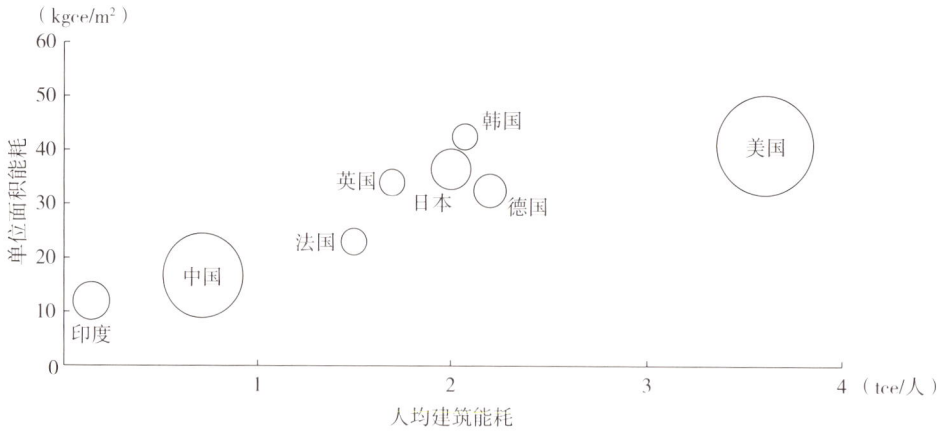

图 3-4　中外建筑能耗对比（2017 年）

资料来源：《2020 World Energy Balances》，WDI 数据库

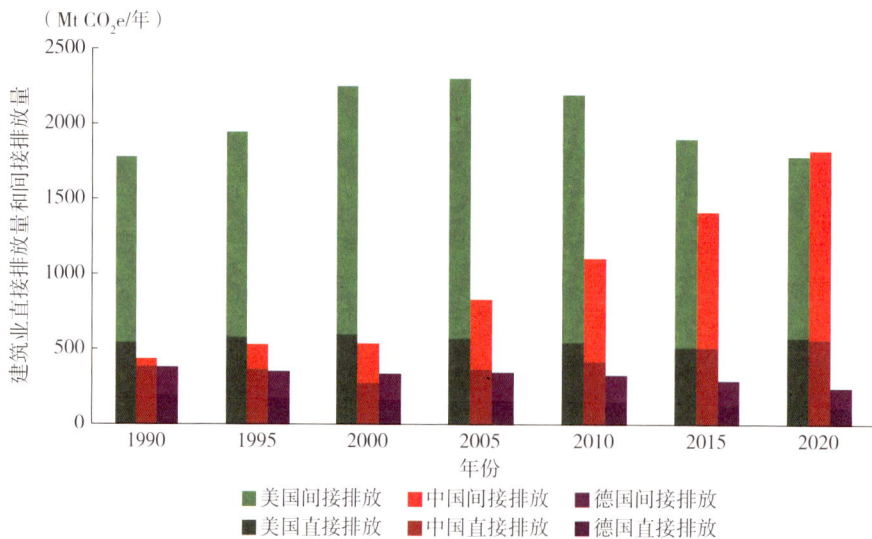

图 3-5　建筑业直接排放量和间接排放量

注：总排放量是直接排放量和间接排放量的总和。间接排放是在建筑业使用电力和集中供热的过程中产生的。

资料来源：Vivid Economics

（四）中国建筑领域电气化现状

利用火电平均供电煤耗，计算建筑领域发电用能占总能耗比重、单位能耗碳排放，如表 3-2 所示。

表 3-2　中国建筑领域电气化水平（2018 年）

用能分类	面积（亿平方米）	户数（亿户）	能耗（亿tce）	用电量（亿千瓦时）	电能占终端能源消费比重(%)	单位能耗碳排放（kg/kgce）
北方供暖	147	/	2.12	571	4.1	2.6
城镇住宅（不含供暖）	244	2.98	2.41	5404	34.2	1.8
公共建筑（不含供暖）	128	/	3.32	8099	37.2	1.9
农村住宅	229	1.48	2.16	2623	18.5	2.2

资料来源：《中国建筑节能年度发展研究报告 2021》《中国能源统计年鉴 2019》《中国城乡建设统计年鉴 2021》

　　从电能占终端能源消费比重对比来看，不含北方供暖的公共建筑（37.2%）和城镇住宅（34.2%）的比重远高于农村住宅（18.5%）、北方供暖（4.1%）。单位能耗碳排放指标与电气化水平呈负相关性，北方供暖电气化水平较低，使用燃煤比例达80%，造成单位能耗碳排放指标达 2.6kg/kgce，大幅高于其他。

　　建筑领域的 4 个部分是根据中国特点进行的分类，难以进行国际比较，由于建筑领域用能主要对应居民领域、商业领域用能，所以以此进行建筑领域电气化的国际对比。各国居民领域、商业领域电能占终端能源消费比例如图 3-6 和图 3-7 所示，中国在居民领域电能占终端能源消费比例达 24.7%，约为日本（52.3%）、美国（50.5%）的 1/2；中国在商业领域电能占终端能源消费比例达 36.8%，约为阿根廷（92.6%）的 2/5，约为澳大利亚（71.8%）、韩国（67.5%）的 1/2，与美国（56.1%）、日本（54.3%）也有较大差距。

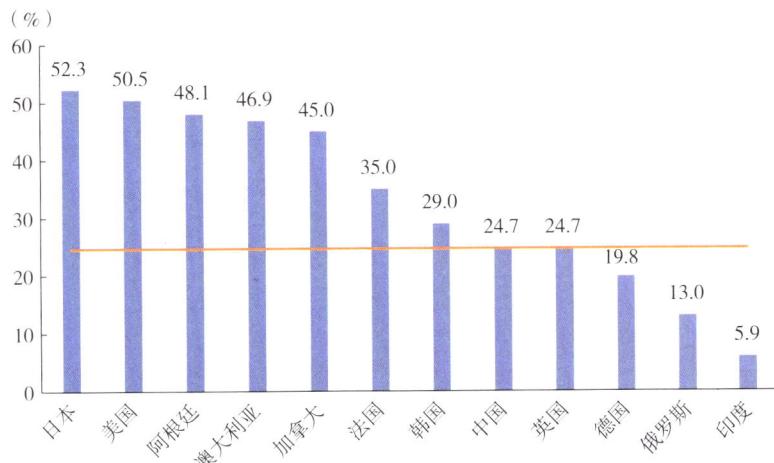

（%）

图 3-6　各国居民领域电能占终端能源消费比例

资料来源：《2020 World Energy Balances》

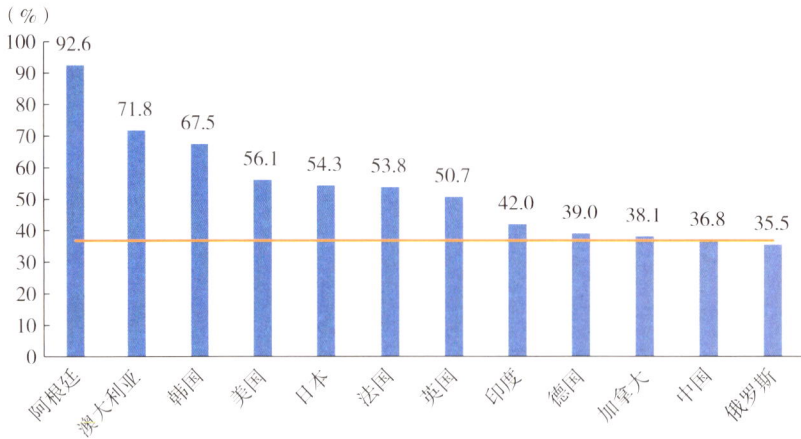

图 3-7 各国商业领域电能占终端能源消费比例

资料来源：《2020 World Energy Balances》

（五）中国建筑领域电气化转型政策

1. 北方地区清洁取暖

"十三五"期间，中国在北方地区大力推动"煤改电""煤改气"清洁取暖工作，以改变北方以燃煤为主的取暖用能结构。

国家层面，相关部委先后印发了《北方地区冬季清洁取暖规划（2017—2021 年）》《关于开展中央财政支持北方地区冬季清洁取暖试点工作的通知》等文件，通过中央财政和地方财政两级补贴，推动北方清洁取暖工作。地方层面，京津冀及周边、汾渭平原 7 省（市）政府相继出台了"煤改电"配套支持政策 94 项（省级 14 项、地市县级 80 项）。主要包括以下 4 类支持政策：终端设备购置类政策，涉及北京、天津、河北、山西、山东、河南、陕西等 7 个省（市），如天津市人民政府对低温空气源热泵"煤改电"用户的设备购置、安装费用 100% 承担，规定每户最高补贴上限为 2.9 万元；取暖费（电价）类政策，涉及北京、天津、河北、山西、山东、河南、陕西等 7 个省（市），北京市补贴力度最大，对电供暖用户低谷用电给予 0.2 元/千瓦时的补贴；房屋配套改造类政策，主要是北京市人民政府对新建房屋给予 2 万元/户的节能保温补贴，对既有房屋节能保温改造给予 1 万元/户的补贴。上述政策的出台，有力推动了京津冀及周边、汾渭平原地区 7 省（市）"煤改电"清洁取暖工作的落地实施。

北京地区政策支持力度最大，北京市"煤改电"用户已超过 125 万户，电供暖已成为北京市第二大供暖来源，北京平原地区基本实现"无煤化"，为首都地区大气污染治理做出了重大贡献。

截至 2020 年底，京津冀及周边、汾渭平原及新疆累计完成居民"煤改电"清洁取暖改造 1063 万户，电供暖面积达到 8.26 亿平方米，且以农村住宅为主。"十三五"期间累计取暖电量超过 500 亿千瓦时，减少散烧煤 2800 万吨，减排二氧化碳 5000 万吨①。

2. 电能替代行动

2016 年 5 月 16 日，国家发展改革委、国家能源局等八部门联合印发《关于推进电能替代的指导意见》，指导性提出推进电能替代的总体要求、重点任务和保障措施。"十三五"期间，全面推进北方居民采暖、生产制造、交通运输、电力供应与消费 4 个重点领域的电能替代，实现能源终端消费环节替代散烧煤、燃油消费约 1.3 亿吨标准煤，带动电煤占煤炭消费比重提高约 1.9 个百分点，带动电能占终端能源消费比重提高约 1.5 个百分点，促进电能消费比重达到约 27%。

在电能替代专项行动推动下，随着经济发展和居民生活水平提高，各种类型家用电器走进城镇和农村家庭，"十三五"期间主要家用电器销售达 22 亿台，有效推动建筑领域电气化②。

3. 秋冬季大气污染综合治理攻坚行动

2017 年以来，中国连续 5 年开展秋冬季大气污染综合治理攻坚行动，在北京、天津、河北、山西、山东、河南、陕西、上海、江苏、浙江、安徽 11 省（市），大力开展 35 蒸吨及以下燃煤（油）锅炉、30 万千瓦及以上热电联产机组和落后燃煤小热电的综合治理，推动有序淘汰和电锅炉替代，加快了北方城镇供暖、建筑供热等领域电气化。

二、建筑领域电气化和低碳化潜力测算分析

（一）电气化和提高能源效率是建筑领域低碳化最主要的途径

根据国际能源署（2021）的报告，降低建筑物碳排放强度的第一步，是通过提高建筑围护（保温）结构和设备的能效，确保尽可能高效地使用能源。同时，将燃料（建筑用能）转向电力、氢能、生物能及其他可再生能源，特别是转向低碳电力，是

---

① 数据来源：《国家电网有限公司年鉴 2021》。

② 数据来源：《国家电网有限公司年鉴 2021》。

提高能效的重要补充措施。燃料转换需要在建筑内采用新设备。例如，为实现供暖电气化，可能需要将传统的化石燃料锅炉转换为高效热泵。此外，消费者行为会对能源消耗和排放产生影响，需要积极培育居民的节能习惯，提高节能意识，以将能源消耗控制在最低的必要水平。节能型消费行为，例如，当空气制冷或供暖设备工作时关闭门窗，或者仅在有人的房间中开启制冷设备。

（二）影响建筑领域电气化的关键因素

为了更好地进行建筑领域电气化潜力测算，需要分析影响中国建筑领域电气化的关键因素，主要包括经济要素、政策要素和技术要素。

1. 经济要素

一是中国城镇化率，城镇化帮助居民实现从乡村平房到小区楼房的生活转变，能够显著提升建筑电气化水平，是建筑领域电气化的关键因素；二是人均收入水平，随着人均收入和生活水平的提高，家用电器的使用增加，数字化、智能化家居生活普及，将显著提升家庭电气化水平；三是中国经济重心向南偏移，南方地区夏季制冷、冬季采暖均以空调等为主，将减少北方城镇供暖的能源消耗权重，一定程度提升建筑领域电气化水平。

2. 政策要素

一是国家宏观能源等相关政策，这些政策将从根本上改变能源生产与消费方式，进一步推动能源生产和消费革命，推动建筑领域朝着电气化、零碳化的方向大步前进；二是建筑节能相关政策，电气化是节能型、零碳型建筑的关键路径，建筑节能政策将进一步推动建筑领域电气化和零碳化；三是大气治理相关政策，燃煤锅炉、散烧煤燃烧等是大气污染治理的要点，进行以电代煤、以电代油改造，对于提升供暖、厨炊等领域的电气化水平具有巨大推动作用。

3. 技术要素

一是新能源发展水平，以光伏、风电为代表的新能源快速发展，将形成以电为中心的能源消费体系，显著提升建筑领域用能的电气化、清洁化、低碳化；二是建筑能源领域新技术发展，随着光伏建筑一体化（BIPV）、屋顶光伏、被动式建筑等新技术逐步成熟和商业化推广应用，单位建筑能耗将持续降低，建筑用能结构将持续优化；三是乡村可再生能源利用技术的发展，分布式光伏、小型生物质发电、太阳能电热水器等小型可再生能源利用装置的发展，对农村地区尤其是农村住宅用能电气化产生较大促进作用。

（三）面向碳中和的建筑电气化潜力

根据中国建筑领域电气化和碳排放现状，围绕"双碳"目标的实现，重点考虑中国城镇化进程、新能源发展等要素，进行建筑领域电气化潜力的测算。

1. 基础数据的测算和设定

第一，测算中国城镇化率，估算中国总人口和城镇人口。根据回归分析的拟合结果，2030 年中国城镇化率达 73.6%，总人口 14.4 亿人，城镇人口 10.6 亿人。参考联合国等国际组织人口报告，测算得到 2060 年中国城镇化率达 83.2%，总人口 12.5 亿人，城镇人口 10.4 亿人。

第二，考虑每年新建建筑面积和拆除建筑面积。设定城镇住宅、农村住宅和公共建筑的年均新增面积分别为 12 亿平方米、-5 亿平方米、5 亿平方米，进而得到 2030 年城镇住宅、农村住宅、公共建筑和建筑总面积分别达 388 亿平方米、169 亿平方米、188 亿平方米和 745 亿平方米。参考发达国家人均住宅面积和公建面积，测算得到 2060 年城镇住宅、农村住宅、公共建筑和建筑总面积分别达 478 亿平方米、97 亿平方米、213 亿平方米和 788 亿平方米。

第三，考虑北方城镇供暖年均新增面积。设定 2025 年前年均新增 5 亿平方米，2030 年前年均新增 4 亿平方米，得到 2030 年北方城镇供暖面积达到 202 亿平方米。按照 2060 年的北方城镇供暖比例与 2030 年一致，得到 2060 年供暖面积达到 242 亿平方米。

2. 能耗强度和总能耗测算

考虑人民美好生活需求以及节能减排等工作对能耗强度的影响，测算 4 类建筑的单位面积能耗强度。

考虑建筑保温、节能改造、热计量等工作措施的执行，通过回归分析得到北方城镇供暖的能耗强度逐渐下降，到 2030 年降到 $10.0kgce/m^2$。随着生活条件的改善和人民对美好生活的需求不断得到满足，我国住宅能耗强度逐渐向发达国家靠拢，预计 2030 年左右实现碳达峰，城镇住宅（不含北方城镇供暖）能耗强度达到 $12.5kgce/m^2$，农村住宅达到 $12.7kgce/m^2$。考虑我国节能减排进程和"双碳"战略，预计公共建筑能耗 2025 年之前实现碳达峰，2030 年能耗强度降至 $22.0kgce/m^2$。

将 2060 年碳中和目标实现作为条件，测算得到北方供暖、城镇住宅、公共建筑、农村住宅的能耗强度分别降至 $6.0kgce/m^2$、$6.0kgce/m^2$、$14.0kgce/m^2$、$10.0kgce/m^2$，总平均建筑能耗强度降至 $10.5kgce/m^2$。

图 3-8 为能耗强度预测结果，可以看到总平均能耗强度在 2027 年左右达到峰值

后逐渐下降。

根据能耗强度预测结果，结合建筑面积，可计算得到建筑能耗总量预测结果，如图 3-9 所示。对比图 3-8 和图 3-9，可以看到城镇住宅和公共建筑（不含北方供暖）的总能耗在 2030 年左右实现碳达峰，且较 2018 年有较大的增长，原因主要在于城镇人口的持续增长和公共建筑面积的持续增长，造成能耗强度达峰后总能耗仍持续增长。

中国建筑运行总能耗在 2030 年左右达峰，2030 年总能耗达 13.2 亿 tce，之后总能耗一路下降，2060 年降至 8.4 亿 tce 左右。

3. 电能占终端能源比重和总用电量测算

在考虑终端能源中间损耗率稳步降低的基础上，测算建筑领域电能占终端能源消费比重。建筑电气化趋势下，电能占终端能源比重持续上升，2030 年建筑领域总占比达到 39.8%。考虑碳中和目标的实现，2060 年建筑领域电气化水平将呈现跨越式提升，电能占终端能源消费比重达到 73.3%（见表 3-3）。

表 3-3 建筑领域电能占终端能源比重测算

年份	北方供暖	城镇住宅（不含供暖）	公共建筑（不含供暖）	农村住宅	总占比
2010	0.7%	37.1%	38.4%	12.2%	22.2%
2011	0.7%	35.9%	40.5%	12.1%	21.7%
2012	0.7%	35.1%	41.4%	14.3%	23.1%
2013	0.8%	44.1%	46.1%	13.9%	27.1%
2014	0.8%	32.5%	38.3%	14.2%	22.4%
2015	2.2%	32.9%	38.1%	14.7%	23.2%
2016	2.3%	32.9%	37.5%	15.3%	23.5%
2017	3.9%	34.2%	38.7%	14.4%	24.2%
2018	4.1%	34.2%	37.2%	18.5%	25.4%
2025	8.0%	40.0%	43.0%	27.0%	33.3%
2030	15.0%	45.0%	48.0%	34.0%	39.8%
2060	65.0%	78.0%	80.0%	70.0%	73.3%

资料来源：本书模型测算

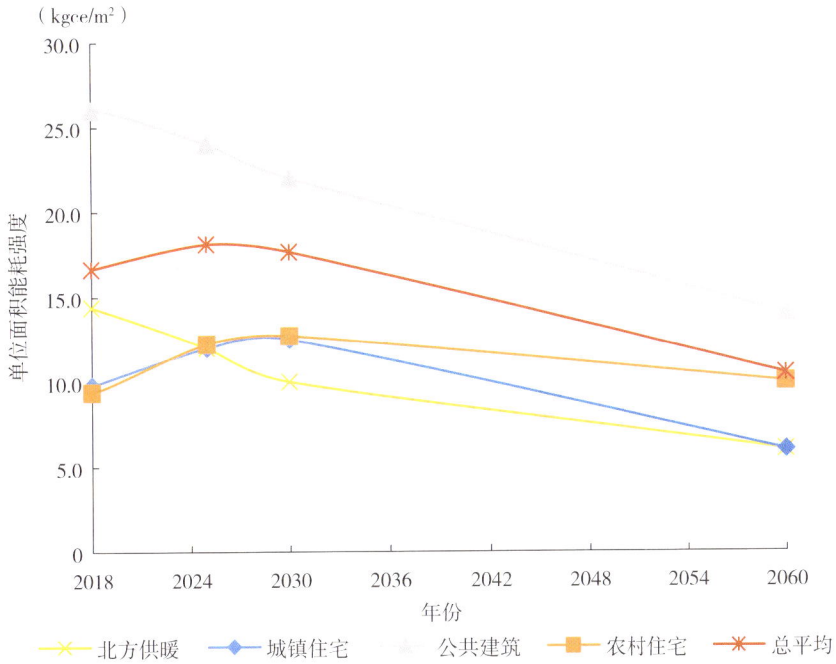

图 3-8　2018—2060 年建筑能耗强度预测

资料来源：本书模型测算

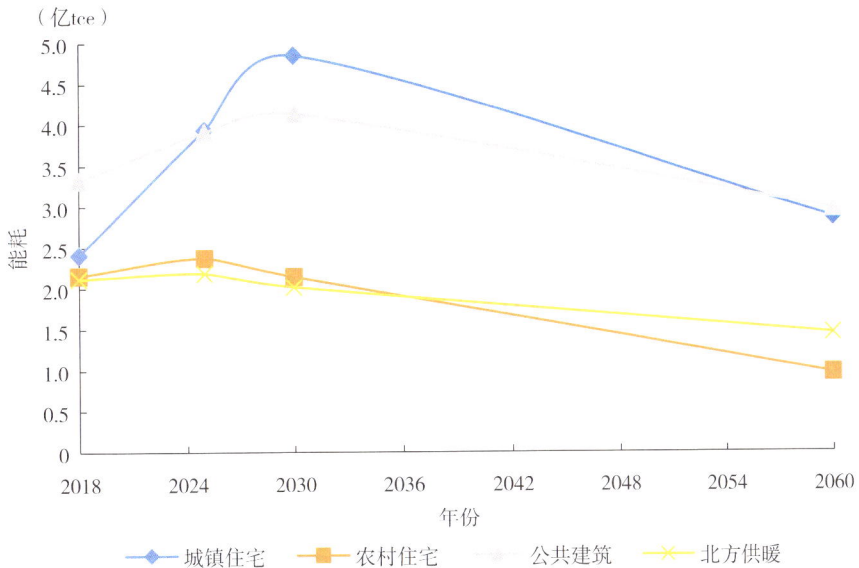

图 3-9　2018—2060 年建筑能耗总量预测

资料来源：本书模型测算

根据电能占终端能源比重，使用总能耗计算得到建筑领域用电量，如表 3-4 所示。2030 年建筑领域总用电量约为 3.5 万亿千瓦时，是 2018 年的近 2.1 倍；2060 年建筑领域总用电量约为 4.6 万亿千瓦时，是 2018 年的 2.7 倍。

表 3-4　建筑领域用电量预测

年份	北方供暖（亿千瓦时）	城镇住宅（不含供暖）（亿千瓦时）	公共建筑（不含供暖）（亿千瓦时）	农村住宅（亿千瓦时）	合计（亿千瓦时）
2018	571	5404	8099	2623	16697
2025	1151	10374	11084	4222	26831
2030	2022	14563	13247	4869	34701
2060	6928	16424	17469	4977	45798

资料来源：本书模型测算

三、建筑领域电气化、低碳化技术路线

面向"双碳"目标，结合建筑领域电气化和低碳化潜力测算结果，本章提出建筑领域电气化、低碳化发展路线，包括六大技术路线，重点围绕近零排放建筑、数字化综合能源站、蓄热电锅炉供暖、热泵供冷暖、市政集中供暖电补热、商业电厨炊、家庭电厨炊、节能家电、太阳能热水器、屋顶光伏、渔光互补、生物质综合利用等 12 项关键技术。

（一）标准引领新建筑低碳化发展

研究发现，如果在施工期间实施严格的能效标准并安装低碳供暖系统，所产生的成本仅占总建造成本的 3% ~ 5%。相比之下，如果建成后再对建筑实施脱碳改造，所产生的成本将高达总建造成本的 20%。这意味着，确保新建筑符合低碳标准，是建筑业实现脱碳的一个巨大且具有成本效益的机会（Element Energy，2020）。对中国来说，不少建筑领域仍有巨大的增长空间，中国某些细分市场的建筑存量预计增长近 1.5 倍，新建筑在 2050—2060 年建筑存量中占比较大，这意味着 2050 年存量中有很大一部分尚待建成（Hong 等人，2014），如图 3-10 所示。因此，做好新建筑低碳化是非常重要的。

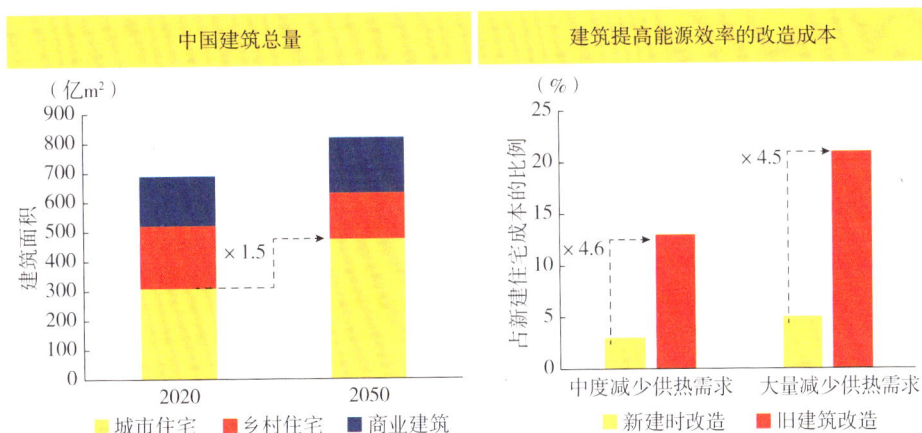

图 3-10　新建筑的脱碳空间

注：假定单户住房的建造成本为 12.5 万英镑。

资料来源：Element Energy，2020；Hong 等人，2014

根据《近零能耗建筑技术标准》，建筑分为超低能耗建筑、近零能耗建筑、零能耗建筑 3 个等级，各对应着不同的能耗降低要求。其中，超低能耗建筑为近零能耗建筑的初级表现形式，其建筑能耗水平应较国家相关节能标准降低 50% 以上；近零能耗建筑能耗水平应较国家相关节能标准降低 60% ~ 75%；零能耗建筑是近零能耗建筑的高级表现形式，该类建筑充分利用建筑本体和周边的可再生能源资源，使可再生能源年产能大于或等于建筑全年的全部用能。

通过标准引领，要求建筑方案设计根据建筑功能和环境资源条件，以气候环境适应性为原则，以降低建筑供暖年耗热量和供冷年耗冷量为目标，充分利用天然采光、自然通风以及围护结构保温隔热等被动式建筑设计手段降低建筑的用能需求。

另外，加强对建筑质量的管控，提高建筑的强度、寿命，提升全生命周期利用效率。

案例 1　伦敦新建筑的净零碳标准

伦敦的能源计划旨在通过强制要求建筑达到零碳标准，支持该市实现于 2050 年成为零碳城市的宏伟目标（见图 3-11）。新开发的建筑必须达到净零碳要求，因此，开发商需要尽可能地减少施工和运营过程中的能源消耗量，并选择使用本地低碳能源。该计划设定的能源绩效阈值超过了国家标准，这体现出该市更强烈的雄心壮志。为此，伦敦城市规划机构将确保开发商在各自提交的申请书中详细说明各自打算如何达到这些要求，因为申请获批的前提是达到要求。

新建筑标准	使用处罚基金捐款	支持安装低碳能源发电
💡 所有的新开发项目都必须为零碳做好准备 ⚙️ 能效标准被用来确保这一点	💲 达不到标准的开发商向理事会的处罚基金捐款 🔨 这些基金被用来资助当地家庭的改造	☀️ 团购太阳能发电设备降低了成本，并有利于已达到高质量发展的供应商

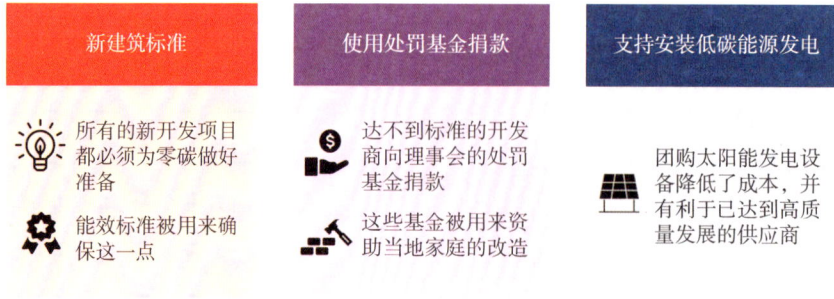

图 3-11　伦敦 2050 年的零碳城市目标与路径

资料来源：Vivid Economics

新建筑项目和改造项目两手抓——无法达到低碳标准的开发商须向当地碳抵消基金缴纳补偿金，用于为低碳改造项目提供资助。如果某些开发商无法通过节能或现场生产低碳能源来达到低碳标准，则可通过向当地主管机构的碳抵消基金缴纳补偿金的方式来达到这些标准。碳抵消基金将通过拨款方式，向当地的低碳改造项目提供资助。例如，伦敦卡姆登区议会的碳抵消基金为当地家庭和企业提供的拨款覆盖了隔热保温层、热泵、太阳能电池板或太阳能集热系统成本的 50%。

与此同时，该市还通过其他措施来鼓励实施建筑改造，例如，"Solar Together"倡议——该计划旨在帮助个人和企业识别认证提供商，并通过团体购买来降低成本。"Solar Together"倡议支持伦敦个人和企业以团购方式购买太阳能电池板。该计划根据居民的需求举行拍卖会，以确保其选择最具竞争力的供应商，有助于确保完成高质量的安装，并有效控制为居民寻找高质量供应商的成本。此外，通过团购形成的规模效应将帮助每个参与者降低成本。由此产生的大规模订单还将促进供应链的发展，激励供应商在技能和服务建设方面做出投资。

（二）面向大型公共建筑推广基于数字技术的综合能源服务

大型公共建筑一般指建筑面积 2 万平方米以上的办公建筑、商业建筑、旅游建筑、科教文卫建筑、通信建筑以及交通运输用房。大型公共建筑由于建筑体量和形式约束导致其空调、通风、照明和电梯等用能强度远高于普通公共建筑，这也是我国公共建筑能耗强度增长的重要原因。

大型公共建筑功能的实现是以各类机电设备系统运行为基础，空调、给排水、照明的能耗要占建筑运行能耗的 70%，仅空调系统的运行能耗就占各系统总能耗的 40% 以上。所以，在进行大型公共建筑节能研究时，解决机电设备的节能问题是核心。

大型公共建筑的综合能源服务是提供一体化的综合能源解决方案。根据客户需求，使用数字能源技术，选择和组合综合能源管控平台、综合能效分析、能源托管、电力需求响应等多种产品和服务。通过提供多种能源的系统服务，节能改造等技术手段，可以提升建筑运行的整体能效水平。一方面能够降低单位面积能耗强度，节约能源开支；另一方面能够提升多能互补水平，充分利用低品位热源、冷源等，利用智能化、数字化技术，从整体上减少碳排放。

■ **案例 2　东京的建筑物碳排放总量控制**

东京的总量管制与交易系统旨在鼓励向该机制范围内的建筑高效地分配减排指标。该机制的首个强制性遵守期于 2010 年开始，面向大型商业建筑（见图 3-12）。这些大型商业建筑的排放量在 2015 年所有商业建筑总排放量中的占比达 40%（ICAP，2021）。对于一些因使用年限、建筑材料或使用模式等原因，可选择的减排方案较少的建筑，这些强制性排放上限将带来较大的成本。该机制鼓励所有建筑实施减排，并允许其从机制范围内的其他设施、小型商业建筑以及东京以外的建筑购买碳信用，从而经济高效地实现减排。该机制的每个合约期为 5 年，机制范围内的设施须在该期限内，完成各自的中期减排措施规划。同时，设施的减排指标要求会随着时间而逐渐提高，以确保逐步实现东京都政府的长期减排目标。

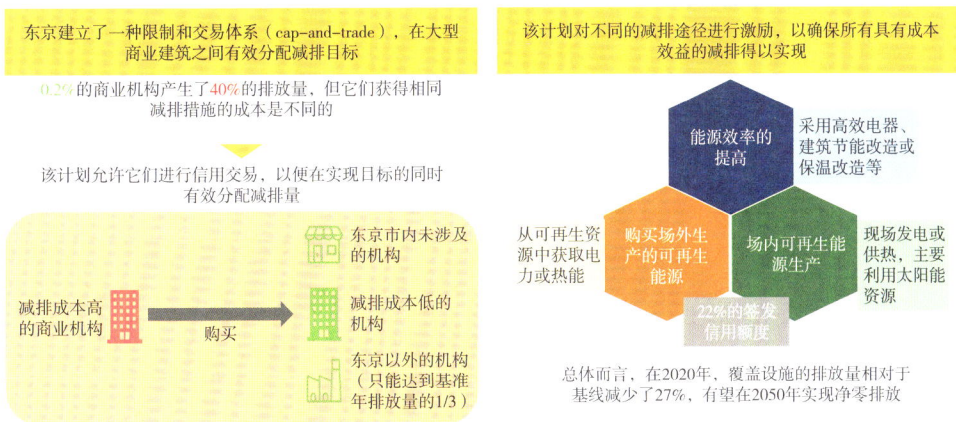

图 3-12　东京温室气体减排总量分配及激励系统

资料来源：Roppongi,H., Suwa, A., & Puppim De Oliveira, J. A.(2017). Innovating in sub-national climate policy: the mandatory emissions reduction scheme in Tokyo. Climate Policy, 17(4),516–532. ICAP.(2021).Japan - Tokyo Cap-and-Trade Program.(May),1–6

该机制通过对购买或生产可再生电力的设施给予碳信用，覆盖到建筑排放的所有组成部分，并促进了当地可再生能源发电行业的发展。该机制主要侧重于通过提高能效来实现减排，无论采用何种能源作为来源，所有设施均能应用此减排方法。然而，该机制还支持采用更全面的减排方法，并向采购或生产可再生能源的设施颁发可再生能源证书。该机制下已使用的碳信用中，有 22% 拥有可再生能源证书，这表明这些证书对可再生能源以及对当地发电及大范围电网的渗透产生了影响（Roppongi、Suwa 和 Puppim De Oliveira，2017）。

公共建筑改造项目让节能型企业有机会掌握减排技能并自行对各自的减排结果负责，从而减轻了主管机构的信息负担。

● **案例3　巴黎的公共建筑改造计划**

公共建筑改造项目可推动供应链低碳改造项目的发展，并对私营部门产生示范效应（见图 3-13）。与传统施工项目相比，低碳改造项目要求施工人员掌握更多技能。例如，有关地热系统、空气和蒸汽隔层以及隔热保温层的专业知识。公共建筑在建筑存量和城市排放量中的占比均较大——经济合作与发展组织成员国平均 19% 的固定资产为公有。因此，公共建筑改造项目可通过提供规模足够大的合同来支持供应链技能的开发，从而使相应投资具有可行性，同时使城市排放大幅降低（Hasanbeigi、Becqué 和 Springer，2019）。

图 3-13　巴黎公共建筑绿色低碳改造

资料来源：Canada Green Building Council.(n.d.).Trading Up: Equipping Ontario Trades with the skills of the future. C40 Cities.(2014).Case study - Paris Retrofit Project

巴黎公共建筑改造计划将其范围内所有建筑的节能责任交给负责实施改造的企业，从而减少了对高精度标准的需求。

针对施工方法、材料和设备制定相应标准，是实现能效增益的常用方法。采用此方法时，需要准确地预测通过标准可能实现多少能效增益，并需要予以监督和强制执行，以确保这些标准得到遵守。

巴黎公共建筑改造计划通过向改造工程企业赋予节能责任规避了这些问题。巴黎市政府与一家名为 Energy Saving Company 的公司（ESCO）签订了能源效率承诺（EEC）。在合同中，ESCO 保证于 20 年内实现相应节能目标。如果未实现这些节能目标，ESCO 则会受到合同违约的高额处罚（C40 城市集团，2014）。

该计划对其范围内的所有学校设定的平均节能指标为 30%，相比于为每所学校设定不同的指标，此方法能够根据公共建筑的实际情况和改善空间，更高效地向其分配节能指标（C40 城市集团，2014）。

全局性的建筑改造计划有助于提高目标人群对改造项目的接受程度，同时提高其财务可行性。

（三）持续推动北方和南方清洁取暖

1. 在北方农村推广"煤改电"清洁取暖

北方地区"煤改电"清洁取暖工作已经取得了突出成就，大幅度改变了北方地区以散烧煤为主的取暖方式，切实提升了环京等地区的大气质量。

"煤改电"清洁取暖中 95% 为农村居民住宅，是少有的关注农村住宅用能的国家政策，对于促进农村居民养成用电习惯，提升居民生活品质，加快农村住宅电气化具有重大的促进作用。"十四五"期间，宜持续加强相关政策执行和落地力度，在保障民生的基础上，推动乡村电气化。

技术路线方面，应坚持"宜电则电、宜气则气、宜煤则煤、宜热则热"的准则，同时统筹考虑全社会运行成本，选择经济、可持续发展的技术。表 3-5 为国家电网公司营销部测算的四省（市）5 地电采暖全生命周期单位面积年均费用对比分析，测算中考虑了配套电网建设、电采暖设备维修等全生命周期的费用。

表 3-5　四省（市）5 地电采暖全生命周期单位面积年均费用对比分析

类别	集中式 [元/（$m^2 \cdot$ 年）]		分布式 [元/（$m^2 \cdot$ 年）]	
	蓄热电锅炉（水、固体）	空气源热泵	蓄热电暖器	空气源热泵
北京厂门口村	41.53	32.78	45.41	25.29
北京厂门口村（房屋保温）	25.89	20.14	30.20	18.39
天津东柳木村	25.56	31.28	31.34	23.23

续表

类别	集中式 [元 /（m² · 年）]		分布式 [元 /（m² · 年）]	
	蓄热电锅炉（水、固体）	空气源热泵	蓄热电暖器	空气源热泵
河北麒麟店村	28.89	32.06	32.43	25.00
山东栾庄村	34.02	43.25	42.69	43.67

资料来源：国家电网公司营销部

对比多地区全生命周期年均费用，得出如下结论。

一是集中式电采暖与分布式电采暖的全生命周期经济性相当。综合社会投入、电网建设、舒适性、可靠性和地区差异等来看，集中式蓄热电锅炉是最优选择。分布式技术中，分布式空气源热泵技术最优。

二是房屋外墙保温改造有利于电采暖可持续运行。房屋保温改造可以大幅降低电采暖供暖系统的投资和运行费用，大幅提高电采暖全生命周期经济性。

三是在采暖周期较长地区热泵技术优势凸显。随着采暖周期的延长，空气源热泵运行成本低的优势凸显，全生命周期年均费用远低于其他技术路径。

总的来说，建议在聚居型村镇、新农村小区和城郊居民小区优先推广水蓄热电锅炉供暖技术；在冬季气温相对较高的地区（-10℃以上），可探索集中式空气源热泵技术，通过优化控制提高电采暖的经济性和能效水平。在居住相对集中的村镇，推广集中与分散混合的电供暖技术方案。在居住分散的自然村落，推广分布式电供暖技术。

2. 在南方夏热冬冷地区因地制宜推广热泵技术

随着全面建成小康社会，人民对美好生活的需求逐渐扩大，近几年南方地区冬季清洁取暖需求呼声愈来愈高。

国家层面尚未出台推动南方供暖的支持性政策，住房和城乡建设部提倡南方地区科学选择适宜采暖方式，采用分散、局部的供热方式，解决个性化采暖需求。湖南、江西、湖北等省份结合"打赢蓝天保卫战""能源发展规划"等重点工作安排，提出试点开展重点园区、开发区等集中供暖工作。在 2010 年前，南京、杭州、武汉、扬州、南通等城市，陆续施行部分小区集中供暖。湘潭市高新片区能源综合利用示范项目和万楼新城片区能源综合利用项目分别利用工业余热和水源热泵技术为居民区提供集中供暖。合肥市采用地源热泵、污水源热泵等多能互补型技术为合肥滨湖科学城核心区实现供暖。武汉市在汉口西部及汉阳地区各布局一座大型热电联产机组，供暖范围辐射东西湖区、硚口区和武汉开发区。

技术路线方面，建议：一是优选经济生活水平高的城市地区，尤其是夏热冬冷的城市；二是因地制宜选择河水源热泵、空气源热泵、地源热泵、污水源热泵等技术，热泵能效比高，既节能又经济，而且冬季供暖、夏季供冷，可显著提高利用率；三是优选集中式方案，既可规避总投资金额高的问题，也可通过开发商运维，提升使用舒适度。

案例 4　哥本哈根的"供暖法"

哥本哈根的地区供暖系统需要逐步实现脱碳，以扩大其对该市减排目标的贡献。地区供暖系统是一种高效的供热来源。由于形成了规模经济，相对于分散的供暖系统，地区供暖系统能够显著减少排放。丹麦自 20 世纪 60 年代开始运行地区供暖系统后，其供暖排放强度下降 60%，并且其燃料结构一直保持稳定（Elsman，2009）。为了进一步利用地区供暖的裨益，哥本哈根正在努力改变其燃料结构，即从化石燃料（目前贡献了超过 40% 的发电量）转向可再生能源和废热。热电厂正在从使用煤炭或天然气转向使用生物质，并开始尽可能地利用当地垃圾焚烧厂或工厂的废热（Københavens Kommune，2012）。

丹麦还通过立法来支持实施这些变革，同时确保系统用户能够负担相应成本。例如，供暖法支持各市政当局与地区供暖企业共同制定各自的本地供暖计划。此外，丹麦还授权各市政当局向利益相关方授予接入系统的权限，以提供未来收益的确定性，从而促进其对系统的投资。目前，哥本哈根已有 98% 以上的建筑接入地区供暖系统（Chittum & Østergaard，2014）。总体而言，地区供暖系统为住户提供了可负担的供暖，使其供暖开支相比使用天然气或集中供暖低出 45% ~ 55%（见图 3-14）。

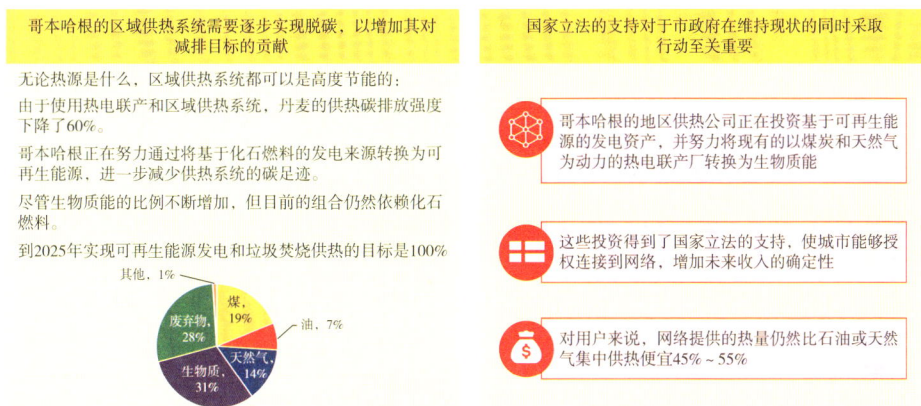

图 3-14　哥本哈根地区供暖网络脱碳案例

资料来源：C40 Cities（2016），Chittum et al（2014），Copenhagen Climate Plan（2012），District Energy Award（2009）

（四）改造实现北方城镇供热低碳化

我国北方城镇以集中供暖为主，采暖热源主要来自热电联产和各类燃煤、燃气锅炉，其中燃煤供热比重达 70% 以上。改造提升供热系统能效，优化调整供热能源结构，使用清洁电力和低品位余热作为热源，是实现北方城镇供热低碳化的关键技术路径。

1. 改造提升集中供热能效

积极推进集中供热系统节能低碳改造，合理选用平衡阀、变频器等节能设备，改善热网水力失调状况，在提高室温达标率的同时降低过量供热损失，提升按需供热、精准供热水平，逐步实现供热管网"三零"（零节流、零过流量、零过热量）目标，逐步降低单位面积供热能耗。建立智能供热管理系统，实现供热自动调控、远程监控、故障自查、精确到户的智能化管理，改善居民采暖体验，提升供热整体能效。

加快推进老旧供热管网、换热站及室内取暖系统改造，对使用年限超过 15 年，同时"跑、冒、滴、漏"现象严重的供热管网进行更新改造。结合老旧小区、城中村及市政道路改造，对存在安全隐患的管网，一并列入管网改造计划，同时超前布局区域供热管网规划，分步实施改造，适应未来零碳供热的形势需求。加快老旧换热站改造，推广无人值守换热站建设，提高自动控制水平，解决供热系统缺乏调控能力等问题，提高供热装备技术水平。

2. 优化调整热源结构

加快推动热源结构优化，中短期提高煤炭清洁化利用效率，合理利用天然气，加强低碳地热能、余热利用，中长期提升清洁电力、氢能供热比例。

一是提高煤炭清洁化利用效率。深入推进热电联产机组与区域锅炉的联合运行，结合新技术逐步降低热网回水温度，加大凝汽余热回收力度，充分挖掘存量机组供热潜力，提升供热能力。

二是合理利用天然气资源。优先将燃气锅炉作为集中供热的调峰热源，在落实气源的基础上，逐步推动燃气锅炉对燃煤锅炉的替代。

三是加强低碳地热能、余热利用。规范进行地热能开发，有序有度开发地热资源，将地热资源供暖纳入城市基础设施建设范畴。余热供热企业应合理确定热源规模，充分考虑错峰生产、重污染应对等环保政策对产能的影响，保障供热安全。加快数据中心余热回收，积极将数据中心余热回收用于采暖季供热和全年生活热水的供应。

四是逐步提升清洁电力、氢能供热比例。优先推广使用水源、地源、空气源热泵，逐步加大清洁电力供热比例。在可再生能源消纳压力较大、弃风、弃光现象严重、电网调峰需求较大的地区，科学发展蓄热电锅炉。探索氢能创新应用，统筹考虑氢能供应能力、产业基础和市场发展阶段，积极培育推动氢能在分布式供热、热电联产领域的示范应用。

案例 5 斯德哥尔摩的废热交易平台

斯德哥尔摩的地区供暖系统使用的是数据中心等当地可用的废热来源。斯德哥尔摩于 2014 年建立了废热交易平台，以便用户从本地来源购买废热。这一举措在该市数据中心的应用尤其成功，因为这些数据中心产生了大量废热，不得不购买制冷设备。事实上，一座 10 兆瓦数据中心产生的废热能够为 20000 多套住宅供暖。该平台通过向数据中心提供补偿，使得向地区供暖系统出售废热具有吸引力，换言之，从数据中心的角度，这笔额外收入使得向供暖网络出售废热比其他制冷解决方案更具吸引力。2019 年，该市热回收率达到 113 GWh，比前一年提高 30%（DACA，2021）。

欧盟通过实施监管改革，支持开发整个欧盟范围的废热回收方案。具体而言，为提高数据中心废热回收利用率，以推动地区供暖系统实现脱碳，我们建议实施以下变革：

将废热回收利用作为实现可再生能源供暖和制冷系统的一种方式，以激励政府在其脱碳战略中，为相关项目提供支持；将数据中心废热纳入各国对供暖和制冷部门的评估范围之中，以了解其能效评估结果；鼓励在有地区供暖系统的地区新建数据中心，以便其产生的废热得到利用（Pressmedelande，2020）。

（五）推广电厨炊与节能家电

1. 商用电厨炊技术

商用电厨炊技术逐渐被广泛应用，电磁大锅灶、电磁小炒灶可替代燃气/燃煤炒灶，电热蒸柜、电磁蒸柜可以替代燃气、燃煤蒸柜，红外煲仔炉、电磁煲仔炉可替代燃气、燃煤煲仔炉，电磁矮汤炉可替代燃气、燃煤矮汤炉等。

商用电厨炊技术相对传统厨炊技术具有节能低碳、安全卫生、精准控制、节省人力等优点，目前推广的难点在于如何培养厨师使用电厨具制作菜品的习惯，这是一个渐进的过程。商用电厨炊技术与传统厨炊技术对比见表 3-6。

表 3-6　商用电厨炊技术与传统厨炊技术对比

优点	商用电厨炊技术	传统燃气 / 燃煤厨炊技术
节能低碳	电磁设备热效率高达 90% 以上，是传统燃气灶 3 倍以上，无废气产生，年碳排放量极大减少	效率一般，使用化石能源，有二氧化碳废气等产生
安全卫生	杜绝明火及可燃气体，防止二次爆炸，杜绝卫生死角，降低卫生安全隐患	使用明火，易燃易爆
智能领域	全电厨房方案，火力精准控制，保证菜品出品稳定性。可实现智能化控制，定时定温定火力，节省人力管理成本，拼插式结构，方便运维	不易精细控制，人力成本高

资料来源：笔者根据国家电网相关材料整理

从推广潜力看，对于商业餐饮，尤其是自助餐或开放式明档厨房，环境整体的一致性、美观性尤为重要，个性化、精细化菜品的完成度要求更高，对卫生安全、使用安全的审核更严格。商业电餐饮厨具能满足食客的即时性用餐需求，可以即点即做，同时菜品的品类较为丰富。高档餐厅、酒店一般倾向于电餐饮厨具，提高餐饮档次，市场潜力较大。

2. 家庭电厨炊技术

家庭电厨炊技术包括家庭用电磁炉、电饭煲、微波炉、电热水壶等。电厨炊无明火、安全可靠，可实现自动控制，减少了热量传递损失，其热效率可达 80% ~ 92%，节能效果明显。同时，没有燃料残渍和废气污染、清洁卫生，避免了对食物的污染。电厨炊已经具备一键操作、手机操作等便利性功能，能精确控制烹饪温度，既节能又保证食品的美味。家庭电厨炊一般适用于各种居民小区，农村家庭等，特别适用于天然气无法供应的商住楼宇、限制明火使用的场所等。

从推广潜力看，现今城镇住宅，特别是新建小区用电、用气均比较方便，电厨炊技术更适用于天然气管网受限、普及率不高的农村住宅。农村地区家中一般多为留守老人、儿童，电厨炊安全、便捷优势更为突出，可着力推广电厨炊技术。

3. 节能家电

经过多年的节能宣传和意识培养，家电能耗标识已经成为居民选购家电的重要参考，节能家电已经走进千家万户。节能家电的覆盖范围广，包括电冰箱、洗衣机、显示器、平板电视、电热水器、微波炉、复印机等，技术已经基本成熟，适用场景丰富。

从推广潜力看，节能家电既能够有效降低建筑能耗，也能够帮助居民家庭控制电费支出，具有显著的自发性，且其覆盖面广，推广空间巨大。

（六）加快推广农村可再生能源应用技术

农村地区由于土地空间广阔，在太阳能、生物质能等可再生能源利用方面具有显著优势。

1. 太阳能热水器

太阳能热水器是将太阳光能转化为热能的加热装置，已经在我国得到广泛应用。农村地区屋顶空间丰富，使用太阳能热水器能够显著提升生活质量，降低居民生活能源消耗。

2. 屋顶分布式光伏

2021 年 6 月，《国家能源局综合司关于报送整县（市、区）屋顶分布式光伏开发试点方案的通知》下发，点燃了屋顶分布式光伏开发的热情。

我国建筑屋顶资源丰富、分布广泛，开发建设屋顶分布式光伏潜力巨大。大力推进屋顶分布式光伏建设，有利于促进可再生能源发展，有利于削减电力尖峰负荷，有利于节约优化配电网投资，有利于引导居民绿色能源消费，是实现碳达峰碳中和与乡村振兴的重要措施。

3. "渔光互补"技术

"渔光互补"是指渔业养殖与光伏发电相结合，在鱼塘水面上方架设光伏板阵列，光伏板下方水域可以进行鱼虾养殖，光伏阵列还可以为养鱼提供良好的遮挡作用，形成"上可发电、下可养鱼"的发电新模式。

4. 生物质综合利用技术

中国农村地区秸秆、动物粪便等资源丰富，但多年来田间焚烧既浪费了资源，又污染了环境。新农村生物质综合能源站，包括村政污水综合利用系统、生活垃圾厌氧发酵产能系统、农业废弃物厌氧发酵产能系统、沼气能源综合利用系统，以及生物质液化系统、生物质气化系统等。综合能源站既能够提高能源综合利用效率，也能够满足三农用能的需要，一举多效，三方共赢。

四、政策建议

在碳中和背景下，建议通过以下 3 个方面的政策推动建筑领域低碳化发展。

（一）政策性支持北方地区清洁取暖

一是推进对供暖系统计费系统的升级改造。目前我国取暖收费主要是按照面积进行收取，这种方式不利于提高居民的节能意识，需要在有条件的地方尽快推进按实际热能消耗量收费。在这个过程中，需要注意收费方式改变对低收入家庭的影响，要通过对低收入家庭提供补贴或帮助进行补暖改造等多种措施，避免收费方式改变加重低收入家庭的负担。

二是精准核查存量"煤改电"用户。推动地方政府组织开展存量"煤改电"用户排查，剔除拆迁、房屋空置用户，并建立常态化机制，加强对存量"煤改电"用户的动态管理，逐步形成精准台账。推动完善一户多宅用户管理，规避领取电采暖设备但未使用的现象，确保政策落到实处。

三是积极推动房屋保温改造。根据北京地区实验结果，房屋外墙保温改造后最大热负荷降低23%、用电量减少28%，可直接降低社会总投资费用约15%，能够有效降低全生命周期成本。但目前除北京外，各地尚未大力推动房屋保温改造，不利于电采暖的可持续性。应促请地方政府出台房屋外墙保温补贴政策，对存量"煤改电"用户住宅实施强制性外墙保温改造，"以小博大"，降低老百姓生活成本和政府补贴负担。

四是促请加强禁煤区管理。传统燃煤（柴）取暖的生活习惯根深蒂固，加之电采暖费用高于燃煤，存在电采暖用户被燃煤"反替代"的风险。促请地方政府结合国家治理大气污染和"打赢蓝天保卫战"要求，加强重点区域禁煤管理，出台相应环保约束政策，防范散煤"复燃"，扎实推进清洁取暖工作。

（二）积极扶持农村可再生能源综合利用

目前农村可再生能源综合利用处于积极实践阶段，但整体上存在扶持力度不足、培训教育缺失、人才匮乏的问题，针对以上问题提出如下建议：

1. 加大政府扶持力度

针对农村可再生能源的开发，政府层面，须给予强力的支撑来确保开发工作的持续进行。资金层面，应出台常态化扶持、支持政策，推行激励、奖励机制，鼓励广大农民积极参与到开发与利用可再生能源队伍中去。法律层面，对可再生能源开发的相关法律规定予以明确，适当放权。

2. 加快技术研发

在农村可再生能源的开发利用过程中，须加大技术研发力度，为可再生能源的开发提供技术支持，深入研发与农村地区经济发展条件相适应的能源新技术，最大限度扩大科技在现代农村能源建设方面的成果应用范围。在农村可再生能源开发利用的过程中，应始终坚持因地制宜的原则，充分发挥风能、生物质能、太阳能、地热能等优势，提升可再生能源技术的发展速度，促进生态农业更加稳定健康地发展。

3. 加强人才队伍和宣传力量建设

在农村可再生能源开发利用的过程中，要注重培育高素质的人才队伍，深入探究可再生能源的开发利用培训体系，让更多的农民接受清洁能源开发的继续教育，为可再生能源的开发利用提供人才保障。积极创设全民共建氛围，积极开展深入农家、服务农民的农村能源技术下乡服务活动，充分吸引广大农民参与到清洁能源的开发利用中。

案例 6　英国的能效义务计划

英国的能效义务计划规定，大型能源供应商有义务通过提高家庭能效的措施，为低收入家庭提供支持（见图 3-15）。居住在私人住房并接受救济或居住在社会保障性住房的家庭有资格参加该计划。可通过该计划获得资助的能效措施包括阁楼、空心墙和实心墙保温层以及锅炉的更换或维修。其中 15% 的措施必须在农村地区实施，每个供应商须基于各自在英国能源市场的份额提供相应资金。由英国天然气与电力监管办公室（Ofgem）负责实施该计划。

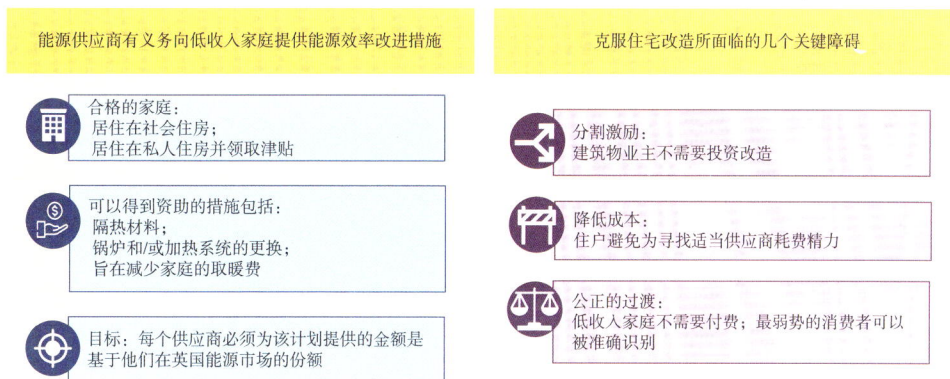

能源供应商有义务向低收入家庭提供能源效率改进措施	克服住宅改造所面临的几个关键障碍
合格的家庭： 居住在社会住房； 居住在私人住房并领取津贴	分割激励： 建筑物业主不需要投资改造
可以得到资助的措施包括： 隔热材料； 锅炉和/或加热系统的更换； 旨在减少家庭的取暖费	降低成本： 住户避免为寻找适当供应商耗费精力
目标：每个供应商必须为该计划提供的金额是基于他们在英国能源市场的份额	公正的过渡： 低收入家庭不需要付费；最弱势的消费者可以被准确识别

图 3-15　英国能效义务计划
资料来源：Ofgem. Energy Company Obligation. 2021

设定低收入家庭能效改善义务有助于解决以下问题：

克服租赁部门的激励分割问题，由公用事业企业而非建筑业主投资能效改善措施，住户获得能耗开支降低的裨益。

减少为寻找合适的供应商而产生的干扰成本。因为只有经认证的供应商才有资格参加该计划，但在建筑改造期间，住户仍需要搬离。

能源供应商可利用其掌握的信息，对可从能效改善措施中获得最大利益的家庭实施这些措施，从而解决公正转型问题。确定哪些家庭的能耗开支最有可能通过能效改善措施得以降低，能够最大限度避免不必要的排放，并对弱势群体产生影响。

为确保完成公正转型，必须将脱碳目标与公共卫生和公平指标相结合。

案例7 新西兰的"Warmer Kiwi Homes"计划

新西兰"Warmer Kiwi Homes"计划有一个明确的目标，即改善公共卫生并减少贫困，以及实现减排。该计划面向生活在低收入地区或接受国家救济的家庭，就隔热保温层或低碳供暖器的安装，提供高达90%的补贴。该政策的目标是通过减少潮湿和提供更舒适的生活温度，改善目标人群的健康，并减少能源消耗。在过去两年中，近25000户家庭通过其中一项或两项补贴而获益——总金额超过6500万新西兰元。相关影响力评估发现，每投入一美元，该计划的总效益成本比超过4.6新西兰元。这意味着，该计划从成本效益角度实现了所设定的指标，并提高了能效和减排水平（Grimes & Preval，2020）。因此，这是通过在政策设计中优先考虑对低收入家庭的影响来解决公正转型问题的计划。此外，该计划还提供了一个简单易用的工具，以便这些家庭申请补贴并与获批准的供应商取得联系，这有助于降低这些家庭的寻找成本。

（三）长期开展建筑节能专项行动计划

建筑节能是建筑电气化、低碳化的必由之路，目前存在行动力度不足，缺少合理目标等问题，建议制订工作方案，长期开展建筑节能专项行动计划。

一是大力发展装配式建筑，着力提升洁净工程建设能力。以创新、协调、绿色、开放、共享的新发展理念为指导，落实适用、经济、安全、绿色、美观的要求，加快建立适用的设计体系、生产体系、施工体系和质量管理体系，加快重点区域装配式建筑建设，提高装配式建筑工程质量水平，加快装配式建筑发展步伐。

二是建设高性能高品质建筑，有效控制和降低建筑能耗。推广绿色、生态、节能新技术新材料新产品，大力发展绿色建筑，积极在大型公共建筑试点示范。打造建筑节能相关标准体系，提高建筑节能工程质量和效能。有计划地改造既有建筑，鼓励采用合同能源管理、能效交易等市场化模式推进。住宅改造成本高昂，超出大多数用户的负担能力，尤其是有许多住户共居的大型建筑。建议通过给予相应补贴促进老旧建筑的节能改造。

三是积极发展清洁能源供热，提高建筑用能清洁化水平。充分考虑地质条件、地热资源禀赋、用能需求等要素，推动清洁可再生能源的工程应用，降低城镇采暖、生活热水等对常规能源的消耗，提高清洁能源供热能力。因地制宜选择河水源热泵、空气源热泵、地源热泵、污水源热泵等技术。

四是探索利用碳交易制度推进商业建筑减排。鼓励采用排放总量管制与交易系统来实现减排，可促进开发适合本地的解决方案——从自有可再生能源发电或供暖，到建筑深度能源改造。此政策尤其适用于大型商业或工业建筑，因为其中每个建筑的能耗和排放状况都有很大差异。

案例 8　巴塞罗那的太阳能利用等政策

巴塞罗那 2000 年出台的"太阳能热利用条例"是西班牙首部要求新建筑使用可再生能源的强制政策，该政策激励了国家政府于 2006 年实施了类似的强制措施。该条例旨在扩大对可再生能源产热的消耗，并要求所有新建筑使用太阳能来满足其至少 60% 的热水需求。该政策成功实现了能满足 45000 户家庭热水需求的太阳能集热装置装机容量并使之获得采用。鉴于这一成功案例，西班牙政府于 2006 年实施了一项类似的政策并取得公众认可和成功，从而证明了市级政策在激励更大范围变革方面的有力作用。

在该条例的基础上，为鼓励现有建筑实施减排措施，巴塞罗那又制定了一套政策。具体而言，为鼓励节能和提高能效，巴塞罗那为全面改造项目提供了高达 40% 的补贴，并为部分改造项目提供了 25% 的补贴。此外，巴塞罗那还提供了相应拨款，用于在现有建筑中安装可再生能源发电或产热设备。

除了这些强制政策和财务机制以外，该市还注重提供相关信息，以促进采取自愿措施，帮助识别相关供应商。巴塞罗那能源局提供了一份信息目录，以鼓励采取节能措施，并识别哪些能源供应商利用可再生能源发电或产热，从而鼓励利用可再生能源。除提供补贴之外，为激励利益相关方投资于低碳改造或可再生能源发电系统，该机构还提供了相关组织的链接，这些组织能够提供有关获得认证的能源改造服务提供商或可再生能源发电装机服务提供商的信息。

为鼓励采取这些节能减排措施，该市还提供了有关公共建筑如何促进可再生能源发电的信息。根据规定，市政活动必须尽可能地使用可再生能源电力。市政府发布了该市可再生能源发电项目的分布图。通过树立榜样并透明地分享信息，市政府成功取得了公众对其政策的支持，并成功实现了多个低碳建筑项目。

巴塞罗那的低碳政策如图 3-16 所示。

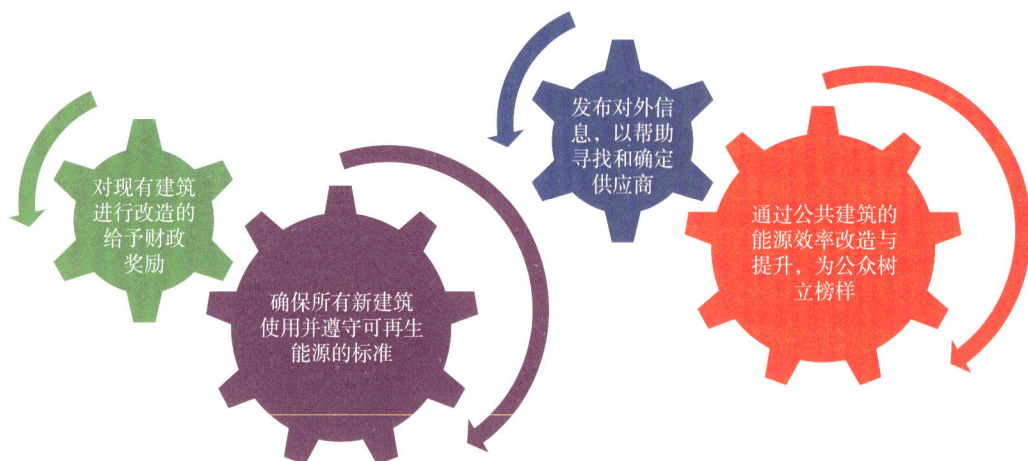

图 3-16 巴塞罗那新建筑的低碳政策

资料来源：Vivid Economics

案例 9 Energiesprong 的建筑改造方案

Energiesprong 改造方案通过让居民参与招标、规划和实施过程，并邀请其提供节能以外的能效改进设计，解决了居民的干扰成本问题。Energiesprong 方案是一套整体建筑改造标准及融资方法，最初在荷兰实施，目前已有许多欧洲国家试用。Energiesprong 方案强调在不同利益相关者之间达成折中的改造设计，同时寻求让改造结果对租户具有吸引力。租户参与到从招标到跟踪工程进度的决策过程之中（《Energiesprong——可拯救英国社会保障性住房的荷兰体系》，2018）。此外，这项改造方案的目的和规划旨在改善房屋或公寓楼的外观，从而进一步鼓励租户的参与。

Energiesprong 方案的融资结构旨在确保激励各方参与并实施改造项目，从而解决激励分割问题。Energiesprong 家庭通过采用结合了极其有效的隔热保温技术和现场可再生能源发电技术，达到非常高的能源自给水平。因此，不再是租户向能源供应商支付高额能耗账单，而是由这些提供商向其房东支付较低的固定金额，作为改造项目资金。因此，该计划既有利于租户——能耗开支减少、舒适度提高，也有利于房东。此外，承包商须保证能源绩效结果，如果建筑在 20 年或 30 年的保证期内未达到能源绩效，承包商有责任支付费用。此方案可有效地激励承包商达到最优能效，避免其通过在翻修期间做出妥协来降低成本。

最后，Energiesprong 方案旨在通过学习效应和规模经济，实现越来越低的实施成本。越来越多的改装部件可在场外完成设计和组装，由此形成的规模经济将有助于降低成本（英国绿色建筑委员会，2018）。例如，诺丁汉的开发商在场外将太阳能电池板组装到屋顶组件上，但仍需要在现场安装管道；在有更多项目投入实施的荷兰，开发商则可提供预组装的屋顶面板和管道，从而降低组装成本。无论是在组件制造方面，还是在与利益相关方合作设计的过程中产生的学习效应，都将促进这些成本的下降（《Energiesprong——可拯救英国社会保障性住房的荷兰体系》，2018）。

第4章
交通：大力推进电能替代[*]

* 本章主要执笔人为中国电动汽车百人会张永伟、朱晋、张健，壳牌集团战略部乔治奥·波尼亚斯，课题组其他成员参与了讨论和修改。

本章要点

道路交通电气化是交通领域低碳化转型的推动重点。交通运输是能源消费和碳排放的重要来源，其中道路交通是重点领域。在我国能源安全战略和"双碳"目标下，以汽车为核心的道路交通电气化转型将成为重要路径。

我国交通领域低碳化转型具备核心技术发展、整车成本下降、基础设施配套和未来市场发展等潜力。动力电池产业处于全球第一梯队，电驱动国产化技术水平不断提升，燃料电池技术取得持续性突破；大功率、有序充电、智能充电以及换电模式等新业态将得到进一步普及。乘用车营运领域优先于私人轿车，提前具备经济竞争力（相对燃油车），整体平价时间在 2025 年左右；纯电动技术普遍适合轻载短途货运，并在 2030 年具备经济竞争力（相对燃油车）。氢能在中重型、长途货运领域具有较好的经济竞争力。

交通电气化比例还将快速提升。新能源汽车已经取得了规模化发展，基本进入市场驱动阶段。在碳中和情景下，纯电动乘用车保有量渗透率在 2030 年提升至 25% 左右，2050 年基本实现存量电气化。2040 年客运车辆基本实现增量车辆电气化，2045 年左右货运车辆增量市场基本实现电气化，在 2050 年存量市场也均基本电气化。

交通电气化导致传统能源消耗下降，燃油消耗有望在 2025 年左右达到峰值。电能和氢能消耗迅速形成替代，在 2050 年电能当年消耗将达到 1000TWh，氢气当年消耗达到 2800 万吨。

交通电气化将呈现多技术路线、多层次特征。电气化转型分为 3 个阶段：初期阶段，传统燃油车、混合动力车、纯电动汽车和氢燃料电池汽车等多技术路线共同发展；中期阶段，替代燃料、混合动力、插电式混合动力等多种技术路线作为过渡；最终阶段，将只包括零排放车（ZEV），如纯电动汽车和氢燃料电池汽车等。交通电气化将形成区域差异化演进逻辑，经济发达、产业与推广基础较好的区域优先快速发展，部分欠发达区域须根据情况有节奏发展。

技术创新、供应链保障、基础设施建设等仍需重视。短期内部分产品与领域仍需要更先进的技术和更合理的模式支持，而基础设施建设、后市场各环节体系完善、供应链安全及核心资源供给将成为交通电气化规模发展需要关注的中长期问题。

一、交通领域低碳化发展情况

推动道路交通电气化向规模化、市场化发展成为低碳转型的重要途径。在经历了早期的市场培育和政策激励后，私人乘用车、出租车、公交等客运领域电气化快速发展，货运领域电气化形成一定规模，但中重型货运车辆电气化推进相对缓慢。借助我国在交通电气化方面取得的先发优势，协同全球电气化布局，成为道路交通电气化由政策驱动向市场驱动转型的关键。

（一）道路交通电气化是低碳转型的重中之重

道路交通电气化是当前交通领域低碳化转型的推动重点。交通领域主要包括公路、铁路、航空和水运 4 个方面，2019 年，我国交通运输领域碳排放总量在 11 亿吨左右，占全国碳排放总量的 10% 左右[①]。无论从能源消耗还是从二氧化碳排放总量看，道路交通在交通系统中都占据主导地位，2019 年公路交通碳排放量占交通运输领域碳排放量的比例达到 74%（见表 4-1）。当前，道路交通电气化正处于由政策驱动向市场驱动转型的关键阶段，电气化转型的路径及市场化配套等是当前政府、企业及消费者关注的焦点，因此我们将道路交通电气化作为交通领域低碳化发展研究的重要内容。

表 4-1　中国交通领域碳排放及电气化情况对比

交通系统	整体碳排放水平（2019 年）	电气化水平（2020 年）	电气化所处阶段	规模
公路（汽车）	74%	1.75%	开始进入市场化、规模化发展阶段	规模大、私人占比高
铁路	8%	72.80%	成熟	—
航空	10%	商用航空运输几乎为 0	萌芽	—
水运	8%	部分观光/客船货运几乎为 0	萌芽	—

资料来源：国家发展改革委，公安部

汽车是道路交通电气化转型的核心。基于国家标准《机动车辆及挂车分类》和《城市温室气体核算工具指南》的分类，道路交通涉及的车型主要是移动的两轮、三轮和四轮机动车。由于两轮、三轮机动车数量不易统计，电气化技术转型相对汽车较容易

---

① 《"五化"助推交通行业实现"双碳"目标》，人民政协网，2022 年 3 月 15 日。

且二氧化碳排放量相对较小，本章将集中于四轮机动车，即汽车，但不含四轮低速电动车。

（二）道路交通电气化转型中，客运领域进展快于货运领域

1. 整体看，乘用车电气化稳步推进，商用车转型待加快

2020 年中国新能源汽车销量达到 136.7 万辆，新能源汽车新车销量占比达到 5.4%。其中，纯电动汽车 111.5 万辆，插电式混合动力汽车（PHEV）25.1 万辆，燃料电池汽车 1000 辆[①]。分领域来看，2020 年新能源乘用车销量约 124.6 万辆，新能源商用车中，客车（包括城市公交和普通长途客运等）和货车销量分别约为 7.9 万辆和 4.2 万辆（见图 4-1）。截至 2020 年底，新能源汽车保有量达到 492 万辆，保有量占比达到 1.75%[②]。

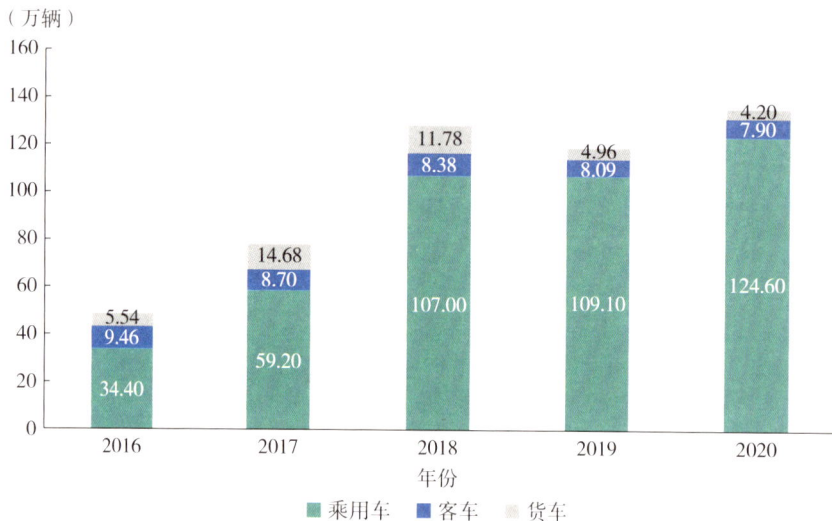

图 4-1　中国新能源汽车分领域销量

资料来源：中国汽车工业协会

2. 客运领域中，私人乘用车消费提升，出租车和公交车电动化发展较好

私人乘用车消费逐步提升，出租车电动化得到较好发展。2014 年以来我国新能源乘用车销量快速增长，其中私人购买量在 2020 年达到近 80 万辆，占比提升至 70%（见图 4-2），私人消费者对新能源汽车的接受程度逐步提升。得益于国家公共领域

---

① 数据来源：中国汽车工业协会。

② 根据公安部数据测算。

电动先行政策及运营领域经济性较好等多重因素推动，截至 2019 年底，新能源出租车总量达到 7.72 万辆，占全国出租汽车总量的 5.5%[①]。随着电动汽车经济性、技术指标等进一步提升，以及换电等模式加持，出租领域车辆电气化将进一步加快。

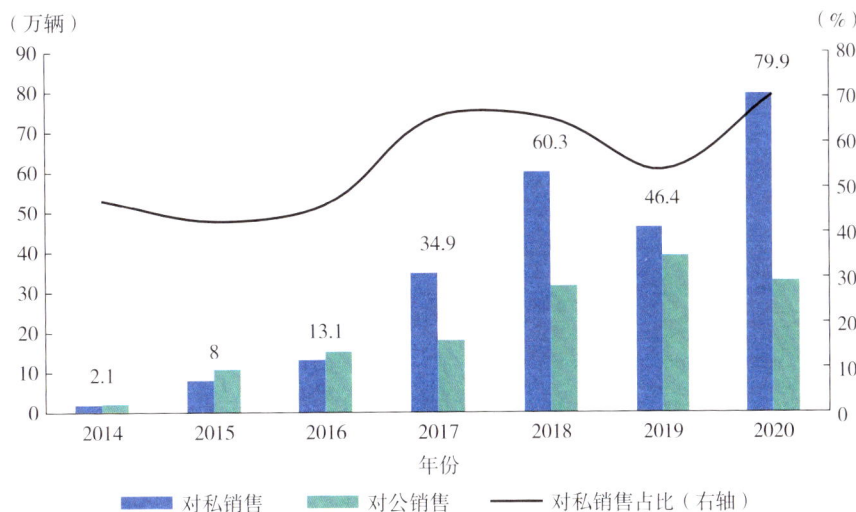

图 4-2　新能源乘用车公私销量

资料来源：新能源汽车上险数据

　　新能源公交总体推广成效最佳，部分城市已经基本实现全面电气化。目前新能源公交保有渗透率已经达到 60%，深圳、长沙等城市基本实现了市内公交的全面电动化，佛山、张家口等城市也在积极推动燃料电池公交车的示范推广。

　　3. 货运领域电气化进展较缓慢

　　新能源物流车市场推广进入瓶颈期。在经历了快速推广后，2019 年，我国新能源物流车销量下降至 4.96 万辆，相比 2017 年缩减了 2/3（见图 4-3）。市场渗透率仅在 2017 年接近 5%，之后显著下滑，当前新能源物流车保有量占比仅为 2% 左右。

　　新能源物流车更多集中在微型车和轻型车。2019 年在新能源物流车推广中，微型车占比达 56%，轻型车占比达 44%，中重型车占比几乎为 0（见图 4-4）。新能源重卡推广缓慢，主要是受当前动力电池与燃料电池成本及配套基础设施的不便利性等因素制约。

[①] 《新能源汽车"慢充为主"变为"快充为主"新一轮产业规划获批》，中国经营网，2020 年 10 月 13 日。

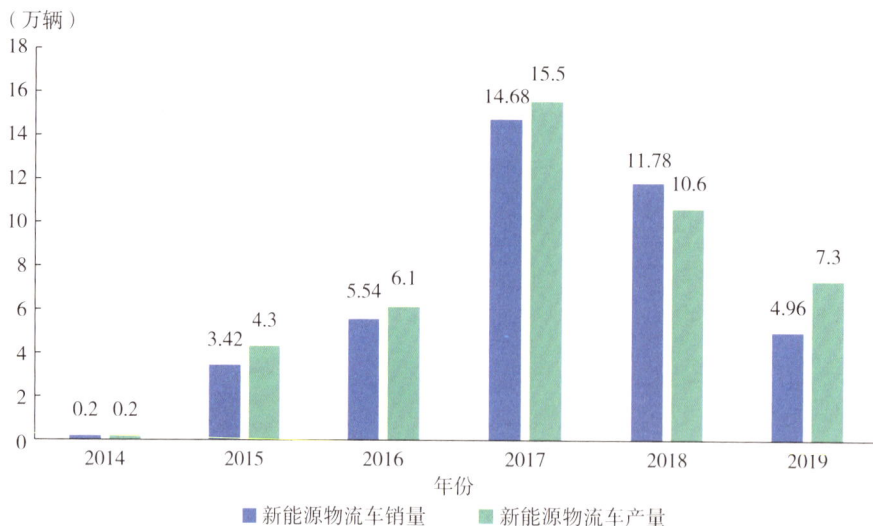

图 4-3　新能源物流车产销情况

资料来源：新能源汽车上险数据和产量数据

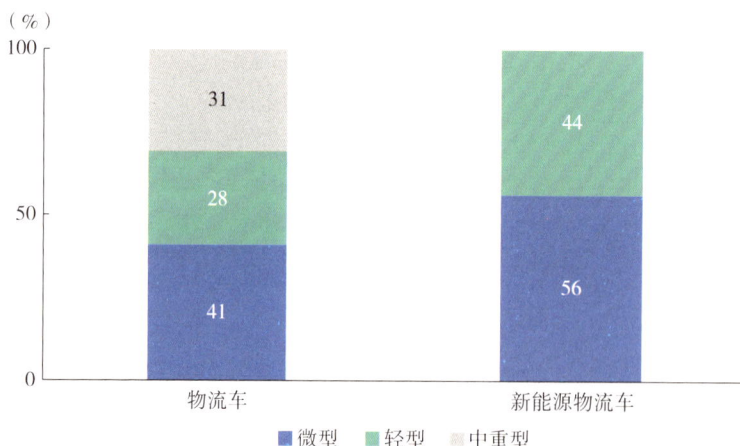

图 4-4　2019 年物流车与新能源物流车当年推广结构对比

资料来源：新能源汽车上险数据

（三）中国新能源汽车形成一定先发优势，欧洲等国加速布局

中国新能源汽车销售量处于领先地位，但不少国家开始发力追赶。2020 年，全球新能源汽车销量突破 300 万辆（见图 4-5），中国占比达到 45%，连续 6 年保持全球第一。2019 年开始，欧洲主要国家加大对新能源汽车的支持力度，受排放法规趋严等影响，欧洲新能源汽车得到快速发展。其中 2020 年德国销量增长 254%，跃升为全球第二大

新能源汽车消费市场；挪威新能源汽车市场渗透率超过 70%，市场渗透率位居全球第一（见图 4-6）。意大利、西班牙、荷兰等新能源汽车销量也均大幅增长。

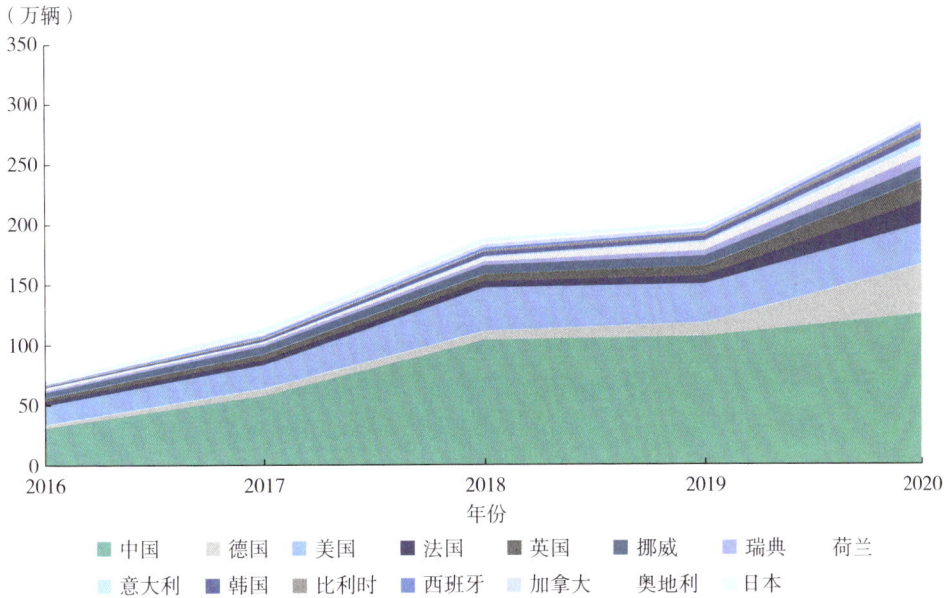

图 4-5　2016—2020 年全球主要国家新能源汽车销量
资料来源：《全球电动汽车展望 2021》，国际能源署，2021

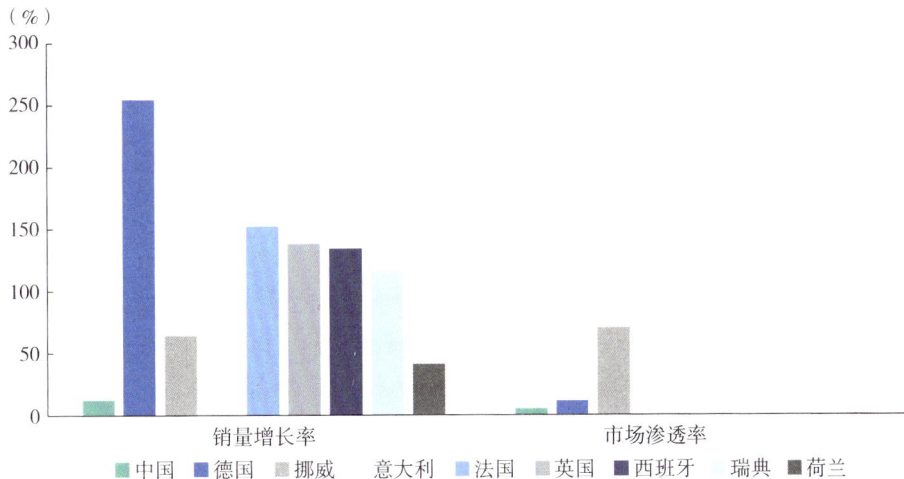

图 4-6　2020 年全球主要国家新能源汽车销量增长率和市场渗透率
注：由于数据缺失，市场渗透率中仅列出中国、德国和挪威数据。
资料来源：《全球电动汽车展望 2021》，国际能源署，2021

二、交通领域低碳化转型潜力分析

在技术进步和成本大幅缩减的影响下，电动汽车很可能会进一步主导乘用车市场。当前，中国乘用车市场的电动汽车转型正在沿"S形曲线"迅速爬升。电池成本持续下降，电动汽车售价走低；电池技术不断提升，电动汽车续航里程延长；供应链日益扩展，电动汽车生产实现规模经济效益。因此，预计电动化仍将是今后我国交通领域低碳化发展的主要方向，同时，预计氢能将在货运行业发挥更为突出的作用。在商用车领域，电动汽车在轻型、中型车辆上得到应用，换电模式在重卡领域也得到示范推广，但燃料电池电动汽车仍然是长途重型车辆的重要选择。由于燃料电池卡车的加氢基础设施与传统卡车类似，加氢时间也更短，加上燃料电池卡车的续航里程比纯电动卡车更长，重量更轻，燃料电池电动车可能成为货运领域的重要发展方向之一。

（一）核心技术中，动力电池和氢燃料电池技术具有较大发展潜力

新能源汽车的动力类型主要有动力电池、氢燃料、生物燃料、太阳能等。基于行业实际发展情况、企业调研等，综合分析核心零部件及整车技术发展潜力，我们发现，动力电池与氢燃料电池技术是较有发展潜力的两种动力类型，我们对这两种发展态势进行了进一步分析。

1. 我国动力电池产业处于全球第一梯队，创新不断

动力电池技术已取得长足进步，创新潜力依然较大。截至 2020 年，动力电池单体能量密度已经接近 300Wh/kg，单体成本下降至 0.8 元 /Wh，我国动力电池企业综合水平已经处于国际第一梯队。当前，动力电池依然处于创新活跃期，材料、系统及结构等创新不断，电池材料创新出现了低钴、添硅补锂、半固态等技术，如固液混合电解质软包电池能量密度可达 360 Wh/kg，磷酸铁锂电池补锂、添硅后能量密度突破 200 Wh/kg；我国企业通过结构创新提升电池系统比能量，如宁德时代的 CTP（Cell to Pack，电芯直接集成到电池包）、比亚迪的刀片电池、国轩高科的 JTM（Jelly Roll to Module，卷芯到模组），更加激进的模组直接到车、电芯直接到车等底盘电池技术理念正在推动。行业判断 2025 年以后重点将转移至固态电池、富锂锰基固溶体电池，远期开发锂硫、金属空气电池和金属负极电池等，动力电池性能还有较大的提升潜力。

在体系变革、自动化水平提升及规模化效益增大等的综合带动下，动力电池的成本还将继续下降，预计 2030 年行业内量产动力电池系统成本降至 0.5 元 /Wh 左右（见图 4-7）。

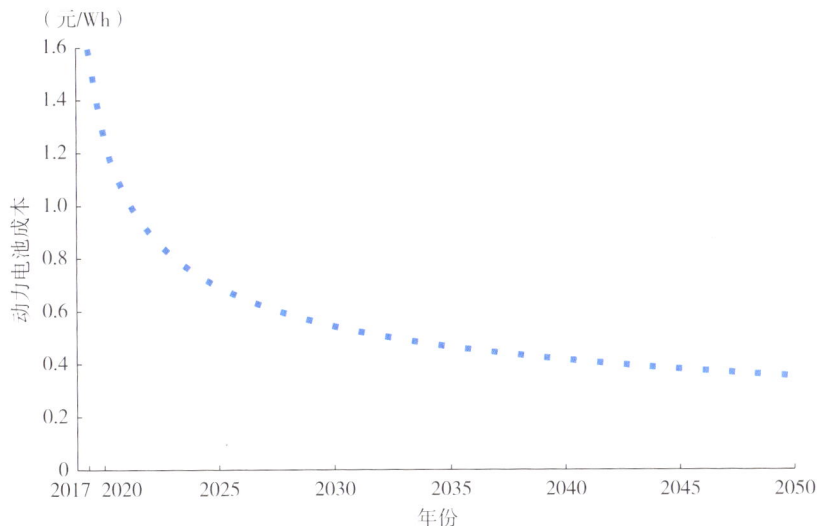

图 4-7　动力电池系统成本趋势预测

资料来源：中国汽车技术研究中心有限公司

2. 燃料电池技术走向产业化，具备一定实力

我国车用燃料电池技术近年来取得产业化突破。燃料电池在功率密度、冷启动温度、寿命以及最高效率等指标上均有大幅度改善，如 2020 年石墨板电堆功率密度为 2.2kW/L，相比 2015 年的 1.5kW/L 提升约 47%；2020 年石墨板电堆寿命为 12000h，相比 2015 年的 3000h 提升 300%，增幅明显（见图 4-8）。此外，国产燃料电池零部件产业链已经建立，系统集成能力大幅增强。

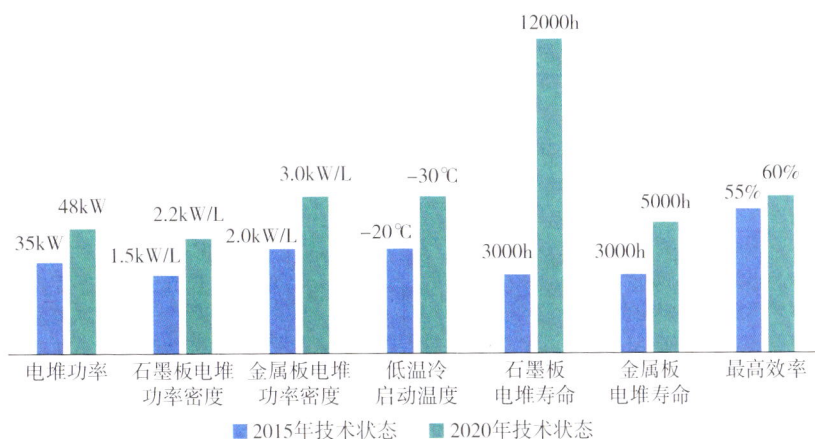

图 4-8　燃料电池关键技术指标提升

资料来源：欧阳明高于 2021 年 1 月在中国电动汽车百人会论坛（2021）上的演讲材料

随着国产化水平的提升，在规模效应推动下，燃料电池系统成本将继续下降，预计 2035 年乘用车燃料电池系统成本在 455 元 / 千瓦，商用车燃料电池系统成本在 1000 元 / 千瓦（见图 4-9）。

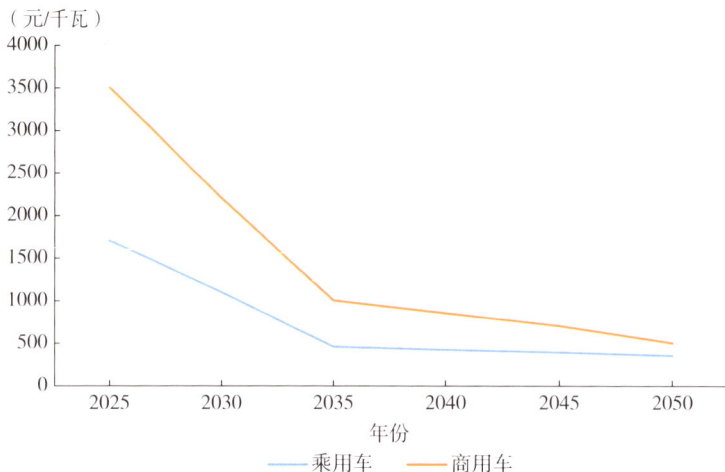

（元/千瓦）

图 4-9 燃料电池系统成本下降潜力
资料来源：《节能与新能源汽车技术路线图 2.0》，中国汽车工业协会，2020

3. 驱动电机技术持续进步

2019 年，我国量产驱动电机重量比功率已达到 4.0kW/kg 以上，相比 2016 年提升 30% 以上[1]。多个企业已推出自主开发的车用沟槽栅场终止 IGBT（Insulated Gate Bipolar Transistor，绝缘栅双极型晶体管）芯片、双面冷却 IGBT 模块和高功率密度电机控制器，以及多合一驱动总成等产品，技术水平逐步向国际先进企业看齐。未来驱动电机及控制器将进一步向高效、高速、高密度、低振动噪声、低能耗及低成本等方向发展。随着新技术的发展，以及关键材料、零部件及装备的国产化，成本下降潜力也较大（见图 4-10）。

4. 整车安全性将逐步得到改善

新能源汽车着火概率已低于传统车，未来安全系数依然有较大提升空间（见表 4-2）。从着火概率来看，当前新能源汽车的着火概率是传统车的 25% 左右，2020 年起火概率为 0.26‰。随着热失控机理的研究逐步透彻，以及材料、体系及集成管理

---

[1] 《新能源汽车驱动电机技术年度跟踪报告（2019 年）》，中国汽车工程学会，2020 年 4 月 20 日。

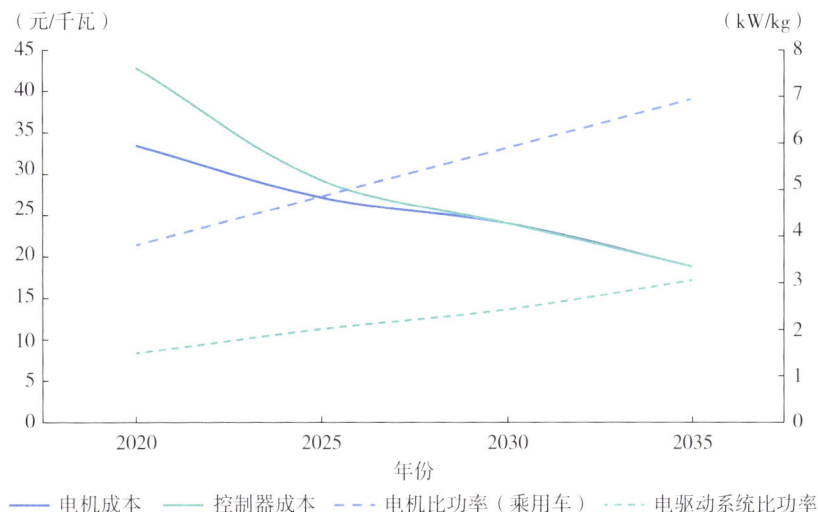

图 4-10　电驱动系统技术提升与成本下降潜力

资料来源：《节能与新能源汽车技术路线图 2.0》，中国汽车工业协会，2020

水平提升，监控技术与大数据平台完善，标准法规的完善趋严，新能源汽车安全系数将进一步提升，行业估计电动汽车 2030 年起火事故小于 0.1 次 / 万辆，2035 年小于 0.01 次 / 万辆[①]。

表 4-2　当前部分企业技术安全支撑

企业	技术	产业化进展
比亚迪	无烟、无明火"刀片电池"	2020 年 3 月，量产阶段
宁德时代	永不起火 811，自隔离安全技术；材料创新、电芯结构优化、电池热管理提升、系统热扩散控制	2020 年底，未来 100 千瓦时电池率先量产
孚能科技	全新热失控技术	2020 年 6 月，广汽 Avion V 率先搭载
欣旺达	"只冒烟，不起火"电池解决方案	2020 年 12 月
蜂巢能源	果冻电池，一款基于无钴正极材料和电解液材料打造的凝胶电池，有高导、自愈合、阻燃等特点，能在几乎不降低电池性能的同时阻止热扩散	2020 年 12 月 2 日发布
广汽埃安	弹匣电池系统安全技术，可以应用于磷酸铁锂和三元两种材料的电池包中	2021 年开始搭载

资料来源：公开资料整理

① 中国汽车工业学会：《节能与新能源汽车技术路线图 2.0》，机械工业出版社，2020。

5. 整车能耗将进一步下降

能耗水平既是车辆使用过程中经济性核心指标，也是影响整车碳排放的重要因素。随着核心零部件及整车集成、轻量化技术发展，系统控制技术与能量管理技术等提升，电动汽车与燃料电池汽车整车能耗还有一定的下降空间（见图 4-11）。

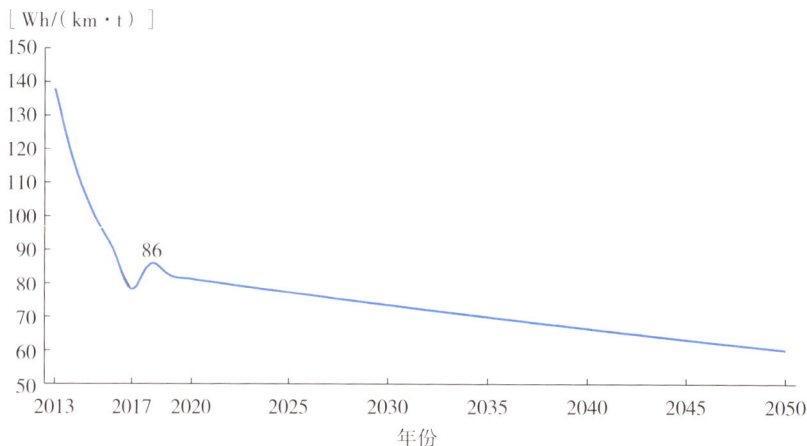

图 4-11　A 级纯电动乘用车能耗下降潜力

资料来源：中国汽车技术研究中心有限公司

（二）整车成本具有下降潜力，发展空间大

1. 客运车辆方面，部分车型已具备成本竞争力，电动车型与燃料电池车型不同场景适用性不一

当前小型经济性电动汽车相对燃油车具有经济竞争力，主流电动化车型将于 2025 年左右实现成本持平。受电池装载量较小且使用成本较低等综合因素影响，小型经济型电动汽车成本竞争力已经具备，高续航里程电动汽车经济竞争力相对较弱，如果不考虑补能便利性、心理成本等因素，2025 年前基本能够与传统车持平。总体来看，在私人乘用车领域，纯电动汽车相对燃料电池电动汽车（FCEV）在中短期将更有经济竞争力（见图 4-12）。

电动乘用车营运领域优先于私人，提前具备相对传统燃油车的经济竞争力。得益于高频率使用，出租领域电气化车型相对于私人领域具有经济性优势，并将提前达到燃油车竞争持平点。其中，在不考虑补贴及补能便利性等因素的情况下，2022 年电动出租车基本达到燃油车成本竞争力，燃料电池出租车在 2027 年左右具备竞争力（见图 4-13）。整体来看，燃料电池与电动车型长期经济竞争力基本能够持平。

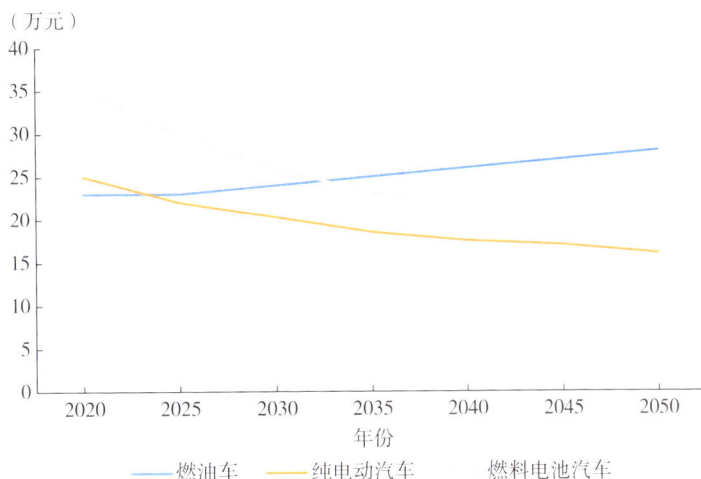

图 4-12　私家车成本下降曲线

注：1. 不考虑补能便利性、心理成本以及购置补贴，但包括使用成本。
　　2. 成本下降潜力采用基本测算和专家调研相结合的方式。
资料来源：课题组测算

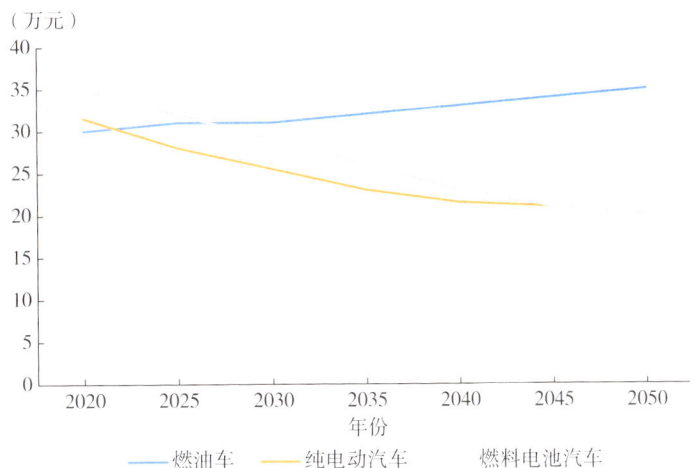

图 4-13　出租车成本下降潜力

注：1. 不考虑补能便利性、心理成本以及购置补贴，但包括使用成本。
　　2. 成本下降潜力采用基本测算和专家调研相结合的方式。
资料来源：课题组测算

　　部分客车已经具备经济竞争力，大多数车型全生命周期与燃油车成本持平的时间在 2025 年左右。电池装载量较少的电动客车已经初具经济竞争力，电动客车整体竞争力在 2025 年左右具备。燃料电池客车竞争力则依赖核心零部件降本速度及补能成本，无补贴情况下，预计 2030 年左右具备竞争力（见图 4-14）。总体来看，未来燃料电池客车在远途运输中相对电动客车更具有成本优势。

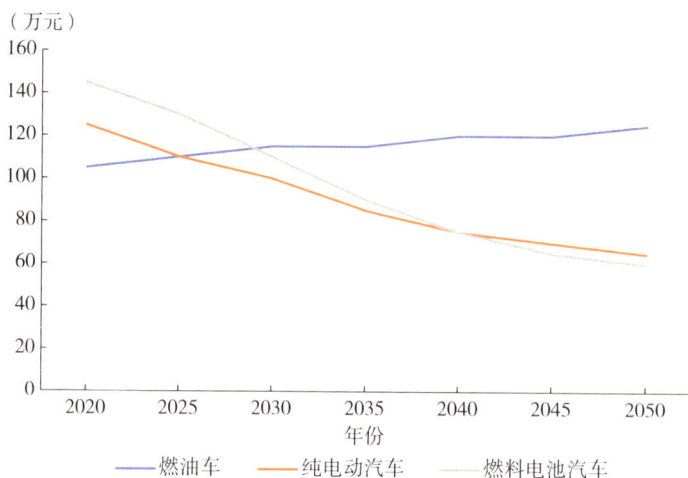

图 4-14　客车成本下降潜力

资料来源：课题组测算

2. 货运车辆方面，电动车型适合短途轻货，燃料电池车型适合长途重货领域

短途轻货领域，电动化车型在 2030 年具备经济竞争力，燃料电池车型相对晚一些，重货领域则相反（见图 4-15、图 4-16）。总的来看，电动车型在短途轻货领域更具优势，燃料电池车型在长途重货领域竞争力更强。

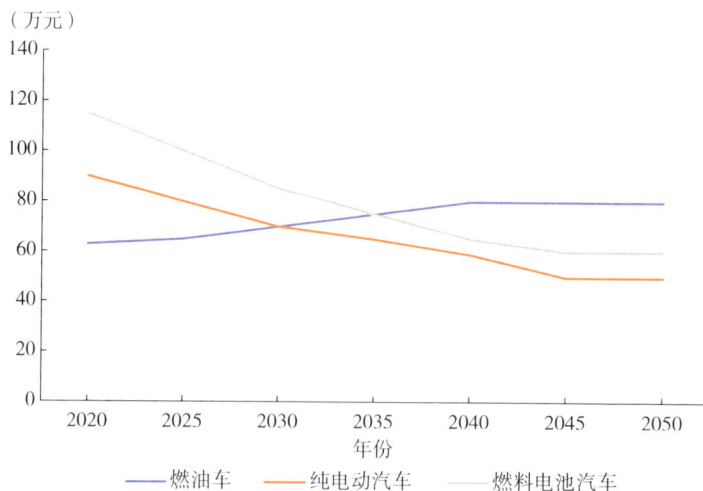

图 4-15　轻货成本下降潜力

资料来源：课题组测算

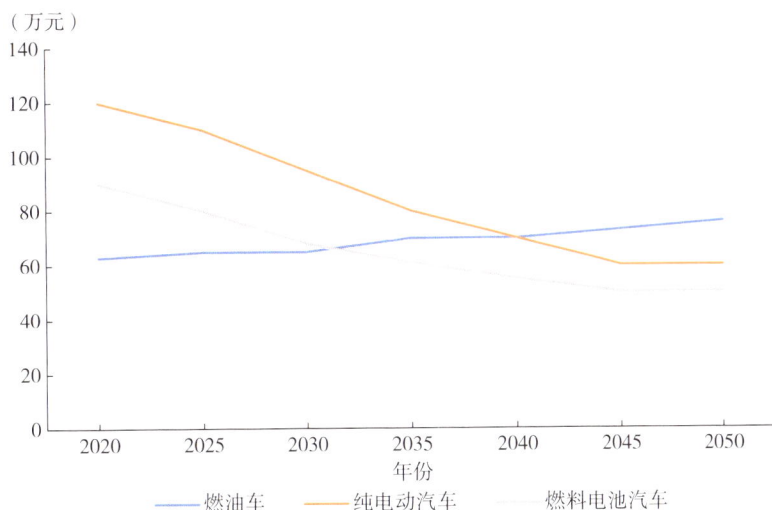

图 4-16　重货成本下降潜力

资料来源：课题组测算

（三）充换电、氢能补给等基础设施配套逐步完善

1. 充换电基础设施建设持续推进

大功率、有序充电、智能充电以及换电模式等新业态将进一步普及。我国已基本形成私人电动车以停车位慢充为主、公共充电站快充为辅的格局。未来几年，小功率直流充电将替换交流充电成为社区充电服务的新趋势，有序充电及智能充电技术也将进一步普及，私桩共享、小区公桩模式应用将更为广泛。"快充＋快换"电动汽车能源服务网络，将有效解决里程焦虑、能源补给时间长等痛点。基于有序充电、车网互动（V2G）等技术的发展前景，未来新能源汽车和电网将实现高效的能量互动。分布式光伏发电和储能系统、充放电多功能一体化将得到进一步推广。

2. 氢能补给基础设施建设提速

多主体协同下的加氢站建设将加快。当前加氢站基础设施的建设处于初级发展阶段，主要是基于地方政府氢燃料电池汽车示范匹配的加氢站。依托传统油气基础设施的共建成为重要发展趋势，将有效促进燃料电池汽车规模化发展。随着氢能产业的快速发展，多主体将协同推进加氢站建设，包括上游能源、化工与气体公司，以及专业加氢站建设运营商与设备供应商，下游的整车企业与车辆运营企业等。

（四）2050年汽车基本实现存量全面电气化

在政策驱动下，笔者认为电动汽车与氢燃料电池汽车将成为未来市场发展主流，本节重点分析其与燃油车的未来市场格局。

本章发展情景主要参考《新能源汽车产业发展规划（2021—2035年）》中新能源汽车销量渗透率目标值，即2025年左右新能源汽车销量占比约20%，2030年占比约35%。碳中和情景是考虑到碳政策持续增强及主流国家电气化竞争压力下，电动化加快发展的情景，即2025年新能源汽车市场渗透率达到30%，2030年达到50%左右。

1.乘用车电气化主要向纯电动发展，2050年燃油车基本退出

发展情景下，传统燃油车保有量在2030年左右达到峰值，之后开始下降，到2050年存量基本退出。纯电动汽车（BEV）乘用车保有量渗透率在2020—2030年，由1.3%快速提升至12.6%，在2050年达到80%。混合动力汽车（HEV）、插电式混合动力汽车（PHEV）与燃料电池汽车（FCEV）在2050年还将占有一定的保有比例（见图4-17）。

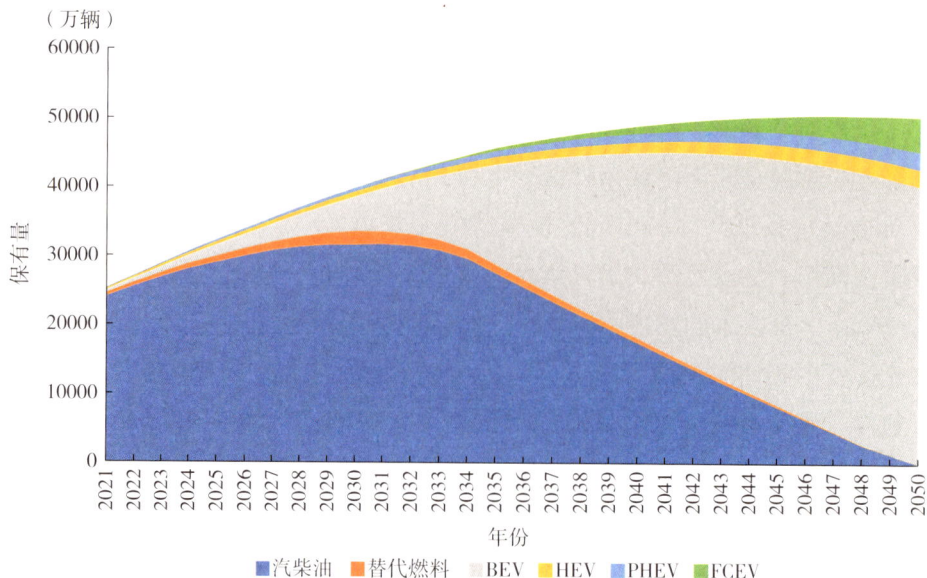

图4-17　发展情景下乘用车电气化市场潜力

资料来源：课题组测算

碳中和情景下，传统燃油车保有水平在 2030 年以前下降更快，后期保持与发展情景相同的下降速度。BEV 乘用车保有量渗透率在 2030 年提升至 25% 左右，在 2050 年达到 80%。HEV、PHEV 在 2050 年基本退出，FCEV 保有量渗透率在 2050 年达到 20%。2050 年将基本实现全面电气化，且 BEV 乘用车占据主导地位（见图 4-18）。

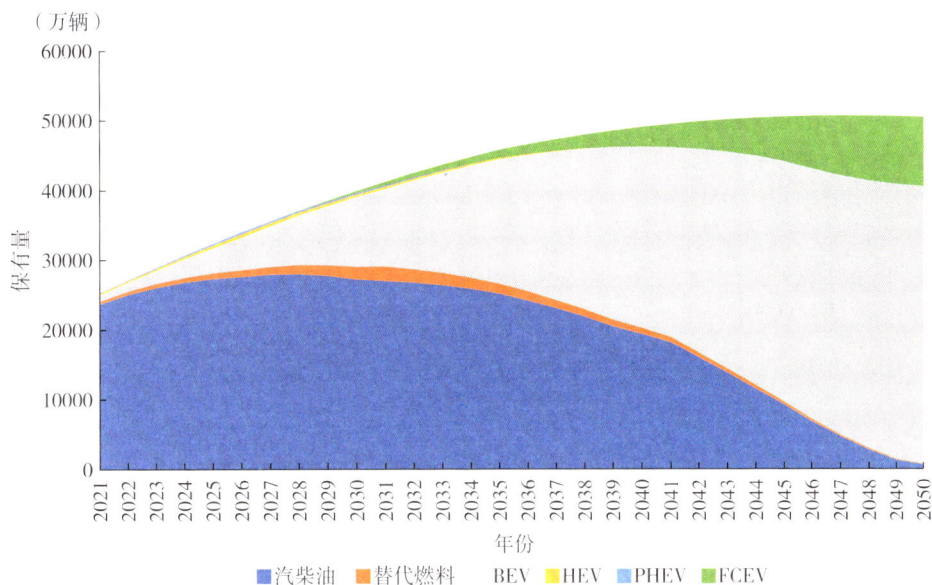

图 4-18　碳中情景下乘用车电气化市场潜力

注：碳中和情景中技术发展超过预期，尤其是氢燃料电池汽车技术与配套等发展较好。

资料来源：课题组测算

2. 客车电气化中，纯电动仍将占主导地位，氢燃料占据较高比重

发展情景下，BEV 客车渗透率在 2030 年将超过 40%，2030—2050 年通过平稳发展，市场份额达到 60%。替代燃料客车在 2030 年将达到峰值 15%，并逐步下降至 2050 年的 10% 左右。FCEV 客车 2020—2030 年得到一定渗透，达到 4%，并在 2030—2050 年快速发展，提升至 30%。受此影响，汽柴油客车将由 2020 年的 50% 左右平稳下降至 2050 年的 0（见图 4-19）。

碳中和情景下，纯电动客车与燃料电池客车将得到更快的渗透，替代燃料、PHEV 客车基本在 2040 年退出，客车市场基本实现电气化。2050 年 BEV 客车与 FCEV 客车占据全部市场，其中 BEV 客车占比 60%，FCEV 客车占比 40%（见图 4-20）。

（万辆）

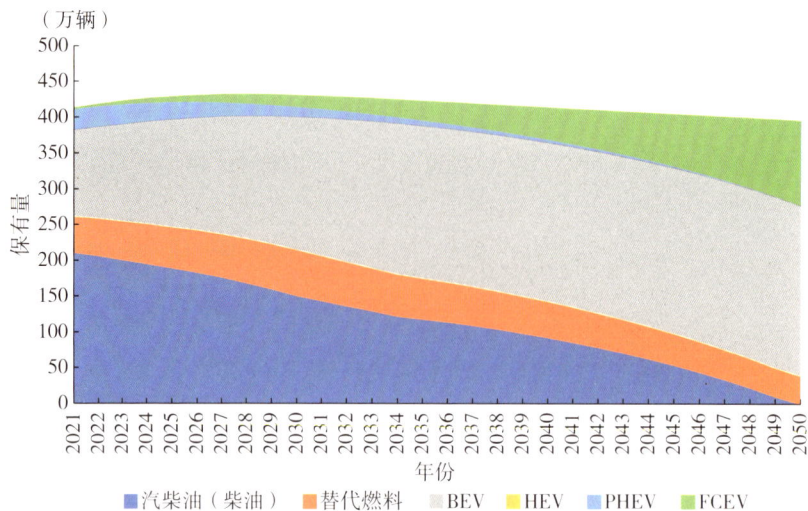

图 4-19　发展情景下客车电气化市场潜力

资料来源：课题组测算

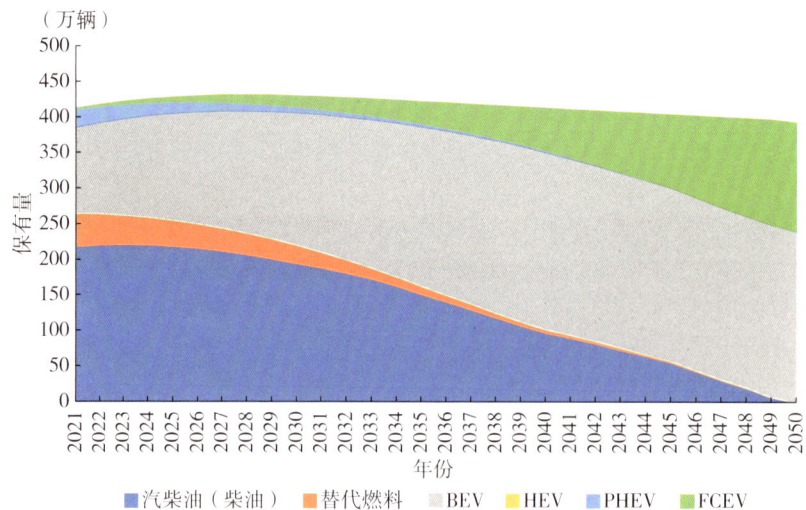

（万辆）

图 4-20　碳中和情景下客车电气化市场潜力

资料来源：课题组测算

3. 轻型货车电气化将以纯电为主，氢能为重要补充

发展情景下，BEV 轻型货车渗透率在 2020—2030 年由 1.3% 平缓提升至 10.5%，在 2030—2050 年加速提升至 80%。FCEV 轻型货车渗透率则在 2040 年以后迎来快速提升，由 2040 年的 1.4% 提升至 2050 年的 10%。受此影响，汽柴油轻型货

车渗透率在 2035 年以后迅速下滑，2035—2050 年累计下滑 87.2%（见图 4-21）。

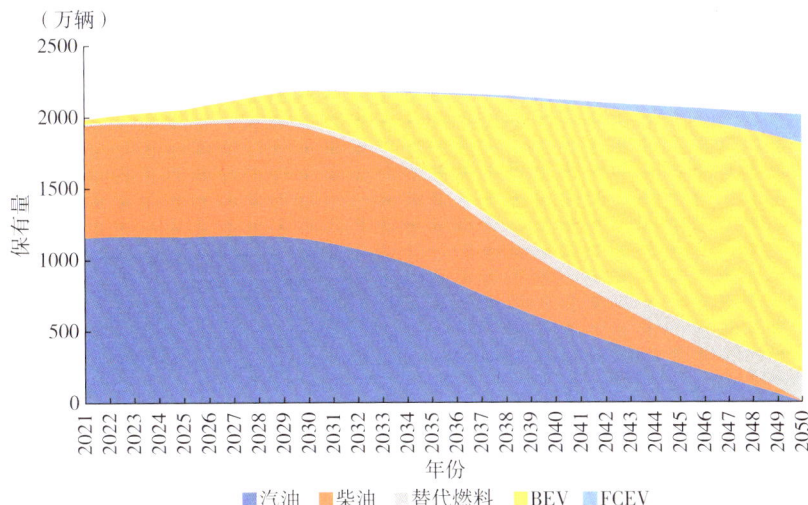

图 4-21　发展情景下轻型货车电气化市场潜力

资料来源：课题组测算

碳中和情景下，BEV 轻型货车渗透率在 2030—2050 年会有更加明显的提升，由 11.6% 提升至 90.8%。FCEV 轻型货车由 2040 年的 1.5% 提升至 2050 年的 9.2%。同时，汽柴油轻型货车退出节奏大幅加快，大部分在 2045 年之前退出市场，即 2045 年时汽柴油轻型货车仅占 10%，到 2050 年全面退出（见图 4-22）。

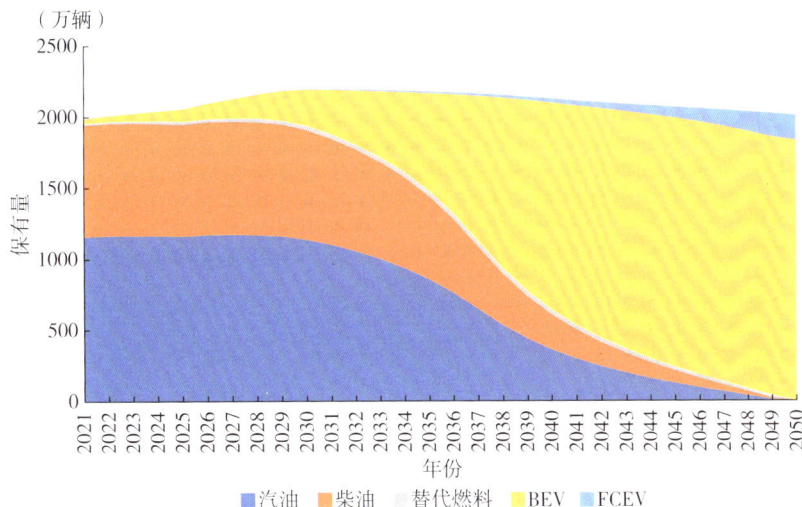

图 4-22　碳中和情景下轻型货车电气化市场潜力

资料来源：课题组测算

4. 中重型货车电气化将以氢能为主要路径，其他技术也将占据一定比例

发展情景下，BEV 中重型货车渗透率在 2020—2035 年由 0.7% 平缓提升至 1.4%，在 2035—2050 年加速提升至 31.8%。FCEV 中重型货车渗透率在 2040 年以后迎来快速提升，由 2040 年的 5.8% 提升至 2050 年的 33.6%。同时，替代燃料在中重型货车电气化中始终占有重要地位，渗透率到 2050 年可达 20%。受此影响，汽柴油中重型货车渗透率在 2035 年以后迅速下滑，由 2035 年的 85.6% 下降至 2050 年的 14.6%（见图 4-23）。

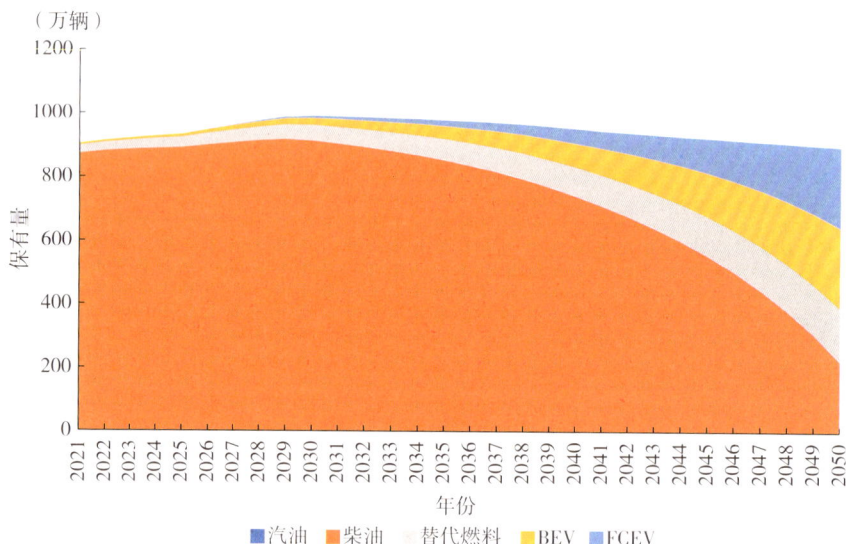

图 4-23　发展情景下中重型货车电气化市场潜力

资料来源：课题组测算

碳中和情景下，中重型货车主要由 FCEV 车型替代，约从 2035 年开始 FCEV 中重型货车渗透率迅速提升，由 2035 年的 4.4% 迅速提升到 2050 年的 66%。BEV 和替代燃料车型到 2050 年分别占所有中重型货车的 20% 和 10%。受此影响，汽柴油中重型货车退出节奏大幅加快，尤其是在 2040 年以后，渗透率由 66.9% 迅速下降到 4% 以下（见图 4-24）。

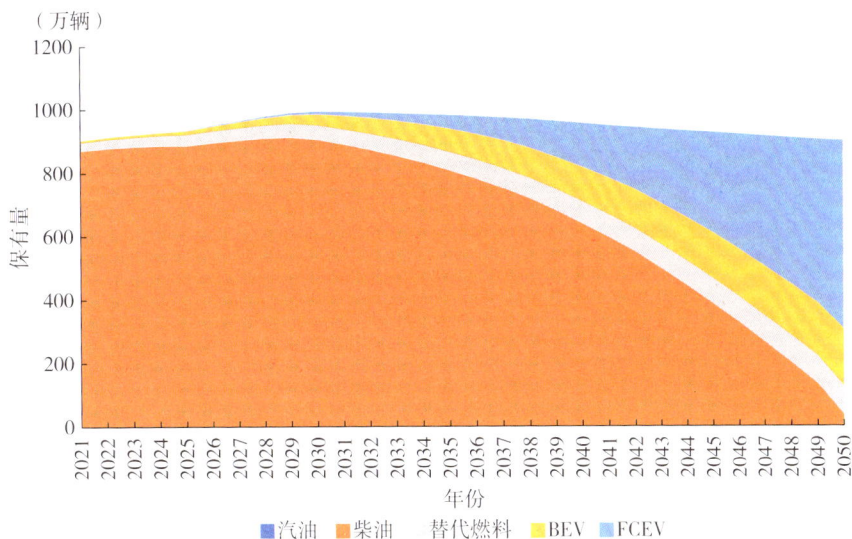

图 4-24　碳中和情景下中重型货车电气化市场潜力

资料来源：课题组测算

5. 货车中短途、轻载将以纯电动为主，长途、重载将以氢燃料为主

截至 2020 年，中国货车保有量中，轻型货车约占 68%，中重型货车约占 32%。在轻型与中重型货车电气化水平测算的基础上，我们测算出全部货车电气化水平。

发展情景下，BEV 货车渗透率在 2020—2030 年由 1.1% 平缓提升至 7.9%，在 2030—2050 年加速提升至 64.7%。FCEV 货车渗透率则在 2040 年以后迎来快速提升，由 2040 年的 2.8% 提升至 2050 年的 17.5%。受此影响，汽柴油货车渗透率在 2035 年以后迅速下滑，2035—2050 年累计下滑 70% 以上（见图 4-25）。

碳中和情景下，BEV 货车渗透率在 2035 年前后会有迅速提升，由 23.9% 提升至 68.4%。FCEV 货车渗透率则在 2040 年后由 5.6% 迅速提升到 27.2%。同时，汽柴油货车退出节奏大幅加快，到 2050 年基本退出市场，市场份额仅为 1.3%（见图 4-26）。

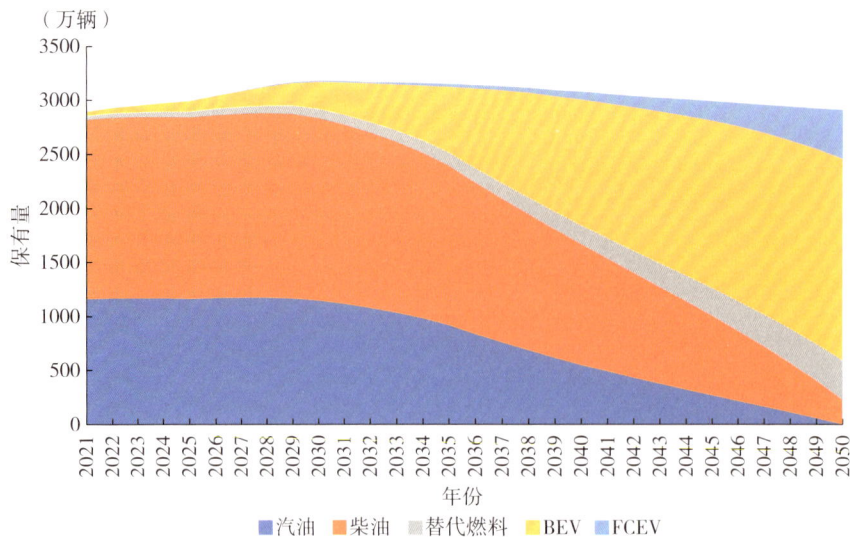

图 4-25　发展情景下货车电气化市场潜力

资料来源：课题组测算

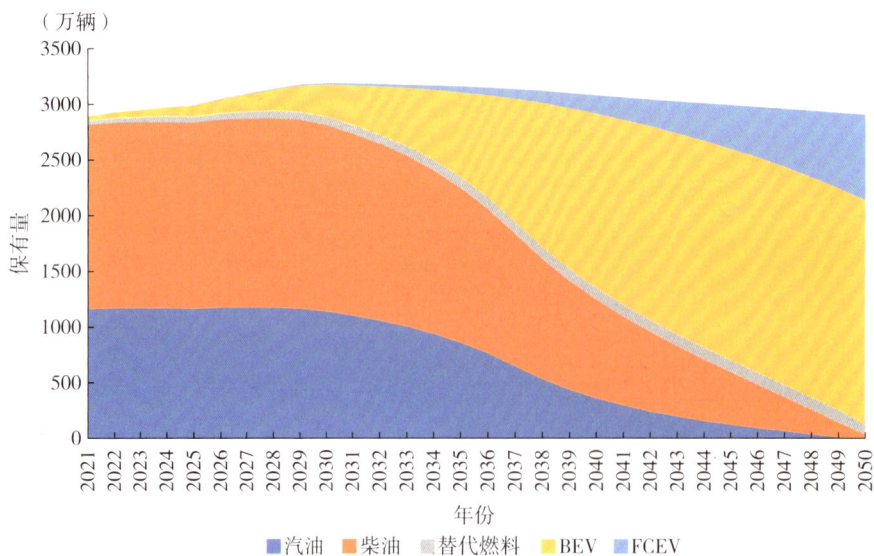

图 4-26　碳中和情景下货车电气化市场潜力

资料来源：课题组测算

6. 传统燃油车 2030 年存量逐步减少，2050 年基本退出市场

发展情景下，2030 年电气化汽车占比将超过 20%，汽柴油汽车占比下降至 80% 以下，2040 年电气化汽车占比超过 60%，2050 年基本实现电气化，BEV 占比 80%

左右，FCEV 占比 10% 左右，HEV 及替代燃料车辆也占据一定比例（见图 4-27）。

碳中和情景下，电气化发展与发展情景保持一致，但 BEV 与 FCEV 渗透比例更高，2050 年基本实现终端排放车型，BEV 占比达到 80%，FCEV 占比达到 20%，其他传统能源车辆基本退出市场（见图 4-28）。

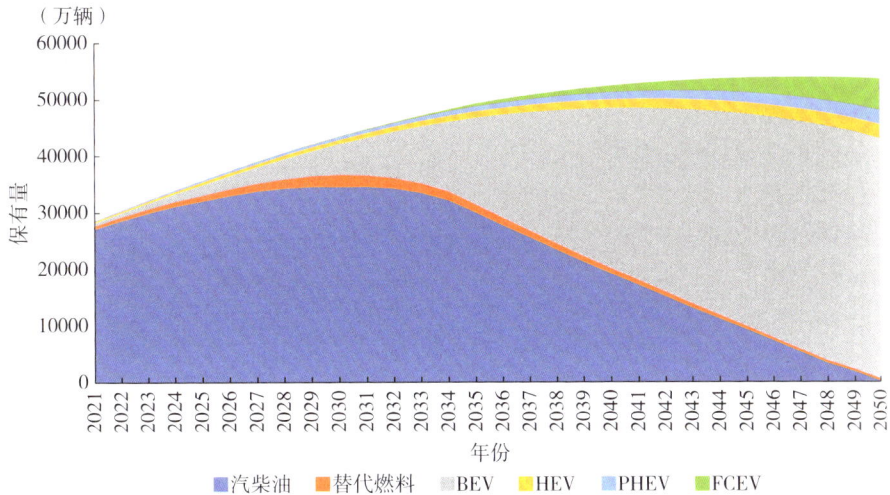

图 4-27　发展情景下汽车电气化市场潜力

资料来源：课题组测算

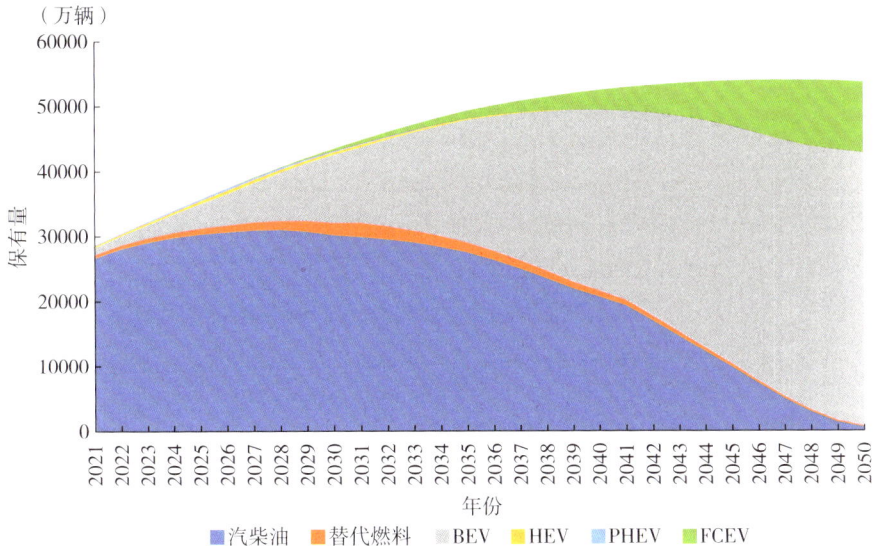

图 4-28　碳中和情景下汽车电气化市场潜力

资料来源：课题组测算

7. 传统能源消费逐渐萎缩，新能源消费快速增长

发展情景下，2028 年车用燃油消费达到峰值 2.77 亿吨，之后逐年下降，在 2050 年下降至 0.19 亿吨。替代燃料在 2030 年左右达到峰值 0.18 亿吨。电能与氢能源均保持增长态势，2050 年电能当年消耗量达到 1000TWh 以上，氢气当年消耗达到约 1500 万吨，如表 4-3 所示。

表 4-3 发展情景下各种能源理论消耗值

类别	2025 年	2030 年	2035 年	2040 年	2045 年	2050 年
燃油年消耗（亿吨）	2.73	2.71	2.24	1.45	0.79	0.19
电能年消耗（TWh）	129.94	228.87	459.82	750.26	934.82	1033.90
氢气年消耗（亿吨）	0.0022	0.0074	0.0197	0.0385	0.0760	0.1523
替代燃料年消耗（亿吨）	0.11	0.18	0.14	0.13	0.12	0.14

资料来源：课题组测算

碳中和情景下，2025 年车用燃油消费达到峰值 2.64 亿吨，之后逐年下降，在 2050 年下降至 0.04 亿吨。替代燃料在 2030 年左右达到峰值 0.15 亿吨。电能与氢能源均保持增长态势，2050 年电能当年消耗量达到 1000TWh 以上，氢能当年消耗近 2800 万吨，如表 4-4 所示。

表 4-4 碳中和情景下各种能源理论消耗值

类别	2025 年	2030 年	2035 年	2040 年	2045 年	2050 年
燃油总消耗（亿吨）	2.64	2.47	2.04	1.35	0.62	0.04
电总消耗（TWh）	159.88	314.53	537.96	808.12	958.62	1011.15
氢能消耗（亿吨）	0.0025	0.0122	0.0365	0.0862	0.1759	0.2790
替代燃料消耗（亿吨）	0.09	0.15	0.12	0.09	0.07	0.04

资料来源：课题组测算

三、交通领域低碳化转型的挑战

解决技术短板、稳定供应链、健全后市场体系、加快基础设施布局、保障规模化资源供给等，成为交通电气化在下一阶段的发展重点。短期内部分产品与部分领域仍需要更先进的技术和更合理的模式支持，而基础设施建设、后市场各环节体系完善、

供应链安全及核心资源保障将成为交通电气化规模发展需要关注的中长期问题。

（一）部分产品还有提升空间

1. 里程缩减导致用车体验差

冬季温度偏低，电动汽车冬季里程缩水问题凸显。电动汽车冬季续航里程下降的原因主要包括四方面：一是动力电池在冬季低温下可用能量下降10%～20%。二是冬季车辆驱动能耗增加，制动回馈功能基本丧失，动力系统总效率降低10%～20%。三是低温环境车内取暖功耗大于夏天制冷，其电耗占比可达驱动能量的10%以上。四是低温下还存在剩余里程的估计精度不足，易出现跳变的问题，进一步增加了用户焦虑，降低了驾驶体验[1]。

2. 高购置成本与低残值问题

电动汽车虽然在全生命周期成本已接近燃油车水平，但购置成本与燃油车仍有较大差距，部分电动汽车购置成本高于同类燃油车30%～40%，且残值低30%～40%（见图4-29），二手车交易不活跃。这既与发展初期电池评测与损耗折价等标准不完善，评估数据碎片化严重有关，也与当前车辆更新换代快、整车降本速度快等综合因素有关。

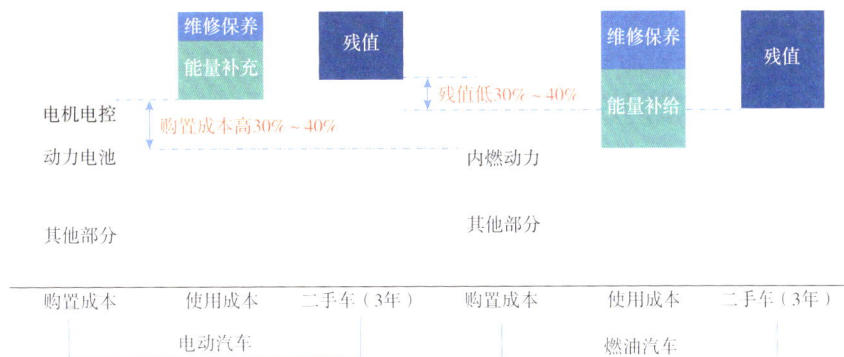

图 4-29　电动汽车与燃油汽车综合成本对比
资料来源：根据课题组调研结果整理

（二）特定领域亟待探索可行方案

在特定领域，受制于部分技术不成熟，核心零部件成本较高（见表4-5），补能基础设施及续航里程很难形成合理匹配，在这些领域还未形成经济性解决方案。

---

[1] 来自欧阳明高2021年1月在北京钓鱼台国宾馆的演讲。

表 4-5　当前特定领域车型电气化阻碍因素

阻碍因素	重型货车	轻中型货车
电池成本	☆☆☆	☆
燃料电池技术	☆☆☆	☆☆☆
燃料电池成本	☆☆☆	☆☆☆
经济性里程	☆☆☆	☆
整车成本	☆☆☆	☆
基础设施建设	☆☆	☆☆☆
快充技术	☆☆☆	☆☆

注：☆有一定阻碍　☆☆有较大阻碍　☆☆☆严重阻碍。
资料来源：根据课题组调研结果整理

（三）供应链转型及核心技术研发问题

1. 供应链面临转型升级难题

一是电动汽车供应链参与主体增加，而电动汽车供应链除包含机械类、电子类零部件外，还涉及电化学、半导体、通信等许多跨界供应商，供应链管理难度加大。二是目前大部分传统供应商在电气化、智能化等新领域的技术和人才储备普遍不足，面临升级挑战。三是跨界零部件企业须适应车规级产品研发和生产制造的要求。

2. 部分技术与产品仍需加大开发力度

当前电气化车辆部分关键零部件核心技术或产品还不能完全自主化，部分产品对外依存度非常高。这些产品往往是新一代汽车竞争的核心和高增值领域，应该尽快开发，掌握高价值领域。

（四）后市场体系须进一步健全

1. 维保体系及运维人员须加强

目前新能源汽车产品投入市场周期较短，市场规模较燃油车小，造成销售和服务网点相对匮乏，尤其是汽车保有量整体偏低的中小城市和农村地区，很大程度上降低了电动汽车的使用便利性。此外，新能源汽车人才也存在很大缺口，根据教育部等发布的《制造业人才发展规划指南》，2015 年国内节能与新能源汽车人才总量仅为17 万人，预计到 2025 年人才总数将达到 120 万人，但由于新能源汽车的快速发展，将出现 103 万人的人才缺口。

2. 动力电池回收利用体系须进一步健全

回收难和经济性差是动力电池回收领域亟待解决的问题。到 2020 年我国动力电池累计退役量约 20 万吨，其中大量退役电池流入小作坊等非正规渠道，在电池回收处置过程中存在大量的安全隐患和环保问题；并且经过非正规渠道处置的退役电池多数流入拼装市场，拼装产品再次投入市场会造成新的安全和环境隐患。另外，高昂的回收价格、技术成本、人工成本、安全成本等因素，导致目前梯次利用商业模式仍未打通；磷酸铁锂不含钴、镍等价值量高的金属材料，再生利用难以盈利，相关回收利用企业经营困难。

（五）基础设施布局须进一步加快

1. 居民区充电保障不足

现阶段受电力容量有限、停车位供给不足、物业不配合等因素制约，中国居民区，特别是老旧小区建设充电基础设施阻力较大。以老旧小区为例，在早期建设规划时，没有考虑到电动汽车的影响因素，预留电力容量不足，线路负载能力较差，停车位短缺或没有固定产权，也没有为安装充电基础设施预留电源。

2. 部分区域公共充电综合成本高

部分城市尤其是一线城市中心城区的停车位资源紧张，充电过程中还需要支付停车费，充电成本整体较高，导致中心城区公共充电桩利用率较低。以北京市峰时充电价格（10～15 点，18～21 点）计算，行驶 300 公里电动汽车与燃油车补能成本差距最小仅在 30 元左右（见图 4-30），电动汽车没有明显优势。其原因一方面是工商用电的电费较高，另一方面是核心区域昂贵的停车费占据了较大成本比例。

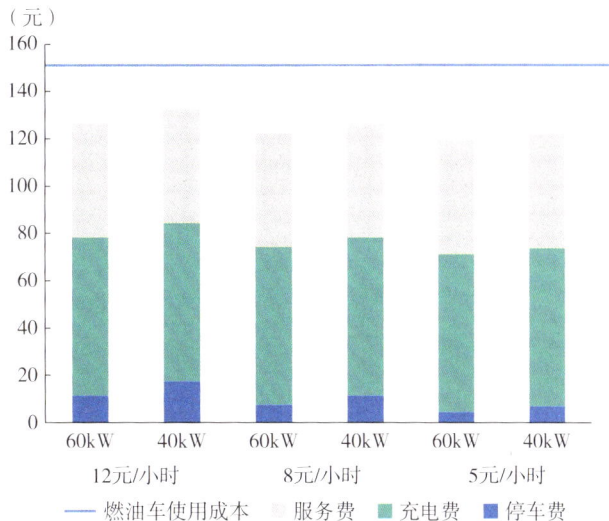

图 4-30　不同停车费标准下不同功率充电桩对应行驶 300 公里补能成本对比

注：国网北京市电力公司于 2019 年 5 月 22 日发布通知，公共充电桩涨价，工商用电峰电价格达到 1.0044 元。本次价格调整峰谷电价均有所上调。

资料来源：课题组测算

3. 充电桩分布不均匀

各省市充电基础设施建设速度差异较大，大部分省市车桩比仍在 3 ：1 左右，部分偏远地区由于充电设施总体量小，还未形成充电集群。由于当前充电运营企业很难盈利，部分城市公共领域充电桩建设迟缓，公共桩建设明显不足。

4. 缺少引导电动汽车与电网互动的驱动力

一是当前机制下难以保障错峰充电。由于中国民用电采用固定电价，充电桩消耗的电量不计入用电阶梯内，从经济性和便利性的角度考虑，缺少诱因驱动电动汽车用户在用电低谷时充电，为电网的安全稳定运行带来了一定压力。

二是标准体系和电力机制导致电动汽车与电网互动性差。由于标准体系不完善，导致电网无法与充电桩进行通信，V2G 无法实现，电动汽车为电网提供辅助服务等具备经济价值潜力的业务无法开展。目前，中国缺乏完善的电力市场调节机制，无法通过电动汽车大规模移动储能促进可再生能源消纳。

（六）当前技术路线下需要重视资源保障

1. 国内镍、钴资源远不能满足电动汽车需求

中国钴资源匮乏（探明储量 8 万吨）且镍资源有限（探明储量 280 万吨）。即使考虑回收带来的资源供给效益，在碳中和情景中，资源供给风险依然较高（见图 4-31、图 4-32）。

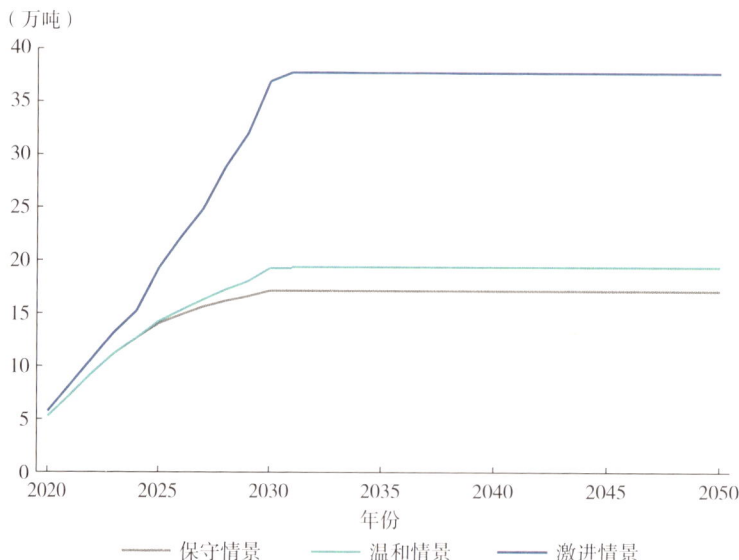

图 4-31　考虑回收时新能源汽车累计钴消耗量

资料来源：课题组测算

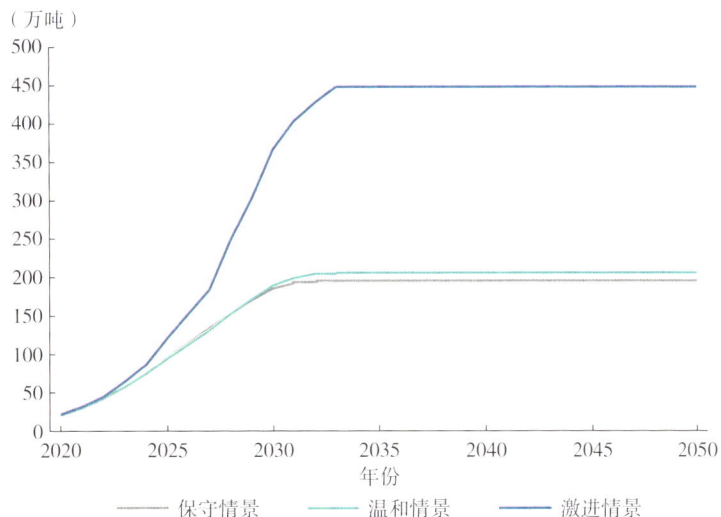

图 4-32　考虑回收时新能源汽车累计镍消耗量

资料来源：课题组测算

2. 其他产业消耗加剧供应风险

新能源汽车中的锂、钴、镍资源在其他领域也有广泛应用，2017 年中国锂、钴、镍在车用动力电池中的消耗占比分别约为 24%、24%、1%，考虑到其他产业的材料消耗增长，锂、钴、镍供给风险进一步增加。

3. 资源供给面临地缘政治风险

虽然全球锂、钴、镍总储量丰富，可以满足汽车电动化的资源需求，但由于国家干预等因素影响，存在地缘政治带来的贸易风险和不确定性。

四、案例研究：全球最佳实践

本部分通过案例分析其他国家在解决交通领域低碳化转型中面临障碍时的主要经验。全球的案例表明，不少国家中央政府都在大力促进新能源汽车发展，而地方政府则在努力改变传统上以汽车为中心的城市发展模式，不少案例还显示政府和私人部门在通过创新商业模式支持新能源汽车商业化发展上具有很大潜力。

（一）促进新能源汽车发展的典型案例

1. 推动燃油车加快转型

不少国家和地区通过发布明确的供给侧（责任）与需求侧（销售补贴退坡）目标，

释放促进汽车行业绿色转型的强烈信号。

● **案例 1**

欧盟出台更严格的排放法规，要求 2021 年后，汽车平均排放不超过 $95gCO_2/km$，新规从 2020 年起逐步实施。根据欧盟的这一规定，自 2021 年起，汽车制造商所有新生产车辆的平均排放量必须低于该目标。如果新车排放量超过平均排放量标准，在车辆登记时都需要缴纳超额排放附加费。不少研究估计，这一规定预计在欧洲产生的罚款达到 33 亿欧元（40 亿美元）～ 340 亿欧元（410 亿美元）。

一些欧洲国家已经宣布在未来 10 年内禁售内燃机汽车。英国政府出台了 10 条应对气候变化的计划，宣布从 2030 年起禁止销售汽油车和柴油车，比原计划提前了 10 年。挪威的目标是从 2025 年开始禁售传统燃油车，斯堪的纳维亚半岛国家瑞典和丹麦计划从 2030 年开始禁售传统燃油车。法国和西班牙设定了 2040 年禁售内燃机汽车的目标。

根据部分国家的经验，排放标准和供给侧法规对汽车生产成本的影响往往被高估。在欧盟，它们对车辆制造成本上行的压力较为有限。2011—2013 年，欧盟 2015 年排放标准（2012 年开始逐步实施）的出台并未导致乘用车平均价格异常上涨，如图 4-33 所示（国际清洁交通委员会，2017）。相反，2013 年的汽车平均价格较 2012 年有所下降。总体来看，在过去 15 年里，欧盟汽车平均价格并未随汽车平均排放量的减少而升高。很多研究结果也高估了制造成本增加的幅度。如图 4-34 所示，一些

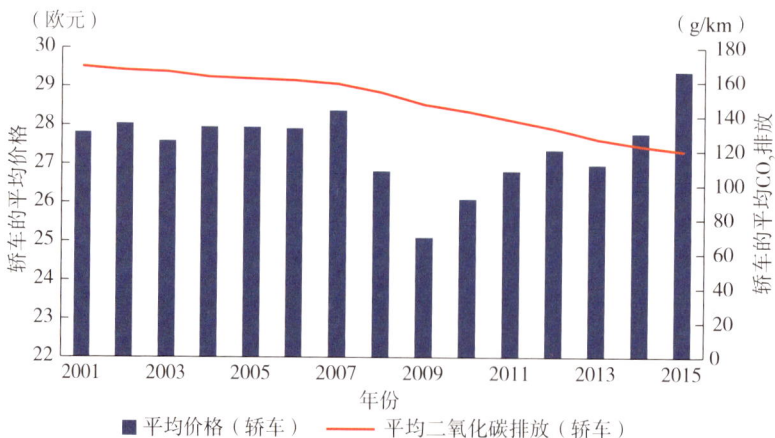

图 4-33　轿车平均价格和平均碳排放量

注：LHS 数字是按照通货膨胀率调整后欧盟 27 国乘用车平均价格。

资料来源：Vivid Economics，基于欧洲环境署，《欧洲新登记机动车平均二氧化碳排放》，2020；国际清洁交通委员会，《欧盟新汽车和轻型商用车 2020—2030 二氧化碳排放标准》，2016；国际清洁交通委员会，《2016/2017 年欧洲汽车市场统计》，2017

（欧元）

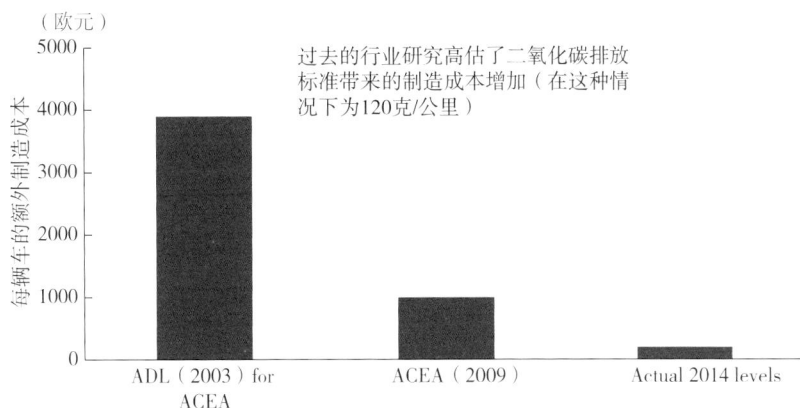

图 4-34　车辆额外制造成本与欧盟排放标准发布时间

注：LHS 数字是按照通货膨胀率调整后欧盟 27 国乘用车平均价格。

资料来源：Vivid Economics，基于欧洲环境署，《欧洲新登记机动车平均二氧化碳排放》，2020；国际清洁交通委员会，《欧盟新汽车和轻型商用车 2020—2030 二氧化碳排放标准》，2016；国际清洁交通委员会，《2016—2017 年欧洲汽车市场统计》，2017

研究估计要实现汽车平均二氧化碳排放量不超过 120 克 / 公里的目标，每辆车的额外制造成本为 1000 ~ 4000 欧元（1200 ~ 4870 美元）。然而在 2014 年，当汽车二氧化碳排放量降至 123 克 / 公里时，每辆车的额外制造成本大约仅为 200 欧元（243 美元）（国际清洁交通委员会，2016）。

有关排放标准等政策也促进了创新，并在一定程度上抵消了成本增加。比如，欧盟在 21 世纪初出台的排放标准加速了新动力系统和燃油效率技术的创新和研发，如英国的混合动力汽车和超低排放汽车（毕马威，2014）。也有一些证据表明，如果没有出台这些法规，则几乎不会产生创新（Franckx，2014）。

欧盟的目标和各国宣布禁售内燃机汽车，向制造商和原始设备制造商（OEM）发出了一个强烈信号，要求制造商进行系统性、永久性变革。原始设备制造商必须开始长期在技术和投资领域向低排放车辆转型，以避免处罚和违规。这意味着制造商需要投入大量研发资金，研发有竞争力的电动汽车车型，并通过新设备和零部件调整供应链、确保及时投产。另外，欧盟明确的监管措施有利于降低金融行业向绿色技术重新配置资金的风险，并且为公私部门建设电动汽车充电站等配套基础设施提供了具体的时间表。

为满足新法规的要求，欧洲汽车制造商大举投资研发领域，并且准备推出更多电动汽车车型。欧洲汽车制造商在 2018—2019 年的研发支出最多，总额达到 333 亿英镑（440 亿美元），比 2013—2015 年的 246 亿英镑（325 亿美元）高出 35%（BDO 英国，2019）。几乎所有的主要汽车制造商都宣布计划从 2021 年起加大汽车电气化力度。比如，福特削减了 S-Max 和蒙迪欧（Mondeo）家族 2.0 升和 1.5 升汽油车型，转而推出 1.0 升 48V 轻度混合动力嘉年华（Fiesta）和福克斯（Focus）车型。大众（Volkswagen）和斯柯达（Skoda）也将停产 SUV 中污染最严重的 2.0 TSI 汽油车型（Autocar，2020）。同样，制造商对英国传统燃油车销售禁令的响应也受到很多车队相关组织的积极欢迎（The Great British Fleet Event，2020）。

2. 保证基础设施利用率

通过制定严格的法规和政策目标可以创造稳定的需求，确保提高基础设施利用率，从而降低配套基础设施的成本。

案例 2

加利福尼亚州在美国市场零排放车部署方面处于领先地位，其市场份额是美国平均水平的 4 倍以上（Cal Matters，2020）。1990 年，加州是第一个颁布车辆零排放法规的州（加州空气资源委员会，2020a）。加州空气资源委员会（CARB）针对 2017—2025 年销售的新车通过了一套更全面的法规，即"先进清洁汽车"（ACC）计划（加州空气资源委员会，2020b）。其中，制造商必须满足一定比例的零排放车要求。

近期，加州又通过了世界上首个针对零排放货运卡车制造商的法规，要求卡车制造商从 2024 年开始销售零排放卡车，并且到 2035 年零排放卡车销量占比达到 40% ~ 70%（欧盟运输与环境联合会，2020）。为了实现 2030 年温室气体排放减少 40% 的目标（加州空气资源委员会，2020c），加州现在正通过制定各种"推动"和"拉动"政策将"先进清洁汽车"计划扩展到商用车和货运卡车领域。为"拉动" 低污染车辆的生产，尽管联邦政府实施较宽松的低排放标准，但是加州于 2020 年 8 月与几家主要汽车制造商达成一项协议。根据该协议要求，到 2026 年，燃料效率须从 38 英里 / 加仑[①] 提升到 51 英里 / 加仑（《洛杉矶时报》，2020）。为推动零排放车普及，加州汽车制造商计划到 2030 年销售 10 万辆零排放卡车，到 2035 年销售 30 万辆零排放卡车（欧盟运输与环境联合会，2020）。由于更适合长途车辆，氢燃料电池卡车将发挥至关重要的作用，图 4-35 概括了加州的目标和政策。

---

① 1 英里 =1.609344 公里，1 加仑 =3.78541178 升。

50% 运输（包括燃料生产）产生的温室气体排放

80% 交通工具排放的氮氧化物（NOx）形成烟雾

40% 到2030年减少温室气体排放的目标

100% 在可行的情况下，2045年零排放卡车的实现

污染车辆标准
- 逐步收紧温室气体排放和燃油经济性标准
- 例如，与主要汽车制造商"达成协议"，到2026年将燃油经济性从每加仑38英里提高到51英里

零排放车辆指令
要求卡车制造商：
- 2024年开始销售零排放卡车
- 到2030年销售10万台，到2035年销售30万台
- 到2035年，按照车辆类型，零排放卡车占年总销量的40%～75%

图 4-35　加州零排放（燃料电池）卡车目标和支持政策

资料来源：Vivid Economics，基于加州清洁空气委员会（California Clean Air Board），加州燃料电池合作伙伴联盟（California Fuel Cell Partnership），气候和能源解决方案中心（Center for Climate and Energy Solutions）和欧盟运输与环境联合会相关资料

这些法规，加上公共资金和基础设施成本分担，将确保私营部门通过提高基础设施利用率降低成本。氢能基础设施成本十分高昂，尤其是在加氢站利用率低的情况下。随着市场满足加州法规的要求和基础设施规模扩大，基础设施利用率将会提高，加氢站加氢机的数量将会增加，零部件成本也会降低（国际清洁交通委员会，2019）。这意味着建设和运营加氢站网络可以实现商业化，增强了私营部门投资氢能技术的信心。

加州能源委员会（CEC）的"清洁交通计划"宣布为加氢基础设施项目提供有竞争力的补助金（加州能源委员会，2020）。2020 年末，加州能源委员会临时批准向 FirstElement Fuel、壳牌氢能（Shell Hydrogen）和岩谷公司（Iwatani Corp.）提供7000 万美元补助金，用于新建加氢站。这些项目将在现有加油站基础上增设加氢站，并且成为加州"氢能高速公路网络"的一部分。目前，该网络包括 42 座加氢站（The Manufacturer，2020）。

3. 引入创新商业模式

新能源汽车的创新商业模式正帮助消费者克服资金挑战。

案例 3

在英国，Zipcar 等汽车共享服务让消费者无须预付或购买就能使用电动汽车（Zipcar，2020）。汽车共享是一种环保上和经济上可行的用车选择，因此也是普及电动汽车驾驶的一种有效方案。Zipcar 的报告称，其 325 辆大众高尔夫（Golf）电动汽车在推出第一年就很受欢迎（Zipcar，2020）。自 2018 年 7 月推出以来，共有 2.2

万名会员使用Zipcar的电动汽车服务（GreenFleet，2019）。Zipcar的愿景是，到2025年，所有平台车辆全面电动化。这将为伦敦带来重大的环境效益（GreenFleet，2019）。

然而，电动汽车配套基础设施仍然是普及电动汽车的一个障碍。图4-36表明，在一项伦敦汽车俱乐部调查中，超过45%曾经使用过共享纯电动汽车的受访者表示对电动汽车充电站不满意（CoMoUk，2017）。这些受访者表示，整个伦敦都很难找到充电站，而且即使找到了充电站，这些充电站通常已有人使用。受访者还指出，充电站提供的关于如何充电的使用说明也十分糟糕。

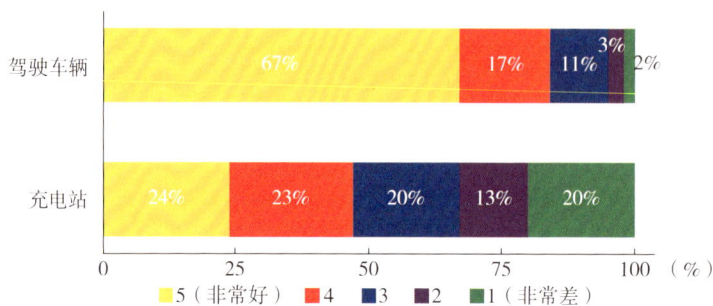

伦敦人对充电站的使用不太满意

图4-36 伦敦市民对电动汽车充电设施满意度情况

注：这项调查采访了近1570名弹性汽车俱乐部成员（包括Zipcar），其中49%受访者表示曾使用过共享纯电动汽车。

资料来源：Vivid Economics，基于Zipcar和伦敦汽车俱乐部年度调查（ComoUK）相关数据

Zipcar在伦敦扩建基础设施和测试移动充电等新技术方面的投入增加了私营部门投资电动汽车基础设施的商业回报。Zipcar已经与伦敦5家充电公司建立合作，在过去一年里已经为一万辆汽车充电，以帮助减少使用电动汽车的障碍（GreenFleet，2019）。美国一家公司与Zipcar合作开展了一项新试验，通过与传统的静态充电站对比，研究应用移动充电技术（Zap Map，2018）。移动充电装置意味着将充电站带到汽车上，而非让汽车靠近充电站。这有助于降低安装地面电动汽车充电站的成本，并且为那些无法在路外停车的电动汽车车主提供更多选择。

案例4

在荷兰市场，NewMotion提供的V2G充电设施支持电动汽车车主向电网供电（NewMotion，2017）。V2G充电通过专门设计的双向充电站实现。通过V2G设施，电动汽车车主可以给汽车充电，也可以轻松实现电池放电。

通过 V2G 充电设施，电动汽车车主不仅可以为改善环境做出贡献，还可以赚钱，降低运行成本。V2G 充电的价格各不相同，但可能相当高。例如，如果用户每月至少进行 12 次 V2G 联机，英国一家公司会每月固定向这些用户支付 30 英镑（40 美元）返现。这意味着在 10 年的生命周期中，一辆电动汽车可以获得高达 3600 英镑（4800 美元）返现（Octopus Electric Vehicles，2020）。虽然这并不能直接解决用户面临的前期成本挑战，但如果 V2G 与汽车租赁等其他商业模式相结合，则可以降低运营成本，从而降低电动汽车的生命周期总成本。

通过 V2G 充电设施，电动汽车还可以帮助平衡电力供需，如图 4-37 所示（NewMotion，2017）。电动汽车可以利用日间新能源发电高峰时（比如上午 11 点到下午 4 点的时段）进行充电，在夜间则向电网供电，从而缓解夜间增加的电力需求。

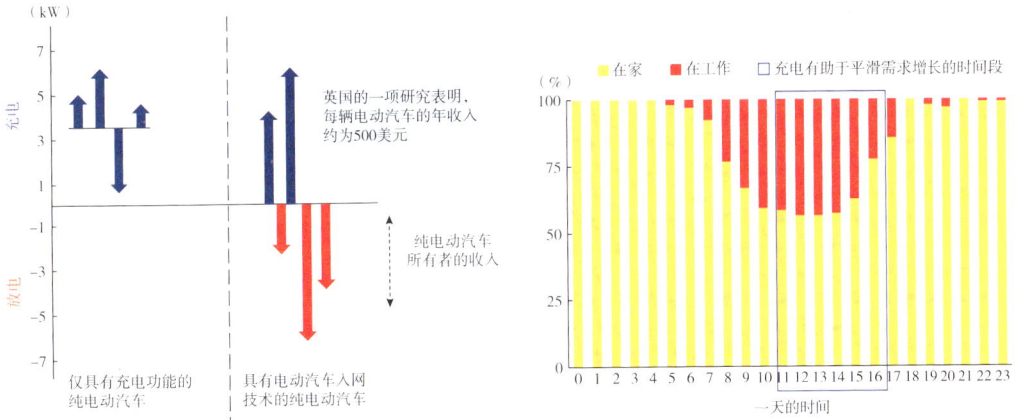

图 4-37　V2G 充电设施对电力供需的调节情况

资料来源：Vivid Economics，基于 NewMotion 相关资料

案例 5

在瑞士，韩国现代汽车公司与 H2 Energy 成立了合资公司 Hyundai Hydrogen Mobility（HHM）。HHM 提供极具成本效益的燃料电池卡车车型，用于租赁服务（Hyundai Hydrogen Mobility，2020）。最终用户将收到按使用次数付费的 8 年试用合同，HHM 将为用户提供里程、保修、服务、保险和充足的氢燃料（Hyundai Hydrogen Mobility，2020）。现代进口氢燃料卡车，H2 Energy 负责运营实现该交通系统的核心平台。

HHM 还与 Hydrospider 和瑞士氢能源移动出行协会（H2 Mobility Switzerland）

建立了合作，推广符合绿氢生产和加氢基础设施要求的氢燃料电池卡车商业模式。Hydrospider 是 H2 Energy、Alpiq 和林德公司成立的合资企业，在绿氢生产和向加氢站运送氢气方面处于领先地位。HHM、Hydrospider 和瑞士氢能源移动出行协会的专业会员正在联合利用现有的传统加油站，建设面向燃料电池卡车运输解决方案的基础设施，为氢燃料电池卡车推广积累强有力的商业模式（现代汽车集团，2019）。该合作还希望建立售后网络，提升车队运营商对氢燃料电池技术的信心。

这个生态系统可以让车队运营商避免初始投资，让加氢站从一开始就可以获得可观的利润，让车队获得充足的绿色氢能。瑞士的这项合作关系通过建立一个联合私营部门系统，将能源行业和交通运输行业各类主体联合起来（瑞士氢能源移动出行协会，2020）。此外，还将与物料、零售和贸易伙伴建立合作，在欧洲构建工业氢能生态系统。

图 4-38 总结了瑞士氢燃料货运卡车成为对私营部门有吸引力的可持续商业模式的几大因素。对零排放卡车每年免征最高 4.1 万欧元（5 万美元）道路税，这为货运服务运营商提供了一个明确的经济理由（欧洲氢能和燃料电池协会，2018）。瑞士一半以上的电力来自水力发电（瑞士联邦外交部，2019），因此可以利用电解技术在本地大规模生产绿氢。本地制氢意味着瑞士将避免进口成本，并且从长远来看，随着可再生能源价格下降，绿氢成本有望变得更低。在取消资金补贴的情况下，私营部门已经引入能够确保氢燃料卡车在瑞士具有可负担性和长期可行性的商业模式。

图 4-38　瑞士氢燃料货运卡车的公私合营模式

资料来源：Vivid Economics，基于瑞士氢能源移动出行协会、瑞士联邦委员会（Switzerland Federal Council）和欧洲氢能和燃料电池协会相关资料

4. 提供配套基础设施

对于逼近燃油车成本竞争力的新能源汽车，大规模建设配套基础设施比财政资

助更为重要，因为这有助于减少用户的里程焦虑和提升消费者信心。

案例 6

荷兰拥有全球最密集、增长最快的电动汽车充电基础设施网络。荷兰在电动汽车领域的领先地位在某种程度上得益于该国成功推广了基础设施。2017—2020 年，荷兰的电动汽车充电基础设施增长超过 160%（Bloomberg Green，2020），并且每 100公里道路的充电桩数量全球最多（《福布斯》，2018），如图 4-39、图 4-40 所示。随着电动汽车数量增长，每辆电动汽车的充电次数始终保持稳定，提升了消费者对充电可靠性的信心。

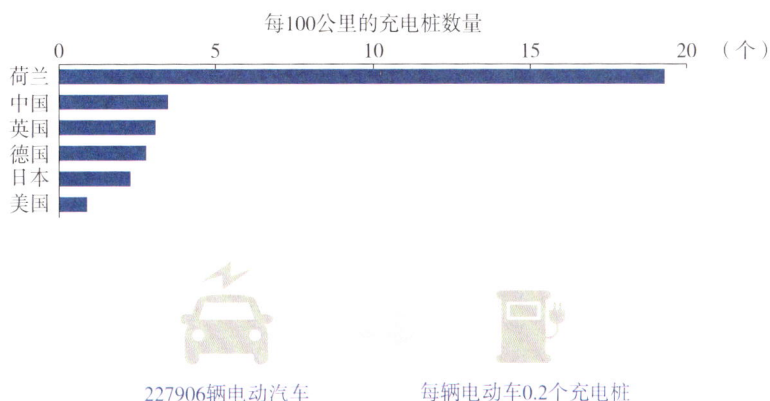

每100公里的充电桩数量

227906辆电动汽车　　　每辆电动车0.2个充电桩

图 4-39　2018 年各国充电桩数量

资料来源：Vivid Economics，基于国际能源署、荷兰企业管理局（Rijksdienst voor Ondernemend Nederland）相关资料

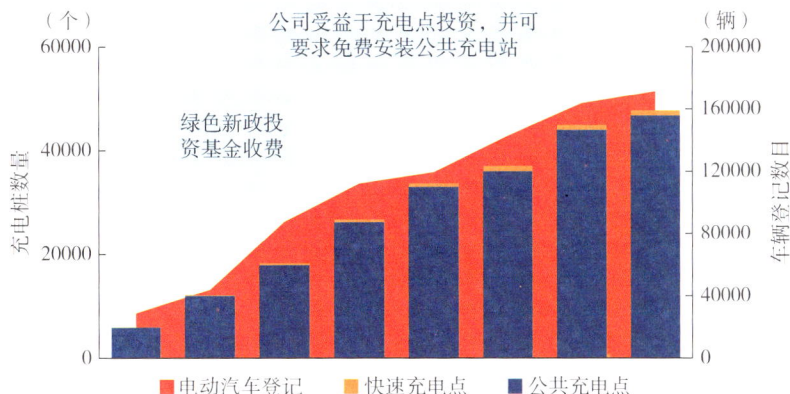

公司受益于充电点投资，并可要求免费安装公共充电站

绿色新政投资基金收费

■ 电动汽车登记　■ 快速充电点　■ 公共充电点

图 4-40　2018 年荷兰公共充电装置数量

资料来源：Vivid Economics，基于国际能源署、荷兰企业管理局（Rijksdienst voor Ondernemend Nederland）相关资料

荷兰政府一直围绕为企业和公共充电桩提供充电装置方面提供各种激励措施。企业可以享受相当于充电站建设投资总额最高 36% 的免税额，或者可以获得充电站投资成本最高 75% 的折旧费用（国际能源署，2020）。对消费者来说，如果居住地或工作场所附近没有充电桩，则可以要求政府免费安装公共充电桩（国际能源署，2020）。虽然用户仍然需要为其消耗的能源买单，但是用户不承担购买、安装或使用充电桩的费用。

展望未来，荷兰政府正朝着使充电基础设施本身可以盈利的方向努力（荷兰经济部，2017）。这意味着，政府将改变其在提供充电基础设施方面担当的角色。2015年，政府与多个相关方签订《公共充电基础设施绿色协议》（Green Deal for Publicly Available Charging Infrastructure）。政府做出的努力包括通过创新、提高效率和扩大规模，进一步降低基础设施建设的成本。政府最终希望，未来几年在政府激励机制效果减弱的情况下还可以继续建设充电基础设施。

荷兰政府还在采取措施确保电动汽车基础设施的互操作性得到保证。政府通过允许市场主体在主要公路网上运营私有快速充电桩，很快建立了一个公众可用的快速充电桩网络。考虑到该工程的公共性质，政府授予许可证的条件包括要求这些充电站具备互操作性（荷兰经济部，2017）。这意味着充电桩必须能够为任何一辆电动汽车充电，而不受制造商和服务提供商的影响。中央政府利用单卡或移动应用规范了充电支付结构。荷兰还在推动整个欧洲的电动汽车充电基础设施实现互操作功能，提高电动汽车对于长途旅行的适应能力。比如，2016 年荷兰和德国签订 e-Violin 和 e-Clearing.net 漫游合作协议（荷兰经济部，2017）。

政府正在逐步减少购置电动汽车激励机制，最晚将在 2025 年前取消补贴，在 2030 年前取消税收减免。2019 年 6 月发布的《荷兰国家气候协议》表明，随着快速公共充电基础设施不断建设完善，政府将逐步取消购车补贴，并恢复对电动汽车征收机动车税以抵消政府收入减少。为培育繁荣的私人电动汽车二手市场，政府将制定充电信贷、购车补贴或电池保证偿付方案。

案例 7

澳大利亚正通过加大制氢项目投资确保氢燃料具备与化石燃料匹敌的竞争力，减少财政激励需求。2019 年，澳大利亚制定"国家氢能战略"，设定"制氢成本低于 2（澳）元"的目标（澳大利亚政府委员会能源理事会，2019）。2020 年，澳大利亚政府设立了一项 3 亿澳元（2.15 亿美元）基金，用来支持氢能项目（澳大利亚政府，

2020）。随着制氢成本降低，现代 Nexo 等新能源汽车的加氢成本将大大降低。比如，如果加氢站的氢燃料价格为 5 澳元（3.8 美元）/ 千克，则加满 Nexo 的高压储氢罐，消费者仅需要支付 30 澳元（22.6 美元），足以实现 650 公里以上的续航里程（Which Car，2020）。

考虑到澳大利亚政府对氢能的坚定承诺，几个加氢基础设施项目已经启动。丰田和澳大利亚可再生能源署（ARENA）正在墨尔本西郊合作建设一座完全由可再生能源驱动的加氢站（Arena Wire，2020）。Haskel Hydrogen Systems 公司将为 ATCO 和澳大利亚福特斯库金属集团（Fortescue Metals Group）的加氢站项目提供加注系统。氢能项目开发商 Infinite Blue Energy 公司已经提出与电动汽车充电服务提供商 NewVolt 合作，在电动汽车充电站集成加氢站（The Driven，2020）。

低成本绿氢，加上新建加氢基础设施，意味着澳大利亚可能仅需要获得有限的公众支持就能推广氢燃料货运卡车。如图 4-41、图 4-42 所示，2030 年，即使是在扣除柴油税的情况下，与柴油卡车相比，澳大利亚长途货运氢燃料卡车的净现值依然为正。如果征收小额（40 澳元 / 吨或 30 美元 / 吨）或大额（130 澳元 / 吨或 100 美元 / 吨）碳税，则氢燃料卡车更具有吸引力（Vivid Economics，2020）。

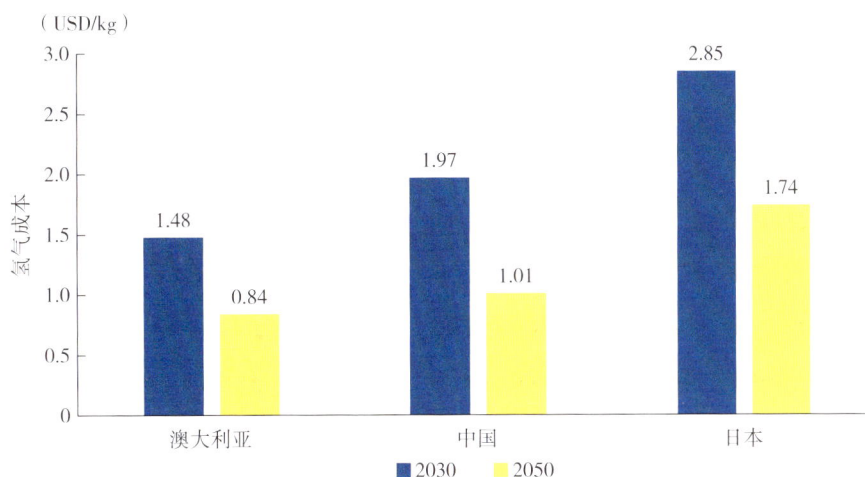

图 4-41　氢气成本预测图

注：LHS：2030 年和 2050 年氢燃料交货成本包括制氢（绿氢）、运输（通过管道）和储存费用。

资料来源：Vivid Economics，基于彭博新能源财经（BNEF）、澳大利亚国立大学气候能源政策研究中心、澳大利亚政府（LHS）相关资料；Vivid Economics（RHS）

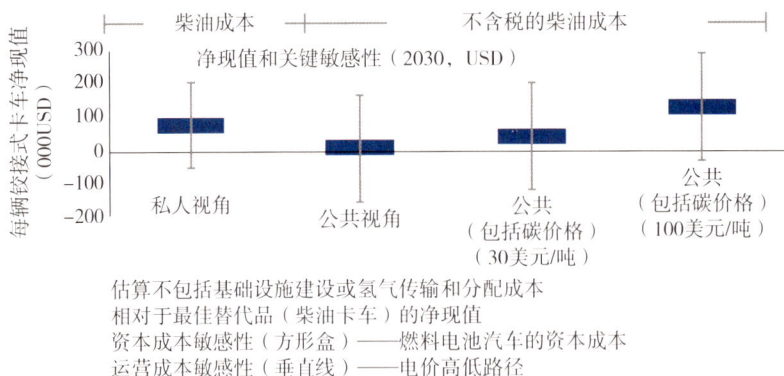

图 4-42 氢燃料交货成本评估

资料来源：Vivid Economics，基于彭博新能源财经（BNEF）、澳大利亚国立大学气候能源政策研究中心、澳大利亚政府（LHS）相关资料；Vivid Economics（RHS）

（二）其他措施——减少交通需求和转变交通方式

1. 整合替代交通方式

通过对交通基础设施的统筹优化，可以缓解私营公路对运输技术的需求，实现高效多交通一体化。

- 案例 8

在伦敦，伦敦交通局（TfL）是一个法定机构，负责各种公共交通方式的整合发展，促进整个城市实现物理层、体制和运营一体化。从伦敦的经验看，有助于实现一体化的关键特点是建立一个可以规划、协调和监督一体化实施的强有力的体制框架。伦敦交通局是负责管理主要公路路线网、各个铁路网（包括伦敦地铁和地上铁路）、码头区轻轨和伦敦交通局铁路的政府机关，还控制伦敦的公交车、出租车、自行车供应，并提供河流服务（伦敦交通局，2020）。

伦敦交通局提供开放的"大数据"信息，通过实时、准确的信息帮助改善各种服务的运营一体化，提升消费者体验。通过免费共享交通数据，伦敦交通局鼓励开发新的应用程序，确保用户出行更方便，获得更多应对伦敦交通挑战的解决方案。目前，伦敦交通局提供的开放数据每年为旅客、伦敦交通局和整座城市带来经济效益，最高节省 1.3 亿英镑（1.72 亿美元）。42% 的伦敦市民表示，他们使用基于伦敦交通局数据的应用程序；83% 的伦敦市民表示，他们会访问伦敦交通局的网站（德勤，2017）。一体化支付解决方案，如 Oyster 卡和移动支付，促进了各种交通方式之间的可换乘性和便捷性。Oyster 卡支持用于公交、轻轨、有轨电车和地铁付费，使单程旅行切换交通方式更方便。所有这些应用程序也支持使用非接触式银行卡和移动支付。不同交通工具的票价不同，但是根据跨交通方式（如公交车和有轨电车）短途票价方案，乘客可以购买有时间限制的有效车票（Smart Cities Dive，2017）。图 4-43 总结了多交通方式一体化的主要支柱。

中央   多模态集成   技术

机构 🏛	基础设施	信息和支付 ℹ 💲
伦敦交通局负责伦敦的各种运输模式，实现物理和运营整合	伦敦交通局提供公共汽车、地铁、出租车、渡轮和共享自行车的物理连接	开放数据、移动应用程序、跨模式可转让门票确保可访问性和可转让性

图 4-43　高效的多交通方式一体化通过提高便捷性和访问技术实现物理层、运营和体制协调
资料来源：Vivid Economics，基于英国政府和 Smart City Press 相关资料

2. 重新优化城市规划

一些城市设立了这样的目标——以家为中心，居民步行或骑行 15 ~ 20 分钟行程内即可以满足所有需求（工作、购物、健康和文化），从而减少交通需求。

案例 9

巴黎制定了"15 分钟巴黎"目标，鼓励建设自给自足的社区。作为巴黎市长 Anne Hidalgo 连任竞选宣言的核心部分，"15 分钟巴黎"理念十分大胆，需要在社区层面对城市规划做出重大而细致的改变（《卫报》，2020）。该设想的目的在于，鼓励法国首都每个区建设更多自给自足的社区，确保居民只需步行或骑行就能到达杂货店、公园、咖啡馆、体育设施、保健中心、学校甚至是工作场所。

这样的社区有望给居民带来巨大的好处，有助于建设一座以人而非汽车为中心的城市。实现这项目标需要"取消分区"政策，不再遵循几十年来在城市不同区域开展不同活动的传统城市规划和工业时代经济发展理念（彭博 CityLab，2020）。这将减少居民的通勤和出行时间，更适合主动型交通方式。这些措施还有望通过减少污染、提高出行效率和增加当地消费，改善居民健康状况。街道上行驶的汽车数量减少，也可以为居民和游客提供更安全的街道环境。

政府已经出台一系列政策来协调不同政府部门的相关工作，如图 4-44 所示。比如，政府采取的措施包括，减少汽车车道，为行人、骑行者、商店和餐厅腾出空间，或者以花园和游乐场取代停车场。利用混合空间，如校园用作公园、具有多种用途和提供多种服务的市政设施，以及多用途建筑和文化空间（彭博 CityLab，2020）。其他措施包括通过种植新树绿化城市，通过建设市民亭提供信息和增强社区凝聚力。

图 4-44　巴黎正通过高效的城市规划和改变设计减少更广泛的交通需求
资料来源：Vivid Economics，基于彭博、世界经济论坛和 Paris en Commun 相关资料

在新冠疫情期间，不断变化的交通需求重新调整了城市生活方向，"15 分钟巴黎"设想应运而生。在后疫情时代，城市有望改变当前的结构，即大型就业中心，周围为分散的居民社区。雇主们正在重新规划办公室职能，缩小办公室规模，并且呈现出向以城市为中心的生活方式转变的总体趋势。在这种趋势下，"15 分钟巴黎"可以转变传统的城市发展模式，向无车生活方式转型，有利于改善居民健康和提高生活质量（City Monitor，2020）。

应对新冠疫情的措施扩展了主动型交通方式，减少了汽车使用需求。

案例 10

英国政府宣布了有史以来最大的资金刺激计划，投资 20 亿英镑（26 亿美元）打造步行和骑行"新时代"。为应对新冠疫情，政府第一阶段将发放 1.5 亿英镑（3.3 亿美元）应急主动出行基金，帮助地方当局重新规划骑行和行人空间（LocalGov，2020）。这将包括设置自行车道、骑行专用车道和公交专用车道，加宽人行道，以及提高路口安全性。在新冠疫情期间，骑行和步行不仅有利于锻炼身体，而且还提供了一种安全和保持社交距离的通勤方式。

除了提供基础设施，政府还鼓励居民选择主动型交通方式。2020 年，政府发放自行车修理代金券，并且计划增加自行车修理设施（英国政府，2020）。同时，政府鼓励员工参与骑行上班计划，同时为员工购买新自行车提供折扣。政府还提出了电动摩托车试点计划，帮助居民选择更环保的公共交通替代方式。政府还打算发起一项活动，鼓励更多人选择替代交通方式。

超过 50 个地方当局正在利用资金设立低交通量社区（LTN）。英国已经新建 200 多个低交通量社区，限制机动车进入某些区域，引导车辆远离当地街道和走廊（My London，2020）。典型的措施包括交通方式筛选，设置减速带、临时自行车道，加宽人行道、双黄线，设置自行车停车场、护栏和限速约 32 公里 / 小时等。

3. 引入创新商业模式

灵活的共享公共交通出行解决方案可以通过有限的基础设施成本，减少私家车使用、相关的燃料需求和排放实现。

案例 11

苏黎世正在试点公共交通按需服务模式。公共交通运营商苏黎世公共交通公司（VBZ）已与出行公司 ViaVan 合作推出 Pikmi 服务（Cities Today，2020；Via，2020）。为期 18 个月的试点从 2020 年底开始实施，服务时间从每天晚上 8 点到午夜，填补了该时段公共交通供应方面的空白。

该商业模式在无须新增基础设施的前提下，扩大了综合公共交通的使用范围。Pikmi 服务没有预定路线或固定的时间表，但是新设了 150 个虚拟公交站，不需要任何基础设施投资（Cities Today，2020；Via，2020）。App 上详细说明了这些虚拟公交站的位置。乘客可以通过 App 订票，乘车时出示有效的公交车票。这些车票的有效期为 2 小时，因此乘客可以享受与其他公共交通形式结合的综合服务。

共享出行解决方案提供了快速、高效的公共交通旅程，减少了私人交通需求。App 的算法避免了不必要的绕路和漫长的等待时间。该技术可以将前往相同方向的多名乘客匹配到同一辆车，实时计算最高效的路线。该试点项目旨在证明如何通过技术提高公共交通效率，同时减少私家车交通需求、燃料消耗和相关的排放。

私营商业模式将技术与新能源汽车和本地交通模式相结合，优化运输，提高效率，同时减少排放。

案例 12

"移动仓库"（Warehouse on Wheels）是福特和 Gnewt 联合开展的最后一英里配送合作项目，目的是在伦敦试行数字化配送服务。Gnewt 运营着英国最大的全电动货运车队，拥有 70 多辆电动货车（Commercial Fleet，2019）。福特基于云平台的多模式路线和物流软件 MoDe:Link，负责管理从仓库到客户门口包裹配送的方方面面（Commercial Fleet，2019）。比如，货车从仓库收集包裹，停在能够最高效地配送每批订单的战略位置。然后，福特的软件平台与附近步行的快递员协调，未来还可能与骑行的快递员、无人机和自主型机器人协调，完成每次投递的最后一段。

该商业模式的目的在于，降低排放、减少拥堵和减少配送时间。企业可以优化流程和提高货车利用率，同时通过以更低成本减少配送时间来改善客户体验。该商业模式还有助于减少城市交通拥堵，特别是在货车通常装卸货物的路边停车处。新冠疫情导致网购量激增，这为开发和利用这类创新城市配送模式提供了更多机会，并且也有助于减少交通排放。

五、交通领域低碳化发展路径

分区域、分阶段、分车型、分技术统筹推进我国交通电气化转型。考虑到电气化各技术成熟度、我国道路交通车型的复杂性、区域发展不平衡等，在电气化转型过程中，技术发展上由多元化向纯电、燃料电池等零排放车型逐步演进；车型分类上可根据用途和场景进行差异化区分；区域推动上，电气化推广基础好、经济发展好、低碳发展要求高的区域优先推进，欠发达中小城市及农村选择适当节奏推进。

（一）从多元化技术向零排放技术推进

1. 初级阶段（简称 XEV-1）：传统燃油汽车、节能汽车、插电式（含增程式）混合动力汽车、纯电动汽车和氢燃料电池汽车等多技术路线共同发展

根据《节能与新能源汽车技术路线图》中的定义，节能汽车是指以内燃机为主要动力系统，综合工况燃料消耗量优于下一阶段目标值的汽车，包括高效动力系统的传统燃油车（如 48V 等）、混合动力汽车（串联式、并联式、混联式）、替代燃料汽车（天然气、甲醇、燃料乙醇、生物燃油等）；插电式（含增程式）混合动力汽车是指车辆的驱动力由驱动电机及发动机同时或单独供给，并且可由外部提供电能进行充电，纯电动模式下续航里程符合中国相关标准规定的汽车；纯电动汽车是指车辆的驱动力全部由电机供给，电机的驱动电能来源于车载可充电蓄电池或其他电能储存装置的汽车；氢燃料电池汽车是指以车载氢气为能量源，经质子交换膜燃料电池将氢气的化学能量转化为电能，以电机驱动车辆，实现运输功能的汽车，不包括以化石燃料为加注燃料、以车载装置所制氢气作为能量源的汽车。

2. 中期阶段（简称 XEV-2）：替代燃料、混合动力、插电式混合动力、纯电动和氢燃料多种技术路线作为过渡

第一类：完全或部分使用天然气等替代燃料汽车，包括天然气汽车（NGV）、天然气混合动力汽车（NGHV）等。

第二类：使用汽油或柴油，但采用汽柴油内燃机和电动机同时作为动力源，主要指混合动力汽车（HEV）。

第三类：部分使用汽油或柴油，与外接电能联合驱动的汽车，主要指插电式混合动力汽车（PHEV），含增程式混合动力汽车。

第四类：不用汽油或柴油，完全以电或氢作为驱动能源的汽车，包括纯电动汽车、氢燃料电池汽车（FCV）等。

3. 最终阶段（简称 ZEV）：严格以零排放为分界线，包括纯电动汽车和氢燃料电池汽车等

为了降低汽车行业对化石能源的依赖并且实现汽车尾气减排，零排放汽车是最终发展目标。零排放汽车包括纯电动汽车和氢燃料电池汽车等终端零排放车型。

（二）根据用途与场景进行车型分类

根据客运及货运领域车辆的主要用途及场景等，将典型车辆分为 9 类（见表 4-6）。

表 4-6　典型领域车型分类

领域	分类	代表车型
客运	PV-1	巡游出租车、网约车和分时租赁车
	PV-2	公务车
	PV-3	私家车
	PV-4	公交车
	PV-5	城际客车
	PV-6	通勤车
货运	TV-1	城市轻型物流与邮政
	TV-2	城际物流
	TV-3	中、重型货车

资料来源：《中国汽车全面电动化时间表的综合评估及推进建议》，中国电动汽车百人会，iCET

（三）根据城市禀赋与条件分区域

根据各地区禀赋等，将全国各地城市划分为 4 个层级，如表 4-7 所示。

表 4-7　区域层级

层级	主要依据	代表城市及省（区、市）
第一层级	• 特大型城市 • 功能性示范区域	• 北京、上海、深圳 • 海南、雄安
第二层级	• 传统汽车限购限行城市 • 蓝天保卫战重点区域省会城市 • 国家生态文明试验区省会及核心城市 • 新能源汽车推广领先城市、产业集群区域核心城市及沿海经济发达城市	• 天津、杭州、广州 • 石家庄、太原、郑州、济南、西安、南京、合肥、武汉 • 贵阳、福州、厦门、南昌 • 重庆、青岛、成都、长沙、昆明、宁波、苏州
第三层级	• 蓝天保卫战重点区域 • 新能源汽车产业集群区域 • 新能源汽车推广或低碳发展示范城市及国家生态文明试验区	• 河北、河南、山东、江苏、浙江、安徽、山西 • 广东、湖南、湖北、江西、贵州、福建、陕西 • 柳州
第四层级	• 其他地区	• 新疆、西藏、宁夏、甘肃、青海、黑龙江、辽宁、吉林、广西、云南、四川、内蒙古

注：以全省为单位的，是指除去已单列城市的该省其他区域。

资料来源：《中国汽车全面电动化时间表的综合评估及推进建议》，中国电动汽车百人会，iCET

中小城市与农村地区划分。在各省份中，整体条件相对较差，但具备未来汽车重要增量的中小城市与农村等区域，根据经济及产业等条件划分 4 类地区，如表 4-8 所示。

表 4-8　中小城市与农村电动化汽车发展 4 类区域

	一类	二类	三类	四类
经济条件	非明显落后	非明显落后	好 / 较好	差
电动化相关产业	好	/	/	差
电动化接受水平（包括低速车）	好	较好	一般	差
政府驱动力	强	较好	一般	差
其他条件	电动汽车流通、后市场服务、电力等条件好或较好			相对较差
典型区域	柳州、芜湖、保定等	如河南、山东、河北等具有低速车消费基础的区域；电动化取得一定发展但产业禀赋较差的区域	东部沿海及经济相对发达的区域，汽车消费基础好	西部经济欠发达区域

注：1. 包括农村地区，但由于发达地区农村无论是经济还是发展政策都具有独特性，如北京、上海、广州、深圳等，这些区域未包括在内；

2. 条件优劣划分是中小城市的相对划分；

3. 政府驱动力指发展意愿，也包括一些环境治理、电动汽车指标等具有约束性政策；

4. 根据当前条件初步划分，仅为方向性指引，各区域需根据自身禀赋进行差异化推动。

资料来源：本书课题组

（四）分阶段、分区域、分车型推动城市电气化转型

1. 按照 2050 年基本实现电气化目标推动城市电气化

在碳中和情景下，根据分阶段、分车型、分区域的推进路径，2040 年客运车辆基本实现增量车辆电气化，2045 年左右货运车辆增量市场基本实现电气化，如表 4-9 所示，到 2050 年左右除了一些特殊区域，全国基本实现存量的全面电气化，如表 4-10 所示。

表 4-9　不同区域不同领域基本实现增量车辆电气化时间

城市	领域	增量车辆全面电气化时间（年）
第一层级	客运	2030
	货运	2035
第二层级	客运	2035
	货运	2040
第三层级	客运	2040
	货运	2040
第四层级	客运	2040
	货运	2045

资料来源：课题组整理

表 4-10　碳中和情景下电气化路径

车类细分	2020 年	2025 年	2030 年	2035 年	2040 年	2045 年	2050 年
PV-1	I、II	III	IV				
PV-2		I、II	III	IV			
PV-3			I	II	III、IV		
PV-4	I、II	III	IV				
PV-5			I	II	III、IV		
PV-6		I、II	III	IV			
TV-1	I	II		IV			
TV-2			I、II		III	IV	
TV-3				I	II、III	IV	

注：表中所指均为增量实现零排放；由于中国各城市发展差异性较大，各地方应根据实际情况综合评估。
资料来源：课题组整理

2. 欠发达区域选择差异化路径

第一阶段（2021—2025 年，电动汽车竞争力追赶期）：第一类区域在前期推广基础上，通过政府引导使公共领域全面电动化，通过加强非本地产品的开放度及后市场服务体系补齐，驱动私人高、中、低档产品的多样性消费，重点加强乡镇、农村区域政策力度及配套环境培育；第二类区域通过完善充电、行驶、停车等非财政政策，消费与使用环境得到增强，完善县乡及农村地区低速车向经济型电动汽车升级过程中的配套体系，电动汽车整体消费逐步向第一类区域靠拢；第三类区域须明确电动化推广目标，加强公共领域电动汽车发展，并通过差异化手段引导私人电动汽车消费，电动汽车消费中应保障供给侧的多样性；第四类区域重点加强公共及企事业单位电动汽车的示范，开始推动充电等配套基础设施建设，逐步带动部分经济型电动汽车私人消费。

第二阶段（2026—2030 年，电动汽车竞争力超越期）：第一类、第二类、第三类区域可重点在使用环境及后市场体系（如报废、残值等）等方面进一步补齐，农村电动服务体系进一步完善且多用途车型开始推广，消费基本进入市场化阶段；第四类区域随着经济水平提升，使用环境初步建立后，该阶段应开始加强后市场体系的建设。

第三阶段（2031—），四类区域城市进入市场化消费阶段，电动化产品购买驱动力增强，形成良性发展，农村地区电动汽车逐步普及。四类区域中小城市与农村电动化路径如图 4-45 所示。

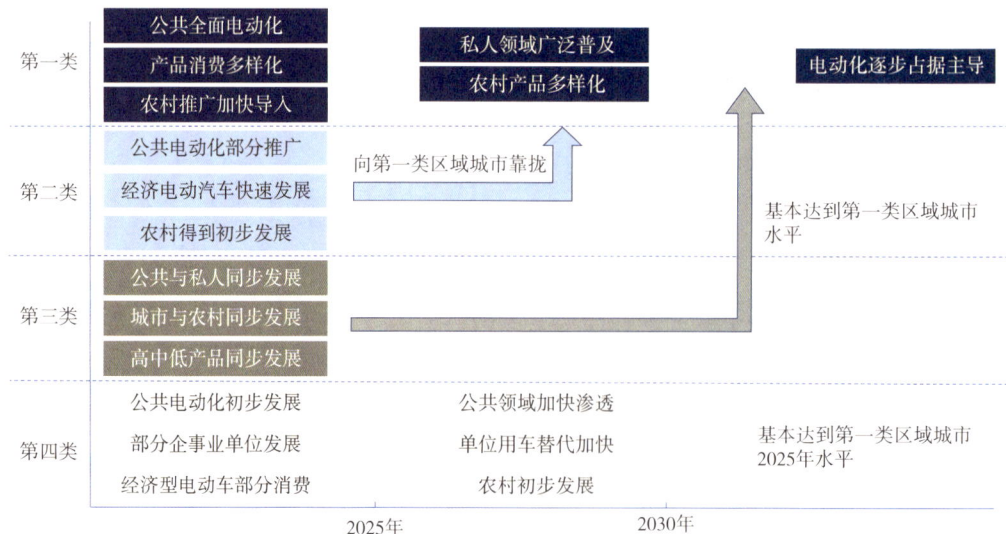

图 4-45　中小城市与农村地区电动化发展路径

资料来源：课题组整理

六、政策建议

汽车发展与碳市场挂钩，重视新能源汽车减碳效益。加快研究制定汽车产业碳达峰与碳中和路线图与时间表，包括禁售汽油车或柴油车的时间表，以及不同阶段汽车的碳排放目标等。支持有条件的地区和国家生态文明试验区、大气污染防治重点区域提前完成汽车或交通行业碳达峰建设。中长期要做好汽车领域碳排放与交易体系建设，如碳排税、碳奖励、碳抵消、碳排放交易。

进一步完善供给侧管理体系，营造企业良好发展环境。设立乘用车积分池，稳定积分价格；设计不同车型、不同区域、不同场景的商用车积分政策。加强汽车产能管理，为有能力、有技术的企业创造好的投资环境。

完善财税与优惠政策，保持政策连续性和稳定性。做好后补贴时期的支持政策，延长新能源汽车购置税减免政策。鼓励各地在停车、路桥、充电等使用环节出台相关激励政策；研究老旧车淘汰更新为新能源汽车的激励政策；出台出租车、网约车、租赁车、公约车等公共领域电动化替换政策。

推动中小城市与农村地区新能源汽车发展。建议政府以文件或其他形式向中西部、中小城市、农村以及汽车生产企业，发出支持和鼓励这些地区推广新能源汽车的信号，给各方一个明确的预期。在全国新能源汽车支持政策的基础上，给予农村地区消费者额外的购置与置换补贴支持。支持有条件、有意愿的中小城市与农村开展零排放交通示范。对于能够满足这些区域生产生活需要但某些目录上没有的创新产品，应该在满足汽车安全要求的前提下，允许在一定范围试产试销。

加快新能源汽车能源补给设施建设。将充电桩、换电站、加氢站及一些综合性补能基础设施建设纳入城市专项规划；加大绿色金融对车电分离的支持力度；加快共享换电技术标准统一；加大加氢站建设补贴力度，明确加氢基础设施主管部门和建设运营过程中所需的审批流程。

加快完善后市场流通体系建设。加快新能源二手车评估认证体系建设。研究制定针对动力电池、电机、电控等新能源汽车关键零部件的年检与报废方法，建立全面的新能源汽车评价召回体系。进一步完善动力电池回收利用体系，加快制定具有强制执行力的电池回收专项法规。

加强商业模式创新，促进电动汽车应用。试点共享汽车模式、V2G 技术和移动充电等新兴技术，为消费者提供低成本使用电动汽车的途径，使消费者无须预付款或购买电动汽车即可以享用这些服务，或者进一步降低电动汽车的运行成本。

做好规模化发展的供应链保障。引导企业优化汽车芯片供应链布局，形成一定的本地化供应能力；鼓励和引导中国企业进行海外矿产资源的储备布局；将上游关键材料纳入战略储备资源，统计梳理上游资源对外依存度和存储水平；对上游材料资源进行价格管控，防止上游资源被过分垄断。

提升合作开放水平，鼓励新能源汽车"走出去"。把握"一带一路"建设、国际产能合作等机遇，鼓励企业利用海外资源建立研发中心、生产基地和营销服务网络。在联合国和国际标准化组织框架下，深度参与电动汽车安全、动力电池、充换电等国际标准研究，增强与国际标准的互认。

第 5 章
面向碳中和的电力转型之路 [*]

* 本章主要执笔人为中国宏观经济研究院能源研究所郑雅楠、付毕安、王恬子, 壳牌集团战略部马赛罗·埃斯匹诺扎, 课题组其他成员参与了讨论和修改。

本章要点

　　中国电力需求预计平稳增长、增速不断放缓，2026—2060 年全社会用电量每 5 年年均增速将分别为 3.0%、2.1%、1.4%、0.9%、0.6%、0.4% 和 0.3%。

　　构建新型电力系统，可再生能源将逐步转向主体能源地位。预计到 2025 年全国发电装机总量将达到 30 亿千瓦，可再生能源（含水电）发电装机和发电量占比分别约为 51% 和 36%。到 2030 年，全国发电总装机将增至 37 亿千瓦，发电量为 11 万亿千瓦时，可再生能源占比分别提升至 60% 和 45% 左右。碳中和目标下，到 2060 年全国发电装机和发电量预计为 85 亿千瓦和 17.8 万亿千瓦时，可再生能源对应占比超过 90% 和 80%，风电光伏合计装机约 65 亿千瓦，届时将全面建成清洁低碳、安全高效的可持续能源体系。

2014 年 6 月，习近平总书记提出了"四个革命、一个合作"的能源安全新战略[①]，指明了中国新时代能源发展的方向。2020 年 9 月，习近平主席在第七十五届联合国大会一般性辩论上发表重要讲话，指出中国二氧化碳排放力争于 2030 年前达到峰值，努力争取 2060 年前实现碳中和[②]，进一步明确了中国能源发展方向。随后中国政府提出构建新型电力系统任务，并明确到 2030 年风电、太阳能发电总装机容量将达到 12 亿千瓦以上，这进一步为中国未来能源体系的发展提出了明确时间表。面对"双碳"目标，电力将成为中国能源转型的核心，因此，研究中国低碳电力供应路径具有重要的意义，这将为中国中长期能源政策部署提供支撑和依据。

一、国际能源发展形势

可再生能源已成为全球能源转型的主要方向和应对气候变化的重要能源。面对日益严峻的能源供应安全、环境污染、温室气体排放、气候变化等问题，许多国家逐步调整其能源发展战略，向着低碳高效的能源生产和消费体系转型，能源绿色、低碳、清洁化发展已经成为全球能源发展的重要特征，以可再生能源为代表的非化石能源发展已经成为全球能源供应体系的重要组成部分、推进能源转型的核心内容和应对气候变化的重要途径。根据 2019 年国际可再生能源机构发布的《全球能源转型：2050 年路线图》，可再生能源发电量在全球发电总量中的占比将从当前的 25% 攀升至 2050 年的 86%。几乎所有发达国家和发展中国家都提出了支持可再生能源发展的相关政策，将重点发展太阳能、风电等新能源和尽可能摆脱对化石能源依赖的决策计划提上日程。截至 2017 年末，全球 179 个国家已经提出了可再生能源发展目标，并通过制定相应的目标、政策、法规和公共财政激励政策，全面推动可再生能源政策的实施。

随着技术成本大幅降低，可再生能源加速迈进平价上网时代。近年来，持续的技术创新为可再生能源发电成本的下降创造了有利条件。伴随设备成本的下降、发电效率的提升，装机成本也不断下降，可再生能源日益成为具有竞争力的能源。以风电和光伏为代表的可再生能源正在以前所未有的速度达到高度的经济性，这个趋势还在加速。当前，全球大部分地区，海上风能与太阳能光伏发电在未获政府补贴

---

① 2014 年 6 月中央财经领导小组第六次会议。
② 《习近平在第七十五届联合国大会一般性辩论上的讲话》，《人民日报》2020 年 9 月 23 日第 3 版。

的情况下，平准化度电成本不断下降，与大多数其他发电技术持平或更低。国际可再生能源机构数据显示，2017 年水电项目平均发电成本为 0.05 美元 / 千瓦时，陆上风力发电成本为 0.06 美元 / 千瓦时，生物质能和地热能项目发电成本均为 0.07 美元 / 千瓦时。除此之外，大规模太阳能光伏发电成本也下降明显。2010 年以来，太阳能光伏发电成本已从 0.36 美元 / 千瓦时降至 0.02 美元 / 千瓦时。伴随着全球可再生能源发电成本的不断下降，平价上网正在成为必然趋势。

能源电力国际合作持续深化，软实力建设重要性日益凸显。当前，世界各国、国际组织在可再生能源领域的国际合作不断深化，双边和多边合作机制持续创新，合作的内涵与外延进一步丰富。重要合作领域包括可再生能源机制建设、项目开发、能力建设、设备和材料研发。此外，各国着力推动在政策和市场研究、能源开发规划及项目综合评价等更大范围内深化、拓展双边和多边合作机制，积极引导和规范可再生能源国际合作的行为秩序。未来可再生能源国际合作将更加深入，技术、装备、服务和标准合作效果将持续提升。

二、中国电力供需现状

（一）电力消费现状

全社会用电量不断增长，用电结构持续优化。2020 年，全社会用电量 75110 亿千瓦时（见图 5-1），同比增长 3.1%，增速比上年回落 2.2 个百分点，一产、二产、三产和城乡居民用电量增速分别为 10.2%、2.5%、1.9% 和 6.9%。二产用电量低速增长，增速较上年下降 1.8 个百分点，占全社会用电量比重降至 68.3%，电力消费结构持续优化。三产和城乡居民生活用电量对全社会用电量增长贡献率为 41%，使得占全社会用电量比重提升至 30.7%，成为全社会用电量增长的稳定支撑。

西北和南方电网用电量增速领先，华北、华中和西南电网区域用电量增速下降明显。2020 年华北（含蒙西）、华东、华中、东北（含蒙东）、西北、西南和南方电网区域用电量分别为 18563 亿千瓦时、17694 亿千瓦时、9095 亿千瓦时、4876 亿千瓦时、7171 亿千瓦时、3980 亿千瓦时和 13731 亿千瓦时，同比增速分别为 6.4%、2.6%、1.3%、1.8%、3.8%、7.4% 和 11.5%。

（亿千瓦时）

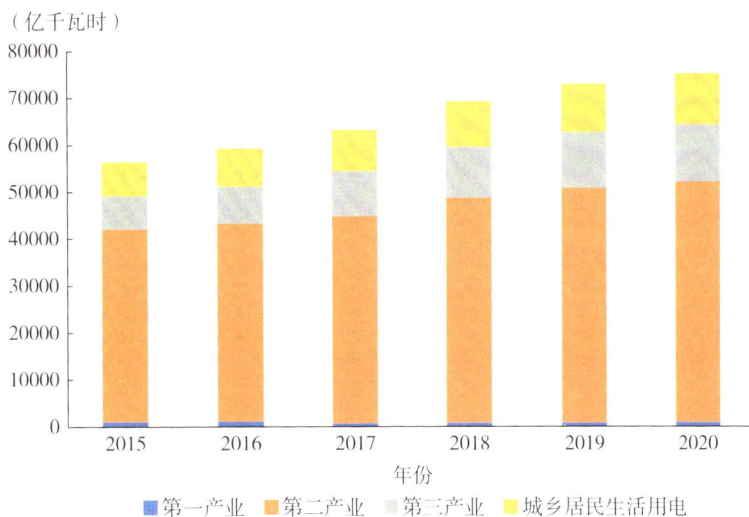

图 5-1　中国分行业用电量情况

资料来源：中国电力企业联合会

（二）电力供应现状

非化石能源新增装机已成为中国电力装机增量主体。2020 年中国新增发电设备容量 1.9 亿千瓦，同比增长 9.5%，中国累计发电装机容量共计约 22.0 亿千瓦，其中水电、火电、核电、风电和光伏发电累计装机分别为 3.7 亿千瓦、12.5 亿千瓦、4989 万千瓦、2.8 亿千瓦和 2.5 亿千瓦；可再生能源装机容量占比达到 41.1%，较上年提高 2.7 个百分点，电源结构不断优化（见图 5-2）。

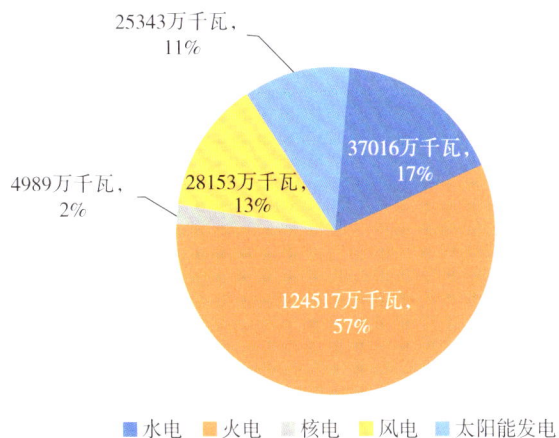

图 5-2　2020 年中国电源结构

资料来源：中国电力企业联合会

非化石能源发电量比重不断提高。2020 年，全国发电量 76236 亿千瓦时，同比增长 4.0%，增速较上年下降 0.7 个百分点。分类型看，火电发电量 51743 亿千瓦时（其中煤电发电量 46316 亿千瓦时），占全国发电量的 67.9%，较上年降低 1.0 个百分点，依然是主力电源；非化石能源发电量 2.4 万亿千瓦时，占全国发电量的 32.1%，较上年提高 1.0 个百分点。可再生能源消纳能力提升，2020 年弃风率和弃光率分别降至 3.5% 和 2.0%。

跨区电力流持续增长。中国电力流可以划分为 3 条路径：北通道，主要将晋陕蒙宁新甘各省区的煤电和风电送到华北的京津冀鲁及辽宁、河南、江苏、湖南等省市；中通道，主要将四川水电、三峡水电送到重庆、长江中下游沿岸各省市以及广东省，将安徽两淮的煤电送到长三角各省市；南通道，主要将云南水电、贵州煤电送到两广地区。

（三）电力供需情况

中国电力供需总体平稳。"十三五"期间全国电力供需总体宽松，分区域看，华东、华中、南方区域电力供需平衡，东北、西北区域电力供应富余较多，华北电网电力供应基本平衡，部分时段存在电力供需缺口。

（四）面临问题与挑战

电力供应是国家建设的支撑和保障，面对"双碳"目标和新型电力系统构建，中国电力供应仍面临来自技术、机制等多方面的挑战。

推动经济社会高质量发展必须加快电力转型。当前中国经济已由高速增长阶段转向高质量发展阶段，作为经济的晴雨表，电力消费已明显降速换挡，电力供应呈现相对宽松、局部过剩特点。以往高速增长阶段被掩盖或忽视的问题更为突出，主要表现为：煤电产能过剩风险与非化石能源消纳受限并存，电力结构优化速度放缓，制约质量变革；电力设备利用效率不高与实体经济用电成本偏高并存，电力市场机制尚未建立，制约效率变革；对煤电生态环境代价认识不足与清洁能源产业可持续发展受限并存，公平的市场竞争环境缺失，制约动力变革。

新能源为主体要求电力系统必须加快适应。中国拥有丰富的风资源、光资源，伴随发电成本的快速下降，与煤电等传统电源的比较优势将不断显现，中国风发电、光发电将在相当长一段时间保持快速增长。但随着风光发电占比的大幅提高，风光发电所固有的间歇性和波动性将对电力系统调节能力提出越来越高的要求，电力系统必须加快适应这种新形势。另外，风光发电的发展也必然挤压煤电等化石能源发电的发展空间，2016 年以来煤电机组利用小时数持续下降，截至 2019 年底，煤电机组利用小时数已接近 4000 小时的煤电经营盈亏平衡点，煤电等化石能源必须寻找新的发展方向和盈利模式。

电力市场建设滞后于电力转型步伐。首先，现有电力市场设计无法适应非化石能源发展，非化石能源预测精度随（交易）时间的临近而逐渐增高，但交易窗口过于单一，目前市场往往在交易日来临前数小时就已关闭，虽然一些地区开放了日内市场，但流动性依然较低。市场缺乏激励预测信息及时披露的机制，价格信号低效，灵活配置资源能力不足。其次，在现有电力市场机制下，非化石能源的不确定性使其无法在市场中准确申报电量信息，因而可能承受惩罚；而不可控性又制约了其在多时间尺度市场中策略性竞价的能力。此外，电价波动性因大规模非化石能源的参与而增强，市场中的金融风险也不断提高。

电力发展跟不上城乡建设和生态环保要求。风电和光伏发电量大面广，但是电力规划以及其他相关的国土、环保、林业等与非化石能源规划之间未达到有效衔接，导致实施过程中出现了诸多问题。国家非化石能源规划和各地方、各部门相关规划制定之间也存在目标不统一、政策行动有偏差的情况。在非化石能源产业壮大、非化石能源成为替代能源的情况下，迫切需要以多规合一的统筹规划思路确定发展方向、目标和行动措施。

三、中国电力需求预测与供应发展思路

（一）电力需求预测

中国电力需求还有较大增长空间。中国经济从高速增长阶段转入中高速增长阶段，经济活动的变化将直接影响对电力的需求。一方面，经济结构调整和产业转型升级的成效逐渐显现，耗电量较高的第二产业在国民经济中的比重降低，会拉低整体的电力需求。同时，电能利用效率的提高和线损率的降低也将在一定程度上降低电耗强度，从而减少电力需求。另一方面，预计到 2060 年中国城镇化快速发展阶段已经完成，常住人口城镇化率升至 80% 左右，对电力需求起到拉动作用。此外，为防治大气污染和应对气候变化，中国的能源消费结构将持续优化，更多的一次能源将转化为电力用于终端消费，电能在终端能源消费中的比重将不断提升，形成对电力消费增长的支撑。

在多种因素的影响下，预计中国电力需求平稳增长、增速不断放缓。2021—2025 年中国全社会用电量年均增速将降至 4.5% 左右，2025 年突破 9.3 万亿千瓦时；2026—2060 年中国全社会用电量每 5 年年均增速将分别为 3.0%、2.1%、1.4%、0.9%、0.6%、0.4% 和 0.3%，2060 年全社会用电量将突破 14.0 万亿千瓦时，届时人均用电量约为 11000 千瓦时，电气化比例超过 65%。

资源配置与调节互济是未来跨区互联电网的两大主要功能。一方面，中国能源资源与负荷需求逆向分布的特性决定了建设特高压电网系统推动全国资源优化配置的客观需求。以当前工程建设进度推算，2025 年华北电网、蒙西电网、东北电网、华中电网、西南电网、西北电网将分别实现 2110 万千瓦、6400 万千瓦、1860 万千瓦、2650 万千瓦、4740 万千瓦和 10800 万千瓦的外送能力，跨区输电能力将大大增强。2030 年区域电力流依然会秉持"西电东送"的战略，并且规模不断扩大，以输送清洁能源为主。西部的煤电和风电输送到华北和华东地区，西南地区水电输送到华中、华东和两广地区，在保障东中部地区负荷需求增长的同时控制新建发电机组尤其是煤电机组规模。另一方面，新一代电力系统需要接纳更多的波动性电源，对系统灵活性提出更高要求，跨区互联电网通过采用更加灵活优化的运行方式，在全国范围内调度灵活性资源，实现电力供应与负荷需求的动态平衡，将有力促进高比例新能源消纳。参考国家电网的预测，2035 年、2050 年中国跨区输电通道容量将分别增至约 4 亿千瓦、5 亿千瓦，约为当前水平的 3 倍和 4 倍。

（二）电力供应发展思路

中国电力供应将遵循"四个革命、一个合作"能源安全新战略，以碳达峰、碳中和为目标，强化创新驱动和市场引领作用，构建新型电力系统。电力供应将持续快速提升新能源在能源消费中的比重，构筑高比例新能源电源结构；坚持系统发挥好电网沟通与电力供需的桥梁作用；充分挖掘电力需求响应潜力，加紧推动储能成为主力灵活性接续资源；坚持市场化方向，多途径培育发电侧充分竞争环境，形成合理的多级市场体系。中国电力供应发展坚持以下基本原则：

坚持市场导向，充分发挥资源配置作用。鼓励以竞争性方式配置资源，加快成本降低速度，逐步减小新能源发电的补贴强度，着力构建市场机制有效、微观主体有活力、宏观调控有度的可再生能源发展体系。

坚持科技创新，鼓励新技术推广应用。充分发挥关键技术创新驱动作用，以关键装备为突破口，深入实施创新驱动发展战略，加强应用基础研究，着力培育新能源行业自主创新能力，以点带面，拉动新能源行业整体优化升级。

坚持因地制宜，形成集中式与分布式发展并举格局。根据资源禀赋、电力市场分布、既有用能条件等，坚持输出与就地消纳利用并重、集中式与分布式发展并举，形成大规模集中利用与分布式生产、就地消纳有机结合，分布式与集中利用"两条腿"走路的格局。

坚持多能互补，构建协同高效的综合能源供应体系。通过风光水火储一体化，发挥各类电源优势、取长补短，积极推进多种形式可再生能源的一体化、综合利用。因地制宜采取差异化市场开发策略，形成多元发展、多能互补的可再生能源发展模式，构建以储能为调节核心的协同高效电力系统。

四、中国低碳电力供应发展路线图

本章将 2035 年基本实现社会主义现代化、2050 年建成社会主义现代化强国作为中国经济社会发展目标，以力争 2030 年前实现碳达峰和努力争取 2060 年前实现碳中和作为中国电力发展约束，建立科学的中国电力需求并设定科学的供给约束情景；利用中国电力综合资源规划模型，分析 2020—2060 年中国分发电技术、分电网类型的电力供应发展路线图，分析电力消费碳排放等的影响。

（一）情景设置

基于社会主义现代化建设目标和"双碳"目标约束，2020—2025 年可再生能源基本具备市场竞争力，新增项目将全部实现平价（低价）上网，可再生能源在大部分省份成为能源增量主体；在原创性可再生能源技术领域取得重大进展，初步形成一批成熟的新模式、新业态，电力、热力和燃气管网基本转型为开放服务平台，基本建立适应可再生能源多元化、市场化发展的管理、政策和市场体系，新能源产业国际化发展水平大幅提升。2026—2035 年，可再生能源全面实现市场化发展，全面参与市场化交易和竞争，在全国大部分省区满足新增能源需求；分布式可再生能源商业模式趋于成熟，形成比较成熟的现代能源管理和市场体制，可再生能源产业在全球居一流水平。2060 年，可再生能源成为中国支柱能源；建成可再生能源为主的清洁、低碳、安全、高效的能源体系，可再生能源产业在全球居领先水平。

（二）电力供应整体发展路线图

可再生能源从增量主体发展为主体能源，煤电逐步转型。2021—2025 年，风电、光伏发展将进入平价阶段，实现市场化发展，在大部分地区成为发电装机增量主体。预计 2025 年，全国发电装机总量将达到 30 亿千瓦，可再生能源（含水电）发电装机和发电量占比分别约为 51% 和 36%。2026—2030 年，可再生能源将进一步发展成为主体电源。预计 2030 年，全国发电装机总量将增至 37 亿千瓦，发电量为 11 万亿千瓦时。可再生能源发电装机和发电量占比分别提升至 60% 和 45% 左右。碳中和目标下，预计 2060 年全国发电装机和发电量分别为 85 亿千瓦和 17.8 万亿千瓦时。届时，可再生能源发电装机和发电量比重分别超过 90% 和 80%，全面建成清洁低碳、安全高效的可持续能源体系。

（三）分类型电源发展展望

常规水电将保持平稳增长，2050 年左右抽蓄资源将基本开发完毕。坚持生态优先，以西南地区、黄河上游等重点流域为重点开发建设水电站，常规水电将保持平稳增长。预计到 2025 年和 2030 年，全国常规水电装机将分别达到 38861 万千瓦和 43000 万千瓦。预计到 2050 年，全国水电资源基本开发完毕，2050—2060 年水电装机容量小幅增长，至 2060 年，全国常规水电和抽蓄装机分别达到 49775 万千瓦和 42100 万千瓦，水电发电量达到 2.8 万亿千瓦时。

2025—2030 年煤电装机容量达到峰值，气电持续发挥桥梁作用并在 2040 年后进入平台期。在严控煤电项目和煤炭消费增长背景下，煤电装机小幅增加，将于 2025 年左右达到峰值并维持一段时期，峰值装机规模约 12.5 亿千瓦。为实现碳中和目标，2030 年后煤电规模持续缩减，到 2060 年降至 4.2 亿千瓦兜底规模。在煤电达峰后逐步退出的趋势下，因地制宜发展气电将发挥重要的桥梁作用，保障转型过程中电力系统稳定运行。2020—2040 年，全国气电装机容量还将有一定幅度的增长，在 2041—2045 年进入平台期，之后装机容量逐渐减少。预计 2025 年、2030 年和 2040 年，气电装机分别约为 1.6 亿千瓦、1.8 亿千瓦和 1.9 亿千瓦。到 2060 年，气电装机和发电量分别约为 18360 万千瓦和 7600 亿千瓦时。

在确保安全的条件下，核电建设将积极有序推进，随着技术突破，装机规模持续增长。预计 2025 年、2030 年和 2060 年，全国核电装机容量将分别增至 6982 万千瓦、1 亿千瓦和 2 亿千瓦，发电量预计达到 5000 亿千瓦时、7000 亿千瓦时和 1.4 万亿千瓦时。

风光装机持续快速增长，集中式与分布式占比不断发生变化。随着陆上风电进入全面平价发展阶段、海上风电成本持续下降，风电将迎来更大规模发展，装机持续快速增长。预计 2025 年，全国风电装机达到 5.2 亿千瓦，包括陆上风电 4.92 亿千瓦（集中式 4.54 亿千瓦、分布式 3754 万千瓦）和海上风电 2822 万千瓦，风电发电量约为 1.1 万亿千瓦时；2030 年，全国风电装机约 7.5 亿千瓦，包括陆上风电 6.49 亿千瓦（集中式 5.14 亿千瓦、分布式 1.35 亿千瓦）和海上风电 1 亿千瓦，风电发电量约为 1.7 万亿千瓦时；2060 年，全国风电装机将增至 32 亿千瓦，包括陆上风电 30 亿千瓦（集中式 22 亿千瓦、分布式 8 亿千瓦）和海上风电 2 亿千瓦。

随着光伏成本下降进入平价时代以及相关产业政策扶持，光伏发电装机将迎来更大爆发，将在"十四五"期间超过风电。预计 2025 年，全国光伏发电装机达到 5.5 亿千瓦，其中集中式和分布式分别占比 48.9% 和 51.1%，光伏发电量约为 5160 亿千瓦时；2030 年，光伏发电装机达到 9 亿千瓦，包括集中式 3.8 亿千瓦和分布式 5.2 亿千瓦，光伏发电量约为 1 万亿千瓦时；2060 年，光伏发电装机将增至 35 亿千瓦，其中集中式和分布式分别为 15 亿千瓦和 20 亿千瓦。

近中期生物质发电快速增长，2035 年前后进入平台期。随着生物质发电市场潜力逐步释放，近中期生物质发电将进入快速增长阶段，考虑生物质能资源量约束，生物质发电经过快速发展后将于 2035 年前后进入平台期。全国生物质发电装机将由 2025 年的 2700 万千瓦增至 2030 年的 5500 万千瓦和 2035 年的 6551 万千瓦，随后进入平台期，至 2060 年装机保有量约为 6600 万千瓦。

（四）需求响应、储能需求分析

需求响应、储能等调节资源在电力系统中越来越重要。随着风光比重的不断上升，叠加负荷尖峰化趋势，电力系统调节需求持续增大。按照当前的运行模式和电源发展走势，2025 年调节需求预计将达到 2.7 亿千瓦，2030 年将超过 7 亿千瓦，需要依靠电网互济、需求响应、电动汽车和储能等来补位。到 2060 年，满足高比例可再生电力的灵活需求，在可控电源、电网互济、需求响应等"吃干榨净"的基础上，预计还需高达 22.6 亿千瓦储能（含电动汽车）以及 4.2 亿千瓦抽水蓄能等资源才能支撑系统安全。每辆电动汽车可提供约 7 千瓦的电力支持，未来电动汽车需深入参与电力系统灵活性。到 2060 年若能有 2 亿辆车参与调节，将提供 14 亿千瓦的能力。

（五）氢能枢纽分析

氢能的供应逐步由化石能源制氢转向以可再生能源电解制氢为主。考虑到燃料电池技术进步和成本下降均较快，预计到 2060 年中国氢能需求总量可高达 1.2 亿吨。分领域看，工业将占到 73%，交通占 17%，建筑和能源占 10%。从氢能供应看，当下以灰氢为主，占比约 70%，到 2060 年绿氢将成为主流，占比将超过 75%。经济性决定了可再生能源绿氢短时期内还不具备大规模开发的条件。目前化石能源制氢和工业副产氢的成本优势明显，2035 年前过渡期，工业副产氢将扮演重要角色，供应占比维持在 30% 左右，但面向长远，各类生产、储运和加注方式的成本都将随时间逐渐下降，绿氢比重将持续攀升，并逐步实现对灰氢的大比例替代（见图 5-3）。

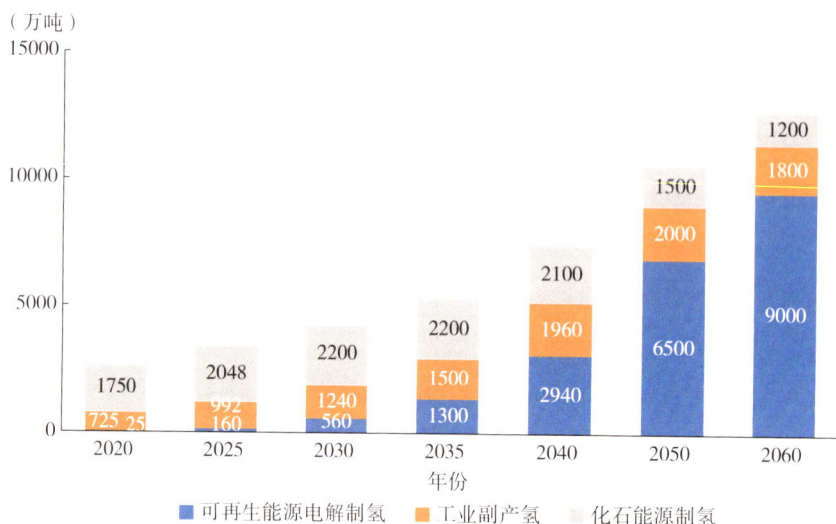

图 5-3　氢能供应结构预测

资料来源：中国氢能产业联盟

（六）电源区域布局思路

中国可再生能源资源分布不均，未来能源资源与消费中心呈逆向分布的特征将长期存在。考虑到风光等间歇性能源带来的潜在安全风险，要坚持全国一盘棋，以"大基地 + 坚强网络 + 分布式 + 兜底保障"的思路部署区域新能源系统建设，同时兼顾做好产业布局优化。

中国是一个风能资源十分丰富的国家，可开发利用的风能储量约为 42.6 亿千瓦（以 100 米高度计算），其中陆上可开发利用的风资源为 39 亿千瓦，近海（离岸 50 公里以内）可开发利用的风资源为 3.6 亿千瓦。但资源分布并不均衡，陆上主要集中在东北三省、河北、内蒙古、甘肃、青海、西藏、新疆等地区。以目前成熟的风机机型和解决方案作为参考，考虑投资收益情况，各省份目前平价可利用和开发的陆上风资源量共计 17.5 亿千瓦，其中内蒙古 2.72 亿千瓦、黑龙江 2.07 亿千瓦、吉林 1.21 亿千瓦、新疆 1.12 亿千瓦、甘肃 1.05 亿千瓦、辽宁 0.87 亿千瓦、青海 0.72 亿千瓦、广西 0.66 亿千瓦、山东 0.66 亿千瓦、广东 0.58 亿千瓦[①]。100 米高度海上风电资源中，离岸距离 25 公里海域以内技术开发量 1.9 亿千瓦，离岸距离 25 ～ 50 公里海域技术开发量 1.7 亿千瓦。

太阳能资源主要分布在西部地区。全国太阳能技术可开发装机容量预计约 156 亿千瓦，而西部地区就达到 137.95 亿千瓦，占全国总量的 88.4%。其中，新疆约为 42 亿千瓦，占全国比重达到 26.92%；青海 34 亿千瓦，占全国比重达到 21.79%；内蒙古西部 26 亿千瓦，占全国比重达到 16.66%；甘肃 21.3 亿千瓦，占全国比重达到 13.65%；西藏 7 亿千瓦，占全国比重达到 4.49%[②]。

水能资源主要集中在西南和中南地区，生物质能资源潜力主要集中在华南、东北，以及华东部分地区。全国水能技术可开发资源中，西南地区占到 67.8%，其中四川占 26.8%、云南占 20.9%、西藏占 17.2%。就生物质能资源来说，华南地区比较适合种植生物质能源作物，东北地区玉米、水稻和小麦种植集中度较高，未来将是秸秆等生物质能源的主要来源地区。

区域能源系统发展要按照"大基地 + 坚强网络 + 分布式 + 兜底保障"的思路总体谋划。西部地区新能源禀赋得天独厚，是重要的能源开发基地。发挥西部风能、光能、水能资源储量丰富的优势，持续推进内蒙古、甘肃、青海、新疆等区域风光大基地建设。到 2060 年，西北地区风电光伏总装机预计将超过 20 亿千瓦。在西南地区谋划好水电大基地及抽蓄电站建设。

东北地区未来新能源布局主要侧重外送和发展氢能。东北地区拥有较为丰富的新能源资源，其中吉林省处于"三北"风能资源富集区，是中国九大风电基地之一，黑龙江、吉林的秸秆等生物质资源也十分丰富。由于本地电力需求增长空间有限，东北地区也将成为重要外送基地。鉴于区位优势和产业基础，还应考虑发展氢经济，用好区域内多元化能源资源。

中部地区发挥好西电东送的枢纽作用，并推进生物质能、低速风电基地建设。中部地区在全国地理空间中纵贯南北，又在全国经济空间内承东接西。放眼长远能源供需格局，中部地区是连接起西部资源和东部负荷的重要桥梁，要加大能源基础设施的投入力度，做好疏导协调。从资源禀赋和就地消纳为主的新能源布局前景看，针对

---

① 此处仅列出资源量较大的省份。
② 此处仅列出装机容量较大的省份。

当前已经存在的结构性缺电问题，生物质能和低风速风电有可能成为中部地区新能源布局的重要方向。

东部地区应大力发展就地消纳的分布式发电和微电网系统。未来很长一段时间，东部地区仍将是中国经济发展和人口分布的重心，以及能源负荷中心。东部地区新能源资源并不丰富，更适宜推进分布式风电和光伏、海上风电的建设。但从中长期来看，分布式新能源无法完全满足东部地区新增电力和电量需求。除需要依靠本地区常规电力供应外，西电东送仍然是解决东部地区未来电力供应短缺问题最行之有效的手段。进口或者从西部地区输送氢和氢基燃料也是一个可供考虑的选项。

注重区域间输电网络建设，完善电力交易机制促进新能源消纳。未来随着中西部地区大型新能源基地的建设，跨省区远距离电力传输的需求将持续增长。一方面要建立更加安全、可靠的"智慧、坚强电网"，保障西电东送的输电安全性；另一方面要持续完善电力交易机制，消除"省间电力输送壁垒"，以适应新能源跨区域大规模输送电的发展需求。

保留一定煤电发挥"压舱石"作用，守住民生电力供应安全底线。在没有100%切实可行替代方案的情形下，要重视煤电"压舱石"作用，降低结构性、区域性和时段性等各类能源供应风险。

五、政策建议

加强电力统筹规划。电力规划是能源宏观管理的重要措施，也是能源开发建设管理的基本依据。面向"双碳"目标，中国需要全面加强电力系统规划，电力发展系统性强，能源主管部门必须加强统一规划协调，出台相关政策对市场进行引导，实现能源战略的长远目标。全面加强统筹协调，用战略指导规划，用规划落实战略；针对战略和规划要求，调整具体的政策法规标准和经济调节手段；各省（区、市）能源电力主管部门要根据全国能源电力发展规划的要求，结合本地区实际编制本省（区、市）能源电力开发规划，根据本地区资源情况和电力市场条件，明确本地区能源电力开发目标、项目布局和保障措施等，并根据年度实施方案做好项目建设的统筹协调工作。

推进区域发展战略。东中部应发挥区域市场优势，创新开发利用方式，推进松辽、冀北、黄河下游等以就地消纳为主的大型风电和光伏发电基地建设。西部可依托既有和新增跨省跨区输电通道，以沙漠、戈壁、荒漠地区为重点，建设黄河上游、河西走廊、黄河"几字弯"等一批生态友好、经济优越的大型风电光伏基地，推动光伏治沙、可再生能源制氢和多能互补开发。

完善新旧能源融合发展机制。落实政府权责清单制度，持续优化新能源市场化法治化营商环境，构建有利于新能源发展的协同监管机制。建立以市场化竞争配置为主、竞争配置和市场自主相结合的项目开发管理机制。完善新能源参与电力市场交易规则，发挥全国统一电力市场体系价格信号引导作用，破除市场和行政壁垒，形成充分反映新能源环境价值、与传统电源公平竞争的市场机制。

加大能源电力技术创新投入。加大对能源研发创新平台的支持力度，重点支持可再生能源、新型电力系统、规模化储能、氢能等技术领域，整合资源、组织力量对核心技术方向实施重大科技协同研究和重大工程技术协同创新。完善电力技术创新环境、完善技术创新投融资机制、加大中央预算内资金和政府性基金对能源技术创新的支持力度；研究设立电力产业科技创新投资基金，支持电力科技示范工程建设和企业技术改造；引导风险投资、私募股权投资等支持电力技术创新。鼓励围绕重点和新兴能源技术领域构建以企业为主导、产学研合作的产业技术创新联盟，建立尊重创新、良性竞争的科研管理体制，完善新技术、新模式等知识产权创造和保护机制。

超前布局电网发展。强化送受端地区网架结构，提升电网基础设施支撑能力，统筹配套一批风电和光伏发电基地，充分提升输电通道中新能源电量占比，扩大跨省跨区可再生能源消纳规模。优化新建通道和配电网建设，推动新能源跨省跨区消纳与就地利用并举，适应新能源为主体的新型电力系统建设。

第6章
风电光伏潜力与展望 [*]

---

[*] 本章主要执笔人为新疆金风科技股份有限公司刘登峰、岳健、王景胜，壳牌集团战略部马赛罗·埃斯匹诺扎，课题组其他成员参与了讨论和修改。

本章要点 ────────────────────────────

随着风机技术进步，中国可利用风能也将进一步增加，能够成为未来中国用能的重要组成。以目前成熟的产品和方案为例，考虑投资收益率的情况下，陆上可开发和利用的风能资源储量有 17.5 亿千瓦，以各省平均数据（平均风能储量、年平均利用小时数）计算，陆上风电每年可提供 48971 亿千瓦时电量。按照 2021 年全国用电量为 83128 亿千瓦时计算，仅陆上风能资源就能够为全国提供 58.9% 的电力供应。当前，中国工业温室气体排放占全社会排放总量的 42%。

中国光资源能够支撑中国实现碳中和。我国属于太阳能资源丰富的国家之一，全国总面积 2/3 以上地区年日照时数大于 2200 小时，年辐射量在 $5000MJ/m^2$ 以上。中国陆地面积每年接收的太阳辐射总量为 $3300 \sim 8400MJ/m^2$，相当于 24000 亿吨标准煤的储量，初步分析全国太阳能技术可开发装机容量达到 156 亿千瓦。

能源互联网将解决可再生能源在实现碳中和过程中电力系统源、网、荷三端面临的挑战。能源互联网将激发能源生产、传输、存储、消费等能源全价值链的变革，将形成集中式、分布式协调发展、相辅相成的能源供应模式；将对能量流赋予信息属性，实现信息流对能量流的灵活管控。能源互联网有望成为"第三次工业革命"的决定性推动力量，从而提高可再生能源比重，促进化石能源清洁高效利用，提升能源综合效率。

中国风光可再生能源发展需要政府政策的大力支持。推动构建以清洁低碳能源为主体的能源供应体系。以戈壁、荒漠地区为重点，加快推进大型风电、光伏发电基地建设，对区域内现有煤电机组进行升级改造，探索建立送受两端协同为新能源电力输送提供调节的机制，支持新能源电力能建尽建、能并尽并、能发尽发。

一、中国实际可开发风能资源分析报告

近十几年风电行业技术不断进步，随着塔架高度以及叶轮直径的增加，可开发和利用的风能资源也在提升。以高度 100 米为例，全国可开发利用的风能资源储量为 42.6 亿千瓦。其中陆上可开发利用的风能资源储量为 39 亿千瓦，近海（离岸 50 公里以内）可开发利用的风能资源储量为 3.6 亿千瓦[①]。如果陆上风电按等效满负荷 2000 小时计，每年可提供 78000 亿千瓦时电量；海上风电按等效满负荷 2500 小时计，每年可提供 9000 亿千瓦时的电量，合计约 87000 亿千瓦时电量。

以目前成熟的产品和方案为例，考虑投资收益率的情况下，陆上可开发和利用的风能资源储量有 17.5 亿千瓦，以各省平均数据（平均风能储量、年平均利用小时数）计算，陆上风电每年可提供 48971 亿千瓦时电量。按照 2021 年全国用电量为 83128 亿千瓦时计算，仅陆上风能资源就能够为全国提供 58.9% 的电力供应。

可利用和开发的风能资源受风机高度、叶轮直径等技术因素影响，如果高度由 100 米提高到 140 米，可利用和开发的风能资源储量能够增加 8 亿千瓦，目前成熟的陆上风机产品，最大高度已超过 160 米，叶轮直径超过 190 米。随着技术的不断提升，建造成本的持续优化，可利用和开发的风能资源占比也会不断增加，风电必将成为未来能源结构中一个重要的组成部分。

（一）全国风能资源分布

我国位于亚欧大陆东部太平洋的西岸，由于海陆热力性质差异明显，所以我国形成了十分明显的"季风现象"。每年夏季风从海洋吹向陆地，盛行东南季风；每年冬季风从陆地吹向海洋，盛行西北季风。

由于季风显著，我国是一个风能资源十分丰富的国家，可开发利用的风能资源储量为 42.6 亿千瓦（以 100 米高度计算），但是风能资源在我国的分布并不是均匀的，主要受到地理位置和地形因素的影响。我们知道，地形平坦的地区，地形对风力的阻挡较弱，风能资源相对丰富；地形崎岖的地区，地形对风力的阻挡较强，风能资源相对贫乏。

1.陆上风电

我们发现，青藏高原东部、横断山脉、云贵高原、东南丘陵、黄土高原、塔里

① 朱蓉、王阳、向洋等：《中国风能资源气候特征和开发潜力研究》，《太阳能学报》2021 年第 6 期。

木盆地等地区，由于受地形的阻挡作用较强，属于风能资源的贫乏区。按照风能资源情况，陆上风电主要分为以下几个地区。

（1）内蒙古和甘肃北部

这一地区终年在西风带控制之下，而且又是冷空气入侵最先到达的地方，风能密度为 200 ～ 300 瓦 / 米^2，有效风力出现时间百分率为 70% 左右，大于等于 3 米 / 秒的风速全年有 5000 小时以上，大于等于 6 米 / 秒的风速全年在 2000 小时以上，从北向南逐渐减少，但不像东南沿海梯度那么大。风能资源最大的虎勒盖尔地区，大于等于 3 米 / 秒和大于等于 6 米 / 秒的风速累计时数，分别可达 7659 小时和 4095 小时。在高度 110 米处，平均利用小时数可达到 3200 小时。这一地区的风能密度，虽较东南沿海小，但其分布范围较广，是我国连成一片的最大风能资源区。

（2）黑龙江和吉林东部以及辽东半岛沿海

风能密度在 200 瓦 / 米^2 以上，大于等于 3 米 / 秒和大于等于 6 米 / 秒的风速全年累计时数分别可达 5000 ～ 7000 小时和 3000 小时。在高度 110 米处，平均利用小时数可达到 3200 小时。

（3）青藏高原、"三北"地区的北部和沿海

这个地区风能密度在 150 ～ 200 瓦 / 米^2，大于等于 3 米 / 秒的风速全年累计为 4000 ～ 5000 小时，大于等于 6 米 / 秒的风速全年累计为 3000 小时以上。青藏高原大于等于 3 米 / 秒的风速全年累计可达 6500 小时，但由于青藏高原海拔高，空气密度较小，所以风能密度也相对较小。在 4000 米的高度，空气密度大致为地面的 67%。也就是说，同样是 8 米 / 秒的风速，在平地为 313.6 瓦 / 米^2，而在 4000 米的高度却只有 209.3 瓦 / 米^2。所以，如果仅按大于等于 3 米 / 秒和大于等于 6 米 / 秒风速的出现小时数计算，青藏高原应属于最大风能资源区，而实际上这里的风能却远小于东南沿海岛屿。从"三北"地区北部到沿海，可利用风能资源区域连成一片，包围着我国大陆。大陆上的风能可利用区，也基本上与这一地区的界线相一致。

（4）云贵川、甘肃、陕西南部，河南、湖南西部，福建、广东、广西的山区，以及塔里木盆地

这些地区有效风能密度在 50 瓦 / 米^2 以下，可利用的风力仅有 20% 左右，大于等于 3 米 / 秒的风速全年累计时数在 2000 小时以下，大于等于 6 米 / 秒的风速在 150 小时以下。在这一地区中，尤其以四川盆地和西双版纳地区风能最小，这里全年静风频率在 60% 以上，如绵阳为 67%，巴中为 60%，阿坝为 67%，恩施为 75%，德格为

63%，孟定为 72%，景洪为 79%。大于等于 3 米 / 秒的风速全年累计仅为 300 小时，大于等于 6 米 / 秒的风速仅为 20 小时。所以这一地区除高山顶和峡谷等特殊地形，风能潜力很低，无利用价值。

实际中风电的开发和利用要考虑到市场因素和政策因素，以目前成熟的机型和解决方案做参考，考虑投资收益情况，各省目前实际可利用和开发的风能资源量共计 17.5 亿千瓦，年发电量可达 48971 亿千瓦时。

从实际测算也可以看出，可利用和开发的风能资源最丰富的省区为内蒙古、黑龙江、吉林、新疆、甘肃、辽宁。

2. 海上风电

我国拥有漫长的大陆海岸线，海岸线长度超过 1.8 万公里。东南沿海地区冬夏季风都十分明显，同时又有海陆风的影响，沿海地区特别是海面阻力很小，风力十分强劲。我国沿海海面拥有丰富的风能资源，是建设海上风电场的理想区域。东南沿海地区经济发达，能源需求量也很大。作为我国最大风能资源区，有效风能密度大于等于 200 瓦 / 米^2 的等值线平行于海岸线，沿海岛屿的风能密度在 300 瓦 / 米^2 以上，有效风力出现时间百分率达 80% ~ 90%，大于等于 8 米 / 秒的风速全年出现时间为 7000 ~ 8000 小时，大于等于 6 米 / 秒的风速也有 4000 小时左右。但从这一地区向内陆，则丘陵连绵，冬半年冷空气南下，很难长驱直下，因此冬半年台风在离海岸 50 公里时风速便减小到 68%。所以，东南沿海仅在海岸向内陆几十公里的地方有较大风能，再向内陆则风能锐减。在不到 100 公里的地带，风能密度降至 50 瓦 / 米^2 以下。但在福建的台山、平潭和浙江的南麂、大陈等沿海岛屿上，风能却很大。其中，台山风能密度为 534.4 瓦 / 米^2，有效风力出现时间百分率为 90%，大于等于 3 米 / 秒的风速全年累计出现 7905 小时。换言之，平均每天出现大于等于 3 米 / 秒的风速有 21.3 小时，是我国平地有记录的风能资源最丰富的地方之一。

海上年平均风速明显大于陆地，其中台湾海峡近海风能资源最丰富，年平均风速在 7.5 ~ 9.5 米 / 秒；台湾海峡以北的近海海域年平均风速为 6.5 ~ 8.0 米 / 秒，广东、广西和海南岛近海海域的年平均风速为 6.0 ~ 7.5 米 / 秒。台湾海峡位于南海东部海域，在季风气候背景下，秋冬季盛行东北风，春夏季盛行西南风。尤其在冬季，强劲的东北风受到同是东北—西南走向的台湾岛山脉的阻挡而发生绕流，在海峡内部形成"狭管效应"，使近海风速明显增加，形成了中国近海风速的高值中心。

中国近海风能资源可以按水深和离岸距离两种方式进行评估，水深 0 ~ 5 米属于潮间带，不计入近海风能资源评估的范围。水深 5 ～ 50 米海域风能资源技术开发量为 4.0 亿千瓦，其中水深 5 ～ 25 米海域风能资源技术开发量为 2.1 亿千瓦，水深 26 ～ 50 米海域技术开发量为 1.9 亿千瓦。离岸距离 50 公里以内海域风能资源技术开发量为 3.6 亿千瓦，其中离岸距离 25 公里海域以内风能资源技术开发量为 1.9 亿千瓦，离岸距离 26 ～ 50 公里海域技术开发量为 1.7 亿千瓦。

（二）风电产业区域特征

我国风电装机主要集中在"三北"地区。我国风能资源主要集中在陆上的"三北"地区以及东部沿海地区，其中，蒙东、蒙西、新疆哈密、甘肃酒泉、河北坝上、吉林西部、江苏沿海、山东沿海等地区是我国风能资源最丰富的地区。

根据中国电力企业联合会（以下简称"中电联"）发布的数据，截至 2020 年底，全国 TOP10 风电装机省份分别是：内蒙古 3786 万千瓦、新疆 2361 万千瓦、河北 2274 万千瓦、山西 1974 万千瓦、山东 1795 万千瓦、江苏 1547 万千瓦、河南 1518 万千瓦、宁夏 1377 万千瓦、甘肃 1373 万千瓦、辽宁 981 万千瓦。按地区分布，中东部和南方地区占 38.8%，"三北"地区占 61.2%。

华北地区风电开发步伐明显加快。2020 年，我国六大地区风电新增装机容量所占比例分别为华北地区（31.3%）、中南地区（20.6%）、华东地区（19.9%）、西北地区（20.3%）、西南地区（4.2%）、东北地区（3.7%），与上年相比，华北地区和西北地区分别提高 8 个百分点和 1 个百分点，中南地区、华东地区、西南地区和东北地区分别下降 2.4 个百分点、2.7 个百分点、2.5 个百分点和 1.4 个百分点。

（三）中国风电行业发展前景预测

风能资源技术开发量与年平均风速、地形坡度、土地利用性质及水体、城市和自然保护区等因素有关。中国高原、山地、丘陵占国土总面积的 65%，由此导致除年平均风速以外，地形和坡度对可用于风能开发的土地利用率影响最大。通过统计分析陆上不同土地可利用率等级所具有的可利用土地面积在全国风能开发可利用土地总面积中的占比得到，在 100 米以上高度，土地可利用率等级为"0.8 ～ 1.0"、"0.6 ～ 0.8"和"0.2 ～ 0.4"的可利用土地面积占比均较高，分别占全国风能开发可利用土地总面积的 26%、32% 和 39%。"0.8 ～ 1.0"等级区域主要分布于内蒙古西部、甘肃酒泉和北山、新疆哈密和吐鲁番；"0.6 ～ 0.8"等级区域主要分布于内蒙古东部，另外还有新疆布尔津、青海柴达木河流域西部平原、宁夏盐池、陕西榆林的毛乌素沙地、广东湛江和海南北部沿海等；"0.2 ～ 0.4"等级区域几乎遍布全国。

可见，100 米高度上土地可利用率 0.6 ~ 1.0 的区域面积占全国风能开发可利用总面积的 58%，绝大多数分布在"三北"高原平坦地形上，尤其是西部植被覆盖少，土地利用率达 0.8 以上，因此大规模风电场或风电大基地最适合建设在"三北"地区。

随着高度的增加，年平均风速增大，风能开发可利用土地面积增加，风能资源可开发和利用量也增加。图 6-1 为 140 米高度上不同可利用风能资源等级对应的风能资源技术开发量相对于 100 米高度的变化百分率，可看出可开发和利用量增量排序前 3 位的是：第 1 位，土地可利用率"0.6 ~ 0.8"等级区域内非常丰富等级的风能资源技术开发量增加 143%；第 2 位，"0.6 ~ 0.8"等级区域内丰富等级的风能资源技术开发量增加 88%；第 3 位，"0.8 ~ 1.0"等级区域内非常丰富等级的风能资源技术开发量增加 86%。全国 140 米高度上非常丰富和丰富等级的风能资源技术开发量相对于 100 米高度共增加 8 亿千瓦，主要分布在内蒙古、甘肃和新疆，适合采用大型风电机组和大规模风电开发；土地可利用率"0.2 ~ 0.4"区域内较丰富等级的风能资源技术开发量共增加 1.5 亿千瓦，广泛分布在丘陵地区，主要包括华北地区、青藏高原南部、四川西北部、云贵高原、广东湛江和海南北部沿海；土地可利用率"0.2 ~ 0.4"区域内一般等级的风能资源技术开发量共增加 2.4 亿千瓦，其分布较集中的地区包括三江平原、松嫩平原、华北平原和江淮平原，这些地区虽然地形平坦，但受到农田和城镇等不利开发条件的制约，适合小规模或分布式风电开发。

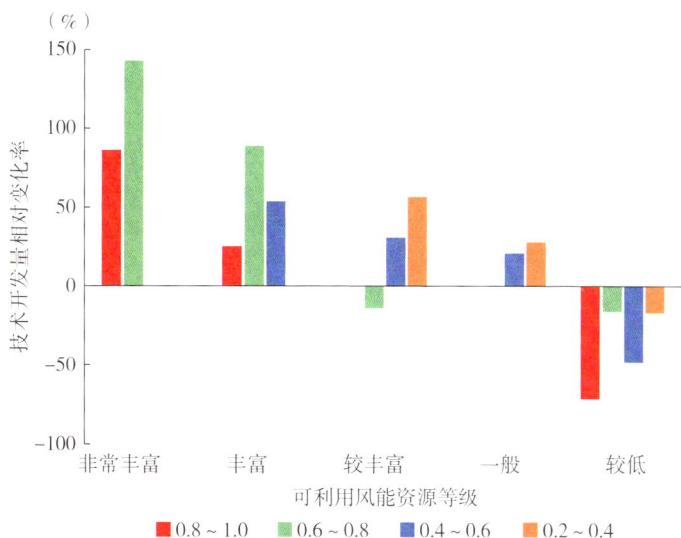

图 6-1　140 米高度上不同可利用风能资源等级的风能资源技术开发量相对于 100 米高度的变化百分率
资料来源：朱蓉、王阳、向洋等，《中国风能资源气候特征和开发潜力研究》，《太阳能学报》2021 年第 6 期

随着风能资源评估技术的进步，人们对风能资源储量的认识会越来越准确；随着风能利用技术的进步，越来越多的风能资源可得到开发利用。

二、中国实际可开发光资源分析报告

我国属于太阳能资源丰富的国家之一，全国总面积 2/3 以上地区年日照时数大于 2200 小时，年辐射量在 5000 兆焦 / 米^2 以上。据统计资料分析，中国陆地每年接收的太阳辐射总量为 3300 ~ 8400 兆焦 / 米^2，相当于 24000 亿吨标准煤的储量，初步分析全国太阳能技术可开发装机容量达到 156 亿千瓦。其中新疆最大，约为 42 亿千瓦，其次是青海和内蒙古，分别为 34 亿千瓦和 26.15 亿千瓦，此外，甘肃、西藏、宁夏以及山东等地太阳能技术可开发装机容量也比较可观。根据 2006 年出版的《中国分省太阳能资源图集》中的估算，全国可利用太阳能开发量达到 40177100 亿千瓦时（未考虑投资收益率的情况），是 2021 年全国用电量（83128 亿千瓦时）的 483 倍。

2020 年，全国陆地表面平均年水平面总辐照量为 1490.8 千瓦时 / 米^2，较 2010—2019 年的平均值（1475.5 千瓦时 / 米^2）偏高 1.04%，比 2019 年（1470.5 千瓦时 / 米^2）偏高 1.38%。

太阳能资源地区性差异较大，总体上呈现高原、少雨干燥地区多，平原、多雨高湿地区少的特点。2020 年，我国西北大部分、西南中西部、内蒙古大部分、山西北部、河北北部、辽宁西部和东北部、吉林东北部等地年水平面总辐照量超过 1400 千瓦时 / 米^2。甘肃西南部、内蒙古西部、青海西部、西藏中西部以及四川西部等地年水平面总辐照量超过 1750 千瓦时 / 米^2，太阳能资源最丰富；新疆大部分，内蒙古大部分，青海中东部，甘肃中部，宁夏、陕西北部，山西中北部，西藏东部，云南、海南西部等地年水平面总辐照量为 1400 ~ 1750 千瓦时 / 米^2，太阳能资源很丰富；内蒙古东北部、黑龙江大部分、吉林大部分、山西南部、河北中南部、北京、天津、黄淮、江淮、江汉、江南及华南大部分年水平面总辐照量在 1050 ~ 1400 千瓦时 / 米^2，太阳能资源丰富；四川东部、重庆、贵州中北部、湖南中西部及湖北西南部地区年水平面总辐照量不足 1050 千瓦时 / 米^2，为太阳能资源一般区域。

我国太阳能资源分布的主要特点有：

①太阳能的高值中心和低值中心都处在北纬 22° ~ 35° 一带。青藏高原是高值中心，四川盆地是低值中心。

②太阳年辐射总量，西部地区高于东部地区，而且除西藏和新疆两个自治区外，基本上是南部低于北部。

③由于南方多数地区云多雨多，在北纬 30°～40° 地区，太阳能的分布情况与一般的太阳能随纬度变化的规律相反，太阳能不是随着纬度的增加而减少，而是随着纬度的升高而增长。

根据中国气象局风能太阳能中心的划分标准，我国太阳能资源地区分为 4 类。其中，一二三类地区，年日照时数大于 2200 小时，年辐射总量高于 1388 千瓦时 / 米^2，是我国太阳能资源丰富或较丰富的地区，面积较大，占全国总面积的 2/3 以上，具有利用太阳能的良好条件。四类地区虽然太阳能资源条件较差，但仍有一定的利用价值。

一类地区为我国太阳能资源最丰富的地区，年太阳辐射总量 1855～2333 千瓦时 / 米^2，相当于日辐射量 5.1～6.4 千瓦时 / 米^2，日照时数 3200～3300 小时。这些地区包括宁夏北部、甘肃北部、新疆东南部、青海西部和西藏西部等地。尤以西藏西部的太阳能资源最为丰富，最高达 2333 千瓦时 / 米^2（日辐射量 6.4 千瓦时 / 米^2），居世界第二位，仅次于撒哈拉大沙漠。

二类地区为我国太阳能资源较丰富地区，年太阳辐射总量为 1625～1855 千瓦时 / 米^2，相当于日辐射量 4.5～5.1 千瓦时 / 米^2，日照小时数 3000～3200 小时。这些地区包括河北西北部、山西北部、内蒙古南部、宁夏南部、甘肃中部、青海东部、西藏东南部和新疆南部等地。

三类地区为我国太阳能资源中等类型地区，年太阳辐射总量为 1388～1625 千瓦时 / 米^2，相当于日辐射量 3.8～4.5 千瓦时 / 米^2，日照时数 2200～3000 小时。主要包括山东、河南、河北东南部、山西南部、新疆北部、吉林、辽宁、云南、陕西北部、甘肃东南部、广东南部、福建南部、苏北、皖北、台湾西南部等地。

四类地区是我国太阳能资源较差地区，年太阳辐射总量 928～1393 千瓦时 / 米^2，相当于日辐射量 2.5～3.8 千瓦时 / 米^2，日照时数 1000～2200 小时。这些地区包括湖南、湖北、广西、江西、浙江、福建北部、广东北部、陕南、苏北、皖南以及黑龙江、四川、贵州、台湾东北部等地。

（一）全国太阳能资源分布

中国各省（区、市）太阳能资源理论储量如表 6-1 所示。

表 6-1 中国各省（区、市）太阳能资源理论储量

省份	土地总面积（公顷）	未利用面积（公顷）	总储量（10^{14} 千瓦时）	可开发量（10^{14} 千瓦时）
北京	1641053.70	216648.04	0.2640	0.03485
天津	1191731.91	67791.93	0.1620	0.00922
河北	18843061.14	4046516.27	2.8860	0.61976
山西	15671124.85	5061140.95	2.3044	0.74423
内蒙古	114512122.96	15057937.47	17.7550	2.33472
辽宁	14806370.73	1507120.69	2.0630	0.20999
吉林	19112390.97	1126753.84	2.4870	0.14662
黑龙江	45264501.67	4352413.67	5.9707	0.57411
上海	823901.21	968.47	0.0769	0.00009
江苏	10667388.34	148337.03	1.6540	0.02300
浙江	10539094.51	697753.43	1.2880	0.08527
安徽	14012579.19	753352.38	1.6950	0.09113
福建	12405796.69	957929.16	1.5610	0.12054
江西	16689433.59	1126058.14	2.0420	0.13778
山东	15705240.90	1654724.55	2.1920	0.23095
河南	16553641.93	1865865.68	2.1860	0.24640
湖北	18588842.75	2116234.77	2.2360	0.25456
湖南	21185468.75	2035760.11	2.4740	0.23773
广东	17975234.85	972591.87	2.4070	0.13024
广西	23755809.80	5158298.15	2.8413	0.61696
海南	3535368.96	264804.98	0.4759	0.03565
四川和重庆	56632471.95	7285646.63	7.3600	0.87728
贵州	17615246.61	2698833.29	1.8938	0.29015
云南	38319412.23	7298195.50	5.7743	1.09976
西藏	120207150.77	37049249.94	23.6057	7.27555

省份	土地总面积（公顷）	未利用面积（公顷）	总储量（10^{14} 千瓦时）	可开发量（10^{14} 千瓦时）
陕西	20579459.87	1170455.71	2.6010	0.14793
甘肃	40409087.32	16114366.21	6.7000	2.67183
青海	71748052.29	24841105.45	13.6600	4.72946
宁夏	5195437.51	820985.91	1.0910	0.17240
新疆	166489717.01	98620027.97	27.0600	16.02897

资料来源：《中国分省太阳能资源图集》，2006

（1）东北区域

东北区域太阳能资源很丰富，属于Ⅱ类资源区。

吉林省太阳能资源最丰富，全省多年平均日照时数为 2200～3000 小时，多年平均太阳总辐射量为 1600～1900 千瓦时 / 米^2。

黑龙江省与辽宁省太阳能资源次之，年太阳总辐射量 1222～1500 千瓦时 / 米^2，年日照时数为 2242～2842 小时。

东北区域技术可开发量约 422170 兆瓦，其中吉林省 34000 兆瓦，黑龙江省 340680 兆瓦，辽宁省 47490 兆瓦。

（2）华东区域

华东区域太阳能资源丰富，属于Ⅲ、Ⅳ类资源区。

上海市年均太阳辐射量为 4700 兆焦 / 米^2，年日照时数 2014 小时；福建省年辐射变化范围为 3800～5400 兆焦 / 米^2；江苏省年辐射变化范围为 4200～5400 兆焦 / 米^2，日照时数为 1900～2500 小时；浙江省年辐射变化范围为 4220～4950 兆焦 / 米^2；安徽省年辐射变化范围为 4000～4600 兆焦 / 米^2，日照时数为 1670～2315 小时。

华东区域技术可开发量约 228000 兆瓦，其中上海市 20000 兆瓦，福建省 46000 兆瓦，江苏省 60000 兆瓦，浙江省 42000 兆瓦，安徽省 60000 兆瓦。

（3）华中区域

华中区域太阳能资源丰富，属于Ⅲ类资源区。

江西省年均太阳辐射量为 4135.1 兆焦 / 米^2；河南省年辐射变化范围为 4300～5000 兆焦 / 米^2；湖北省年辐射变化范围为 3450～4800 兆焦 / 米^2，日照时数为 1100～2000 小时；湖南省年辐射变化范围为 3384.7～4372.0 兆焦 / 米^2，日照时数为

1300 ～ 1800 小时。

华中区域技术可开发量约 228260 兆瓦，其中江西省 62580 兆瓦，河南省 63000 兆瓦，湖北省 69480 兆瓦，湖南省 33200 兆瓦。

（4）西北区域

西北区域太阳能资源整体很丰富，属于Ⅰ～Ⅲ类资源区。

青海省属于最丰富区，年辐射变化范围为 5800 ～ 7400MJ/m²，年日照时数 2300 ～ 3300 小时；宁夏回族自治区属于很丰富区，年辐射变化范围为 5195.3 ～ 6344.2MJ/m²，日照时数为 2250 ～ 3100 小时；陕西省属于丰富区，年辐射变化范围为 4100 ～ 5600MJ/m²，日照时数为 1270 ～ 2900 小时；甘肃省属于很丰富区，年辐射变化范围为 5226 ～ 6330MJ/m²，日照时数为 1912 ～ 3316 小时；新疆维吾尔自治区介于丰富区和最丰富区之间，年辐射变化范围为 4600 ～ 7400MJ/m²，日照时数为 2500 ～ 3550 小时。

西北区域技术可开发量约 10291200 兆瓦，其中青海省 3400000 兆瓦，宁夏回族自治区 481700 兆瓦，陕西省 80000 兆瓦，甘肃省 2129500 兆瓦，新疆维吾尔自治区 4200000 兆瓦。

（5）西南区域

西南区域太阳能资源较为丰富，属于Ⅱ～Ⅳ类资源区。

重庆市太阳能资源一般，年辐射变化范围为 3390 ～ 4200MJ/m²，年日照时数 1039.6 小时；四川省太阳能资源很丰富，年辐射变化范围为 3200 ～ 6900MJ/m²，日照时数为 750 ～ 2700 小时；西藏自治区太阳能资源最丰富，年辐射变化范围为 2000 ～ 8200MJ/m²；贵州省太阳能资源一般，多年平均总辐射量在 3400MJ/m² 以上；云南省太阳能资源很丰富，年辐射变化范围为 3620 ～ 6682MJ/m²，日照时数为 960 ～ 2840 小时。

西南区域技术可开发量约 844500 兆瓦，其中重庆市 26500 兆瓦，四川省 43000 兆瓦，西藏自治区 700000 兆瓦，贵州省 35000 兆瓦，云南省 40000 兆瓦。

（6）华北区域

华北区域太阳能资源介于丰富和最丰富之间，蒙西属于Ⅰ类资源区，其余地方属于Ⅱ、Ⅲ类资源区。

北京市年均太阳辐射量为 5256MJ/m²，年日照小时数 2480 ～ 2580 小时；天津市年辐射变化范围为 3780 ～ 5240MJ/m²，年日照小时数 2500 ～ 2900 小时；河北省年辐射变化范围为 5040 ~ 6300MJ/m², 日照时数为 2350 ~ 3000 小时; 山东省年辐射变化范围为 4824 ~ 5292MJ/m², 日照时数为 2100 ~ 2500 小时; 蒙西地区年辐射变化范围为 5508 ~ 6516MJ/m², 日照时数为 2650 ~ 3100 小时; 蒙东地区年辐射变化范围为 5040 ~ 7560MJ/m², 日照时数为 2600 ~ 3400 小时; 山西省年辐射变化范围为 4770 ~ 5800MJ/m², 日照时数为 2200 ~ 3000 小时。

华北区域技术可开发量约 3482630 兆瓦, 其中北京市 33130 兆瓦, 天津市 4000 兆瓦, 河北省 122000 兆瓦, 山东省 629000 兆瓦, 蒙西地区 2600000 兆瓦, 蒙东地区 14500 兆瓦, 山西省 80000 兆瓦。

（7）华南区域

华南区域中广东省及海南省太阳能资源很丰富, 属于 Ⅱ 类资源区; 广西壮族自治区太阳能资源丰富, 属于 Ⅲ 类资源区。

广东省年辐射变化范围为 4200 ~ 5800MJ/m², 年均日照时数 2000 小时左右; 海南省年辐射变化范围为 4600 ~ 5800MJ/m², 年均日照时数 2166 小时; 广西壮族自治区年辐射变化范围为 3682.2 ~ 5642.8MJ/m², 年均日照时数在 1880 小时以上。

华南区域技术可开发量约 129400 兆瓦, 其中广东省 60000 兆瓦, 海南省 10000 兆瓦, 广西壮族自治区 59400 兆瓦（见表 6-2）。

（二）各区域统计

分省区来看, 9 个省区风能技术可开发规模超过 100000 兆瓦, 依次为: 新疆、青海、内蒙古（蒙西）、甘肃、西藏、山东、宁夏、黑龙江、河北。9 个省区技术可开发规模介于 50000 ~ 100000 兆瓦, 依次为: 山西、陕西、湖北、河南、江西、广东、江苏、安徽、广西。其他 14 省区低于 50000 兆瓦。

"十四五"期间, 全国太阳能规划开发规模合计 357436 兆瓦。其中, 东北区域 28328 兆瓦、华东区域 42650 兆瓦、华中区域 31662 兆瓦、西北区域 69550 兆瓦、西南区域 43476 兆瓦、华北区域 111250 兆瓦、华南区域 30520 兆瓦。"三北"地区占比近 59%。

分省区来看, "十四五"期间, 16 个省区开发规模超过 10000 兆瓦, 依次为: 河北、山西、贵州、青海、广西、安徽、甘肃、陕西、内蒙古（蒙西）、黑龙江、广东、山东、宁夏、新疆、湖南、四川。9 个省区开发规模介于 5000 ~ 10000 兆瓦, 依次为: 吉林、云南、江西、江苏、浙江、福建、湖北、辽宁、西藏。其他省（区、市）低于 5000 兆瓦, 依次为: 河南、内蒙古（蒙东）、上海、海南、北京、重庆、天津。

表 6-2　各区域太阳能资源技术开发量表

区域	省（区、市）	技术可开发量（亿千瓦）	占比（%）
全国		156.27	100
东北区域	吉林	0.34	0.22
	黑龙江	3.41	2.18
	辽宁	0.47	0.30
小计		4.22	2.70
华东区域	上海	0.20	0.13
	福建	0.46	0.29
	江苏	0.60	0.38
	浙江	0.42	0.27
	安徽	0.60	0.38
小计		2.28	1.45
华中区域	江西	0.63	0.40
	河南	0.63	0.40
	湖北	0.69	0.44
	湖南	0.33	0.21
小计		2.28	1.45
西北区域	青海	34.00	21.76
	宁夏	4.82	3.08
	陕西	0.80	0.51
	甘肃	21.30	13.62
	新疆	42.00	26.88
小计		102.92	65.85
西南区域	重庆	0.27	0.17
	四川	0.43	0.28
	西藏	7.00	4.48
	贵州	0.35	0.22
	云南	0.40	0.26
小计		8.45	5.41
华北区域	北京	0.33	0.21
	天津	0.04	0.03
	河北	1.22	0.78

区域	省（区、市）	技术可开发量（亿千瓦）	占比（%）
华北区域	山东	6.29	4.03
	蒙西 *	26.00	16.64
	蒙东	0.15	0.10
	山西	0.80	0.51
小计		34.83	22.30
华南区域	广东	0.60	0.38
	海南	0.10	0.06
	广西	0.59	0.38
小计		1.29	0.82

注：* 此处提到的蒙东和蒙西，是以电网公司的维度进行说明的，蒙东电网属于国家电网下属二级单位的央企，蒙西电网是地方国企，属于内蒙古自治区直属国有独资特大型电网企业。

资料来源：《全国太阳能资源及开发量分析》，微信公众号"阳光工匠论坛 e 光伏"

（三）太阳能发电产业区域特征

近年来，我国太阳能发电主要采用集中开发与分散利用相结合的方式。在太阳能资源和土地资源较为丰富的西部地区，包括新疆、青海、甘肃、内蒙古、宁夏、陕西、西藏、云南以及河北北部、山西北部、四川高原地区、辽宁西北部、吉林西部、黑龙江西部和山东部分地区，统筹开发建设了一批太阳能发电项目；在太阳能资源较为丰富、经济条件较好的中部地区和东部沿海地区，包括北京、天津、上海、重庆、河南、江苏、浙江、安徽、湖南、湖北、江西、福建、广东、广西、贵州、海南等省（区、市），以及河北中南部、山西中南部、山东、四川与东北各主要城市工业园区、大型工业企业，大力推广了分布式光伏发电系统。

根据中电联发布的数据，截至 2020 年底，全国 TOP10 太阳能发电装机省份分别是：山东（2272 万千瓦）、河北（2190 万千瓦）、江苏（1684 万千瓦）、青海（1601 万千瓦）、浙江（1517 万千瓦）、安徽（1370 万千瓦）、山西（1309 万千瓦）、新疆（1266 万千瓦）、内蒙古（1237 万千瓦）和宁夏（1197 万千瓦），均超过 1000 万千瓦。

随着投资增速加快，各地区太阳能发电新增装机容量同比均明显增加，其中西南地区同比增速最高，华北地区新增装机容量同比翻番。根据中电联发布的数据，2020年，华东地区、西北地区、华北地区、中南地区、西南地区和东北地区太阳能发电新增装机容量分别为 1344 万千瓦、1135 万千瓦、1114 万千瓦、486 万千瓦、583 万千瓦和 159 万千瓦，同比分别增长 50.0%、81.3%、102.2%、22.1%、444.9% 和 55.9%。

华东地区太阳能发电新增装机容量占比降幅依旧最大，西南地区占比增幅最大。根据中电联发布的数据，2020 年，华东地区、中南地区和东北地区太阳能发电新增装机容量占比分别为 27.9%、10.1% 和 3.3%，比上年分别下降 5.5 个百分点、4.8 个百分点和 0.5 个百分点；西北地区、华北地区及西南地区太阳能发电新增装机容量占比分别为 23.5%、23.1% 和 12.1%，比上年分别提高 0.1 个百分点、2.5 个百分点和 8.1 个百分点。

（四）中国光伏行业发展前景预测

我国集中式光伏电站主要集中在西部地区，但由于项目过于集中、电网消纳困难、高线损等问题，当地出现弃光现象，局部地区弃光率甚至高达 20%；中部、东部地区是分布式光伏发电的主战场，也是用电消费重地。

2021 年上半年，国内光伏新增装机约 14GW，同比增长约 22%。根据中电联数据，2021 年 6 月底累计装机 267.09GW（2020 年底累计 253.17GW）。2020 年上半年受新冠疫情严重影响，2021 年 2—5 月同比有较大增长。2021 年内无明显"630"抢装，各月新增装机性相对均匀。

国家在"十四五"期间将坚持清洁低碳战略方向不动摇，加快化石能源清洁高效利用，大力推动非化石能源发展，持续扩大清洁能源消费占比，推动能源绿色低碳转型。分布式光伏发电作为绿色环保的发电方式，符合国家能源改革以质量效益为主的发展方向。综合来看，分布式光伏发电发展前景广阔。

以河北省为例。河北省光伏年平均辐射值北部高于南部，中部东西横向由边缘向中部递减分布。全省年平均辐射量最高地区为西部及北部高原地区，年平均辐射量为 5800 MJ/m^2；全省年平均辐射量最低地区是容城、永清地区，年平均辐射量低于 4900 MJ/m^2；省中南部和东部地区年平均辐射量为 5200 MJ/m^2；其他地区年平均辐射量为 5600 MJ/m^2（见图 6-2）。

通过分析各市可用于光伏发电的未利用地面积发现，张家口和保定两市的未利用面积较大，相对比较容易获得项目的开发机会。因此，张家口、保定为 2020—2030 年河北省最适合开发光伏发电项目的两个区域；定州、辛集是河北省光伏发电资源最低的两个区域（见图 6-3）。

（MJ/m²）

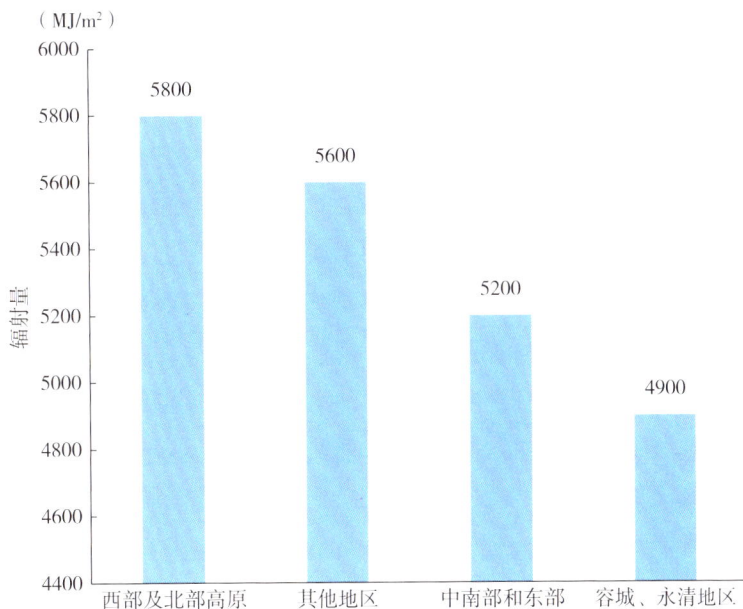

图 6-2　河北省光伏资源分布情况
资料来源：《一文读懂河北省风光发电资源规划和资源现状》，计鹏新能源

（万千瓦）

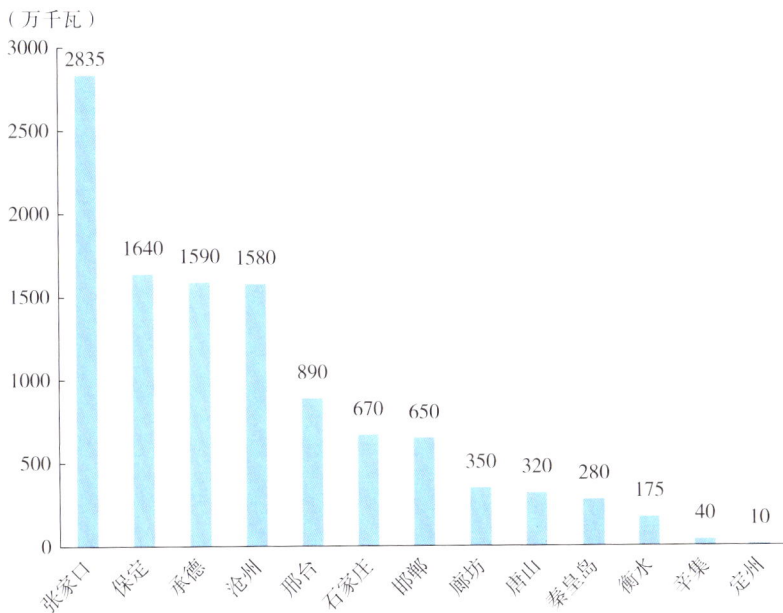

图 6-3　2020—2030 年河北省各市集中式光伏可开发规模
资料来源：《一文读懂河北省风光发电资源规划和资源现状》，计鹏新能源

三、能源互联网发展趋势分析

（一）能源互联网概述

能源互联网是智慧能源应用在能源系统中，在技术层面与能源系统中的分布式能源、储能设备、节能低碳技术等协同性技术相互配合；在运营模式上，借鉴互联网的运营管理和创新商业模式思路，推进能源系统的安全、高效、低碳运行。可以说，能源互联网 = 智慧能源 + 能源系统。

通过信息化和智能化，智能电网力图在一定程度上解决电力系统自身的问题，提高设备的利用率、安全可靠性、电能质量等，而能源互联网的基本出发点则是要解决未来大规模分布式能源和可再生能源与用户之间的开放互联问题。因此，能源互联网的核心在于能量的交换，信息通信控制是为了更好地支撑交换过程顺利进行，信息物理融合在能源互联网中也非常重要。

"能源互联网"用先进的传感器、控制和软件应用程序，将能源生产端、能源传输端、能源消费端数以亿计的设备、机器、系统连接起来，形成了能源互联网的"物联基础"。大数据分析、机器学习和预测是能源互联网实现生命体特征的重要技术支撑：能源互联网通过整合运行数据、天气数据、气象数据、电网数据、电力市场数据等，进行大数据分析、负荷预测、发电预测、机器学习，打通并优化能源生产和能源消费端的运作效率，需求和供应可以随时进行动态调整。

（二）能源互联网发展展望

在互联网技术、计算机技术、通信技术和电力电子技术等不断变革、进步的背景下，能源互联网将激发能源生产、传输、存储、消费等能源全价值链的变革，形成集中式和分布式协调发展、相辅相成的能源供应模式；将对能量流赋予信息属性，实现信息流对能量流的灵活管控。能源互联网有望成为"第四次工业革命"的决定性推动力量，从而提高可再生能源比重，促进化石能源清洁高效利用，提高能源综合效率，推动能源市场开放和产业升级，形成新的经济增长点，提升能源国际合作水平。

实现碳中和，在电力系统源网荷三端均面临着不同的挑战。

1.电源侧

在电源侧，我国势必形成高比例新能源电量的电力系统。按照预测，2060 年我国 57% 左右的电量来自新能源发电。高比例新能源发电造成发电输出功率大幅波动，消纳困难，电力"不可能三角"矛盾突显，给电网不确定性带来巨大挑战。

因此，在电源侧，碳中和的实现路径在于能源供给的清洁化。通过新能源集控管理平台和新能源交易等技术，可以有效提高新能源消纳能力。新型电厂数字化技术则可以进一步优化电厂运行配置，实现更高的发电效率，达到节能降碳的目的。

（1）推进能源生产智能化

充分利用互联网信息技术，稳步推进煤炭优质化加工、分质分级梯级利用、煤矿废弃物资源化利用等的示范，建设一批煤炭清洁高效利用示范工程项目。加强煤炭质量管理，加快数字化煤炭优质化加工、燃煤发电技术装备攻关及产业化应用，稳步推进相关产业升级，建立政策引导与市场推动相结合的煤炭清洁高效利用推进机制，构建清洁、高效、低碳、安全、可持续的现代煤炭清洁利用体系。

（2）加强能源供应多元化

在能源开发上，发展足够数量的可再生能源发电，逐步替代化石能源发电，满足不断增长的电力终端消费。以清洁能源替代化石能源，走低碳绿色发展道路，逐步实现从以化石能源为主、清洁能源为辅向以清洁能源为主、化石能源为辅转变。

电能替代传统能源消费。在能源消费上，逐步以电替代煤炭、石油等化石能源，扩大电力市场，提高电气化水平。以电能替代煤炭、石油、天然气等化石能源的直接消费，提高电能在终端能源消费中的比重。

建设以太阳能、风能等可再生能源为主体的多能源协调互补的能源互联网，避免可再生能源利用小时数过低。突破分布式发电、智能微电网、主动配电网等关键技术，构建智能化电力运行监测、管理技术平台，使电力设备基于互联网进行双向通信和智能调控，实现分布式电源的及时有效接入，逐步建成开放共享的能源网络，优化能源供给组合。将不同能源进行协同、优化整体规划，将综合资源规划作为促进清洁能源消纳、形成多元能源供应体系的重要手段。在规划前期要实现合理布局，常规能源与可再生能源统筹协调，更要考虑需求侧对清洁能源的消纳能力。能源互联网能够高度协调支撑可再生能源并网，特别是在用电侧，对用户侧信息的掌握要及时、充分，促进分布式可再生能源高效运行，促进清洁能源的替代。

2. 负荷侧

负荷侧作为能源的消耗端，具有极大的减排潜力。当前我国产业结构能耗水平较高，建设在负荷侧的离网新能源发电设备不具备调控能力，难以实现有效利用。因此，能源结构转型要求负荷侧加速推进电能替代，降低终端用能部门直接碳排放，进而降低全社会整体碳排放。

国家能源局印发的《配电网建设改造行动计划（2015—2020年）》提出推进用电信息采集全覆盖；2020年，智能电表覆盖率达到90%；以智能电表为载体，建设智能计量系统，打造智能服务平台，全面支撑用户信息互动、分布式电源接入、电动汽车充放电、港口岸电、电采暖等业务，鼓励用户参与电网削峰填谷，实现与电网协调互动。

用户侧的负荷向清洁、智能转变，出现智能汽车、智能楼宇、智能家居、光伏空调等新的应用场景。

数字技术在负荷侧拥有广泛的应用前景。运用物联网、大数据、云计算等技术进行综合能耗管理，优化企业用能，实现能源结构升级转型；建设虚拟电厂，将负荷侧分布式电源、储能等设备有机整合，提升清洁能源的使用比例；建立企业碳资产管理和电力交易、碳交易体系，促进企业优化碳资产并以此实现盈利，提高企业的减排动力。

3. 输配电

中国国家电网已建成"三交四直"特高压工程，在建"四交一直"特高压工程，在运在建17条特高压输电线路长度超过2.9万公里。依托大电网发展新能源，国家电网新能源并网装机已突破1.4亿千瓦，成为世界风电、太阳能发电并网规模最大的电网。如今，我国特高压技术已经成为世界标准，中国凭借自身特高压交直流输电技术的领先优势已经成功走在世界的技术前沿，并且在世界其他地区有了广泛的应用。

互联互通的核心在于信息化与自动化的深度融合，其定位是为电网公司提供智能化的支撑，支持其为客户提供更好的能源服务。"互联网＋"智能能源是国家力推的能源发展方向，是一种互联网与能源生产、传输、存储、消费以及能源市场深度融合的能源产业发展新形态。

（三）风光新能源发展动力和趋势

2020年，受上网电价政策影响，风电新增装机创历史新高。2021年是"十四五"开局之年，同时在"双碳"目标背景下，风电将进入新的发展阶段。2021年，国家能源局发布的《关于2021年风电、光伏发电开发建设有关事项的通知（征求意见稿）》明确将加快开展项目储备和建设。在风电项目方面：一是积极推进分布式风电建设。结合乡村振兴战略，启动"千乡万村驭风计划"。二是有序推动海上风电发展。结合

"十四五"规划组织省级海上风电发展规划修编，会同自然资源部门出台深远海海上风电规划及管理办法，启动深远海海上风电示范。三是有序推进基地项目建设。四是启动老旧风电项目技改升级。五是创新推动示范项目建设。

根据"十四五"规划非化石能源占一次能源消费比例 20% 的预期，以及 2030 年之前碳达峰的刚性约束，中国可再生能源学会风能专业委员会（以下简称"中国风能协会"）预期我国风电新增装机在"十四五"期间需要不低于 50GW，预期 2026—2035 年年均风电装机将接近 90GW。此外，根据财政部、国家发展改革委、国家能源局 2020 年 1 月 20 日联合印发的《关于促进非水可再生能源发电健康发展的若干意见》，自 2020 年起，按规定完成核准（备案）并于 2021 年 12 月 31 日前全部机组完成并网的存量海上风力发电项目，按相应价格政策纳入中央财政补贴范围。2021 年海上风电项目仍处于抢装时期，2022 年后沿海省份的地方性补贴和海上风电的安装成本的下降持续推动海上风电的高速发展。

2020 年 10 月 14 日，来自全球 400 余家风能企业的代表通过了《风能北京宣言》，指出积极推动全球风电健康快速发展，制定科学明确的中国风电未来 5 年和中长期发展规划，并纳入未来"双碳"国家建设基本方略。

综合考虑资源潜力、技术进步趋势、并网条件等现实可行性，为达到与碳中和目标实现起步衔接的目的，在"十四五"规划中，须为风电设定与"双碳"国家战略相适应的发展空间，保证年均新增装机 5000 万千瓦以上。

2025 年后，中国风电年均新增装机容量应不低于 6000 万千瓦，到 2030 年至少达到 8 亿千瓦，到 2060 年至少达到 30 亿千瓦。

长期来看，海上风电发展潜力大。随着风机技术进步和特高压输电工程建设，西北风电的大基地平价项目将有新的发展空间；中东部地区以分布式风电形式发展；海上风电、海上工程和海上装备的成本预计在未来几年明显下降，为海上风电高速发展做好准备。

光伏成本大幅降低。我国光伏产业经过 20 年发展，已实现光伏制造业产量、装机量和发电量 3 个世界第一，成为一张闪亮的"中国名片"。"双碳"目标的提出，为光伏产业发展带来前所未有的历史机遇。

分布式光伏是行业发展的一大亮点。数据显示，2021 年上半年光伏发电装机 1301 万千瓦，同比增长 13.1%，其中集中式新增装机同比下降 24.2%，而分布式新增装机同比增长 72.7%，尤其是户用新增装机量超 766.1 万千瓦，同比增长 263%，首次超过集中式，成为新增装机的主要来源①。预计 2030 年中国光伏新增装机需求达 416 ~ 537GW，复合年均增长率达 24% ~ 26%。光伏装机需求预计未来 10 年迎来 10 倍增长，拥有巨大的市场空间。

四、政策建议

（一）制定风光开发路线图，尽快将潜力转化为生产力

建立加快可再生能源发展协调工作机制。对戈壁、荒漠地区为重点的风光电基地建设按周调度、按月监测，督促相关省份加快推动项目"能开尽开"；建立大型风电光伏基地项目接网工程纳归审批的"绿色通道"，确保大基地项目"能并尽并"；在不触碰生态红线、不占用耕地的前提下，会同相关部门进一步强化要素保障，加快落实大基地项目用地、环境影响评价、金融等支持政策。

（二）加快发展分布式能源，鼓励发展就地消纳的新能源

分布式能源由于不用长途输送，节约长距离输电成本，而且可以调动用能企业积极参与实施，也可以通过微电网技术实现本地平衡，减小对电网的冲击，从而实现最大化消纳。一是积极推动分布式光伏地面电站、村级光伏电站、分布式风电等项目建设，引导培育储能系统快速发展；二是积极落实村级光伏扶贫电站接网工程，持续推动新能源接入建模工作，科学精准地预测电网接纳水平，制定接网工程技术原则，明确时间节点，按要求完成接网工程的可研编制、评审、批复、计划下达等工作；三是中国中西部有大量工业园区可以大量使用分布式能源，对此可以大力发展。

引导新能源向就地就近消纳方向发展，可从以下几个方面着手：一是提升电网接纳能力；二是加快市场化建设进程，建设辅助服务市场，开展新能源与电力负荷的直接交易，加快现货市场建设；三是积极推进并网型微电网建设；四是积极推进新能源电能替代和清洁取暖；五是提高电储能技术，提升新能源发电的可控性；六是给予新能源发电就地就近消纳的政策支持，从灵活的价格机制、公平开放的电网接入以及地方政府的大力支持等各方面来保证新能源就地就近消纳。

（三）打造多元、有韧性的低碳能源供给体系

一方面，适应能源低碳转型需要，不断推进新型能源基础设施建设，加快能源

---

① 数据来源：2021 年 7 月 28 日国家能源局在京召开的例行新闻发布会。

技术创新及数字化转型，创新能源市场机制、制度设计及政策引导。另一方面，应不断强化技术创新，发展氢能、储能、智能电网以及碳捕集利用与封存等二氧化碳减排、去除和中和技术，筑牢低碳转型基础。其中，氢能来源丰富、清洁低碳、高效灵活，有助于交通运输、工业等领域的深度脱碳，同时具有远距离输送、大规模存储和氢—电互换的特性，可以分布式和集中式并举，促进可再生能源的消纳，提高能源系统的韧性和灵活性，是低碳能源体系的重要组成，应从国家战略高度推动全面发展。

（四）持续推动技术创新，在发电技术、储能、电网、需求侧管理等方面持续攻关，加快构建以新能源为主体的新型电力系统

可再生能源输出功率根据气象数据的变化具有不稳定性，对维持电网电力系统可靠、平衡、稳定提出了很大挑战，这就需要提前研究试点，构建以新能源为主的新型电力系统，加大对可再生能源消纳能力。一是增强新能源发电主动支撑能力，助推新能源由辅助电源向主体电源转变。加快新能源发电主动支撑、海量分布式电源并网运行等技术研究，开展新能源发电集群协调运行控制、大规模新能源基地灵活交直流外送等技术攻关，推进深远海风电并网及运行控制技术研究。二是提升电力系统安全稳定运行水平，助力新能源可持续快速发展。攻克新型电力系统供需平衡、稳定控制等基础理论，建设以多时间尺度、高精度、智能化为特征的系统仿真分析平台，加强新型直流输电和新型柔性输变电装备等技术创新。三是推进源网荷储一体化，全面支撑新能源高效开发利用。加快新型电力系统源网荷储统一规划、协调开发和科学配置研究，推动多能转换与互补利用、需求侧资源集群优化控制等技术攻关，开展电动汽车与电网灵活互动调控技术研究。四是推动储能技术研究，提升高比例新能源电力系统灵活调节能力。开展不同应用场景下储能器件与系统集成关键技术，推动大规模储能系统设计与应用示范，加强储能电池共性关键技术攻关，开展抽水蓄能、分布式储能与电源协同聚合等技术创新。

（五）坚定不移深化体制机制改革，完善能源法治体系，推动构建有效竞争的市场体系

加快建设全国统一电力市场体系。建立健全各层次电力市场协同运行、融合发展、规范统一的交易规则和技术标准，加强中长期市场、现货市场和辅助服务市场的统筹衔接，推动完善电价传导机制，有效平衡电力供需。积极推进电力市场化交易。深化电力中长期交易，不断扩大市场交易规模。深入推进电力现货市场建设，推动具备条件的现货试点转入长周期运行。积极推动辅助服务成本向用户侧疏导，通过市场机制充分挖掘供需两侧的灵活调节能力，有序推动新能源参与市场交易。持续深化"放管服"改革。推动行政审批制度改革，促进能源领域"证照分离"改革全覆盖。优化涉企服务，打通堵点，为分布式发电就近市场化交易、微电网、综合能源服务等新产业新业态新模式发展创造良好环境。

（六）建立健全企事业单位碳账户机制，促进绿电消费

碳账户机制是界定碳排放权责和表现的数据化治理工具，应成为推动全社会绿色低碳转型、推动"双碳"目标落地的重要抓手。绿电消费是企事业单位实现碳减排的核心路径之一。建立和推广碳账户机制与碳市场管理体系相互衔接，将有效解决企事业单位绿电消费向减排贡献的直接转化和量化，形成全国范围内可监测、可核查、可披露的"绿电＋碳管理体系"一盘棋。参照现有全国和试点省份碳市场碳排放报告和信息披露制度，出台全国性企事业单位碳账户管理办法，完善乡、县、市、省多级碳管理体系，指导全国各企事业单位有计划地建立碳账户。

第7章
生物质发电、潮汐能展望 [*]

---

[*] 本章主要执笔人为中国宏观经济研究院能源研究所钟财富，壳牌集团战略部马赛罗·埃斯匹诺扎，课题组其他成员参与了讨论和修改。

本章要点

我国生物质发电发展情况总体良好。截至 2020 年底累计装机达到 2952 万千瓦，农林剩余物和垃圾发电技术成熟，是目前商品化生物质能最主要的应用形式。其中，垃圾发电规模增长最为迅速，累计装机 1522 万千瓦，已成为生物质发电的主力，占比亦逐年提高；农林生物质发电累计装机 1298 万千瓦，近年来总体保持稳步增长态势。

未来生物质发电总体仍将保持稳定增长。预计在农林生物质和垃圾发电规模增长带动下，2025 年和 2030 年生物质发电装机规模将分别超过 4500 万千瓦和约 5600 万千瓦；2030 年后，受制于农林生物质发电部分项目退出以及垃圾资源增长放缓，生物质发电规模将进入缓慢增长期；预计 2050 年规模增长至 6500 万千瓦左右；2050 年后，生物质发电规模将基本保持稳定。

实现生物质发电目标需要政策支持。近中期内，建议利用好"以收定支"国家电价补贴政策支持的窗口期，实现生物质发电项目开发；同时转变生物质发电项目经营模式，逐步摆脱补贴依赖；并通过积极在县域开展分布式市场化交易，提高生物质分布式热电联产项目经济性。中远期内，为了实现"双碳"目标和支持乡村振兴，从国家层面仍需实施包括国家补贴、提高垃圾处理费、绿电交易或碳价等多种政策手段支持生物质发电项目。

我国地热能和海洋能发电当前还远未形成产业，存在项目规模小、部分技术不成熟、成本高昂等问题，项目主要还以科技创新、示范的方式开展，相关产业装备制造业也尚未形成。未来地热能和海洋能发电还需要在技术性和经济性上取得大的突破，明确未来重点发展方向，并通过政策扶持和示范推广实现商业化规模发展。

　　近年来，绿色、低碳发展理念逐步深入，我国对清洁能源应用、环境保护要求不断提高，新形势下对风电光伏以外的可再生能源发电技术，尤其是生物质发电产业发展提出了更高要求。其中，农林生物质发电及热电联产技术是实现农林生物质产业升级、高效转变利用的重要方式，在推进大气污染防治、城镇化建设方面发挥重要作用，同时也是实现乡村振兴的重要手段之一。垃圾焚烧发电在实现垃圾无害化、减量化处理的同时，提供清洁电力。因此不管是农林生物质发电还是垃圾发电，其社会环境效益远大于经济效益。对于地热能和海洋能发电，目前存在规模小、成本高等问题，若能在技术和成本上实现突破，未来将具备一定的发展潜力。

一、发展现状

（一）生物质发电产业发展情况

　　我国生物质发电市场自 2006 年启动，已有十余年，农林剩余物和垃圾发电技术成熟，装备设计和制造能力已经基本能够满足产业发展需求，应用规模稳步增长，是目前商品化生物质能最主要的应用形式。"十一五"期间是农林剩余物发电装机增长较快的时期，"十二五"期间受原料收集及价格因素影响，农林剩余物装机增长规模有限，但垃圾发电新增装机一直保持稳定的规模，"十三五"期间农林生物质和垃圾发电又大规模发展，装机增长均较为快速，尤其是垃圾发电规模增长迅速，如图 7-1 所示。

图 7-1　2014—2020 年全国各类生物质发电新增并网装机容量

资料来源：国家能源局；国家发展改革委能源研究所

2020 年，全国生物质发电新增装机 543 万千瓦，累计装机达到 2952 万千瓦，同比增长 22.6%，如图 7-2 所示。累计装机排名前五位的省份是山东、广东、江苏、浙江和安徽，分别为 366 万千瓦、282 万千瓦、242 万千瓦、240 万千瓦和 214 万千瓦；新增装机较多的省份是山东、河南、浙江、江苏和广东，分别为 68 万千瓦、65 万千瓦、42 万千瓦、39 万千瓦和 36 万千瓦。2020 年生物质发电量 1326 亿千瓦时，同比增长 19.4%，继续保持稳步增长势头。其中，农林生物质发电量 510 亿千瓦时，同比增长 8.7%；垃圾发电量 778 亿千瓦时，同比增长 27.7%；沼气发电量 38 亿千瓦时，同比增长 12.3%。分地区看，年发电量排名前五位的省份是广东、山东、江苏、浙江和安徽，分别为 166 亿千瓦时、159 亿千瓦时、126 亿千瓦时、111 亿千瓦时和 111 亿千瓦时，占全部生物质发电量的 50.8%。

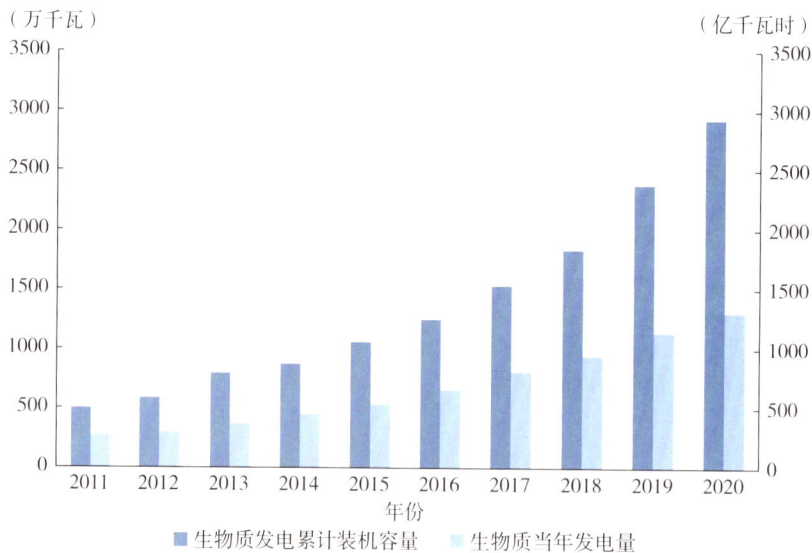

图 7-2　2011—2020 年全国生物质发电累计并网装机容量和当年发电量

资料来源：国家能源局；国家发展改革委能源研究所

从利用小时数来看，2020 年，全国生物质发电利用小时数加权平均值为 5151 小时，同比减少 30 小时。其中，农林生物质利用小时数为 4406 小时，同比减少 223 小时；垃圾焚烧利用小时数为 5854 小时，同比增加 140 小时；沼气利用小时数为 4524 小时，同比减少 193 小时。分省区看，如图 7-3 所示，2020 年平均利用小时数超过 6000 小时的省（市）有 5 个，分别是上海、四川、北京、福建和辽宁。

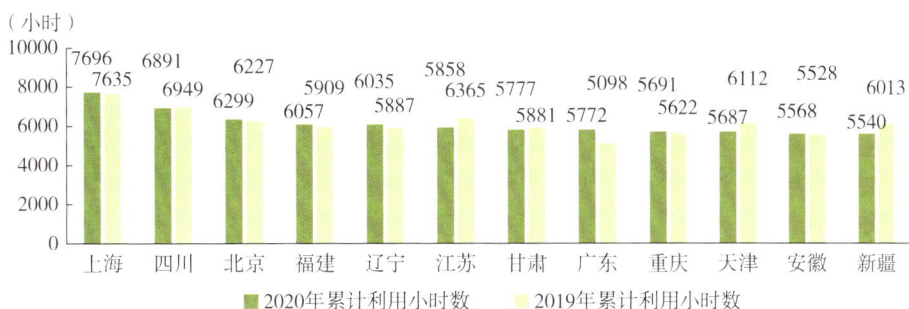

图 7-3　2019 年和 2020 年主要省区生物质发电利用小时数情况
资料来源：国家能源局；国家发展改革委能源研究所

1. 农林生物质发电

自 2006 年我国首个大型秸秆直燃发电项目建成投产，农林生物质发电开始步入规模化快速发展阶段。近 10 年来，农林生物质发电产业得到国家持续的财政支持，利用规模不断扩大。2017 年当年新增装机首次突破 100 万千瓦，此后连续保持在 100 万千瓦以上，2020 年当年新增装机更是超过 200 万千瓦。截至 2020 年底，农林生物质发电并网装机容量达 1298 万千瓦，约占生物质发电总装机容量的 44%。

从分布来看，农林生物质直燃发电项目主要集中在农作物秸秆丰富的华北、东北、华中和华东地区，尤其是华北地区装机容量超过 300 万千瓦，为最高，华中地区次之，超过 250 万千瓦。4 个区域装机容量在全国生物质直燃发电装机总量占比超过 80%。在西南地区，农作物秸秆资源相对贫乏，山区导致原料收集运输困难，高温、潮湿的气候也不利于原料储存，因而生物质直燃发电项目较少，约占全国生物质直燃装机总量的 6%。西北地区主要因为缺乏足够的秸秆资源，很少建设秸秆直燃发电项目。

分省来看，如图 7-4 所示，累计装机超过 100 万千瓦的省份有 4 个，分别是山东（186 万千瓦）、广西（172 万千瓦）、安徽（139 万千瓦）和黑龙江（134 万千瓦），还有 5 个省区装机为 50 万～100 万千瓦，其中河南（98 万千瓦）和江苏（80 万千瓦）接近 100 万千瓦，排名前十的省区装机量之和占全国的 81%。农林生物质发电的主要省区基本属于我国的粮食主产区，包括东北平原、华北平原和长江三角洲平原地区，属于农作物秸秆资源丰富地区。

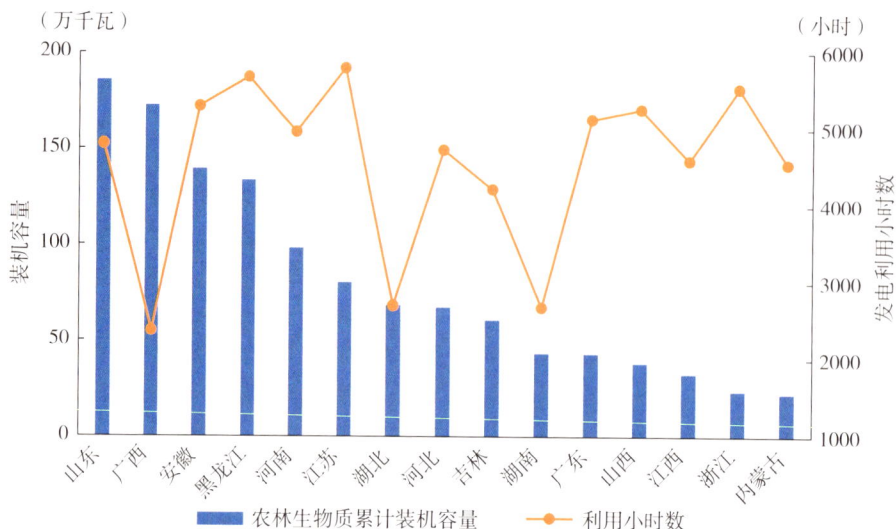

图 7-4　截至 2020 年底主要省区农林生物质发电累计装机容量和 2020 年利用小时数情况
资料来源：国家能源局；国家发展改革委能源研究所

从运行来看，2020 年全国农林生物质利用小时数为 4406 小时，同比减少 223 小时，大部分省区发电小时数下降，主要受燃料供应稳定性有待提高的影响，部分地区受新建项目布局较为集中等的影响。分省区看，平均利用小时数超过 6000 小时的省（区、市）有 4 个，分别是新疆（7910 小时）、四川（7203 小时）、天津（7162 小时）和福建（6234 小时），不过这几个省（区、市）装机量都不大，并且当地农林废弃物供应都较为稳定。装机量较大的省区，除了广西、湖南和湖北只有 2000 多小时外，发电小时数大部分为 4500 ~ 5500 小时[1]。

2. 垃圾焚烧发电

近年来，垃圾焚烧发电已经成为生物质发电的增长主力。2014 年至今，垃圾焚烧发电新增装机量均超过当年农林生物质发电的新增量。由于垃圾发电基本不存在调峰限电，且城镇生活垃圾处理需求持续提高，垃圾发电装机总体保持逐年增加趋势。2020 年当年垃圾发电新增装机量达到 308 万千瓦，截至 2020 年底，我国垃圾焚烧累计并网发电装机容量达到 1522 万千瓦，约占全国生物质并网发电总装机容量的 52%，占比亦逐年提高。

---

[1]　数据来源：国家能源局。

　　从装机分布来看，全国除了青海以外，其余30个省（区、市）均有垃圾发电装机。我国垃圾发电项目主要集中在东部地区，在全国占比超过80%，如图7-5所示。其中经济相对发达的华东地区的发展规模最大，在全国垃圾发电装机容量中的占比接近50%。各省垃圾发电装机容量大体与该省经济总量对应，装机超过100万千瓦的有广东（224万千瓦）、浙江（210万千瓦）、山东（171万千瓦）和江苏（154万千瓦）4个省份。随着我国城镇化建设进一步深入，垃圾发电项目开发建设重点已经逐步由大中型城市向新兴城镇转移。

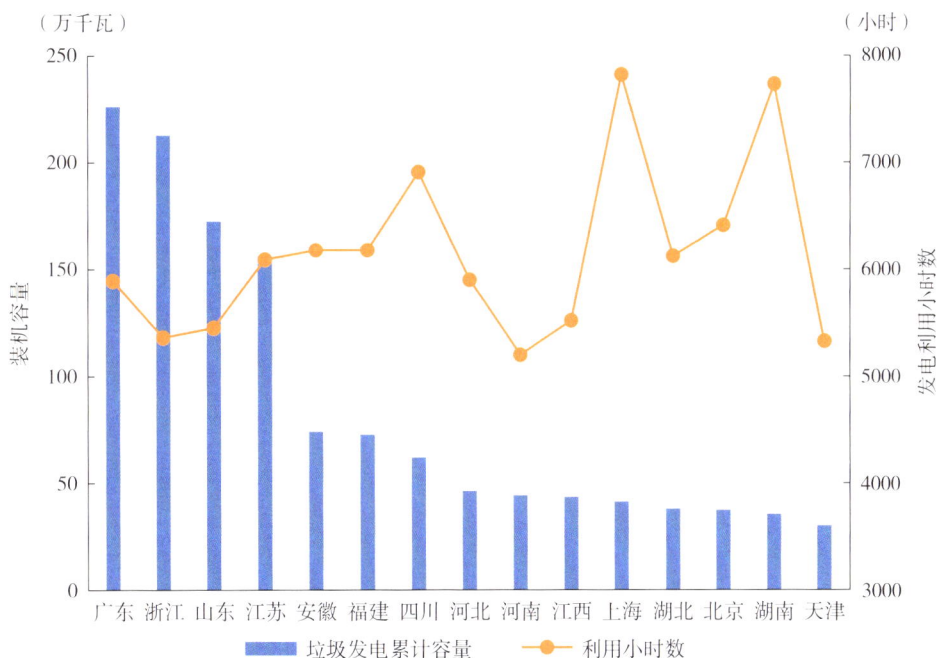

图 7-5　截至 2020 年底主要省区垃圾发电累计装机容量和 2020 年利用小时数
资料来源：国家能源局；国家发展改革委能源研究所

　　从发电运行来看，得益于装机量的持续增长，2020年垃圾发电量为778亿千瓦时，同比大幅增长27.7%。通过焚烧发电，实现焚烧无害化处理生活垃圾约1.4亿吨，相应减少了垃圾填埋处理量，减少填埋占用的土地资源。2020年，全国垃圾发电平均利用小时数达到5854小时，同比增加140小时。全国12个省（区、市）平均利用小时数超过6000小时，利用小时数较高的是上海（7761小时）、湖南（7675小时）、四川（6859小时）、甘肃（6851小时）和辽宁（6745小时）。

3. 沼气发电

沼气发电规模在生物质发电中相对较小。沼气发电基本属于有机废弃物资源化配套工程，建设需求相对稳定。"十三五"期间，除了 2016 年，沼气发电新增装机每年均在 10 万千瓦左右，总体发展较为平稳。截至 2020 年底，沼气发电累计装机量 89 万千瓦，在全部生物质发电中占 3%。从分布来看，沼气发电主要分布在东部地区，在全国占比接近 90%。装机量前五的省份分别是广东（15.9 万千瓦）、山东（9.5 万千瓦）、河南（8.7 万千瓦）、江苏（8 万千瓦）和浙江（6.3 万千瓦），如图 7-6 所示。

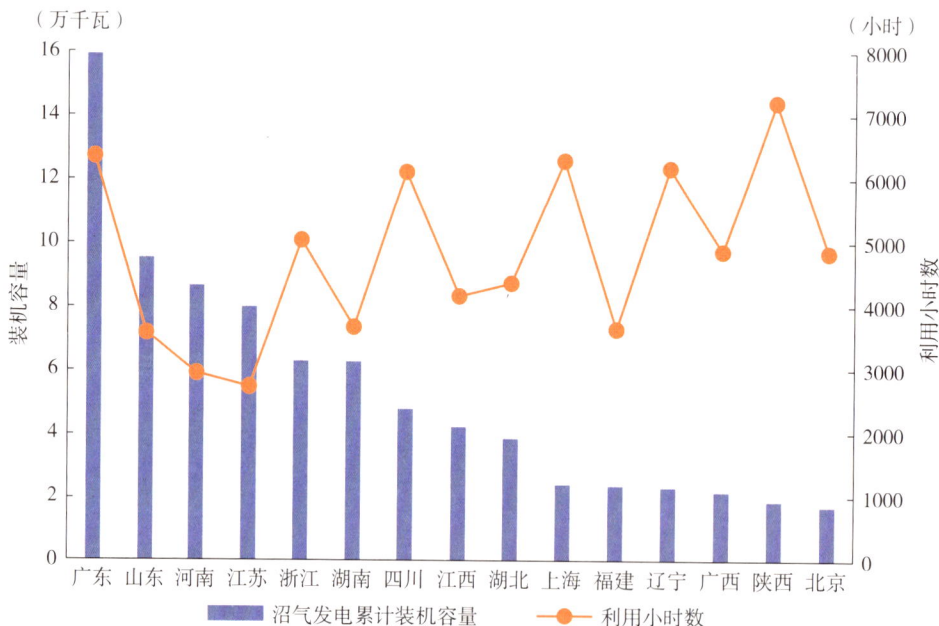

图 7-6　截至 2020 年底主要省（区、市）沼气发电累计装机容量和 2020 年利用小时数
资料来源：国家能源局；国家发展改革委能源研究所

从发电运行来看，与装机量增长同步，2020 年沼气发电量 38 亿千瓦时，同比增长 12.3%。2020 年，全国沼气发电平均利用小时数为 4524 小时，同比减少 193 小时。全国有 5 个省市平均利用小时数超过 6000 小时，分别是陕西（7211 小时）、广东（6363 小时）、上海（6296 小时）、辽宁（6180 小时）和四川（6117 小时）[①]。

---

① 数据来源：国家能源局。

4.生物质发电成本现状和构成

生物质发电技术的成本取决于燃料和发电技术。与太阳能、风能发电不同，生物质发电的经济性很大程度上取决于是否有安全、可持续性的生物质原料供应和转化技术。此外，不同区域、不同国家的生物质原料资源量不同，也会影响该发电技术经济性。全球生物质发电加权平均装机成本呈现一定幅度的波动，如图 7-7 所示，2020 年为 2543 美元 / 千瓦，同比 2019 年的 2173 美元 / 千瓦有所增长，但和近 10 年的整体水平相当。2010—2020 年，全球生物质发电加权平均成本从 2010 年的 0.076 美元 / 千瓦时下降到 2019 年 0.066 美元 / 千瓦时，2020 年又提高到 0.076 美元 / 千瓦时。各地生物质发电每千瓦时的成本差异较大，印度发电成本较低，约 0.057 美元 / 千瓦时，欧洲和美国的较高，分别约为 0.087 美元 / 千瓦时和 0.097 美元 / 千瓦时。

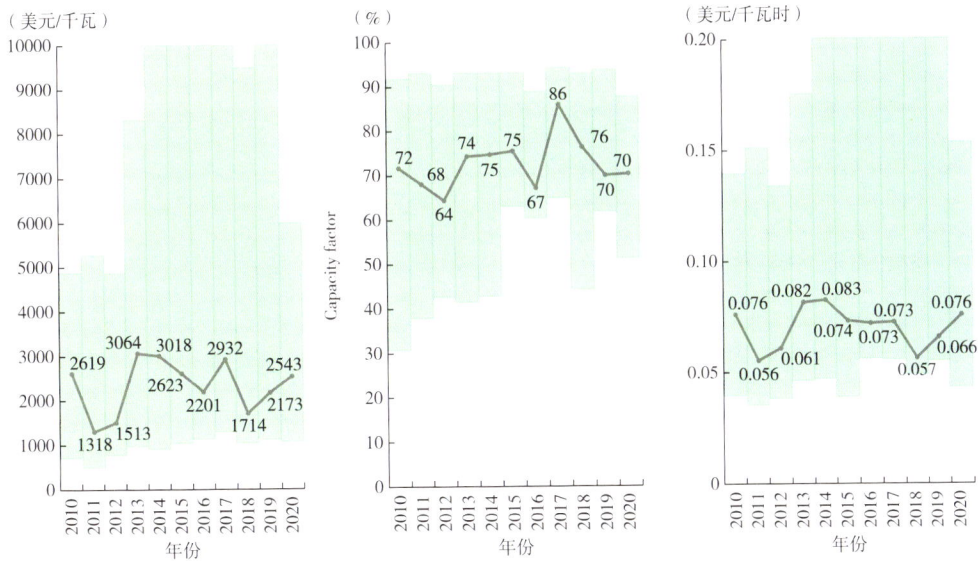

图 7-7　2010—2020 年全球生物质发电加权平均装机成本（左）、容量因子（中）和 LCOE（右）变化态势
资料来源：国际可再生能源机构

（1）农林生物质发电

农林生物质发电项目具有投资大、运行成本高的特点，若没有补贴，经济性不如常规火电。主要原因：一是单位造价高，我国目前单位造价约为 9000 元 / 千瓦；二是燃料成本高，电价成本中的燃料成本约为 0.4 元 / 千瓦时，远高于燃煤发电。影响生物质发电成本的主要因素包括建设投资成本、原料成本、人工成本和管理运维成

本，其中建设投资成本构成如图 7-8 所示。

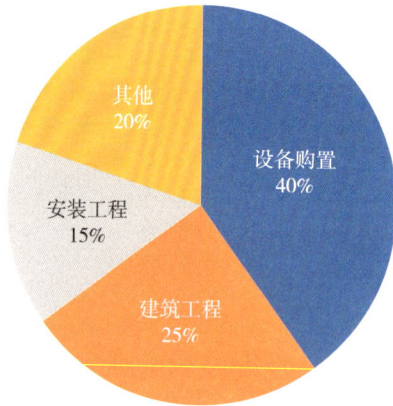

图 7-8 我国农林生物质发电建设投资成本构成

资料来源：《2019 中国生物质发电行业发展报告》，水电水利规划总院，2020

建设投资成本：未来的生物质发电项目将发展为模块化施工方式，生物质锅炉、蒸汽轮机等关键设备的制造技术比较成熟，投资建设成本将有所降低。

原料成本：随着原料市场规范化发展和收集管理水平提高，生物质原料收集将逐渐向自动机械化收集方向发展，生物质原料收集利用将呈现集约化规模化发展趋势，原料成本将在产业升级过程中有所增长，随后将趋于稳定。以农林废弃物类原料为主要燃料，收储运经济成本包括原料购买、收集、运输和储存等费用，当前典型的在 280 ~ 320 元／吨之间。其中，收集成本指企业从农民手中收购木质纤维素类原料，并进行简单的堆放或储存时产生的相关费用，一般为 110 元／吨；运输成本指收购后运输至企业过程中产生的费用，其与运费、运输量和距转运点距离有关，平均 1 元／（吨·公里）；储存成本指在储存期间，需要一定的维护、人工和其他费用，如消防、用电等消耗的费用。

生产技术水平稳步提升。生产装备升级和管理水平提高将带动系统效率继续提升。到 2025 年，预计生物质锅炉的总体热效率将提升 5%。汽轮机发电效率将提高 3%，总体发电效率提高 5%。

管理运维成本呈上升趋势。尽管自动化与系统集成度均有所提高，但人工成本增加导致运维成本不断上升。人工成本的增加成为运维成本大幅上升的主要因素。

（2）垃圾焚烧发电

我国垃圾焚烧发电行业属于高投资、收入稳定的产业。随着设备制造、建设运营技术经验逐步积累，我国在这一行业的优势逐一显现。目前与发达国家相比，我国同等规模的生活垃圾焚烧发电厂的建设投资只有发达国家的 1/3，建设工期只有发达国家的 1/2。图 7-9 给出了我国生活垃圾焚烧发电建设投资构成。我国垃圾焚烧发电产业主要应用循环流化床焚烧炉和炉排焚烧炉两类炉型。国内的垃圾焚烧发电厂采用循环流化床焚烧炉的发电厂单位投资为 25 ~ 40 万元 /（吨·日），采用炉排焚烧炉的发电厂单位投资为 40 ~ 60 万元 /（吨·日）。

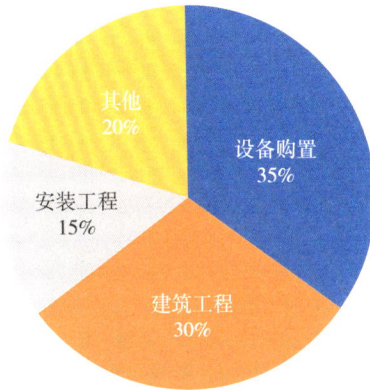

图 7-9 我国生活垃圾焚烧发电建设投资构成
资料来源：《2019 中国生物质发电行业发展报告》，水电水利规划总院，2020

发电收益：我国生活垃圾焚烧炉设计入炉垃圾热值一般在 1500 ~ 1800 千卡 / 千克，锅炉热效率 60%，蒸汽轮机效率 80%，厂用电率 20% 左右，全厂综合发电效率低于 25%，上网电价 0.65 元 / 千瓦时。经计算，单吨垃圾发电 350 千瓦时电，扣除厂用电外，上网电量 280 千瓦时，上网收入约为 180 元。

垃圾处置费：近几年，我国生活垃圾焚烧发电厂设备已经能够国产化，生活垃圾热值不断提高使得生活垃圾焚烧发电收入预期也不断提高。以日处理垃圾 2000 吨的垃圾焚烧厂进行计算，项目投资财务费用及折旧费约折合 120 元 / 吨，药剂、维护、人员、管理等费用折合 80 元 / 吨，总计成本约 200 元 / 吨。

（3）热电联产技术

由于热电联产技术利用乏汽供热，设备的总体投资增加不多，对发电总量影响有限。目前很多生物质发电厂已配置了具有热电联产功能的发电装置，由于供热市场需求不足，供热设施闲置，致使整体成本增加。热电联产的应用，使热力供应量逐步增加。

在目前的电价和热价政策水平下，生物质热电联产项目的收益主要来自发电，项目中发电收益占比为 88%，即使考虑供热达产，发电收益仍占总收益的 82%。在增加供热比例且热电联产机组效率没有显著提升的情况下，项目的经济性反而将变差。总体来看，在现有电价和税收、贷款政策条件下，原料价格、系统发电效率、地方供热价格将显著影响项目的经济性。

（二）地热能发电发展情况

1. 地热能发展政策

在节能减排的大环境下，地热能得到了国家和地方两个层面的普遍重视。

国家层面侧重于地热能整个产业的指导和资源评价等基础性工作，如表 7-1 所示。2006 年，财政部发布《可再生能源发展专项资金管理暂行办法》，明确提出加强对可再生能源发展专项资金的管理，重点扶持生物燃料乙醇、生物柴油、太阳能、风能、地热能等的开发利用。2013 年，为促进我国地热能开发利用，国家能源局等四部门发布《国家能源局、财政部、国土资源部[①]、住房和城乡建设部关于促进地热能开发利用的指导意见》，2014 年又召开了全国地热能开发利用现场会，大大促进了地热能在我国的推广普及力度。为落实相关文件、科学有序推进地热能开发利用工作，国家能源局综合司、国土资源部办公厅下发通知，要求地方有关部门组织编制本地地热能开发利用规划。

为促进地热能产业持续健康发展，推动建设清洁、低碳、安全、高效的现代能源体系，2017 年初，国家发展改革委、国家能源局、国土资源部联合印发了《地热能开发利用"十三五"规划》，规划阐述了地热能开发利用的指导方针和目标、重点任务、重大布局，以及规划实施的保障措施等，是"十三五"时期我国地热能开发利用的基本依据。2021 年 9 月，国家发展改革委等八部门发布《关于促进地热能开发利用的若干意见》，就我国地热产业近中长期发展目标、重点任务以及管理体制和保障措施做了翔实的阐释，对新时代我国地热产业发展具有重要的指导意义。

---

① 2018 年组建自然资源部，不再保留国土资源部。

表 7-1　国家关于发展地热能的相关政策

年份	部门	相关文件	主要内容
2006	财政部	《可再生能源发展专项资金管理暂行办法》	第二章有关"扶持重点"第七条中提出"建筑供热、采暖和制冷可再生能源开发利用,重点扶持太阳能、地热能等在建筑物中的推广应用"
2013	国家能源局、财政部、国土资源部和住房城乡建设部	《国家能源局、财政部、国土资源部、住房和城乡建设部关于促进地热能开发利用的指导意见》	提出地热能是清洁环保的新型可再生能源,资源储量大、分布广,发展前景广阔,市场潜力巨大。积极开发利用地热能对缓解我国能源资源压力、实现非化石能源目标、推进能源生产和消费革命、促进生态文明建设具有重要的现实意义和长远的战略意义
2014	国家能源局综合司、国土资源部办公厅	《国家能源局综合司 国土资源部办公厅关于组织编制地热能开发利用规划的通知》	要求地方有关部门抓紧组织编制本地地热能开发利用规划
2017	国家发展改革委、国家能源局、国土资源部	《地热能开发利用"十三五"规划》	地热能开发利用的指导方针和目标、重点任务、重大布局,以及规划实施的保障措施
2021	国家发展改革委、国家能源局等八部门	《关于促进地热能开发利用的若干意见》	明确地热发展目标,到 2025 年,各地基本建立起完善规范的地热能开发利用管理流程,全国地热能开发利用信息统计和监测体系基本完善,地热能供暖(制冷)面积比 2020 年增加 50%,全国地热能发电装机容量比 2020 年翻一番;到 2035 年,地热能供暖(制冷)面积及地热能发电装机容量力争比 2025 年翻一番。同时提出了相关重点任务,规范地热能开发利用的管理流程,以及保障措施

资料来源:根据公开资料搜集

　　我国地方政府也重视地热能的发展,对地热能及地源热泵技术的应用也有一定的支持政策,如表 7-2 所示。

表 7-2　地方政府关于发展地热能的相关政策

地方政府	年份	政策
北京市	2013	《关于北京市进一步促进地热能开发及热泵系统利用的实施意见》
沈阳市	2006	《沈阳市地源热泵技术推广发展规划》
	2007	《沈阳市地源热泵系统建设应用管理办法》
武汉市	2006	《热泵技术推广应用专项规划》
宁波市	2004	《宁波市节能与清洁生产专项资金使用管理暂行办法》
重庆市	2007	《重庆市人民政府关于加强地热资源管理的意见》《重庆市可再生能源建筑应用示范工程专项补助资金管理暂行办法》
河北省	2006	《河北省地热资源管理条例》
	2013	《关于加快推进浅层地温能开发利用的意见》

续表

地方政府	年份	政策
河南省	2013	《污水源热泵系统应用技术规程》《河南省地源热泵建筑应用检测及验收技术规程》《河南省太阳能热水建筑应用检测及验收技术规程》
天津市	2006	《天津市地源热泵系统管理暂行规定》
	2013	《市国土房管局关于进一步加强浅层地热能地质监测管理工作的通知》
	2014	《天津地区地热单（对）井资源评价技术要求》
厦门市	2014	《厦门市绿色建筑行动实施方案》
山东省	2015	《关于加强可再生能源建筑应用相关示范管理工作的通知》《关于规范建筑应用地源热泵系统管理的通知》《关于规范建筑应用地源热泵系统管理的通知》
安徽省	2015	《推进浅层地热能在建筑中规模化应用实施方案》

资料来源：根据公开资料搜集

2. 地热发电利用现状

近年来，我国地热发电规模总体保持增长态势，但增速较慢。20 世纪 70 年代后期，我国开始利用高温地热资源发电。西藏羊八井高温地热电站装机容量 26.18 兆瓦，于 1977 年建成，已持续稳定运行 40 年，目前年发电量稳定在 1 亿千瓦时左右，约占藏中电网的 10%，累计发电量已超过 24 亿千瓦时。"十三五"期间，新增地热发电装机容量 18.08 兆瓦，包括 16 兆瓦的西藏羊易电站和 2.08 兆瓦的几处小型机组建成投产，我国地热发电开发仅完成了既定规划目标的 3.6%。

自 20 世纪 70 年代以来研究试验中低温地热发电，我国已实现 300 千瓦机组在工厂余热发电应用，还能生产 1500 千瓦机组，但在该技术领域没有显著的市场扩大和应用进步。此外，还开展了国家高技术研究发展计划（以下简称"863 计划"）课题"地热发电机组模块化关键技术与示范性研究"，目标是在中低温地热发电领域取得突破。

增强型干热岩发电开发利用潜力巨大，我国对此已开始重视，有关部门、科研单位、部分企业等都开始了干热岩勘探开发的相关工作。中国地质调查局编制了《全国干热岩勘查与开发示范实施方案》，按照该方案，我国将评价全国干热岩资源与潜力，找出优先开发靶区，建立干热岩勘查示范基地，形成我国干热岩勘查开发的关键技术体系，推进干热岩技术商业化。一共分 3 个阶段完成，其中 2013—2015 年是第一个阶段，这个阶段将评价重点地区干热岩资源数量与品级，圈定干热岩靶区，初步建立干热岩勘查开发试验研究基地。山东、青海、广东等省份也开展了干热岩调查项目，力图查明地区干热岩的岩性构造和热物理特征，圈定干热岩分布范围，估算地热资源量，提出干热岩开发利用区划，为干热岩资源的开发利用提供依据。

（三）海洋能产业现状

海洋能主要包括潮汐能、波浪能、潮流能、温差能、盐差能。总的来看，我国对海洋能技术研发工作投入较大，海洋能利用技术有所突破，潮汐能技术较为成熟。但目前海洋能利用项目规模较小，远未形成产业，相关技术仍不成熟，还需要以科技创新示范项目推动产业发展。

2016 年 12 月，国家海洋局印发了《海洋可再生能源发展"十三五"规划》，提出到 2020 年，海洋能开发利用水平显著提升，科技创新能力大幅提高，核心技术装备实现稳定发电，形成一批高效、稳定、可靠的技术装备产品，工程化应用初具规模，一批骨干企业逐步壮大，产业链条基本形成，标准体系初步建立，适时建设国家海洋能试验场，建设兆瓦级潮流能并网示范基地及 500 千瓦级波浪能示范基地，启动万千瓦级潮汐能示范工程建设，全国海洋能总装机规模超过 5 万千瓦，建设 5 个以上海岛海洋能与风能、太阳能等可再生能源多能互补独立电力系统，拓展海洋能应用领域，扩大各类海洋能装置生产规模，海洋能开发利用水平步入国际先进行列。

1. 潮汐能开发

我国拦坝式潮汐能发电技术基本处于国际先进水平，目前共有江厦潮汐电站和海山潮汐电站两座电站在运行。2012 年，在海洋能专项资金支持下，龙源电力集团股份有限公司联合华东勘测设计研究院有限公司、清华大学等单位，启动了电站的 1 号机组增效扩容改造，该机组单机容量由 500 千瓦增加至 700 千瓦。2015 年 6 月，1 号机组顺利开机并网，进入试运行阶段。

"十二五"期间，还开展了健跳港、乳山口、八尺门、马銮湾等多个万千瓦级潮汐电站工程预可研项目。2010 年进行了健跳港潮汐电站预可行性研究，并于 2011 年 3 月完成《浙江省三门县健跳港潮汐电站预可行性研究报告》。在海洋能专项资金支持下，相继开展了马銮湾潮汐电站预可研、八尺门潮汐电站预可研、乳山口潮汐电站预可研、瓯飞潮汐电站预可研等工作。在潮汐发电新技术研究方面，开展了新型高效低水头大流量双向竖井贯流式机组研制、利用海湾内外潮波相位差发电、动态潮汐能技术等研究。

2015 年 9 月，福建三沙湾潮波相位差潮汐能发电技术通过了国家海洋局科技司组织的验收；中国海洋大学承担的"福建沙埕港八尺门万千瓦级潮汐电站站址勘查及工程预可研"通过国家评审。截至"十二五"时期末，已完成瓯飞潮汐电站预可行性研究报告、海域使用论证报告、海洋环境影响评价报告等工作，电站总装机容量 451 兆瓦，采用 41 台单机容量 11 兆瓦机组，额定水头 3.5 米。

2. 波浪能开发

我国在波浪能发电技术研究方面，主要开展了一些小功率装置（100 千瓦以下）的研发试验工作，目前有超过 15 个波浪能发电装置开展了海试。在振荡浮子式波浪能发电装置的研发上，10 千瓦鹰式波浪能发电装置样机经历了一年多的海试，在此基础上，我国又开发了 100 千瓦鹰式波浪能发电装置"万山号"，2015 年 11 月在万山海域进行海试，截至 2017 年 2 月，累计发电超过 3 万千瓦时。50 千瓦浮力摆式波浪能发电装置在小波浪条件下能够稳定发电且生存性好；研发的多个点吸收式波浪能发电装置经过海试，仍在改进。山东青岛大管岛波浪能示范工程自 2011 年 9 月开展示范运行，已为岛上居民提供 24 小时不间断供电和淡化水供应。中科院广州能源研究所基于鹰式技术开展的"南海海岛海洋能独立电力系统示范工程"，截至 2017 年累计发电时间超过 36 个月，累计发电 208 万千瓦时。

3. 潮流（海流）能开发

我国潮流能发电技术研发起步较早，在 863 计划、国家科技支撑计划等的大力支持下，研发了 10 余项潮流能试验装置。随着技术的不断提高，一些大型企业也进入了这一领域。我国主要潮流能发电技术已全面进入海试阶段，基本解决了潮流能发电技术中的关键技术，发电机组的关键部件已基本实现了国产化。

浙江大学 60 千瓦半直驱水平轴潮流能发电装置自 2014 年起进行海上现场试验，累计发电超过 2 万千瓦时。在此基础上，又开发出了 2 台 ×300 千瓦潮流能发电工程样机产品化设计与制造，已完成优化设计。2016 年 7 月，浙江林东模块化潮流能发电机组完成海上安装并实现发电，累计上网电量近 1 万千瓦时，初步探索了我国潮流能产业化之路。哈尔滨工程大学研制的海能系列 150 千瓦、300 千瓦、600 千瓦潮流能发电装置自 2012 年起也相继进行了长期海试。部分在建的潮流能示范工程也相继进入建设期。2015 年 6 月，20 千瓦水平轴式潮流能装置在青岛斋堂岛开始安装及测试；2015 年 9 月，单机容量 15 千瓦的竖轴直驱式潮流能发电样机在长海县开展试验运行，发电效率达到 27%；2015 年 12 月，斋堂岛潮流能多能互补独立电力系统通过国家海洋局组织的验收，该示范项目共安装 3 台 50 千瓦风力发电装置和 1 套 50 千瓦太阳能发电装机，支持两种潮流能发电装置进行海试。

二、资源和发展潜力

（一）生物质资源

生物质资源种类繁多，主要包括农作物秸秆及农产品加工剩余物、林木采伐及森林抚育剩余物、木材加工剩余物、畜禽养殖剩余物、城市生活垃圾和生活污水、工业有机废弃物和高浓度有机废水等。根据现有生物质能利用技术状况和生物质资源用途等情况估算[①]，目前我国可利用的生物质资源总量每年约为 4.6 亿吨标准煤。

鉴于近年我国主要农作物产量、种植结构、秸秆用途等状况变化相对稳定，预计未来我国农业剩余物资源产生量和可能源化利用量不会有显著变化。未来我国森林面积仍将呈增长态势，同时，天然林禁伐面积也将持续增大，林业剩余物工业化收集基础较薄弱，工业应用需求逐年增加。预计未来一段时期，林业剩余物资源生产量会有一定增长，但可能源化利用量的增长有限。随着我国居民生活水平提高，肉蛋奶消费上升，畜牧养殖量将不断扩大；同时，由于养殖成本、管理技术以及农产品出口需求的变化，以散养为主养殖方式逐步向规模化养殖转变，规模化养殖比例持续上升，未来我国畜禽粪便产生量和可能源化利用量都将持续增长。

1. 农业剩余物

根据《中国统计年鉴 2017》，我国农作物秸秆理论资源量约为 8.2 亿吨，约折 4.1 亿吨标准煤，主要分布在华北平原、长江中下游平原、东北平原等 13 个粮食主产省（区）。其中，作为肥料、饲料、造纸等用途的秸秆资源量共计每年约 4 亿吨，可供能源化利用的秸秆资源量每年约 4.2 亿吨。主要来源如图 7-10 所示。

2. 林业剩余物

全国现有林地面积约 3.26 亿公顷，现有森林面积约 2.2 亿公顷，森林蓄积量 175.6 亿立方米，天然林面积 1.4 亿公顷，人工林面积 8000 万公顷，活立木总蓄积量 190 亿立方米。[②]可供能源化利用的主要是薪炭林、林业"三剩物"、木材加工剩余物等。现有林木资源可用作木质能源的潜力每年约 3.5 亿吨，其中相当部分的林木剩余物已

---

① 《生物质能发展"十三五"规划》，国家能源局 2016 年 10 月。
② 第九次全国森林资源清查主要结果。

被利用，主要是用作农民炊事燃料或复合木材制造业等工业原料，若全部开发利用可替代 2 亿吨标准煤。

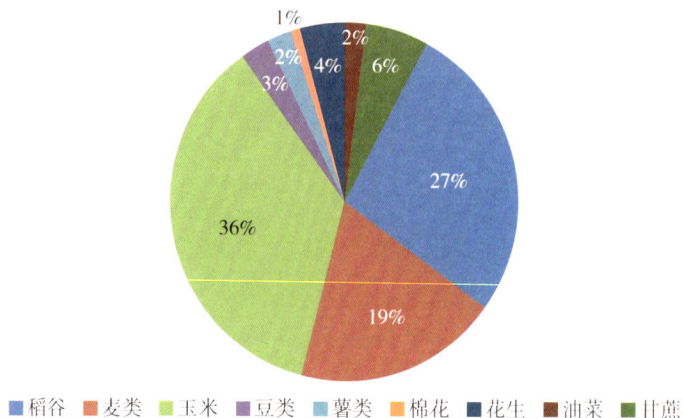

图 7-10 2016 年全国农作物秸秆构成比例

资料来源：国家统计局

3. 生活垃圾

我国生活垃圾清运量逐年增长，2020 年我国城市生活垃圾清运量约 2.35 亿吨，最近 10 年垃圾清运量提高了将近 50%。清运量提高，主要是因为近年来我国城镇化加速发展，城市化率不断提高，城市人口数量持续增加，城镇生活垃圾产生量也将持续增长。早期我国垃圾处理以填埋无害化处理为主，2011 年填埋无害化处理垃圾 1.0 亿吨，占全部的 80%。随着清运量的提升，填埋无害化处理的生活垃圾总量逐渐增长至 2017 年的 1.2 亿吨。近年来，生活垃圾焚烧无害化处理量快速提高，不仅新增的生活垃圾清运采用焚烧无害化处理，原来填埋处理的也逐渐转向焚烧无害化处理。2020 年填埋处理垃圾降低至 0.78 亿吨，而焚烧无害化处理量从 2011 年的 0.26 亿吨提升至 2020 年的 1.46 亿吨，全年生活垃圾焚烧率也相应地从 2011 年的 20% 左右提高到 2020 年的 60% 左右（见图 7-11）。

根据全国人口数量和人日均垃圾产生量，可估算出全国各省的日垃圾产生量和年垃圾产生量，人日均垃圾产生量按照城市和农村有所区分，平均值约 0.66 千克 /（人·日）。从技术和经济可行性的角度考虑，按现有电价补贴和垃圾处理费，垃圾清运量在 300 吨 / 日以上的县（市）才具备建设垃圾焚烧发电项目的可行性。

图 7-11　2011—2020 年我国垃圾清运量及分类处理情况

资料来源：国家统计局

　　随着中国城镇化建设的发展，垃圾发电项目的布局和资源获取将逐步由大中型城市转向城镇和县域范围。根据世界银行报告，考虑到垃圾利用现状、城市化率以及人口增长等因素，预计中国在 2050 年的垃圾利用的发展水平相当于经济合作与发展组织成员国 2025 年的水平。2020—2030 年，预计中国的城镇化建设将从快速发展过渡到稳步发展阶段，全国城市垃圾清运量将以平均每年 3% ~ 4% 的速度增长，到 2030 年达到约 3.5 亿吨。其中，用于垃圾焚烧发电的资源量约 3.1 亿吨，接近占垃圾清运量的 90%。2030—2050 年，预计全国城市垃圾清运量将继续放缓至 2% 左右的增长水平，2050 年达到 4.8 亿吨，其中，用于垃圾焚烧发电的资源量近 4.5 亿吨，约占垃圾清运量的 94%。2050—2060 年，全国垃圾清运量以及用于焚烧发电的垃圾资源量将基本保持稳定。

　　4. 畜禽粪便

　　畜禽粪便主要来自圈养的牛、猪和鸡 3 类畜禽。2016 年全国粪便实物量为 13.4 亿吨。规模化畜禽养殖场粪便资源每年约 10 亿吨，按照平均每吨畜禽粪便发酵产沼气 50 立方米计，生产沼气的潜力约为 500 亿立方米，约折合 3500 万吨标准煤[①]。

　　（二）地热资源

　　我国地热资源潜力巨大。根据原国土资源部 2011 年发布的数据，全国主要盆地

[①]　数据来源：国家统计局。

地热资源折合 8530 亿吨标准煤，年可利用量折合 6.4 亿吨标准煤。全国地级以上城市浅层地热能资源量折合 95 亿吨标准煤，年可利用量折合 3.5 亿吨标准煤。

我国常规地热资源以中低温为主，埋深在 200～4000 米的地下，依热传输方式不同，分为传导型地热资源和对流型地热资源。传导型地热资源主要分布在中东部沉积盆地，地热资源分布面广，温度随深度增加而增加。对流型地热资源主要分布在云南、四川、广东、福建、山东及辽东半岛等地，地热资源沿主要断裂构造呈带状分布。我国的高温地热资源十分有限，仅局限于西藏、云南腾冲及台湾北部地区，是我国地热发电受到局限、发展缓慢的重要原因。

（三）海洋能资源

1958 年我国开展了第一次全国海洋综合调查。1985 年完成了第二次全国沿海潮汐能资源普查。1989 年完成了我国沿海农村海洋能资源区划。我国沿岸的盐差能资源和近海及毗邻海域的波浪能、温差能资源均未进行过正式资源调查，仅有个别学者进行过研究计算。

海洋能源总量统计与实际海域统计面积、能量计算方法及相关基础数据、能量调查方法和手段、能源品种等多种复杂因素相关。长期以来，我国海域的海洋能储量一直没有比较确切和科学的统计数据。

三、存在的问题和挑战

（一）生物质发电面临的主要问题

1. 补贴缺口持续扩大影响存量项目的经营

表 7-3 给出了 2006—2020 年生物质发电标杆电价。随着国家可再生能源补贴资金缺口的不断扩大，生物质发电企业的经营压力将进一步增大。

对于农林生物质发电企业，补贴拖欠对项目现金流影响明显，企业经营面临较大压力。一方面，发电收入基本为项目的全部收入，且补贴收入均为国家补贴，度电补贴强度高。按照全国平均补贴强度 0.393 元／千瓦时计算，补贴收入占发电收入的比例超过 50%，即使是度电补贴强度最低的广东省，补贴收入占比也超过 40%。另一方面，农林生物质所用的燃料，都是直接或间接从农户手中采购所得，需要实时结算，结算周期短。因此补贴拖欠会在很大程度上影响企业现金流。

表 7-3　2006—2020 年生物质发电标杆电价

类别	时间	电价（元 / 千瓦时）	说明
农林剩余物发电	2006 年 1 月—2007 年 6 月	0.50 ~ 0.689	各省（区、市）不同，在 2005 年煤电标杆电价基础上 +0.25 元 / 千瓦时
	2007 年 7 月—2010 年 6 月	0.60 ~ 0.789	各省（区、市）不同，在 2005 年煤电标杆电价基础上 +0.35 元 / 千瓦时
	2010 年 7 月—2020 年底	0.75	全国统一水平电价
沼气 / 生物质气化发电	2006 年 1 月—2020 年底	0.50 ~ 0.689	各省（区、市）不同，在 2005 年煤电标杆电价基础上 +0.25 元 / 千瓦时
垃圾发电	2006 年 1 月—2012 年 3 月	0.50 ~ 0.689	各省（区、市）不同，在 2005 年煤电标杆电价基础上 +0.25 元 / 千瓦时
	2012 年 4 月—2020 年底	0.65	全国统一水平电价，其中省（区、市）须分摊电价补贴 0.1 元 / 千瓦时

资料来源：根据国家发展改革委网站公布的电价文件整理

对于垃圾焚烧发电企业，补贴拖欠虽影响企业现金流，但总体经营情况仍较好。一方面，垃圾处理费收益在项目全部收入中占比较大，按全国平均 69 元 / 吨的垃圾处理费计算，垃圾处理费收入占比约为 30%；另一方面，补贴强度相对较低，尤其是国家补贴部分，国家承担的补贴强度平均约为 0.19 元 / 千瓦时，只占发电收入的30% 左右。因此，补贴拖欠对企业的影响相比农林生物质发电项目要小得多。

2. 补贴退坡后新项目经济性不足

近期来看，生物质发电效率有望通过技术进步不断提升，但是未来生物质燃料成本和环保成本将有不同程度的提高，会抵消技术进步带来的成本下降。预计到 2025年，生物质发电成本下降空间不大，到 2030 年后成本预计将有一定程度的上升。

（1）农林生物质发电

农林生物质发电厂的建设规模一般为 2.5 万 ~ 3.0 万千瓦，以农林废弃物为主要原料，包括玉米秸秆、稻秆、油料作物秸秆、棉花秸秆、稻谷壳、枝丫材等，同时可以掺烧桑条、果枝等生物质燃料。在理想状态下，全年运行 7500 ~ 8000 小时，发电量约 1.8 亿 ~ 2.2 亿千瓦时，耗用农林剩余物约 28 万 ~ 30 万吨。但实际上国内大部分农林生物质电厂运行小时数不到 5000 小时。

对农林生物质发电成本进行展望，如表 7-4 所示。短期内，农林生物质发电的度电成本将总体保持稳定。农林生物质发电的度电成本约为 0.6 元 / 千瓦时（含税，下同），其中燃料成本最高，占度电成本的 60% 以上。随着技术进步和管理水平的提升，农林生物质发电效率有望不断提升，度电燃料消耗量有所下降。但是由于人工成本不断增长，单位质量燃料收储成本提高，导致燃料入厂价格将逐渐提高。两者相抵，发电成本将总体保持稳定。

表 7-4 农林生物质发电成本展望

年份	建设投资（元 / 千瓦）	秸秆入厂价格（元 / 吨）	运行费用 [元 /（千瓦·年）]	发电效率（%）	成本（元 / 千瓦时）
2020	8700	300	435	31	0.59
2030	8500	350	460	33	0.62
2050	8300	400	500	36	0.64
2060	8200	420	520	37	0.65

注：发电小时数用 5500 小时，厂用电率 10%，秸秆按热值 3500 千卡 / 千克计算，20 年运行期，20% 自有资金，贷款利率 4.9%，资金内部收益率 8%。

资料来源：本章作者测算

长期看，农林生物质发电度电成本面临上涨压力。未来人工成本的增长、排放标准的提高造成的环保成本的增加等带来的成本上涨影响，将超过效率提升等技术进步带来的降本作用。预计 2050 年后，当秸秆入厂燃料价格达到 400 元 / 吨时，即使考虑发电效率提升，成本也将逐步提高至 0.65 元 / 千瓦时水平，基本与补贴后的上网电价齐平，存量有补贴的项目也几乎没有盈利空间。如果考虑补贴退坡，纯发电项目将大幅亏本，项目难以实现正常经营。

（2）垃圾焚烧发电

垃圾焚烧发电收益主要包含两部分，发电收益和垃圾处理费。2021 年之前我国垃圾焚烧发电上网执行国家垃圾发电统一标杆电价，而垃圾处理费则根据项目投资规模、项目边界条件、竞标情况等多方面决定，全国范围差距较大。总体而言，未来受人工费用等因素影响，运行费用将提升，带动垃圾发电的成本略有上升，总体上升幅度不大，如表 7-5 所示。

表 7-5 垃圾发电成本（LCOE）展望

年份	建设投资（元 / 千瓦）	运行费用 [元 /（千瓦·年）]	发电效率（%）	成本（元 / 千瓦时）			
				无垃圾处理费	垃圾处理费 50 元 / 吨	垃圾处理费 100 元 / 吨	垃圾处理费 150 元 / 吨
2020	20000	1300	24	0.77	0.57	0.37	0.18
2030	19000	1400	25	0.78	0.58	0.39	0.20

续表

年份	建设投资（元/千瓦）	运行费用[元/（千瓦·年）]	发电效率（%）	成本（元/千瓦时）			
				无垃圾处理费	垃圾处理费 50元/吨	垃圾处理费 100元/吨	垃圾处理费 150元/吨
2050	18000	1500	26	0.79	0.59	0.41	0.23
2060	17500	1550	26	0.80	0.60	0.42	0.24

注：发电小时数用 6000 小时，厂用电率 20%，垃圾按热值 1300 千卡/千克计算，20% 自有资本金，贷款利率 4.9%，资本金内部收益率 8%，15 年运行期。

资料来源：本章作者测算

对垃圾发电经济性影响最大的是垃圾处理费。如果按照 15 年运行期测算，当没有垃圾处理费时，垃圾发电的成本接近 0.8 元/千瓦时，按照 0.65 元/千瓦时的电价是完全无法盈利的。当垃圾处理费为 50 元/吨，测算的垃圾发电成本为 0.57 元/千瓦时。因此，当垃圾发电上网电价为 0.65 元/千瓦时，盈利情况取决于国家补贴兑付的比例，或者当 0.1 元/千瓦时的地方补贴能够全部或者部分到位，垃圾发电也能够保障一定的收益。若按照 2019 年全国垃圾发电项目平均中标垃圾处理费 69 元/吨的水平测算，项目垃圾发电成本为 0.44 元/千瓦，则只要国家或者地方的补贴能够部分兑付，全国大部分项目都可以实现盈利。考虑未来垃圾处理费将逐渐提高，尤其是经济发达地区及大城市垃圾处理费较高，按照 100 元/吨测算，上网电价为 0.37 ~ 0.41 元/千瓦时，则不需要补贴也可以在全国大部分地区实现税后收益率达到 8%。

展望中长期，随着我国经济发展水平的提升，全国垃圾处理费水平有望稳步提升，假设 2030 年、2050 年和 2060 年全国垃圾处理费分别达到 100 元/吨、110 元/吨和 120 元/吨，垃圾发电成本分别约为 0.39 元/千瓦时、0.37 元/千瓦时和 0.35 元/千瓦时的水平，和当前全国平均的火电基准价基本持平，可完全实现自主经营。

如果考虑延长项目运行期，则项目收益将进一步优化。按照 20 年运行期测算，在垃圾处理费每吨分别为 50 元、69 元、100 元时，2020 年垃圾发电的成本分别为 0.52 元/千瓦时、0.39 元/千瓦时、0.32 元/千瓦时。相比 15 年运行期，20 年运行期的垃圾发电成本在同等条件下基本都降低约 0.05 元/千瓦时。因此全国的垃圾处理费如果能够在每吨 70 ~ 100 元的水平，不需要补贴大部分地区即可实现平价上网。

从上面的分析可知，技术特性和燃料特性决定了各类生物质发电的成本相对稳定，变化空间较小。燃料价格是最大的影响因素，2021 年农林生物质发电成本中，燃料价格超过 0.4 元/千瓦时，约为总发电成本的 60%。垃圾发电的燃料为负成本（垃垃处理收费），沼气发电的燃料成本依据来源不同有很大差别。

根据《关于促进非水可再生能源发电健康发展的若干意见》和2020年9月发布的《完善生物质发电项目建设运行的实施方案》，2020年起生物质发电将按照"以收定补、新老划段、有序建设、平稳发展"的原则安排新增项目建设，2021年新安排的项目为纳入生物质发电国家、省级专项规划且2020年1月20日（含）以后全部机组并网的当年新增生物质发电项目，按项目全部机组并网时间先后次序排序，2020年中央新增补贴资金额度15亿元。未纳入2020年中央补贴规模的已并网项目，结转至次年依序纳入。自2021年起，规划内已核准未开工、新核准的生物质发电项目全部通过竞争方式配置并确定上网电价；新纳入补贴范围的项目（包括2020年已并网但未纳入当年补贴规模的项目及2021年起新并网纳入补贴规模的项目）补贴资金由中央地方共同承担，分地区合理确定分担比例，中央分担部分，逐年调整并有序退出。如果中央电价补贴逐步减少乃至退出，并且地方电价补贴政策或垃圾处理费不能及时跟上，则生物质发电项目将不具备经济性，影响企业项目开发的经济性。

3. 部分生物质发电项目布局不合理

生物质资源保障和产业数据统计体系有待完善。《中华人民共和国可再生能源法》推动了生物质资源调查相关工作的开展，但未形成定期开展生物质资源调查与评价的机制。我国生物质资源总体分布不均，省际差异较大。随着农林生物质电厂建设审批权的下放，地方建设农林生物质电厂缺乏统一规划。同时，项目开发企业对周边地区的资源状况缺乏充分了解，使得生物质发电项目布局不尽合理，导致原料竞争和供给不足。同时，现有多数生物质发电项目在建设选址期间，并未统筹考虑热能用户的位置和需求，给未来生物质热电联产升级改造带来一定困难。

4. 生物质发电运行效率仍需提升

我国的生物质发电在运行上与欧洲仍有较大的差距。2020年，全国生物质发电年等效满负荷运行小时数为5151小时，同比上年减少30小时[1]。欧洲生物质发电项目的年等效满负荷运行小时数均高于7000小时[2]。较低的小时数虽然与国内燃料供应有关，也和国内生物质发电效率相比国际先进水平仍有一定差距有关。需要进一步推进生物质发电产业升级改造，依托热电联产改造提升系统效率，提高生物质发电的技术经济性。

---

① 数据来源：国家能源局。
② 数据来源：国际可再生能源机构。

（二）地热能发电和海洋能发电存在的主要问题和挑战

一是我国地热能和海洋能的资源储量不清、开发利用统计信息不清。地热勘探标准跟不上勘探步伐，对地热能资源勘查评价和科学研究不充分；地热能尚未计入国家能源统计体系，各地方能源主管部门往往不掌握地热能供暖（制冷）面积。

二是地热能和海洋能发电的开发利用技术成熟度仍有待提高。地热能开发利用方面依然有不少技术难题需要攻克。地热能发电仍面临一系列技术挑战。海洋能开发利用方面依然有不少技术难题需要攻克，无论是相对较为成熟的潮汐能，还是成熟度相对较低的波浪能、温差能等，其开发利用均面临一系列技术挑战。

三是国家对地热能和海洋能发电产业管理体制不够完善。尽管地热能和海洋能规模较小，但是都面临着主管部门不明确、涉及部门众多的问题。比如地热能，不同地区地热主管部门出现了自然资源局、城建局、水务局、能源局、城管局等多个部门。我国海洋管理是以行政地域分割的，容易出现多头管理、跨区管理和重复管理现象。

四是地热能和海洋能发电距离商业化均有较大差距，扶持政策不充分、不规范。地热能和海洋能发电规模目前都很小，虽然经过多年研究与实践，已具备一定开发基础，但仍存在着投资大、规模小、获益能力低等问题，还无法实现大规模商业化运作。地热能和海洋能发电相关的装备制造业也尚未形成，如海洋能发电除了小型海洋能装置，基本没有批量生产的海洋能发电装置，因此需要通过政策扶持进行示范推广，但当前的扶持政策可操作性并不强。比如，对于地热能相关的财税鼓励政策落地较难，对于地热能和海洋能发电也没有与早期太阳能和风能类似的价格政策，企业投资没有明确的收益。

四、发展趋势与展望

对于农林生物质发电，国家电价补贴将逐步退出，而农林剩余物资源相对富集地区安排地方电价补贴有较大的不确定性，单纯的农林剩余物发电项目在未来一定时期内将难以运营。未来，可通过在有条件地区发展热电联产项目，尤其是县域生物质分布式热电联产，或者对存量项目热电联产改造，实现农林生物质发电项目接续发展。一方面，对于生物质热电联产，能源转换效率高。我国农林剩余物发电产业年消纳约7000万吨农林剩余物，大多以纯发电为主，能源转换效率不足30%，产品单一、经济效益低。从国外的生物质利用经验来看，采用热电联产方式的能源转换效率将达到

60% ~ 80%。更重要的是，通过热电联产，未来可通过热的价值弥补发电经济性的不足。另一方面，发展县域生物质分布式热电联产示范项目，采用分布式交易提升项目经济性，也将是农林生物质发电项目未来适应我国国情的发展模式。通过在用户侧就近开发，所发电量和热力满足用户自用，多余电量送入配电网，可充分发挥分布式发电的优势，解决生物质燃料分散、收集和储运难度较大、成本较高等问题。

展望未来，近中期我国农林生物质发电规模仍将保持一定增长。其中，农林剩余物直燃发电规模基本保持不变，有条件的项目将尽量向热电联产转换。逐步限制新建纯发电项目，新增项目以热电联产项目为主，到 2030 年装机有望达到 2000 万千瓦左右。2030 年之后，随着早期有补贴的农林生物质发电项目的退出，这些项目一部分通过热电联产改造以及地方补贴维持运营，另一部分项目可能将因为完全没有补贴而退出。退出的项目容量或将超过新建项目容量，导致农林生物质项目装机规模有所下降。预计到 2050 年和 2060 年，生物质发电规模将稳定在 1800 万千瓦左右。

对于垃圾发电，垃圾发电项目收益中的垃圾处理费是重要的收益，且不同项目之间差距很大。就垃圾发电而言，电力是副产品，而垃圾处理是刚需。随着我国经济发展，逐步提升垃圾处理费，可实现项目收益模式从 4 渠道（电网支付电价、国家电价补贴、地方电价补贴、垃圾处理费）到 2 渠道（电网支付电价、垃圾处理费）的转变。展望未来，垃圾焚烧发电将在近中期保持快速发展的态势，预计 2025 年将超过 2500 万千瓦，2030 年将超过 3000 万千瓦。2030 年以后，随着中国城镇化进程放缓，垃圾清运量增长将放缓，垃圾发电装机的增速也将逐步放慢，到 2050 年，垃圾焚烧发电的装机容量有望接近 4500 万千瓦。2050 年后我国城镇化和经济发展水平将进入平台期，垃圾发电装机规模受制于资源也将稳定在约 4500 万千瓦的水平。

沼气发电主要有两类，一类是垃圾填埋气发电，目前垃圾填埋气有的是免费的，有的是收费的，实际上垃圾填埋气与垃圾发电类似，燃料应该是负成本，项目收益模式有望从 4 渠道转为 2 渠道。另一类是畜禽场、酒厂、食品厂等的沼气发电，这些企业大都有自身的电力和热力需求，沼气原料也可当成自产。未来通过分布式电源实现自发自用，或突破过网费障碍，参与市场化交易，提高项目收益。展望未来，沼气发电可实现稳步增长，但总体规模仍然较小。预计到 2030 年和 2060 年，可分别实现累计装机规模约 200 万千瓦和约 350 万千瓦。

综上所述，我国生物质发电规模总体将保持稳步增长。预计在农林生物质和垃圾发电规模增长的带动下，2025 年和 2030 年生物质发电装机规模将快速提升，分别超过 4500 万千瓦和 5600 万千瓦。2030 年后，受制于农林生物质发电部分项目退出以及垃圾资源增长放缓，生物质发电规模将进入缓慢增长期，预计 2050 年规模增长至约 6500 万千瓦。2050 年后，生物质发电规模将基本保持稳定不变（见图 7-12）。

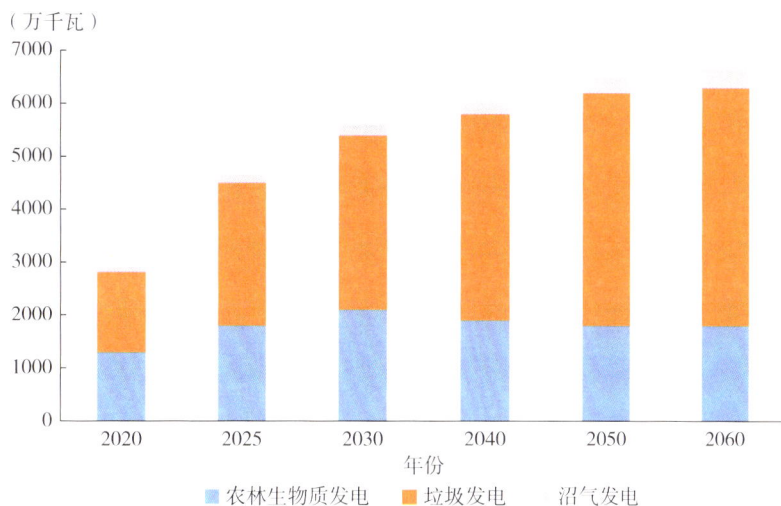

图 7-12　生物质发电装机展望

资料来源：作者自绘

对于海洋能和地热能发电，短期内实现规模化发展的难度较大，在相当长的时间内仍以小规模技术或工程示范为主。中远期能否实现规模化突破，一方面取决于海洋能和地热能发电技术能否取得较大的突破，另一方面则取决于政策支持力度，因此中远期存在较大不确定性。

五、政策建议

（一）生物质发电支持政策建议

近中期内，对不同生物质发电技术，建议采取不同政策措施，保障项目合理收益。首先，考虑生物质发电的特殊性，有关政府部门在电价补贴退坡问题上给予生物质发电充足的政策过渡期。建议利用好"以收定支"国家电价补贴政策支持的窗口期，产业做好准备，政策完成过渡和转型。在补贴退坡窗口期，将农林生物质以及垃圾资源集中且条件较好地区的项目尽量开发好，最大限度地利用好政策红利。

其次，逐步转变生物质发电项目经营模式。对于农林生物质发电项目，为了提高项目竞争力，不再发展单纯的农林剩余物发电项目，鼓励开发热电联产项目，通过热利用提高项目经济性。考虑到发展农林剩余物发电在农村地区巨大的社会效应，积极推动地方政府进行政策支持，包括在电价或者供热上予以一定程度的补贴，同时对有条件的存量项目进行热电联产改造，使项目在补贴到期后还能够延续经营。对于垃圾发电项目，垃圾处理是刚需，要利用窗口期做好经济政策转型，完成垃圾发电去电价补贴，实现收益模式从 4 渠道到 2 渠道的转变。

最后，积极在县域开展分布式市场化交易，提高分布式生物质热电联产项目经济性。积极开发县域分布式生物质项目，尤其是农林生物质和沼气发电热电联产项目，充分发挥分布式发电的优势，开展分布式发电市场交易，鼓励自发自用，并突破过网费障碍，参与市场化交易，从而提高项目经济性。

中远期，为了实现"双碳"目标和支持乡村振兴，建议对生物质发电给予更大的支持，国家层面实施多种政策手段支持生物质发电项目。首先，在可再生能源电价补贴拖欠问题逐步解决后，建议国家层面给予农林生物质和沼气发电项目一定的电价支持。2035 年前后我国可再生能源电价补贴问题有望彻底解决，届时对农林生物质和沼气发电项目在国家层面实施电价补贴将具备条件。其次，根据经济发展水平不断提高垃圾处理费，实现经济效益和社会效益的双赢。随着我国经济和社会的发展，提高垃圾处理费使得垃圾发电项目实现收益模式转型是完全具备条件的。最后，应充分利用碳市场、绿电交易等方式，最大限度地体现生物质发电项目的环境价值，从而提高项目的收益水平和业主的积极性。

（二）地热能和海洋能发电政策建议

一是加强地热能和海洋能资源的勘察研究。加大财政投入力度，加强公益性基础性地热调查评价工作，同时鼓励各类社会资本积极参与，开展全国地热能资源调查评价，提高地热资源对开发利用的保障程度。

二是加强关键技术的研发应用。对于地热能和海洋能发电利用的重大关键技术，依据地热能和海洋能发展目标制定相应的技术发展路线图，制定相应的技术发展目标，开展相关研究，制定落实好保障措施，推动关键技术的创新和突破。

三是理顺地热能和海洋能发电等开发利用的管理体制。明确地热能和海洋能的管理主体，明确探矿权、采矿权管理主体，加强指导地热能和海洋能资源开发利用，加强对于地热能和海洋能开发项目事前、事中、事后的监督管理。促进各有关部门之间的协调合作，理顺地热能和海洋能行政管理体制，并为市场各方参与地热能和海洋能开发并发挥重要作用提供有利条件，充分发挥地方积极性。

四是出台操作性强的支持政策。包括尽快研究制定支持地热能和海洋能的政策及专项补贴办法。在当前技术成熟度不高和产业化不足的情况下，明确地热能发电和海洋能发电的发展方向，如重点发展给海上岛屿独立供电或者给海上作业平台提供电力支持，通过重点方向的示范推广，推动商业化运作。

第 8 章
非电能源转型之路 [*]

---

[*] 本章主要执笔人为中国宏观经济研究院能源研究所田磊、熊华文，壳牌集团全球解决方案事业部尤布·豪斯曼，课题组其他成员参与了讨论和修改。

本章要点 ————————————————————————————

　　"双碳"目标下，我国加快能源转型，能源系统将发生颠覆性变革，供给侧将由以化石能源为主向以低碳零碳的非化石能源为主转型，消费侧也将逐步构建"以电力为中心"的消费格局。转型过程中能源系统安全风险突出，需要着重发挥好氢能、天然气、生物质等低碳非电能源在构建新型电力系统，以及推进工业、建筑、交通等多领域低碳发展方面的关键支撑作用。氢能是未来零碳能源系统的重要组成，在钢铁、化工原料、重载卡车、高品位热力需求等难减排领域将发挥重要作用。天然气凭借其大规模经济可供、清洁、相对低碳的特性，是能源转型过程中重要的桥梁能源。生物燃料利用在航空等领域不可或缺。

"双碳"目标下，化石能源需求总量趋于饱和，其定位、作用逐步发生深刻变化，电气化进程加速，非化石能源逐步成为电力供需主体。新旧能源体系转换过程中能源系统安全风险突出，需要着重发挥好氢能、天然气、生物质等低碳非电能源在构建新型电力系统，以及推进工业、建筑、交通等多领域低碳发展方面的关键支撑作用。

一、发展低碳非电能源是落实"双碳"目标、实现能源转型的必要支撑

（一）"双碳"目标下我国一次能源供应发展趋势

"双碳"目标下，化石能源被非化石能源逐步替代、从主体能源演变为补充能源，从严格控制消费增量到合理有序减少消费存量，从能源利用为主转向能源、原料利用并重。分阶段来看，碳达峰阶段，化石能源需求总量基本平稳，结构"煤降气升"；碳中和阶段，化石能源需求下降"先慢后快"，利用方向从燃料为主转为原料为主。

我国电气化进程持续推进，非化石能源逐步成为电力供需主体。电力成为增长最快的能源品种，终端电气化水平明显提升。需求侧逐步形成"以电力为中心"的消费格局，供给侧逐步构建以低碳零碳能源为主的供给体系。电力系统低碳转型既是自身践行"双碳"目标的必然选择，也是加速推动工业、建筑、交通等其他主要用能领域深度脱碳的重要前提。

（二）发展低碳非电能源是支撑能源转型的必然要求

新旧能源体系转换过程中能源系统安全风险突出。能源转型升级过程并非一片坦途，一方面，可再生能源比例加速提高、新型电力系统构建过程中，能源电力系统安全稳定运行的难度加大，而储能等发展仍需时日，需要各类能源来支撑保障能源系统安全运行；另一方面，碳减排约束下社会对传统化石能源投资信心不足，市场退出预期加强。2021 年以来，全球能源价格加快上涨，出现了能源供需偏紧问题，此次能源供应问题进一步凸显了加快能源转型升级的必要性和紧迫性，但也彰显了转型过程中的艰巨性和复杂性。

发展低碳非电能源是构建新型电力系统的必然选择，也是推进多领域低碳发展的重要支撑。天然气发电等具有灵活调节能力，电解制氢可作为重要储能方式，推动气电、氢能等与新能源融合发展，是构建新型电力系统有效路径。此外，生物质、氢

能等在建筑、交通、工业等多领域低碳化应用前景广阔，探索发挥生物质加 CCS 的负碳排放作用，发展绿氢制备、长距离运输和终端应用等前沿技术，推动电解水制氢成为西部地区可再生能源消纳的重要方式，布局电氢融合基础设施，推动绿氢在终端难减排领域替代化石能源。

（三）我国低碳非电能源发展趋向与重点

按照"清洁低碳、安全高效"要求，非电低碳能源在发展思路上，一是应满足经济社会发展需求；二是能有效助力控制能源系统低碳转型成本；三是能够培育能源经济新增长点。结合我国能源当前发展实际与未来研判，综合考虑规模、应用领域、发展场景等因素，以氢能、天然气和生物质能为主要研究对象。

1. 氢能是未来零碳能源系统的重要组成

《巴黎协定》提出 21 世纪中叶全球温升控制在 2℃ 以内的目标，需要进一步探讨采取何种手段来实现碳中和。研究中各方逐渐认识到"可再生能源＋电气化"手段并不能解决所有碳排放问题，钢铁、化工原料、重载卡车、高品位热力需求等难减排领域成为难点，而氢能将有望助推难减排领域的深度脱碳，助力实现碳中和目标。

氢能具有清洁、高效、低碳、灵活等特点。国际能源署、国际可再生能源机构等都对氢能的未来做出了乐观判断，认为其将成为未来能源体系的重要枢纽。推动氢能及燃料电池技术在交通运输、工业、建筑等领域的应用，有助于引导可再生能源电力流向终端使用部门，实现深度脱碳。氢能可作为能源互联和储能媒介，耦合电网和气网，实现大规模储能和调峰，在构建现代能源互联网进程中发挥枢纽作用。推动氢、电、热协同融合，可以促进形成多元互补的能源供应体系，推动"双碳"目标顺利达成。

2. 天然气是支撑低碳转型的"桥梁"能源

天然气凭借其大规模经济可供、清洁、相对低碳特性，成为我国能源从以煤为主向以可再生能源为主转型中的重要支撑能源。

碳达峰阶段，天然气是能源系统低碳化发展的主要支撑能源之一。得益于其现实大规模经济可供特性，结合油气产业链变革，天然气一方面与可再生能源一并成为满足新增能源需求的供应主体，另一方面将成为替代存量煤炭、石油的主要能源之一，预计天然气产业将迎来发展窗口期。分消费领域看，城镇居民生活领域气化率提升；燃气发电补位煤电、支撑新能源发展；工业领域"煤改气"稳定增长；天然气化工规模保持稳定。

碳中和目标对化石能源消费形成硬约束,基于目标倒推,天然气消费预计将逐步下降。工业燃料领域、城镇居民生活领域、电力领域天然气与可再生能源发展形成"伙伴"关系,交通运输领域等天然气消费均将呈现先增后降态势。值得指出的是,天然气仍有可能是未来唯一仍较大规模使用的化石能源品种,利用规模主要取决于天然气与可再生能源协调发展模式、与氢能竞合关系以及 CCS/CCUS 技术进展。在天然气产业发展窗口期,需着力解决天然气产业链供应链安全性和经济性问题。

3. 生物质能在能源转型中将发挥多层次作用

生物质能是重要的可再生能源,利用方式主要包括生物质发电、生物液体燃料、沼气和生物质成型燃料等。值得注意的是,生物液体燃料在全球范围内的应用已经较为广泛,主要是燃料乙醇和生物柴油在道路交通领域替代化石燃料。随着生物液体燃料技术不断进步,未来生物液体燃料在航空燃料领域的应用也将具有较大空间。近年来,道路交通车辆的电气化和智能化发展对包括生物液体燃料产业在内的传统交通燃料发展形成巨大挑战。鉴于生物液体燃料在保障能源安全、应对气候变化、促进社会经济发展等多方面的重要作用,在重型卡车、船运、航空等电力难以替代的领域仍有较大潜力。

二、我国低碳非电能源供应展望

(一)氢能供应展望

氢能是未来零碳能源系统的重要组成,在钢铁、化工原料、重载卡车、高品位热力需求等难减排领域将发挥重要作用。煤制氢是我国当前大规模稳定制取廉价工业氢气的主要途径,结合可再生能源发电成本下降和碳市场激励,基于可再生能源发电的绿氢市场竞争力将逐步提升,预计到 2050 年绿氢产量占比超过 80%。

1. 氢能制取环节发展

化石能源制氢是当前主流方式,主要包括煤制氢、天然气制氢。煤制氢是当前我国大规模稳定制取廉价工业氢气的主要途径。传统煤制氢采用固定床、流化床、气流床等工艺,碳排放量较高,且含有硫化物等腐蚀性气体。近年来,新型煤气化制氢技术也在不断发展,超临界水煤气化技术具有气化效率高、氢气成分组成高、污染少等优点,但目前尚待进一步产业化。蒸汽甲烷重整制氢在天然气制氢技术中发展较为成熟、应用较为广泛。天然气制氢成本随天然气价格的变化较大,天然气原料成本的占比达到 70%～90%。

工业副产氢指利用含氢工业尾气为原料制氢的生产方式。工业含氢尾气主要包括焦炉煤气、氯碱副产氢气、炼厂干气、合成甲醇及合成氨弛放气等，一般用于回炉助燃或化工生产等。工业副产氢制氢尽管提纯工艺相对复杂，但具有技术成熟、成本低、环境相对友好等优点，有望成为近期高纯氢气的重要来源。工业副产氢的供应潜力与成本可根据生产企业的下游产品结构与产品收益调整。

电解水制氢是重点发展方向。电解水制氢技术主要包括碱性电解水制氢、固体质子交换膜电解水制氢和固态氧化物电解水制氢。碱性电解技术已经实现大规模工业应用，单槽电解制氢产量较大，易实现大规模应用，国内关键设备的主要性能指标均接近或达到国际先进水平。固体质子交换膜电解水制氢技术运行灵活性和反应效率较高，能够以最低功率保持待机模式，与装机规模较小、波动性较大的光伏发电系统具有良好的匹配性，但国内较国际先进水平存在差距，体现在技术成熟度、装置规模、使用寿命、经济性等方面。固态氧化物技术的电耗低于碱性和质子交换膜技术，但尚未广泛商业化。

2. 氢能储运环节发展

目前氢能存储主要包括压缩氢气、低温液氢、固态储氢和有机液体储氢等方式，其中固态储氢和有机液体储氢可实现氢气的常温、常压储存，具有较高安全性，但目前固态储氢能量密度较低，储氢能量损失偏高，仍处于技术研发和示范环节，商业运营项目较少。压缩氢气、低温液氢储氢方式技术成熟度相对较高。

压缩氢气技术相对成熟，成本较低，且具有氢气充放速度快的优点。但压缩氢气的储氢密度相对较低，且存在一定安全风险。压缩氢气的运输成本与运输距离直接相关。

低温液态储氢将冷却至零下253℃的液化氢存于低温绝热液氢罐中，氢气液化后，体积密度为气态氢气的845倍，可大幅提高氢气储运的效率。但氢气液化能量消耗较高，约占储氢能量的40%。液氢槽车运输成本主要为电费、车辆折旧和人工成本，且与运输距离相关性不高。

管道输氢运量大，适合大规模、集中式、点对点氢气运输与应用。但目前常用管材容易发生氢脆(金属与氢气反应)，造成氢气逃逸。此外，由于氢气的体积能量密度小，同体积氢气能量密度仅为天然气的1/3，因此通过同一管道输送相同能量的氢气和天然气，用于氢气运输的泵站压缩机功率高于天然气，导致氢气运输的可变成本偏高。

氢气在高温高压和催化剂作用下可合成氨和甲醇，两者能量密度远高于高压气态氢和液氢，且可接近常温常压存储和运输，间接实现氢气的长期存储和安全运输，有望缓解氢气运输的高成本和安全性问题。

3. 氢能供应前景

总体来看，氢能各类生产、储运和加注方式的成本都将随时间逐渐下降，进而达到或者低于特定应用场景的成本接受边界。在各类应用场景中，固定应用场景氢气价格接受度基本保持稳定，而车用氢能因燃料电池技术经济性的变化，其氢气价格接受度在不同时期有所差异。尽管各类氢能供应方式都包含储运及加注成本，但对于一些工业部门，氢源与消费区域间距离较短时可通过集中运输降低配送及加注成本。因此，凭借低成本可再生能源电解水和集中储运方式，绿氢有望在 2050 年前在钢铁、合成氨、合成甲醇等行业实现对化石能源消费的经济替代。

结合可再生能源发电成本下降和碳市场激励，基于可再生能源发电的绿氢市场竞争力将逐步提升，到 2050 年绿氢产量占比有望超过 80%。随着后期化石能源价格上涨和排放约束进一步趋严，2060 年化石能源制氢基本退出市场，绿氢生产规模有望持续扩大。

（二）天然气供应展望

1. 我国天然气供应潜力

近年来国内天然气增产势头明显，2021 年我国生产天然气 2053 亿立方米，同比增长 8.2%，连续多年增产超过 100 亿立方米[①]。预计全国天然气产量有望保持较快增长势头，2035 年产量可达到 2700 亿立方米[②]。长期来看，我国天然气消费仍然需要进口补充，由于国际环境正在发生深刻的变化，我国引进天然气资源的制约因素在增多，但仍有望持续增长。

2. 提升我国天然气供应能力举措

一是多气并举提高国内天然气供应能力。加大上游勘探开发力度是天然气行业供给侧结构性改革的主要发力点。目前我国多数盆地勘探程度较低，常规气资源探明率不到 20%，页岩气和煤层气勘探开发刚刚起步，天然气勘探开发潜力大。此外，积极破解制约煤制气、生物气、天然气水合物等资源开发利用瓶颈，加强试点示范项

---

① 国家能源局石油天然气司、国务院发展研究中心资源与环境政策研究所、自然资源部油气资源战略研究中心：《中国天然气发展报告 (2022)》，石油工业出版社，2022。
② 徐博、张颙、唐红君、金浩：《"十四五"中国天然气行业发展前瞻》，中国金融出版社，2021。

目建设，积极推进规模效益发展，拓宽天然气供应渠道。同时在保证环保和成本可承受的情况下，加快煤制气相关项目和技术的推进。

二是多元举措提高天然气进口保障能力。当前，天然气进口战略通道格局基本形成，管道气进口资源主要来自中亚、俄罗斯等地区，液化天然气进口量从 2017 年开始超过管道气进口，气源主要来自澳大利亚、卡塔尔、马来西亚等国家。未来，需要进一步提升管道气进口能力，有序推进液化天然气接收站建设，进口天然气规模主要取决于市场需求。

（三）生物液体燃料供应展望

生物燃料乙醇原料供给主要考虑土地资源限制。纤维素乙醇的原料主要来自农林废弃物，对土地资源的占用有限。若以木薯、甜高粱等非粮作物为生物燃料乙醇原料，需要对现有土地合理开发，依靠规模化种植保障原料供应。

目前，我国燃料乙醇原料（主要包括木薯、甜高粱、甘薯）已种植面积约 550 万公顷，储备土地约为 674.1 万公顷，假设不同时期储备土地的开发比例分别为 2025 年开发至 10%，2030 年开发至 15%，2040 年开发至 25%，2050 年开发至 35%。

根据中国耕作制度区划将中国（大陆）分为 8 个区域（见表 8-1），考虑到不同区域的生态环境保护、耕地动态平衡、水资源、城镇化、垦殖系数以及能源作物的适应性和增产等因素，采取阶梯分步开发的方式，2020—2050 年能源作物的土地开发量如表 8-2 所示。

表 8-1　耕作区域

区域	包括省（自治区、直辖市）	后备耕地（万公顷）
华北区	北京、天津、河北、山东、河南	57.1
长江中下游区	上海、江苏、浙江、安徽、江西、湖北、湖南	69.7
东北区	黑龙江、吉林、辽宁	45.3
西南区	重庆、四川、贵州、云南	32.1
蒙新区	内蒙古、宁夏、新疆	369.6
华南区	福建、广东、广西、海南	12.4
黄土高原区	山西、陕西、甘肃	87.9
其他区	青海、西藏	—

资料来源：严晋跃、赵立欣，《中国能源作物可持续发展战略研究》，中国农业出版社，2009；国家发展改革委能源研究所

表 8-2　2020—2050 年能源作物的土地开发量

原料	土地开发状况	2020 年	2025 年	2030 年	2040 年	2050 年
木薯	已种植面积（万公顷）	26.58				
	储备土地（万公顷）	12.4				
	假定开发比例（%）	5	10	15	25	35
	预计土地开发量（万公顷）	1	1	2	3	4
甜高粱	已种植面积（万公顷）	57				
	替代土地开发量（万公顷）	2.85	5.70	8.55	14.25	19.95
	储备土地（万公顷）	559.90				
	预计土地开发量（万公顷）	28.0	56.0	84.0	140.0	196.0
甘薯	已种植面积（万公顷）	465				
	储备土地（万公顷）	101.8				
	预计土地开发量（万公顷）	5.09	10.18	15.27	25.45	35.63
合计	已种植面积（万公顷）	548.58				
	储备土地（万公顷）	674.10				
	预计土地开发量（万公顷）	33.705	67.410	101.115	168.525	235.935

资料来源：国家发展改革委能源研究所

近期（2025 年前）：主要发展以淀粉类非粮作物（如木薯、甘薯等）为原料的燃料乙醇，通过生产工艺技术改进，进一步提高生产乙醇的经济性；并进行甜高粱乙醇的商业化示范推广，加大纤维质燃料乙醇研发力度，力争在纤维素酶解技术上有所突破，形成完整的纤维素乙醇生产工艺链；同时，开展抗逆性能源植物的种植示范；积极改善基础设施，为今后大规模发展生物交通燃料奠定基础。

2025 年构建出生物质资源数据库，合理有效地进行全国范围内的备用地开发利用；非粮作物燃料乙醇的原料问题（收储运）基本解决；种植水平显著提高；生产工艺基本成熟；污水处理能力与生产能力相适应；生产能耗大幅降低；管理运营模式基本实现现代化；纤维素乙醇的主要技术瓶颈基本解决，纤维素酶的生产成本降至燃料乙醇成本的 30% 以下（现占 70%），建成纤维素乙醇规模化示范工厂；生物燃料相关政策进一步完善，形成规范的市场准入机制，初步形成全国范围的生物燃料市场交易体系。

中期（2025—2030 年）：实现以甜高粱等糖类作物为原料的燃料乙醇的大规模商业化发展，应用耐高温、高乙醇浓度、高渗透性微生物发酵技术，采用非相变分离乙醇技术；不断提高乙醇与石油的经济竞争性；戊糖、己糖共发酵生产乙醇技术实现突破，纤维素乙醇进入生产领域；耐贫瘠能源作物在盐碱地、沙荒地大面积种植，提高淀粉作物中淀粉含量、糖作物中糖含量技术成功，高产、耐风沙、干旱的灌木与草类种植取得突破；配套车辆技术进入市场，使燃料乙醇在运输燃料中起到重要的作用。

2030 年，形成完整的生物质资源数据库，进一步开发可利用土地资源，加强对农林废弃物的利用；生物燃料的生产技术工艺达到发达国家水平，第二代燃料乙醇规模化应用成为生物燃料产业开发的重点，生物燃料成为化石燃料的主要替代能源（见表 8-3）。

表 8-3　不同时期生物燃料乙醇的供应能力

原料	2022 年	2025 年	2030 年	2040 年	2050 年
木薯	3	6	11	21	39
甜高粱	116	231	376	720	1152
甘薯	43.75	92.50	150	321.40	500
纤维素	83.33	200.00	600.00	1500.00	2500.00
陈化粮	300	600	600	600	600
工业尾气发酵	9	30	100	300	600
合计（万吨）	555	1160	1837	3462	5391

资料来源：国家发展改革委能源研究所

2025 年，利用 10% 的边际土地种植甜高粱、木薯、甘薯等能源作物，再通过提高木薯、甘薯单产能力，改进淀粉糖化技术、提高发酵水平，生产燃料乙醇 329.5 万吨；用于生产纤维素乙醇的农作物秸秆量占秸秆资源总量的 1%，由于酶活性的大幅提高，生产工艺的成熟，生产 1 吨乙醇消耗的秸秆降低为 5 吨（现为 7 吨），纤维素乙醇的产量将达到 200 万吨；加上工业尾气乙醇和现有陈化粮乙醇产能，达到约 1160 万吨 / 年的生物燃料乙醇供应能力。

2030 年，种植甜高粱、木薯、甘薯等能源作物的边际土地开发占比达 25%，土地开发面积约 101 万公顷。非粮作物生产的乙醇达 537 万吨；用于纤维素乙醇生产的农林废弃物约 3000 万吨，纤维素乙醇产量约 600 万吨；工业尾气乙醇达到 100 万吨，生物燃料乙醇总供应量达到 1837 万吨。

2040 年，以甜高粱、木薯、甘薯等非粮原料为主的燃料乙醇生产技术基本成熟，纤维素乙醇的生产技术也基本实现商业化，重点将转向边际土地有效开发，产业规划布局更为合理。在兼顾能源供给比重、环境保护以及能源转化效率的前提下，生物燃料乙醇的生产能力将增加到 2300 万吨 / 年以上。

2050 年，不同原料的燃料乙醇生产技术均已成熟，燃料乙醇将作为主要的化石替代能源，实现最大的能源效益、社会效益、环境效益，成为燃料乙醇产业发展考虑的主要因素。届时，生物燃料乙醇将超过 5300 万吨 / 年的供应能力。

三、低碳非电能源供应路线图

"双碳"目标下，化石能源总量趋于饱和，其定位、作用逐步发生深刻变化，电气化进程持续发展，非化石能源逐步成为电力供需主体，需要着重发挥好天然气、氢能、生物质等低碳非电能源在构建新型电力系统，以及推进工业、建筑、交通等多领域低碳发展方面的关键支撑作用（见图 8-1）。中长期我国低碳能源供应发展可划分为 3 个阶段。

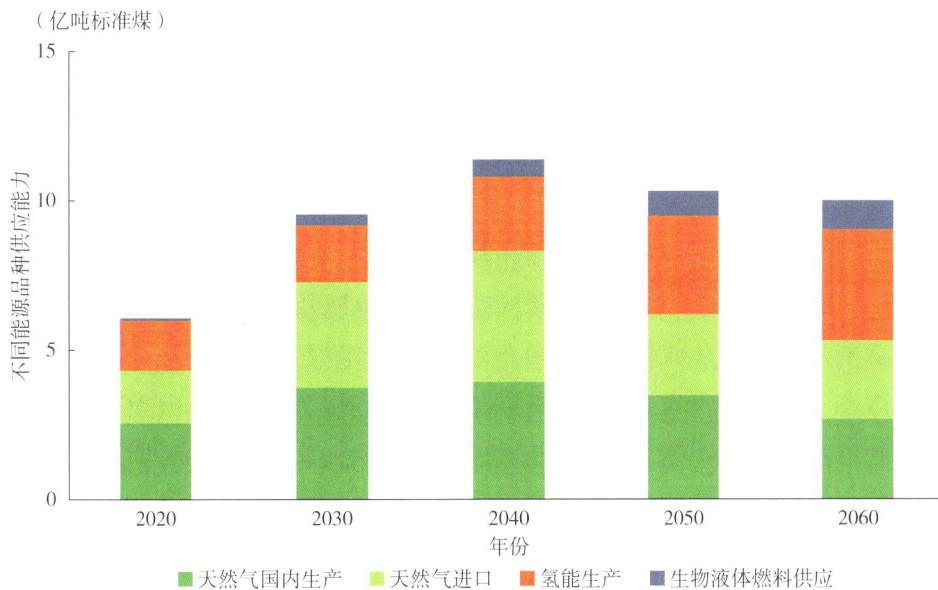

图 8-1　我国低碳非电能源供应整体发展

资料来源：作者自绘

2021—2030 年，天然气供应能力增长较快，氢能制取仍以灰氢为主，生物液体燃料发展加快。2031—2040 年，绿氢迅猛发展，生物液体燃料供应潜力翻倍，国内天然气生产逐步进入平台期。2041—2060 年，碳中和目标下，绿氢成为供应主体，生物液体燃料供应能力大幅增加，天然气供应能力随消费下滑。绿氢成为氢能制取主体，氢能产量中绿氢超过80%；技术进一步突破，生物液体燃料供应能力进一步提升。

四、提升低碳非电能源供应保障能力的主要任务与保障措施

加快发展低碳非电能源是落实"双碳"目标、实现能源转型的必要支撑，需要高度重视提升低碳非电能源供应保障能力。一是大力发展绿氢制取技术；二是多气并举提升国内天然气供应保障能力，高度重视并优化进口天然气资产组合配置；三是加快建设生物液体燃料供应保障体系。

（一）大力发展绿氢制取技术

目前化石能源制氢成本较低，但考虑到提纯环节及碳排放因素，化石能源制氢相比绿氢的经济性优势有限。工业副产氢因同时具备低成本和低排放的特点，是未来一段时期满足增量需求的重要氢源。电解水制氢模式多样，成本各异，但受可再生能源发电技术进步的影响，未来降本空间较大。

天然气对于氢能产业链发展初期的市场培育、技术推动，进而真正实现绿氢的产业化应用具有重要意义。

（二）多气并举提升天然气供应保障能力

一是将天然气生产定位为保障国家能源安全的基础。提升国内油气产量是保证供应安全最重要的途径。二是高度重视并优化进口天然气资产组合配置。应借鉴大型国际石油公司的发展经验，发挥中国石油企业的业务综合性优势，提高资源的国际运作能力。

（三）加快建设生物液体燃料供应保障体系

一是建设上游原料供给侧物流体系。生物燃料未来发展空间和发展潜力取决于原料供给侧能力。加强生物燃料上游原料供给侧建设，建立能源作物培养、种植、收集、运输、存储物流体系。

二是建立完善生物燃料标准质量认证体系。研究生物燃料乙醇质量认证标准，构建生物燃料原料追溯体系和碳排放认证体系，对生物燃料乙醇产品进行清洁燃料质量评级认证。

三是构建生物燃料乙醇交易市场。通过生物燃料绿色认证交易系统，构建和保障生物燃料的稳定市场需求，逐步实现清洁生物燃料对化石燃料的有序替代。

第 9 章
生物燃料*

* 本章主要执笔人为农业农村部农业生态与资源保护总站窦克军、薛颖昊、王全辉，壳牌集团研发中心尤布·豪斯曼，课题组其他成员参与了讨论和修改。

本章要点

　　在近中期的清洁能源替代进程中，生物液体燃料仍将作为重要的战略能源，是实现道路交通领域柔性降碳的有效途径。

　　现阶段生物液体燃料的供应能力约 700 万吨标准煤。到 2060 年，生物液体燃料将基本覆盖非电气化交通航空运输领域，生物液体燃料供应总量将超过 1 亿吨标准煤。在现有的技术水平和经济条件下，生物液体燃料仍需依靠国家强制法令、绿色认证、税收减免和补贴激励等措施保障产业稳定发展。

　　当前，全球应对气候变化形势严峻，生物质能在能源绿色低碳转型中的重要性得到全球普遍认同。生物质能是替代化石能源和化工产品的重要方式，是世界各国实施碳中和战略的重要组成。生物液体燃料在重型卡车、船运、航空等电力驱动难以替代的领域展现出潜力优势，世界各国均在持续不断加强研发支持力度和市场化应用探索，生物液体燃料已作为交通领域低碳发展的重要战略能源。生物液体燃料受可利用资源条件、边际土地开发条件、原料价格、生产技术进步、市场需求等因素影响，未来开发具有较大不确定性。在生物液体燃料原料供给方面，通过优化项目布局，统筹协调原料收储运物流体系，有序开展能源作物培育种植，形成经济规模化原料供给保障系统；继续加大科研投入，在生物液体燃料转化技术经济竞争力方面力争取得突破；在应用市场方面，通过配额制度和绿色认证制度等措施，营造生物液体燃料公平优先利用的市场环境；积极挖掘生物液体燃料碳交易市场潜力，通过低碳特性增强市场竞争力。未来生物液体燃料资源开发潜力巨大，生物液体燃料将在能源低碳绿色转型中发挥重要作用。

一、"双碳"目标下生物液体燃料的重要意义

生物液体燃料在保障能源安全、应对气候变化、促进社会经济高质量发展等方面具有重要意义，特别是在重型卡车、船运、航空等电力驱动难以替代的领域发展潜力巨大，世界各国均在持续不断加强研发支持力度和市场化应用探索，生物液体燃料已作为交通领域低碳发展的重要战略能源。

国际能源署发布的《净零 2050》（*Net Zero by 2050*）提出，全球现代生物质能源供应中，约 10% 的生物液体燃料用于公路运输。在 2050 年净零情景下，生物液体燃料供应量将增加近 4 倍，生物气体燃料供应量将增加 6 倍。目前低排放燃料仅占全球终端能源需求的 1%，2050 年净零情景下将增加到 20%。其中，生物液体燃料将满足全球运输能源需求的 14%（2020 年为 4%）。

2021 年 4 月，国际能源署生物质能研究组和先进发动机燃料研究组联合发布《可再生燃料在道路运输脱碳中的作用》，提出生物燃料仍将是中短期内脱碳的最大贡献者。根据当地原料可获得量，最大限度地使用生物燃料，特别是完全替代型生物燃料，在 2050 年前从油箱到车轮的二氧化碳排放量可以减少到接近为零。2060 年，由可持续原料生产的生物燃料可以替代 30% 的交通燃料需求。

从现有清洁替代技术路径分析，在清洁电动汽车实现有效降碳之前，生物燃料替代化石燃料可以直接降低交通运输工具的尾气排放，且几乎无须改动现有基础设施，可达到低社会成本投入下的显著降碳减排效应，是实现道路交通领域柔性降碳的有效途径。

二、国际生物燃料概况

（一）生物燃料技术进展

1. 生物燃料乙醇

通常生物燃料乙醇生产技术按照技术发展和原料变化历程分为 3 个阶段。第一代生物燃料是由淀粉作物（玉米、高粱等）、糖料作物（甘蔗、甜菜等）、油料作物（大豆、油菜等）和动物脂肪制成。糖和淀粉作物通过发酵过程转化成生物醇，包括乙醇、丙醇和丁醇。第二代生物燃料也称作纤维素生物燃料，是利用非粮食作物和废

弃的生物质中的纤维素制成的生物燃料，主要原料包括玉米秸秆、玉米棒、稻草、木材和木材副产品等。第三代生物燃料使用藻类作为原料。

当前，以甘蔗、玉米、薯类等糖或淀粉类作物为原料的生物燃料乙醇为主。利用非粮食类原料生产的生物燃料被称作先进生物燃料，先进之处在于非粮原料主要是开发利用农林废弃物、有机废弃物等可再生的生物质资源，对间接土地用途变化、温室气体排放等环境因素的影响甚小，未来发展空间巨大。

纤维素乙醇的商业化落后于生物柴油。阻碍运营商投资纤维素生物燃料的主要因素是高昂的研究和生产成本以及监管的不确定性。

美国阿贡国家实验室使用 GREET 模型计算由不同原料和转换方法制成的碳氢化合物燃料在生命周期中产生的温室气体排放量。研究结果显示，玉米籽粒可减少 40%，甘蔗汁可减少 70%，甘蔗秸秆和玉米秸秆等纤维素生物质可减少 70% ~ 96%。

2. 生物柴油

欧盟生物柴油产业发展全球领先，受 2020 年新冠疫情的影响，欧盟生物柴油和氢化可再生柴油的消费量下降近 6%（减少 86 万吨）。生物燃料使用比例减少反映了 2020 年化石燃料消费状况。

氢化可再生柴油，主要是利用动植物油脂经过化学反应和加氢精炼等工艺生产高品质生物柴油。原料主要来自废弃动植物油脂或能源植物油脂，产品主要以高品质的生物柴油为主，可以完全替代柴油，且无须改动发动机。经改性后可用作航空燃料，现已有多家航空公司将该类燃料作为航空煤油的替代。该类技术在先进生物燃料技术中最为成熟，生产规模最大，欧盟自 2012 年开始生产氢化可再生柴油，2020 年氢化可再生柴油产量约 265 万吨。[①]

3. 先进生物燃料

从国际生物燃料技术发展趋势分析，先进生物燃料的生产方式主要分为 3 类，即生物化学法、热化学法和化学法。

生物化学法主要以纤维素乙醇等二代生物燃料乙醇技术为代表。热化学法通常是指通过气化、热解、干燥等方式，将生物质分解为气体形式的简单分子，如氢、碳氧化物、水、甲烷等，再经过催化转化生成生物液体或气体燃料的过程，该方法的主

---

① Biofuels Annual Country: European Union（USDA）.

要原料为木屑和林业木质废弃物、城市固体垃圾分选和亚硫酸废液等，产品包括费托合成燃料、合成天然气以及二甲醚、醇类燃料等含氧类液体燃料。化学法主要是利用动植物油脂经过化学反应和加氢精炼等工艺生产高品质生物柴油的过程。化学法的主要技术特点是原料选择灵活，可使用植物油或废弃脂肪生产高品质可再生柴油，作为灵活加注燃料应用于道路和海洋运输领域，同时还生产可再生石脑油、丙烷和烷烃。

4. 航空燃料

生物燃料能够显著减少航空部门的温室气体排放，并对气候变化产生积极影响。可持续航空燃料市场预计将从 2020 年的 6600 万美元增长到 2030 年的 153.07 亿美元[1]。由于替代航空燃料商业化使用技术快速发展，预计生物燃料产能将在未来 10 年迅速扩大。据美国能源信息署（EIA）资料显示，2050 年，全球 1060 亿加仑的商用飞机燃料市场预计将增长到 2300 亿加仑（U.S.EIA，2020）。经济竞争力强、环境可持续的航空燃料（SAFs）被认为是将碳增长与市场增长脱钩的关键。可再生和废弃的碳可以提供低成本、清洁燃烧和烟尘低的航空燃料。

在生物燃料制造技术方面，加氢酯和脂肪酸合成石蜡煤油（HEFA-SPK）是最具商业价值的可持续航空燃料的生产技术，将引领可持续航空燃料市场。生物航空燃料的开发已经从航空公司或设备制造商的单程示范飞行发展到多利益相关方供应链倡议，包括设备制造商、航空公司、燃料制造商和机场。

在生物燃料混合方面，30% ~ 50% 的可持续航空燃料市场在未来 10 年保持高年复合增长率。适度的混合能力、现有燃料系统中的随即加注设施、供应物流基础设施和机队将总成本控制至最低，以满足商业和军事航空的数量需求。

欧洲已形成全球领先的可持续航空燃料市场。欧洲是生物燃料生产技术领域的关键参与者，已有商业规模的工厂在运营。同时积极推进与研究机构的产业合作，旨在对欧洲可持续航空燃料市场产生积极影响。2018 年，欧盟可再生能源指令Ⅱ（RED Ⅱ）设定了可再生能源总目标，即到 2030 年可再生能源占比达到 32%，其中交通运输部门的目标为 14%。RED Ⅱ将传统与基于作物的生物燃料的份额限制在欧盟成员国 2020 年消费水平的 1% 以上，最高不超过每个欧盟成员国公路和铁路运输最终消费的 7% 的总上限。RED Ⅱ设定 2030 年先进生物燃料的使用量达到 3.5%。此外，欧盟在 RED Ⅱ中引入了生物质的可持续性标准，并扩大了生物燃料的可持续性标准。目前，

---

① Sustainable Aviation Fuel Market worth $15307 million by 2030 - Exclusive Report by MarketsandMarkets™.

欧盟正计划逐步扩大 SAFs 的使用规模，从 2025 年的 2% 开始，到 2050 年的 63%。

2021 年，生物航空燃料取得了显著进展。5 月 28 日，法国航空—荷兰皇家航空集团、道达尔能源、ADP 集团和空中客车公司联合开展了首次使用法国生产的可持续航空燃料进行长途飞行。此次飞行使用的生物燃料是由废弃物制成的。法国立法要求到 2022 年，所有从法国出发的航班使用至少 1% 的可持续航空燃料[①]。

（二）国际生物燃料市场

生物液体燃料在全球范围内的应用已经较为广泛，主要是燃料乙醇和生物柴油在道路交通领域替代化石燃料。随着生物燃料技术不断进步，未来生物燃料在航空燃料领域的应用也将有较大空间。

生物燃料乙醇主要以糖类和谷类作物为原料生产而成，其中以糖类为原料生产的燃料乙醇约占 60%，以谷类作物为原料生产的燃料乙醇约占 40%。不同国家和地区的自然条件差异决定了不同生物燃料原料类型，美国主要以玉米为主，巴西以甘蔗为主，中国以陈化玉米为主。进入 21 世纪，全球生物燃料乙醇产量从 2002 年的 1619 万吨增至 2018 年 8574 万吨的历史高点。2019 年以来受新冠疫情影响，全球生物燃料乙醇产量略有下降，2020 年产量约 7747 万吨（见图 9-1）。

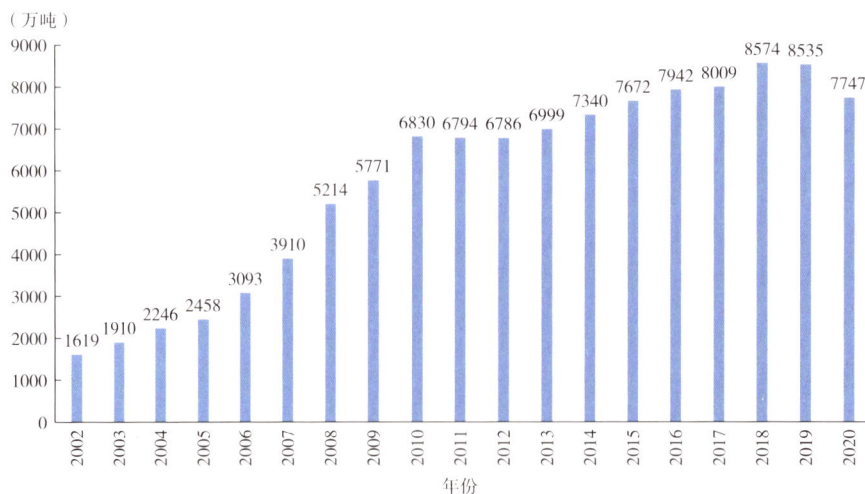

图 9-1　2002—2020 年全球生物燃料乙醇产量
资料来源：可再生燃料协会（RFA）

[①] Air France-KLM, Total, Groupe ADP and Airbus Join Forces carried out The First Long-Haul Flight Powered By Sustainable Aviation Fuel Produced in France - PR Newswire APAC (prnasia.com).

近年来，道路交通车辆的电气化和智能化发展对包括生物燃料产业在内的传统交通燃料发展形成巨大挑战。鉴于生物燃料在保障能源安全、应对气候变化、促进社会经济发展等多方面的重要作用，在重型卡车、船运、航空等电力驱动难以替代的特殊领域仍有较大空间。值得注意的是，发达国家长期保持着对生物液体燃料技术研发和市场化应用探索的经费支持。在近中期的清洁能源替代进程中，生物燃料将是重要的战略能源。

（三）美国生物燃料乙醇状况

经过近半个世纪的发展，美国的生物燃料乙醇市场已十分成熟。完善的产业链条和政府管理体系为美国生物燃料乙醇的持续发展做出了巨大贡献。新冠疫情之下，美国生物燃料乙醇产业遭受重创。据美国能源信息署（EIA）发布的年终数据，2020 年美国燃料乙醇产量约为 4162 万吨，比 2019 年下降 552 万吨，同比减产 11.7%。这是自 2014 年以来的最低产量（见图 9-2）。尽管如此，美国仍是全球最大的燃料乙醇生产国，约占全球燃料乙醇产量的 54%。2020 年，美国国内燃料乙醇消费量为 3773 万吨，比 2019 年下降 13.2%，是 2009 年以来的最低水平。2020 年美国汽油消费总量约为 3.5亿吨，同比下降 13.5%。尽管 2020 年燃料乙醇产量和混合燃料消费总量有所下降，但从全年来看，乙醇在汽油中的占比有所增加，年平均掺混率达到创纪录的 10.23%。

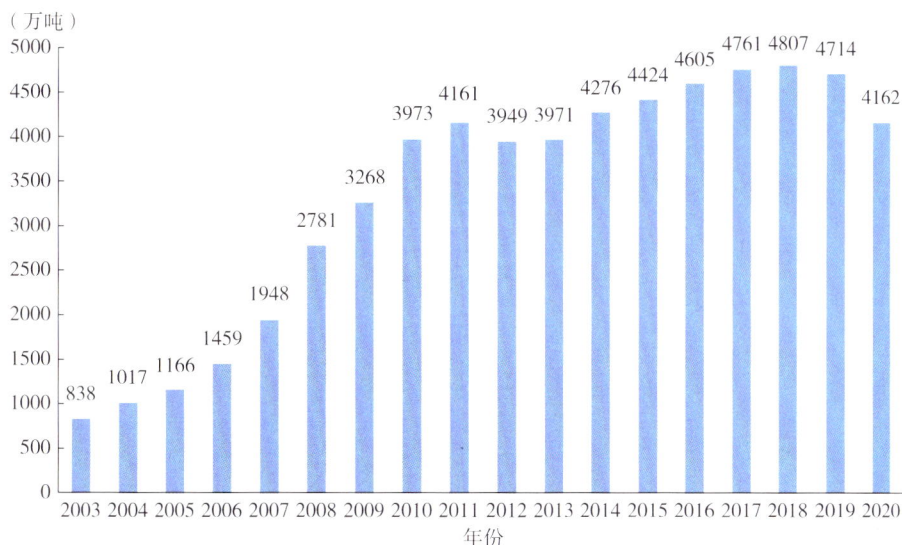

图 9-2　2003—2020 年美国生物燃料乙醇产量

资料来源：美国能源信息署

1. 美国生物燃料乙醇掺混方式

美国的乙醇汽油混合燃料主要分为 3 类，分别是 E10、E15 和 E85。E10 是在汽油中添加 10%（体积比）乙醇的混合燃料，E15 是在汽油中添加 15%（体积比）乙醇的混合燃料，E85 是在汽油中添加 85%（体积比）乙醇的混合燃料。美国大多数车用汽油的乙醇含量不超过 10%。E15 主要在乙醇生产能力较集中的中西部销售，灵活燃料汽车可以使用 E85 以下任意比例的乙醇汽油混合燃料。通常加油站对汽油的燃料乙醇含量均有明确标识。

2. 美国生物燃料乙醇市场

新冠疫情导致的经济中断和相关贸易关闭对美国农业经济影响严重。生物燃料乙醇产业仍然是推动农村经济发展的主要动力。作为全球燃料乙醇成本最低的生产国，美国加强了对国际市场的开发力度。低价且高辛烷值的燃料乙醇吸引了全球交通燃料市场用户。

终端市场环境促进了燃料乙醇需求增长。近年来，汽车制造商开始倾向使用高辛烷值汽油的涡轮增压和高压缩比发动机，燃料乙醇作为清洁、廉价、高辛烷值燃料，需求明显增加。在普通无铅汽油价格下跌的同时，高档汽油的价格仍保持高位。汽油溢价和普通汽油之间的价差升至 25 年来的最高水平。

E15 推广政策进一步扩大了燃料乙醇市场。2019 年美国环保署允许 E15 全年在全国销售。在 E15 的加油站数量增加和汽车制造商的广泛认可的推动下，乙醇市场规模大幅增长。在美国农业部的混合基础设施激励计划推动下，燃料乙醇掺混基础设施建设显著增长。

（四）巴西生物燃料乙醇状况

巴西是最早将生物燃料乙醇用于道路交通燃料的国家，2020 年生物燃料乙醇总产量约为 313.5 亿升，比 2019 年下降 16%，减产的主要原因是工厂将甘蔗原料更多地用于制糖生产。目前巴西在运行的甘蔗燃料乙醇工厂超过 360 座，巴西甘蔗产业协会数据显示，近 10 年来，巴西乙醇产量增长了两倍，2018 年巴西新增注册使用的汽车总量为 225 万辆，其中使用乙醇燃料汽车达 217 万辆，电动汽车 4034 辆，汽油车 81934 辆，新增使用乙醇燃料的车辆占新增车辆的 96.4%。①

---

① Biofuels Annual Country: Brazil（USDA）.

1. 巴西生物燃料乙醇政策

长期以来，巴西是全球最大的燃料乙醇生产国之一。早在 1975 年，巴西政府就启动实施了"国家乙醇计划"，授权巴西石油公司在汽油中按一定比例添加乙醇，通过补贴、减免工业税和增值税以及行政干预等手段，鼓励大规模种植甘蔗，以生产酒精替代石油，并大力研制使用酒精的新能源汽车。巴西政府最新的激励政策是上调了乙醇掺混比例，自 2015 年 2 月 15 日起，汽油中乙醇掺混比例从 25% 提升至 27%。巴西政府正在致力研发从农林业废弃物中提炼乙醇，以期利用植物纤维素进行乙醇商业化生产，进一步提高乙醇产量。2019 年 12 月巴西政府开始实施国家生物燃料（RenovaBio）政策，旨在支持《联合国气候变化框架公约》第二十一届缔约方大会（COP21）上巴西提出的国家目标。巴西自愿承诺在 2005 年的基础上，到 2025 年将国内温室气体排放量减少 37%，到 2030 年减少 43%。2020 年 4 月 27 日巴西证券交易所（B3）开始按照该计划规定进行脱碳信用（CBios）交易。

2. 巴西生物燃料乙醇市场

通过为 CBios 创建生物燃料乙醇市场，巴西国家生物燃料政策承认生物燃料的环境效益，并为该部门在减少温室气体排放中所起的作用提供相应资金补偿。2019 年 6 月，矿产能源部（MME）与国家能源政策委员（CNPE）发布的第 15 号决议批准了燃料经销商在 2020—2029 年内必须达到的强制性目标。

2019 年 12 月底，巴西国家生物燃料政策正式启动。据此，强制性目标旨在到 2029 年将交通燃料的碳强度（CI）从 2018 年的 73.6g CO_2/MJ 的基准降至 66.1g CO_2/MJ（减少约 10.2%）。为了保证拟议的目标，矿产能源部估计 2029 年将需要 9550 万份 CBios 交易指标。

（五）欧洲生物燃料状况

2018 年，欧洲燃料乙醇产量达到 427 万吨，较上年增长约 1%。法国是欧洲最大的燃料乙醇生产国，德国是欧盟成员国中生物液体燃料消费量最大的国家，生物液体燃料的消费量占道路交通燃料的 5.7%。据德国环境部统计，生物燃料乙醇行业为德国创造了 2.3 万个直接工作岗位。此外，匈牙利和英国的燃料乙醇产量大幅增长，增长幅度分别达到 38% 和 23%。

2019 年，欧盟的生物燃料乙醇（1.4%）和生物柴油［包括氢化可再生柴油（HDRD），6.4%］的消费量都有所增长。生物燃料乙醇消费量的增长很小，勉强超过了 2011 年。生物柴油和氢化可再生柴油的消费量自 2013 年以来显著增加，主要是受双倍计算生物柴油和氢化可再生柴油的供应增加的推动。

受新冠疫情影响，欧盟生物燃料乙醇消费量下降约 10%（减少 7.6 亿升），回落至 2013—2016 年水平。生物柴油和氢化可再生柴油的消费量下降近 6%（减少 11 亿升），与 2018 年水平相当。生物燃料使用比例减小反映了 2020 年化石燃料消费趋势。

从混合比例来看，预计生物燃料的使用占总运输燃料使用的比例将继续从 2017 年开始稳步上升。到 2020 年，生物燃料与化石燃料混合的总量（以能源为基础，并双倍计算先进生物燃料）将达到 8.1%。与 2019 年 7.6% 的混合比例相比只是小幅增长。排除双倍计算，2020 年混合预计将达到 6.2%（2019 为 5.9%），生物燃料乙醇占 3.8%（2019 年为 3.8%），生物柴油和氢化可再生柴油占 7.1%（2019 年为 6.7%）。

（六）国际生物燃料政策概况

全球生物液体燃料产业受各国政策调整变化起伏波动，欧盟对生物液体燃料生产原料的可持续性和减排效果进行了反复论证和数轮投票决议，美国一再延迟生物液体燃料的补贴政策并调整可再生燃料目标。其他国家也在努力推行生物液体燃料的掺混政策或提高掺混比例，全球已有近 50 个国家的政策明确支持可再生能源燃料在交通领域的应用。

1. 掺混政策

全球约有 33 个国家实施了生物液体燃料强制掺混政策。阿根廷的乙醇掺混比例从 7%（E7）提升至 10%（E10），生物柴油掺混比例也为 10%（B10）。巴西生物柴油掺混比例由 5%（B5）提升至 7%（B7），并且将燃料乙醇掺混比例从 25%（E25）增至上限值 27.5%（E27.5）。马来西亚生物柴油掺混比例从现有的 5%（B5）提高到 10%（B10）。

自 20 世纪 70 年代全球发生石油危机以来，美国开始推行生物燃料乙醇发展计划，产业发展至今，除了依靠先进玉米种植技术和高效的乙醇生产管理水平外，同样离不开长期稳定的法律法规保障和完善的政策激励措施以及市场化运行机制的支撑。在推行生物燃料乙醇之初，将其视为国家能源战略的重要组成部分，研究制定了针对性的产业激励政策，明确了生物燃料乙醇作为保障国家能源安全、改善环境质量、促进农村发展、提高农民收入、调节粮食供需的战略发展目标。

2. 税收政策

以美国为例，税收减免和税收保护政策为美国生物燃料发展提供了动力。美国政府于 1978 年 9 月颁布了《能源税率法案》。该法案减少了生物燃料乙醇等新型能源用户的个人所得税，为生物燃料乙醇开辟了应用市场。为保护美国国内乙醇产业发展，1980—2011 年，美国政府实施向巴西进口的燃料乙醇征收关税的政策。财政补贴政策直接推动了美国生物燃料乙醇产业的飞跃式发展。从 2004 年起，美国政府为生物燃料乙醇生产商提供每加仑 45 美分以上的补贴，在该政策激励下，美国生物燃料乙醇产量开始呈指数型增长。

税收优惠为推动美国生物燃料产业可持续发展提供了重要支持。美国政府对先进生物燃料长期实施宽松的优惠政策，最为有效的激励政策是，对纤维素燃料产品提供每加仑 1.01 美元的税收减免，对生物柴油实施每加仑 1 美元的联邦税收减免。纤维素燃料的税收减免政策扩大了税收减免范围，延伸至利用藻类生产的生物燃料，对于藻类生物燃料，优惠不局限于售卖燃料给终端消费者的生产商，还包括售卖燃料给精炼加工商的生产商。该优惠政策涉及范围的扩大，将有助于推进藻类生物燃料的商业化开发。

3. 强制法令

强制法令政策保障了生物燃料乙醇应用市场的稳定发展。2005 年美国政府颁布的《能源政策法案》提出了可再生燃料标准（RFS），要求在交通燃料中使用燃料乙醇等可再生燃料。2007 年颁布的《能源安全与独立法案》更新了可再生燃料标准，要求到 2022 年，必须将 360 亿加仑的可再生燃料掺混到交通燃料中。该法案要求传统可再生燃料（玉米乙醇）生命周期温室气体排放相对于化石燃料的生命周期排放至少减少 20%，生物柴油和先进生物燃料必须减少 50% 的温室气体排放，纤维素生物燃料必须减少 60% 的排放。《能源安全与独立法案》还向生物精炼厂和先进生物燃料的商业化开发提供现金奖励、赠款、补贴和贷款。

4. 行业管理

为了进一步保证能源供应安全以应对气候变化，2009 年 5 月欧盟委员会制定并实施了"可再生能源指令（EU-RL2009/28/EC）"（以下简称"RED 指令"），提出至 2020 年欧盟能源消耗中至少有 20% 来自可再生能源。RED 指令规定了生物燃料使用的强制性目标，即至 2020 年每个成员国应确保国内交通用途的可再生能源消耗量，至少要占总交通能源消耗量的 10%。欧盟各成员国必须在指令生效后的 18 个月内制定本国的生物燃料相关法规，并明确逐年增长的消耗量目标，从而使欧盟整体能够达到 RED 指令所要求的 2020 年消耗量目标。

从全球范围来看，纤维素乙醇商业化生产的热度已经退却。国际原油价格持续处于低位，二代燃料乙醇技术并未显现出经济竞争力。意大利的全球首家商业化纤维素乙醇项目仍处于停产状态，杜邦公司在美国的纤维素乙醇项目已经转让出售，几家具备纤维素乙醇制备技术能力的欧洲企业难以寻求商业化合作伙伴。随着电动汽车和新型燃料汽车的发展和创新，生物交通燃料未来发展空间必将受到影响。近10年来，欧盟正在逐步削减对传统生物燃料的支持政策，而我国在政策推动下可能成为新一轮二代乙醇制备技术商业化的引领国家，带动全球生物燃料乙醇产业发展。未来生物液体燃料将向高值化和多元化的生物炼制绿色环保产品方向发展，在替代传统化石基产品和航空燃料方面发挥重要替代作用。生物燃料的发展更多取决于各国政策的支持力度。

三、国内生物液体燃料现状

（一）粮食类燃料乙醇

目前，我国乙醇生产均以淀粉类粮食原料为主，即以玉米和小麦为原料。传统制作过程是水解或发酵法，首先是生物质在催化剂的作用下发生水解反应，转化成五碳糖或六碳糖，然后糖类经过发酵转化成乙醇，最后通过蒸馏和精馏精制为燃料乙醇。其工艺流程一般分为5个阶段，即液化、糖化、发酵、蒸馏、脱水。粮食类燃料乙醇技术也被称为第一代燃料乙醇技术，我国这类乙醇生产技术已经十分成熟，"十五"期间，国家批准了包括吉林燃料乙醇有限责任公司、河南天冠企业集团有限公司、安徽丰原生物化学股份有限公司[①]和黑龙江华润乙醇有限公司[②]等4家燃料乙醇试点企业，以消化陈化粮为主生产燃料乙醇。近几年，燃料乙醇在全国几个省市进行了推广，取得了很好的成效。目前中国推广乙醇含量10%的乙醇汽油的省份从最初4个试点扩大到9个。随着试点规模的扩大，我国燃料乙醇销售量迅速增长，2011年我国燃料乙醇产销量达193.76万吨，发展为世界第三大生物燃料乙醇生产国。

影响生物燃料乙醇生产成本的主要因素是原料价格，原料成本占总成本60%～80%。在不同地区和不同生产工艺间，设备价格和制造水平、建筑材料来源和价格、原料收购和运输的价格等方面存在差异，一般说来，不同规模的淀粉类原料燃料乙醇生产厂的单位投资为每吨乙醇生产成本在5800～7000元范围内。随着陈化粮的消耗及玉米价格的上涨，即使政府出台了多项税收优惠政策，以粮食为原料的第一代燃料

---

① 此公司乙醇部分的业务后被中粮集团收购。
② 此公司后被中粮集团收购。

乙醇生产企业也多处于亏损的状态，毛利率介于 –20% ~ –10%，在政府的弹性财政补贴下可实现 10% ~ 20% 的毛利，综合净利润率约为 12%。表 9-1 为第一代玉米燃料乙醇技术经济性分析。[①]2020 年的玉米收购价格在 2000 元 / 吨左右，玉米燃料乙醇的生产成本约为 6800 元 / 吨。玉米乙醇生产转化技术相对成熟，未来转化效率提升较为有限，预计随着玉米价格不断上涨，玉米燃料乙醇生产成本总体呈上涨趋势。到 2030 年，玉米燃料乙醇生产成本约为 7800 元 / 吨；到 2060 年，预计玉米燃料乙醇生产成本接近 10000 元 / 吨。

表 9-1　第一代玉米燃料乙醇技术经济性分析

要素	2020 年	2030 年	2040 年	2050 年	2060 年
玉米价格（元 / 吨）	1967	2398	2648	2840	2985
原料消耗（元 / 吨乙醇）	3.0	2.8	2.8	2.7	2.7
原料成本（元 / 吨乙醇）	5901	6713	7415	7667	8059
工厂规模（吨 / 年）			300000		
固定投资（万元）	106120	129360	157690	192220	234320
辅料消耗（元 / 吨产品）	191	233	284	346	422
热力消耗（元 / 吨产品）	200	200	200	200	200
电力消耗（元 / 吨产品）	100	100	100	100	100
水耗（元 / 吨产品）	10	10	10	10	10
人工与管理（元 / 吨产品）	424	517	631	769	937
乙醇总成本（元 / 吨）	6826	7774	8640	9092	9728

资料来源：作者收集整理并估算

（二）非粮生物燃料乙醇

随着全球生物燃料乙醇产业的快速发展，玉米等淀粉类原料用量和价格渐长，粮食原料成为制约燃料乙醇产业进一步发展的瓶颈，非粮生物燃料乙醇成为生物液体燃料的发展方向。目前国内非粮乙醇的主要原料是木薯和甜高粱。

与粮食乙醇相比，非粮燃料乙醇具有一定成本优势，但随着木薯价格的上涨，非粮燃料乙醇的成本不断增加。尽管国内木薯种植面积超过 700 万亩，却难以满足国

① 假设固定投资每年增长 2%；管理成本每年增长 2%；2017—2020 年，玉米价格每年增长 3%；2021—2030 年，每年增长 2%；2031—2040 年，每年增长 1%；2041—2050 年，每年增长 0.7%；2051—2060 年，每年增长 0.5%。

内生物燃料乙醇生产需要，仍需从泰国、越南等国进口。由于国际木薯产量在短期内难以大幅上涨，而燃料乙醇对木薯的需求大幅增加，木薯进口价格将随之上涨从而导致非粮乙醇生产成本逐步上升，影响了燃料乙醇生产企业的盈利能力。近10年来，国内木薯乙醇新建项目缓慢，每吨燃料乙醇的木薯原料成本逼近5000元。表9-2和表9-3分别为木薯燃料乙醇和甜高粱燃料乙醇的成本分析[①]。

表9-2　木薯燃料乙醇技术经济性预测

要素	2020 年	2030 年	2040 年	2050 年	2060 年
鲜薯价格（元 / 吨）	765	932	1030	1104	1161
原料消耗（元 / 吨乙醇）	6.3	6.0	5.8	5.5	5.3
原料成本（元 / 吨乙醇）	4819	5594	5974	6074	6152
工厂规模（吨 / 年）			200000		
固定投资（万元）	105950	138550	203750	407500	407500
辅料消耗（元 / 吨产品）	244	298	363	442	539
热消耗（元 / 吨产品）	200	200	200	200	200
电力消耗（元 / 吨产品）	317	321	374	474	474
水耗（元 / 吨产品）	100	100	100	100	100
人工与管理（元 / 吨产品）	424	517	631	769	937
乙醇总成本（元 / 吨）	6104	7030	7641	8059	8402

资料来源：作者收集整理并估算

表9-3　甜高粱燃料乙醇技术经济性预测

要素	2020 年	2030 年	2040 年	2050 年	2060 年
甜高粱秆价格（元 / 吨）	284	346	383	410	431
原料消耗（元 / 吨乙醇）	16	16	15	15	15
原料成本（元 / 吨乙醇）	4546	5541	5738	6152	6467
工厂规模（吨 / 年）			100000		
固定投资（万元）	31836	38808	47307	57666	70296
辅料消耗（元 / 吨产品）	424	517	631	769	937
热消耗（元 / 吨产品）	200	200	200	200	200

[①] 假设固定投资每年增长2%；管理成本每年增长2%；2017—2020 年，甜高粱价格每年增长3%；2021—2030 年，每年增长2%；2031—2040 年，每年增长1%；2041—2050 年，每年增长0.7%；2051—2060 年，每年增长0.5%。

要素	2020 年	2030 年	2040 年	2050 年	2060 年
电力消耗（元 / 吨产品）	300	300	300	300	300
水耗（元 / 吨产品）	35	35	35	35	35
人工与管理（元 / 吨产品）	424	517	631	769	937
乙醇总成本（元 / 吨）	5730	6911	7335	8025	8676

资料来源：作者收集整理并估算

（三）纤维素乙醇

纤维素乙醇技术被称为第二代燃料乙醇技术，生产工艺主要包括原料预处理、水解和发酵几个阶段。原料预处理的方法可分为物理方法、化学方法、物理化学方法、生物方法及各种组合方法五大类，以稀酸或汽爆法应用最为广泛。纤维素水解方法有稀酸或酶水解法，由于高温酸性条件下水解纤维素对设备要求很高，加之所产生抑制因子多、废水问题等，目前已逐渐转向条件温和、环境友好的酶水解法。发酵方法主要有酶水解同步糖化（共）发酵法（SSF 或 SSCF，纤维素水解和乙醇发酵在同一过程完成）和酶水解分离发酵法（SHF，纤维素水解分离得到可发酵糖溶液后发酵等）。国内企业已开展纤维素乙醇中间试验研究，中粮生化能源（肇东）有限公司、安徽丰原集团有限公司、山东龙力生物科技股份有限公司等建立了千吨级纤维素乙醇中试装置。目前纤维素乙醇工艺路线已经打通，但在原料收集、预处理、糖化、发酵和精馏的系统工艺过程中仍存在规模化工业放大问题。

"十二五"以来，纤维素乙醇技术发展进入瓶颈期，国外商业化项目运行不稳定，国内万吨级商业化项目进展缓慢。表 9-4 是对纤维素乙醇成本的分析，其中，变动成本主要来自原料价格、管理成本每年按照一定比例增长，原料消耗和辅料消耗随着技术进步逐步递减。[①]2020 年的原料（秸秆）消耗为 5 吨，秸秆收购价以 328 元 / 吨计，乙醇生产成本约 6800 元 / 吨。到 2030 年，预计纤维素乙醇的原料消耗可以稳定在 5 吨秸秆产 1 吨乙醇的转化水平，生产成本约降至 6500 元 / 吨。到 2040 年后，预计纤维素乙醇的原料消耗达到 4 吨秸秆生产 1 吨乙醇，技术进步带来的转化成本下降和原料价格上涨等因素基本抵消了纤维素乙醇的生产成本变化。到 2060 年，预计纤维素乙醇的生产成本约为 5400 元 / 吨。

---

① 假设固定投资每年增长 2%；管理成本每年增长 2%；2017—2020 年，秸秆价格每年增长 3%；2021—2030 年，每年增长 2%；2031—2040 年，每年增长 1%；2041—2050 年，每年增长 0.7%；2051—2060 年，每年增长 0.5%。

表 9-4　纤维素乙醇技术经济性预测

要素	2020 年	2030 年	2040 年	2050 年	2060 年
秸秆价格（元 / 吨）	328	400	441	473	497
原料消耗（元 / 吨乙醇）	5	5	4	4	4
原料成本（元 / 吨乙醇）	1639	1998	1766	1893	1990
工厂规模（吨 / 年）	100000				
固定投资（万元）	42448	51744	63076	76888	93728
辅料消耗（元 / 吨产品）	4000	3268	2670	2182	1782
热消耗（元 / 吨产品）	300	300	300	300	300
电力消耗（元 / 吨产品）	300	300	300	300	300
水耗（元 / 吨产品）	120	120	120	120	120
人工与管理（元 / 吨产品）	424	517	631	769	937
乙醇总成本（元 / 吨）	6784	6503	5786	5564	5429

资料来源：作者自制

（四）生物燃料乙醇市场

我国燃料乙醇生产销售按照"定点生产、定向流通、封闭运行"原则开展，为此国家划分了 10 个省区作为强制推广乙醇汽油的基地，包括黑龙江、吉林、辽宁、河北、山东、安徽、河南、江苏、湖北、广西等省区。经过几年的试点和区域封闭推广使用，试点地区乙醇汽油市场平均覆盖率达 90% 以上，乙醇汽油的消费量占全国汽油消费量的 20% 以上。乙醇汽油已经形成了从生产、混配、储运至销售的完整产业体系。7 家定点销售企业如表 9-5 所示。

表 9-5　我国燃料乙醇的定点销售企业

生产企业	生产地点	主要原料	供应地区
中粮生化能源（肇东）有限公司	黑龙江（肇东）	玉米	黑龙江
吉林燃料乙醇有限责任公司	吉林（吉林）	玉米	吉林
			辽宁
河南天冠企业集团有限公司	河南（南阳）	小麦	河南
			湖北（9 个城市）
			河北（4 个城市）

生产企业	生产地点	主要原料	供应地区
中粮生物化学（安徽）股份有限公司	安徽（蚌埠）	玉米	安徽
			山东（7 个城市）
			江苏（5 个城市）
			河北（2 个城市）
广西中粮生物质能源有限公司	广西（北海）	木薯	广西
山东龙力生物科技股份有限公司	山东（德州）	玉米芯、玉米秸秆	山东
中兴能源有限公司	内蒙古（巴彦淖尔）	甜高粱	内蒙古

资料来源：作者自制

2011—2020 年，我国生物燃料乙醇的产量如图 9-3 所示。"十二五"期间，我国生物燃料乙醇增长速度较为平稳，2012 年首次突破 200 万吨。在《关于扩大生物燃料乙醇生产和推广使用车用乙醇汽油的实施方案》政策推动下，乙醇市场需求大幅增长，国内乙醇产能迅速跟进，2018 年的生物燃料乙醇产量超过 300 万吨，较上年增长约 35%。

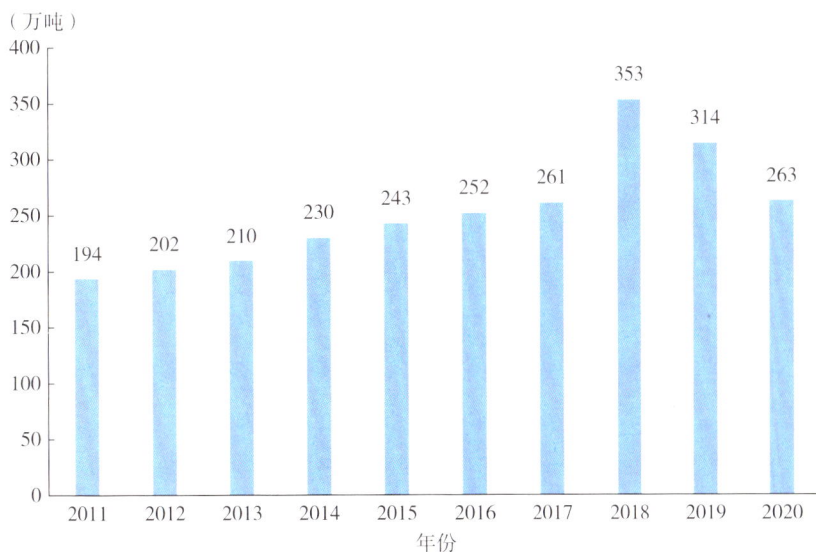

图 9-3　2011—2020 年我国生物燃料乙醇产量

资料来源：作者自绘

截至 2019 年底，据不完全统计，燃料乙醇潜在新增产能超过 900 万吨，其中生物基燃料乙醇产能约 560 万吨，化石基燃料乙醇产能约 345 万吨。新增乙醇产能中，已投产项目仅有两个，在新增产能中并非完全来自生物质原料，约 45% 的新增产能来自工业废气和少量煤基原料。

新冠疫情导致 2020 年汽油消费量明显降低，乙醇用途从燃料转向医用乙醇，与汽油的混合率进一步降低。2020 年一季度，国内汽油产量和消费量同比下降约 30%。国际石油价格创历史新低，进一步抑制了石油公司将生物燃料乙醇掺入汽油的意愿，自 2020 年 3 月以来，国内汽油价格已跌破燃料乙醇价格。同时，玉米价格上涨推高了生物燃料乙醇生产成本，迫使 2020 年计划推行 E10 政策的省市缩减实施规模，导致国内生物燃料乙醇生产商的库存量较高。生物燃料乙醇生产商转移了部分产能，生产用于抗疫的医用级乙醇。

（五）生物柴油

生物柴油产业是我国生物液体燃料的重要组成部分。我国生物柴油的生产原料是废弃油脂，属于循环经济发展范畴。2019 年，生物柴油产能超过 200 万吨，生物柴油产量约为 120 万吨。生物柴油产品市场主要在欧洲，国内目前只有上海在做生物柴油应用示范。中国石化上海石油旗下加油站自 2017 年试点启动 B5 生物柴油加注以来，累计加注 B5 生物柴油超 1000 万辆次，日均加注约 1.58 万辆次，已协助消化餐厨废弃油脂（俗称"地沟油"）近 3 万吨。上海石油建成 B5 生物柴油调和基地 1 座，年发货 40 万 ~ 60 万吨，旗下 240 余家加油站布点销售 B5 生物柴油，供应网点覆盖上海市 13 个行政区域，占运营网点总数的 41%[①]。

（六）生物液体燃料产业面临的问题

1. 短期内原料供给难以满足燃料乙醇政策市场需求

国内生物基原料短期内难以满足燃料乙醇政策市场需求，把控燃料乙醇原料来源关系到产业发展方向和可持续性。明确非粮原料的生物基燃料乙醇发展方向，严格控制化石基原料生产燃料乙醇，是我国未来燃料乙醇汽油可持续发展面临的挑战。从燃料乙醇上游原料供给结构分析，近两年来，随着玉米市场放开，玉米库存量逐步控制到较为安全合理水平，生物燃料乙醇生产仅作为消纳超期超标库存玉米的一种非依赖方式。从玉米乙醇的现有产能和新增产能来看，近中期，国内以玉米原料为主的生

---

① 数据来源：《上海石油加油站累计加注生物柴油 1000 万辆次》，国际石油网，2020 年 6 月 8 日。

物燃料乙醇生产结构不会改变。国内木薯的种植面积和供应能力在短期内无法实现规模化扩产，大量进口木薯难以保障原料供给的经济性和稳定性。甜高粱同样存在种植风险，国内甜高粱乙醇项目迟迟未能扩大规模，实际生产成本高于测算成本，增加了扩产难度。

2. 缺乏行业质量检测标准认证

现有生物液体燃料行业监管较为薄弱，产品质量参差不齐。对不同原料生产的生物燃料乙醇和生物柴油，缺乏系统科学的全生命周期排放测算，尚未形成对掺混生物燃料乙醇和生物柴油的碳减排量测算方法，同时也缺乏对排放指标的监测评估。缺乏对清洁燃料产品标准和生产指标的监管，同时也缺乏检验生物燃料乙醇产品的认证机构。生物液体燃料从产品出厂到混入汽油之前的品质认证与监管程序亟待完善。

3. 生物燃料乙醇市场机制固化

我国生物燃料乙醇示范推广的近 20 年间，采取在指定试点省市封闭强制掺混，并未将生物燃料乙醇的清洁低碳排放特性指标考量纳入市场交易体系，经销商和消费者长期处于被动参与状态，强制掺混模式缺乏市场活力。生物燃料乙醇的减排效应尚未与交通脱碳形成关联，在燃料乙醇产量减少的情况下，部分地区出现停售乙醇汽油的现象，缺乏后续监管和应对手段。生物燃料乙醇的定价方式采用一定标号的汽油价格乘以固定系数，未考虑不同原料生产的生物燃料乙醇的排放特性和差异，生物燃料乙醇市场价格未充分反映减排效应和社会环境价值。

4. 国内生物柴油市场进展缓慢

我国生物柴油产业主要以民营企业为主，生产规模受限于原料收集体系不完善，原料质量标准缺失，产品进入化石燃料交易市场困难，未形成强有力的支持鼓励生物柴油添加至柴油的政策措施。在国际市场，欧洲对生物柴油的需求量不断增加，特别是来自食用废油生产的生物柴油，全生命周期的碳减排效益十分显著。我国的生物柴油恰好主要来自食用废油和动植物废弃油脂，属于欧盟积极倡导的减排生物燃料。因此，近年来国内生物柴油原料和产品出口欧洲的数量迅速增长，一定程度上形成对国内生物柴油市场发展和交通领域低碳发展的倒逼态势。

（七）国内生物燃料乙醇政策

"十五"和"十一五"期间，我国开始实施陈化粮燃料乙醇产业支持政策，鼓励生物液体燃料的生产和车用乙醇汽油的应用，包括生产税收优惠和产品补贴、政府指导销售价格、原料生产基地补贴等。

1. 生产应用推广政策

2004 年 2 月，国家发展和改革委等八部委联合发布了《关于印发〈车用乙醇汽油扩大试点方案〉和〈车用乙醇汽油扩大试点工作实施细则〉的通知》（发改工业〔2004〕230 号），指定中国石油天然气集团公司和中国石油化工集团公司①收购燃料乙醇并调配乙醇汽油，在黑龙江、吉林、辽宁、河南、安徽五省及河北、山东、江苏、湖北四省的 27 个地市开展车用乙醇汽油扩大试点工作，推广使用乙醇含量为 10% 的车用乙醇汽油。

2. 收购和销售价格

《关于印发〈车用乙醇汽油扩大试点方案〉和〈车用乙醇汽油扩大试点工作实施细则〉的通知》（发改工业〔2004〕230 号）还规定了变性燃料乙醇结算价格按同期公布 90 号汽油出厂价（供军队和国家储备）乘价格折合系数 0.9111。2011 年，根据《国家发展和改革委员会办公厅关于调整变性燃料乙醇结算价格的通知》，调整了变性燃料乙醇结算价格，即按国家发展改革委同期公布的供军队和国家储备用的 93 号汽油供应价格乘价格折合系数 0.9111，此结算价格自 2011 年 3 月 1 日起执行；车用乙醇汽油的零售价格按同标号普通汽油零售中准价格执行。

3. 税收优惠政策

按照《财政部 国家税务总局关于变性燃料乙醇定点生产企业有关税收政策问题的通知》，燃料乙醇生产企业免征 5% 的消费税，增值税实行先征后返，所使用的陈化粮享受陈化粮补贴政策。随着非粮燃料乙醇发展方向的明确，相关税收优惠政策也制定了逐步取消的实施方案。

"十一五"期间，我国燃料乙醇企业主要依靠政府补贴维持运营，每年对 4 家燃料乙醇生产企业的补贴额超过 20 亿元。2007 年，国家发展改革委明确表示，不再把粮食作为生物质能源的生产原料，取代粮食的将是非粮作物。财政部印发的《可再生能源发展专项资金管理暂行办法》也明确提出，石油替代可再生能源开发利用，重点是扶持发展生物燃料乙醇、生物柴油等。生物燃料乙醇是指用甘蔗、木薯、甜高粱等制取的燃料乙醇。

非粮乙醇项目由于受到资源量、原料价格以及环保要求等条件限制，迟迟没有新进展。随着国际粮价攀升，以粮食为原料的燃料乙醇生产企业承受着巨大压力。为

---

① 2018 年改组后为中国石油化工股份有限公司。

避免"与人争粮，与粮争地"，在国家政策的正确指导和有力推动下，"十二五"期间我国积极推广非粮生物液体燃料产业发展。

近 10 年来，国家出台了鼓励生物液体燃料生产和车用乙醇汽油试点的一系列政策，主要包括生产税收优惠和补贴、政府指导销售价格和原料生产基地补贴政策。上述激励政策保障了燃料乙醇产业的稳步发展。近年来，燃料乙醇产量仍保持逐年递增的主要原因是原有粮食乙醇生产企业的产能扩建。为有效控制粮食乙醇的生产规模，国家开始逐步下调燃料乙醇的定额补贴。同时，财税政策优惠也将逐步取消，根据燃料乙醇产业发展情况及时调整相关激励政策，有效控制燃料乙醇产业发展趋势，对引导产业向非粮乙醇方向发展起到积极作用，保障燃料乙醇产业的健康可持续发展。

4. 全国推广政策

2017 年 9 月，国家发展改革委、国家能源局等 15 个部门联合印发的《关于扩大生物燃料乙醇生产和推广使用车用乙醇汽油的实施方案》提出，适度发展粮食燃料乙醇，科学合理把握粮食燃料乙醇总量，大力发展纤维素燃料乙醇等先进生物液体燃料，满足持续增长的市场需求。该文件的出台引起业界对燃料乙醇产业未来发展的广泛关注。特别是放开粮食乙醇进入乙醇汽油市场，燃料乙醇原料的可持续性和市场发展空间及布局成为关注焦点。2018 年 8 月 22 日的国务院常务会议明确，确定促进天然气协调稳定发展的措施和生物燃料乙醇产业总体布局。会议决定有序扩大车用乙醇汽油推广使用，除黑龙江、吉林、辽宁等 11 个试点省份外，进一步在北京、天津、河北等 15 个省份推广。坚持控制总量、有限定点、公平准入，适量利用酒精闲置产能，适度布局粮食燃料乙醇生产，加快建设木薯燃料乙醇项目，开展秸秆、钢铁工业尾气等制作燃料乙醇产业化示范。2018 年京津冀地区及周边、长三角地区、珠三角地区等大气污染防治重点区域开始推广，2019 年实现全覆盖；2020 年，除军队特需、国家和特种储备、工业生产用油外，全国基本实现全覆盖。国家能源局发布的《2020年能源监管重点任务清单》中明确对乙醇汽油推广进行专项监管，监管内容包括安徽、江苏、山东等地乙醇汽油推广运行情况。

四、生物液体燃料发展路线图

（一）生物液体燃料

在当前我国生物液体燃料供给能力基础上，本章综合考虑现有可利用资源条件、边际土地开发条件、原料价格、生产技术进步、市场需求等因素，预测不同时期各类生物液体燃料的供应能力。现阶段生物液体燃料的供应能力约为 700 万吨标准煤。预计到 2030 年，生物燃料乙醇、生物柴油和生物航煤在现有供应规模基础上显著扩大，生物燃料乙醇、生物柴油和生物航煤的添加比例分别为 15%、10% 和 5%。到 2040 年，生物液体燃料的主要增量将来自生物燃料乙醇，届时生物航空燃料的供应量超过 1000 万吨标准煤，在航空运输燃料中的比重将达到 20%。到 2050 年，生物液体燃料供应总量将超过 9000 万吨标准煤，生物液体燃料将成为交通领域的主要清洁替代燃料，生物燃料乙醇、生物柴油和生物航煤添加比例分别为 85%、50% 和 50%。到 2060 年，生物液体燃料将基本覆盖非电气化交通航空领域，生物燃料乙醇、生物柴油和生物航煤的供应总量将超过 1 亿吨标准煤。生物液体燃料供应量预测如表 9-6 所示。

表 9-6　生物液体燃料供应量预测（万吨标准煤）

类别	2030 年	2040 年	2050 年	2060 年
生物燃料乙醇	1705	3214	4316	5006
生物柴油	1780	1968	2281	2477
生物航煤	324	1172	2516	3011
总计	3809	6354	9113	10494

资料来源：作者估算

（二）生物燃料乙醇

纤维素乙醇的原料主要来自农林废弃物，对土地资源的占用有限。若以木薯、甜高粱等非粮作物为生物燃料乙醇原料，须对现有储备土地合理开发，依靠规模化种植保障原料供应。未来生物燃料乙醇的增量主要依赖于边际土地的有效开发。

目前，我国燃料乙醇原料（主要包括木薯、甜高粱、甘薯）已种植面积约 550 万公顷，储备土地约 674.1 万公顷，假设不同时期储备土地的开发比例分别为：2025 年开发至 10%，2030 年开发至 15%，2040 年开发至 25%，2060 年开发至 35%。

近期（2025 年）：构建生物质资源数据库，合理有效开展全国范围内的储备土地开发利用；非粮作物燃料乙醇的原料问题（收储运）基本解决；种质和种植水平显著提高；生产工艺基本成熟；污水处理能力与生产能力相适应；生产能耗大幅降低；管理运营模式基本实现现代化；纤维素乙醇的主要技术瓶颈基本解决，纤维素酶的生产成本降至燃料乙醇成本的 30% 以下（现约占 70%），建成纤维素乙醇规模化示范工厂；生物燃料相关政策进一步完善，形成规范的市场准入机制，初步形成全国范围的生物燃料市场交易体系。

中期（2025—2030 年）：实现以甜高粱等糖类作物为原料的燃料乙醇的大规模商业化发展，应用耐高温、高乙醇浓度、高渗透性微生物发酵技术，采用非相变分离乙醇技术；不断提高乙醇与石油的经济竞争性；戊糖、己糖共发酵生产乙醇技术实现突破，纤维素乙醇进入生产领域；耐贫瘠能源作物在盐碱地、沙荒地大面积种植，提高淀粉作物中淀粉含量、糖作物中的糖含量技术成功，高产、耐风沙、耐干旱的灌木与草类种植取得突破；配套车辆技术进入市场，使燃料乙醇在运输燃料中发挥重要作用。

2030 年，形成完整的生物质资源数据库，进一步开发可利用土地资源，加强对农林废弃物的利用；生物燃料的生产技术工艺达到发达国家水平，第二代燃料乙醇规模化应用成为生物燃料产业开发的重点，生物燃料成为化石燃料的主要替代能源。表9-7 显示不同时期生物燃料乙醇供应能力。

表 9-7　不同时期生物燃料乙醇供应能力（万吨）

生物燃料乙醇原料	2022 年	2025 年	2030 年	2040 年	2050 年	2060 年
木薯	3	6	11	21	34	41
甜高粱	116	231	376	720	987	1152
甘薯	43.75	92.5	150	321.4	428.6	500
纤维素	83.33	200	600	1500	2000	2500
陈化粮	300	600	600	600	600	600
工业尾气发酵	9	30	100	300	600	600

资料来源：作者估算

（三）生物柴油

目前，我国生物柴油的主要原料来自餐饮废油和动植物油脂。随着国内市场发展，未来生物柴油生产还可以利用油脂加工废油、能源作物等作为原料。现阶段，餐饮废油是我国生物柴油生产的主要原料，国内每年产生的餐饮废油大约可以满足 500 万吨的生物柴油生产。

在"双碳"目标下，废弃油脂的增长空间相对有限。根据城镇化发展速度和生活水平增长趋势，假设 2040 年以前，餐饮废油每年以 2% 的涨幅增长；2040 年后，预计餐饮废油将以每年 1% 的速度开始逐步减少。2020 年，动物油脂和油脂加工废油的总量可提供约 200 万吨的生物柴油生产原料，预计未来每年将以 3% 的增速持续增长。表 9-8 显示了不同时期生物柴油供应能力。

表 9-8　不同时期生物柴油供应能力（万吨）

生物柴油原料	2020 年	2025 年	2030 年	2040 年	2050 年	2060 年
餐饮废油	500	552	609	743	672	608
动物油脂	100	116	134	181	243	326
油脂加工废油	100	116	134	181	243	326
能源作物	0	20	100	200	400	600
合计	700	804	977	1305	1558	1860

资料来源：作者估算

预计 2030 年以后，生物柴油生产原料的主要增量将来自油料能源林。2040 年以后，能源作物将发展成为生物柴油规模化生产的主要原料来源之一。根据国家林业和草原局数据，我国可用于发展林业生物质能的荒山荒地、沙化土地和盐碱地等超过千万公顷。当前利用小桐树、黄连木和光皮树种子转换生物柴油的技术比较成熟，木本油脂是具有较大发展潜力的生物柴油原料。我国现有油料植物中，种子含油量 40% 以上的植物超过 150 种，能够规模化培育的乔灌木树种有油棕、无患子、小桐树、光皮树、文冠果等，其中油棕、无患子等树种相对成片分布面积超过 100 万公顷，年果实产量 100 万吨以上，具备生产 40 万吨生物柴油的原料供应能力。

（四）生物航煤

生物航煤的生产原料来源广泛，可以通过生产生物燃料乙醇或生物柴油的多种原料和技术途径获得，包括木质纤维素、油料作物、废弃油脂等。目前，木质纤维素和藻类等油料作物是生物航煤重点攻关方向，未来生物航煤的原料选择主要取决于经济竞争力强的技术转化路径。目前，国内生物航煤仍处于实验室研发阶段，预计 2030 年，生物航煤初步形成规模化生产能力，供应量超过 200 万吨，达到航空燃料 5% 的供应量；到 2040 年，生物航煤的供应能力超过 800 万吨，约占航空燃料应用量 1/5 的份额；到 2050 年，生物航煤的供应量将超过 1700 万吨，占航空燃料供应量的一半以上；到 2060 年，生物航煤的供应量将超过 2000 万吨，实现航空领域化石燃料百分之百的替代。表 9-9 显示了不同时期生物航煤供应能力。

表 9-9　不同时期生物航煤供应能力（万吨）

类别	2025 年	2030 年	2040 年	2050 年	2060 年
生物航煤	6	222	804	1726	2066

资料来源：作者估算

五、政策建议

（一）近期开展上游原料供给侧物流体系建设

生物燃料未来发展空间和发展潜力取决于原料供给侧能力。加强生物燃料上游原料供给侧建设，建立能源作物培养、种植、收集、运输、存储物流体系。我国拥有丰富的农林剩余物，现有原料供应体系和原料市场价格难以支撑生物燃料可持续发展。加强能源作物培育、规模化种植、收集体系建设，通过集约化开发边际土地种植能源作物，将为生物燃料规模化可持续发展提供有力支撑。

（二）亟待建立完善生物燃料标准质量认证体系

研究生物燃料乙醇质量认证标准，构建生物燃料原料追溯体系和碳排放认证体系，确认生物燃料的低碳排放系数。根据生物燃料乙醇的生产原料，测算核定一定添加比例下的减排量或碳强度，对生物燃料乙醇产品进行清洁燃料质量评级认证。

（三）近中期逐步构建生物燃料乙醇交易市场

设定生物燃料乙醇的绿色认证减排权重，规定化石燃料生产商或经销商在不同年份必须承担一定比例的减排义务，化石燃料生产商或经销商通过购买生物燃料乙醇绿色认证证书，即购买一定比例的生物燃料乙醇，以完成每年计划的减排任务。通过生物燃料绿色认证交易系统，构建和保障生物燃料的稳定市场需求，逐步实现清洁生物燃料对化石燃料的有序替代。

（四）研究制定生物液体燃料中长期发展战略

鉴于生物液体燃料在保障能源安全、应对气候变化、促进社会经济高质量发展等方面具有重要意义，建议将生物液体燃料作为交通领域低碳发展的重要战略能源。同时，考虑到生物液体燃料原料主要来自农村，生物液体燃料产业开发符合乡村振兴战略发展理念，研究制定围绕农村农林废弃物资源高值化利用的生物液体燃料中长期发展战略，明确生物液体燃料的战略定位、发展目标、推广市场、政策保障等，共促乡村生态振兴与交通领域绿色可持续发展。

第 10 章
氢能[*]

---

[*] 本章主要执笔人为中国石油和化学工业联合会李淼、李永亮、梁芮蕊、梅冬，壳牌集团研发中心尤布·豪斯曼，课题组其他成员参与了讨论和修改。

本章要点 ——

　　氢能是全球未来构建以清洁能源为主的多元能源供给系统的重要载体，氢能产业的发展对应对气候变化及环境污染治理具有重要意义。

　　本章通过对氢能发展与供需现状的分析，从上游供给、中游储运及下游消费，详细介绍了目前氢能在全球及我国的发展情况，梳理了消费端氢能的主要应用场景及消费情况，介绍了氢能供给端制、储、运、销体系建设相关情况，分析了不同环节的经济成本、技术特点及应用情况。同时从产业政策完善、标准体系建设、技术研发以及氢能经济性等方面分析了目前氢能规模化发展面临的问题，并从国际和国内两方面分析了未来氢能供需变化情况。提出以"蓝氢"作为氢能产业发展突破口，分析目前我国主要蓝氢资源分布及利用情况，并对未来工业副产氢制取的可能路径进行分析。最后围绕"能源转型、深度脱碳、高质量发展"三大战略目标，提出氢能产业发展的短期和中长期政策建议。

随着气候变化和环境污染的不断加剧，全球对可持续能源的研发和应用越来越重视，氢能作为一种清洁、高效的二次能源，对传统能源体系的绿色升级具有深刻的时代意义，其产业和应用技术已在全球范围内成为一个备受关注的话题，多个国家出台了明确的氢能发展规划和战略，并将其视为实现经济和低碳可持续发展的重要组成部分，氢能已成为全球能源发展中不可或缺的一部分，日本、韩国、德国等发达国家更是将氢能规划上升到国家能源战略高度。2014 年，日本政府提出要建设"氢能社会"，将氢能上升为国家重大战略之一，并于 2017 年 12 月出台"氢能源基本战略"，以振兴日本经济、提升产业竞争力为主要目标，强调在全球范围内领先实现"氢能社会"的目标，并推出了一系列具体实施政策。韩国在 2018 年就把"氢经济"设定为创新增长三大战略投资领域，2019 年通过"氢经济搞活指南"，提出从碳经济向氢经济的转换蓝图，在 2022 年公布了氢经济发展战略，以 2040 年为期限，明确了氢能产业发展战略和目标。国际上许多知名权威机构对未来氢能利用的潜力表示认同，如国际氢能委员会、国际能源署、麦肯锡等研究机构都在推进氢能利用的商业化进程。根据国际氢能委员会对未来氢能利用市场预测，到 2050 年，氢能约占全球一次能源消费的 12%，超过 2.5 万亿美元的市场规模应用于氢能利用方面。

从 2018 年开始，我国氢能产业发展进入爆发期，国家对氢能产业发展的政策扶持力度逐渐加大，战略规划愈发清晰，氢能在 2019 年首次纳入了政府工作报告，列入能源统计报表，国家战略层面对氢能重视程度不断提升。各地方政府纷纷制定并实施氢能产业政策规划，形成全国范围内氢能的网格化发展。中国石油和化学工业联合会氢能专委会发布的《石化化工行业氢能产业发展战略研究报告》显示，截至 2020 年底，我国发布关于氢能产业发展规划的地方政府近 50 个，以氢能为主题的园区、小镇等投资金额超过千亿元，规划超过 10 万辆氢燃料电池汽车推广和 1000 座加氢站建设。除此以外，长江经济带氢能产业生态圈不断扩大，粤港澳大湾区氢能产业建设逐步形成示范。氢能产业发展呈现出"百花齐放"的趋势，各地区利用自身优势抢占技术制高点推进协同发展的格局逐步凸显出来，以北京、上海、广东为中心的各产业集群逐步扩展氢能产业，山东、山西、陕西、四川及湖北武汉等地区初步形成新的氢能产业群。

2022 年 3 月 23 日，国家发展改革委、国家能源局联合印发《氢能产业发展中长期规划（2021—2035 年）》（以下简称《规划》）。《规划》明确了氢的能源属性，是未来国家能源体系的组成部分，充分发挥氢能清洁低碳特点，推动交通、工业等用能终端和高耗能、高排放行业绿色低碳转型。同时，明确氢能是战略性新兴产业的重点方向，是构建绿色低碳产业体系、打造产业转型升级的新增长点。

由于具有能量密度高、零碳清洁、化学活性强、应用范围广等特点，氢能不仅在交通领域带来颠覆性变革，也成为石化化工、钢铁等传统工业行业以及建筑供电供热等多个领域深度脱碳的重要解决方案。在工业领域，氢可以从能源和原料两个方面实现工业部门的深度脱碳，如氢气直接还原铁（氢气替代焦炭）、氢气直接合成氨（氢气替代煤炭和天然气）、氢燃料电池热电联产（提供高品质热力）等技术。在交通领域，氢燃料电池汽车具有续航里程长、加注时间短、耐寒冷等特点，在我国具有广阔的推广空间。在建筑领域，家用燃料电池具有能效高、清洁低碳等多重优势，日本"ENE-FARM"项目所使用的家用燃料电池，热电联产综合能效高达 90%，且设备成本在迅速下降，市场竞争力不断增强。此外，氢燃料电池还可被用作备用应急电源，在维护公共安全领域发挥影响力。未来随着 5G 基站和大数据中心的建设，氢能作为备用应急电源的应用场景将进一步扩展。

此外，氢能作为一种灵活的能源载体，可提高可再生能源的消纳、提供长时间储能、优化区域物质流和能量流，进而建立多能互补的能源发展新模式。以氢为核心的多能互补模式如图 10-1 所示。通过电解水制氢、氢燃料电池等技术，可将电网、热网、气网有机整合在一起，并进行动态调节。电解水制氢具有"分钟级"快速响应的特点，可以帮助电力系统的削峰填谷、增加可再生能源的本地消纳能力。总之，氢能的发展对于推动我国能源结构调整，实现"双碳"目标具有重要意义。

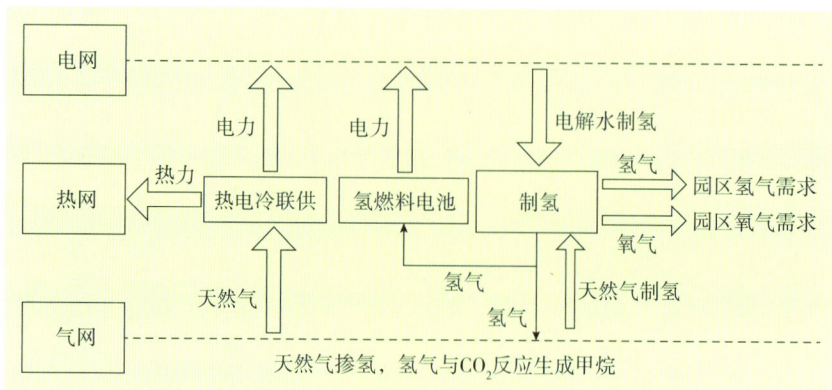

图 10-1　围绕氢的多能互补模式示意图

资料来源：作者参考《氢能在我国能源转型中的地位和作用》自绘

一、氢能发展与供需现状

本节重点从上游供给、中游储运及下游消费，介绍了目前氢能在全球及我国的发展情况。在消费端，梳理了氢能作为原料和燃料主要应用场景及不同场景的消费情况；在供给端，介绍了我国氢能主要制取方式及应用情况，并对不同制取方式的经济成本进行对比分析；在储运方面，详细介绍目前氢能主要储运方式，并对不同方式的技术特点、应用情况等进行分析。

（一）氢能消费现状

氢能是全球未来构建以清洁能源为主的多元能源供给系统的重要载体，其开发与利用已经成为新一轮世界能源技术变革的主流方向。本节主要介绍了目前氢能主要消费领域并分析未来氢能的消费趋势。

当前，工业原料和还原剂是全球氢气消费的主要领域，占比高达99%，其中66%应用于化工领域，26%应用于炼油工业，以及7%应用于冶金和玻璃加工业。仅有1%的产量被用于建筑、交通等领域。欧洲、中东、中国和美国是全球氢气消费的主要地区，其中欧洲、中东和美国占据了全球氢气消费量的75%，我国氢气消耗占比为剩余的25%。全球氢气消费在2009—2019年中呈稳步增长态势，由此产生的需求已经超过了8000万吨/年。但由于2020年新冠疫情的影响，有关旅行限制及氢气制氨的化肥生产下降等因素导致氢气需求减少。随着疫情结束，全球氢气需求市场正在加速恢复。

国际氢能委员会预测，到2050年，全球用氢需求将达到5.3亿吨/年，氢能在全球能源消费结构中占比升至18%，氢经济市场规模将达到2.5万亿美元。根据中国氢能联盟研究院预计，到2030年氢能源消费将占我国终端能源消费总量的5%，到2050年在我国终端能源消费中占比达到10%。全国加氢站达到10000座以上，交通运输、工业等领域将实现氢能普及应用。

氢能作为最为清洁的潜力能源，在我国具有一定的发展前景。目前我国氢气消费主要集中在化工领域，未来随着技术进步，其在交通及建筑领域的应用需求将会进一步扩大。

（二）氢能供应现状

目前全球氢能供给主要以化石能源制取为主，其中国际上主要以天然气制氢为主。天然气制氢由于清洁性好、效率高、成本相对较低，占到全球制氢量的48%，如图10-2所示。我国由于"富煤少气"的能源结构特点，受资源及成本因素影响，国内煤制氢占比最大（64%），其次为工业副产（21%），如图 10-3 所示。根据中国氢能联盟研究院与石油和化学工业规划院的统计，2019 年我国氢气产能约 4100 万吨、产量约 3342 万吨。

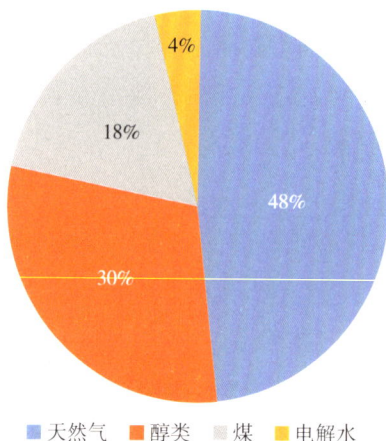

图 10-2　全球氢气来源结构

资料来源：作者根据《充分发挥要素协同效应 培育壮大我国氢能产业》数据自绘

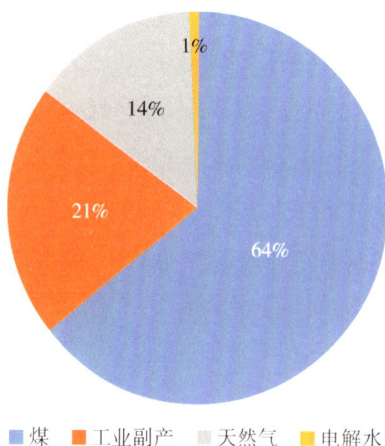

图 10-3　我国氢气来源结构

资料来源：作者根据《充分发挥要素协同效应 培育壮大我国氢能产业》数据自绘

1. 煤制氢

我国煤制氢产量最大，成本最低。煤制氢是通过将煤炭与气化剂混合后在高温高压条件下进行反应生成混合气体，通过后续工艺提纯除杂后，获得高纯氢气。根据中国氢能联盟研究院数据，2019 年我国煤制氢产量达到 2124 万吨，占我国氢气总产量的 64%。煤制氢是工业大规模制氢的首选，是我国目前成本最低的制氢方式，该技术路线成熟高效、可稳定制备，但其设备结构复杂、运转周期相对较低、投资高、配套装置多，且碳排放量较高。

2. 天然气制氢

天然气制氢是化石能源制氢的理想方式之一。天然气制氢是将预处理后的天然气与水蒸气高温重整制合成气，在中温环境下进一步变换成氢气与二氧化碳，再经冷凝、变压吸附最终得到产品氢气。天然气在各类化合物中氢原子质量占比最大，储氢量为 25%，故以天然气为原料的制氢技术具有耗水量小、二氧化碳排放低、氢气产率高、对环境影响相对较小的优点，是化石能源制氢路线中理想的制氢方式。根据中国氢能联盟研究院数据，2019 年我国利用天然气制氢产量为 460 万吨，占我国氢气总产量的 14%。

3. 甲醇制氢

甲醇制氢运输简便、即产即用，但成本较高。甲醇制氢是甲醇和水蒸气在 200℃条件下通过催化反应，生成氢气和二氧化碳的混合气体，而后经过变压吸附得到高纯度的氢气。该工艺投资少、污染相对较小，且甲醇常温下为液体、便于储存运输，氢气可"即产即用"。但由于甲醇制氢总体成本较高，只适合小规模制氢。

4. 工业副产氢

（1）焦炉煤气副产氢

目前焦炉煤气副产氢可供给量最大。焦炉煤气主要成分为氢气和甲烷，通过压缩工序、预处理工序、变压吸附工序和净化工序后制得氢气。同时为使系统排放的污水能达到环保要求，一般配有一套污水处理工序。2020 年我国焦炭产量为 4.71 亿吨，按 1 吨焦炭副产 400 立方米焦炉煤气、回炉自用 50% 计算，全国焦炉煤气产量 942 亿立方米；按照含 55% 左右的氢气、变压吸附（PSA）氢气回收率 92% 估算，我国焦炉煤气可副产氢气 428.5 万吨。考虑到"十四五"期间，我国焦化行业仍将进一步化解过剩产能，未来难有焦炭扩产带来的潜在增量。[①]

（2）氯碱制氢

氯碱工业以食盐水为原料，利用隔膜法电解或离子交换膜法生产烧碱、聚氯乙

---

① 数据来源：《石化化工行业氢能产业发展战略研究报告》。

烯（PVC）、氯气和氢气等产品。氯碱副产氢具有氢气提纯难度小（提纯前氢气纯度可达 99% 左右）、耗能低、自动化程度高等优点，特别是使用该法获取氢气的过程中不产生二氧化碳，相对绿色无污染。2020 年我国烧碱产量 3643 万吨，按每生产 1 吨烧碱副产 $280m^3$ 氢气测算，每年副产氢总量可达 91 万吨，其中 70% 的氢气被配套的 PVC 和盐酸装置所利用，可对外供氢约 27 万吨。未来我国氯碱装置新增产能有限，副产氢潜在增量有限。

（3）丙烷脱氢（PDH）副产氢

丙烷脱氢是制备丙烯的重要方式，2020 年占丙烯产能比重达 17%。丙烷在催化剂条件下通过脱氢生成丙烯，其中氢气作为丙烷脱氢的副产物，可作为产品外售，从而提高装置整体盈利水平。2020 年我国已经投产的丙烷脱氢装置合计产能 776 万吨，以装置平均开工率 80%、1 吨丙烷脱氢副产 38 千克高纯氢气计算，丙烷脱氢副产氢达 23.6 万吨。预计未来我国丙烷脱氢扩产将超过 3000 万吨 / 年，即使按 3000 万吨 / 年测算，预计将带来 90 万吨 / 年以上的副产氢潜在增量。

（4）乙烷裂解副产氢

乙烷蒸汽裂解制乙烯技术较为成熟，已成功应用数十年，技术上不存在瓶颈，且副产的氢气杂质含量低于焦炉气制氢，纯度较高。乙烷蒸汽裂解制乙烯工艺以项目投资低、原料成本低、乙烯收率高、乙烯纯度高等优势引起国内炼化企业的广泛关注。按卫星化学 250 万吨 / 年和中国石油 140 万吨 / 年乙烷蒸汽裂解产能测算，乙烷蒸汽裂解行业副产氢约 22 万吨 / 年。

5. 电解水制氢

电解水制氢的原理是在充满电解液的电解槽中通入直流电，水分子在电极上发生电化学反应，分解成氢气和氧气。根据电解槽隔膜材料的不同，电解水制氢主要分为碱性电解水制氢、质子交换膜（PEM）电解水制氢和固体氧化物（SOE）电解水制氢 3 类。目前，工业化规模产氢技术较为成熟的是碱性电解水制氢技术，PEM 与 SOE 技术处于发展初期和实验室开发阶段，碱性电解水制氢技术仍是未来较长时间里电解水制氢的主要技术。与其他技术路线相比，碱性电解水制氢技术配套成本较低，技术成熟，但耗电量较高；PEM 技术上产氢纯度好，耗电量低，但质子交换膜等核心部件依赖进口，且电解槽价格昂贵，总体制氢成本高出 40%，还在规模化发展初期。随着国产化部件的逐渐成熟和技术进步，中国电动汽车百人会预计，到 2030 年，PEM 市场占有率将达到 10%。

当前化石能源制氢由于成本优势占据主导地位。但长期来看，二氧化碳的大量排放与"双碳"目标背道而驰。电解水制氢具有绿色环保、生产灵活、纯度高等优势，是未来发展方向。

（三）制储运销体系建设

氢能产业是涵盖氢气制备、储存、运输、加注到终端应用的庞大产业链。长期以来，氢气作为一种重要的化工原料气体广泛应用于石油炼化、合成氨等产业领域。近年来，随着全球应对气候变化压力的措施持续增加，能源消费向低碳化转型的进程加快，氢气作为一种清洁、绿色能源，逐步成为国内外能源及相关行业关注的焦点。本节从上游制氢、中游储运及下游应用 3 方面介绍了氢能体系建设及未来相关技术发展和应用情况。

1. 上游制氢

制氢是将存在于天然物质或化合物中的氢元素通过化学反应转化为氢气的过程。根据氢气的原料不同，氢气制备方法可以分为非再生制氢和可再生制氢，前者的原料是化石燃料，后者的原料是水或可再生物质。主要技术路线包括：化石能源制氢、工业副产和提纯制氢、电解水制氢和其他方式制氢，如图 10-4 所示。目前制备氢气的最主要问题是如何控制制氢过程中的碳排放、成本等。我国目前主要以煤制氢等化石能源制氢为主，同时有大量工业副产氢资源可以利用。

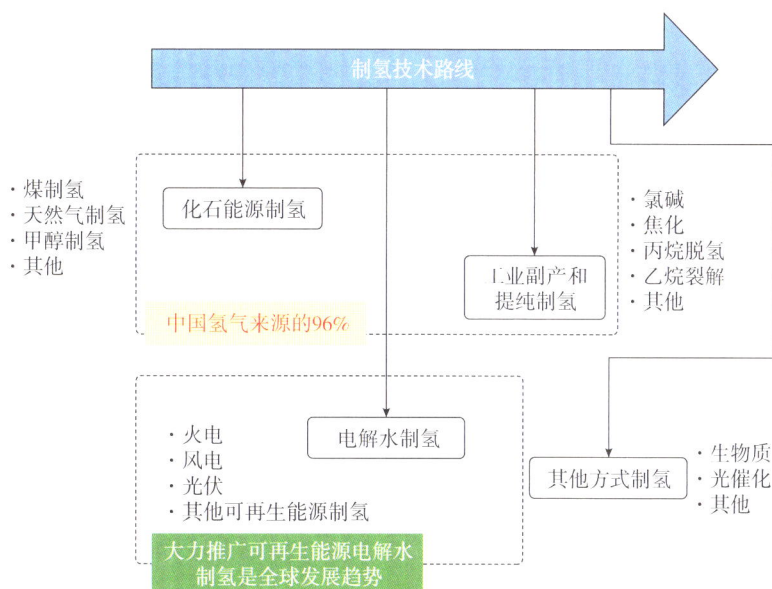

图 10-4 制氢技术路线

资料来源：作者自绘

使用液态储运的方式。

③固态储氢：固态储氢是一种安全性较高的储存方式，其基本原理是将氢气与储氢材料进行物理或者化学反应，从而形成储氢材料的固态溶解体或氢化物。相比于传统的高压气态和低温液态储氢方式，固态储氢具有更大的储氢密度、更容易操作、便于运输、成本更低、更安全等优点，适用于如燃料电池汽车等对储氢体积要求较严格的场合。固态储氢是目前最具潜力的 种储氢方式。

3. 下游应用

在我国，用于化工原料仍是氢气的主要应用途径。氢气除用作合成氨、甲醇等化工原料气外，纯度大约 90% 或 99% 的氢气用于炼化产品生产过程中的加氢。有 2% ~ 4% 的氢气作为工业气体用于钢铁、电子、建材、精细化工等行业的还原气、保护气、反应气等。[①] 随着氢作为能源使用，氢能未来在交通及建筑领域将得到发展。

加氢站是氢能在交通领域应用的最重要的基础设施。据中国银河证券研究院统计，自 2014 年以来，全球加氢站的数量不断增长，截至 2020 年底达到了 553 座。中国氢能联盟研究院统计数据显示，我国 2020 年底已建成加氢站 128 座。

二、氢能供需形势展望

本节对氢能未来发展趋势及面临的挑战进行分析。从产业政策完善、标准体系建设、技术研发以及氢能经济性等方面分析了目前氢能规模化发展面临的挑战，并从国际和国内两方面分析了未来氢能供需变化情况。

（一）氢能规模化发展面临的挑战

随着全球能源转型与清洁能源发展，国内氢能产业发展也迎来重要机遇期。国家层面出台了许多政策培育和推动氢能产业发展，地方政府也在积极出台相关政策引导和支持氢能及燃料电池发展。在政策利好与支持下，我国已成世界第一产氢大国，氢气年产量约 3300 万吨，加氢站数量 100 余座。虽然国内氢能产业发展取得积极进展，但仍面临巨大挑战。

一是产业政策体系尚不完善，缺乏具有操作性的实施细则。尽管已经出台了我国氢能产业发展顶层设计和系统部署文件，但上下游全产业链上缺少可操作的实施细

---

① 数据来源：王赓、郑津洋、蒋利军等，《中国氢能发展的思考》，《科技导报》2017 年第 22 期。

则，尚未形成推动氢能发展的政策体系。建议国家及时根据氢能行业发展形势，明确主管部门及分工，优化加氢站、制氢企业等相关审批流程，指导行业规范发展。加大财政支持力度，鼓励制、储、运、用等相关氢能基础设施建设投资，促进氢能全产业链产业可持续健康发展。

二是相关标准体系尚不完善，无法满足氢能产业规范发展需求。与下社会对于氢能使用的安全问题存在质疑，但从全球各地区氢能相关学术研究与产业应用情况来看，依照科学合理的标准要求发展氢能，是安全可靠的。截至 2019 年底，我国已制定近 90 项的氢能相关国家标准，但仍不能满足氢能产业发展需求。

三是氢能技术研发滞后，产业发展缺少技术支撑。由于我国氢能全产业链发展较晚，关键核心技术均掌握在国外企业手中，未形成有优势的关键自有技术支撑体系。在可再生能源发电、电解水制氢、氢储运、混输氢、加氢站核心零部件设备建设等方面尚缺乏技术和经验。我国氢能产业的主要技术研发方向除了攻关燃料电池电堆及配套系统的核心材料、装备、工艺等，解决从无到有的问题，避免"卡脖子"，还要加强在大规模制氢、储运、下游加氢应用相关技术和装备的研发，以实现产业链协同发展。

四是氢能产业整体处于导入期，产业发展尚不具备经济性。从制氢环节来看，虽然目前石化化工行业占全国制氢总产能的 96%，是氢气资源主要提供方，并有较好的经济性，但其氢气制取均为化石能源制氢和工业副产氢，面临较高的碳排放压力，与电解水制氢相比，在能源和环境方面没有优势，社会环境效益较差，当下可再生能源制氢技术不够成熟，因其效率低、不稳定、成本高等因素，难以市场化、规模化发展；在储氢环节方面，加压压缩储氢、液化储氢、有机化合物储氢等取得一定研发进展，但其安全性、储氢密度及成本等问题依旧存在，距离大规模商业化应用还需一段时间；从用氢环节来看，氢燃料电池和加氢站所需关键零部件的国产化水平低，成本居高不下，而绿氢的工业化应用，受限于可再生能源制氢技术成熟度、制取成本及供应量等还无法满足大规模工业领域应用。

（二）氢能供需形势展望

氢能作为一种清洁、高效、可再生的二次能源，具有热值高、清洁无污染的能源属性，同时也是一种优秀的储能介质，安全性高，来源广泛，应用形式丰富，是"双碳"背景下实现能源转型发展的重要能源。随着氢能技术不断成熟并逐渐走向产业化，以及全球应对气候变化和自然灾害的关注不断增加，越来越多的国家将氢能作为能源转型的重要战略选择。本节分别从国际和国内两个方面，根据相关机构研究数据，对氢能未来供需变化情况进行展望。

从全球看，氢能产业正处于快速发展期。国际上一些主要发达国家和地区非常重视氢能产业的发展，如欧洲、美国、日本、韩国等，将氢能列入国家能源战略规划，加速推动氢能产业的商业化进程。国际氢能委员会数据显示，截至 2021 年 2 月，全球已有 131 个大型氢能开发项目，项目总数已达 359 个，到 2030 年，全球氢能产业的投资预计会达到 5000 亿美元。随着氢能产业的市场化水平不断提升，根据国际氢能委员会预测，到 2050 年，全球会创造相关岗位 3000 万个，减少二氧化碳排放 60 亿吨，市场规模约 2.5 万亿美元，届时氢能在全球能源消费占比达到 18%。

从国内看，随着我国"双碳"目标的提出以及氢能规划的发布，氢能将作为我国清洁高效能源生产和消费体系的重要构成部分。《中国氢能源及燃料电池产业白皮书》提出，到 2060 年，氢能在交通运输、储能、工业、建筑等领域广泛使用，氢需求量将提升至 6000 万吨，氢能产业链产值将进一步扩大，产值规模将超过 10 万亿元。2060 年氢的终端销售价格将降至 20 元 / 千克，加氢站数量达到 12000 座，氢燃料电池汽车保有量达到 2000 万辆（见表 10-1），固定式发电装置 2 万台套 / 年，燃料电池系统产能 550 万台套 / 年。

表 10-1　我国未来氢能发展总体目标预测

指标	2025 年	2030 年	2040 年	2050 年	2060 年
氢需求量（万吨）	3000	3500	4000	5000	6000
产业产值（万亿元）	1	2	5	7	12
加氢站数量（座）	200	500	2000	8000	12000
氢燃料电池汽车保有量（万辆）	10	30	100	1500	2000

资料来源：《中国氢能产业发展报告 2020》

三、氢能供应路线图

我国以实现绿色经济高效便捷的氢能供应体系为目标，在氢的制储运加各环节上逐渐突破。氢气的终端价格降低需要依靠上游产业链制氢、储运、加氢各环节的整合，寻找更绿色经济的氢来源、采用更高效的氢气制取方式和更安全的氢气运输渠道。从长远看，随着用氢需求的扩大，结合可再生能源分布式制氢加氢一体站、经济高效的集中式制氢、液氢等多种储运路径并行的方案将会是未来主要的发展方向。

2022年发布的《氢能产业发展中长期规划（2021—2035年）》（以下简称《规划》）明确了未来我国氢能发展目标和具体任务。在制氢设施布局方面，《规划》提出统筹全国氢能产业布局，合理把握产业发展速度，避免无序竞争，有序推进氢能基础设施建设，强化氢能基础设施安全管理，加快构建安全、稳定、高效的氢能供应网络。结合资源禀赋特点和产业布局，因地制宜选择制氢技术路线，逐步推动构建清洁化、低碳化、低成本的多元制氢体系。在炼化、氯碱、丙烷脱氢等行业聚集地区，优先利用工业副产氢，鼓励就近消纳，降低工业副产氢供给成本。在风光水电资源丰富地区，开展可再生能源制氢示范工作，逐步扩大示范规模，探索季节性储能和电网调峰。推进固体氧化物电解池制氢、光解水制氢、海水制氢、核能高温制氢等技术研发。探索在氢能应用规模较大的地区设立制氢基地。

在氢能储运体系建设方面，《规划》提出，以安全可控为前提，积极推进技术材料工艺创新，支持开展多种储运方式的探索和实践。提高高压气态储运效率，加快降低储运成本，有效提升高压气态储运商业化水平。推动低温液氢储运产业化应用，探索固态、深冷高压、有机液体等储运方式应用。开展掺氢天然气管道、纯氢管道等试点示范。逐步构建高密度、轻量化、低成本、多元化的氢能储运体系。

在加氢网络规划方面，《规划》提出，坚持需求导向，统筹布局建设加氢站，有序推进加氢网络体系建设。坚持安全为先，节约集约利用土地资源，支持依法依规利用现有加油加气站的场地设施改扩建加氢站。探索站内制氢、储氢和加氢一体化的加氢站等新模式。

四、以蓝氢为突破口的行动方案

虽然蓝氢和绿氢已被社会普遍使用，但二者并没有公认的定义，本章所指蓝氢，主要指工业副产氢资源。本章分析了我国主要蓝氢资源分布及利用情况，并对未来工业副产氢制取的可能路径进行分析。

制氢是氢能供应链的第一个环节，也是氢能产业健康、有序、高质量发展的基础。在众多制氢工艺当中，煤制氢成本最低，但会造成大量二氧化碳排放；天然气和甲醇制氢成本相对较高、碳排放较少，但资源供应和价格的不确定性较大；电解水制氢成本过高，短期不具备大规模开发的可能。相比之下，工业副产氢资源量大、开发成本低，在近中期有望成为氢能产业发展的重要资源支撑。我国工业副产氢主要来自石化化工各行业，主要有氯碱、丙烷脱氢、乙烷裂解等领域，此外在炼化、合成氨的过程中也会产生大量低浓度含氢尾气。在实际生产过程中，这些副产氢资源虽然已得到利用，但利用方式比较粗放，以直接燃烧或生产初级化工产品为主。未来，石化化工行业副产氢有望为我国氢能产业发展提供资源保障，通过高效、深度开发蓝氢资源，从源头上降低氢能供应链成本，同时还能提升副产氢的经济价值和资源产出效率。焦炭和烧碱等相关化工产业制备工艺比较成熟，且近年来面临着淘汰落后产能的问题，未来焦炉煤气副产氢和氯碱工业副产氢在产量规模上基本维持平稳。从可供给资源来看，出于环保限产、提纯成本以及可获得性等方面的考虑，近中期利用重点应在轻烃利用和氯碱行业（离子膜烧碱工艺）的工业副产氢。

（一）氯碱行业尾气副产氢

近年来氯碱产量基本保持稳定，增速放缓。氯碱工业是通过电解饱和氯化钠水溶液得到烧碱、氯气和氢气，继而生产出其他化学品的过程，主要产品包括聚氯乙烯、环氧丙烷、环氧氯丙烷、电石、烧碱、液氯和盐酸等，被广泛应用于轻工业、纺织工业、石油化学工业等。烧碱是氯碱工业最主要的产物之一，也是工业中基础化学原料之一，我国作为全球最大的烧碱生产国和消费国，2019 年国内烧碱总产能为 4380 万吨，总产量达到 3464 万吨，产能利用率约 80%。

据石化联合会氢能专委会统计，目前行业副产氢的用途有多种，一是用于合成盐酸以及被配套聚氯乙烯利用，占比约 60%；二是部分氯碱厂将副产氢应用于双氧水、制药和电子等工业中；三是剩余副产氢中部分企业利用氢气锅炉回收，部分做排空处理。由于氯碱工业产生的氢气规模和产量较小，相比合成氨工业或加氢裂化等石油加工业，更适合应用于小规模用氢，如燃料电池用氢等。

按照行业平均水平（经调研多家烧碱企业取证），生产 1 吨烧碱副产氢气为 280 m^3 左右，氢气转化率按 80% 计，氯碱行业副产氢资源潜力为 7759 万 m^3，折合 86.6 万吨。从各省份氯碱工业副产氢分布看，山东省副产氢制取潜力最大，年产氢气量约 24 万吨。年产氢气量 5 万～10 万吨的省区有内蒙古、江苏、浙江以及新疆；年产氢气量 1 万～5 万吨的省份有 15 个。

（二）丙烷脱氢和乙烷裂解副产氢

乙烯和丙烯是重要的化工原料，在化工行业占据着举足轻重的地位。随着工业化和城镇化进程的加快，乙烯和丙烯的需求量在不断攀升，我国是世界第二大乙烯生产国和最大的乙烯消费国，也是世界最大的丙烯生产国和消费国。

丙烯的生产工艺主要包括蒸汽裂解（石脑油制乙烯丙烯）、甲醇制烯烃技术、催化裂化、重烯烃裂解、烯烃转换等。丙烷脱氢具有投资门槛较低、建设周期短和生产成本较低等优势，成为竞争力最强的丙烯生产工艺之一，产业发展态势迅猛。2019年通过丙烷脱氢新增丙烯产能150万吨，占新增丙烯产能的34%。截至2019年，国内丙烷脱氢产能累计约500万吨，考虑在建和拟准备中的项目，未来国内的丙烷脱氢产能每年可达971万吨。石化联合会氢能专委会调查数据显示，截至2019年底，我国丙烷脱氢副产氢可达21.5吨。在北美页岩气快速发展的大背景下，轻烃的价格大幅下降，由丙烷脱氢制乙烯和乙烷裂解制乙烯的工艺迅速发展，全球兴起了丙烷脱氢制丙烯的热潮，预计未来会有更多的丙烷脱氢工艺投入生产。粗略测算，到2023年，丙烷脱氢行业可副产氢气44.54万吨。

（三）炼化和合成氨"废氢"再利用

炼厂重整氢气、炼厂加氢尾气、甲醇弛放气、合成氨弛放气等是副产气制氢不可忽略的重要部分。随着科技的进步以及人们对含氢尾气利用重视程度的提高，副产气逐步得到应用。中国石化以低成本的炼油装置副产氢气为原料，生产燃料电池车用高品质氢气的首套高纯氢气生产示范装置在高桥石化成功投产，创造了国内首次将炼厂副产氢气提纯至99.999%的纪录，也标志着炼化"废氢"再利用落地。

考虑到工业副产氢产能分布比较分散，随着未来氢气需求量的增加，未来工业副产氢制取氢气的可能路径如下。

一是绘制副产氢资源供给图。调研明确工业副产氢可外供量，与各地方政府氢能规划相结合，加大副产氢资源高效利用。

二是发展生产企业直接供应的模式。采用销售公司供应模式，容易造成销售公司为追求利润最大化随意更换副产氢生产厂家，导致氢源质量不稳定的问题。生产企业直接供应，能够保证供应质量与数量的稳定，并有助于副产氢生产企业的长期战略调整。

三是将分散的副产氢集中提纯处理，减少单位氢气的提纯成本。此外，不断优化氢气分离装置工艺，减少氢气分离装置建设成本。

四是建立副产氢生产企业与下游储运行业和加氢站的联动机制，能够实现低成本、稳定的氢源，是氢能产业发展初期的理想供应源。在加氢站选址时充分考虑周边工业副产氢源的分布情况，制定最佳的运输路径，最大化减少运输成本等。

五是完善氢燃料检测标准，建立第三方氢燃料检测中心，健全氢能管理体制。工业副产氢由于生产原料与工艺路线的不同，氢气的纯度与杂质浓度有所差异，必须建立第三方检测中心，提高检测技术，同时规定对每个副产氢供应企业必须进行周期检测和全样检测，以确保氢源的质量。

五、政策建议

氢能产业未来发展围绕"能源转型、深度脱碳、高质量发展"三大战略目标展开。一是通过提升氢能生产和消费规模，将氢能作为高效清洁的二次能源、智慧灵活的能源载体、绿色低碳的工业原料，全面融入现有能源体系，调整工业行业终端用能结构，减少化石能源使用，提升能源利用效率，优化能源系统。二是积极推动可再生能源制氢和化石能源副产氢开发利用，探索绿氢替代灰氢、氢基化工等先进氢能利用路径，在发展过程中降低碳排放。三是加快布局氢能产业关键技术、材料和装备制造，助力氢能产业提升自主化水平，降低氢能供应链、产业链成本。基于此，本章从推动我国氢能产业发展，从短期、中期、长期考虑，提出相关政策建议。

（一）短期政策建议

一是因地制宜开发蓝氢资源，降低氢能供应成本。经济、高效、低碳、多元的氢能供应体系是氢能产业可持续发展的基础。建议根据各地区氢能发展前景和氢气需求规模，按照资源所在地划分，合理有序开发蓝氢资源，发挥资源带动效应，推动产业链向中游、下游延伸。首先，做好氢气市场需求分析，"以需定供"、因地制宜规划蓝氢资源开发；其次，加强技术研发，突破低成本高效率制取高纯氢技术和设备，进一步突出蓝氢资源的竞争优势；最后，创新商业模式，一体化统筹和打通蓝氢生产、运输、储存等供应链环节，提升经济效益，降低供应风险。

二是有序布局合建站等基础设施，避免沉没损失。与锂电池汽车相比，氢燃料电池汽车存在能源转化效率低、经济性相对较差的明显不足，近中期氢能在交通领域的发展重点仍应以基础研发及小规模示范应用为主。鉴于我国在锂电池及相关装备制造产业方面的规模优势和先发优势，氢能在交通领域的应用并不如市场预期的乐观，且集中在航运、航空、重卡等固定线路场景。因此，未来应立足各地区氢能交通工具发展及基础设施需求，合理建设加氢站或合建站，避免过快、过多布局造成的沉没损失。近中期内，一方面可选择京津冀、长三角、珠三角等产业基础较好、发展意愿较强的地区，根据氢燃料电池汽车发展规划，合理匹配合建站建设；另一方面，在西部及东北部等换电基础设施较为薄弱的省市或试点地区推进合建站建设，在全国大规模布局合建站，必须根据届时的市场前景而定。

二是建立氢气质量标准和检测认证管理体系。目前我国在氢能和燃料电池关键技术装备方面发展滞后，技术标准以及检测、认证和监管体系还不健全，不足以支撑我国氢能产业发展。应尽快建立标准、检测、认证一体化的国家质量基础体系，从而加强氢能标准的实施和应用，充分发挥标准的引领作用，推动氢能产业高速发展。

（二）中长期政策建议

从中长期来看，进一步加强氢能关键技术研发，探索绿氢替代灰氢、氢基化工等先进氢能利用路径，全面拓展氢能应用场景，推动氢能产业健康可持续发展，为我国实现"双碳"目标提供支撑。

一是推动绿氢化工、天然气掺氢等试点示范。氢基化工是以绿氢为主要原料，耦合二氧化碳、石油焦等高碳介质，进而生产烯烃芳烃等原料的工艺总称。以氢能为核心的应用技术和生产工艺将有望成为破解行业发展与减碳矛盾的重要解决方案。近几年，国内外已涌现出绿氢化工、固碳化工、天然气掺氢等氢能试点项目，氢能作为绿色低碳工业原料和高效清洁二次能源，将为工业行业深度脱碳做出重大贡献。石化化工企业肩负着保证石化原料供应、关键产品生产、核心装备制造等重任，在"双碳"目标要求下，围绕合成氨、甲醇、炼油等产品和工艺，逐步推进绿氢替代灰氢，降低石化产品碳排放强度。同时，推动二氧化碳耦合绿氢化工、天然气掺氢等试点示范，为中长期碳中和做好技术储备。

二是推动氢能产业链关键技术研发和装备制造。当前，可再生能源制氢、高效储运以及氢燃料电池技术成熟度不足，质子交换膜、高压储氢罐、空压机等关键产品还需要依赖进口，氢能与燃料电池关键核心技术亟待突破。应依托龙头企业，采取"研发、示范、生产、推广"一体化整合模式，加快推动氢能产业链关键技术研发和装备制造。第一，加快制氢技术装备研发，集中攻关大规模、低能耗、高稳定性电解水制氢技术；围绕低成本、长寿命、大容量碱性电解槽和质子交换膜电解水制氢技术，开展系统集成、关键原材料和组件技术攻关，解决电解水制氢系统柔性耦合间歇、波动可再生能源工程技术。第二，开展低温液氢、管道输氢等长距离、大容量氢气储运示范，开展300公里以上高压气氢、低温液氢远距离输送商业运营示范、可再生能源制氢，通过独立管道或掺入天然气管道运输技术示范，着力破解氢能大规模长距离、高效率、低成本储运瓶颈。第三，攻克氢能产业链"卡脖子"技术和材料，以催化剂、质子交换膜、碳纤维等产品为重点，加大研发投入力度，加快示范和产业化进程，尽早实现对进口产品的替代，提升氢能产业自主可控水平。

第 11 章
能源基础设施展望 [*]

———————

[*] 本章主要执笔人为国务院发展研究中心产业经济研究部周毅、路倩，华北电力大学经济与管理学院周茜、杨秀棋、宫晓航、耿佳乐、周桃元，全球能源互联网发展合作组织宁叶，壳牌集团财税管理部彼得·韦博。

本章要点

新能源基础设施是构建清洁低碳、安全高效的能源体系的重要内容，是能源转型的必然要求，也是中国实现"双碳"目标的重要保障。

在电网方面，综合考虑我国清洁能源资源逆向分布和未来用能需求特征，未来将构建以大电网与微电网协调互补的电网基础设施体系，以集中式电网和分布式电网并行互动、相互支撑，实现多能互补和电力传输系统的灵活智能、安全稳定。

在储能方面，预计到 2030 年是储能快速发展期，全国储能容量将增至 200GW；2030—2050 年是深度调整期，全国储能容量有望增至 540GW；2050—2060 年是成熟期，全国储能容量有望增至 646GW，新储能占主体地位。

在氢能基础设施方面，氢储能系统效率持续提升，系统成本大幅下降；加氢站及其基础设施将呈现多元化、网络化的发展，到 2030 年将建成 1000 座加氢站，到 2050 年、2060 年分别快速增加至 10000 座、15000 座加氢站。

当前中国每年在新能源基础设施领域的投资约 1.37 万亿元。笔者预测，未来 10 年内，该投资需求将增至 2.33 万亿元 / 年，并在 2030 年达到 2.46 万亿元 / 年的峰值。其中，电力系统投资需求约占 60%。2020—2060 年，低碳电力行业的总投资预计为 54.78 万亿元。

在新能源加速发展和"双碳"目标要求下，本书提出构建一体化新型能源系统，作为未来能源系统主要形态。一体化新型能源系统以清洁能源发电为中心，整合氢能、核能、石油、天然气、生物质能等多种能源资源，以智能电网为基础平台，将先进信息通信技术、控制技术与先进能源技术深度融合应用，支撑能源电力清洁低碳转型和多元主体灵活便捷接入。一体化新型能源系统具有泛在互联、多能互补、高效互动、智能开放等特征，将实现多能协同供应和能源综合梯级利用，提高能源效率，降低能源成本，充分保障能源安全和"双碳"目标实现。

一、新能源基础设施发展现状与挑战

新能源基础设施的涵盖范围十分广泛，既包括电网基础设施，也包括储能、氢能、生物质能、CCUS 等新能源发展相关的基础设施。作为全球清洁能源发展最快的国家，中国当前的能源基础设施水平与新能源的快速发展尚不匹配，基础设施建设滞后于新能源发展，制约了能源转型速度和节奏。加快推动新能源基础设施发展，既是实现"双碳"目标和构建新型电力系统的重要举措，也是引领和推动未来新能源产业发展、能源转型的强劲动力。

（一）新能源基础设施发展现状

1. 电网基础设施发展现状

电网基础设施包括输电、变电、配电设备及辅助系统等。当前中国电网基础设施和相关技术已跻身世界前列，2019 年以来，电网经营模式开始向信息化能源物联网方向转型。随着日益提升的新能源接入需求、业务创新需求、效率创新需求以及战略转型需求，信息化、智能化建设成为电网未来重点发展方向之一。

近年来，特高压、配电网[①]建设持续加速。青海—河南 ±800 千伏特高压直流工程、张北—雄安 1000 千伏特高压交流输变电工程、张北柔性直流电网试验示范工程等重点项目，拉动经济产业发展，充分发挥了电力基础设施稳定经济发展的"压舱石"作用。"十四五"期间，国家电网计划新增输电能力 5600 万千瓦，同时将加强智能电网建设，未来 5 年年均投入将超过 4500 亿元，推动电网向能源互联网升级，促进能源清洁低碳转型。中国南方电网公司"十四五"期间将在广西投资 1000 亿元；在海南投资 270 亿元左右，高标准推进海南自贸港智能电网建设等。

随着智能电网的进一步建设，微电网[②]技术作为现代智能电网的重要组成部分和重要发展方向，具有灵活的配置结构和运行方式，是满足大量分布式新能源接入电网的需求而发展的新型电网形式。在一套完整的微电网系统中，分布式能源作为发电侧的供能主体，不同品类的能源之间能够协同互补；在用电侧，系统对用电负荷进行监测和控制；在控制系统层面，微电网需要进行内部调度以及与外部的沟通，实现高度

---

① 配电网是由架空线路、电缆、杆塔、配电变压器、隔离开关、无功补偿器及一些附属设施等组成的，在电力网中起重要分配电能作用的网络。可分为高压配电网（35～110kV），中压配电网（6～10kV，苏州有 20kV），低压配电网（220/380V）。
② 微电网（Micro-Grid）也译为微网，是指由分布式电源、储能装置、能量转换装置、负荷、监控和保护装置等组成的小型发配电系统，一般为 10kV 和 400V。

自治；蓄冷、蓄热和电储能使得微电网兼具安全性及灵活性。微电网能在提高电力系统安全性和可靠性的同时，提高用户的供电质量和电网服务水平，促进可再生能源分布式发电的应用，具有广阔的发展空间和应用场景。

2. 储能发展现状

随着风电、光伏装机规模的增加，高比例清洁能源系统逐步形成，电力系统灵活性需求随之增强。储能可为电力系统提供调节能力，确保电力生产与消费平衡，在保证用电安全的前提下，提升系统经济性水平，降低用电成本。储能技术类型众多，技术经济特性各异，应用场景多样。

储能根据类型总体可分为 5 类，包括机械储能、电化学储能、电磁储能、化学储能和储热。其中，机械储能中的抽水蓄能是目前应用规模最大的储能技术，电化学储能次之。截至 2019 年底，全国抽水蓄能装机规模约 3000 万千瓦，占全国储能总装机的 93.4%。我国的丰宁蓄能电站是全球最大的抽水蓄能电站，完全建成后总装机容量将达到 360 万千瓦。各类储能应用中，电化学储能增速最快。2019 年，电网侧电化学储能新增投运规模达 114.2 兆瓦，占据当年全国新增投运电化学储能规模的 22%，全国电化学储能装机规模约 171 万千瓦，其中锂离子电池装机容量约 138 万千瓦，储能循环次数 4000 ~ 5000 次，能量密度达 200Wh/kg[①]。

储能系统已成为我国综合能源示范项目中的重要内容。在我国能源互联网、新能源微网、多能互补示范项目中，涉及储能系统的工程项目数量占比不容小觑。高比例可再生能源的接入，对储能提出了新要求，同时也提供了新机遇。

3. 氢能发展现状

截至 2022 年，我国为世界上最大的制氢国，年制氢量约为 3300 万吨，其中可以达到工业氢气质量标准的约为 1200 万吨，同时，全国已建成的加氢站数量超过 270 座。氢气主要通过长管拖车、管道与低温绝热罐等载具输送，但在始端与终端必须建设加压站与转运站，费用高昂。其中，储运中心建设成本约为天然气储运中心的 4 倍，普通管道成本为同管径天然气管道的 1.5 ~ 2 倍，日氢气交换量为 800 千克的中转站成本约为 2000 万元，终端加氢站按照同等加注能力对比，建设成本为天然气加注站的 4 倍。以日加氢量为 800 千克，可一次为 6 辆大巴车（每台 45 千克氢气）与 20 台小汽车（每台 5 千克氢气）加氢气的国标二级加氢站为例，建设成本超过 2400 万元。

---

① 数据来源：全球能源互联网发展合作组织，《大规模储能技术发展路线图》，中国电力出版社，2020。

我国一般采用长管拖车转运方式，长距离管道输送方式较少，截至 2019 年底仅有一条长度为 25 公里的跨市管道运行①。然而，近几年，我国多条长距离输氢管道建设项目陆续开工，随着建设项目的进一步落实，我国输氢管道的长度将在未来发生可喜的变化。

目前中国氢能产业链体系尚不完备，在氢能的制造、储存、运输以及应用方面还未形成成熟高效的产业链。在产业链上游，煤制氢虽然技术相对成熟而且成本较低，但造成的碳排放量较高，而且容易产生较多的杂质，需要进一步提纯。此外，化石能源还面临着紧缺的问题。该技术或被可再生能源制氢技术所取代，但可再生能源制氢的技术基础相对薄弱，且效率较低。在产业链中游，主要采用气态储氢的方式，国内车载高压储氢以及运氢等方面的技术发展较为缓慢，基础设施较为缺乏，而且加氢站的数量少，储氢量小。在产业链下游，氢能的应用范围较窄，主要以燃料电池的形式在交通领域进行小范围的应用，然而，技术上的瓶颈导致成本逐渐升高，使得燃料电池汽车的产业化推广存在一定的难度。

（二）新能源基础设施发展面临挑战

1. 清洁能源消纳困难

清洁能源发电具有波动性、随机性和间歇性，高比例新能源并网将导致发电波动大幅增加，2019 年国家电网公司经营范围内新能源日最大功率波动已超过 1 亿千瓦。我国清洁能源资源分布与用电负荷区域分布不平衡，造成的生产与消费逆向分布，是消纳难解的客观原因。近年清洁能源发展迅速，加之我国水、风、光等优势清洁能源资源普遍集中在西部地区，当地经济发展滞后，电力需求小，导致就地消纳能力十分有限。清洁能源装机设备年利用小时数不断下降，部分地区由于电网无法足额消纳，弃光、弃风、弃水问题日趋严重。2019 年"三弃"电量超过 500 亿千瓦时，其中弃水、弃风、弃光电量分别为 300 亿千瓦时、169 亿千瓦时、46 亿千瓦时，已经成为长期影响中国清洁能源健康发展的主要矛盾。清洁能源发展必须与电力发展总体规划和用电需求相协调，清洁能源的消纳涉及调度、区域规划、发电量计划、电网建设等诸多方面，需要综合协调解决。

2. 电网安全稳定运行难度加大

电网作为能源传输和转换的核心，承担着各大能源基地的能量输送、可再生能

---

① 数据来源：《中国氢能源及燃料电池产业手册》（2020 年版）。

源开发的有序接入、多种能源资源优化配置等任务。近年来，随着特高压交直流互联电网快速建设、大容量新能源集中接入以及分布式发电的高速发展和广泛应用，电源、电网结构发生了深刻变化，导致影响系统安全的因素变得更加多样，其稳定特性日趋复杂，最终使得电网安全稳定运行难度大幅提升。

我国新能源最小日平均出力水平较低，供电保障的难度较大，需要利用额外的成本来与兜底电源、大电网以及其他灵活调节资源的措施相互配合，从而保障供电。在新能源的低出力时段，电力系统需要利用常规电源等非新能源机组来实现功率平衡；新能源长时间高出力则对系统安全、消纳和储能技术有更高的要求；新电源发电的可控能力和运行状态感知方面仍有不足，且新能源发电运行状态变化较多，高效精确地辨识模型参数较为困难。特高压直流工程的密集投运，使得受端电网电压的支撑能力逐渐下降，系统运行较为脆弱，电压的稳定问题亟待解决。

3. 多领域面临技术瓶颈和经济性制约

创新是推动能源转型的最主要驱动力，能够发挥长期且持续有力的推动作用。我国能源转型主要依靠政策驱动，创新驱动力不足且模式单一。由于缺乏系统性转型方案和明确的转型技术路线，尽管在技术创新方面投入了巨大资源，但创新重点不突出，关键技术有待突破。在氢能、储能、工业电气化等重点领域，技术瓶颈和经济性不足问题突出。储能技术的安全性、稳定性、高效性、经济性面临技术瓶颈。氢能相关核心技术和设备自主化程度不足，核心零部件和关键材料依赖进口，加氢站的建设布局限制了氢能经济的规模化。能源转型不仅需要持续的技术创新，还需要多领域技术集成，目前各领域之间缺乏技术协同和集成式创新，在基础研究和共性技术领域存在较大短板。

4. 投资规模大与融资困难的矛盾较突出

在新能源基础设施方面存在投资规模大与融资困难的矛盾。从各省份"十四五"规划来看，地方都在积极加快新能源布局，电源、储能、氢能都是投入的重要方向。但目前中国支持清洁能源的金融体系有待完善，金融服务质效偏低。清洁能源项目投资额度往往较大，投资期限较长，内源融资难以满足其建设融资需求，形成了以信贷为主体的金融体系，结构单一。同时，金融激励政策缺乏普惠性，小微型和民营清洁能源企业贷款利率总体偏高。只有充分解决新能源基础设施项目融资问题，降低融资成本，才能激励企业加快投资步伐，推动完善新能源基础设施，为新能源发展提供有力支撑和保障。

二、电网基础设施发展路线图研究

电网是能源供应的重要环节和新型电力系统的基础平台和枢纽，电网基础设施的发展直接关系到源荷能否实现时空的合理匹配、清洁能源能否有效消纳和能源安全的可靠供给。目前我国新能源发电发展规划与电网建设规划的统筹衔接矛盾较为突出，区域电网结构限制及外送通道建设滞后于新能源的快速发展，跨区输电通道容量仍有较大增长空间。伴随清洁能源和智能负荷的高比例接入，以及电动汽车的广泛应用，电力系统发电侧和需求侧负荷平衡将面临更大挑战。未来要加快推动电网向适应大规模高比例新能源的方向演进，加快智能配电网和微电网工程建设，确保源荷同步发展，提供更加安全可靠且优质的电力保障，构建绿色低碳、安全可靠、开放互联的新型电力系统。

（一）挑战与形势

1. 跨省跨区电力配置能力不足

由于电力管理体制分割、缺乏统一规划、输电技术水平局限等，我国长期以来形成了基于行政区划、网间联系薄弱、资源配置能力不强的华北、东北、西北、华东、华中和南方六大区域电网。同时，由于电力体制、规划等原因，我国尚未建立全国性的电力市场，电力长期以省域平衡为主，跨省跨区配置能力不足，清洁能源消纳"壁垒"突出，跨区电网之间联系较为薄弱，对大负荷、大波动、大事故的承载能力严重不足，存在很大的安全隐患，也影响西北部地区清洁能源的开发利用，弃风、弃光问题突出（见图 11-1）。

2. 电网建设滞后于清洁能源发展

目前中国新能源发电发展规划与电网建设规划的统筹衔接矛盾较为突出，区域电网结构限制及外送通道建设滞后于风电、光伏等新能源的快速发展。同时，电力系统灵活性和电网配置能力不足进一步导致清洁能源发电消纳困难，电网调控能力不足，受端网架支撑能力存在制约，送端直流配套电源建设进度滞后，严重制约新能源新增装机容量。

我国大型风光清洁能源基地和负荷集中的地理位置相隔较远，只有利用电网的灵活调节能力和特高压外送才能充分利用。同时，新能源出力随机波动性需要大量可控电源的快速、深度调节保障消纳。如果不加快对现有电力系统的改造，电力系统现

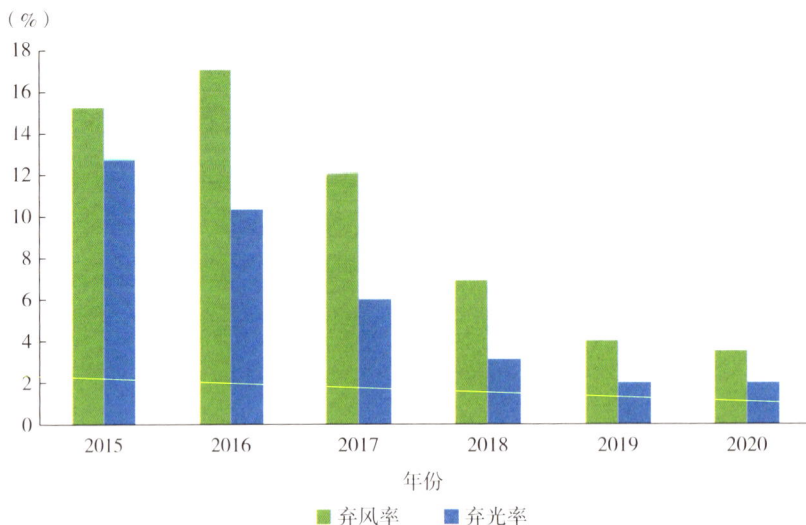

图 11-1　全国弃风弃光率

资料来源：国家能源局；中信证券研究部；全国新能源消纳监测预警中心

有调节能力将挖掘殆尽，缺电和弃电将会反复交织并演变成常态。当前，我国电源结构以火电为主，可随新能源波动灵活调节的电源较少，未来高比例新能源并网将导致电力平衡更加困难。

3. 电力系统供需平衡面临挑战

我国的"双碳"目标时间短、任务重，既要减碳，又要保障电力供应、服务经济社会发展、保障电力安全。一方面，我国电力需求持续刚性增长，"十四五"期间全社会用电量年均增加约 4000 亿千瓦时；另一方面，我国电力系统呈现高比例可再生能源、高比例电力电子设备的"双高"特征，保障电力供应和大电网安全压力持续增加。

当前我国配电网结构薄弱，对新功能、新形态的承载能力所存在不足，难以适应分布式电源接入和多元化负荷的新要求。在支撑能源互联网的智能化和互动化发展方面，配电网端的感知功能尚不具备，终端采集监测覆盖不足，实时性难以保障。在供电可靠性方面，部分城市核心区重载满载情况严重，供电能力不强、可靠性不高，一些地区时常出现"低电压、卡脖子"现象。配电网适应性的问题如不尽快解决，将无法满足未来灵活互动的要求，加剧电力系统供需失衡。

（二）供需分析

1. 用电需求持续快速增长

随着我国经济和先进制造业的快速发展，全社会用电需求将持续增长。未来，电能将超过煤炭、石油、天然气，成为终端能源消费主导能源，电网的大范围资源配置作用将进一步凸显。电力需求增长需要电网基础设施加快发展、加大电网基础设施的投资力度，以满足未来经济社会发展需要。

2. 清洁能源发电比重显著提升

实现"双碳"目标，要推动清洁能源大规模开发、大范围配置和高效使用，建立清洁主导的能源体系。新能源电量渗透率较低，中期将稳步提高，远期将加快提升并成为发电量主体。未来以清洁能源为主体能源的发展模式将使得电网基础设施面临与大型清洁能源基地配套的电网送出工程相对滞后、清洁能源消纳不充分等挑战，需要加快电网基础设施建设并提高系统的灵活性，把具有波动性、随机性、间歇性的清洁能源转换成稳定的电能。

3. 跨省跨区电力流规模持续扩大

跨省跨区输电是解决我国能源资源和负荷中心逆向分布矛盾的重要手段，未来我国能源资源与负荷逆向分布格局将更加突出，跨省跨区电力流规模将持续扩大。我国清洁资源丰富，西北部地区分布全国 80% 的水能、风能、太阳能资源，而我国 70% 左右的电力消费集中在中东部省份。这一资源禀赋决定我国必须走符合国情的能源转型发展道路，持续扩大跨省跨区输电规模。

按照我国清洁能源发展规划，未来大型清洁能源基地将普遍分布于清洁能源丰富的西部和北部地区，特别在沙漠、戈壁、荒漠地区将加快规划建设大型风电光伏基地项目。从长远看，随着跨省跨区输送电力规模加大（见图 11-2），亟须进一步加快跨省跨区长距离电网建设，加紧规划建设特高压工程，持续优化电网网架结构，为清洁能源发电大规模并网消纳、电力市场化交易创造良好环境。

4. 新能源和智能负荷加快接入

截至 2022 年底，我国新能源发电并网装机容量世界第一。《关于促进新时代新能源高质量发展的实施方案》指出到 2030 年我国风电、太阳能发电总装机容量要达到 12 亿千瓦以上。"十四五"期间势必将有更多清洁能源并网，新能源渗透率将进一步提高。

随着能源变革转型以及电力电子技术和信息网络技术的进步，电网智能化、信

（亿千瓦）

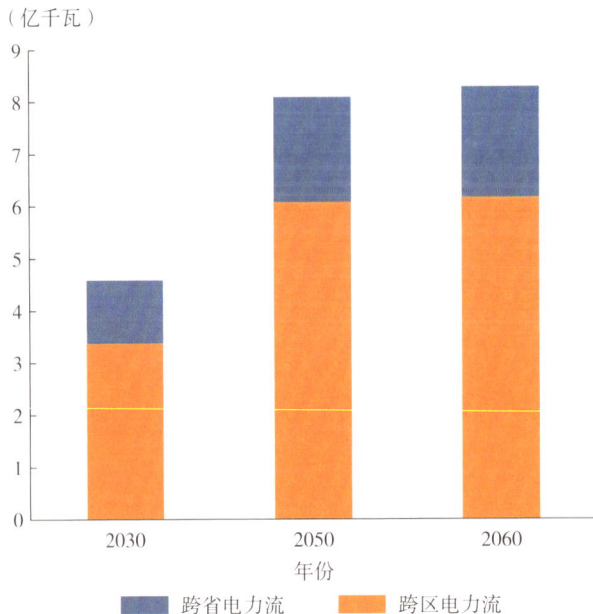

图 11-2　我国跨省跨区电力流

资料来源：全球能源互联网发展合作组织，《中国碳中和之路》，2021

息化已经成为电网未来发展的大势所趋。2019 年初我国智能电能表安装数量超过 5 亿只，接入充电桩累计达 80 万个，预计 2060 年家用节能电器实现全覆盖。随着分布式电源、电动汽车、储能、智能电表、智能家居等新型设备大量接入配电网，配电网功能和形态将发生显著变化，将面临电力潮流双向流动、负荷双重角色、电压波动加大等新挑战，对配电网和微电网的供电安全性、可靠性、经济性、适应性的要求越来越高。

5 分布式电源快速发展

随着新技术让电发展可能源清洁机小胜增长，分布式可集中热源布电由于直接用户侧直接供能且便于实现多能互补，将在电力系统中发挥更加重要的作用。分布式能源系统能源利用效率高，具有突出的节能减排优势，风电、光伏等是较为普遍、发展势头良好的分布式发电技术。从分布式发电的能源结构看，主要使用太阳能、生物质能、波浪能等清洁能源和本地方便获取的化石燃料（主要是天然气），有利于削减电力尖峰负荷，节约优化配电网投资，引导居民绿色消费。

微电网技术作为现代智能电网的重要组成部分和发展方向，是满足大量分布式新能源接入电网的需求而发展的新型电网形式。同时，未来分布式电源的大量接入，将不断增加配电网系统复杂程度，要求配电网逐步向供需互动（分布式电源高度渗透、功率双向流动的配电网络）的有源网络过渡。为充分发挥分布式电源的优势，减少分布式发电对电网造成的冲击，需要加快配电网和微电网的发展。

（二）发展路线图

在"双碳"目标约束下，未来我国清洁能源发电比重将显著提高，能源消费将转向以电为中心，电力成为终端能源消费的核心载体。考虑到电网基础设施面临的诸多挑战，加之我国特有的清洁能源资源逆向分布和未来用能需求特征，我国必须走符合国情的能源转型发展道路，构建大电网与微电网协调互补的电网基础设施体系。依托大电网互济能力实现能源大范围优化配置，同时依托微电网灵活调节能力实现分布式能源就地消纳，并在输配电网间形成双向互动互补、协调共生的关系，提升整个电网新能源消纳能力。

未来中国应积极建设以特高压为骨干网架的东部、西部两个同步电网，形成"西电东送、北电南供"的电网总体格局，并推动智能配电网和微网快速发展，使得集中式电网和分布式电网并行互动、相互支撑，实现多能互补和电力传输系统的灵活智能、安全稳定。"大电网＋中小型区域电网＋智能配电网及微网"的柔性互联形态和数字化调控技术将使电网更加灵活可控，实现新能源按资源禀赋因地制宜广泛接入。

大电网将继续发挥骨干网架功能，承担能源传输和安全保障作用，并与微电网、分布式电源、各类储能、电动汽车等进一步融合发展，大电网柔性互联促进资源互济共享能力进一步提升，实现自愈能力和抵御严重故障能力全面升级。随着可再生能源并网量大幅提升，区域电网的自稳定性将有所下降，特高压作为电力的骨干传输通道，将是区域电力互济的核心设施，保障零碳能源远程消纳。

智慧配电网和微电网方面，将呈现交直流混合柔性电网与微电网等多种形式协同发展的态势，在终端能源利用中扮演重要角色。源网荷储一体化、多能融合互补、多元聚合互动的能源互联网成熟运转，电网由电力枢纽向能源枢纽转变。未来将提升电网智能化、自动化、数字化水平，充分实现终端能源消费的全面感知、智能互动和可靠供应，建立纵向贯通的配电网调控管理组织体系。微电网作为分布式电源并网的重要解决方案，其自发自用模式能够有效弥补大电网的不足，提高供电可靠性和高渗透率，未来将充分发挥其系统分散性、灵活性强的优势，在城市中心、中西部的偏远农村、经济发达的工业区以及军事、航空等领域推广应用。

2030年之前，大电网方面，积极建设以特高压为骨干网架的东部、西部两个同步电网。统筹推进能源基地外送特高压直流通道和特高压交流主网架建设，提升通道利用效率和跨区跨省电力交换能力，提高电网安全运行水平和抵御严重故障的能力。微电网和智能电网方面，微电网技术将与互联网技术相结合，从而实现区域能源互联网的发展。我国微电网行业市场规模将在未来10年内得到快速发展。多数微电网项目将配合分布式清洁能源发电＋储能项目构建，随着清洁能源发电和储能成本下降，逐渐具备竞争力。微电网关键技术趋于成熟，产业链条逐步完善，逐步形成分布式微电网技术体系、市场体系和管理体系。智能电网成为能源核心配置平台，各类需求响应项目加快发展，实现智能电网与用户之间的互动，构建"智能互动"的用户服务体系。

2050年之前，大电网方面，将全面建成坚强可靠的东部、西部同步电网，建成的特高压直流工程和输电容量将显著提升，同时跨省跨区电力流也将随之增加。微电网和智能电网方面，实现多种能源安全最优传输和配送、相互转换、高效利用和动态灵活供需平衡，并提供双向互动能源服务。国内微电网市场将逐步完善，关键技术基本实现国产化，产业链条完善，行业市场规模得到拓展，分布式能源以微电网形式参与需求互动。预计未来微电网将实现为全国的校园与公共领域、工商业区、偏远地区、军队和孤岛区域提供封闭式日常用电需求，并在其他领域着力配合大电网发挥重要作用。

随着时代的发展以及未来技术的进步，大电网和微电网将进一步集成先进输电、智能控制、新能源接入、新型储能等现代智能技术，适应各类清洁能源并网和消纳，为各类用户、设备和系统提供灵活可靠、经济便捷的清洁电力，形成全球覆盖范围最广、技术水平领先的智能电网平台。

（四）政策建议

1. 深化电力体制改革

深化电力体制改革，要遵循电力商品的实时性、无限性、供求波动性、同质化等技术经济规律，保障电能的生产、输送和使用动态平衡，保障电力系统安全稳定运行和电力可靠供应，提高电力安全可靠水平。电力体制的设计需要关注电力作为基础能源的作用、电力商品和安全双重属性，稳步推进售电侧改革，有序向社会资本放开配售电业务，开放电网公平接入，建立分布式电源发展新机制，加强电力统筹规划和科学监管；关注辅助服务定量评估与交易，推进电力交易体制改革，完善市场化交易机制，建立相对独立的电力交易机构，形成公平规范的市场交易平台。

2. 打破跨省跨区交易壁垒

推动各省份电力市场化改革，加快建设全国统一电力市场，促进省间与省内市场融合发展。科学设计中长期、日前市场和日内市场多层级市场体系，发展实时平衡及辅助服务市场，促进清洁能源消纳。构建灵活性资源自由参与市场和跨省区共享机制，保障系统平衡稳定。

3. 探索构建新能源电价机制

在保持销售电价总水平基本稳定的基础上，进一步完善目录分时电价机制，探索构建新能源电源的大规模接入下的电价机制，为构建以新能源为主体的新型电力系统、保障电力系统安全稳定运行提供支撑。统筹考虑不同地区电力系统峰谷差率、新能源装机占比、系统调节能力等因素，提高峰谷电价价差，并结合实际情况在峰谷电价的基础上推行尖峰电价机制。

4. 加快绿色智能配电网和微电网建设

着力实现绿色用电服务多渠道互动、智能电能表多元双向互动、创新适应分布式电源发展的互动服务模式，进一步提升电动汽车与系统的双向互动能力，增强充换电设施的服务能力，构建以新能源为主、灵活互动的绿色智能用电互动服务体系。完善分布式发电市场化交易机制，建立适应可再生能源微电网、存量小电网、增量配电网与大电网开展交易的体制机制。加快推进以园区为重点的局域网建设，积极构建绿色智能微电网，深化推进分布式发电与微电网技术在配电网中的推广应用，推动"隔墙售电"工作落地。

三、储能发展路线图研究

（一）挑战与形势

储能按照技术类型可分为 5 类：机械储能、电化学储能、电磁储能、化学储能、储热。抽水蓄能属于机械储能，目前我国抽水蓄能的应用规模较大。除抽水蓄能外的以输出电力为主要形式的其他新型储能方式也被称为新储能，主要包括电化学储能、压缩空气储能、飞轮储能、熔盐储能及其他储能方式。目前我国储能以机械储能与电化学储能为主，机械储能是将能量以势能、动能等机械能形式进行存储的技术，主要包括抽水蓄能、压缩空气储能、飞轮储能等；电化学储能利用电池实现电能与化学能的相互转化，主要电池类型包括锂离子电池、铅酸电池、液流电池和钠硫电池等。

在我国，抽水蓄能目前总量规模最大，电化学储能次之。截至 2019 年底，全国抽水蓄能装机规模约 3000 万千瓦，占全国储能总装机的 93.4%。我国丰宁抽水蓄能电站是全球最大的抽水蓄能电站，完全建成后总装机容量将达到 360 万千瓦。

各类储能应用中，电化学储能增速最快。截至 2019 年底，全国电化学储能装机规模约 171 万千瓦，年平均增长率为 80%，其中锂离子电池装机容量约 138 万千瓦。目前，锂离子电池储能循环次数为 4000～5000 次，能量密度达 200Wh/kg。根据中关村储能产业技术联盟（CNESA）数据，2020 年底，电化学储能进入爆发期，新增投运装机容量为 1559.6 兆瓦，同比增长 145%[1]。

经济性方面，熔融盐是当前高温储热的首选材料，功率成本最低，但随着技术的进步，设备的使用寿命有望提高；超级电容器能量成本为 7～10 美元/千瓦；锂离子电池能量成本为 300～400 美元/千瓦时；抽水蓄能功率成本为 700～900 美元/千瓦[2]。氢储运成本主要受存储方式、运输方式和运输距离等因素影响，功率成本较高。

1. 各类储能技术难点亟须突破瓶颈

储能相关技术方面，目前增速最快的以锂离子电池为代表的电化学储能面临循环次数偏少、成本依旧较高、电池寿命有待提高等技术挑战。系统集成与控制方面的挑战是"储能+"的规模化应用过程中如何对大量不同参数类型的储能设备实现有效的运行控制。

低成本相变储热（蓄冷）技术、长寿命储氢技术等关键技术是应对未来电网与热力网、氢—天然气网等不同能源网络之间互联互通的需求的重要技术支持，这些关键技术突破使以电为中心的不同能源网络间柔性互联、调剂和联合调控成为可能；同时，为满足电动汽车续航里程的要求，并在电动汽车领域大规模、大范围推广应用，实现 V2G 运行模式，相关领域的储能电池技术同样需要突破关键技术瓶颈。

2. 大规模商业化应用的经济性不足

目前，储能大规模商业化应用的经济性不足。2020 年储能成本约 1.2 元/瓦时，且国内储能系统成本结构中，电池成本占总成本的 50%～55%，超过电池管理系统（BMS）、储能变流器（PCS）、能量管理系统（EMS）、系统集成等部分的成本总和，而储能设备不计入电价成本导致经济性成本难以分摊。同时，电池部分是储能系统产业链中价值量占比较大的核心环节，导致大规模商业化应用的经济性不

① 数据来源：《储能产业研究白皮书 2021》（摘要版）。
② 数据来源：全球能源互联网发展合作组织：《大规模储能技术发展路线图》，2020 年 9 月。

足。预期未来电池降本可行性较高，国内储能系统成本结构有望重构，能量管理系统与系统集成有望实现储能高难度、复杂化的应用场景，进而提高大规模商业化应用的经济性。

3. 缺乏有效的商业模式

目前，中国储能产业还没有摸索出适合自身发展的恰当市场机制和商业模式。2020 年中国新增投运储能项目中，储能在新能源发电侧的装机规模最大，超过 580 兆瓦，同比增长 438%。风光发电侧储能项目属于强配储能，缺乏模式和价格疏导机制，虽然短时间内促进了储能产业规模的快速增长，但持续发展动能不足。

（二）供需分析

储能需求方面，未来高比例新能源接入、5G 基站增加、储能技术突破等均将带动储能需求增加。储能供给方面，目前我国抽水蓄能在储能中占主体地位，电化学储能是新储能供给增长的主要方向 [1]。根据中关村储能产业技术联盟统计，截至 2020 年底，中国累计储能装机规模 35.6GW。抽水蓄能累计装机规模 31.8GW，电化学储能中锂离子电池项目累计装机规模 2.9GW，规模最大的抽水蓄能与发展最快的锂离子电池占储能总规模的 97.47%。

1. 未来电力系统稳定难度加大

储能是保证电力系统灵活性的必要条件。目前，在电力系统灵活性需求相对较低的情况下，抽水蓄能占主体地位的储能系统满足电力系统灵活性需要。随着新能源渗透率提高，风电、光电出力日内波动幅度分别可达 80%、100%，储能将广泛应用于新型电力系统电源侧、电网侧、用户侧的不同场景，平抑风电、光电的随机性和波动性（见图 11-3）。考虑到抽水蓄能有地理限制、响应时间相对较长（从静止到满载通常需要 2.5 分钟左右）等缺点，保证电力系统灵活性需要配备响应时间更短的电化学储能。

2. 储能技术发展潜力巨大

储能技术不断成熟，尤其是以锂离子电池为代表的电化学储能相关技术获得突破，带来新的储能需求增量空间。从储能相关技术成熟度上看，未来可预见的储能技术突破主要是电化学储能、氢储能等领域，电制氢、储氢、氢发电技术是重点，同时，电池管理系统技术等的突破提高储能系统集成与控制能力，配合锂离子电池的长寿命、

---

① 数据来源：中关村储能产业技术联盟。

低成本、高安全材料技术与低成本产业化技术成熟成为新储能系统需求增长、储能系统结构调整的支撑点。

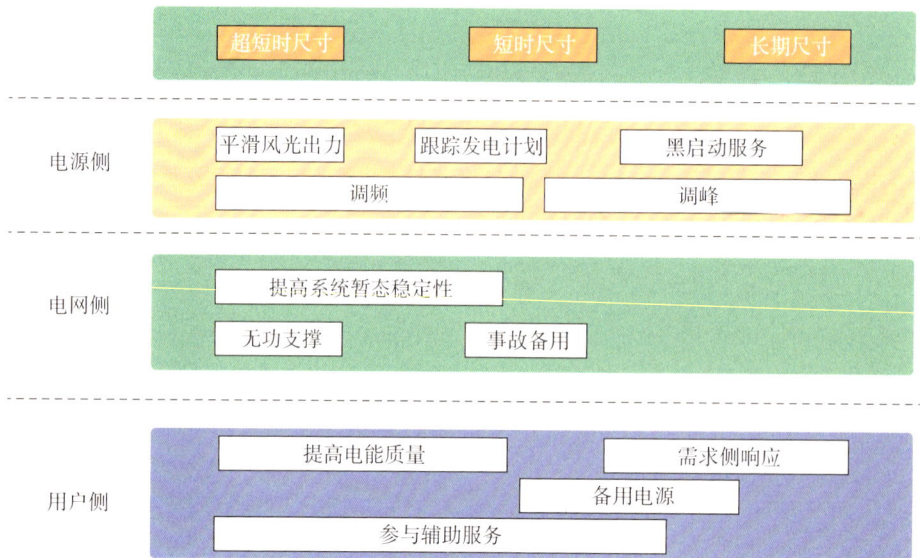

图 11-3 储能在电力系统中的应用场景

资料来源：作者自绘

在新技术不断突破的同时，储能技术成熟度正在加速提高。一是以磷酸铁锂电池、铅碳电池为首的电化学储能技术发展较为快速、相对成熟并已经具备商业化的特点；二是长寿命、低成本、高转换效率和高安全性是电池规模化应用的必要条件，电化学储能技术已经具备初步推广的能力；三是抽水蓄能技术成熟度最高，实现小时级以上应用，成为电网运行重要组成部分；四是液流电池处于早期商业化阶段，增容便利，可用于大型储能；五是已经掌握了兆瓦级、十兆瓦级电池储能电站的集成、运行和控制技术，其各项技术指标均满足电力系统应用需求，而百兆瓦级电池储能电站相关技术有待进一步提升。

长时段大规模储能承担调蓄系统和网络及传统能源储备应急供给能力的支撑性角色，储能形成长时段调节能力所需的储能装备与现有的小时级储能时长有本质差别，是储能领域发展的重点与难点。2020 年长时段大规模储能以抽水蓄能配合锂电池为主。预计到 2025 年，长时段大规模储能可通过抽水蓄能、氢储能、压缩空气储能、热泵式储能、热化学储能多元化搭配解决（见表 11-1）。

表 11-1　各时间尺度可选储能类型

时间尺度	可选储能类型
毫秒级	超级电容器、超导磁储能、飞轮储能
分钟至小时级	锂电池（电化学储能）
长时段大规模储能	抽水蓄能、氢储能、压缩空气储能、热泵式储能、热化学储能

资料来源：作者自制

3. 新能源渗透率将大幅提高

新能源渗透率的提高将导致储能需求总量增大，储能技术亟须突破，储能结构亟须优化。在 2019 年以前，以抽水蓄能作为主体的储能系统可以应对新能源渗透率低的电力系统需求；在"双碳"目标指引下，2050 年前新能源比例大幅提高，储能将广泛应用于新型电力系统电源侧、电网侧、用户侧的不同场景，平抑风电、光电随机性和波动性的需求将导致储能成为刚需。

（三）发展路线图

未来高比例清洁能源系统中，众多储能设备从配置环节、时间尺度、应用场景等不同维度共同构成一个完整的储能体系，满足系统各种调节需求。储能的配置与能源清洁转型的程度密切相关，储能体系伴随着能源系统的清洁化转型发展而不断演化。2035 年，需要在发电侧配置更多的短时储能平抑新能源的随机性和波动性，如风光储工程、光热电站、多能互补项目等；在用户侧，以电动汽车 V2G 为代表的虚拟短时储能将在体系中发挥越来越重要的作用。2050 年前，需要更大规模的储能作为灵活性资源，全系统的储能功率将达到最大负荷的 30% ~ 40%，长期储能提供的季节性能量调节作用越来越显著，储电量将达到系统年用电量的 0.5% ~ 2%。为实现 100% 清洁能源系统转型，需要依托电制燃料等化学储能技术，实现多种能源系统的互联，将分散于不同系统内的存储能力进行整合和优化，实现跨能源品种的"广义储能"。

储能系统结构上，2020—2030 年，储能装机规模增速与国内新能源装机量增速接近；2031—2060 年，储能技术突破、储能成本迅速下降、储能商业模式多元化推动储能在新型电力系统中向支撑性战略角色转变，预测 2060 年电力辅助服务市场相对能量市场风险性更高，而储能系统在电力辅助服务市场能够稳定应对新型电力系统的波动性风险。风光装机量增加、用户侧、电网侧、5G 基站与数据中心等储能需求将推动储能快速发展。以抽水蓄能代表传统储能发展，以电化学储能代表新储能发展，预测储能系统结构变化如图 11-4 所示。

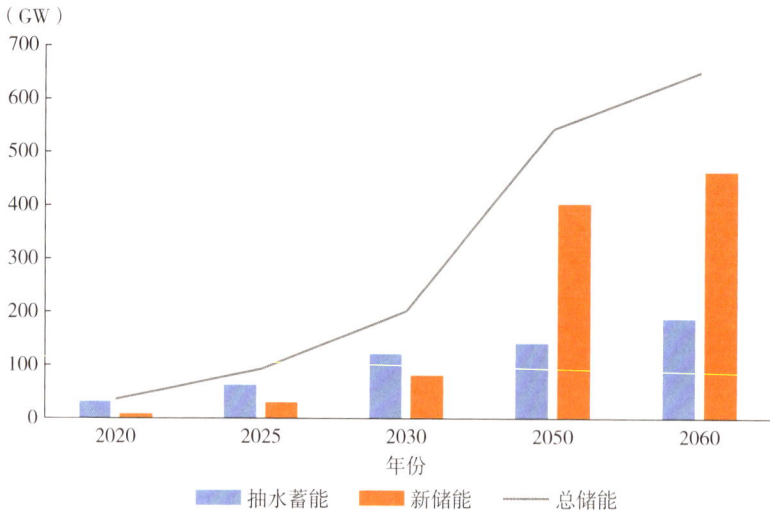

图 11-4　储能系统结构变化趋势图

资料来源：作者自绘

以 2025 年为界，2020—2025 年，全国储能容量有望增至 98GW，储新比[①] 趋势由降转升；2026—2030 年储新比呈上升趋势，2030 年全国储能容量将增至 200GW；2031—2050 年是储能系统深度调整期，预计 2050 年全国储能容量有望增至 540GW；2051—2060 年是储能系统成熟期，预计 2060 年全国储能容量有望增至 646GW，将完成"双碳"目标支撑性战略角色转变，储能系统承担稳定应对电力辅助服务市场波动性风险的角色。

规模方面，预计 2020—2030 年是储能规模迅猛发展期，实现新型储能全面市场化发展。预计 2025 年新储能规模达 30GW，抽水蓄能规模达 62GW；预计 2030 年抽水蓄能规模达 120GW，新储能规模达 80GW，占总储能规模的 40%，装机规模基本满足新型电力系统需求。预计 2050 年后新储能规模占总储能规模的 71.2%，在储能系统中占主体地位。

经济性方面，预计 2030 年短时储能锂离子电池成本 953 元 / 千瓦时，长期储能电氢—电成本 50 元 / 千瓦时；2050 年短时储能锂离子电池成本 635 元 / 千瓦时，长期储能电—氢—电成本 31 元 / 千瓦时，2060 年短时储能锂离子电池成本 476 元 / 千瓦

---

① 储新比指储能装机规模与新能源装机规模的比值。

时，长期储能电—氢—电成本 19 元 / 千瓦时。

政策和产业方面，2030 年前，预计储能独立市场主体地位确立、储能顶层设计完备。随着大量储能技术标准问题、储能市场主体性问题、电力价格不确定性问题在政策层面得到解决，新型储能核心技术装备自主可控，技术创新和产业水平稳居全球前列，标准体系、市场机制、商业模式成熟健全，与电力系统各环节深度融合发展。

技术方面，预期 2040 年储能电池成本下降 70%。2050 年，磷酸铁锂电池技术突破，使用寿命获得提升，储能系统突破单一商业模式实现多元化，以锂电池为代表的化学储能在设备安全性、使用年限、充放电次数三方面会有明显提升；抽水储能技术水平变化较小，受限于地理、效率等因素抽水蓄能会在经历上涨后进入平稳发展期；预计 2060 年上游电子元器件、中游系统集成、下游电网等终端用户实现价值链整合。此时电力辅助服务市场相对能量市场风险性更高，而储能在电力辅助服务市场能够稳定应对新型电力系统的波动性风险。预计锂离子电池能量密度提高 140%，循环次数提升 150%，成本下降 75%；超级电容等功率型储能能够实现商业化应用；储能电池管理系统技术成熟度大幅提高，储能变流器行业集中度大幅提高。

（四）政策建议

1. 推动不同储能技术综合应用，拓展用户侧储能场景

不同储能技术的混合搭配可以解决单一储能技术存在的局限性问题，同时要注重通过建设工业园区、利用 5G 基站辅助供电以及保证数据中心供电的可靠性等方式来拓展用户侧储能的应用场景。需求侧配备"电—热—冷—气混合式储能系统"，开发 V2G 新技术与电动汽车退役电池梯次利用并重，采用锂离子电池与超级电容器配合，实现电动汽车的快速充电以促进储能与电动汽车融合发展，同时探索结合大数据、微电网场景下的储能应用，加强产业链整合，推动探索储能技术商业化新途径。

2. 创新基于电力与能源市场的储能应用商业模式

以缩减储能成本为目标，通过系统调度安排、电力辅助服务补偿考核等手段合理疏导新能源配置储能成本，同时采用拉大峰谷价差、税收优惠政策以激励创新储能商业模式。进一步完善分时电价机制，给予新能源配置储能企业投资利润空间，以储能电池作为产业链与上下游价值链核心构建新商业模式，突破单一峰谷电价套利的商业化模式，探索家用储能等多元化商业模式以释放储能行业活力。

3. 完善"分布式 + 储能"系统标准

借鉴德国能源转型过程中的储能政策，完善"分布式 + 储能"系统标准，核心

是分布式储能集中控制，目标是储能联控，积极推进《钠离子蓄电池通用规范》等储能系统相关标准，同时提高储能行业监管能力以规范储能市场环境，规范不同类型的分布式储能系统的用途、容量等参数。

4. 推动储能产业规模化发展

在用户侧储能方面，扩大峰谷价差以弥补储能系统建设成本，提高储能产业的经济性，同时引导电网侧储能成本向用户侧转移。在辅助服务市场和碳税交易等方面，明确储能作为独立市场主体；在电网侧方面，将电网替代性储能设施成本纳入输配电价回收并建立独立储能电站容量电价机制；政府对储能的购电价格、放电价格、输配电价格以及结算方式等制定单独的交易电价政策，并对储能技术研发和产业化应用提供财政补贴以促进储能产业从商业化初期向大规模产业化发展。

四、氢能基础设施发展路线图研究

氢能作为清洁、高效、安全、可持续的二次能源，是国家未来能源体系的重要组成部分，是用能终端实现绿色低碳发展的重要载体，是战略性新兴产业重点发展方向。氢气有潜力成为整合不同基础设施的能源载体，从而提高经济效率、可靠性、灵活性。氢能还可以为电力部门提供大规模的长期能量存储和辅助电网服务，如应急、负荷跟踪和调节储备等。统筹谋划、整体布局氢能基础设施，既是国家深度脱碳的需要，也为"双碳"目标实现提供了有力支撑。

（一）挑战与形势

1. 氢能储运效率亟须提高

与传统石油燃料易运输、可规模存储的特点不同，氢的储运技术在能效性、安全性上仍面临一些问题。现阶段，我国普遍采用20兆帕气态高压储氢与集束管车运输的方式。在加氢站日需求量500千克以下的情况下，气氢拖车运输节省了液化成本与管道建设前期投资成本，在一定储运距离以内经济性较高。当用氢规模扩大、运输距离增长后，提高气氢运输压力或采用液氢槽车、气氢管道等运输方案才能满足高经济要求。

液氢槽车储运在长距离大规模运输上有较强的竞争力。在现有技术条件下，从液化到运输全过程成本分析，由于液氢槽车储运量较大，可减少槽车及人员的配置，液氢在长距离、大规模的运输中，相较于20兆帕高压气氢拖车运输有显著的成本优势。但液化过程的能耗和固定投资较大，液化过程的成本占到整个液氢储运环节的 90% 以上。

2. 加氢站数量较少限制产业发展

目前国内加氢站数量少，建设布局待完善。2020 年，全国在建和已建加氢站共 181 座，已经建成 124 座，其中 2020 年建成加氢站 55 座。加氢站的建设成本较高，其中设备成本占到 70% 左右，单个加氢站投资成本在 1000 万元以上，大幅高于传统加油站的建设成本。设备的运营与维护、人工费用等也使得加注氢气的成本较高，在 13 ~ 18 元 / 千克，阻碍了氢燃料电池汽车的大规模发展。

（二）供需分析

1. 未来多领域仍将面临深度脱碳要求

氢能发展对中国提高能源体系安全、实现碳中和具有极高战略价值，将在中国重工业、重型运输的脱碳以及电力系统灵活性方面发挥重要作用。

在工业领域，氢能将在重工业实现零碳的过程中发挥重要作用，其可为钢铁、冶金等许多工业领域提供直接热源；氢能也可在直接还原技术中被用作还原剂，生产零碳钢铁；此外氢能还可以用于气体焊接，具有高效能、低成本等优点。零碳氢气也可满足快速增长的合成氨的需求，包括现有合成氨需求及用作船运零碳燃料的新增氨气需求（每年总计 4300 万吨氨）。在甲醇方面，用于二氧化碳氢化作用的催化剂已经实现商业化生产，全球范围一些试点工厂也已开始运行。

在交通领域，纯电动汽车很可能在未来占据主导地位，但氢燃料电池汽车也可能会受到少数长途旅行需求较大的用户的青睐。同时，氢燃料电池汽车具有续航里程长、燃料补充速度快等优点，在重型长途货运中可起到重要作用。中国已经制定了打造大规模加氢站基础设施的计划。在船运领域，在"双碳"目标下，纯电动汽车和氢燃料电池车可在内河、沿海等短途船运领域发挥重要作用，经济性也将逐步改善。对于零碳的长途船运领域，氨气可能会发挥主要作用，而且这些氨气以氢气为主要原料，由此将带来每年 760 万吨的氢气需求。在航空领域，以氢为燃料的飞机可能成为中短途飞行的脱碳选择[①]。目前，全世界已有多种机型正在开发，一些专家认为，氢或电池可以应用于驱动 100 座以下、飞行距离在 300 ~ 500 公里内的飞机[②]。

对于电力系统灵活性，用过剩电力生产氢气有望成为有效的储能机制。氢气可

---

① IRENA.Hydrogen from Renewable Power:Technology Outlook for the Energy Transition. 2018.

② ICAO Secretariat.2019.

通过与天然气等气体混合或以燃料电池的形式为系统提供灵活性服务，帮助提高整个能源系统的灵活性。在零碳情景下，到 2050 年要满足交通运输和工业部门的需求，中国每年需要生产 8100 万吨氢气，其中钢铁、化工原料和重型运输部门的需求量最大。

2. 长时段大规模储能需求增加

在 2021 年，美国能源部发布了支持长时储能的相关报告，把长时储能定义为至少连续运行（放电）时间为 10 小时，使用寿命在 15 ~ 20 年。当遇到无风天气或连续的阴雨天气时，由于火电厂的装机容量大幅度减小，要保证新型电力系统的安全、稳定供电，就需要长时储能电站提供电网负荷需要的电力。

氢储能能量密度高、运行维护成本低、可长期储存、可实现无污染工艺。这是一种罕见的储能技术，可储存 100GWh 以上的电能，也可用于极短或超长时间的供电。它被认为是一种具有巨大潜力的新型大规模超长时间储能器。氢气是可再生和可持续能源系统的优秀储能介质。氢气作为一种能源载体具有突出的优势，压缩的氢气具有较高的能量密度，有可能扩展到电网应用。它有着广泛的应用，可以作为单独的燃料气体或化学原料用于燃料电池的发电。

当前，氢储能发展仍面临氢气制备价格较高，大规模氢气储存的安全及投资难以保证，氢燃料电池的效率较低及相关电力市场的政策、法规及服务不完善等阻碍。同时，氢气储能系统目前的系统整体效率仍然较低（约 40%，但在热电联供下可达 60%），燃料电池投资依然较高。当前，氢储能技术在全球范围内尚未实现大规模商业化应用。

（三）发展路线图（见图 11-5）

在储氢方面，到 2030 年，储运氢效率提高至 35%，储氢密度提高至 15 ~ 20 摩尔 / 升，持续放电时间达到 100 小时以上，系统成本降至 9000 ~ 10000 元 / 千瓦。到 2050 年，储运氢效率提高至 60%，储氢密度超过 30 摩尔 / 升，持续放电时间达到两周以上，系统成本降至 8500 元 / 千瓦。到 2060 年，液氢储运、高压气氢储运、管道储运、有机液体储运等多种路径并行，储运氢效率提高至 65%，系统成本降到 6000 元 / 千瓦。

在加氢方面，加氢站及其基础设施将呈现多元化、网络化的发展，加氢站与加气站、充电站、加油站等联合建设和运营模式不断涌现。到 2050 年将建成 10000 座加氢站，氢能基础设施进一步完善，氢能产业链完成多元化、网络化发展；到 2060 年将建成 15000 座加氢站。

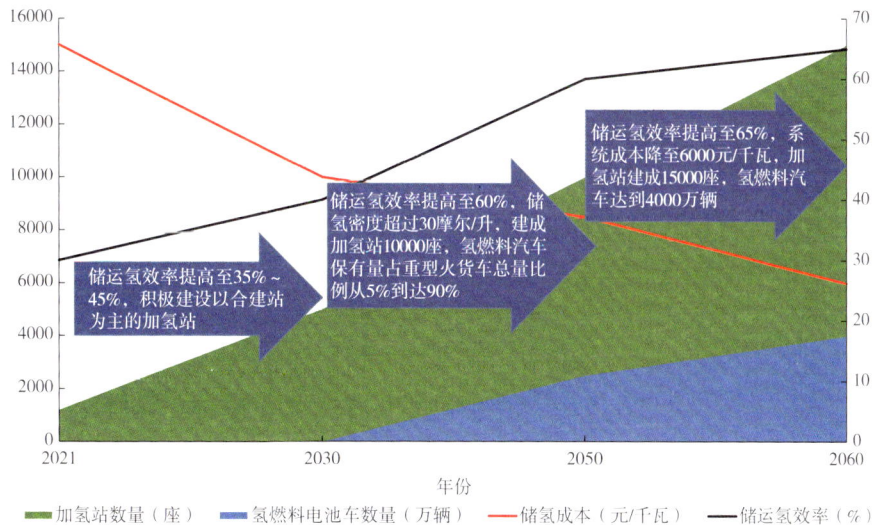

储运氢效率提高至35%～45%，积极建设以合建站为主的加氢站

储运氢效率提高至60%，储氢密度超过30摩尔/升，建成加氢站10000座，氢燃料汽车保有量占重型火货车总量比例从5%到达90%

储运氢效率提高至65%，系统成本降至6000元/千瓦，加氢站建成15000座，氢燃料汽车达到4000万辆

图 11-5　氢能发展路线图

（四）政策建议

1. 国家层面统筹氢能发展

建议为氢能在不同产业领域的应用设定发展目标。将氢能纳入国家能源基金和投资管理体系，建立适当的融资和担保机制，将社会资本集中在氢能相关领域，并重点投资氢能基础设施建设。

2. 健全研究体系，突破低温液态储运氢等关键核心技术

政府、行业机构、科研机构与企业紧密合作，创新建立联合研发机制，集中攻克燃料电池电堆、燃料电池系统、燃料电池整车及氢能供给系统等核心技术，提升产业创新能力和产品技术水平。

突破制氢、储氢、加氢关键技术。研究工业副产氢（焦炉煤气及氯碱化工）分离纯化制氢、高效低成本可再生能源制氢、分布式制氢—储氢—加氢一体化等技术；研发高压气态储氢系统、液氢储运系统及其他新型储氢装置；突破加氢站 70 兆帕高压加注技术及关键设备；开展低温液态储氢、液态有机储氢、固态材料储氢、液态加氢站等前瞻性技术研究。重点突破液态制储氢技术和固态制储氢技术，提升高压容器输送氢气效率，降低核心设备的生产成本。

3. 构建清洁低碳的氢能供应体系

明确近期、中期、远期各阶段的发展重点，制订切实可行的行动方案。在中短期内，根据当前的经济、技术和环境条件，重点开发关于高压气态与液态氢气的储存和运输的关键技术，推动不同方式的加氢站和一体式加氢站的发展，并为其提供政策支持。

4. 建立科学长效的产业发展扶持与激励政策

鼓励央企、国企等大型企业带动产业链协同。重点支持能源领域、智能制造领域的中央企业，通过资金配套、资源整合、政策倾斜等方式，发挥其在资源渠道、资金积累、人员支撑等方面的优势，以增强核心竞争力为目标，以产业资源为载体，推动产业链上下游企业深度整合，促进氢能产业链的快速发展。

因地制宜，综合考量不同区域资源禀赋、产业链基础等，兼顾不同领域和行业发展特点，寻找刚需应用场景，探索如大规模储能、备用电源、热电联产等多种燃料电池及氢气应用产品和领域，鼓励试点先行、典型引路，引导可再生能源富集区等不同地区结合实际打造氢能及燃料电池产业发展样板区，探索形成各具特色的商业模式，为氢能、燃料电池产业发展探索路径、积累经验。

五、新能源基础设施投资

中国能源系统转型是实现净零排放的必然要求，电力部门将在转型中发挥关键作用，亟须新增智能输配电基础设施，通过大电网连接可再生能源基地与主要负荷中心，加快发展微电网。此外，还需要大规模的需求侧响应和具备灵活性的基础设施（如储能），以适应风能、太阳能等可再生能源的周期性、间歇性特征。此外，还要加快发展氢能、生物质能等低碳基础设施以及满足CCUS所需的基础设施，包括氢能生产、储存、运输和加氢基础设施，生物质能精炼设施和二氧化碳输送管道等CCUS基础设施。

本书研究认为，新能源基础设施投资规模将快速增长并在2030年达到峰值。2020—2060年，中国需要投资约12万亿美元，其中未来20年内投资须达到6万亿美元以上。随着电气化成为净零转型的核心，电力部门脱碳将占据最大的投资份额，氢能和CCUS基础设施紧随其后。要发挥电力市场和金融市场的作用，调动投资的积极性，包括完善市场为新能源企业提供明确的投融资模式，改善项目风险收益结构以刺激民营企业投资、提供绿色债券和与可持续发展挂钩的贷款，以及构建更广泛的绿色金融体系等。

本章对投资需求的预测是基于中国 2060 年前实现净零排放的投资模型以及国际投融资相关案例分析得出的。新能源基础设施投资需求和电力、生物质能、氢能、CCUS 各部门投资需求测算均基于中国"双碳"目标下新增产能和从公开数据中获得的资金成本计算得到，主要数据来源包括国际能源署、国际可再生能源机构和国际氢能委员会等公开数据。

（一）新能源基础设施投资需求

未来 20 年内，为了实现零碳排放的目标，中国需要持续大幅增加在新能源基础设施方面的投资。目前中国对新能源基础设施的投资约 1.37 万亿元 / 年。未来 10 年内，投资需求将增加至 2.33 万亿元 / 年，并在 2030 年达到峰值，为 2.46 万亿元，然后下降到 1.88 万亿元 / 年左右。

电力部门投资（含输配电投资）在总投资中占比最大。在可再生能源、储能和网络基础设施大规模部署的推动下，2020—2060 年电力系统投资额约占到总投资的60%。此外，在未来对氢能和 CCUS 的投资也将显著增加，这将对行业脱碳发挥重要作用。

（二）低碳电力投资需求

到 2030 年，中国低碳电力部门的年度资本支出预计将比当前增加约 150%。2020—2060 年，低碳电力行业的总投资预计为 54.78 万亿元。其中，19.86 万亿元用于升级现有输配电基础设施，并以此连接可再生能源与相应的需求来源；3.15 万亿元用于新建核电站，以提供低碳基载电力；3.42 万亿元用于扩大电池存储从而提高电力系统的灵活性；23.28 万亿元用于风能和太阳能光伏发电[1]。未来 20 年内，电力部门的投资需求将达到最大，到 2030 年约 1.71 万亿元，随后投资需求增速放缓，年均复合增长率将从 2030 年的 5% 下降到 2050 年的 3%。

随着技术的日益成熟以及电气化对中国清洁能源转型的推动，投资的资金结构可能会转向债务融资（IEA，2021）。由于技术水平的提高、成本和风险的下降，可再生能源项目的债务融资份额从 2013 年的 23% 增加到 2018 年的 65%。将现有的化石燃料融资转向可再生能源等新能源，可以扩大融资规模。

---

[1] 此处仅列出与本章有关的主要投资。

由于中国电力市场还不够成熟，储能等新能源技术仍具有较大不确定性，未来10年内民营融资规模将难以快速扩张。国有企业须对其进行大量的公共投资。未来20年，预估每年需求为16GW，这需要320GW的电池存储量来整合不断增长的可再生能源。

（三）氢能投资需求

由于工业和运输部门的脱碳将不断增加对氢和生物质能的需求，低碳生产部门的年度资金投入将增加290%。目前氢能主要用于炼油、化工和钢铁工业部门，且主要使用化石燃料（天然气或煤炭）进行生产。随着氢能应用领域的不断扩大，对氢能的投资将从2020年的50亿元增加到2030年1712亿元的峰值，这些投资将用于建设网络基础设施和绿色制氢。之后随着技术成本的下降，2050年投资将下降到822亿元。

（四）CCUS投资需求

在中国，CCUS尚未达到商业规模，投资水平也相对较低。2020—2060年，受电力、工业、运输和存储基础设施投资推动，CCUS的平均年资金投入预计增加180%。其中电力行业部署CCUS须投资8.9万亿元；工业上部署CCUS须投资3.08万亿元；另投资4.39万亿元以完善CCUS运输和存储基础设施。

未来40年内，CCUS的投资将显著增加，投资额预计在2040年达到峰值，约为5478亿元。其中占比最大的投资为在电力部门部署CCUS，在2040年将达到4109亿元的峰值。对工业CCUS的投资额将在2030年达到峰值，为1370亿元。CCUS的使用加大了对运输和存储设施的需求，2030—2050年这部分投资预计达到822亿元。

储能和需求侧的响应可以提高电力系统的灵活性，进而显著降低在电力行业部署CCUS所需的投资。建模假设电力系统灵活性无其他实现方式，研究发现提高可再生能源与电力系统灵活性为电力部门脱碳提供了最具成本效益的途径，这可以显著减少电力部门对CCUS的需求。

（五）融资渠道

在国际上，解决新能源基础设施融资难题主要有5种方式：一是通过制定明确的国家目标（如长期目标、碳定价）来展现国家对向新能源系统过渡的坚实保障。二是制定完善市场的支持性政策（如关于电力灵活性、氢能供应、二氧化碳运输和储存），增加关键新能源服务的潜在收入来源。通过为民营投资者建立明确的融资模式并完善市场，为新能源基础设施融资奠定基础。美国得克萨斯州对电力市场进行高效设计，从而使公用事业规模的电池储能厂能够完全由民营投资来进行融资。三是确保新能源项目具有吸引人的回报，从而促进民营融资。英国通过实施消除特定技术风险的政策来达到目标，其中包括海上风电的差价合约和核电站的政府债务担保。英国的绿色投资银行还会提供更加通用的去风险方式，如共同投资和优惠融资。四是通过新的金融工具、强制性要求和公共部门的长期融资，实现金融体系的绿色发展，同时还要确保气候风险在金融体系中得到充分价值估量。例如欧洲实施的强制性气候披露等监管措施。五是通过发展二级市场和支持地方所有权来吸引不同的投资者。除了激励现有投资者将其投资组合目标重新规划为绿色投资之外，还可以通过吸引更多样化的投资者来释放额外的民营融资。例如，在德国，新能源项目通过地方能源企业融资吸引不同优先级的投资者。不同的技术在构建模块上的发展水平不同，这意味着决策者的重点应该根据各项技术成熟度的不同而有所不同。对于相对成熟的技术，可以开发新的商业模式和二级市场，从而释放更多资金。对于不太成熟的技术，需要制定配套政策从而完善市场并促进融资。

1. 创新商业模式

能源系统商业模式的创新可以提高对现有基础设施的利用率，从而降低总体融资需求。如在电力新能源领域，通过发展综合能源服务，对分散的新能源电力基础设施进行统筹规划和整合设计（见图 11-6），聚合在一个单一实体下，可以最优地利用现有的能源基础设施，将不稳定的可再生能源基础设施进行匹配和协调规划，提高整

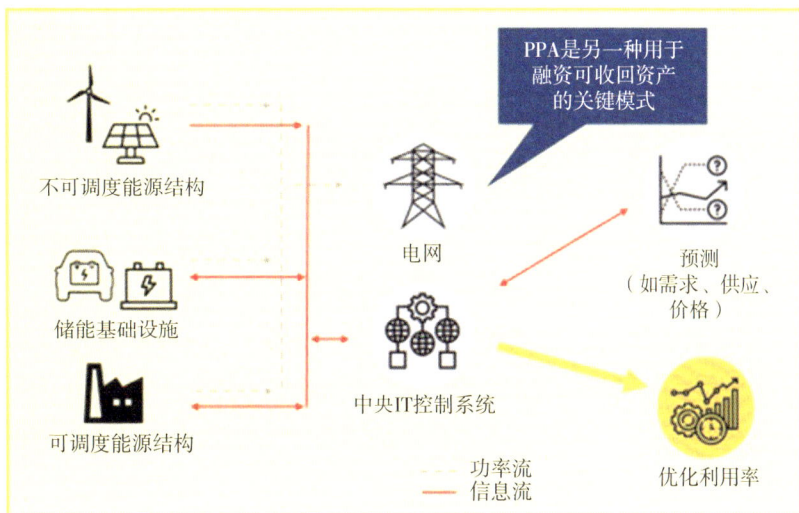

图 11-6　创新商业模式

资料来源：IRENA. Aggregators Innovation Landscape Brief. Abu Dhabi. 2019

体用能效率，减少资源闲置和浪费，降低投资整体规模。目前全球综合能源公司的市场正在快速增长，预计到 2023 年总价值将达到 46 亿美元（IRENA，2019）。另外，通过发展需求侧响应和部门耦合，也能有效降低融资需求。

- **案例 1**

在英国，对能源系统的灵活性投资可以为其带来资金净结余。英国能源系统的建模表明，实施储能、部门结合和需求侧响应技术可以提高英国现有能源基础设施的利用率。要将这些技术整合到英国能源系统，需要 50 亿英镑的资本支出来完善其所需的基础设施（Ofgem，2020）。然而，通过提高现有基础设施的利用率，所需的额外基础设施项目将减少，最终以避免资本支出的形式来实现资金节约。其他未建模的灵活性选择，如互连也可以进一步节省成本。

2. 完善市场机制

成熟的市场机制能够为新能源项目提供明确的融资模式，并且提高能源转型重点领域的收益。碳定价通过给捕集的碳赋予货币价值，为大规模制氢和碳捕集创造收入来源。据国际货币基金组织估算，要实现 2℃的温控目标，须在 2030 年前，将碳价设定到 75 美元 / 吨，目前全球碳市场中只有一个碳定价机制能够实现这一价格（Parry，2019）。完善市场机制还可通过包括创建新市场（如碳排放权交易体系或增加市场容量）、重新设计现有市场（如提高电力批发市场的空间分辨率）等方式来实现。

3. 改善风险收益

大型基础设施项目会涉及不同的风险，根据项目类型不同，风险的表现方式也不一样。由于新能源基础设施项目涉及前沿技术，与技术成熟的项目相比，在开发、技术和政策方面通常面临更高风险。投资者对高技术风险新能源项目的回报率要求也更高。

政府和政策类金融机构可以通过减少、转移风险或风险补偿有效降低融资成本（见图 11-7）。去风险工具包括银团贷款、债务次级化、担保、保险、对冲、公共共同投资和技术援助。最终，通常需要采取一系列降低风险的措施来达到激励民营部门进行项目投资的效果。国家投资银行为此类措施的开创和实施提供了有效的实现途径。此外，还有一些地方政府通过建立自己的绿色投资银行来降低地方能源基础设施投资风险，如美国的蒙哥马利县绿色银行[1]。

---

[1] The Montgomery County Green Bank is a county-level green investment bank in the US which has a portfolio of $24 million which is used to mobilise investment in renewable energy projects in the county.

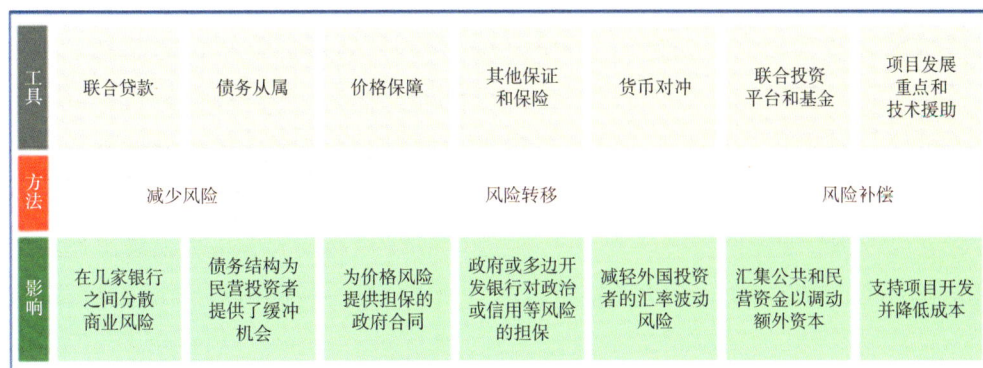

工具	联合贷款	债务从属	价格保障	其他保证和保险	货币对冲	联合投资平台和基金	项目发展重点和技术援助
方法	减少风险		风险转移			风险补偿	
影响	在几家银行之间分散商业风险	债务结构为民营投资者提供了缓冲机会	为价格风险提供担保的政府合同	政府或多边开发银行对政治或信用等风险的担保	减轻外国投资者的汇率波动风险	汇集公共和民营资金以调动额外资本	支持项目开发并降低成本

图 11-7　融资风险越高，融资成本越高，相反则越低

资料来源：OECD（2017）

　　成熟的技术，存在许多的去风险方式，如差价合约和债务担保。对具有多条产业链的大型基础设施项目来说，技术不成熟导致的跨链风险是一项特殊挑战，因此这类项目要想获得融资需要有更高的回报。除了风险的大小，民营投资者也不愿承担他们无法控制的各种风险，如与开发相关的风险。在国际上，各国政府会通过补贴和优惠融资等方式来降低融资成本。

　　4. 发展绿色金融

　　绿色金融体系是释放额外资金的重要途径。绿色金融体系指重塑金融体系，以支持对新能源基础设施的投资，并通过全面的环境和气候风险管理，迅速减少会增加碳排放的相关活动（Nikolaidi，2019；NGFS，2020）。国际绿色金融发展有两个主要趋势：一是开发新的绿色金融工具和市场，吸引更多不同风险偏好的投资者来扩大可用的绿色资金池；二是增加金融机构的强制性报告要求，帮助投资者更清晰地了解与新能源系统转型相关的金融风险，从而将资金转向绿色投资。目前金融体系尚未充分适应这些风险，了解这些风险显得尤为重要。

　　● 案例 2

　　在德国，能源合作社推动了社区对新能源的投资，且在国家能源投资中占很大比例。能源合作社已成为德国小型分布式可再生能源项目融资的普遍方法，德国已成为社区能源项目的世界领先者（Balch，2015）。虽然平均投资很少（5065 欧元），但德国多个能源合作社总共为可再生能源基础设施筹集了 27 亿欧元的资金。在北莱茵—威斯特伐利亚地区，合作社共安装了 2.9GW 风电能源设施（BUND，2014；

WWEA，2019）。

受金融和非金融因素的推动，能源合作社吸引了更多样化的投资者。企业资助的可再生能源项目为其所在社区带来了许多间接利益，包括提高公民参与度、促进社会创新、推动当地气候变化目标的实现、增强社会凝聚力和增加当地就业机会（CaramizaruandHihlein，2020）。德国能源合作社的投资者表示，在环境保护和能源转型支持等非金融因素的推动下，能源企业吸引了更加多样化的投资者（具有不同的优先级）进行绿色投资，扩大了绿色资本池（BUND，2014）。

六、新型能源系统一体化研究

本书提出构建一体化新型能源系统，作为未来能源系统的重要形态。一体化新型能源系统以清洁能源发电为中心，整合氢能、核能、石油、天然气、生物质能等多种能源资源，以坚强智能电网为基础平台，将先进信息通信技术、控制技术与先进能源技术深度融合应用，支撑能源电力清洁低碳转型和多元主体灵活便捷接入，具有泛在互联、多能互补、高效互动、智能开放等特征的能源互联网形态。同时，新型能源系统整合储能、工业交通建筑领域电气化等要素，结合大数据、云计算、物联网等技术，实现多能协同供应和能源综合梯级利用，大幅提高能源系统效率，降低能源生产与消费成本。一体化新型能源系统将推动实现电力系统高质量发展、促进能源行业转型、保障能源安全和经济社会发展。

（一）未来能源结构及特征

1. 未来能源系统主要特征

为实现"双碳"目标，我国能源结构转型将以大规模可再生清洁能源的利用和终端用能电气化为导向。可再生清洁能源在能源结构中的占比将稳步提升。2030—2050年，可再生清洁能源的比重将会大幅度超过传统化石能源，到2060年，可再生清洁能源将成为能源结构中的中流砥柱。同时，电气化进程稳步推进，有力支撑实现碳中和。

新能源成为能源系统的主体，一次能源从可控到随机。预计我国零碳可再生能源发电装机容量将大幅度提升，如表11-2所示。以零碳电力为核心的电力系统的核心特征在于新能源占据主导地位，能源结构从可运输、可存储的化石能源转向不可存储或运输并且与气候条件密切相关的风光资源，一次能源从可控到随机。

表 11-2　整体电力结构发展展望

类别	2020 年	2030 年	2060 年
总装机（亿千瓦）	22.0	36 ~ 41	78 ~ 82
煤电装机占比（%）	49.1	31 ~ 36	4
常规机组装机占比（%）	76.0	约 59	约 23
非化石能源装机占比（%）	44.8	52 ~ 59	88 ~ 89
非化石能源电量占比（%）	33.9	39 ~ 45	86 ~ 87

资料来源：《中国电力行业年度发展报告 2020》

终端用能电气化水平不断提升。电能替代深入推进和新兴电力消费快速增长将推动能源消费侧电气化水平大幅提高。如图 11-8 所示，电能占终端能源消费的比重将不断提升，并逐步占据终端用能的核心地位。

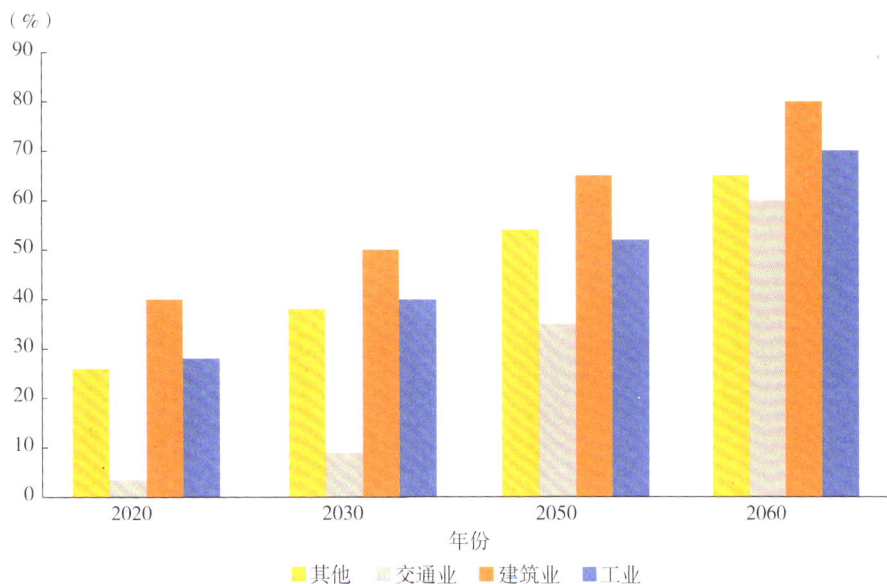

图 11-8　各部门终端电气化水平
资料来源：《中国统计年鉴 2020》；国家电网公司

源网荷储一体化以维持电网稳定性。随着可再生清洁能源占比不断提高，源网荷储的协调发展尤为重要。通过源网荷储各环节间协调互动，充分挖掘系统灵活性调节能力和需求侧资源，有利于各类资源的协调开发和科学配置，提升系统运行效率和电源开发综合效益，推动清洁能源资源优先消纳，调动需求侧灵活响应的积极性，扩大电力资源配置规模。

以数字技术为基础的智能化趋势。电力网络逐步与现代通信网络融合，打造全息全景感知、信息高效处理、数据数字安全、应用便捷灵活的开放安全物联网络。同时，电力行业开展数字化转型，建设具有活力的电力数字生态。

2. 高度重视电动汽车与电网协调发展

国际能源署的《2050 年能源零碳排放路线图报告》预测，2020—2030 年，全球电动汽车将增长 18 倍，2030 年年销量将达到 5500 万辆。2020 年底中国新能源汽车保有量比 2019 年同期增长 29.1%，纯电汽车占比达到 80%。如图 11-9 所示，在基准情景下，预计 2035 年纯电汽车保有量将达到 9400 万辆，2050 年将达到 2.3 亿辆，2060 年将达到 4.3 亿辆；在激进情景下（考虑未来可能会实行的禁售燃油车政策），预计 2035 年纯电汽车保有量将达到 1.01 亿辆，2050 年将接近 3.5 亿辆，2060 年将达到 5.6 亿辆。

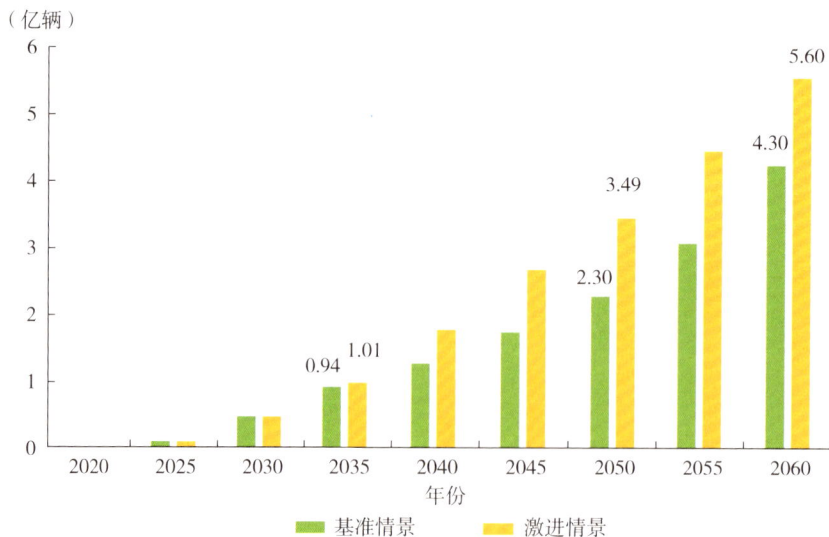

图 11-9　中国电动汽车保有量预测

资料来源：《中国新能源汽车规模化推广对电网的影响分析》，世界资源研究所，2020

电动汽车对电网的影响是一把双刃剑，一方面，在电动汽车保有量持续增长的情况下，电动汽车的无序充电将会增加电网负荷容量，可能造成电网过载及短时电压降超标，如图 11-10 所示。电动汽车的充电时间较为集中，短时间会对电网运行产生严重影响；电动汽车充电装置在实现电网交流电和电池直流电转换时，会产生电力谐波；交流桩一般使用电网单相电，各种相位负载不平衡可能会引起电网的三相不平衡问题。

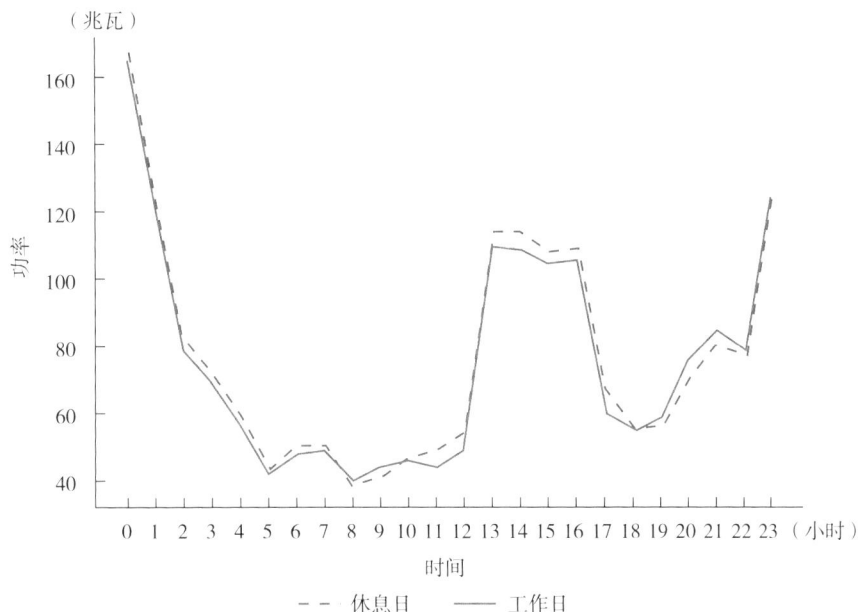

图 11-10　电动汽车充电规律

资料来源：苏小林、张艳娟、武中等，《规模化电动汽车充电负荷的预测及其对电网的影响》，《现代电力》2018 年第 1 期

　　另一方面，电动汽车通过车网互动可以降低同时充电带来的极端负荷，有助于维持电网平衡。当本地负荷过低时，电动汽车进行充电调整峰谷差（见图 11-11）；当本地负荷过高时，电动汽车向电网馈电，对于维持电网平衡、削峰填谷发挥积极作用。

　　此外，通过车网协同技术，电动汽车将具备可观的储能潜力。预计未来车网协同将以两种形态为主，如图 11-12 所示，一是电动汽车单向有序充电，即在满足电动汽车充电需求的前提下，运用峰谷电价的经济措施或者智能控制措施，优化调整电动汽车充电时序与功率。二是电动汽车双向充放电，即在满足电动汽车充电需求的前提下，将电动汽车作为储能设施，当电网负荷或本地负荷过高时，由电动汽车向电网负荷或本地负荷馈电；当电网负荷或本地负荷过低时，可通过有序充电调整本地负荷的峰谷差。

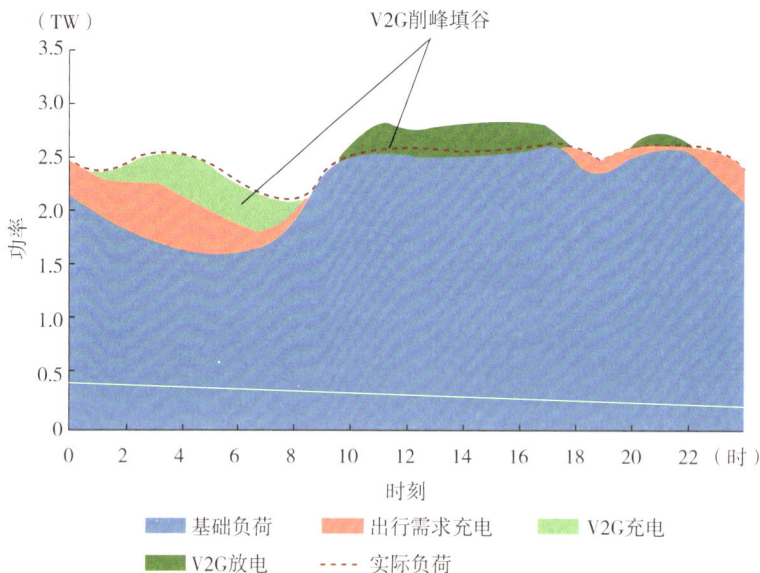

图 11-11 车网互动平滑用电负荷
资料来源：全球能源互联网发展合作组织，《中国碳中和之路》，2021

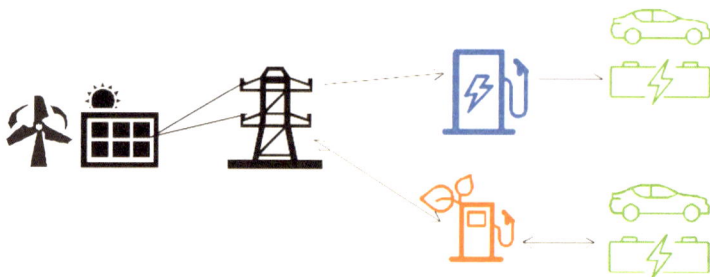

图 11-12 车网互动方式
资料来源：黄俊辉、周昊、韩俊等，《考虑车网互动的配电网可靠性评估》，《电力建设》2017 年第 2 期

3. 发挥电制碳氢燃料保障能源稳定供给作用

2021 年发布的 IPCC 第六次评估报告第一工作组报告指出，人类已经极大地影响了大气、海洋和陆地变暖，气候系统整体变化的规模及角度前所未有。未来极端天气给能源供应带来新挑战，寒潮和热浪会加剧用电和燃气需求，干旱以及风力减少会导致水电和风电发电量下降。例如，2021 年初，美国得克萨斯州受极端暴雪天气影响，

大面积的电力和供水系统瘫痪。

如图 11-13 所示，电制碳氢燃料利用电解水制取得到氢气，再通过与二氧化碳反应转化得到的气体燃料（甲烷等）和液体燃料（甲醇等），具有优秀的储能特性。未来，电制碳氢燃料有望成为新型能源系统应对极端气候变化的重要储能手段。目前电制碳氢燃料主要有 3 条技术路线：电解水制氢结合二氧化碳加氢技术路线、电化学还原二氧化碳技术路线及高温共电解水—二氧化碳混合气体技术路线。其中，电解水制氢结合二氧化碳加氢技术路线利用电能生成甲烷、甲醇等碳氢燃料，技术相对成熟，世界范围内已有多套示范装置建成运营。在不同催化剂、不同反应温度和压力、不同的二氧化碳与氢气比例等条件下，二氧化碳可与氢气发生不同程度的还原反应，生成甲烷、甲醇等不同产物。

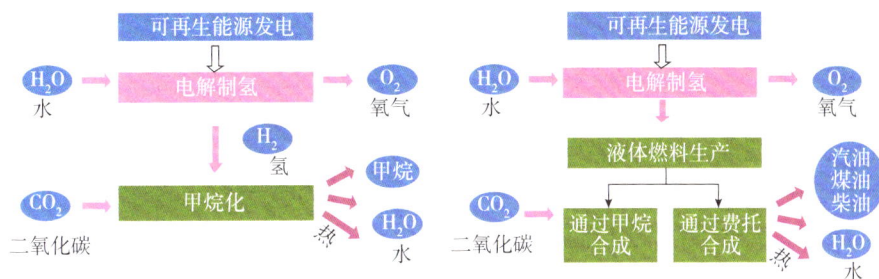

图 11-13　电制甲烷等合成燃料

资料来源：宋鹏飞、侯建国、姚辉超等，《电制气技术为电网提供大规模储能的构想》，《现代化工》2016 年第 11 期

电制碳氢燃料储能具有突出优势，一是将可再生能源发电转化成甲烷、甲醇等易存储的碳基燃料，极大地解决了可再生能源波动性大，不易储存的问题。为平稳实现新旧能源转换提供基础条件。二是利用可再生能源将二氧化碳气体转化为具有使用价值的燃料化学品，促进了碳在环境中的循环使用。三是电制甲烷的储能时长和功率在储能技术中都有很大优势。电制甲烷是现有储能技术中储能功率最大、时间最长的储能方式。电制碳氢燃料作为备用能源能够减弱长时间风能、太阳能发电乏力对电力系统的冲击。

（二）一体化新型能源系统

1. 一体化新型能源系统特征

与现有能源系统相比，一体化新型能源系统以新能源为主体，具有高度数字化、互动化、绿色化、智慧化等特征。一体化新型新能源系统借助前沿信息通信技术，构建智慧能源双向管理系统、搭建智能电网，实现能源生产、能源转化、能源输送、能源利用和存储各个环节协同稳定，促进可再生能源消纳，减少化石能源利用，保障能源供给的智能化、低碳化和安全性。智能电网为各类用户、设备和系统提供清洁电力，促进形成以电力为核心，电、冷、热、气、动力等多种用能形式高效互补、集成转化的新型能源消纳系统，实现源网荷储互动融合，系统调节能力灵活，稳定性高。

2. 一体化新型能源系统运行方式

一体化新型能源系统运行主要包括基础条件分析、系统规划、系统运行，并通过全过程综合评价进一步修正系统规划和运行。该系统以大规模可再生能源供应体系为核心，以特高压电网为骨架，协同源网荷储各环节，实现调节模式由电源侧主导的"源随荷动"向各环节灵活性资源统筹优化的全时空"源网荷储双向互动"方式转变。

基础条件分析是在系统筹备阶段对可能影响系统运行的相关条件进行分析，包括经济发展及未来情况预测、气候条件和地理、多种类能源需求预测、多种类能源需求分析，以及需求端的需求总量、结构、波动特征分析等。

系统规划包括系统搭建、储能规划、氢和甲烷规划及能源传输模块规划。规划应考虑新型电力系统的搭建，短期内解决新能源输送的"卡脖子"问题，中长期应重点提升电网的柔性。规划对象还需要与储能、氢能、电制甲烷、电动汽车充电桩和加氢站为代表的交通规划相协调。

系统运行主要包括电力系统运行控制系统、其他能源运行控制系统，协调能源出力以及优化需求侧资源组合。其中，电力系统运行控制包括电源出力协调和电网数据分发和共享，对需求侧资源进行组合优化，实现用电负荷主动追踪可再生能源发电潜力。

全过程综合评价将评价结果反馈到系统规划和系统运行环节，推动能源系统进一步优化规划和运行方式。

● **案例 3　鹿特丹港能源中心——欧洲能源可持续发展的主力军**

鹿特丹港位于荷兰西南沿海莱茵河和马斯河交汇处。自 20 世纪 60 年代以来一直是世界货运第一大港，是莱茵河流域的进出门户。鹿特丹港现为世界货物吞吐量最大的港口，又是西欧的商品集散中心，也是欧洲最大的集装箱港口。鹿特丹港是世界三大炼油中心之一，也是欧洲的能源枢纽之一（见图 11-14）。

图 11-14　鹿特丹港能源枢纽

资料来源：由 David Mark 在 Pixabay 发布

据鹿特丹港务局统计资料，截至 2022 年底，港区内有 6 个原油码头，19 个独立的石油和化工产品储罐和分销码头，以及 4 个第三方食用油和油脂码头。此外，还有 5 个炼油厂，43 家化工和石化公司，3 家工业燃气生产商和 4 个食用油和油脂生产厂，同时总长达 1500 公里的管道网络贯穿整个港区。

（1）液化天然气

欧洲对天然气的需求正在增长。电厂使用的天然气不仅通过管道从内陆采购，也可以通过船舶从海外以液态形式采购。2021 年建成的液化天然气存储终端可以容纳 120 亿立方米的天然气，这相当于荷兰天然气消费量的 1/4。

（2）煤和生物质能

目前有两家大型企业在鹿特丹港建设燃煤和生物质能电厂，通过大规模煤与生物质共烧，碳足迹将大幅减少。生物质将成为鹿特丹新的大型货流，运往鹿特丹的发电厂以及欧洲西北部的其他发电站。

（3）CCS 和 CCUS

荷兰皇家壳牌集团和 Gasunie 共同建设了"鹿特丹存储和捕集示范项目"。总共涉及每年大约 150 万吨二氧化碳的捕集和储存。

（4）风能和太阳能

鹿特丹港的风力发电能力将在未来几年内翻倍，同时 400 公顷的屋顶空间和港口的临时可用区域（大约 600 个足球场）具备十分庞大的光伏发电潜力。

（5）绿色制氢

壳牌计划将 Hollandse Kust（noord）海上风电场产生的绿色风电输送到鹿特丹港口 Tweede Maasvlakte，从而进行绿氢生产。这座工厂以电解方式生产绿氢，利用可再生电力，将水分解成氢气和氧气。该工厂的产能将达到 200 兆瓦左右。

3. 一体化新型能源系统发展路径

到 2030 年，清洁能源开始初具规模，新增能源需求主要依靠风力发电和光伏发电为代表的清洁能源满足，电制碳氢燃料关键技术加速突破。以电化学储能为主的储能技术快速发展，储能系统迎来结构性变革，新储能技术将为能源领域实现"双碳"目标发挥关键支撑作用。到 2030 年，全面建设安全、可靠、绿色、高效、智能的现代化电网，使其成为能源核心配置平台，各类需求响应项目加快发展，实现智能电网与用户之间的互动；负荷侧多主体参与需求响应，储能、分布式能源、电动汽车共同参与削峰填谷。

到 2050 年，清洁能源发电取代化石能源，成为能源供给的主要来源，形成以风、光为主体，核能、氢能、生物质能等灵活性能源为调节的多能互补模式。以氢能为代表的电制碳氢燃料的基础设施建设进一步完善。到 2050 年，全面建成坚强可靠的东部、西部同步电网。微电网和智能电网实现多种能源安全最优传输和配送、相互转换、高效利用和动态灵活供需平衡。储能系统深度调整，储能在新型电力系统中向支撑性战略角色转变。

到 2060 年，形成以风力发电和光伏发电为主、电制碳氢燃料为辅的清洁能源供应体系。储能系统发展成熟，储能系统承担稳定应对电力辅助服务市场波动性风险的角色。加快形成东部、西部同步电网，资源配置能力大幅增强，跨省跨区电力流将进一步扩大。形成全球覆盖范围最广、技术水平最高的智能电网。进一步集成先进输电、智能控制、新能源接入、新型储能等现代智能技术，适应各类清洁能源并网和消纳，为各类用户、设备和系统提供灵活可靠、经济便捷的清洁电力，形成全球覆盖范围最广、技术水平领先的智能电网平台。

第 12 章
碳捕集、利用与封存（CCUS）*

---

* 本章主要执笔人为中国 21 世纪议程管理中心张贤，中国矿业大学（北京）樊静丽、李凯，壳牌集团战略部乔治奥·波尼亚斯，课题组其他成员参与了讨论和修改。

本章要点 ———————————————————————————————————————

碳中和目标下，CCUS 技术将以低碳、零碳和负排放等多种减排技术形式发挥更大作用，其减排贡献不可或缺，应进一步定位为"我国碳中和目标实现技术组合的关键组成部分"。

近年来，我国燃烧前捕集、化工利用、强化深部咸水开采与封存等部分技术发展进步明显，现阶段我国 CCUS 技术发展与国外水平整体相当，不同环节的个别关键技术和集成优化技术与国际先进水平仍差距较大。

我国地质理论封存潜力可达万亿吨级别，渤海湾等多个盆地附近排放源聚集，形成发展 CCUS 产业集群的早期机会。但现阶段我国大规模、全流程 CCUS 示范项目缺失，运输管道等基础设施建设滞后，针对性激励政策、法律法规与技术标准存在缺位，成为我国近中期 CCUS 技术大规模商业化推广的主要制约因素。

未来加强 CCUS 技术在能源与工业等领域广泛部署及商业应用，积极构建低成本、低能耗、安全可靠的 CCUS 技术体系和大规模全流程产业集群，发挥 CCUS 在化石能源近零排放及负排放领域的重要作用，辅助构建绿色低碳工业体系，助力碳中和目标实现。

　　碳捕集、利用与封存（CCUS）是指将二氧化碳从能源利用、工业生产等排放源或空气中捕集分离，并输送到适宜的场地加以利用或封存，最终实现二氧化碳减排的技术。CCUS 技术正逐渐成为我国减少二氧化碳排放、保障能源安全以及促进经济社会绿色转型的重要战略选择。我国高度重视 CCUS 技术发展，《中华人民共和国国民经济和社会发展第十四个五年规划和 2035 年远景目标纲要》将 CCUS 技术作为重大示范项目进行引导支持，《中共中央 国务院关于完整准确全面贯彻新发展理念做好碳达峰碳中和工作的意见》（以下简称《意见》）将 CCUS 列为实现"双碳"目标的重要技术手段，明确提出"推进规模化 CCUS 技术研发、示范和产业化应用"。未来 CCUS 技术将在我国实现碳中和目标、促进可持续发展、推进生态文明建设的过程中发挥更为重要的作用。

一、供需分析

（一）CCUS 技术对全球碳减排贡献显著

　　CCUS 技术作为实现全球气候目标技术体系的重要组成部分，在多数低碳发展情景中减排贡献显著，对减缓气候变化发挥重要作用。2014 年，政府间气候变化专门委员会（IPCC）第五次评估报告指出，绝大多数不考虑 CCUS 技术的模型，都无法在 2100 年实现 450 ppm 二氧化碳当量浓度的目标（IPCC，2014）。2018 年，IPCC 发布《全球升温 1.5℃特别报告》，结果表明，除低能源需求路径外，其他 3 类模拟路径均需要 CCUS 参与才能够实现 1.5℃以下的升温目标，2020—2100 年二氧化碳累计减排量需要达到 5500 亿 ~ 10170 亿吨（IPCC，2018）。2022 年，IPCC 最新发布的第六次评估报告第三工作组报告《气候变化 2022：减缓气候变化》指出，在大多数将变暖限制在 1.5℃（包含没有或有限过冲）以及将变暖限制在 2℃的全球模拟路径中，化石燃料结合 CCUS 技术和二氧化碳移除（CDR）技术［主要指 BECCS 和直接空气捕集（DAC）等负排放技术］均将发挥重要作用。报告强调了二氧化碳移除技术的重要性，据估算，在温升 2℃、温升 1.5℃且没有过冲的情景下，2020—2100 年全球二氧化碳移除技术累计减排分别为 1930 亿 ~ 8950 亿吨、1920 亿 ~ 9590 亿吨二氧化碳（IPCC，2022）。

　　国际能源署 2020 年发布的能源技术展望特别报告《清洁能源转型中的 CCUS》（*CCUS in Clean Energy Transitions*）中提出 2070 年全球能源相关二氧化碳实现净零

排放的可持续发展情景，并指出 2020—2070 年全球累计 CCUS 技术减排量（二氧化碳捕集量）约为 2400 亿吨，占同年段间全球总累计减排量的 15%（IEA，2020）。从可持续发展情景下的行业减排看，CCUS 技术对多数碳密集行业均发挥了重要减排作用，CCUS 技术对这些行业 2020—2070 年累计减排贡献占比分别为：电力 15%，钢铁 25%，水泥 61%，化工 28%，炼油、生物燃料、氢和氨等燃料转化 90%（IEA，2020）。

国际能源署在 2021 年发布的《2050 年净零排放：全球能源行业路线图》中提出了 2050 年实现全球能源系统净零二氧化碳排放的气候目标情景（以下简称"净零排放情景"），指出 2050 年当年全球二氧化碳捕集量约为 76 亿吨，其中，约 50% 的捕集量来自化石燃料燃烧，约 20% 来自工业过程，约 30% 来自 BECCS 和 DAC 等负排放技术；报告还强调了 CCUS 技术对于新兴经济体燃煤电厂和发达经济体燃气电厂的重要脱碳作用，到 2050 年，全球配备 CCUS 的燃煤电厂和天然气电厂占比将分别达到约 50% 和 7%（IEA，2021）。

（二）CCUS 技术在我国碳中和目标下的定位

长期以来，中国高度重视气候变化问题，不断强化应对气候变化行动目标，CCUS 技术作为重要的减排技术之一，其技术定位也根据国内外应对气候变化的新形势发生变化。科学技术部于 2011 年和 2019 年相继发布了两版《中国碳捕集利用与封存技术发展路线图》，将 CCUS 技术定位为"实现化石能源大规模低碳利用战略技术选择"。"双碳"目标的提出要求我国能源结构深刻变革，能源消费部门积极响应，负排放技术有力支撑，赋予了 CCUS 技术新的使命。新形势下，CCUS 技术定位可具体对标以下 5 个方面（张贤等，2021）。

CCUS 技术是实现化石能源净零排放的唯一技术选择。中国能源系统规模庞大、需求多样，从兼顾实现碳中和目标和保障能源安全的角度考虑，未来应积极构建以高比例可再生能源为主导，核能、化石能源等多元互补的清洁低碳、安全高效的现代能源体系。现阶段，化石能源在我国能源消费结构中占据主体地位。2021 年，我国煤炭、石油、天然气等化石能源占一次能源消费的 83.5%（国家统计局，2022）。《意见》指出到碳中和目标实现，我国仍会保持不超过 20% 化石能源消费占比。要实现能源系统的净零排放，该部分化石能源的碳排放只能依靠 CCUS 技术削减。

CCUS 技术是火电参与零碳电力调峰的重要技术前提。根据发达国家的减排政策规划经验，电力系统完全脱碳往往需要比经济社会全面碳中和提前至少 10 年。据估算，我国电力系统需要在 2045—2050 年实现净零排放，2060 年达到一定程度负排放水平，才能推动整体碳中和目标的实现（张希良等，2022）。2021 年，我国电力消费量约为 8.3 万亿千瓦时（国家统计局，2022），到 2060 年电力总需求预计将超过 17 万亿千瓦时（全球能源互联网发展合作组织，2021），庞大的需求对未来零碳电力系统的稳定性和灵活性提出了更高要求。随着可再生能源技术在电力系统中不断渗透，未来电力供应系统将面临季节性不平衡、系统惯性低等多重技术挑战，极大增加了其稳定供应的不确定性。CCUS 技术能够有效推动火电参与零碳电力调峰，即在保持近零排放的同时，避免季节性或极端事件引发的电力短缺，提供稳定、清洁、低碳的电力。

CCUS 技术是钢铁水泥等难减排行业深度脱碳的可行技术方案。钢铁和水泥等行业长流程和复杂的工艺过程导致大量碳排放，通过工艺改进、效率提升、燃料和原料替代等常规减排措施难以实现深度脱碳。加装 CCUS 为此类难减排行业深度脱碳提供了可行途径。例如，水泥行业碳排放量约 60% 来自石灰石原料分解工艺，但其原料替代技术突破难度极大，2050 年后每年仍将有 2 亿~3 亿吨的二氧化碳须通过 CCUS 技术实现深度减排；钢铁行业采取节能降耗等常规减排措施以及氢直接还原铁等先进脱碳技术后，2050 年后每年仍将有约 0.5 亿吨的二氧化碳须通过 CCUS 技术实现深度减排（张贤等，2021）。

CCUS 技术是未来获取非化石碳原料的主要技术手段。碳、氢、氧是化工生产的三大基础元素，其中清洁低碳的氢、氧供给技术方案逐渐发展成熟，例如，可再生能源电解水制氢可以解决可再生能源的波动性，提高电网适应性，解决弃水、弃光、弃风的问题，并获得清洁低碳的绿氢。但是，化石能源仍是当前化工行业中碳元素的主要来源，面临能耗高、成本高、污染严重的挑战。CCUS 技术通过捕集工业过程和能源利用排放的二氧化碳，将其提纯后加以循环利用，为化工品生产提供高浓度的清洁碳元素，同时减少化石燃料的消耗及高排放（张贤等，2021）。

BECCS 和 DAC 等负排放技术是实现碳中和目标的托底技术保障。到 2060 年，我国钢铁、水泥、长途运输等难减排部门仅通过常规技术手段难以实现完全净零排放，同时还将剩余数亿吨非二氧化碳温室气体排放当量难以削减，需要通过 BECCS 和 DAC 等负排放技术进行抵消。我国生物质能源较为丰富，若将农业剩余物、林业剩余物和能源作物等用于发电、钢铁、水泥以及生物燃料制备等行业，可发挥 BECCS 巨大的负排放潜力。此外，DAC 技术能够与可再生能源协同，且选址更灵活，通过模块化建设降低运输成本及设备能耗，具备较为可观的负排放潜力，此类技术将有力支撑碳中和目标下的负排放需求。

碳中和目标下，CCUS 技术对于实现化石能源清洁低碳利用，保障电力系统灵活稳定供应，促进难减排工业行业深度脱碳以及抵消非二氧化碳温室气体排放等均具有重要意义。综上，当前碳中和形势下应明确 CCUS 技术定位为"我国碳中和目标实现技术组合的关键组成部分"，科学指导未来 CCUS 技术发展路径（张贤等，2021）。

（三）CCUS 技术取得积极进展

"十一五"时期以来，国家自然科学基金、973 计划、863 计划、国家重点研发计划等政府资助协同企业投融资持续支持 CCUS 技术研发，通过加强基础研究、关键技术攻关、项目集成示范等，我国 CCUS 各技术环节取得系列成果。尤其是燃烧前捕集、罐车运输、化工利用、强化深部咸水开采与封存等技术近 10 年来发展较快。总的来看，我国 CCUS 技术与国际先进水平整体相当，但捕集、运输、封存环节的个别关键技术及集成优化技术发展有所滞后（科学技术部，2019；张贤等，2021）。

二氧化碳捕集指利用吸收、吸附、膜分离、低温分馏、富氧燃烧等方式将不同排放源的二氧化碳进行分离和富集的过程，是 CCUS 技术发展的基础和前提。现阶段，我国第一代捕集技术研究取得了显著进展，大部分技术已从概念或基础研究阶段发展到工业示范水平，部分技术已经具备商业化应用能力，但百万吨级以上的大规模捕集仍缺乏工程经验；第二代技术成熟后其能耗和成本将比第一代技术降低 30% 以上，但其发展仍然刚刚起步，诸如新型膜分离、新型吸附、增压富氧燃烧、化学链燃烧等二代新技术尚处于实验室研发或小试阶段（科学技术部，2019；张贤等，2021）。

就不同捕集技术路线而言，燃烧前捕集技术发展比较成熟，整体上处于工业示范阶段，与国际先进水平同步，例如，整体煤气化联合循环发电系统（IGCC）是典型的可进行燃烧前捕集的系统，我国华能天津整体煤气化联合循环项目和连云港清洁能源动力系统研究设施分别对该技术进行了示范应用；燃烧后捕集技术处于中试或工业示范阶段，相比国际先进水平有所滞后，特别是目前更为广泛应用的燃烧后化学吸收法，国内外差距显著，我国陕西国华锦界电厂开展了规模为 15 万吨的燃烧后碳捕集与封存全流程示范项目（方圆，2021）；富氧燃烧技术是最具潜力的燃煤电厂大规模碳捕集技术之一，所产生的二氧化碳浓度较高（90% ~ 95%），因而更易于捕集，但目前国内外均处于中试阶段，整体发展较为缓慢，尤其是增压富氧燃烧技术仍处于基础研究阶段，华中科技大学煤燃烧国家重点实验室已建成中试规模富氧燃烧综合试验台和富氧燃烧全流程系统。

二氧化碳运输指将捕集的二氧化碳运送到可利用或封存场地的过程，主要包括罐车、船舶、管道运输等方式。通常小规模和短距离运输考虑选用罐车；管道运输的规模经济性显著，在长距离规模化运输或 CCUS 产业集群中宜优先考虑管道运输。我国罐车和船舶运输技术都已进入商业化阶段，与国际先进水平同步，主要输送规模在 10 万吨／年以下（黄晶等，2021）；而输送潜力更大的管道运输技术尚处于中试阶段及初步工业示范阶段，尚未实现规模化商业应用。例如，吉林油田和齐鲁石化开始采用陆上管道运输方式，尽管在国内已经处于领先水平，但距离国际先进水平尚有较大差距（张贤等，2021）。

生物与化工利用指利用二氧化碳的不同理化性质，生产具有商业价值的产品并实现减排的过程。国内外技术发展水平基本同步，整体上均处于工业示范阶段。近 10 年来，我国各项生物与化工利用技术均有所发展，尤其是部分化工利用技术进展显著。二氧化碳合成化学材料技术发展水平相对较高，处于工业示范阶段，如合成有机碳酸酯、可降解聚合物及氰酸酯、聚氨酯、制备聚碳酸酯、聚酯材料等；微藻固定和气肥利用也取得系列突破。

地质利用与封存是通过利用工程技术手段将捕集的二氧化碳注入深部咸水层、枯竭油气藏等地质储层，从而实现与大气长期隔离的技术。当前，该技术在国内外的发展水平存在较大差异。例如，国外强化采油和浸出采矿技术已实现商业化应用，强化深部咸水开采与封存技术处于工业示范阶段，而其他技术尚不成熟；我国该领域相关技术在近 10 年进展显著，特别是强化深部咸水开采技术，已实现从概念阶段到工业示范的跨越式发展。此外，混合气体驱替煤层气技术已达到国际领先水平，但经济效益较好的二氧化碳气驱强化采油（CO_2-EOR）技术仍处于工业示范阶段，主要集中在东部、北部、西北部以及西部地区的油田附近及中国近海地区，相比国际商业化应用阶段差距明显（张贤等，2021）。

（四）中国 CCUS 碳减排潜力巨大

1. CCUS 的理论碳减排潜力

二氧化碳封存场地主要包括深部咸水层、油气藏、不可开采煤层等。全球陆上理论封存容量为 6 万亿～ 42 万亿吨，海底理论封存容量为 2 万亿～ 13 万亿吨（蔡博峰等，2021）。在所有封存类型中，深部咸水层封存占据主导位置，其封存容量占比在 90% 以上，且分布广泛，是较为理想的二氧化碳封存场所；油气藏前期地质勘察基础较好，同时具备一定的驱油、驱气收益，是适合二氧化碳封存的早期地质场所。总体来看，全球二氧化碳地质封存潜力远高于满足 2℃温升目标下近千亿吨级累计封存需求（Wei et al.，2021）。

我国地质理论封存潜力为 1.2 万亿~4.1 万亿吨（GCCSI，2019）。其中，油田主要集中于松辽盆地、渤海湾盆地、鄂尔多斯盆地、准噶尔盆地；气藏主要分布于鄂尔多斯盆地、四川盆地、渤海湾盆地和塔里木盆地；深部咸水层在我国的 16 个主要大型盆地广泛分布，封存容量远高于油气田，其中，松辽盆地、塔里木盆地和渤海湾盆地封存潜力巨大，约占其总封存量的一半（Fan et al.，2021；Wei et al.，2021）。

2. 碳中和目标下源汇匹配封存潜力

除理论减排潜力之外，考虑到排放源与封存地适宜性是制约 CCUS 技术减排潜力能否最终实现的关键因素，因而评估 CCUS 源汇匹配后的封存潜力更具有实际意义。完整的 CCUS 源汇匹配流程应包括筛选符合 CCUS 改造标准的排放源，评估地质条件适宜的封存地，细致考虑源汇空间地理分布与环境约束，最终评估得到成本可行的技术部署规模与匹配方案。

考虑现役燃煤电厂的实际寿命，同时兼顾最大运输距离、部署时间、封存能力以及注入能力等不同约束条件，评估中国现役燃煤发电行业的 CCUS 减排潜力的研究表明，运输距离和部署时间对 CCUS 减排潜力产生显著影响：若最大运输距离设定为 100 公里且 2035 年推迟开展大规模 CCUS 技术应用，我国现役燃煤电厂到 2060 年前可累计实现减排 55 亿吨；若最大运输距离设定为 800 公里且 2025 年尽快开展大规模 CCUS 技术应用，可累计实现减排 385 亿吨（Li et al.，2022）。

当不考虑现役燃煤电厂的实际寿命（即通过 CCUS 改造的电厂可一直运行），兼顾最大运输距离、部署时间、封存能力以及注入能力等不同约束条件，评估中国现役燃煤发电行业的 CCUS 减排潜力。研究表明，若 2025 年开展大规模 CCUS 技术应用，在最大运输距离设定为 100 公里，我国现役燃煤电厂到 2060 年前可累计实现减排 270 亿吨；若最大运输距离设定为 800 公里，可累计实现减排 677 亿吨（Fan et al.，2021）。

从源汇匹配分布看，在盆地尺度，渤海湾盆地、南华北盆地、苏北盆地、松辽盆地和准噶尔盆地的排放源与封存地空间匹配程度较高，为 CCUS 集群的发展提供了巨大机会；在省级尺度，江苏、河南、安徽、河北、新疆、黑龙江和天津等省（区、市）

的源汇匹配距离较近，各省的平均匹配距离为 30 ～ 140 公里，可作为重点省份优先开展大规模 CCUS 部署。东南沿海地区是能源和工业原料的消费地区，特别是福建、广东、广西等省份欠缺良好的地质封存条件，源汇空间错位且匹配难度较大，在毗邻海域的沉积盆地实施离岸封存是其重要的备选方案（Fan et al., 2021；Li et al., 2022）。

二、现状与挑战

（一）CCUS 项目发展概况

截至 2021 年，全球共有 135 个商业 CCUS 设施，其中 27 个在运行，4 个在建，58 个处于试验阶段，44 个处于早期开发阶段，2 个停产。美国（71 项）、英国（15 项）和加拿大（8 项）位列前三，我国与荷兰并列第四位，目前共 6 项商业 CCUS 项目，其中 3 项在运，2 项在建，1 项处于早期开发阶段。全球商业 CCUS 项目广泛用于发电、天然气加工、制氢等行业，不同阶段项目总捕集能力为 1.49 亿吨 / 年（GCCSI，2021）。

据不完全统计（不同于 GCCSI 统计口径），截至 2021 年，我国 CCUS 示范项目 49 个（捕集能力约 430 万吨 / 年），其中 38 个已投运示范项目捕集能力约 296 万吨 / 年（张贤等，2021）；2007—2019 年已累计封存约 200 万吨（黄晶等，2021）。这些示范项目捕集源主要集中在煤化工、化肥、电力和水泥等行业；多采取罐车运输方式以及咸水层封存方式；覆盖驱替煤层气、地浸采铀等地质利用技术、合成可降解聚合物等化工利用技术以及微藻固定等生物利用技术（张贤等，2021）。

（二）CCUS 技术成本概况

1. 不同碳源成本对比

现阶段，我国煤电厂、燃气电厂、煤化工厂、天然气加工厂、钢铁厂及水泥厂等主要碳源的 CCUS 全流程技术净减排成本为 150 ～ 700 元 / 吨，总体成本处于全球低位水平（黄晶等，2021；张贤等，2021）。

我国传统煤电厂、整体煤气化联合循环发电厂（IGCC）的二氧化碳可避免成本分别约为 410 元 / 吨、560 元 / 吨，相比世界平均水平（410 ～ 830 元 / 吨、560 ～ 1020 元 / 吨）处于国际低位水平（张贤等，2021；GCCSI，2017；GCCSI，2021）。

我国钢铁、化肥生产的二氧化碳可避免成本分别约为 510 元 / 吨、190 元 / 吨，相比世界平均水平（460～820元/吨、160～230元/吨）接近国际低位水平（张贤等，2021；GCCSI，2017；GCCSI，2021）。

我国天然气循环联合发电（NGCC）、水泥行业的二氧化碳可避免成本分别约为680元/吨、890元/吨，相比世界平均水平（550～1100元/吨、720～1340元/吨）处于中等偏低水平。我国天然气加工行业的二氧化碳避免成本约为170元/吨，相比世界平均水平（140～190元/吨）处于中等水平（GCCSI，2017；GCCSI，2021）。

2. 不同技术环节成本对比

二氧化碳捕集（含压缩）环节占总成本60%～80%（魏宁等，2020），根据排放源或捕集技术的不同存在显著差异。从排放源类型看，我国高浓度二氧化碳排放源捕集成本为120～180元/吨，低浓度二氧化碳排放源捕集成本为220～480元/吨（樊静丽等，2020）；从捕集技术类型看，我国第一代燃烧后捕集技术的成本为300～450元/吨；第一代燃烧前捕集技术的成本为250～430元/吨；第一代富氧燃烧捕集技术的成本为300～400元/吨（科学技术部，2019）。

不同运输方式的技术成本存在一定差异。现阶段，罐车运输技术已成熟，输送规模通常低于10万吨/年，运输成本约为1.1元/（吨·公里）；管道运输技术是最具应用潜力和经济性的技术，运输成本[①]低于1元/（吨·公里）（科学技术部，2019）。当前，我国已有部分CCUS项目采用了管道运输技术，如中石油吉林油田CCS-EOR项目。

各类地质利用与封存技术成本存在一定差异。从地质利用看，驱油技术成本为70～80元/吨；铀矿浸出增采技术成本主要为项目运行及人工成本；原位矿化封存技术成本为300～550元/吨（黄晶等，2021）。从地质封存看，陆上枯竭油气田封存成本约为50元/吨，陆上咸水层封存成本约为60元/吨，海洋咸水层封存成本约为300元/吨（科学技术部，2019）。

（三）CCUS技术面临的挑战

1. 关键技术发展瓶颈

我国CCUS发展在一些关键技术领域仍与国外存在差距。整体来看，燃烧前物理吸收法、罐车运输、船舶运输、浸出采矿技术、合成可降解聚合物等技术与国外水平相当，但燃烧后化学吸收法、管道运输技术以及强化采油技术、驱替煤层气技术、

---

① 此成本基于总长度70公里、输送能力50万吨/年的气相CO₂输送管道的运行经验。

强化天然气开采技术等在国外均已进入了商业示范阶段，我国还处于工业示范阶段或中试阶段，与国外水平差距明显。此外，针对大规模 CCUS 全流程技术单元之间兼容性与集成优化的关键技术存在瓶颈。

2. 大规模、全流程商业化示范项目较少

全球新建多个千万吨级 CCUS 产业集群，其中最大的是美国"休斯顿航道 CCUS 创新区"，旨在利用多个 CCUS 工业碳源并在墨西哥湾近海地层封存二氧化碳 100 万吨 / 年（GCCSI，2021）。相比之下，虽然我国新疆 CCUS 产业中心计划建设规模达 20 万 ~ 300 万吨 / 年，以及有全面投产的百万吨级齐鲁石化—胜利油田 CCUS 项目，但整体来看，我国 CCUS 技术规模商业化应用不足，尤其是仍缺少全流程示范项目，尚未形成跨行业跨部门成熟的合作模式，示范工程的气源供应与去向不明确（张贤等，2021）。

3. 基础设施建设相对滞后

美国已经建成 8000 公里左右的二氧化碳运输管网，欧洲等发达国家已经形成数个碳封存产业集群（GCCSI，2021）。与欧美发达国家比较，我国尚未大规模开发利用运输管网和封存地，输送与封存等基础设施投资力度较弱，相关基础设施管理水平较低，缺乏相关基础设施合作共享机制。

4. 针对性政策、法规与标准缺位

与国外相比，我国缺乏有力的 CCUS 技术财税激励机制。美国国会于 2008 年通过 45Q 税收抵免政策，2018 年的修订案进一步提升了 45Q 条款的税收抵免力度，采用递进式的设定方式进行补贴，其中，地质封存的补贴价格最高为 50 美元 / 吨，非地质封存（主要指驱油）的补贴价格最高为 35 美元 / 吨。相比之下，现阶段我国财税激励机制的缺位抑制了企业应用 CCUS 技术的积极性（Fan et al.，2018；Yao et al.，2018）。此外，我国 CCUS 项目相关法律法规体系尚不完善，缺少科学合理的建设、运营、监管、终止标准体系；金融融资渠道缺乏，无法获得金融机构优先授信和优惠贷款。

三、发展路径

碳中和目标下 CCUS 技术定位引领了未来趋于多元化的技术发展模式。总体来看，2030 年前，CCUS 技术处于研发示范阶段，随着关键技术逐渐成熟，CCUS 有望在 2030 年后为构建化石能源与可再生能源协同互补的多元供能体系发挥重要作用。2050 年以后，CCUS 技术能耗和成本问题将得到根本改善，其在各行业广泛的推广应用不仅可以实现化石能源大规模低碳利用，而且可以与可再生能源结合实现负排放，成为我国碳中和目标实现技术组合的关键组成部分（黄晶等，2021）。

（一）2030 年发展路径

到 2030 年，现有技术开始进入商业应用并具备产业化能力；第一代与第二代捕集技术的成本与能耗分别比目前降低 20% 和 30%；突破大型二氧化碳增压（装备）技术，建成具有百万吨级输送能力的陆上长输管道；现有利用技术具备产业化能力，并探索发展新型技术应用潜力。

（二）2050 年发展路径

到 2050 年，CCUS 技术在能源与工业等领域广泛部署，建成多个 CCUS 产业集群，年减排贡献达亿吨级，推动形成区域新业态；综合成本大幅降低，第二代捕集技术成本及能耗比目前降低 50% 以上；陆地管道输送规模大幅增加，达到亿吨级输送能力；利用与封存实现广泛商业应用，系统集成与风险管控技术发展成熟。

（三）2060 年发展路径

到 2060 年，与 CCUS 技术耦合的 BECCS 和 DAC 等负排放技术得到全面推广，年减排贡献达十亿吨级以上。构建低成本、低能耗、安全可靠的 CCUS 技术体系和产业集群，实现化石能源的零碳、负碳利用，辅助构建绿色低碳工业体系；推广海底水体封存、二氧化碳置换天然气水合物中的甲烷、二氧化碳强化页岩油开采等技术。

四、政策建议

（一）加强碳中和目标下新一代 CCUS 技术研发

一是明确碳中和目标下 CCUS 技术发展战略定位。强化 CCUS 技术在国家碳中和 "1+N" 政策体系中的作用，并纳入国家碳中和科技研发计划总体布局。实施一批具有前瞻性、战略性的 CCUS 重大前沿科技项目，为应用基础研究与技术装备研发提供稳定支持。二是加强新一代低成本、低能耗 CCUS 技术研发。当前，CCUS 技术较高的成本和能耗令许多企业望而却步。为驱动第二代、第三代技术成本和能耗大幅下降，应重点突破化学链燃烧技术、新型膜分离技术、增压富氧燃烧、大规模管道输送等全流程核心工艺。

（二）开展大规模 CCUS 示范与产业化集群建设

一是建设全流程、集成化、规模化 CCUS 示范项目。目前我国已有示范项目的捕集规模多数在十万吨级，既无法满足实现碳中和目标的减排需求，也不利于驱动核心技术取得突破。应充分把握 CCUS 技术改造的最佳窗口期，以驱油、驱气、固废矿化、化工利用等为牵引，争取在"十四五"时期建成 3～5 个百万吨级 CCUS 全流程示范项目。二是加快 CCUS 技术管网规划布局和集群基础设施建设。基于我国源汇分布的地域特点充分识别我国源汇匹配特征，规划布局一批千万吨级 CCUS 产业集群，带动基础设施共享、项目系统集成、能源资源交互、商业模式创新等多重优势（张贤等，2021）。三是探索 CCUS 技术集成可行性及发展潜力。促进 CCUS 技术允分耦合新能源和工业系统中的各类新兴低碳技术，统筹 CCUS 技术与可变可再生能源、储能、BECCS 等负排放技术系统集成的综合发展布局（Fuss et al.，2018）。

（三）加强产业政策支持

一是创新投融资机制，加速商业化步伐。目前，许多企业面临投融资渠道匮乏、产业链上下游对接不畅等商业化难题。应充分发挥政府投资引导作用，激发市场主体绿色低碳投资活力，着力打通与碳中和目标相适应的 CCUS 投融资渠道，发挥碳市场交易机制对低碳资源配置、风险管理和市场定价的重要作用。二是建立健全激励政策。借鉴美国 45Q 修订法案，探索制定面向碳中和目标的 CCUS 税收减免和差异化补贴等激励政策，给予超前部署的新一代低成本、低能耗 CCUS 技术更多激励，形成投融资增加和成本降低的良性循环。三是完善政策法规和标准体系。应找准政策发力点，重点明确包括项目属性定位、各参与方职责、长期监管责任、封存许可制度、安全监管、风险评价、减排量核算等政策法规，以及科学合理地建设、运营、监管、终止标准规范。

第 13 章
关注新能源资源矿产 *

---

* 本章主要执笔人为中国自然资源经济研究院陈甲斌、刘超、聂宾汗、冯丹丹，国务院发展研究中心资源与环境政策研究所李维明，壳牌集团战略部乔治奥·波尼亚斯，课题组其他成员参与了讨论和修改。

本章要点

随着应对气候变化和低碳转型进程加快，全球新能源产业将迅猛发展，新能源矿产作为新能源产业发展的物质基础，需求量也将飙升，导致未来全球围绕新能源矿产的资源布局和竞争将愈演愈烈。我国铜、镍、锰、锂、钴等新能源矿产资源禀赋堪忧，供应呈现"大头在外"格局，资源供应链的稳定性更易受到价格波动、生产国贸易政策限制、国际形势复杂多变等风险因素冲击，资源平稳供应的压力越来越大，这对我国现行的能源和"双碳"治理体系无疑是一个新的挑战。碳中和背景下，围绕新能源产业发展，美国、日本、欧盟等发达经济体，已普遍开展了针对包括新能源矿产在内的关键矿物供应状况的重新审查和评估，并发布了国家关键矿产目录清单，把新能源矿产供应上升为国家战略。与此同时，通过政策支持、与主要资源国联合等举措健全矿产资源供应链，从国家战略意志上制定系列的行动方案保障新能源矿产资源供应。根据我国新能源产业发展的需要，针对供应"大头在外"的新能源矿产，为有效应对需求快速增长，必须以供应保障为核心，通过国内资源充分开发利用、积极开展国际矿业合作等组合路径，统筹推进资源多元化稳定供应，巩固提升中国新能源产业链优势，助力国家"双碳"目标顺利实现。一是优化营商环境，支持鼓励四川锂矿和江西锂云母等新能源矿产勘查开发；二是强化镍、钴等紧缺资源探测技术和废旧电池回收技术创新，促进潜在资源转化为实际的供应能力，丰富资源供应路径；三是加大金融政策支持力度，保障企业境外权益资源及时转化为实际产能和产量；四是积极开展资源领域国际合作，并与主要资源国建立政治经济互信，切实保护中资企业合法利益；五是重视储备体系建设，形成适合中国特色的储备模式；六是尽快将新能源矿产治理纳入国家"双碳"议事日程，积极参与全球资源治理体系变革。

1980 年召开的联合国新能源和可再生能源会议，将新能源定义为：以新技术和新材料为基础，使传统的可再生能源得到现代化的开发和利用，用取之不尽、周而复始的可再生能源取代资源有限、对环境有污染的化石能源，重点包括太阳能、风能等方面。国际可再生能源机构倡导各国在疫情后的经济复苏过程中大力推动能源转型，支持清洁能源技术发展，努力实现 2050 年净零碳排放目标。新能源矿产是新能源产业发展的物质基础，更是助力我国"双碳"目标实现的重要物质保障。我国目前主要开发利用和将来重点发展的新能源包括太阳能、风能、新能源电池等，所需要的矿产，参考世界银行 2020 年发布的《气候变化行动所需要的矿产资源——清洁能源转型的矿产耗用强度》，以及国际能源署 2021 年发布的《关键矿产资源在清洁能源转型中的作用》报告，并考虑到我国资源的稀缺性，新能源发展所需的矿产（以下简称"新能源矿产"[①]）是指发展风能、太阳能、核能及电动车电池等新能源产业所必需的关键矿产或原材料。在碳中和背景下，其重要性日益凸显、国际竞争日趋激烈，为有效应对新能源矿产需求快速增长，确保资源平稳供应，亟待将其纳入国家"双碳"议事日程，统筹推进资源多元化稳定供应，巩固提升中国新能源产业链优势，助力国家"双碳"目标顺利实现。

一、中国新能源矿产供应短缺，资源形势不容乐观

（一）铜、镍、锰、锂、钴等新能源矿产资源储量在全球处于劣势地位

据美国地质调查局数据，全球大部分矿产 70% 以上的资源储量主要分布在 3～5 个国家。中国新能源矿产资源禀赋堪忧，即便是丰富的重稀土在全球具有相对优势地位，但开发中受生态环境政策影响，导致国内供应不能满足实际的消费需求，对外依存度已超过 50%，呈现供应"大头在外"格局。除重稀土外，中国铜、镍、锰、锂、钴等矿产资源储量在全球均处劣势地位，其中铜、镍资源储量仅占全球 3%、锰占 4%、锂占 7%，钴、铬、铂族金属等一批新能源矿产，在全球未排上名次。

（二）中国供应"大头在外"，供应链的稳定性受多重因素冲击

据美国地质调查局数据，铜、锰、镍、锂、钴等新能源矿产的全球生产主要集中在 1～5 个国家。其中，2020 年全球约 60% 的矿山铜产量集中于智利、秘鲁、中

[①] 新能源矿产特指在风电、光伏、核能、电动车电池等新能源产业发展过程中，直接为能源生产或转换提供所需基础材料支撑的重要矿物（原材料）的总称。考虑到我国资源禀赋，本章重点聚焦锂、钴、镍、铜等 12 种对外依存度超 50% 且供应存在风险的新能源矿产。

国、刚果（金）和美国，约 63% 的镍产量集中于印度尼西亚、菲律宾、俄罗斯、新喀里多尼亚和澳大利亚，约 68% 的钴产量集中于刚果（金），约 94% 的锂产量集中于澳大利亚、智利、中国和阿根廷（见图 13-1），约 68% 的锰产量集中于南非、澳大利亚、加蓬和巴西。在主要生产国中，大型超大型矿山在生产中处于垄断地位。例如镍，全球镍矿开发虽然相对较为分散，但是产量在全球总产量占比超过 5% 的企业有诺里尔斯克、淡水河谷、金川集团等 3 家，其他大企业还有嘉能可、必和必拓、住友集团等 3 家，以上 6 家企业产量合计约占全球产量的 1/3；钴矿生产主要集中在嘉能可、洛阳钼业、莎林那、金川集团、谢里特、淡水河谷，根据上市公司年报数据，2019 年上述 6 家企业产量合计全球占比超过 60%。

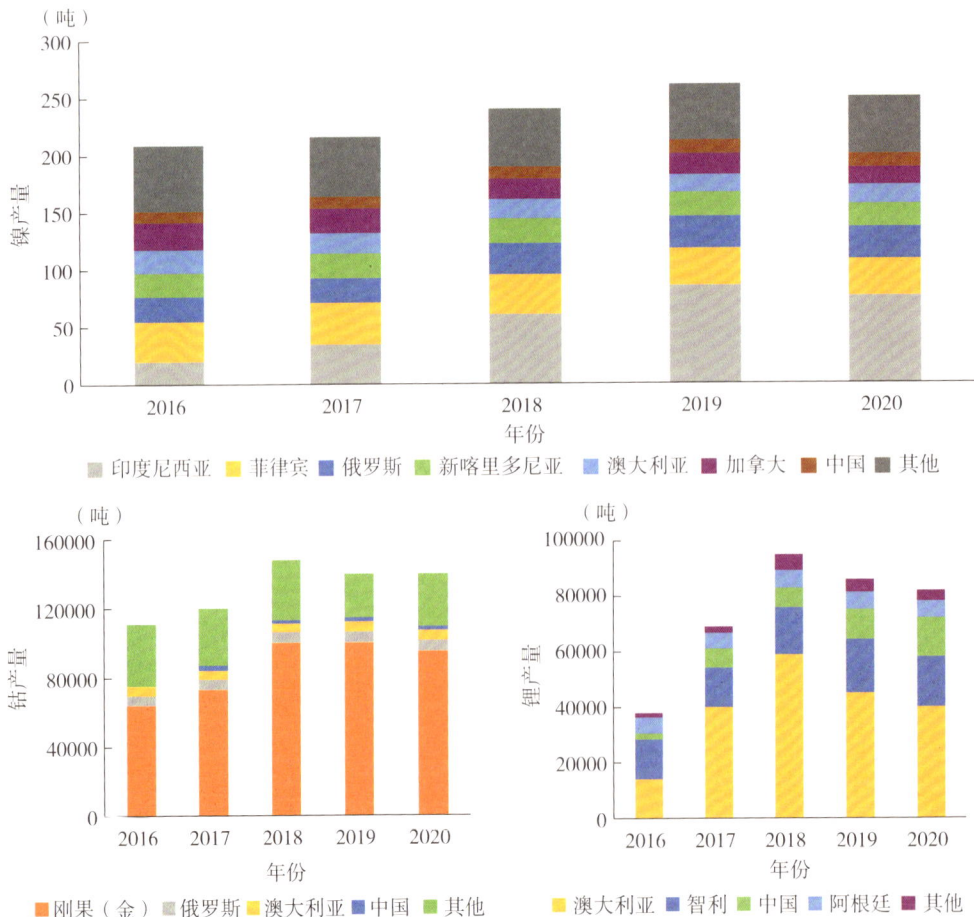

图 13-1　2016—2020 年全球镍、钴、锂矿产量分布图

资料来源：U.S.Geological Survey，Mineral Commodity Summaries 2017—2021

因资源条件、应用技术水平和政策等方面的原因，中国新能源矿产品供求形势存在较大差异，其中镍、钴、铬、锆等矿产对外依存度超过 90%，铂族金属、锰、铍、硒对外依存度超过 80%，铜、锂、铝、重稀土对外依存度超过 50%，而且这些矿产品主要从菲律宾、印度尼西亚、澳大利亚、巴西、刚果（金）等少数国家进口，供应链更易受到价格波动、生产国贸易政策限制、国际形势复杂多变或其他可能产生的风险等因素干扰。

（三）中国新能源矿产供应保障面临诸多挑战

中国现行能源治理体系是基于"以化石能源为主体，新能源为补充"的能源结构考虑的。为了实现"双碳"目标，新能源逐步替代传统能源，快速成为主要能源，新能源矿产供应压力也将逐渐增加，对于我国传统能源治理体系是一个全新的挑战。目前发达国家针对关键矿物供应状况开展了重新审查评估，其中就包括新能源矿产，同时将其纳入国家战略和全球资源战略。美国还在能源部下设了矿产可持续发展部门，专门负责协调新能源与矿产事宜。中国长期重视油气、铁矿石等大宗紧缺矿产的供应问题，但是对锂、钴等新能源矿产的供应保障考虑尚不充分，尤其是围绕"双碳"目标下新能源矿产供应保障的管理协调、规划及实施、监测评估、勘查开发投资、回收利用、替代技术研发、产品应急储备、境外投资和国际合作治理、产品全生命周期环境效益评估等机制和政策体系，亟待建立健全，而这些问题都需要在将新能源矿产纳入现行能源和"双碳"治理体系后统筹谋划。

二、中国新能源矿产需求将迎来"井喷式"增长，供应风险将上升

（一）全球新能源矿产需求总量在未来 20 ~ 30 年将至少增长 5 倍

全球能源系统向清洁能源转型，发展新能源电池所需的镍、锰、锂、钴等矿产，发展风机和电动汽车电机永磁体所需的稀土，以及发展电网和电力技术所需的铜、铝等矿产的需求量将大幅增加。据国际能源署 2021 年发布的《关键矿产资源在清洁能源转型中的作用》报告，由低碳能源技术驱动的能源系统的矿物需求将远超化石燃料能源系统。2040 年，全球新能源矿产，如锂、石墨、钴、镍等，需求将呈现"井喷式"增长，特别是用于电动汽车的锂，需求将增长 42 倍，钴、石墨等需求也将增长 20 倍以上（见图 13-2）。

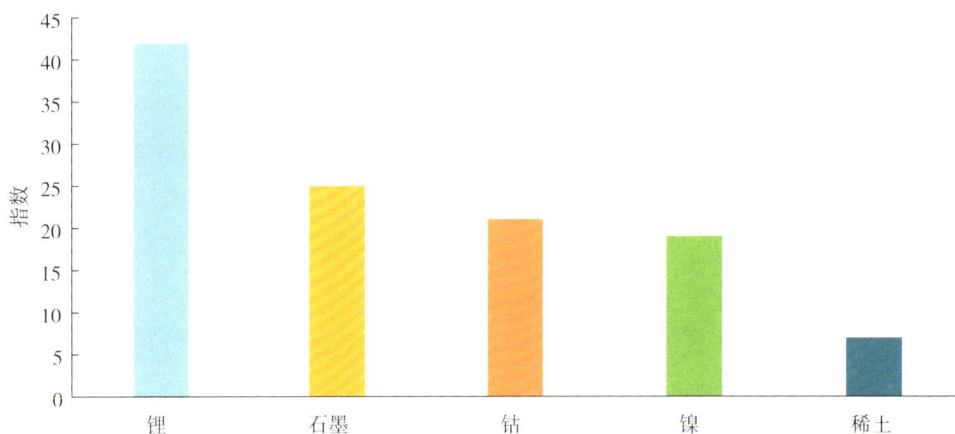

图 13-2　2040 年可持续发展场景中选定矿产的增长情况（相对于 2020 年，2020 年 =1）
资料来源：国际能源署

世界银行发布的 2020 年《矿产品促气候行动：清洁能源转型的矿产消费强度》报告同样显示，要实现全球温控 2℃目标，部署所需风能、太阳能和地热能，预计 2050 年需要 5 倍以上的新能源矿产，而到 21 世纪末这一需求将累计超过 30 亿吨。可以预期，随着全球应对气候变化和低碳转型进程加快，未来围绕新能源矿产的全球布局和竞争将愈演愈烈。

（二）"双碳"发展战略下中国的新能源矿产需求量也将快速增长

碳中和情景下，非化石能源占一次能源消费比重在 2030 年和 2060 年将分别提高到 25% 和 80% 左右，风电、太阳能及新能源汽车三大初具优势的行业将迎来强劲有力的发展趋势，将推动对新能源矿产需求的快速增长。保守预测，2030 年中国对锂、钴、镍、铜等的需求，将比 2020 年提高 1.1 ~ 3.5 倍；预计到 2060 年，在无可替代材料的情景下，多数新能源矿产需求将以 2030 年数据为基数，再提高 20% ~ 50%，有些需求可能会翻一番。在此形势下，确保新能源矿产平稳供应至关重要。

（三）中国新能源矿产供应能力面临国内开发利用不充分和国外开矿办矿艰难的双重约束

一是中国锂资源禀赋不佳，开发利用环境较差，如四川、新疆等地的锂矿石开发面临生态环境脆弱、区位劣势明显等问题。二是盐湖卤水一步分离的提锂技术短板和固体锂矿提锂技术不完善，影响资源开发利用综合效益，生产工艺技术需要进一步完善。三是废旧动力电池回收技术和政策不完善，难以进行标准化管理，影响二次资源开源供应。四是融资难、融资贵，以及审批时间长增加了民营企业境外办矿开矿的难度。例如，并购融资中担保函、承诺函的认同，以及"贷款费""提款费"等问题。另外，境外办矿开矿需要多个部门审核批准，面临审批流程复杂、周期长、外汇管制等问题，导致资金不能及时到位而错过投资的最佳机遇。五是世界百年变局增加了利用境外资源的不确定性风险。例如，中国 80% 以上的锂进口来自南美"锂三角"和澳大利亚，90% 以上的镍进口来自菲律宾、印度尼西亚等国家，而目前这些国家有的限制原矿出口，有的推进资源国有化，有的提高矿业税费，类似的矿业新政影响了全球资源配置机制。六是负责任的采矿标准日益严格，海外开矿办矿更加艰难的趋势没有变，"走出去"开矿办矿越来越面临社会许可、环境许可等问题的约束，要求采矿活动实现社会友好和环境友好，要求绿色低碳，并且与矿区周边群众达成共识，这对企业境外资源开发提出了更高的要求。

三、国外主要经验

为积极推进碳中和，全球主要经济体非常重视新能源产业发展，例如欧盟倡导经济绿色复苏，发布《欧洲绿色协议》；日本发布《绿色增长战略》，将清洁能源发展列入国家能源安全政策；美国重返《巴黎协定》，推行"绿色能源革命"；等等。围绕新能源产业发展，美国、日本、欧盟等发达经济体都制定了系列的行动方案保障新能源矿产资源供应。

（一）发布国家关键矿产目录清单，并把新能源矿产供应上升为国家战略

美国发布的 2022 年版关键矿产目录清单，涵盖 50 种矿产；欧盟发布的 2020 年版关键原材料目录清单，涵盖 30 种矿产；日本制定的稀有金属保障战略，涵盖 31 种矿产；加拿大发布的关键矿物清单，涵盖 31 种矿产。所有这些类似的清单中，均包括发展太阳能或新能源电池所需的镓、铟、锂等新能源矿产，并从国家层面提出加强勘探、加强回收等措施，以消除这些关键矿产对外依赖带来的"国家安全"威胁。

（二）全球资源治理发生新变化，主要国家联合健全矿产资源供应链

一是美国 2019 年主导制定能源资源治理倡议，并联合澳大利亚、巴西、刚果（金）等 9 个国家建立生产大联盟；2021 年初，与加拿大同时宣布制定关键矿产合作行动计划。二是美日印澳联手构建稀土供应链，并研发低成本、低放射性废料排放的稀土

精炼技术，还计划让政府所属的金融机构给开采和精炼稀土的企业提供银行贷款。三是为保证电池以及风电和光电所需的关键金属供应链稳定，美国希望扩大能源资源治理倡议联盟，并且将向盟国分享矿业经验，以帮助这些国家勘查开发锂、铜和钴等矿产。

（三）突出国家战略意志，通过政策支持等举措扩展资源供应新路径

一是 2020 年特朗普签署《解决依赖外国关键矿物对国内供应链构成威胁的行政命令》，要求大力防范外国政府引发的美国资源供应中断风险，并从资金、法律、环保、贸易、研发等方面给总统令的实施打开方便之门，力推关键矿产的产业链自主化。同时，能源部宣布新成立一个矿产可持续发展部门，负责美国急需的关键矿产资源的开采利用，包括与下一代核能、可再生能源、清洁高效的化石能源技术、储能和电动汽车技术等相关的关键矿产资源。另外，提出一项旨在扩大国内高技术设备所需矿产开采和加工的法案，要求联邦机构加快矿业许可审批流程，要求美国地质调查局对联邦土地上的矿床进行新一轮评价；公布核燃料工业复兴战略，采取及时有力的措施推动铀矿的采选和冶炼。二是鉴于关键原材料的重要性和欧盟的对外依赖度，为减少对国外的依赖，欧盟通过资源循环利用减少对主要关键原材料的依赖，并加强欧盟内部原材料采购和加工的可持续性，加强第三国供应多元化，加强基于规则的原材料开放贸易，消除国际贸易扭曲。三是澳大利亚发布资源技术和关键矿物加工国家制造优先路线图，促进国家对关键矿产采取协调一致的政策，包括更好地协调澳大利亚政府委员会所有资源管辖区内的关键矿产战略、活动和举措，推动关键矿产贸易和投资活动采取更具战略性和全国性的政策。四是日本为重点解决勘查风险大、国际权益竞争激烈等问题，采取包括制定资源外交策略等政策，加强与资源国的战略互惠，保障重要矿种权益。另外，开发回收利用技术，构建回收政策体系，促进重要矿种回收；建立"产学政"联动机制，推进重要矿种替代材料的开发；建立储备应急机制和跟踪评价机制，储备短期存在供应中断风险的金属资源；注重培养资源人才，加强资源领域技术力量和产业链整合，构建"一站式"基础地质调查、勘探、开发、生产等多个阶段的援助体制。

四、政策建议

根据中国新能源产业发展的需要，对供应"大头在外"的锂、钴、镍、铜等关键新能源矿产，必须以供应保障为核心，积极通过国际合作建立境外资源基地，以及

促进国内资源充分开发利用等组合路径，全方位协作增强国内供应能力。

（一）优化营商环境，支持鼓励四川锂矿和江西锂云母等新能源矿产勘查开发

加大国内政策支持力度，将新能源矿产纳入勘查重点。一是以四川、江西等重点锂成矿区带为重点，简化勘探开发、矿权审批、用地审批程序，缩短矿山由探转采周期，提高审批效率。二是对"卡脖子"的新能源矿产勘查"高看一眼"，要合理划分找矿区块，以国家公益性地质工作为先导，设立勘查专项资金，支持企业加大地勘投入，实现国内找矿突破。三是工信、发展改革委、财政等部门协调同步，出台财税、金融、技术等多方面的优惠支持政策，鼓励自然条件较差地区的资源充分勘查开发。四是杜绝"一家污染，全区停产"现象，优化勘查开发环境，适度支持四川高寒地区硬岩锂矿开发利用。五是鼓励锂云母矿高效绿色综合开发利用，鼓励含云母的矿山扩量生产。六是锂黏土提锂工艺，未来可能是锂资源供应的一个增长方向，应重视锂黏土勘查，尽快摸清锂黏土资源储量家底。

（二）强化资源探测技术和回收技术创新，丰富资源供应路径

结合中国新能源矿产供给与"双碳"目标，衔接新能源企业、矿业公司与科研院校在新能源矿产资源勘查—开发—冶炼—应用的技术前沿，鼓励技术创新以降低原材料使用强度、扩大资源替代范围，加大无钴电池等关键替代技术研发，缓解新能源矿产供应紧张局面。加强报废太阳能电池板、风力涡轮机和电动汽车电池等产品和部件管理，加快推进二次资源和废旧产品回收利用体系建设，助力减轻原矿供应压力。一是重点围绕我国潜在新能源矿产的主要工业类型开展实验分析、含矿性评价，攻关深部矿地球物理探测技术，突破核心技术与装备的瓶颈，研发天—空—地—井立体智能探测系统，开展典型成矿区带的资源快速调查评价，大幅增加可供资源储量。二是建立由科研院所、高等院校，以及国内骨干企业等组成的产业技术创新联盟，并借鉴国外先进技术，采取引进—消化—吸收—再创新模式，加强资源科学合理利用、新材料及其产业化等方面关键技术开发的投入，提高资源开发利用技术水平。例如，加强高镁锂比盐湖中锂资源的高效、低成本提取技术攻关，加强无钴或低钴电池正极材料开发，鼓励低品位镍矿利用技术创新，攻关动力电池锂、钴、镍绿色高效回收与废物协同处置技术，整体降低对锂、钴、镍等紧缺资源的依赖。三是健全废旧电池回收利用政策体系，丰富资源开源路径，促进废旧动力电池回收转化为实际的资源供应能力，重点是建立动力电池回收的税收优惠政策，增设增值税抵扣款项，减轻动力电池回收企业税费负担，提升再生循环体系的整体活力；完善动力电池回收标准体系，规范市

场回收秩序，建设国家级动力电池回收示范企业，避免无序回收；建立生产者责任制，延伸产品生产责任，让生产者承担部分回收费用与回收责任，促进生产者与回收企业联合建立回收体系；适度放宽废旧电池进口政策，建立回收企业白名单，提高废料进口整体水平。

（三）加大金融政策支持力度，保障境外权益资源及时转化为实际产能

简化境外勘查开发许可程序，积极提供融资信贷支持，加强生态环境政策协调，创造有利于供应链多元化投资的市场环境。一是激发金融机构的支持意愿，给予民营企业享有国有企业海外矿业投资重点项目同等待遇，包括利率优惠、弱化担保要求、扩大融资规模等各个方面。尤其在新开拓地区资源开发上，加大投融资支持力度。二是大力加强产业政策扶持力度，为保证原材料供应，积极引导国内企业与海外矿企签订长期订单，并给予贸易便利化政策支持。三是提高工作效率，对重点优质项目实行特事特办，合理简化并购审批流程，优化外汇审批手续，可以采取"先行事，后报备"等方式，主动作为，抢抓机遇，提升海外并购能力。四是扩大权益资源在境外开发配套相关政策的有效支撑力度，尤其是加大在当地建立冶炼厂等项目的金融政策和信贷扶持力度，为企业境外权益资源储备快速向有效产能和产量转化提供保障，从而有效解决国内短缺资源需求。五是积极响应国家"一带一路"倡议，鼓励企业境外勘查开发矿产资源，力争通过竞标收购、资产重组、租赁经营等方式获取更多的高品质资源。

（四）积极开展资源领域国际合作，切实保护中资企业合法利益

一是鼓励通过国际合作，积极建设境外镍、钴等资源基地，稳步推进建设境外锂等优质资源基地，全面提升资源供应能力。为了推动境外资源基地建设有序实施，需要组织编制境外资源开发专项规划，明确基地建设的重点矿产、主要地区和投资方式，作为落实"走出去"的行动指导纲领，规范境外资源基地建设行为，提升投资风险的防范能力。二是针对资源所在国的国别风险和政策风险，在资源所在地建立企业协会等组织，定期或不定期与所在国相关部门进行沟通交流，必要时通过驻外领事馆与政府交涉，由政府出面签订双边投资协定，条件成熟时可将企业的投资合作上升为国家之间的经贸合作，实现互惠共赢。三是从国家层面就一定期限内的工作签证给予便利化的措施支持，改善项目建设前期当地劳工技术不足等问题。四是由政府支持，以优质高效为基础，与企业共同设立专项人才培养计划，定期选拔优秀后备人才学习相关知识，参与智库和知名跨国企业交流、实习和实践等活动，培养熟知国际勘探和评估标准等方面的复合型人才队伍。

（五）重视储备体系建设，形成适合中国特色的储备模式

一是根据储备成本、风险概率、储备效益以及国力可承受程度，优先考虑钴、镍等短缺性资源，以及重稀土、铟、锗、镓等未来在新能源和新材料领域具有重要用途的战略金属储备。二是建立供应预警系统，以对各矿产的战略地位评级为依据，以保障产业链供应安全和积极推动可持续发展为出发点，从我国实际情况考虑，建立政府专项储备和民间商业储备相结合的储备机制，同时建立和完善包括实物储备、矿产地储备和矿产资源高效开发利用技术储备相结合的储备体系，优先安排紧缺矿产的实物储备，如镍、钴等。

（六）完善国内新能源矿产治理体系，积极参与全球资源治理体系变革

一是在"双碳"领导小组联合产业、资源、财政等主管部门制定国家"双碳"路线图或行动方案的基础上，编制新能源矿产保障规划，向社会就能源转型速度和新能源增长轨迹等问题释放明确的市场信号，说明它们在气候方面的目标，以及如何将其目标转化为行动。稳定的政策为投资者带来投资新项目所需的信心，以及引导新能源矿产勘查开发投资、加快技术创新、扩大二次资源回收利用等方面至关重要。二是加强顶层设计，建立健全新能源矿产监测评估机制。可借鉴美国经验，建立由资源、产业、财政、商务等部门组成的新能源矿产联合工作协调机制，针对性地解决国内外新能源矿产勘查开发问题。同时，就新能源矿产全产业链定期进行监测评估，并设置多情景进行市场供应压力测试，针对市场风险和供应压力，实施新能源矿产战略储备，以增强不同矿产的供应链韧性，提高应对潜在供应中断风险的防控能力。三是充分利用中国市场规模巨大、产业配套体系完整等方面的优势，积极适应采掘业透明度倡议等全球资源治理机制，建立新能源矿产海外投资协同机制、双方对话和政策协调的总体框架，包括提供可靠和透明的数据信息、定期评估整个供应链的潜在脆弱性和可能的共同应对策略、促进知识产权转让和能力建设等方面，严格以可持续和负责任方式在境外开展采矿业活动，为中国在参与制定全球治理规则、创新治理工具、参与并引领全球矿产资源治理提供有利的主流语境。四是筹划并牵头在中国一线城市建立全球性锂、钴、稀土等新能源矿产品交易所，确立中国新能源矿产的世界地位和影响力。

第 14 章
电价机制 [*]

---
[*] 本章主要执笔人为华北电力大学张金良、王玉珠、贾凡、王思雅、夏旭，壳牌集团战略部乔治奥·波尼亚斯，课题组其他成员参与了讨论和修改。

本章要点

充分认识我国仍然是世界上最大的发展中国家，仍然处于社会主义初级阶段的基本国情，电价改革既要充分考虑社会各方面的承受能力，又要注重经济效益与社会效益协同，将电价成本控制在合理范围，防止电价过低阻碍新能源消纳，同时防止电价过高影响公共服务供给和实体经济竞争力。应充分发挥市场在资源配置中的决定性作用，更好发挥政府作用，保障电力安全稳定供应，促进产业结构优化升级，推动新型电力系统构建，助力"双碳"目标实现。

建立火电容量成本补偿机制。根据新型电力系统下煤炭价格的变化和灵活性改造的投入，合理确定火电机组利用小时数。因新能源渗透率提高，导致火电实际利用小时数是下降的，按照"无调节性能电源"补偿。因承担新能源机组调峰调频任务时，按照"有调整性能电源"的原则，利用新能源电价下调资金空间，实施火电容量成本补偿，支持火电机组由电能量供应者向容量供应者转型，更好地发挥火电"兜底"作用。

对于新能源，已经实行平价上网，须将其上网电价与燃煤基准价脱钩，实行独立的指导价机制。在保持行业合理投资收益的同时，根据初始投入成本变化，动态调整新能源上网电价，准确给出价格信号，科学引导投资。从长远来看，将有助于推动电力市场加快建设发展，支撑新型电力系统建设，更好地服务能源绿色低碳转型。

建立适应新能源主体参与的电力现货市场，以现货市场价格信号激励各类新能源主体的投资和发展，推动商业模式创新和绿电用电增长。同时与绿证市场、碳市场等建立衔接机制，将新能源电力在生产、消费、排放等多个环节的环保价值最大化，以多市场同频共振、同向发力实现"双碳"导向的最佳成效。

在构建新型电力系统过程中，辅助服务是支撑高比例新能源大规模接入电网的必要措施。一是引导和培育更多主体参与辅助服务市场。储能、配售电公司、微电网、虚拟电厂甚至独立电力用户，都将是参与辅助服务的重要力量。二是保障服务参与者有足够的经济预期。辅助服务市场本质是市场行为，需要给予参与者足够的收益预期，仅是政府鼓励或规划是不够的。

依托电力市场改革，建立完善储能价格机制，鼓励储能作为新的主体参与电力现货和辅助服务市场。基于国家层面运用价格激励储能应用于多场景，并制定储能成本补偿机制和容量中价机制。在市场机制尚未健全之前，应积极设立储能相关的专项发展基金、统筹已有的专项基金以支持储能的基础设施建设。

一、我国电价形成机制

能源电力是国家经济发展的基础产业与支柱产业，其价格变动与经济和社会发展密切相关。对传统电力系统进行全面改革是建设新型电力系统的前提要求，转型成本是该过程的附加产物，因此电改就不可避免地会影响到电价。厘清目前我国的电价形成机制，对建立和培育电力市场、优化电力资源配置具有重要意义，为构建新型电力系统提供有力的体制保障，确保为经济社会发展提供绿色经济优质的电力。

（一）上网电价形成机制

上网电价根据发电类型不同，电价形成机制也不一样，同时随着电力体制改革的推进，上网电价政策机制不断发生变化，我国上网电价的历史沿革如图 14-1 所示。为保障电力行业稳定发展和公共利益需要，在接下来的一段时期，我国的上网电价形成机制仍将保持政府定价和市场定价双轨运行。

1949—1985年	1986—1997年	1998—2002年	2003—2015年	2016年至今
完全管制定价时期 稳定电价、保障供应	还本付息电价时期 鼓励投资、保障需求	经营期电价时期 避免价格过快上涨、扩大需求	标杆电价时期 事前定价、鼓励清洁能源发展	第一轮电力改革时期 上网电价逐步过渡到由市场形成

图 14-1 我国上网电价历史沿革

资料来源：杨睿，《我国电价发展历史沿革与政策分析》，《电力设备》2019 年第 22 期

1.燃煤发电上网电价

燃煤上网电价从 2004 年开始执行标杆上网电价，其间根据煤电联动机制共调整 9 次，直到《国家发展和改革委员会关于深化燃煤发电上网电价形成机制改革的指导意见》规定，自 2020 年 1 月 1 日起，取消煤电联动机制，改为"基准价＋上下浮动"的市场价格机制。其中基准价包含脱硫、脱硝、除尘电价；由市场形成的上网电价，包含脱硫、脱硝、除尘和超低排放电价。各地燃煤发电通过参与电力市场交易，由市场定价。2020 年超过 70% 的燃煤发电电量通过市场化交易形成上网电价。为稳步实

现全面放开燃煤发电上网电价目标，2021 年 10 月，国家发展改革委发布了《关于进一步深化燃煤发电上网电价市场化改革的通知》。其中规定，燃煤发电电量原则上全部进入电力市场，通过市场交易在"基准价＋上下浮动"范围内形成上网电价。上下浮动范围原则上均不超过 20%，高耗能企业市场交易电价不受上浮 20% 限制。本次改革是将剩余的 30% 发电量纳入市场交易机制，从而发挥市场机制作用，促进发电行业平稳运行。

2. 风电和光伏发电上网电价

风电、光伏上网电价从标杆电价转变为指导价，最终走向平价上网，国家为此出台一系列降价政策，以降低成本，提高风电、光伏发电市场竞争力。

我国于 2009 年确定了分 4 类资源区的陆上风电标杆上网电价机制，2014 年确定了海上风电标杆上网电价，2015—2018 年 4 次下调了风电标杆上网电价，2019—2020 年，改变传统固定上网电价机制，通过竞争方式确定上网电价，2021 年，新核准陆上风电全面实现无补贴平价上网。我国历年风电上网电价如表 14-1 所示。

表 14-1　风电上网电价（元 / 千瓦时）

政策文件	主要内容	陆上风电				海上风电	
		Ⅰ类	Ⅱ类	Ⅲ类	Ⅳ类	近海	潮间带
《国家发展改革委关于完善风力发电上网电价政策的通知》	2009—2014 年标杆电价	0.51	0.54	0.58	0.61	—	—
《国家发展改革委关于适当调整陆上风电标杆上网电价的通知》	2015 年标杆电价	0.49	0.52	0.56	0.61	—	—
《国家发展改革委关于海上风电上网电价政策的通知》	2014—2017 年标杆电价	—	—	—	—	0.85	0.76
《国家发展改革委关于完善陆上风电光伏发电上网标杆电价政策的通知》	2016—2017 年标杆电价	0.47	0.50	0.54	0.60	—	—
《国家发展改革委关于调整光伏发电陆上风电标杆上网电价的通知》	2018 年标杆电价	0.40	0.45	0.49	0.57	0.85	0.75
《国家发展改革委关于完善风电上网电价政策的通知》	2019 年指导价	0.34	0.39	0.43	0.52	0.80	不得高于陆上指导价
	2020 年指导价	0.29	0.34	0.38	0.47	0.75	

资料来源：作者自制

　　光伏发电上网电价相关政策不断推陈出新，在推进平价上网的同时，也积极对接了电力市场建设需要。我国光伏发电上网电价如表 14-2 所示。

表 14-2　光伏发电标杆上网电价（指导价）和补贴标准（元 / 千瓦时）

文件名称	普通光伏电站 标杆上网电价（指导价）			常规分布式光伏发电项目补贴标准	
	Ⅰ类	Ⅱ类	Ⅲ类	户用	工商业用
《国家发展改革委关于完善太阳能光伏发电上网电价政策的通知》	1.15 或 1.00	1.15 或 1.00	1.15 或 1.00	—	—
《国家发展改革委关于发挥价格杠杆作用促进光伏产业健康发展的通知》	0.90	0.95	1.00	0.42	
《国家发展改革委关于完善陆上风电光伏发电上网标杆电价政策的通知》	0.80	0.88	0.98	0.42	
《国家发展改革委关于调整光伏发电陆上风电标杆上网电价的通知》	0.65	0.75	0.85	0.42	
《国家发展改革委关于2018 年光伏发电项目价格政策的通知》	0.55	0.65	0.75	0.37	
《国家发展改革委 财政部 国家能源局关于 2018 年光伏发电有关事项的通知》	0.50	0.60	0.70	0.32	
《国家发展改革委关于完善光伏发电上网电价机制有关问题的通知》	0.40	0.45	0.55	0.18	0.10
《国家发展改革委关于2020 年光伏发电上网电价政策有关事项的通知》	0.35	0.40	0.49	0.08	0.05

资料来源：作者自制

　　自 2021 年起，对新备案集中式光伏电站、工商业分布式光伏项目和新核准陆上风电项目，中央财政不再补贴，实行平价上网。2021 年新建项目上网电价，按当地燃煤发电基准价执行；新建项目可自愿通过参与市场化交易形成上网电价，以更好体现光伏发电、风电的绿色电力价值。2021 年始，新批准（备案）的海上风力发电项目、光伏热电项目的上网电价由地方省级价格主管部门制定，所有符合要求的发电项目，可以采用竞争性的方式确定上网电价。对高于本地火电基准价格的项目，规定电网企业承担结算低于基准价格的部分。同时，鼓励各地政府制定新能源项目的扶持政策，为海上风电、光热发电等新能源产业的可持续发展保驾护航。如此规划，不仅有助于各地结合当地发展规划、资源条件、地方政策等因素，因地制宜地制定新能源发电项目上网电价政策，还能够激发各方投资兴趣，助力风电、光伏发电产业高速发展，推动以新能源为主体的新型电力系统的建设，为"双碳"目标的实现注入内在动力。

风电和光伏发电上网电价从补贴走向平价，是作为未来电力系统中的主体能源和碳中和主力军的必经之路，对于稳定行业发展预期，引导新能源产业加快投资建设，保障以新能源为主体的新型电力系统建设和"双碳"目标的实现具有重要意义。

3. 核电上网电价

由于核电技术上不适宜参与市场竞争，2013 年以前，我国对核电基本实行一厂一价。对 2013 年 1 月 1 日以后新建核电机组实行标杆上网电价政策，其定价要求不高于燃煤机组基准价。其中：

①全国核电标杆上网电价高于核电机组所在地燃煤机组标杆上网电价（含脱硫、脱硝、除尘加价）的地区，新建核电机组投产后执行当地燃煤机组标杆上网电价。

②对承担核电技术引进、自主创新、重大专项设备国产化任务的首台或首批核电机组或示范工程，其上网电价可在不超过燃煤机组基准价的基础上适当提高。

4. 水电上网电价

我国水电上网电价形成机制有 3 种模式：

一是供应、需求双方应当通过协商调解的方式确定跨省、跨区域的交易电价。国家明确规定：提供跨省、跨区域送电服务的水电站，其外送电量的上网电价应当按照受电地区的落地价格扣减输电价格的方式进行结算。若无法达成一致意见的，交易电价应按照国家发展改革委出面协调后的定价执行。

二是省内水电上网电价实行标杆电价制度。各省的水电标杆上网电价，要求以本省省级电网企业平均购电价格为参考标准，同时将电力市场供应、需求变化幅度与水力发电开发成本两方面因素纳入考虑范围，然后统筹制定。对于水力发电占比较高的省份，在参考标杆上网电价标准与水电站在电力系统中的贡献率之后，可以考虑实行丰水期、枯水期分时电价或者分级标杆电价。

三是不断统一流域内阶梯式水力发电电站的上网电价。对同一片流域、同一个投资人开发的阶梯式水力发电电站执行统一的省内水电上网电价；而对同一片流域、不同的投资者开发的阶梯式水力发电电站,应首先建立健全上下游水电站的补偿机制，而后再逐步实行统一的省内水电上网电价。

加快发展抽水蓄能电站，是提升电力系统灵活性、经济型和安全性的重要方式，是构建以新能源为主体的新型电力系统的迫切要求，对保障电力供应、确保电网安全、促进新能源消纳、推动能源绿色低碳转型具有重要意义。现阶段，我国抽水蓄能价格以两部制电价为主，以竞争性方式形成电量电价，容量电价纳入输配电价回收，同时强化与电力市场建设发展的衔接，逐步推动抽水蓄能电站进入市场。

（1）容量电价

按照经营期定价法核定抽水蓄能容量电价，并随省级电网输配电价监管周期同步调整。

（2）电量电价

在电力现货市场运行的地方，抽水蓄能电站上网电价以竞争性方式按现货市场价格及规则结算。

根据《国家发展改革委关于进一步完善抽水蓄能价格形成机制的意见》，在电力现货市场尚未运行的地方，抽水电价按燃煤发电基准价的 75% 执行；通过竞争性招标方式采购的抽水电价按中标电价执行；因调度等因素未使用的中标电量按燃煤发电基准价执行；抽水蓄能电站上网电量由电网企业收购，上网电价按燃煤发电基准价执行。

5. 天然气上网电价

我国根据天然气发电在电力系统中的作用及投产时间，对 3 种不同类型的天然气发电机组施行差别化的上网电价政策：

①新投入生产的天然气热电联产发电机组实行标杆电价。各省省级价格主管部门制定天然气上网电价时应综合考量天然气的发电成本、社会效益与经济效益以及用户的承受能力三方面的因素。

②新投入生产的天然气调峰机组的上网电价，应当参考热电联产机组的上网标杆标准，再根据综合比较两者成本差异得出的结果制定具体的电价水平。

③新投入生产的天然气分布式发电机组，一般情况下，热电联产机组上网的标杆电价以分布式发电机组电网收购电量上网电价为参考标准；此外，分布式能源与电力用户直接签订合同进行交易、双方交易的电能价格和电量由自主协商确定得到，这是国家非常鼓励的。

同时我国建立了气、电价格联动机制。根据《国家发展和改革委员会关于深化燃煤发电上网电价形成机制改革的指导意见》，当天然气价格出现较大变化时，天然气发电上网电价应及时调整，但最高电价不得超过当地燃煤发电上网标杆电价或当地电网企业平均购电价格每千瓦时 0.35 元。

6.生物质发电上网电价

生物质发电企业有较高的政策敏感性，相对稳定的政策和价格体系有助于稳定经营预期。在可再生能源法统领下，生物质发电的价格政策随着产业发展和外部环境变化也有适当调整，其上网电价和补贴政策由 2006 年的固定补贴制度，逐步过渡到目前的固定电价制度，政府制定生物质发电项目上网电价如表 14-3 所示。

表 14-3　政府制定生物质发电项目上网电价（元／千瓦时）

文件名称	农林生物质发电（农林废弃物直接燃烧和气化发电）	生活垃圾焚烧发电	垃圾填埋气发电	沼气发电
《国家发展改革委关于印发〈可再生能源发电价格和费用分摊管理试行办法〉的通知》	各省（区、市）2005 年脱硫燃煤机组标杆上网电价加补贴电价（0.25 元／千瓦时）组成			
《国家发展改革委关于完善农林生物质发电价格政策的通知》	0.75	沿用《国家发展改革委关于印发〈可再生能源发电价格和费用分摊管理试行办法〉的通知》		
《国家发展改革委关于完善垃圾焚烧发电价格政策的通知》	0.75	0.65	沿用《国家发展改革委关于印发〈可再生能源发电价格和费用分摊管理试行办法〉的通知》	
《关于印发〈完善生物质发电项目建设运行的实施方案〉通知》	竞价上网			

资料来源：作者自制

2020 年 9 月，国家发展改革委等部门联合印发的《完善生物质发电项目建设运行的实施方案》提出，对 2021 年 1 月 1 日以后完全执行新补贴政策，即规划内已核准未开工、新核准的生物质发电项目全部通过竞争方式配置并确定上网电价。

（二）输配电价形成机制

2015 年《关于进一步深化电力体制改革的若干意见》发布以来，我国深化电力体制改革各项工作全面推进。其中，输配电价改革是实现"管住中间、放开两头"电力体制架构的重要任务。我国输配电价改革历程如图 14-2 所示。到 2020 年，我国输配电价改革基本实现了全覆盖。单独核定输配电是有序推进电价改革、理顺电价形成机制的重要环节。我国的输配电价按电网结构分为跨省跨区输电价格、省级电网输配电价、区域电网输电价格、地方电网和增量配电网价格。

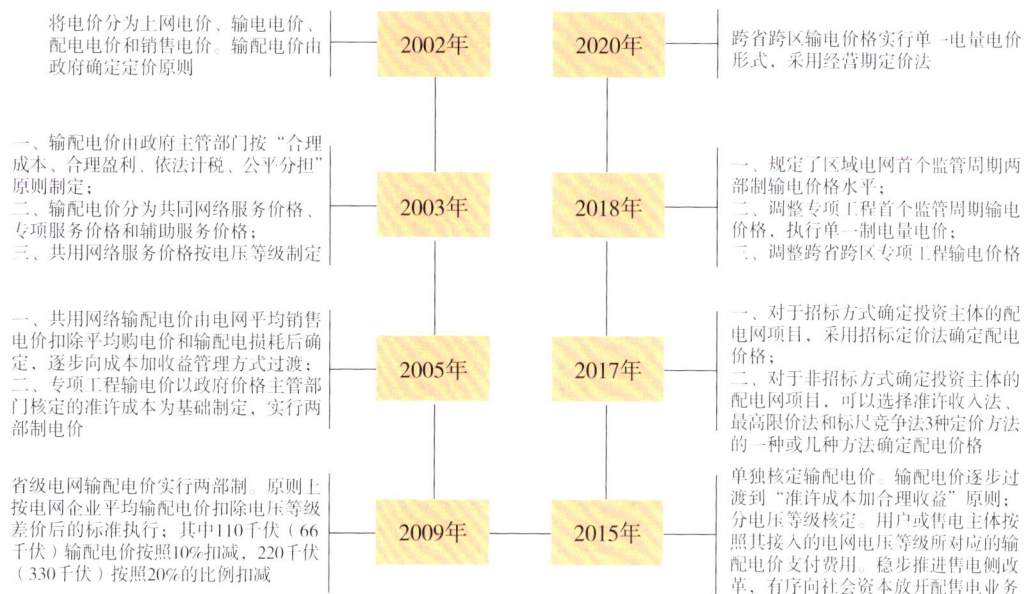

将电价分为上网电价、输电电价、配电电价和销售电价。输配电价由政府确定定价原则 —— **2002年** **2020年** —— 跨省跨区输电价格实行单一电量电价形式，采用经营期定价法

一、输配电价由政府主管部门按"合理成本、合理盈利、依法计税、公平分担"原则制定；
二、输配电价分为共同网络服务价格、专项服务价格和辅助服务价格；
三、共用网络服务价格按电压等级制定 —— **2003年** **2018年** ——
一、规定了区域电网首个监管周期两部制输电价格水平；
二、调整专项工程首个监管周期输电价格，执行单一制电量电价；
三、调整跨省跨区专项工程输电价格

一、共用网络输配电价由电网平均销售电价扣除平均购电价和输配电损耗后确定，逐步向成本加收益管理方式过渡；
二、专项工程输电价格以政府价格主管部门核定的准许成本为基础制定，实行两部制电价 —— **2005年** **2017年** ——
一、对于招标方式确定投资主体的配电网项目，采用招标定价法确定配电价格；
二、对于非招标方式确定投资主体的配电网项目，可以选择准许收入法、最高限价法和标尺竞争法3种定价方法的一种或几种方法确定配电价格

省级电网输配电价实行两部制。原则上按电网企业平均输配电价扣除电压等级差价后的标准执行；其中110千伏（66千伏）输配电价按照10%扣减，220千伏（330千伏）按照20%的比例扣减 —— **2009年** **2015年** ——
单独核定配电价。输配电价逐步过渡到"准许成本加合理收益"原则；分电压等级核定。用户或售电主体按照其接入的电网电压等级所对应的输配电价支付费用。稳步推进售电侧改革，有序向社会资本放开配售电业务

图 14-2　我国输配电价改革历程

资料来源：《一张图读懂我国输配电价改革历程》

1.跨省跨区输电价格

跨省跨区专项工程，是指以送电功能为主的跨区域电网工程，和送受端相对明确、潮流方向相对固定的区域内跨省输电工程。专项输电工程属于自然垄断环节，其输电价格难以通过竞争方式形成，需要政府在成本监审基础上进行定价。

在价格形成机制上，根据《跨省跨区专项工程输电价格定价办法》，跨省跨区专项工程输电价格由国务院价格主管部门核定，实行单一电量电价形式。在计算方法上，采用经营期定价法，即以弥补成本、获取合理收益为基础，按照资本金内部收益率对工程经营期内年度净现金流进行折现，以实现整个经营期现金流收支平衡为目标来核定输电价格，具体核定输电价格的计算公式如下：

$$输电价格（不含增值税）= \frac{年均收入}{设计输电量 \times (1-定价线损率)} \tag{14-1}$$

现有的跨省跨区专项工程输电价格的核定过程和方法，在过程监管和成本监审

上更加完善，相比于之前的参数确定方法，现有的方法也更加严格，与原方法（《省级电网输配电价定价办法（试行）》）的对比如表 14-4 所示。有效保障投资收益，提供合理的跨省跨区电能输送、电网互济和安全保障等服务的价格，有利于充分发挥现有发输电设施的能力，并合理引导相关的发电侧及电网投资。在"双碳"目标下，通过推动跨省跨区交易，提高电力系统应对单一区域极端气象的能力，进一步实现不同区域电网之间的互联互济。

表 14-4　跨省跨区输电价格中部分定价参数对比

类别	对比参数	现有方法	原办法
运行维护费	费率水平	2%	4%
经营/折旧期限	经营/折旧期限	35 年	30 年
投资水平	投资总额（临时电价）	批准概算与施工图预算取低者	未规定
	投资总额（正式电价）	成本监审数	未规定
	资本金（临时电价）	投资的 20%	参考《国家发展改革委关于印发〈省级电网输配电价定价办法（试行）〉的通知》
	资本金（正式电价）	实际发生额	未规定
贷款利息	还款期限	25 年	20 年
	贷款利率	实际利率与市场利率比较	参考《国家发展改革委关于印发〈省级电网输配电价定价办法（试行）〉的通知》
	设计利用小时数	不低于 4500 小时	政府核准文件
	内部收益率	上线 5%	参考《国家发展改革委关于印发〈省级电网输配电价定价办法（试行）〉的通知》
电价线损	费率水平（临时电价）	设定线损率	未规定
	费率水平（正式电价）	设定线损率和实际线损率	未规定

资料来源：《跨省跨区专项工程输电价格定价办法》《省级电网输配电价定价办法（试行）》

在输电收入分享与价格调整机制方面，对于参与跨省跨区可再生能源增量现货交易，按最优路径价格执行；在专项工程输电能力空余情况下，电网企业为提高工程利用效率临时增加电量输送的，增送电量可按不高于工程核定输电价格的水平执行。上述方面都有利于增大新能源发电外送规模，提高跨省跨区输电量中新能源发电占比。在建设"以新能源为主体"的新型电力系统的背景下，在输电价方面给新能源发电外送以支持，有利于激发发电侧投资积极性，提高新能源发电占比，降低发电侧的碳排放。

2. 省级电网输配电价

根据国家发展改革委印发的《省级电网输配电价定价办法》，省级电网输配电价，是指省级电网企业在其经营范围内为用户提供输配电服务的价格。采用"存量成本监审 + 增量规划预测"模式，按照"准许成本 + 合理收益"的方式，核定输配电价。核定省级电网输配电价，先核定电网企业输配电业务的准许收入，再以准许收入为基础核定分电压等级和各类用户输配电价。

（1）分电压等级输配电价

将系统分为 500kV、220kV、110kV、35kV、10kV 和 1kV 及以下 6 个电压等级，各电压等级输配电价为该电压等级的总准许收入与本电压等级输配电量的比值。

（2）分用户类别输配电价

将用户类别分为居民用电、农业用电、大工业用电和一般工商业及其他用电。分用户类别输配电价，以分电压等级输配电价为基础，综合考虑政策性交叉补贴、用户负荷特性等因素统筹核定。

3. 区域电网输电价格

区域电网输电价格是指区域电网运行机构运营区域共用输电网络提供的电量输送和系统安全及可靠性服务的价格。区域电网输电价格按照"准许成本 + 合理收益"的方式核定输电准许收入（参照省级电网的定价模型），在核定准许收入的基础上，按功能和服务对象合理分摊的原则制定。区域电网输电价格原则上采用两部制电价形式，其中：电量电费反映区域电网提供输电服务的成本；容量电费反映区域电网为省级电网提供可靠供电、事故备用等安全服务的成本。区域电网准许收入在电量电费和容量电费之间进行分摊。电量电费比例，原则上按区域电网输电线路实际平均负荷占其提供安全服务的最大输电容量测算，并考虑输电线路长度、促进电力交易、与现行输电价格政策衔接等因素。容量电费与电量电费比例计算公式为：

$$\frac{容量电费}{电量电费} = \frac{折旧费 + 人工费}{运行维护费（不含人工费）} \qquad (14\text{-}2)$$

4. 地方电网和增量配电网价格

按照国家发展改革委发布的《关于制定地方电网和增量配电网配电价格的指导

意见》，配电网区域内电力用户的用电价格，由上网电价或交易市场电价、上一级电网输配电价、配电网配电价格、政府性基金及附加组成。用户承担的配电网配电价格与上一级电网输配电价之和不得高于其直接接入相同电压等级对应的现行省级电网输配电价。

省级价格根据本省情况，选择合适的配电价格定价方法。对于用招标方式确定投资主体的配电网项目，采用招标定价法确定配电价格。对于用非招标方式确定投资主体的配电网项目，可以选择准许收入法、最高限价法和标尺竞争法中的一种或几种方法确定配电价格。

配电网与省级电网之间的结算电价，按现行省级电网相应电压等级输配电价执行。配电网企业可根据实际情况，自主选择分类结算电价或综合结算电价与省级电网企业结算电费。

（三）销售电价形成机制

销售电价是指电力用户的最终用电价格，由购电成本、输配电损耗、输配电价及政府性基金及附加4部分组成，具体组成分类如图14-3所示。我国电网销售电价实行的是分类电价和分时电价，按照用电类别分为居民生活用电、农业生产用电、工商业及其他用电价格3类，对大工业用电实行分时电价，对居民生活用电、一般工商业以及其他用电和农业生产用电按需求实行分时电价。

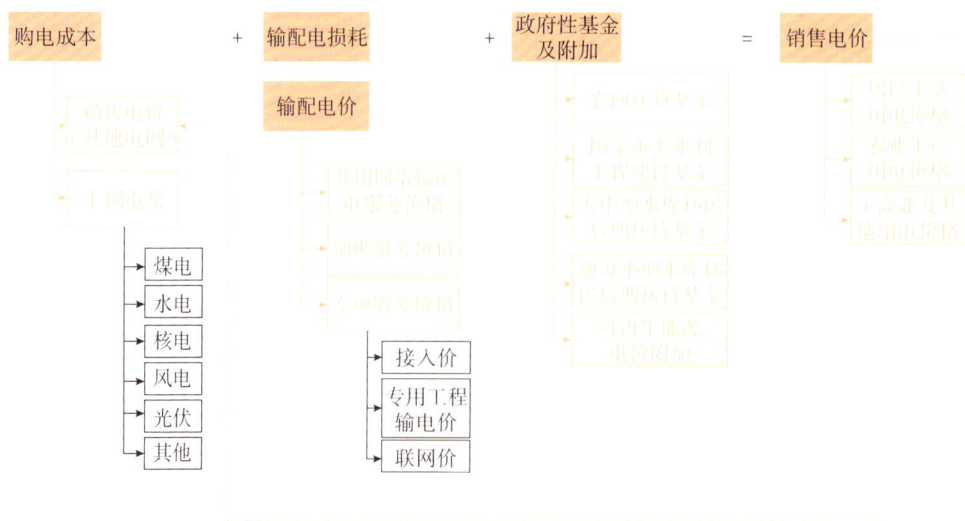

图 14-3　我国销售电价构成

资料来源：平安证券

1. 居民生活电价

居民生活电价是适用于城镇、乡村居民家庭生活用电（包括照明、家用电器用电）的电价。我国居民生活电价实行单一制电价，根据《销售电价管理暂行办法》，由政府定价、统一政策、分级管理。

我国大部分地区从 2012 年左右开始实行居民生活用电阶梯电价，居民阶梯电价将城乡居民每月用电量按照满足基本用电需求、正常合理用电需求和较高生活质量用电需求划分为 3 档，实行分档递增。根据《国家发展改革委印发关于居民生活用电试行阶梯电价的指导意见的通知》《国家发展改革委关于完善居民阶梯电价制度的通知》等文件，其中：第一档电价继续给予补贴，维持较低价格水平，一定时期内保持基本稳定，保障基本用电需求，覆盖 80% 居民用户电量；第二档电价反映正常的供电成本，逐步调整到弥补电力企业正常合理成本并获得合理收益的水平，保障合理用电需求，覆盖 95% 居民用户电量，较第一档加价 5 分 / 千瓦时；第三档满足较高生活质量用电，在弥补电力企业正常合理成本和收益水平的基础上，还要适当考虑对低收入居民补贴及补偿环境损害成本，较第一档加价 0.3 元 / 千瓦时。对低保户、五保户等困难用户，每户每月提供 10 ～ 15 千瓦时免费用电量；对"一户多人口"家庭，提高电量基数。阶梯电价从节能角度考虑，随着用电量的增长，电价越来越高。

2. 农业生产电价

农业生产电价是电业部门向农村提供用于排灌、耕作、收获等所需电能的一种较优惠的电价。农业生产用电实行单一制电价，即按用电量多少计收电费，与设备容量无关。农业电价，以各电压等级平均电价为基础，考虑用户承受能力确定，并保持相对稳定。各地要优先将低价电源用于保障居民、农业用电。

3. 工商业及其他用电价格

工商业及其他用电价格，是指除居民生活及农业生产以外的用电价格，大工业用电和一般工商业用电归并为工商业及其他用电类别。一般工商业及其他用户大多执行单一制电价，大工业用户多执行两部制电价。根据不同电压等级的平均电价和相应的差价，可计算出不同电压等级的工商业和其他用电类别的平均电价，并将其与上网电价相结合。单一制电价中，在确定不同电压等级工商业用户及其他用户分摊容量成本的比例时，以实行单一制电价用户与实行两部制电价用户的负荷比例为基础；在两部制电价下，可以确定不同电压等级的工商业用户及其他用户的容量成本在总成本中所占的比重，并按该比重计算出基本电价和电度电价。

《国家发展改革委关于进一步深化燃煤发电上网电价市场化改革的通知》中提出，各地要有序推动工商业用户全部进入电力市场，按照市场价格购电，取消工商业目录销售电价。目前尚未进入市场的用户，10千伏及以上的用户要全部进入，其他用户也要尽快进入。对暂未直接从电力市场购电的用户由电网企业代理购电，代理购电价格主要通过场内集中竞价或竞争性投标方式形成，首次向代理用户售电时，至少提前1个月通知用户。已参与市场交易，改为电网企业代理购电的用户，其价格按电网企业代理其他用户购电价格的1.5倍执行。鼓励地方对小微企业和个体工商户用电实行阶段性优惠政策。对于高耗能企业，用电价格不受上浮20%的限制，倒逼企业加大节能增效改造力度，推动产业结构转型升级。

对于冶金、水泥、塑料、纤维、纺织和造纸业行业的大工业用户，实行可中断电价。对电解铝、铁合金、电石、烧碱、水泥、钢铁、黄磷、锌冶炼高耗能行业，实行差别电价，并区分淘汰类、限制类、允许类和鼓励类，其中对淘汰类和限制类企业用电价格在现行电价的基础上每千瓦时分别加价0.2元和0.15元。实行差别电价，是国家利用价格杠杆来淘汰落后产业，对遏制高耗能产业盲目发展，提高能源利用效率，促进产业结构调整和经济、环境与资源的协调发展起到了积极的作用。

4. 分时电价

峰谷分时电价是将一天24小时分为4个时段（尖峰、高峰、平段、低谷）或3个时段（高峰、平段、低谷），每个时段实行不同价格水平。实行分时电价，就是为了更好地发挥价格的经济杠杆作用，引导和鼓励用户在一天中的高峰时段减少用电量，而在低谷时段增加用电量，以降低电网负荷峰谷差和电力资源的浪费，提高电网运行效率，使有限的电力资源带来更大的社会效益。当前，大工业用户和受电变压器容量在100kVA及以上的非普工业用户全部实行峰谷分时电价。居民生活用电、旅游星级宾馆饭店执行商业电价、农业排灌用电由用户选择实行峰谷分时电价，选择后，应保持一年不变。分时电价分为尖峰电价、高峰电价和低谷电价。其中，居民生活用电不设尖峰电价。

2021年出台的《国家发改委关于进一步完善分时电价机制的通知》中提出，上年或当年预计最大系统峰谷差率超过40%的地方，峰谷电价价差原则上不低于4∶1，其他地方原则上不低于3∶1，同时尖峰电价在峰段电价基础上的上浮比例原则上不低于20%。热电联产机组和可再生能源装机占比大，电力系统阶段性供大于求矛盾突出的地方，可参照尖峰电价机制建立深谷电价机制。进一步引导用户使用谷段用电负荷，增加用电量，从而提高清洁能源消纳能力。

二、现行电价机制存在的问题

（一）供给侧

1. 各类电源的上网电价

（1）发电企业的成本核定不合理

上网电价从根本上是为了补偿发电企业电能生产成本的，但目前各类发电企业的成本都无法及时传导至电力系统的各个环节。以火电行业为例，近年来受政策影响，总体经营困难，生存面临严峻考验。《2020 年电力市场年报》显示，2020 年国家电网有限公司经营区域火电的发电设备平均利用小时数为 4177 小时，2019 年此数据为 4263 小时，2018 年则高达 4694 小时。火电机组发电小时数逐年减少，火电厂投资的成本逐年升高，使得火电成本亟须向下进行传导。但自煤电联动机制建立以来，煤电联动不及时、电价调整不到位，使得火电厂的合理收益无法保证，发电厂的成本向下传导受阻。天然气发电企业也由于燃料成本高、成本难以通过电价顺利传导，出现了投资积极性不高、经营困难等问题。

水力、风力、光伏等可再生能源发电由于上网电价机制的不完善，也存在成本核定不合理的问题。目前各类可再生能源发电的定价都仅仅考虑其投资成本，忽视了其带来的包括调峰调频在内的各类社会效益。多轮次的电价下调、可再生能源补贴的减少，乃至电力市场化交易的统一化推进，也使得各类可再生能源发电企业经营困难。现有的价格机制无法体现社会价值，制约了这些发电企业的可持续发展。

（2）新能源机组的定价问题

一是新能源机组几乎是零边际成本，但其存在前期大量投入的成本回收在电价中如何体现的难点。而且因为零边际成本，难以形成分时价格来引导储能行为以及与新能源互动的用电行为。二是新能源容量定价困难，新能源发电取决于当时的气象条件，其有效容量与用户需求最大负荷是不匹配的。三是缺少激励新能源主动降低自身波动性的价格信号，只有价格的激励才能促进源网荷储高效、精准的互动。

除此之外，新能源机组的补贴问题也是一大难点。为大力发展可再生能源、减少化石能源的使用，我国推行了针对可再生能源发电的补偿机制。但随着可再生能源的广泛应用，补贴的资金缺口持续扩大，出现了补贴资金不足、补贴款拖欠等问题，现行的补贴机制难以为继。中电联发布的《新能源补贴拖欠问题及政策建议》显示，2012—2019 年国家电网和南方电网经营区域内纳入补贴目录以及未纳入补贴目录的补贴拖欠额合计约 3177 亿元。虽然国家发展改革委、财政部、中国人民银行、原银保监会和国家能源局联合印发了《关于引导加大金融支持力度 促进风电和光伏发电等行业健康有序发展的通知》，针对可再生能源补贴拖欠、补贴资金滞后，导致企业资金紧张等问题提出了纾困办法，但补贴机制自身存在的问题目前还没有得到解决，参与市场交易电量的补贴标准仍不明确。我国现行的电价与市场定价机制有一定的矛盾。一方面，市场变化影响着可再生能源价格，从而形成了更加全面和系统的可再生能源价格体系，这样能够在能源价格中体现出环境负外部性成本，也就是将市场供需变化和资源稀缺程度充分体现出来，这对灵活应对市场变化、优化资源配置和防止资源错配有一定好处。在政府干预方面，通过补贴、税收等方式，能够有效地促进电力市场的供求关系。另一方面，从经济学角度来看，政府的补贴行为会干扰电价的市场化进程，使得电价本身无法直观反映当前可再生能源供需的真实状况。在可再生能源电价发展的初期，政府的补贴对于巩固市场的发展具有重要意义，而随着市场的不断扩大，政府的补贴政策也将对可再生能源电价的市场化改革产生一定的影响。

2. 供给侧储能的定价机制

（1）储能成本回收问题

新型电力系统中新能源发电从电力能源补充部分变为主体，光伏、风电等装机规模不断扩大。传统的燃煤发电可控且能够连续出力，而新能源发电则具有较强的不可控性、随机性和波动性，使得电力系统稳定安全问题、电力供应连续性问题以及电能的质量问题都凸显出来。除此之外，在经济高速发展的背景下，电能的需求也在日益增加，发电侧需要增加新的发电装置来满足用户侧的负荷需求。储能设备在用电低谷将多余电能存储起来，在用电高峰或新能源供应不足时再释放出来，可以帮助平滑新能源发电的输出，提高电能质量，减少弃风弃光的现象，提高现有设备利用率，减少对装机容量的需求，节约成本。

但目前储能投资和回收机制不够清晰、价格制度和补偿机制不完善，是电网侧电化学储能发展面临的主要困境之一。现有的电池储能设备，其投资成本基本无法从输配电中得以回收，必须像火电、水电等传统能源那样，参与到电力市场中进行交易。由于电池储能在技术经济性上受到限制，其收益难以达到输配电价改革前的水平，因此会产生"搁浅"成本。当然，目前国外也有一些观点认为电池储能不属于发电，而是输配电网络的一部分，如果按照这种方式，就有可能将储能成本纳入输配电成本中。

（2）储能容量价值核定问题

储能的容量是与储能定价相关的重要因素。容量充裕机制可以激励资源发挥容量支持作用，但由于自身容量有限，储能的容量价值难以精准核定。

目前，主要有 3 条技术路线，即设置储能装置的连续放电时间以及放电功率的直接折价是目前大多数国际标准化组织（ISO）采用的技术路线；储能系统的容量价值基于从市场模拟中获得的有效负荷承载力（ELCC）来确定，美国的国际标准化组织目前正在讨论该计划，而英国已逐步进入实际应用阶段；目前已被纽约独立系统运营商（NYISO）所采用的方案，是根据储能的不同能量功率比设定不同的容量系数。

直接折价模式的优势是标准明确、操作简单，但对持续充放电时间的要求却不尽合理，这就要求储能在峰荷期间要保持稳定的放电功率，而在实际运行过程中，储能可以随着负荷的变化在特定时段降低自身的放电功率，在负荷高峰时段增大放电功率，因此使储能的实际容量价值比直接折价后更高。

ELCC 模型的优势是，利用仿真技术以及负荷曲线形状、储能的放电功率和能量容量、电源结构等信息，这样就能得到更精确的储能容量价值。但是，该方法的缺点是必须将仿真程序与容量市场相结合，这在技术上增加了一定难度。另外，仿真结果的准确性取决于输入参数的精确度，而负荷曲线的形状、电源结构等参数的预测结果未必具有高精确度。对不同能量功率比的储能核定不同的容量系数，可以同时具备前面两种模式的优缺点，实现折中的效果。

（二）电网侧

1.输配电价

（1）电网公司的盈利点须转变

厂网分开后，按照"关注中间，放开两边"的原则，电网企业受国家的严格管制，被认为是微利、低利企业，这种情况对电网企业的投资主体多元化和商业化发展极为不利。输配电价改革改变了电网公司的盈利模式，使得原有收取购售电价差的方式转变为收取"过网费"的方式。这使得电网公司的积极性遭受打击，亟须寻找新的盈利点。

（2）输配电定价存在争议

部分省份输配电价的核定存在争议，没有认真执行"市场价＋核定输配电价＋政府性基金及附加"的顺价模式，输配电定价的机制也需要进一步完善。除了省内电价机制外，跨省跨区的输配电价格政策制定更是存在问题。虽然早在 2017 年国家发展改革委就印发了针对跨省跨区输电价格定价办法的通知文件，但跨省跨区的输配电价仍需进一步调整。

（3）输配电价须分开核算

增量配电网作为电力体制改革的重要环节，除了提高电网企业效率，还被期望可以自下而上倒逼输配电价分开核算。国家发展改革委 2017 年印发的《关于制定地方电网和增量配电网配电价格的指导意见》指出，配电网可以自主选择"分类结算"或"综合结算"的办法与省级电网企业结算。增量配电网与省级电网都对电力设施进行了投资，本应共同分摊从电力用户手中收取到的基本电费。但目前已经正式运营的增量配电网和省级电网大多使用"综合结算"的办法进行结算，即把增量配电网当作电力用户，须将收得的基本电费全部上缴，这使得配电网不但没有得到收益，反而因此亏损。输配电价分开核算是解决配电网生存问题的重要途径。

2. 电网侧储能定价问题

在新型电力系统中，集中化、体系化的传统电网体系向扁平化、分散化方向发展，地方性、计划性的发用电调度向全国性、开放性的电力市场方向发展，这些都给电网发展带来了许多挑战。一方面由于新能源出力的不稳定性，发用电的峰谷差增大，新能源发电的大规模、分布式并网需要电网调平负荷、提高电能质量及其自身的安全稳定性；另一方面电网具有公共品性质，电网末端及偏远地区的电力供应、应急电力供应等难题都需要解决。储能技术是构建智能电网的重要环节，通过在电网的关键节点以及末端和偏远地区布置移动式或固定式的储能，可以帮助电网削峰填谷、负荷调平以及调频，满足电力的供应需求。储能在新型电力系统中发挥的作用属于辅助服务市场范畴的较多，但目前我国辅助服务市场的市场机制和定价模式都仍在探索中。

（三）需求侧

1. 峰谷分时电价问题

（1）峰谷价差设定不足，尖峰设定低

第一，目前我国峰谷电价水平缺乏合理的形成机制。我国峰谷电价制定是在保证电网企业总收益不变的条件下，以平段电价为基准，人工设定平段电价与其他时段电价的变动比率，从而确定分时电价水平。该方法没有考虑到发电公司在不同时间周期内的供电成本差异，未顾及用户在分时电价下的用电价格需求弹性，也就是用户负荷或电量的转移，导致定价结果有可能出现偏差。此外，由于峰谷定价模式的推广，使得用户更容易选择在低价时段用电，而卖方（如供电企业）在同等用负荷下的真实收益往往会降低，从而降低了峰谷定价模式在电力市场中的推广力度。

第二，未能有效发挥"削峰填谷"的资源配置作用。从分时供电成本的角度出发，结合我国各省（区、市）电网负荷近几年尖峰的发展趋势来看，目前的尖峰和高峰电价水平还比较低，未能有效地发挥"削峰填谷"的资源配置作用。在国外，高峰、低谷电价的价差比率是不稳定的，尽管它的平均水平与我国现行的价差比率相差不大，但是无法以国外的价差水平为依据来确定我国的峰谷电价价差比率，这是因为价格结构等因素的影响。国外一般实行两部制电价，与用户所使用的电力负荷有关的固定成本已经被容量电价所回收，而发电企业的单位发电成本（一些固定成本总和或可变成本）在不同的时段或不同的负荷水平下，几乎没有什么变化，所以价差率也比较小。当前，我国以容量电价为主的大工业客户，其回收的固定成本只占 20% 左右，而大部分的固定成本都是靠电量电价来回收的，所以其价差比率应该较大。

（2）峰谷时段划分

首先，当前我国的峰谷价电价时长及时段的划分，主要是通过对典型负荷曲线进行人工选择，是按照经验进行决策。实际上，峰谷电价的时长和时段应该按照客观信息进行决策，即由电网的负荷特征和用户需求弹性所决定，可以采用聚类等科学方法进行合理的选择。其次，没有充分考虑季节性影响因素。由于气象要素对电网负荷特征的影响日益显著，例如，南方夏季空调负荷会直接影响甚至决定电力负荷的高峰和尖峰，若全年实行固定的峰谷电价，显然不符合电网的负荷特征。虽然目前推行的峰谷电价考虑了季节性因素的存在，但在考虑了季节性因素的峰谷电价中，价差比率是否合适仍需检验。各地分时电价设置峰谷平时段的不同电价，并根据省份具体情况在某些月份设置尖峰时段，执行尖峰电价，尖峰电价在其他季节峰时电价基础上上浮 20%。如河南省颁布的分时电价机制政策要求冬夏共 4 个月执行尖峰电价，最高峰谷电价之差可达 0.85 元 / 千瓦时以上；山东省冬夏季共 5 个月执行尖峰电价，最高峰谷电价之差可达 0.78 元 / 千瓦时；上海市通过设置不同的高峰电价水平体现季节性因素，但大工业用户各电压等级的夏季高峰电价平均值仅是非夏季高峰电价平均值的 1.0393 倍。与全年最大负荷利用小时数（如 10 小时）所对应的高成本和供电紧张可能造成的潜在损失相比，我国季节性尖峰或高峰电价明显偏低。

（3）居民峰谷分时电价有待推广

针对大工业用户、有条件地区特定范围的工业和其他电力用户，我国实行针对峰谷平时段不同电价的峰谷分时电价政策。峰谷分时电价不但可以鼓励用电客户合理安排用电、提高电力资源利用效率，还可以通过削峰填谷来促进电力系统的安全平稳运行。

居民用电的主要范围是家用电器，用电具有不可替代性、季节性、时段集中性的特点，用电时间集中在电网的用电高峰期。峰谷分时电价的作用不仅在工业用户的用电中体现，对于我国广大的居民电力用户来说，其可以发挥的作用不容小觑。我国曾就居民峰谷分时电价提出建议，也在城市居民中开展了试点。如山东省推行了居民峰谷分时电价政策，但并非强制，而是鼓励。现今居民生活用电的收费仍主要为阶梯电价，用电价格随用电量呈阶梯状逐级递增，居民峰谷分时电价目前仍然存在效果滞后、用户反应难以预测、缺乏灵活性等推广阻碍。

（4）峰谷分时电价政策与现行市场交易机制不协调

为缓解部分区域用电紧张，有效发挥电价调控功能，引导企业合理配置电量，鼓励用户用电移峰填谷，峰谷分时电价在部分区域已开始实行。然而，峰谷分时电价难以有效缓解电力供需矛盾，提高电网负载率及设备利用率。此外，在峰谷分时电价下，部分地区的用户在参与电力直接交易时，平段电价按照直接交易价格进行设定，峰谷分时电价是根据现有的峰谷比计算的，这减小了峰谷电价的差异，削弱了调峰填谷功能。总的来说，我国尚未建立起一种科学的电价转换机制，能够使峰谷分时电价与市场化交易相协调。

2.终端电价问题

（1）销售电价交叉补贴严重

销售电价中的交叉补贴问题，由于我国当前电力体制改革和政府定价的历史遗留问题，一直没有得到解决。国际上居民电价平均为工业电价的1.5倍，但我国居民电价为工业电价的85%，这种情况正是我国在长期政府定价过程中形成了较大金额的电价交叉补贴造成的。交叉补贴的是成本关系与价格关系的倒挂产生的价格结构扭曲，形成了某类用户支付的能源价格高于或低于能源供应成本，而由其他用户分担成本的现象。我国电价的交叉补贴现象可分为4类：一是各区域间的交叉补贴，即发达地区用户向欠发达地区用户提供的区域间补贴，如城市用户向农村地区用户提供的补贴；二是不同电压等级用户之间的交叉补贴，即低压用户将得到高压用户的补贴，以达到平衡电力资源的目的；三是各类用户间的交叉补贴，通常由大工业和工商业用户提供补贴，以支持当地的居民和农业用户；四是不同负载特性用户之间的交叉补贴，即高负载用户主要补贴低负载用户。高负载用户一般为大工业或工商业用户，对用电成本比较敏感，因此主要向低负载用户提供补贴。

电价交叉补贴会使得各类用户用电价格与实际供电成本发生偏离，不但会阻碍资源的优化配置，还会造成效率的降低和社会福利的损失，解决交叉补贴问题是必然要求。但由于交叉补贴涉及的电价范围广、各类交叉补贴之间存在重叠，所以交叉补贴的核算存在不小的难度，核算后的政策制定也是需要进行研究的重要问题。

（2）终端用户难以享受政策红利

很多产业园区、物业、商业综合体都存在着转供电的现象，部分转供电的主体在确定电价时并没有相关政策进行约束，出现了普遍的加价现象。由于转供电的存在，终端用户与电网层层相隔，不但无法享受到降价降费的政策红利，反而会因层层转包推高电价而使利益受损。

（3）辅助服务价格和补偿机制难以传导至终端

电力辅助服务是电力系统中的重要一环，电力辅助服务市场也在 2015 年新一轮电力体制改革中被独立出来。除此以外，虽然陆续有省市提出电力辅助服务市场的建立，但只有少数省市开展了试点，市场主体难以进入其中。多项政策都强调，电力辅助服务应当遵循"谁受益，谁付费"的原则，但各项辅助服务都没有得到合理的定价，其成本始终没有通过销售电价传导至用户侧，仍然主要由发电侧承担。

三、典型国家的电价机制设计

（一）英国

英国已经形成了发电、售电价格自主协商机制，输电价和配电价由监管机构按照价格上限管制方法进行核定，用户侧则由售电市场决定。英国电力市场的价格体系对于优化电力资源配置，提升市场主体运行效率起到了积极的作用。北爱尔兰地区离英国本土较远，电网小而独立，所以本章提到的输配电网均指英格兰与威尔士电网及苏格兰电网。

英国的电价类型分为 4 种，即趸售电价、送电电价、配电电价和零售电价。

（1）趸售电价

英国在新一轮电力市场改革中，为了鼓励可再生能源参与市场竞争，将可再生能源上网电价与市场电价挂钩。与其他传统能源一样，可再生能源也参与竞价入网，在其结清电价后，政府将针对单位上网电量给予一定的补贴，也就是所谓的电价补贴。

在这种情况下，可再生能源上网的最终电价是"市场价格＋政府补贴"。由于市场电价的不断波动，政府补贴的额度也会随之发生变化。但是，这两部分的总和以及政府直接定价模式下的上网电价，都将维持在一个相对稳定的水平。如英国分布式天然气发电的上网电价政策主要采用固定价格机制，固定上网电价机制的最初形式是政府直接明确规定可再生能源电力的上网电价。英国根据技术类型和装机规模区别价格水平规定固定电价水平。

（2）送电电价

送电电价由两部分组成：连接电价和送电线路使用电价。送电企业对接入送电线的发电公司以及配电公司分别收取接入价和引出价，这种连接电价包含了连接设备的运营和电表等费用。送电线使用电价包含了系统服务费用和基础设施费用。

输电价格采用单一制容量电价，通过峰荷责任法，按照电力用户在系统负荷高峰时段的最高用电负荷比例分摊输配电成本，容量一次性计算后按月收缴。输配电价提供了位置和时间信号：通过"点费率"法，计算不同区域的输配电价，从而为用户提供明确的位置信号。

（3）配电电价

与送电电价相似，配电电价由连接电价和配电线路使用电价组成。连接电价指的是普通用户和发电厂接入配电系统的电价，包括进线安装费、电表安装费和运行维护费。在规定参考范围内的普通用户连接，将根据使用配电线路的固定成本进行回收，参考区域以外的部分需要预付。如果费用在参考范围之内，但供电期比标准期短，也需要预先支付。对临时性供电，应预付所有的连接费，并在电力供应完成后回收该项全部资产，连接费一次性支付给发电企业。同时，配电价格采用分时电价，通过早晚电价、工作日和周末电价不同等方式，向用户提供清晰的时间信号，以有效引导他们的用电行为。其输电费用和超高压配电费用由发电厂和电力用户双方承担。

（4）零售电价

一般来说，用户的电价分成6部分，包括竞争形成的批发成本、售电成本及利润、监管机构制定的输电价格和配电价格、环境税、增值税和其他费用。英国零售电价套餐的定价模式为两部制电价和分时电价，销售电价结构包括容量费用和电量费用。英国售电公司提供的套餐合同方案以固定电价套餐和可变电价套餐为主，在每种模式下，售电公司又可以制定不同形式的电价。英国的零售电价套餐体系如图14-4所示。

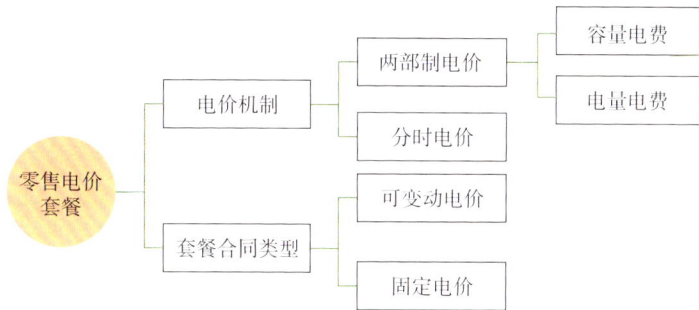

图 14-4　英国零售电价套餐

资料来源：根据英国天然气与电力办公室市场调研整理

在英国，面向商业用户的电价套餐主要有两种，即固定电价和变动电价。销售价格包括电度电价和基本电价，而不同地区售电公司根据实际情况制定不同的价格。变动电价的灵活性更高，售电公司会提前 30 天为用户提供价格信息，用户可以根据自身情况调整用电计划，并通过多种方式付款，如直接付费、预付费和信用卡支付等。用户支付的费用包括用电的电度电费和监管部门核定的设备备用费。

固定电价套餐的价格和合同期限相对稳定，除售电公司遇到不可控因素外，用户的电费按合同价格结算。封顶电价套餐则由合同双方设置一个上限价格，当实时电价上涨时，用户不必支付超过此价格的费用，而当实时电价下降时，售电公司必须降低销售电价。固定电价套餐和封顶电价套餐的用户在合约期内更换售电公司无须支付违约金。

（二）法国

欧盟推动了法国电力市场改革，旨在打破垄断，引入竞争，提供资金并占据更大份额，同时维护国家电力实力。鉴于法国国内电价较低，改革的目的是增加竞争。但由于缺乏竞争力的运营商，欧盟要求法国建立两个采购机制促进市场竞争。第一个采购机制是输电系统运营商 RTE 通过公开市场拍卖公开购买输电费用，第二个是法国电力集团（EDF）出售"虚拟发电容量"，即公开拍卖使用法国电力集团电厂的权利出售给其他市场参与者，他们再利用这些容量进行市场竞争交易。此外，法国放开了消费者选择的权利，并建立了国家适度干预的市场机制。关于市场运作的组织，法国主要采用双边合同进行电力交易。在电力市场上，上网电价基于"双轨制"，即市场价格和政府批准的管制价格。法国为满足市场需求成立了专门的电力管制机构，负责监管电力改革的执行，确保市场竞争的公平性和监管机构的权威性。

（1）上网电价

电力市场中，上网电价实行"双轨制"，即由市场形成的价格和由政府部门核定的管制价格两种并存。法国设立平衡型基金，面向所有用户收取，占电费的 6% 左右，作为法国电力集团（EDF）的收入，用于弥补居民欠费损失、绿色电力损失以及公共用电损失等。

（2）输配电价

法国电价改革后，成立了输电网管理机构，将输电从中分离出来。法国输电、配电价格由能源监管委员会制定，采用基于绩效管制模式的定价方法，根据电压等级和输电时间按照邮票法制定，与送电距离无关。输电费用由消费者负责，输电电价实行两部制，容量电价和电量电价分为冬、夏两个时间段。

（3）销售电价

法国的电价在改革前按用户容量和电压等级结合分类。首先，根据电源结构和用户需求，根据对系统容量成本和电量成本的影响程度以及用户的报装容量，对用户进行分类。其次，根据用电规模等级的变化，增加适当的负荷率因素来进行调整。最后，采用分时、分季节电价的方式，将电价分为蓝色电价、黄色电价和绿色电价 3 类。各大类又按用电条件分成若干小类别，每类用户都有多种电价可供用户选择，用户可根据自己的用电特点选择电价（见表 14-5）。

表 14-5 法国销售电价分类表

电价分类	用户容量	电压等级	时段
蓝色电价			
小用户电价	3kVA	低压	1
普通电价选择	6 ~ 36kVA	低压	1
低谷电价选择	6 ~ 36kVA	低压	2
削峰电价选择	12 ~ 36kVA	低压	4
蓝白红电价选择	18 ~ 36kVA	低压	2
黄色电价			
普通电价选择	36 ~ 250kVA	低压	4
削峰电价选择	36 ~ 250kVA	低压	4
绿色电价 A5			
普通电价选择	250 ~ 1 万 kVA	中压—高压	5

电价分类	用户容量	电压等级	时段
削峰电价选择	250 ~ 1 万 kVA	中压—高压	4
绿色电价 A8			
普通电价选择	1 ~ 1 万 kVA	中压—高压	8
削峰电价选择	1 ~ 1 万 kVA	中压—高压	6
调块电价选择	1 ~ 1 万 kVA	中压—高压	4
绿色电价 B			
普通电价选择	1 万 ~ 4 万 kVA	中压—高压	8
削峰电价选择	1 万 ~ 4 万 kVA	中压—高压	6
调块电价选择	1 万 ~ 4 万 kVA	中压—高压	4
绿色电价 C			
普通电价选择	4 万 kVA 以上	高压—超高压	8
削峰电价选择	4 万 kVA 以上	高压—超高压	6
调块电价选择	4 万 kVA 以上	高压—超高压	4

资料来源：法国环境与能源管理局（ADEME）官方网站

（三）美国

（1）上网电价

在美国，上网电价机制分为 3 种情况。第一种情况是一些地区尚未建立电力市场，仍然采用传统的集中配送模式。在这些地区，公用事业部门负责输送电力给消费者，发电价格按照成本收入确定，即以市场定价（MBR）为基础。第二种情况是在一些地区，只有电力批发市场是开放的，发电商参与电力拍卖，由市场决定批发电价，电力服务由垄断的区域公用事业公司提供。批发电价由来自市场的批发电价、输电和配电电价以及公共基金组成。第三种情况是在一些地区，批发和零售市场是完全自由化的。电力消费者可以选择不同的电力销售商，并根据不同的电价套餐购买电力。从电力零售商处购买电力的价格由批发电价、输电电价、配电电价和公共基金组成。

（2）输配电价

美国对电网公司输配电成本的监管主要是通过对电网公司输配电价格监管来实现的。主要是对电网企业采取输配电准许收入监管，根据制度规定测算电网企业的准许收入，再除以电量就得出输配电价格。电网公司准许收入要根据不同用户类别对电力系统的使用程度来进行分摊，因此，美国居民电价最高，商业电价其次，工业电价最低。

（3）销售电价

虽然美国的电价制定受政府影响和控制，但各电力公司在电价结构和电价分类上有一定自主权。一般根据用户不同分为居民用户、小用户、中等用户、大用户和其他用户。其中小用户、中等用户、大用户都属于工商业用户，根据用电容量和电压等级不同实行不同的电价。

（四）日本

日本的电力行业自1886年成立第一家电力公司——东京照明公司以来已经发展了100多年。现在，日本的电力行业采用了基于10个区域性综合发电、输电和配电公司的模式。在这种模式下，电力销售完全基于市场。与世界其他国家相比，日本的电力价格政策独具特色。

（1）上网电价

日本于2012年启动了固定上网电价制度，旨在进一步激励可再生能源的发展。

日本固定电价政策（FIT）系统里，费用分摊协调机构是其重要的组成部分，该机构由推选的协会或者公司组成，向电力公司提供补贴，补贴金额计算方式为电力公共事业公司根据特定合同采购的可再生能源电量乘采购价格。

（2）输配电价

在输配电价方面，采用"长期前向、增量成本"定价法确定输配电价。"增量成本"定价法，也称"前向成本"定价法，是由成本未来变化和边际成本来确定输配电价，以增量成本核定输配电价。"长期前向、增量成本"定价法综合考虑了技术改良、管理效率和经营水平等对增量成本变化的影响。

（3）销售电价

在销售电价方面，日本在开放售电侧后，为了保证电力稳定供应，新售电商的电价不得高于通用电力公司的管制电价。销售电价定价机制有两部电价制、三段电价制、季节电价制和特别电价制。

两部电价制：在所有电价中，除定额照明用电电价按一部电价制外，其余各类用电电价均为两部电价制电价，即容量电价加电量电价。

三段电价制：三段电价制是一种阶梯式累进电价制度，是指把户均用电量分为3个阶梯，单位电价逐步升高。第一段是生活必需用电，电量限为 $0 \sim 120kW \cdot h/$ 月，其电价最低；第二段电量限为 $121kW \cdot h/$ 月 $\sim 200kW \cdot h/$ 月，电价约为第一段、第三段电价的均值；第三段用电为 $200kW \cdot h/$ 月以上，其电价最高。

季节电价制：为了满足季节性用电高峰的需求，电力公司需要按照最大负荷需要配置发电容量、供电载流量等要素，从而扩大建设大量的发电、供电设备和线路，增加大量的前期资本投入。但是当用电负荷减小时，设备利用率将大幅度下降，出现设备超低载甚至空载运行的现象，这将导致运行和维修成本增加。根据成本为主的原则，电价上必然有所反映。

特别电价制：特别电价是一种递增电价，参照历史用电量确定各类用户的电量基准，对合同电量和用电量未超过基准电量的部分采用低电价，对超过基准电量的部分采用分段递增的高电价，新增用户则采用较高的电价。

（五）澳大利亚

自 20 世纪 90 年代开始，澳大利亚一直在积极推动电力市场改革，是全球最早的改革国家之一。在推动零售市场改革的过程中，澳大利亚鼓励市场竞争，支持各类参与者竞争，并鼓励客户选择最适合他们的电力供应商，以获得更低的电价和更好的服务质量。

（1）上网电价

澳大利亚对于小规模光伏发电项目实施"太阳能信贷（Solar Credit）"的补贴政策，即在常规电价的基础之上，再额外给予发电者一定量的补贴电价以鼓励发电者。大多数的新能源补贴政策（FIT）由可再生能源项目产生，例如家用小规模太阳能发电项目或大规模风力项目、水电项目。这种上网电价大多由政府直接支付或者由电力零售商支付。FIT 通常分为两种，一种为净 FIT，另一种为毛 FIT。净 FIT 是指扣除自用电之后的净上网电量，毛 FIT 是指生产者全部生产的电量。

（2）输配电价

在澳大利亚收入上限管制模型下，采用两部制电价。电网使用服务成本通过发电机组和用户支付的电网使用费回收。其中，发电机组负担的电网使用费采取协议方式；用户侧与位置相关部分的费用按使用程度分配，与位置无关的部分，基于合约最大容量等方式，分摊给各负荷节点。

在澳大利亚电力市场，输电服务共分为 4 类：接入服务，即为发电机连接输电网络提供的服务；接出服务，即为负荷连接输电网络提供的服务；使用服务，即输电网络提供的输电服务；公共服务，即用于维护电力系统安全的服务，公共服务的受益者是全部输电服务商，不能够按照地理位置进行分摊。相应地，输电网络的所有资产也必须分为接入服务资产、接出服务资产、使用服务资产和公共服务资产。

对于每类输电服务，分别计算该类输电服务的收入大小，然后按照优化后重置成本的大小比例确定具体每个资产的收入要求。在得到每个用户节点分摊的各类输电服务成本之后，下一步是为这些输电服务定价。表 14-6 是各类输电服务的分摊方法和定价方法。

表 14-6　各类输电服务的分摊方法和定价方法

输电服务	分摊方法	定价方法
接入服务	每个连接点分摊到的接入服务成本为所有为该连接点提供接入服务的接入服务资产的收入要求之和，这个成本应该分摊给接在该连接点上的发电机	接入价格为发电机所在节点的接入服务成本
接出服务	每个连接点分摊到的接出服务成本为所有为该连接点提供接出服务的接出服务资产的收入要求之和，这个成本应该分摊给接在该连接点上的负荷	接出价格为负荷所在节点的接出服务成本
使用服务	采用潮流跟踪法确定每个负荷节点对每个使用服务资产的使用程度。每个使用服务资产的收入要求就按照这个潮流的比例分摊到每个负荷节点。最后将某个节点分摊到的所有使用服务资产的收入要求相加，就得到该节点的使用服务收费数值	使用价格可以采用以下形式之一或全部：以负荷为基础的价格；以电量为基础的价格；固定收费
公共服务	公共服务的成本按照邮票法分摊给每个用户节点，即根据每个用户节点的年度用电量大小比例进行分摊	对于每个用户节点，采用电量价格的公共服务收费计算公式为电量价格乘结算周期内的计量电量；采用容量价格的公共服务收费计算公式为容量价格乘最大合同负荷容量

资料来源：根据澳大利亚能源市场委员会官网、学术研究和行业报告等整理

（3）销售电价

销售电价由使用期能源费和供电费组成。能源费是根据电力公司的近期边际成本确定的，包括发电和输电成本。供电费则是根据各州的配电费制定的。零售电价由各州价格主管部门根据本州的情况进行调控。澳大利亚实行峰谷分时电价，对于不同用户在不同时间采用不同的价格，以应对国内居民用电低于成本价、较小的用户用电高于成本、较大的工业用户用电低于成本、商业及其他中小型用户用电又高于成本的情况。

（4）零售电价套餐

澳大利亚典型电价套餐主要包括零售电价套餐、太阳能电力套餐、绿色能源套餐。其中，零售电价套餐的具体分类如表 14-7 所示。

表 14-7　零售电价套餐具体分类

套餐类型	具体分类
灵活电价套餐	灵活电价套餐以季节维度分为夏季用电和非季节用电；依据用电时间的不同，将工作日用电及周末用电划分峰段、平段与谷段 3 个档次
需求电价套餐	需求电价套餐以季节维度分为夏季用电和非夏季用电，并依据用电时段将用电负荷分为两大类：工作日 15:00—21:00、其余时段
分时电价套餐	分时电价套餐依据用电时段将用户用电负荷分为两部分：工作日 7:00—23:00 和其余时段
单一费率电价套餐	单一费率电价套餐基于电量维度，以 91 天为 1 个周期，将用户用电量分为两部分：前 1020 千瓦时和剩余电量
两费率电价套餐	两费率电价套餐与单一费率电价套餐相似，其主要区别在于用户是否有受控负荷。如蓄热式热水器、蓄热式锅炉等

资料来源：根据澳大利亚能源市场委员会发布的"零售电价规划"整理

（六）国外电价设计对我国的借鉴

根据英国、法国、日本、澳大利亚和美国的经验，电力产业的特殊性使得各国政府采取了不同的规制措施来调节电价。尽管各国的电力产业模式不同，但它们在电价规制的内容和方法上也存在许多相似之处。这些共同点揭示了一个趋势，即通过政府规制与市场运行机制相结合，更好地发展本国电力产业，努力降低电价，达到社会福利和经济利益的最佳结合。通过对五国电价机制设计的措施和经验，总结出值得我国借鉴的以下几方面：

1. 电力市场化改革更加重视实现效率和清洁能源发展的双重目标

为了应对全球气候变化，各国已逐步将电力市场建设和完善的重点转向促进清洁能源发展。从体制上看，各国没有大的调整，强制性的拆分已不是电力市场改革的重点。从机制上看，建立和完善促进清洁能源发展的电力市场机制成为重心，如澳大利亚的 10 年规划、日本的绿色能源配额制以及英国低碳能源发展下的电力市场新机制。各国也在研究引入新的市场产品和定价机制来促进清洁能源的发展。我国在新能源和可再生能源方面研究较少，因此在新形势下，我国应逐步建立促进可再生能源发展的电力市场机制。

2. 在发电侧和售电侧引入竞争机制

在发电和售电领域引入竞争机制，极大地调动了企业生产的积极性。通过竞争激发企业活力，促进企业经营理念的转变，提高生产效率，推进电价改革的不断进步。电力工业改革的成败关键在于企业的潜力挖掘和成本降低，而非政府的财政补贴和电价提高。各国政府对于能源发展基本上不采取财政补贴的方法，原先对电力行业少量的交叉补贴，也随着改革进程逐步取消，使电力改革始终处于良性循环中。推动企业走向市场、实行配售分离、提高企业竞争力、降低经营成本，是确保执行国家电力发展规划、电价改革目标和能源政策的有效途径。同时，引入私人股份也有利于企业更具竞争力。各国电价改革经验为中国电力改革提供了宝贵经验，可以借鉴企业改革的成功方式，推进电力和电价改革。例如，澳大利亚的竞争市场模式、英国的市场化改革和日本的绿色能源配额制等，都是值得借鉴的成功案例。

3. 透明的监管体系和完备的规章制度

为了推进电力改革，各国都制定了专门的法律，或修改了原有的电力法，以适应新时代改革的需要。然而，政府机构、电力公司和消费者等众多主体的利益难以协调。因此，每个国家都设立了专门的电力监管机构，负责监管发电和价格。在电价方面，每个国家政府的价格部门都对价格进行相对严格的控制。一旦确定了价格，就要立即生效，并且要事先考虑未来几年可能的涨价或降价计划。监管机构拥有一定的法律权力，如果发现有违反电力部门改革和电价改革的行为，会进行经济甚至司法制裁，从而保证了监管机构的权威，确保了改革的顺利实施。各国政府在推进零售市场改革时，也鼓励竞争性的市场参与者，并鼓励客户自主选择电力供应商，以获得更低的电价和更好的服务质量。这些做法为已经进行电力改革的国家提供了宝贵的经验，使电力改革始终处于良性循环之中。立法是改革的基础，规章制度完备帮助改革顺利进行。

4. 考虑差异需求，增强用户导向

加快落实分时电价政策，建立尖峰电价机制，引导用户错峰用电、削峰填谷，做好市场交易与分时电价政策的衔接。不同用户的用电时段、用电模式等具有差异性，因此，要深入分析用户的负荷特性和用电行为，基于澳大利亚售电侧市场电价套餐的经验，结合我国售电侧推进改革的形式，未来售电主体在制定电价时应针对不同类型的用户提出多样化的电价形式，增强用户的可选择性，以吸引和保留用户。同时要把握市场变化，更新电价套餐。售电侧市场改革逐步深入，由于政策等影响因素的存在，不同用户的用电方式发生改变，之前选择的电价形式不再具有实用性和适用性。因此，对于售电主体而言，要及时把握市场变化，依据售电侧市场开放的不同阶段设计不同的零售电价体系。

5. 全面推进电力市场建设

有序放开各类发电计划，健全电力市场体系，加快培育合格售电主体，丰富中长期交易品种，加快建设电力现货市场，加强辅助服务市场建设，探索建立市场化容量补偿机制。研究建立促进新能源消纳的市场机制，加快构建全国统一电力市场，完善辅助服务市场，引导抽水蓄能、储能、可中断负荷等参与系统调节。在发用两端均建立起"能跌能涨"的市场化电价机制，推动电力中长期交易市场、现货市场、辅助服务市场、容量市场等各类市场建设，也有利于电力体制其他专项改革加速推进。

四、新型电力系统下电价机制设计

（一）电价机制设计原则

1. 上网电价

上网电价的制定需要满足以下原则。

（1）商品原则

所谓商品原则就是将电能作为商品，按照价值规律要求，在价格中体现电力成本和合理利润，使价格和价值相符。

（2）适度调控原则

由于电力行业存在自然垄断现象，必须进行独占性公用事业管理。如果不这样做，可能会市场垄断伤害消费者利益，监管机构应消除垄断和超额利润，保护消费者权益。适度调控原则是为防止这种情况出现而产生的原则。

（3）平等分摊原则

为了实现平等分摊的原则，在电力系统内部的每个环节都应该根据其特性和作用采取相应的定价策略。

（4）方便易用原则

在制定电价政策时，应考虑保持电价的稳定性，避免出现大幅度的波动，从而提供电力系统各方面的可预见性和稳定性。此外，电价分类和结构应该简单明了，以便于各个环节主体的便捷计量和收费，有助于提高电力市场的透明度和效率，进而促进电力市场的健康发展。

2. 输配电价

因为输配电网络具有自然垄断特征，即在某一区域内仅有一家或少数几家公司能够提供输配电服务，所以政府应该对其价格进行监管。其基本原则如下。

（1）公平、公正、公开

为了保障电力市场的公平竞争和有效运营，应不偏袒任何市场参与者，不将任何环节的运营成本转嫁给其他方，为了促进电力市场的健康发展，需要采取措施来减少对发电和零售方的干扰。这可以通过维持合理的收益水平来实现，同时确保各方能够高效地利用电网。

（2）合理回报

在制定电网价格时，应确保准确反映生产成本，同时给予电网企业合理回报保障发展。制定价格时，应考虑投资成本回收激励投资者，适当超前发展以满足未来需求。兼顾各方利益，确保电网建设持续稳定发展。

（3）显现市场供需

在设计电网输配电价时，需要考虑供求规律和经济信息，以及电源和负荷布局对成本的影响。电厂和用户应该共同分担电网费用，通过基于使用情况的付费方式来减少整个系统的生产成本。

（4）易用实效

简单、实用并具有可操作性的因素应被考虑在电力市场的发展中。输配电价的相对稳定性有助于发电商做出长期决策。电价的设置应进行分阶段、稳步过渡。在购电市场模式下，输配电价应独立且无接网价；而在直接向大客户出售电力并进行批发竞争的市场模式下，输配电价应根据不同购电户采用的电力采购方式支付不同的费用。

3. 销售电价

制定销售电价的基本原则如下。

（1）公平负担、等价交换原则

制定销售电价的原则是坚持公平负担，有效调节电力需求，兼顾公共政策目标，并建立与上网电价联动的机制。

（2）体现市场导向原则

销售电价的制定应以市场为导向，并使得售电公司具有一定的合理收益，同时在一定程度上能够促进用户合理用电与合理利用资源。体现市场导向原则，同时坚持保持居民、农业、公益性事业用电价格稳定，即居民、农业、公益性事业用电仍然是由电网企业保障供应，继续执行目前价格水平不变。

（二）上网电价机制设计

上网电价价格形成机制受多种因素的影响，发电方式是影响电价成本的主要部分。但上网电价除了受发电方式的类型影响外，也受其所处多级电力市场的市场类型影响。随着辅助服务市场的开启运行，各类电力辅助服务的成本应当传导至电力系统的各个环节，也应当通过上网电价来向用户端进行成本传导。

1. 丰富和耦合电力市场体系以及交易品种

建设并运行好现货市场，为电力市场体系更高效更协调打基础。统筹协调电力市场体系内部关系，关键在于建设并运行好现货市场。省级电力市场体系建设初期或过渡期，协调管理省内外电力市场之间的关系，同时探索电力市场与其他权益市场的衔接。

为了保持和提高外来电力电量权重，需要协调省内外电力市场之间的关系。这包括规范建设省间电力市场，支持国家电力监管部门统筹部署，以现有调度范围和职能为边界，进一步推进电力交易中心独立规范运行。同时需要协调省间与省级电力市场关系，具有省间中长期优先发电合同和中长期市场化交易合同的外来发电企业，可以通过约定交易曲线、认可现货和中长期交易用市场出清价格作为结算依据等方式，成为电力市场的参与主体。此外，还需要探索电力市场与相关权益市场衔接，如电力交易与用能权交易、碳排放权交易等，以优化电力商品价值。

2. 完善电力现货市场的调整价格核心功能和商业化运营

为了形成灵活的市场价格和调整功能，需要完善电力现货市场的调整价格核心功能。具体来说，加强市场调整价格的灵活性，增加和延长试运行频次和周期，同时提高市场价格的透明度和公正性。此外，还需要加快电力现货市场的商业化运营进程，推动市场服务功能的完善和提高，在市场规模、品种、交易方式等方面逐步拓宽，争取尽快实现商业化运营。

3. 完善电价机制，提高电价监测预警和预期管理的效能和系统性

为了确保电价总体水平在合理范围内运行，必须改进市场和政府定价的电价机制。具体措施包括加强电价政策的制定、实施和监督，建立完备的电价测算、分析和管控模型体系，提高电价监测预警和预期管理的效能和系统性。同时，还需要加强电价政策制定的透明度和公正性，保证政策的可操作性和实施效果，从而实现电价调控的双向平衡。

4. 健全促进可再生能源规模化发展的价格机制

完善风电、太阳能发电等新能源发电上网电价支持政策，持续深化水电价格形成机制改革，是推动可再生能源高质量发展的重要支撑。实行"两部制＋气电价格联动"模式，以推进气电上网电价的发展。同时，强调天然气发电在化石能源向清洁能源转型中扮演着重要角色，因为其投资成本低，运行灵活，能够作为清洁低碳能源转型的

桥梁和电源发展的支撑。

在电力供给侧，为进一步发挥市场价格信号在"双碳"目标实现中的作用，《中共中央 国务院关于完整准确全面贯彻新发展理念做好碳达峰碳中和工作的意见》《国务院关于印发2030年前碳达峰行动方案的通知》做出整体部署，提出要深化能源体制机制改革，完善电力等能源品种价格市场化形成机制，推进煤炭、油气等市场化改革，加快完善能源统一市场，全面推进电力市场化改革，完善中长期市场、现货市场和辅助服务市场衔接机制，扩大市场化交易规模，全面放开竞争性环节电价。

（三）输配电价机制设计

输配电价是电力市场改革的关键，在新电改"放开两头，管住中间"的核心思想下，输配电价改革以"准许成本＋合理收益"为原则，合理确定电网输配电价，并分电压、分用户类别核算输配电成本。虽然我国输配电价改革试点已经取得了一些成效和经验，但仍存在尚未解决的问题，而且随着电力交易市场化的深入和市场模式选择不同，输配电价还有待改进。

1. 优化价格结构，提高定价成本管理精细化

建议优化电网企业的职能和资产归属，以解决我国电力网络广泛而复杂的范围问题。部分输电网络的功能定位和服务对象划分不够明确，这可能会引发成本回收方面的争议。同时优化输配电网的功能，按照功能定位和服务对象进行合理的价格分配，并结合资产权责归属进行成本回收的合理分配。

2. 完善监管机制，实施动态核定

我国现阶段按照"准许成本＋合理收益"的办法核定输配电价，属于较为传统的政府管制定价方法。目前发达国家已经很少采用，原因是这种机制难以判断电网投资的合理性，容易使电网企业产生投资冲动，且极大增加了政府的管制成本。因此建议从投资审批、评估标准等方面改进对垄断电网企业的管制方式，以促进其规范管理，降低成本，提高监管效率。随着监管部门的监管经验和能力水平的提升，逐步缩短监管周期，动态核定输配电价。

3. 调整电价权限，激励与约束相结合

为了合理确定电网输配电价，须制定适用于各地区的电网定价的办法，并且整合当地发展方面的期望以及当地电网实际建设情况。此外，为确保定价合理，还需出台相应的监管办法，如：对过程监管的激励以及约束再加强，并建立合适合理的奖惩机制供全国借鉴。在以上政策的基础上，设置专用的电网接入费用，以补贴电厂或着

用户在接入电网时所产生的成本以及其他费用，其中包括专用连接线路和与电网相匹配而设置的设备等。这些措施的实施将有利于推进电网建设和升级，提高电力供应的可靠性和安全性，增强电力市场竞争力，促进经济发展和社会进步。同时，这也将为全国其他地区提供借鉴，促进电力行业的全面发展。

（四）销售电价机制设计

1. 完善大工业用户分时电价机制

为了进一步完善电力市场，需要在峰谷电价机制、尖峰电价机制、季节性电价机制、丰枯电价机制以及分时电价机制等方面建立更为完善的电价机制。在制定这些机制时，需要充分考虑当地的电力供需情况、用电负荷特性、新能源装机比例以及系统调节能力等因素，并采用科学的方式来划分和设置这些机制，以确保其科学合理性和可操作性。此外，还需要明确各机制的执行范围，并建立适应市场变化的动态调整机制，同时还需要完善市场化电力用户的执行方式，以提高市场竞争力和效率。

2. 优化工商业两部制电价机制

工商业用户耗能占比大，两部制电价的优化问题也更加复杂，在用电类别归并过程中，可以尝试按电压等级、用电容量或单位容量用电量（即利用小时数）进行分档定价。为了实现短期内电力用户福利的最大化和电网公司全成本回收之间的平衡，建立双轨制电价优化过程是必要的。该过程的目标是提高短期社会整体福利，以最小化用户的整体平均电价为目标，在舍弃主观满意度变量的前提下实现电力消费者福利的最大化。并且在我国目前经济形势下，从全社会生产者和消费者角度出发，实施降价减负政策可以进行福利调整，而对于输配电环节的监审政策，可以确保电网公司输配电全成本得到回收，并形成电网公司新增收益不为负的约束条件。

3. 加强农业生产用电价格管理

（1）创新宣传方式，加强农业用电价格监督

创新宣传方式，广泛解读农业生产转供电环节电价政策，要及时将政策送达各县行政村村民委员会，配合做好送政策入村到户相关工作。

（2）申请农业生产用电分时电价

广大农业生产经营主体还可以根据自身的用电特点，申请执行农业生产用电分时电价（峰谷电）政策，以进一步降低农业生产用电成本。

（3）减少农业排灌电价交叉补贴

消解排灌电价交叉补贴的方式包括总量消解和调整补偿两个方面。总量消解是指直接调整优化排灌电价形成机制和排灌电价管理方式。调整补偿是指对于需要调整补偿的部分，采取稳定补偿来源、优化补偿方式的措施，提高补偿机制的透明性和效率性。

（4）完善农业生产排灌阶梯电价

设置第一阶梯电量及电价，也被称为"生命线电价"，以覆盖绝大多数排灌用户的户均用电量。设置第二阶梯，为了促进高耗电居民节约用电。设置第三级及以上阶梯，用于补偿第一阶梯用户没有承担的供电成本、环保成本等。

（5）试点建立服务基金实现调整补偿

建立电力服务基金是实现有效补偿最为可行的方式。服务基金由政府管理，基金运作独立于任何电力企业，基金的收缴、补贴制度将由专门的法律法规确定，管理制度公开、方法公开，资金来源流向公开。

4.完善居民阶梯电价

（1）加强阶梯电价政策的宣传力度

让居民充分了解政策，才能真正实现政策的目标，惠及大众。让居民用户更深入地了解阶梯电价政策，对阶梯电价政策更加认可，让居民逐渐认识到实施阶梯电价所发挥的积极作用，如保护生态环境等。

（2）构建阶梯电价的动态调整机制

完善居民阶梯电价。对现有居民阶梯电价进行完善优化，让第三档电价提供足够多的交叉补贴资金来源，进而缓解电网公司补贴压力。

（3）确保阶梯电价的政策落实

第一，加快"一户一表"改造。政府需要推动"一表一户"改造工程的进展，出台相应鼓励政策。第二，妥善解决"一户多人口"的问题。加强调查研究，适当提高基础用电量。第三，将电量电费补贴纳入财政补贴范围。政府负责补贴低保户和五保户，其中也包括了电量电费补贴。第四，积极推行峰谷分时电价。建议阶梯电价与峰谷分时电价相结合，适当反映供求关系。

五、政策建议

（一）居民电价应尽可能反映供电成本和用电效率

调整阶梯电价政策，以合理反映电力供应成本。为了优化3个阶梯的电量划分，需要考虑到用户的实际需求和用电习惯，同时也要考虑到电力供应商的成本和收益。

建议将第一梯度的电价定为相对较低的价格水平，这样可以激励用户节约用电，并且需要适当控制电网成本。建议将第二梯度的电价定为让电网企业获得合理收益的水平，以确保电力供应商的利益。对于第三阶梯电价，建议适当反映资源稀缺情况，以激励用户节约用电，并保证资源的合理利用。此外，还应考虑峰谷分时电价，以反映供求关系。建议增加峰时电价，以鼓励用户在高峰期尽量避免使用电力，同时也可以减轻电力供应商在高峰期的压力。总之，调整阶梯电价政策可以更好地区分不同用电需求，同时控制电网成本并适当补偿环境损害成本。最后，调整居民电价和工商业电价水平，尽可能降低交叉补贴。

（二）市场化电价既要放得开也要管得好

为了确立一种能够涨跌自如的市场化电价机制，政府需要在监管层面采取更多的措施。政府应该积极打击市场上的各种不正当行为，这些行为可能包括价格垄断、欺诈、虚假宣传等。政府应该通过制定严格的法规和监管机制来确保市场的公平和透明，保护消费者的权益。同时，政府应该为电力企业提供指导和支持，帮助它们考虑如何实现全面的经营效益。这可能包括提高效率、降低成本、改善服务等方面。通过这些努力，电力企业可以更好地满足客户的需求，提高市场竞争力。政府还应该推进分时电价政策，这可以鼓励用户在高峰期间减少用电量，从而减轻电力系统的压力。此外，政府还可以通过宣传和教育等方式，引导用户错峰用电，提高用电效率，减少浪费。推动电力市场化改革迫在眉睫。"市场煤"与"计划电"价格不协调导致的弊端，终究要找一个化解的办法。

（三）推进新能源上网电价机制改革

当前，可再生能源发电已经成为全球能源转型的重要方向，但这种绿色能源的发展仍然面临着一系列问题。其中之一就是可再生能源电价较高，给社会经济带来一定成本压力。因此，不能轻易上调可再生能源电价附加。为了解决这一问题，应该采取科技创新的方法，全力推进技术进步，提高可再生能源的发电效率和降低成本。在政策制定上，应该将更多的补贴资金用于技术研发和升级，而不是仅仅用于建设环节。这样可以更好地促进可再生能源技术的创新和发展。在技术方面，应该进一步明确所有增量的风电、光伏和其他新能源项目的安全性和电网友好性等相关技术要求，以确保可再生能源的稳定供应和可靠性。对于规模已经超大、技术趋近成熟的新能源项目，必须尽快接受电力市场的考验，在公平竞争中进一步成长。此外，需要研究出补贴退坡和平价上网规划，以确保可再生能源的市场化和长期可持续发展。同时，还可以将节约出来一定比例的补贴资金用于鼓励企业技术改造和提高资源利用率，特别是对于已有的 4.1 亿千瓦存量风电和光伏机组。这样可以提高可再生能源的利用效率和经济效益，降低社会经济成本，推动可再生能源向更广泛的应用领域发展。

（四）推动电网企业合理控制成本

为了控制成本并提高成本效益，电力企业需要采取一系列措施。首先，企业需要增强成本约束，加强成本核算和控制，避免不必要的浪费和支出。其次，企业需要提高效率，通过技术创新、流程改进等方式，提高生产效率和运营效率。此外，还需要引入激励机制，通过激励员工的积极性和创造性，来推动企业的发展和进步。在输配电价改革的背景下，电力企业还应该评估项目的经济性和必要性。对于一些高成本、低效益的项目，企业需要进行深入的分析和评估，以免造成不必要的浪费和损失。同时，企业需要适应新形势的要求，不断调整自身的发展战略和管理模式，以适应市场的需求和变化。电力企业需要充分利用先进的管理会计手段，如成本管理、预算管理和绩效考核，以避免处于保本状态、失去自主性并且无法利用利润扩大再生产，特别是在成本大幅减少或核价规则与现行财税规则不一致的情况下，以此来合理控制成本并提高成本效益。通过建立科学的成本管理体系和完善的绩效考核机制，企业可以更好地管理成本，提高效率和效益，实现可持续发展。

（五）优化电价体系结构

我国能源转型将加速推进，因为"双碳"目标将促进未来需求侧引入更多的新业态设施和技术，以实现精准响应和绿色响应，推动电气化的高水平发展。

同时，为了实现这个目标，优化和调整销售电价体系结构也是非常重要的，需要赋予自主合理调整销售电价的权限，以解决销售电价倒挂、峰谷电价长时间未调整、交叉补贴等问题。为此，需要完善工商业电价体系，回归以成本为导向的电价体系结构，优化和完善分时电价机制，建立峰谷电价动态调整机制，以提高电力系统整体效率并激励用户侧自觉错峰避峰。此外，交叉补贴问题全国已有部分地区在研究，若能明确交叉补贴标准，也可以逐步还原电力商品的属性，理顺缓解地区间的电价交叉补贴问题。

第 15 章
碳市场 [*]

---

[*] 本章主要执笔人为北京理工大学王科、卢梅、吕晨，中国矿业大学（北京）玄婉玥，壳牌集团战略部乔治奥·波尼亚斯，课题组其他成员参与了讨论和修改。

本章要点

力争 2030 年前实现碳达峰、努力争取 2060 年前实现碳中和，是党中央经过深思熟虑做出的重大战略决策。中国电力部门的二氧化碳排放量占全国总排放量的 50% 以上[①]，电力部门有效控制和减少二氧化碳排放对于中国实现"双碳"目标至关重要。现阶段中国电力生产量中火电占主导，2020 年占比为 69%[②]，电源结构亟待优化。全国碳市场是倒逼电源结构优化，提高发电效率，促进电力低碳发展的重要抓手。全国碳市场发电行业碳交易机制的合理设计是碳市场平稳运行，实现发电行业有效减排的保障。一方面，电力行业是全国碳市场的一部分，碳市场整体机制的合理设计是促进电力行业低碳发展的前提条件；另一方面，电力市场改革持续推进、可再生能源发电占比需要提高，理应在碳市场机制设计中更多考虑电力行业实际情况，做出有利于电力低碳发展的制度安排。初期只纳入发电行业的全国碳市场基本上延续了"五省两市"试点碳市场的表现。碳价水平在世界主要碳市场中处于较低水平，2021 年交易换手率只有 3% 左右[③]，与欧盟碳市场同期 417% 的换手率相去甚远，全国碳市场的市场活跃度有待提高。

全球达成了以市场手段降低碳排放的共识，世界范围内的碳市场逐渐显现出连接趋势。中国需要一个繁荣的碳市场将碳减排成本显性化，化解可能出现的绿色贸易壁垒，提升气候治理的国际话语权与全球碳定价的话语权。中国碳市场对促进二氧化碳减排及减排成本降低的作用有较大提升空间。当前试点地区碳排放总量的抑制及碳强度的改善仍归功于传统的行政政策。不断完善中国碳市场机制设计，加强碳市场与传统行政政策的协调有利于中国碳减排成本的显性化。全国碳市场应继续完善配额分配方法、碳价稳定机制、配额抵消机制、监督惩罚机制等机制设计，形成稳定的低碳投资激励，加速减排目标的实现。全国碳市场应加强与 CCUS 减排项目的联动，加速 CCUS 技术进步。

应加快扩充全国碳市场覆盖行业，以完善优化碳市场企业层面二氧化碳排放量核算方法为抓手，促进绿电市场、绿证市场与碳市场的衔接，从而促进绿电消费和绿证市场活跃度，促进分布式可再生能源发展，从需求侧出发打破省间壁垒，倒逼跨省和跨区可再生能源电力调度机制的发展，加快全国统一电力市场体系的建设。

[①] 根据 CEADs 数据库公布数据计算 2019 年中国电力行业二氧化碳排放量 5626.1 兆吨，2019 年全国总二氧化碳排放量 10881.7 兆吨，计算可得 2019 年电力行业二氧化碳排放占比 51.7%。

[②] 根据《中国能源统计年鉴》发布的 2020 年中国火电生产量 53302.5 亿千瓦每小时，电力生产量 77790.6 亿千瓦每小时计算所得。

[③] 作者通过计算交易量与配额量之比得到换手率。

一、碳市场在促进碳减排上的优势

（一）降低减排成本

碳市场通过设定排放量的上限可以明确经济体的最大排放量。在规则合理且稳定的情况下，碳市场能够以极高的确定性实现既定减排目标。通过设定逐渐紧缩的排放限额，碳市场提供了稳定可信的长期减排政策信号以及减排目标，从而塑造了稳定的市场预期并为长期低碳投资以及低碳技术创新提供激励。碳市场利用市场的配置功能，以尽可能低的经济成本实现既定水平的减排量。持有者对具有稀缺性的排放配额进行交易产生了碳价，各类主体依据碳价水平做出反应，减排成本更低的企业倾向于减排更多并将盈余的配额售出，减排成本较高的企业减排更少并在需要时购买配额。这就导致了减排努力在各个主体之间的有效分配，整个系统总的减排成本最低。当监管机构缺乏企业实际减排潜力和减排成本信息时，相比于其他政策工具，碳市场尤其有利。

（二）提升制度灵活性

碳市场框架采用一系列机制设计允许参与者决定何时何地投资或减排，这一灵活性降低了系统整体的减排成本。配额存贷机制提供了企业减排时间上的灵活性。如果预计未来的减排成本会更高，企业可以将配额存储起来以备日后使用，反之也可以向未来"借来"配额。配置抵消机制如清洁发展机制可以提供减排地点的灵活性。抵消机制允许经过认证的碳市场范围体系之外进行的减排成为企业减排的替代，进一步降低减排成本。然而，由于不受限制的抵消对碳市场的完整性造成威胁，各碳市场通常限制配额抵消的数量和质量。此外，碳市场由于提供了动态的价格信号，具有适应广泛经济波动的优点，可以将其视为逆经济周期调节工具。当经济放缓时，低于预期水平的经济产出会降低对配额的需求导致碳价下降，从而降低经济负担。当经济快速增长时碳价上升，确保在经济强劲时实现更多减排。

（三）促进技术创新

一个经济体能源效率、生产力水平和技术水平的不断提升可以持续推动社会总体碳强度的不断下降，促进低碳发展。碳市场有利于促进碳排放与经济增长脱钩，转变碳密集型的粗放发展路径，技术创新与应用在其中发挥关键作用。碳市场通过价格信号为低碳生产和低碳技术创新提供激励。在技术创新的过程链上，碳市场在低碳技术从实验室的基础研究到成熟的商品市场发展过程中起到积极的推动作用，在靠近终端市场的阶段中碳市场对创新的促进作用更加明显，由于基础技术已经存在，适度的碳价水平足以诱导此类创新产生。而在距离终端市场较远的创新步骤中，投资者通过专利申请实现技术创新的商业利益，碳市场通过促进专利发明促进创新过程。图 15-1 展示了碳市场对于技术创新链条的影响，碳市场主要在促进低碳技术的工艺创新，加速低碳技术的市场成熟以及促进低碳技术专利申请方面发力。在低碳技术应用方面，碳价信号使得新兴的低碳技术更具竞争力，进而刺激对已被证明有效的节能产品的投资。

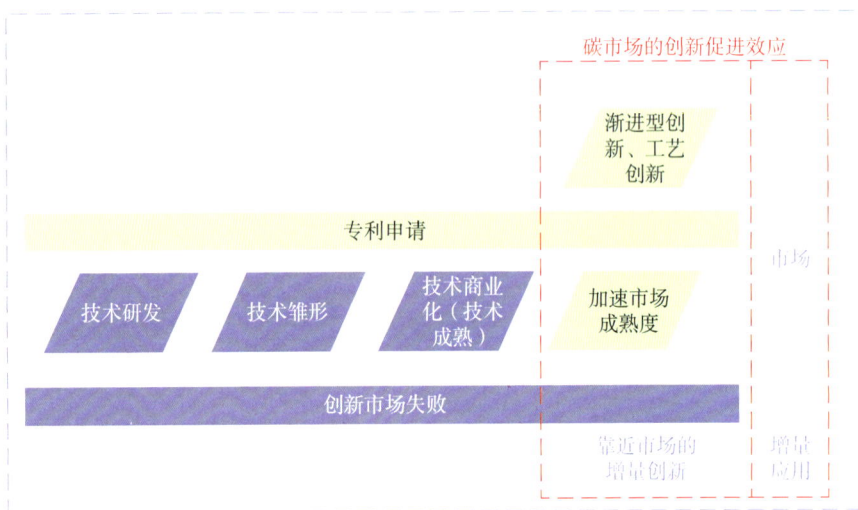

图 15-1　碳市场创新促进机制

资料来源：Benefits of Emissions Trading（ICAP，2018）

二、全国碳市场情况

2013 年 11 月，《中共中央关于全面深化改革若干重大问题的决定》指出要使市场在资源配置中起决定性作用，奠定了碳市场在限制碳排放领域的重要地位。2021 年 10 月，《中共中央 国务院关于完整准确全面贯彻新发展理念做好碳达峰碳中和工作的意见》公布，提出实现"双碳"目标需要政府和市场两手发力，发挥市场机制作用，形成有效激励约束机制，进一步明确全国碳市场是利用市场机制促进"双碳"目标实现的重要政策工具。

发电行业作为首批纳入的行业，是全国碳市场建设的突破口和主力军。全国碳市场在给发电企业发展带来新挑战的同时，也为燃煤发电效率提高，实现低碳可持续发展带来新的机遇。2021 年 10 月，《国家发展改革委关于进一步深化燃煤发电上网电价市场化改革的通知》印发，电力市场化改革又迈出重要一步。2022 年 1 月，《国家发展改革委 国家能源局关于加快建设全国统一电力市场体系的指导意见》印发，标志着中国全国统一电力市场建设进入了全新的阶段。伴随电力市场化改革的持续推进，碳市场应持续优化机制设计，以期促进中国低碳电力系统的发展。

（一）全国碳市场机制设计

全国碳市场将 2225 家 2013—2019 年任 一年排放达到 2.6 万吨 [①] 二氧化碳当量（综合能源消费量约 1 万吨标准煤）的发电企业纳入管理，且纳入全国碳市场的企业不再参与地方碳市场。作为一个处于启动初期的碳市场，全国碳市场的各项机制设计还在不断完善中。

1. 配额总量确定与分配

配额总量与分配方案由生态环境部综合考虑经济增长、产业结构调整、能源结构优化、大气污染物排放协同控制等因素统一制定，省级生态环境主管部门根据生态环境部制定的分配方案及各行业碳排放基准值向本行政区域内的企业分配配额。中国的全国碳市场采用绩效标准交易设计，企业所分得的配额总量随着产出的变化而变化，这种分配方式更有利于实现碳排放强度的降低。现行电力行业碳排放基准值根据不同机组类别确定为 4 类，相同机组类别内使用相同的基准值。

2. 配额交易与抵消

全国碳市场的交易产品为碳排放配额，现阶段全国碳市场主要采取基于配额免费分配的现货交易。但是根据《碳排放权交易管理办法（试行）》，生态环境部可以适量增加其他交易产品。交易主体为重点排放单位及符合国家有关交易规则的机构和个人。虽然《碳排放权交易管理办法（试行）》提及交易机构应采取有效措施防止过度投机的交易行为，但是全国碳市场现阶段没有出台配额价格稳定机制及配额存储机制。重点排放单位每年可以使用不超过应清缴碳排放配额 5% 的国家核证自愿减排量（CCER）抵消碳排放配额的清缴。

3. 排放核查与配额清缴

重点排放单位应根据生态环境部制定的温室气体排放核算与报告技术规范，编制该单位上一年度的温室气体排放报告，并报生产经营场所所在地的省级生态环境主

---

① 见《2019—2020 年全国碳排放权交易配额总量设定与分配实施方案（发电行业）》。

管部门。排放报告所涉数据的原始记录和管理台账应至少保存 5 年。省级生态环境主管部门组织第三方核查机构开展对重点排放单位温室气体排放报告进行核查，第三方核查机构对提交的核查结果的真实性、完整性和准确性负责。

4. 监督管理与处罚

市级以上地方生态环境主管部门根据对重点排放单位温室气体排放报告的核查结果，确定监督检查重点和频次，且采取"双随机、一公开"的方式监督检查重点排放单位温室气体排放和配额清缴情况，相关情况报生态环境部。重点排放单位虚报、瞒报排放量或拒绝履行温室气体排放报告义务的，由其生产经营场所所在地市级以上生态环境主管部门责令限期改正，并处 1 万元以上 3 万元以下的罚款。对虚报、瞒报部分，等量核减其下一年度碳排放配额。未按时足额清缴碳排放配额的，处 2 万元以上 3 万元以下罚款。

（二）全国碳市场运行情况

2017 年底，全国碳市场完成总体设计并正式启动。2021 年 7 月 16 日，全国碳市场正式启动上线交易，首先纳入发电行业。截至 2021 年 12 月 31 日，全国碳市场累计完成了 1.79 亿吨线上配额交易量，达成线上交易额 76.61 亿元[①]。然而相较于整个履约期 45 亿吨的配额总量，全国碳市场 2021 年的交易换手率只有 3.98% 左右[②]，与欧盟碳市场 2021 年同期的换手率相去甚远。

1. 全国碳市场碳价水平较全球主要碳市场较低

开市以来，碳市场价格与交易量都处于较低水平，但在临近履约期时，交易量大幅增加的同时，碳价水平也有了一定的提升。总体来看，全国碳市场一定程度上延续了"五省两市"试点碳市场的表现。全国碳市场碳价水平在世界主要碳市场中处于较低水平（见图 15-2），较低的碳价意味着碳市场无法对企业形成有效碳减排激励，不利于发动企业参与低碳投资与低碳技术创新。

2. 交易量在临近履约截止日期时激增

全国碳市场的日交易量在开市初期维持在较低水平，大多在 50 万吨以内，但从 2021 年 10 月开始，日交易量逐步上升。2021 年 11 月和 12 月，日交易量大多在 500 万 ~ 1000 万吨，远超其他月份。全年最大日交易量出现在 12 月 16 日，达 2048 万吨（见图 15-3）。整体来看，全国的交易量集中在履约期前，市场成熟程度有待提升。

① 数据来源：《全国碳排放权交易市场第一个履约周期报告》。
② 数据来源：作者计算。

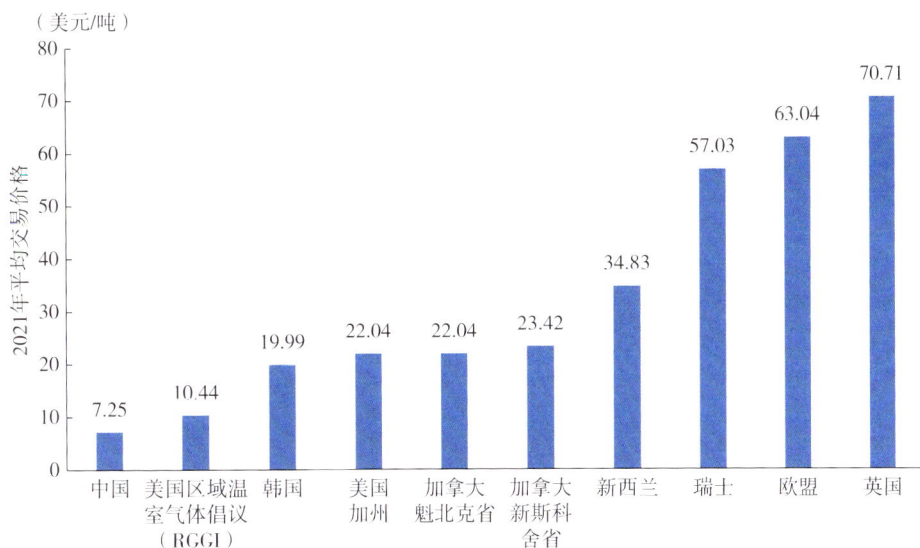

（美元/吨）

图 15-2　全球主要碳市场 2021 年碳价比较

资料来源：Allowance Price Explorer

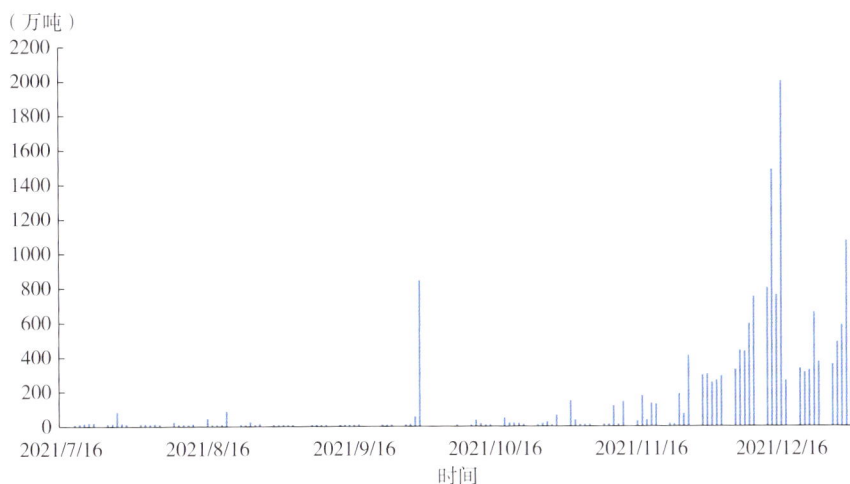

（万吨）

图 15-3　全国碳市场 2021 年日交易量分布

资料来源：作者自绘

3. 全国碳市场价格比较平稳

在 2021 年 7 月 16 日开市首日，碳市场的日成交均价为 51.2 元 / 吨。随后日成交均价经历一段震荡期，于 2021 年 7 月 28 日降低至 41.9 元 / 吨，随后反弹。从 8 月中旬开始缓慢下降，并在 9—11 月初基本稳定在 40 元 / 吨左右。12 月中旬履约期即将到来之际，碳价急剧上升，一直持续到年末。整体来看，全国碳市场的日成交均价在 40 ～ 60 元 / 吨范围内波动，基本保持平稳（见图 15-4）。

图 15-4　全国碳市场的日成交均价变化趋势

资料来源：作者自绘

4. 大宗协议交易是目前主要的交易方式

《关于全国碳排放权交易相关事项的公告》规定，碳排放权协议转让包括挂牌协议交易和大宗协议交易两种方式，其中单笔买卖申报数量在 10 万吨以下以挂牌协议交易的方式成交，10 万吨（含）以上以大宗协议交易的方式成交。挂牌协议交易的成交价格在上一个交易日收盘价的 ±10% 之间确定，大宗协议交易的成交价格在上一个交易日收盘价的 ±30% 之间确定。总体而言，大宗协议占主导地位，截至 2021 年 12 月 31 日，大宗协议累计交易量占比 83%，远高于挂牌协议占比 17%[①]。

三、中国试点碳市场情况

相较于 2021 年上线的全国碳市场，北京、天津、上海、重庆、湖北、广东和深圳 7 个试点碳市场已运行多年。各试点在行业覆盖范围、配额总量设定与分配方法以及履约机制等碳市场要素方面各具特色，但总体而言，各个碳交易试点存在交易不活

---

① 数据来源：上海环境能源交易所。

跃、流动性低、碳价水平较低的情况。

（一）试点碳市场运行情况介绍

截至 2021 年，北京、天津、上海、广东和深圳 5 个试点地区完成了 8 次履约，湖北和重庆 2 个试点地区完成了 7 次履约。表 15-1 展示了 2021 年各个试点碳市场的线上交易情况。北京试点碳市场的年平均成交价最高，且价格波动性较大；深圳碳市场的年平均成交价最低；广东碳市场不管是从总交易量还是总交易额来说都是最活跃的碳市场；重庆碳市场最不活跃，总交易量和总交易额最少。

表 15-1　2021 年度 7 个试点碳市场线上交易情况

地区	总交易量 （万吨）	总交易额 （万元）	最高成交价 （元/吨）	最低成交价 （元/吨）	年平均成交价 （元/吨）
北京	186.58	13544.26	107.26	24.00	72.59
天津	494.87	15052.38	34.10	21.00	30.42
上海	127.43	5133.28	43.66	38.00	40.28
湖北	329.03	8648.90	45.47	26.56	35.01
广东	2750.58	104871.20	57.70	24.61	38.13
深圳	599.29	6766.10	36.32	3.12	11.29
重庆	115.06	3707.07	40.00	20.41	32.22

资料来源：万得数据库

（二）中国试点碳市场减排效果评估

虽然碳市场的理论框架非常明确，也在世界多个国家和地区被采用，但其效果却取决于各国各地区的实际情况。厘清基于中国实际背景碳市场表现不佳的原因，是下一步提振全国碳市场、发挥"双碳"目标下市场机制作用的基础。作为全国碳市场的先导，试点碳市场已经运行多年，因其与全国碳市场享有相似的制度背景与具体国情，其经验教训十分具有针对性。除本身的机制设计外，碳市场与其他节能减排政策之间是否协调也是影响碳市场能否发挥作用的重要因素，各项政策各有侧重是发展与完善低碳治理体系的基本要求。

1. 碳市场促进碳减排作用的提升空间较大

理论上，碳配额的价格由配额需求和配额供给决定。但长期以来，中国采取行政政策进行节能减排，制造了大量减排量，增加了配额供给的同时也削减了企业对于外部碳排放配额的需求，使得碳价较低。事实上，从试点碳市场的表现来看，不论是碳价、交易集中度、交易量，都有很大提升空间。究其原因，一个是因为试点碳市场没有在以行政方式设置的减排目标上设置更加严格的减排目标，另一个重要原因就在于同等减排目标下，传统行政政策对于碳交易市场功能的削弱。

在两位数代码工业行业层面上进行的 3 倍差分法的计量分析表明，如果在控制了行业—年份、地区—年份、地区—行业的基础上再以行业二氧化碳排放量为权重对回归进行加权以消除目标责任制这一混杂因素的影响，我们发现碳市场对于纳管行业二氧化碳排放量没有影响。剔除行政政策减碳效应的逻辑是：行政减排政策一般都以排放量较大的行业为主要规制对象，而纳管行业也大都为地区碳排放量较大的行业，所以纳管行业在受到碳市场的影响外，也受到行政政策的影响。因此，将纳管行业与同地区二氧化碳排放量规模相似的非纳管行业进行比较，可以在较大程度上剔除行政政策的影响。剔除行政政策效应后的试点碳市场效应，即碳市场对于纳管行业碳减排效应不显著（Lu et al.，2023），碳市场的减碳效果有相当大的提升空间。

试点碳市场从设计之初，就带着降低行政政策所造成较大社会成本的希冀，其为减排成本较高的企业提供了实施减排措施之外的另一种选择，即通过购买碳排放配额来完成减排任务。通过碳市场交易机制，生产向效率较高的企业转移，相比于"一刀切"式的政策，行业整体减排成本降低。笔者通过观察试点碳市场的实施对于行业产值的影响来检验碳市场是否降低了减排成本。在没有实现额外减排量的情况下，如果碳市场降低了行政政策所造成的损失，纳管行业的产出水平相较于不实施碳市场的反事实情况[①]将有所增加。实证结果表明碳市场在促进减排成本降低方面发挥的作用不显著。总的来看，碳市场对于碳减排与降低减碳成本方面应有很大潜力。

2. 行政政策在应对气候变化治理体系中仍居核心地位

2007 年《国务院关于印发节能减排综合性工作方案的通知》，首次将节能减排指标完成情况纳入各地经济社会发展综合评价体系，实行"一票否决"制，节能减排目标责任制基本确立。中央政府首先设定全国层面的目标，在能源强度目标的基础上，中央政府在 "十二五"规划中加入了二氧化碳强度目标，在"十三五"规划中加入能源消费总量目标。目标责任制下，节能减碳各项工作目标和任务逐级分解到各省、

---

① 反事实情况指在进行政策评价时，保持其他条件不变而模拟的在不实施此种政策时的情况。

市（地）、县和重点企业。目标责任制在中国实现各时期节能减碳目标进程中发挥了重要作用。行政政策不仅不利于从消费端控制能源消费，而且因为在减碳目标层层分解下放过程中，基层政府承担较大的减排压力，较易在执行中出现各种"一刀切"的高成本、低效率的减排措施。中国政府决定充分发挥市场在温室气体排放资源配置中的决定性作用，建立碳排放权交易市场。2011 年 10 月，国家发展改革委发布开展碳排放权交易试点的通知，随后，作为全国碳市场的先导，"五省两市"共 7 个碳试点在 2013 年后半年到 2014 年前半年陆续启动。在试点碳市场运行的同时，节能减碳领域目标责任制的约束没有放松，试点地区各级政府仍然要完成上级政府分配的任务目标，对于地方政府在节能减碳方面的考核也没有因为碳市场的运行有所改变。在此背景下，地方政府还是会选择更为熟悉的、结果确定的行政政策来达到目标，尤其在对碳市场认识不到位，且其节能减碳效果不明朗的情况下。

3. 目标责任制背景下的碳市场潜力须充分发掘

实证结果表明基于历史排放总量分配配额的行业显示出相较于非试点地区及试点地区非纳管行业二氧化碳排放量明显下降的趋势，基于历史强度及标杆法分配配额的行业在二氧化碳排放强度方面显示出明显下降的趋势。这一结果一方面说明即使没有碳市场，试点地区纳管行业相较于其他地区以及试点地区非纳管行业也有更明显的减碳趋势。基于在没有政策驱使的情况下企业没有动力自愿减碳这一前提，试点地区纳管行业显著的减碳趋势很可能是目标责任制下的各项行政政策的效果。另一方面采用历史排放法发放配额的行业显示出明显的排放量下降趋势，而采用基于排放强度分配配额的行业显示出明显的排放强度下降趋势。这一现象提供了一种可靠的视角，即地方政府挑选那些在目标责任制下具有总量减排压力的行业，适用历史排放法分配配额，而对那些在强度上具有下降压力的行业，适用基于强度的配额分配方法。碳市场没有产生实质性碳约束，只是顺应目标责任制下各地的减排进程。对于地方政府的考核以及碳市场效果的不确定性又使得各级政府仍然沿用其熟悉且习惯的行政方法达到既定目标。

四、借鉴国外碳市场经验以完善全国碳市场机制设计

（一）配额分配方法

现行碳配额分配主要以免费分配为主，不利于真实碳价的发现，碳市场对电力

企业节能减碳和绿色技术发明使用的作用潜力还有待进一步挖掘。此外，引入配额拍卖机制也更有利于配额的公平分配。电力行业受到国际贸易环境的影响较小，引入拍卖机制不仅不会有损电力行业整体竞争力，反而更能促进电源结构向更加绿色低碳的方向转变。由于电力部门的高排放属性，欧盟碳市场、加州碳市场、美国区域温室气体减排行动等世界主要碳市场都将电力部门纳入管理。世界其他主要碳市场，电力部门碳成本都将通过电价传导到下游。与世界其他主要碳市场相比，中国碳市场面临能源市场、电力市场改革转换期。2021年10月，《国家发展改革委关于进一步深化燃煤发电上网电价市场化改革的通知》（以下简称《通知》）印发，明确从当年10月15日起，将有序放开全部燃煤发电电量上网电价，并扩大市场交易电价的上下浮动范围。燃煤发电的电量原则上要全部进入电力市场，燃煤发电市场交易价格浮动的范围扩大为上下浮动原则上均不超过20%。《通知》专门提出，高耗能企业市场交易电价不受上浮20%限制，还将引导高耗能企业的市场交易电价实现相对更多的上浮，倒逼高耗能企业节能减排，改善电力供求状况。在此情形下，碳市场规则设计不但要能够确保碳市场在当前能源市场环境下经济有效，还需要灵活应对能源市场、电力市场改革。参考发达国家的经验，应该逐步取消免费配额的发放。

（二）价格稳定机制

根据《碳排放权交易管理规则（试行）》，生态环境部可以根据维护全国碳排放权交易市场健康发展的需要，建立市场调节保护机制。当交易价格出现异常波动触发调节保护机制时，生态环境部可以采取公开市场操作、调节国家核证自愿减排量使用方式等措施，进行必要的市场调节。但全国碳市场没有对碳价上下限进行规定，也未对触发调节保护机制的具体情形进行明确。只有激励投资者在当下投资可再生能源等清洁能源，才可以使未来显著降低电力部门的排放强度成为可能。理论上较高水平的碳价格能够促进市场主体更加积极地开展减排行动并有效引导低碳技术投资，但是同时也存在对行业竞争力造成损失的风险，进而不利于促进宏观经济增长。因此评判碳价水平是否合理的重要标准之一在于能否在减排效果和经济影响上达到平衡。

来自欧盟碳市场前两阶段的经验表明碳价格稳定机制对于激励低碳投资至关重要（Koch et al., 2014）。欧盟碳市场设计之初未引入价格稳定机制。在欧盟碳市场的前两个阶段，经济低迷、可再生能源发展计划和"能效提高"促进政策等行政手段的实施造成配额过剩，由于对可能出现的价格暴跌准备不足造成欧盟碳市场碳价持续低迷，进而使得对低碳投资的激励基本失灵。过低的碳价格只能增加企业用能成本或者经营成本，却无法真正影响企业投资决策（Hoffmann，2007）。欧盟碳市场、美国区域温室气体减排行动、加州碳市场、新西兰碳市场等世界主要碳市场都通过监控并调整市场上流通的配额总量、设定碳价上下限或设置配额的拍卖保留价格等方式稳定碳价（Stavins，Jaffe，Schatzki，2007；Gründinger，2017；Murray，Maniloff，2015）。中国碳市场也应借鉴国外主要碳市场经验，通过设定碳价上下限、限制市场上流通的配额总量等方法确保碳市场稳定运行。

（三）配额抵消机制

实现碳中和不仅要在碳排放领域采用更好的技术，还要在碳吸收或碳利用环节发展新技术，CCUS 技术是其中重要的技术。为推动中国 CCUS 产业发展，近年来国家出台了一系列支持政策，作为中国实现碳中和目标的重要政策工具，碳市场理应在CCUS 产业发展和技术进步方面发挥更大作用。现行全国碳市场机制下，在对发电企业进行碳排放量核算时没有对其 CCUS 减排量抵减。由于缺乏 CCUS 项目的直接参与或抵消机制，现阶段全国碳市场对 CCUS 技术的促进作用仍有很大提升空间。

欧美的经济政策着力点逐渐放在未来如何可持续繁荣，并继续引领世界经济发展。欧盟碳排放交易体系（EU ETS）是欧盟 CCUS 项目碳减排价值的主要实现途径。中国也应完善碳市场机制设计，将企业 CCUS 减排量纳入其碳排放数据或将 CCUS 项目纳入自愿减排交易，允许其作为抵消机制组成部分用于抵消排放配额，推动 CCUS 项目获得碳信用以促进技术创新。

（四）监督惩罚机制

相比于世界其他碳市场，中国碳市场对没有履约的企业的处罚力度较轻。根据《碳排放权交易管理办法（试行）》，未按时足额清缴碳排放配额的，责令更正并处 2 万元以上 3 万元以下的罚款，逾期未改的，对欠缴部分由生态环境主管部门等量核减其下一年度碳排放配额，罚款力度较小。同时，根据《2019—2020 年全国碳排放权交易配额总量设定与分配实施方案（发电行业）》，为降低配额缺口较大的重点排放单位所面临的履约负担，在配额清缴相关工作中设定配额履约缺口上限，其数值为重点排放单位经核查排放量的 20%，即当重点排放单位配额缺口量占其经核查排放量比例超过 20% 时，其配额清缴义务最高为其获得的免费配额量加 20% 的经核查排放量，进一步放松了履约的压力。

欧盟碳市场中任何未能在履约期前弥补其年度超额排放的经营者都会被追究罚款责任。在第一阶段，每超排一吨二氧化碳罚款 40 欧元，第二阶段升至 100 欧元。在航空公司不遵守指令履约的情况下，航空公司的管理国可以要求欧盟委员会向此航空公司签发禁止经营的决定。各成员国虽然处罚力度不同，但是都执行较为严厉的处罚措施。德国的处罚条款规定，超额排放的罚款实行逐年递增的标准，第一年超排二氧化碳每吨处罚 40 欧元，第二年每吨处罚 100 欧元，第三年每吨处罚 200 欧元。对于超额排放未能及时补足的，将被处以最高 50 万欧元的罚款。西班牙和爱尔兰，排放设施未获得排放配额就进行生产，将受到 200 万欧元和 1500 万欧元的罚款。中国碳市场也应设置更高的惩罚标准，对企业行为进行强有力的约束。

五、完善碳市场建设以促进绿色电力发展

转变电源结构，提高绿色电力占比是中国顺利实现"双碳"目标的关键路径。在可再生能源发展初期，中国通过可再生能源补贴政策有效促进了可再生能源发电装机容量增加。2019 年 5 月《国家发展改革委 国家能源局关于建立健全可再生能源电力消纳保障机制的通知》发布，将可再生能源电力消纳责任落实到各省级行政单位，切实保障了可再生能源的顺利消纳。可再生能源电力消纳保障机制下，省级行政单位内的电网企业、独立售电公司、配售电公司承担与其年售电量对应的消纳量为第一类主体，从火电批发市场购电的电力用户和拥有自备电厂的企业为第二类主体承担与用电量相对应的消纳量，形成了实质上的可再生能源电力优先消纳的政策支持。国家持续推动陆上风电、光伏电站、工商业分布式光伏价格退坡，引导陆上风电、光伏电站、工商业分布式光伏逐渐实现平价上网。2017 年 7 月，全国绿色电力证书自愿认购交易在京正式启动，以期对可再生能源的环境价值进行补偿，从而缓解可再生能源补贴拖欠问题。但是由于各类主体缺乏购买绿证的激励，绿证自愿交易市场交易仍不活跃。碳市场的优势在于通过影响需求侧决策降低二氧化碳的排放，用能企业可以通过增加绿电使用占比降低二氧化碳排放，碳市场与绿电、绿证的衔接将有利于中国电源结构的改善。

（一）绿证市场

1.绿证市场背景

绿证是国家对发电企业每兆瓦时非水可再生能源上网电量颁发的具有独特标识

代码的电子证书，是非水可再生能源发电量的确认和属性证明以及消费绿色电力的唯一凭证，是一种通过市场发现可再生能源电力所具有的环境、社会及其他非电能属性价值的工具。绿证是电力消费者用以声明其使用绿色电力的凭证，可以证明其碳足迹的减少。绿证市场沟通了绿色电力的供应方与需求方，降低了电力消费者使用绿色电力的成本。

绿证交易政策出台一方面是因为可再生能源补贴缺口大，补贴发放不及时。虽然我国可再生能源电价附加标准从最初的每千瓦时 0.1 分提高至 1.9 分，但始终没有满足可再生能源发展需求。在推进"双碳"目标实现和能源转型加速的背景下，我国可再生能源发展势头迅猛，但也面临补贴拖欠掣肘。另一方面电力用户绿色电力消费激励弱，没有形成绿色电力消费意识也是驱动绿证交易市场启动的原因。我国依靠集中在供给侧的政策措施促进了可再生能源的发展，不断改善能源结构，但消费侧的激励缺乏正制约着可再生能源的发展速度。2017 年，全国绿色电力证书自愿认购交易在京正式启动，对陆上风电、光伏发电企业（不含分布式光伏发电）核发的绿色电力证书进行交易，绿证认购价格按照不高于证书对应电量的可再生能源电价附加资金补贴金额，风电、光伏发电企业出售可再生能源绿色电力证书后，相应的电量不再享受国家可再生能源电价附加资金的补贴，用户认购的绿证不得再次出售。

2.绿证市场政策梳理

2017 年，全国绿色电力证书自愿认购交易在京正式启动。2019 年 1 月，《国家发展改革委 国家能源局关于积极推进风电、光伏发电无补贴平价上网有关工作的通知》印发，鼓励平价上网项目和低价上网项目通过绿证交易获得合理收益补偿。风电、光伏发电平价上网项目和低价上网项目，可按国家可再生能源绿色电力证书管理机制和政策获得可交易的可再生能源绿色电力证书，通过出售绿证获得收益。2019 年 5 月，《国家发展改革委 国家能源局关于建立健全可再生能源电力消纳保障机制的通知》印发，提出绿证作为市场主体完成消纳责任权重的补充方式。

2020 年，财政部、国家发展改革委、国家能源局联合印发《关于促进非水可再生能源发电健康发展的若干意见》，提出全面推行绿色电力证书交易。2021 年 1 月 1 日起，可再生能源消纳保障机制下的绿证交易开始实行，但绿证市场活跃度没有明显提高。绿证交易相关政策如表 15-2 所示。

表 15-2　绿证交易相关政策

时间	政策名称	政策主要内容
2016.02	《国家能源局关于建立可再生能源开发利用目标引导制度的指导意见》	建立明确的可再生能源开发利用目标，明确可再生能源开发利用的责任和义务，研究完善促进可再生能源开发利用的体制机制，对可再生能源电力的经营者（含个人）按照非水电可再生能源发电量核发可再生能源电力证书
2017.01	《国家发展改革委 财政部 国家能源局关于试行可再生能源绿色电力证书核发及自愿认购交易制度的通知》	建立可再生能源绿色电力证书自愿认购体系，试行陆上风电、光伏发电企业（不含分布式光伏发电）绿色电力证书的核发工作，绿证认购价格按照不高于证书对应电量的可再生能源电价附加资金补贴金额，风电、光伏发电企业出售可再生能源绿色电力证书后，相应的电量不再享受国家可再生能源电价附加资金的补贴
2017.07	全国绿色电力证书自愿认购平台上线	全国绿色电力证书自愿认购交易在京正式启动
2018.11	《国家发展改革委 国家能源局关于实行可再生能源电力配额制的通知（征求意见稿）》	可再生能源电力配额制征求意见
2019.05	《国家发展改革委 国家能源局关于建立健全可再生能源电力消纳保障机制的通知》	对电力消费设定可再生能源电力消纳责任权重，按省级行政区域确定消纳责任权重，各省级行政区域制定消纳实施方案确定年度消纳责任权重及消纳量分配、消纳实施工作机制、消纳责任履行方式、对消纳责任主体的考核方式，售电企业和电力用户协同承担消纳责任。超额完成消纳量不计入"十三五"能耗考核
2020.01	《关于促进非水可再生能源发电健康发展的若干意见》	自 2021 年 1 月 1 日起，实行配额制下的绿色电力证书交易，同时研究将燃煤发电企业优先发电权、优先保障企业煤炭进口等与绿证挂钩，持续扩大绿证市场交易规模，并通过多种市场化方式推广绿证交易。企业通过绿证交易获得收入相应替代财政补贴。通过定额补贴方式，支持自然人安装使用"自发自用、余电上网"模式的户用分布式光伏设备
2020.05	《国家发展改革委 国家能源局关于印发各省级行政区域 2020 年可再生能源电力消纳责任权重的通知》	各地测算的基础上，统筹提出了各省级行政区域 2020 年可再生能源电力消纳责任权重
2020.09	《关于〈关于促进非水可再生能源发电健康发展的若干意见〉有关事项的补充通知》	规定纳入可再生能源发电补贴清单范围的项目，全生命周期补贴电量内所发电量，按照上网电价给予补贴，补贴标准＝[可再生能源标杆上网电价（含通过招标等竞争方式确定的上网电价）－当地燃煤发电上网基准价]/（1+适用增值税率）。所发电量超过全生命周期补贴电量部分，不再享受中央财政补贴资金，核发绿证准许参与绿证交易。风电、光伏发电项目自并网之日起满 20 年后，生物质发电项目自并网之日起满 15 年后，无论项目是否达到全生命周期补贴电量，不再享受中央财政补贴资金，核发绿证准许参与绿证交易
2021.01	《北京电力交易中心可再生能源电力超额消纳量交易规则（试行）》	市场主体的消纳量由电力交易平台同步至凭证交易系统，存入市场主体消纳量账户。利用区块链技术，每 1 兆瓦时超额消纳量生成 1 个可再生能源电力超额消纳凭证。超额消纳凭证不能跨年度计入市场主体消纳责任权重。国家可再生能源信息管理中心每月将绿证交易结果同步到北京电力交易中心凭证交易系统，用以计算消纳责任权重完成情况。1 个绿证等同 1 兆瓦时非水电消纳量，参与消纳责任权重计算，但不能在超额消纳量市场中交易。绿证不能跨年度计入市场主体消纳责任权重
2022.05	《北京电力交易中心绿色电力交易实施细则》	规定绿色电力交易细则，绿色环境权益随绿色电力企业转移至电力用户，为购买绿色电力产品的电力用户提供绿色电力证书

资料来源：作者自制

本质上，强制消纳保障机制保障了可再生能源电力消纳问题，其产生的对可再生能源环境价值进行补偿的激励很有限。绿证从其设计之初就是可再生能源电力所产生的额外环境价值的货币化体现，当电力用户需要对所使用电力的环境负外部性进行支付时，绿证市场才能切实发挥其作用。国家发展改革委等部门 2022 年发布的《促进绿色消费实施方案》鼓励行业龙头企业、大型国有企业、跨国公司等消费绿色电力，发挥示范带动作用，推动外向型企业较多、经济承受能力较强的地区逐步提升绿色电力消费比例。加强高耗能企业使用绿色电力的刚性约束，各地可根据实际情况制定高耗能企业电力消费中绿色电力最低占比。高耗能企业强制绿色电力消费比例提升了企业绿色电力需求，促进绿电价格和交易量上升，但是仍有相当大比例的补贴绿电和无补贴绿电的环境价值需要偿付。因碳市场直接改变需求侧能源需求，绿电、绿证市场与碳市场的良好衔接有利于绿电的发展，缓解补贴压力。

3. 绿证的市场主体

绿证的市场主体大体上分为 3 类，第一类以列入国家可再生能源电价附加补助目录内的陆上风电和光伏发电项目（不含分布式光伏发电）为绿证核发对象。有补贴的可再生能源发电企业每生产 1 兆瓦时（即 1000 千瓦时）非水可再生电力平价接入电网，就可得到 1 个单位的绿证并可以拿到绿证市场上售卖而得到经济补偿。项目并网发电之后，通过信息平台申请证书权属资格，陆上风电和光伏发电项目（不含分布式光伏发电）按照与电网企业（售电企业或用户）实际结算电量，每兆瓦时结算电量对应 1 个绿证，绿证认购价格按照不高于证书对应电量的可再生能源电价附加资金补贴金额，风电、光伏发电企业出售可再生能源绿色电力证书后，相应的电量不再享受国家可再生能源电价附加资金的补贴。第二类是无补贴绿电平价上网，发电企业每生产 1 兆瓦时获得一个绿证。第三类是伴随绿电交易自动核发、划转绿证。国家可再生能源信息管理中心根据绿色电力交易合同、执行、结算等信息，为相关市场主体核发、划转绿证。绿色电力交易优先组织未纳入国家可再生能源电价附加补助政策范围内的风电和光伏电量（无补贴新能源）参与交易，已纳入国家可再生能源电价附加补助政策范围内的风电和光伏电量（带补贴新能源）可自愿参与绿色电力交易，其绿色电力交易电量不计入合理利用小时数，不领取补贴；分布式新能源可通过聚合的方式参与绿色电力交易。绿色电力价格由市场主体通过双边协商、挂牌交易等方式形成。绿色电力价值原则上应充分体现绿色电力的电能价值和环境权益价格。《绿色电力证书核发及自愿认购规则（试行）》规定认购人购买绿证后不能再次出售，限制了绿证的二次买卖，因此伴随绿电交易自动划转的绿证不能在市场上再次交易。

4.绿证实施现状

自2017年7月1日中国绿色电力证书认购交易平台上线，截至2022年6月16日，我国绿证核发总量达4429.5万个，其中，风电占74.8%，光伏占25.2%。从地域分布看，风电项目涉及26个省区，河北、新疆、吉林最多。光伏项目涉及24个省区，黑龙江、山东、辽宁最多。从绿证交易形式和交易量来看，绿证挂牌总量达840.8万个，实际认购238.6万个，占核发总量的5.39%、挂牌总量的28.4%。认购的238.6万个中，补贴绿证数量7.87万个，占比3.3%；无补贴绿证数量189.83万个，占比79.6%；绿电绿证数量40.87万个，占比17.1%。主要认购绿证为无补贴绿证。累计补贴风电绿证核发量2901.58万个，累计补贴风电绿证挂牌量434.87万个，累计补贴风电交易量7.87万个，占核发量的0.27%，占挂牌量的1.81%。累计补贴光伏绿证核发量515.19万个，挂牌量36.42万个，交易量182个[①]。补贴压力仍旧很大。如图15-5所示，绿证核发量与挂牌量主体均为风电绿证，交易量却以光伏绿证为主。补贴绿电绿证在核发量与挂牌量上占主导地位，但无补贴绿电绿证在交易量上占主体。无论从核发量、挂牌量还是交易量来看，补贴绿电绿证都以风电为主。

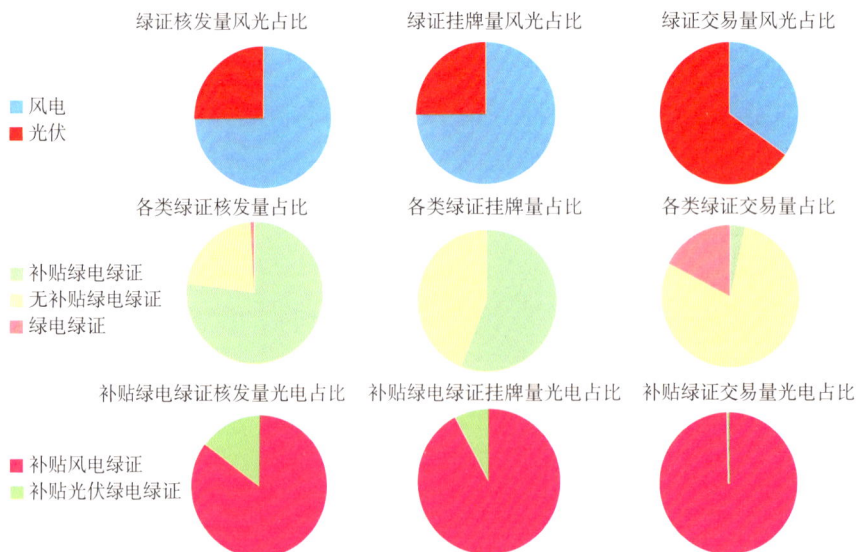

图 15-5　绿证核发、挂牌及交易情况

注：以上数据均为累计数据（累计核发量、累计挂牌量、累计交易量）。

资料来源：作者根据中国绿色电力证书认购交易平台网站统计数据计算

---

① 数据来源：中国绿色电力证书认购交易平台网站。

（二）碳市场对绿电的影响

1. 中国碳市场对电价的影响

在完全竞争的电力市场上，明确的碳价在理论上通过撬动以下5个方面实现减排。第一，碳价使得低碳电力更具经济竞争力，鼓励电源结构从化石能源转向低碳替代（供给端激励）。第二，碳价提高了火电的价格，促使消费者节约用电或者转向消费清洁电力（需求端激励）。第三，在运行良好的碳市场下，低排放强度的电厂盈利能力更强，因此碳价为低碳技术的投资提供了激励（投资激励）。第四，碳价使得高碳排放资产设施的边际利润降低，促进其退出（加速退出激励）。第五，所有这些激励同时也促进了对新产品和技术的投资（创新激励）。

碳市场与电价管制之间的关系如图 15-6 所示。终端电力用户降低排放的激励取决于电价和电价结构。理想情况下，电价水平和电价结构可以反映发电的边际成本，碳市场通过碳价向终端电力用户传递碳排放的价格信号。但是在电价管制条件下，如果碳成本无法顺利传导，对于终端电力用户降低电力消费或转向低碳产品和服务的激励就会降低（ICAP，2018）。《国家发展改革委关于进一步深化燃煤发电上网电价市场化改革的通知》提出有序放开全部燃煤发电电量上网电价，通过市场交易在"基准价 + 上下浮动"范围内形成上网电价。将燃煤发电市场交易价格浮动范围由现行的上浮原则上不超过 10%、下浮原则上不超过 15%，扩大为上下浮动原则上均不超过 20%，高耗能企业市场交易电价不受上浮 20% 限制。电力现货价格不受上述幅度限制。保持居民、农业用电价格稳定。现行电价制度下，碳市场可以部分通过碳价信号改变火电与可再生能源的相对成本，从而促进电源的转变。但由于电力现货市场还

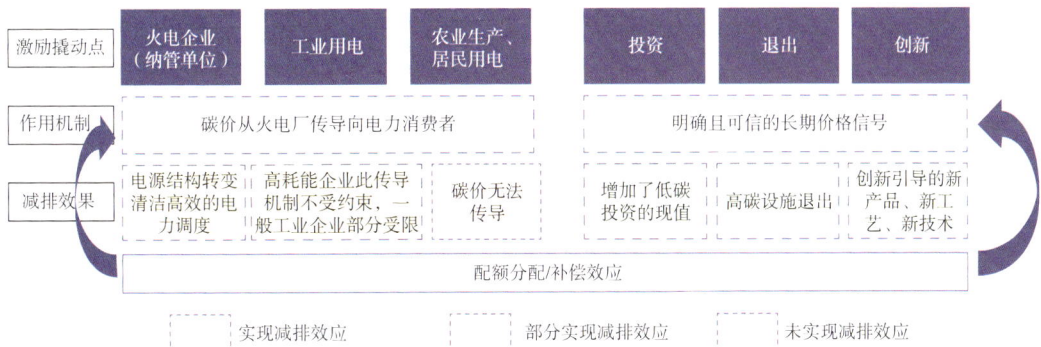

图 15-6　碳市场与电价管制关系

资料来源：Emissions Trading and Electricity Sector Regulation（ICAP，2018）

在不断推进中，且全国碳市场碳价较低，所以碳市场对电源结构改变以及促进清洁高效的电力调度的作用有限。

未来全国统一电力市场现货市场与中长期市场互融互补发展，且全国碳市场碳价达到较高的水平时，碳市场促进电源结构改变与清洁电力调度的效应将更明显。高耗能工业企业实行市场化电价，碳价可以顺利从发电企业传递到用电企业，但一般工业企业电价上浮幅度受限，碳价传导部分受限。农业生产、居民用电由于实行单一制电价，碳价无法传导到用电端。总体而言，较低的碳价使得碳市场在短期内通过改变电源结构以及用户电力消费方面的作用很有限。长期来看，通过提高低碳投资的现值增加了企业进行低碳投资的激励，通过降低高碳资产的盈利能力促进高碳设施退出，增加创新引致的新产品、新技术。对于碳市场的长期效应而言，一个水平恰当的碳价也是必要的。

当碳价可以从发电侧传导到用电侧时，配额的免费分配可以导致火电厂的"意外收益"。这些收益的大小取决于火电厂转移碳价的能力，市场势力强的企业更倾向于将碳成本转移给上下游企业而将获得的配额当作收益。这种"意外收益"的利润可能对火电厂投资和退出决策产生不利于低碳化发展的影响并破坏碳市场的效率。此外，针对火电厂配额免费分配的方案还会产生第二种扭曲效应。相对于短期的合规要求，获得大量免费配额的火电厂参与碳交易的激励很小，造成碳市场流动性小，有碳配额需求的企业无处购买。这种对市场的扭曲阻碍了真实碳价的发现过程，减弱了碳市场提供合理价格信号进而促进减排、投资以及创新的功能。逐步从配额免费分配转向配额拍卖是切实发挥碳市场促进低碳发展的必要路径。

2. 现行碳市场对绿电的影响

基于强度免费分配配额的全国碳市场现阶段只纳入了火电厂。排放强度高于基准值的火电厂只能从排放强度低于基准值的火电厂购买配额，可再生能源除了通过比例非常有限的国家核证自愿减排量抵消配额外，无法直接参与全国碳市场。理论上，因增加了火电成本，碳市场将会促进可再生能源的发展。但是，全国碳市场目前碳价水平仍较低，对于火电与可再生能源成本相对水平改变有限，再加上全国碳市场基于排放强度的免费配额分配方式只为火电机组设置排放强度基准值，可再生能源发电设备不参与配额分配，企业无法通过增加可再生能源发电占比避免配额短缺（IEA，2022）。独立的可再生能源发电企业无法从碳市场获益，因此碳市场对其激励作用也很有限。碳市场通过直接影响电力供给端从而改善电源结构的作用还有很大提升空间。

因此，现行全国碳市场作用主要体现在促进所覆盖的火电机组排放强度下降上，对于在发电端电源结构转换的直接促进作用非常有限。图 15-7 展示了现行碳市场、绿证市场、电力市场以及可再生能源消纳保障机制互动关系。

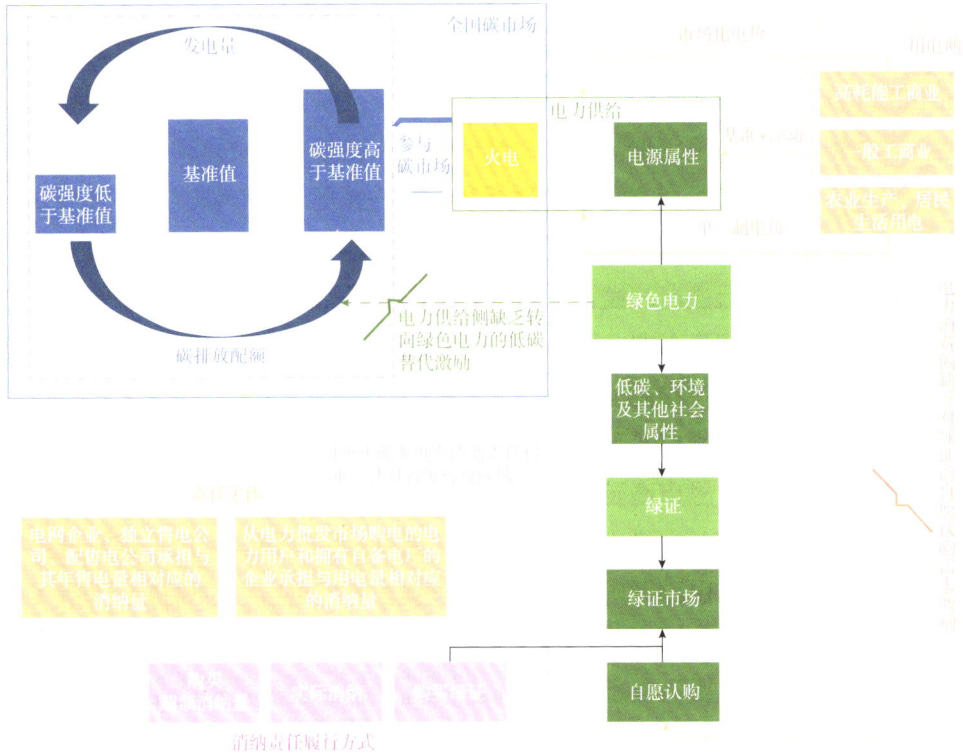

图 15-7　现行碳市场、绿证市场、电力市场、可再生能源消纳保障机制互动关系
资料来源：作者自绘

可再生能源消纳保障机制是推动能源转型、提升可再生能源发电利用效率的重要手段。2019 年 5 月发布的《国家发展改革委 国家能源局关于建立健全可再生能源电力消纳保障机制的通知》明确绿证可以作为实际消纳、购买超额消纳量外完成消纳任务的补充方式。2021 年 1 月 1 日起，可再生能源消纳保障机制下的绿证交易开始实行，但绿证市场活跃度没有明显提高。本质上，强制消纳保障机制的主要功能在于解决可再生能源电力消纳问题，而没有对其产生的环境清洁价值进行补偿。

绿证是可再生能源电力所产生的额外环境价值的货币化体现，当电力用户需要对所使用电力的环境负外部性进行支付时，绿证市场才能切实发挥其作用。2022年1月发布的《促进绿色消费实施方案》中提到加强高耗能企业使用绿色电力的刚性约束，各地可根据实际情况制定高耗能企业电力消费中绿色电力最低占比。高耗能企业强制绿色电力消费比例有望促进绿证市场繁荣，缓解财政补贴压力。对部分高耗能企业使用绿色电力的刚性约束为消费端提供了有效的绿色电力消费激励，导致绿色电力交易提升。针对企业实行的最低绿电消费比例要求这一政策工具只从"责"与"罚"的角度提供激励，绿证认购之后不能再交易限制了其金融属性，无法为企业提供"奖"与"利"的激励。用电侧电力用户在不购买绿电或绿证情况下，除通过可再生能源电价附加为绿电的环境价值支付小部分成本外，只购买了绿电的电能属性。即使是对于实行市场化电价的高耗能工商业，绿色电力的环境价值也没有体现在电价中。电力消费侧缺乏对绿证的自愿认购需求激励。

（三）碳市场与绿证的衔接

绿电直购下，绿电电能与代表环境价值的绿证"电证一体"参与交易，绿证交易将绿电的环境价值剥离出来单独进行交易。理论上看，这二者不应有差别，企业可通过直购绿电或电网购电搭配购买绿证实现绿色电力消费，企业通过这两种方式实现绿色电力消费所付出的成本应当相等，本部分不对这两种方式进行区分，而是将绿电划分为两种属性，即电能属性与环境价值属性进行讨论。绿电的电能属性价格应由电力市场供求关系、各类电源的相对竞争力决定。

如图15-8所示，在绿电电能平价上网或竞价上网情况下，绿电电能属性价格（包括辅助服务价格）大体上与火电的上网电价持平。绿电电能边际成本小于或等于火电上网电价的部分都可上网。碳市场统一碳价下，火电上网电价在原有可变成本基础上增加了火电隐含的碳价成本，改变了火电与绿电的相对成本，绿电竞争力增强，因而绿电供给增加，绿电边际成本随着绿电供给量的增加上升到一个新水平。火电竞争力减弱，供给量减少，更低的供给量意味着均衡时更低的边际成本。针对绿电与电网所购电力设置不同排放系数以反映实际排放情况，电力用户可用绿证抵减相应电量的二氧化碳减排量。在绿证市场与碳市场通过绿证核减企业二氧化碳排放的衔接机制，达到供需平衡时绿电价格与火电价格相等，即绿电边际成本＋绿证价格＝火电除碳价外的边际成本＋火电隐含碳价。

如图15-9所示，在有碳价情形下，绿证价格小于隐含碳价的情况发生在我们假定初始无碳价情形下绿电电能与火电市场出清，且达到新的均衡时无明显技术进步的

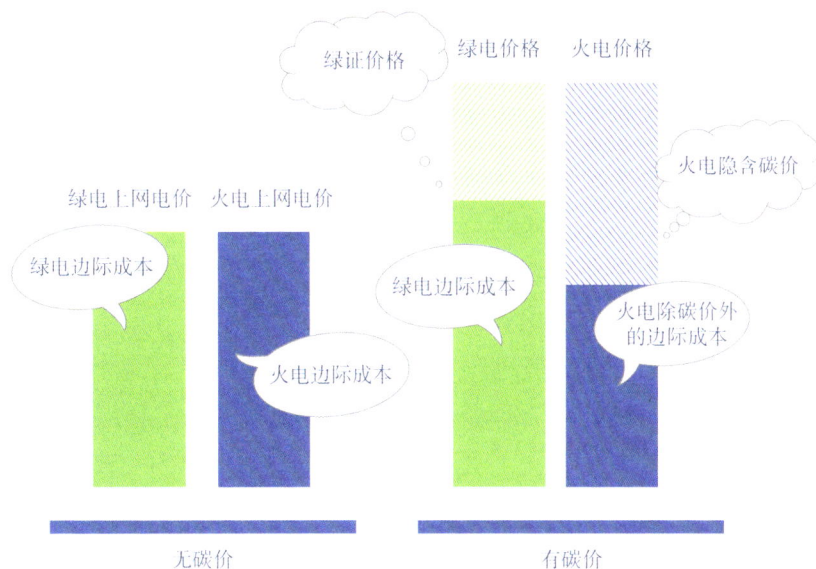

图 15-8　绿电与火电价格分析

资料来源：作者自绘

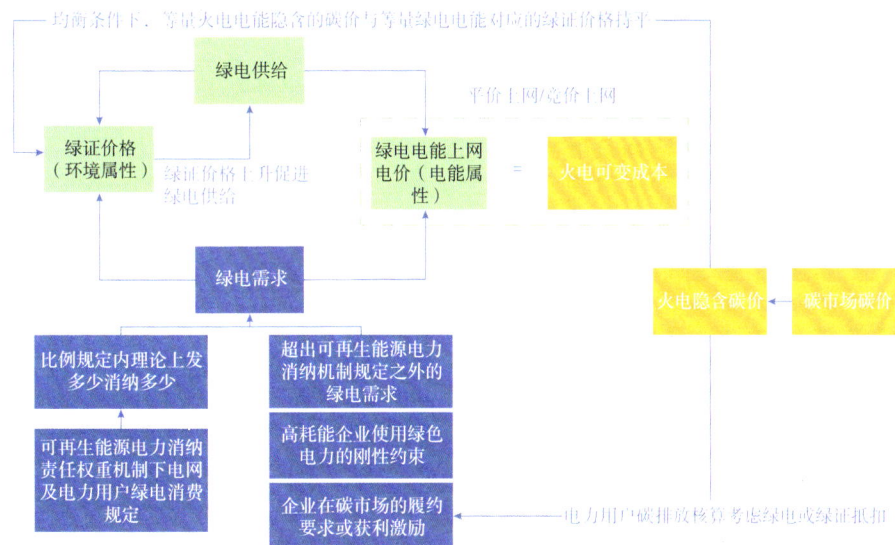

图 15-9　碳市场与绿证市场衔接下的绿电供求关系

资料来源：作者自绘

情况下。事实上，在现行绿电供给大于上网绿电电量且绿电技术不断发展革新致使绿电成本不断下降的情况下，达到新的均衡时绿证价格可能高于同等电量火电隐含的碳价。按照 1.12 吨二氧化碳/兆瓦时的大致电网排放系数估算，1 兆瓦时火电可产生 1.12 吨二氧化碳，以 2021 年全国碳市场 50 元/吨二氧化碳的平均水平来计算，也就是 1 兆瓦时火电隐含碳价 56 元，绿证价格应该要大于这个价格，因为绿电的市场（区别于绿电交易市场，指所有绿色电力供需形成的市场）现在远没有出清。而且碳市场仍处于初期不断完善阶段，随着碳市场逐渐成熟，碳市场配额分配等机制设计将不仅决定碳价，还将在很大程度上影响绿证价格。

（四）碳市场与绿电衔接政策建议

当前，全国碳市场只纳入了火电行业，无法与绿证市场衔接以促进电力消费者对绿电的消费。碳市场应尽快纳入其他行业以促进绿证绿电市场发展。随着其他高耗能行业也陆续纳入碳市场，大部分高耗能企业都将面临二氧化碳排放约束。绿证是绿色电力环境价值的直接体现，绿证市场是发现这种环境价值的市场，绿证的环境价值里包含着提供等量的能量供应时减少的二氧化碳排放，绿证市场与全国碳市场之间的衔接将促进企业从微观主体层面做出有利于可再生能源发展的能源消费决策，从需求侧对打破电力交易省间壁垒、建立全国统一的电力市场、促进可再生能源投资形成拉动作用。

碳市场与绿证市场的衔接对碳市场配额分配与其他机制设计提出了新的挑战。在企业层面，碳市场与绿证、绿电最大的交集在于碳排放量的核算。如果购买了绿证或者直购了绿电，意味着企业为消费绿色电力付出了全额成本，企业消费此部分绿色电力不应计入核算企业二氧化碳排放的电力消费基数中。在碳市场的现行设计中，没有对购买绿证绿电的企业的二氧化碳排放量核算做出额外规定。随着全国碳市场逐步将发电行业外的高耗能行业纳入其中，将会有更多以电力为重要能源消费种类的企业受到碳市场管理，考虑碳市场与绿证绿电的衔接对于企业控制排放与改变中国电源结构至关重要。试点碳市场运行期间，由于管制电价下碳价无法从发电企业传导到电力用户，因此针对非电力纳管企业采用直接排放加所消费电力和热力的间接排放作为企业排放的核算方法可以对企业降低电力消费形成激励。全国碳市场中的其他非电力行业如果沿用这种核算方法，只需要对绿证对应电量与普通电量设置不同排放系数即可形成对绿色电力消费的激励。另一种考虑是，随着电力市场化价格逐渐形成，发电企业所付出的碳价成本将通过市场化的电力价格传导至电力用户，而电力用户已经为电力隐含的碳排放付出过成本，因此在核算非电力企业碳排放时，不应再将间接排放计入。在这种情况下，持有绿证电力用户的碳排放量应根据绿证数量合理抵减，但是允许绿证抵减量不应超过其消费的电力总量，比例过大的绿证抵减量会降低碳市场对除增加绿电外其他途径减排的促进作用，不利于各行业创新及采用新技术。对于直购绿电的企业来说，计算碳排放时只计算其不包括电力排放的直接排放即可。同时需关注的是，确定配额总量以及各行业配额分配方案时，必须要剔除强制绿电消费比例即可再生能源保障消纳机制下由于绿电消费增加造成的二氧化碳排放量减少。否则，绿色电力的保障性消纳或对企业绿电消费的强制性约束都将使得碳排放配额过剩，扰乱碳市场，从而不利于形成对绿电长远发展的激励。

六、完善碳市场建设以应对碳边境调节税

欧盟碳市场近年来因为政策改革收紧配额供给，碳配额价格不断上涨。2021 年 7 月 14 日欧盟委员会提出应对气候变化的一揽子计划提案，包括扩展碳交易覆盖范围以及建立欧盟碳边境调节机制。碳边境调节机制拟与欧盟碳市场联动，欧盟进口商需要向欧盟成员国政府购买与其进口产品碳含量相当的进口许可，才能进口相应的产品，价格以欧盟碳市场配额的拍卖价格为参考。欧盟碳边境调节机制提案也提出了豁免政策，即只要非欧盟生产商可以证明其在第三国已经为产品生产过程中排放的碳支付了费用，那么它们的欧盟进口商不必支付对应的成本。因此，对于纳入中国碳市场的企业所生产的产品，或会依据其在中国支付的碳价成本，抵消一部分欧盟要求的碳关税成本。

（一）中国应逐渐使减排的成本显性化以应对碳边境调节税

长期以来，中国采取行政政策实现节能减碳的目标，减排成本无法直接观察到，但这并不代表中国没有付出相应的成本。赋能碳市场，使市场化机制在资源配置中发挥更大作用，将隐藏在传统政策中的碳减排成本显性化，来应对欧盟的碳边境调节税，以及其他国家和地区可能出现的碳关税举措。需要充分协调目标责任制中的考核内容与碳市场的发展需求。将买进卖出碳配额所代表的二氧化碳减排量计入各级政府考核时二氧化碳排放总量的核算，促进碳减排在区域之间的流动，从而促进中国实际支付的碳减排成本的显性化。转变政策方向，并不意味着放弃传统政策，传统政策在化解市场失灵时有其优势。各类政策协同发展，形成各项政策目标相互促进、补短的局面。

（二）中国碳市场配额总量设定须考虑重叠政策的影响

电力行业作为耗能大户，不可避免地成为这些传统的行政政策的主要管控对象。设定电力行业碳配额总量时，须审慎评估其他政策对电力行业的减排效果，发放合理配额量，使得碳市场能对电力市场减排发挥成本优势。

（三）中国应做好政策储备以应对世界碳市场连接趋势

《联合国气候变化框架公约》第二十六届缔约方大会（COP26）完成了《巴黎协定》第六条的谈判，全球达成了以市场手段降低碳排放的共识。世界范围内各碳市场连接意愿较强。欧盟—瑞士、加州—魁北克碳排放交易体系，美洲的 4 国及 7 个次国家政府联合发布了《美洲碳定价巴黎宣言》，为该区域各国之间的碳交易合作创造了一个平台。英国、墨西哥也释放出了与其他碳市场建立连接的意愿。融入国际碳市场是新西兰实现其国家减排目标战略的一部分。近年来新西兰也在不断调整其碳市场机制设计，增加与其他碳市场的相似性以方便连接。巴基斯坦也在积极制订与国际碳市场连接的方案。未来各国碳交易市场将进一步连接，共同推动全球的碳减排工作，同时会有更多的国家和地区建立碳排放权交易机制，进一步扩大全球碳市场的覆盖区域，全球碳市场发展的深度和广度将进一步加强（ICAP，2021）。中国须预估国际碳市场及区域间碳市场的连接对中国的影响，提出应对方案，探索中国碳市场与其他地区碳市场连接的机制设计，明确所需的配套支持政策，做好政策储备。

第 16 章
新能源发展综合效益评价[*]

---

[*] 本章主要执笔人为国务院发展研究中心资源与环境政策研究所高世楫、郭焦锋、李继峰、韩雪，壳牌集团战略部乔治奥·波尼亚斯。

本章要点 ────────────────────────────────

　　中国新能源快速发展，电力结构持续优化。截至 2020 年底，中国可再生能源装机量为 9.35 亿千瓦，占总发电装机比例为 42.5%。2020 年，可再生能源发电量达 2.21 万亿千瓦时，占全国总发电量的 29.1%。[①]

　　各类新能源技术创新仍将持续，效率提升和成本下降是新能源技术未来长期发展的主要特征。2050 年的光伏发电、陆上风电和海上风电的单位千瓦系统成本较 2020 年将分别下降约 42%、34% 和 45%。这将有力支撑我国可再生能源发电装机占装机总量的 90% 以上。

　　在实现电力部门低碳转型的同时，新能源的发展也将更好地支撑经济社会发展，预计到 2060 年，非化石能源发展创造的增加值占 GDP 的比重从 2020 年的 1.3% 逐步增加到 2060 年的 5%，总直接就业规模从 2020 年的 308 万人增长到 2060 年的 640.1 万人；在减少碳排放的同时，各类主要大气污染物和电力部门耗水量也将显著下降。

---

① 数据来源：国家统计局，国家能源局。

一、我国新能源产业现状

（一）我国新能源开发利用情况

近 10 多年来，我国可再生能源快速发展，可再生能源开发利用规模持续扩大、水力发电、风力发电、生物质发电、太阳能发电等可再生能源发电累计装机均连续多年位居全球首位，能源电力低碳化趋势明显，可再生能源正成为主要的增量能源需求的供给来源，为保障我国经济发展提供了坚实基础。2020 年全部商品化可再生能源占全国一次能源消费量的 13.8%，相比 2010 年提高 6.5 个百分点（见图 16-1）。

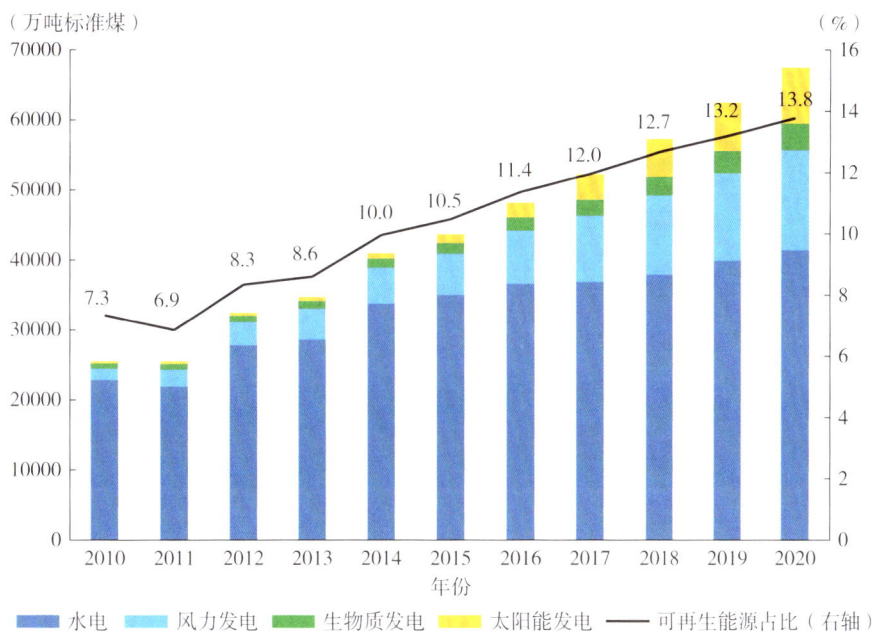

图 16-1　2010—2020 年各类可再生能源利用量及占比变化情况

资料来源：国家统计局；国家能源局

截至 2020 年底，我国可再生能源装机 9.35 亿千瓦，占总发电装机比例为 42.5%，比 2010 年提高 16.5 个百分点。可再生能源装机中，水电装机 3.7 亿千瓦（其中抽水蓄能 3149 万千瓦）、风电装机 2.81 亿千瓦、光伏发电装机 2.53 亿千瓦、生物质发电装机 2952 万千瓦，等等（见图 16-2）。

非化石能源发电量持续增长。2020 年，可再生能源发电量达 2.21 万亿千

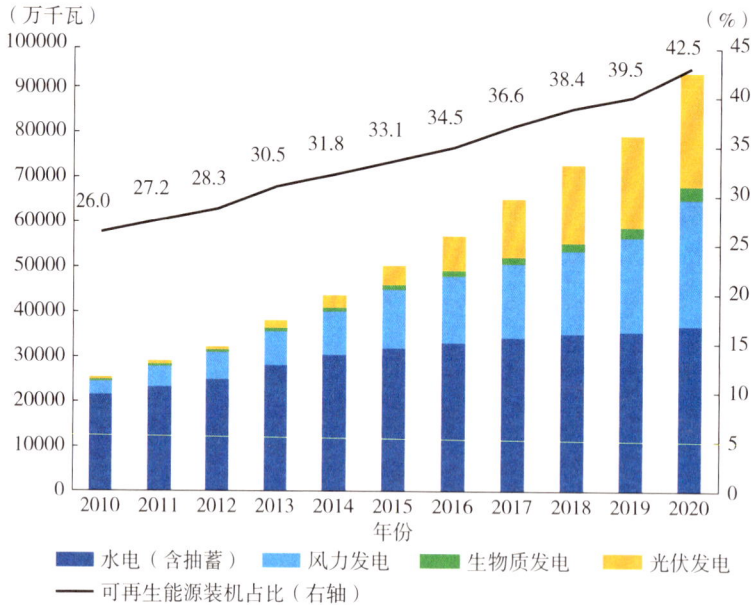

图 16-2　2010—2020 年各类可再生能源电力装机容量变化及占比情况

资料来源：国家能源局

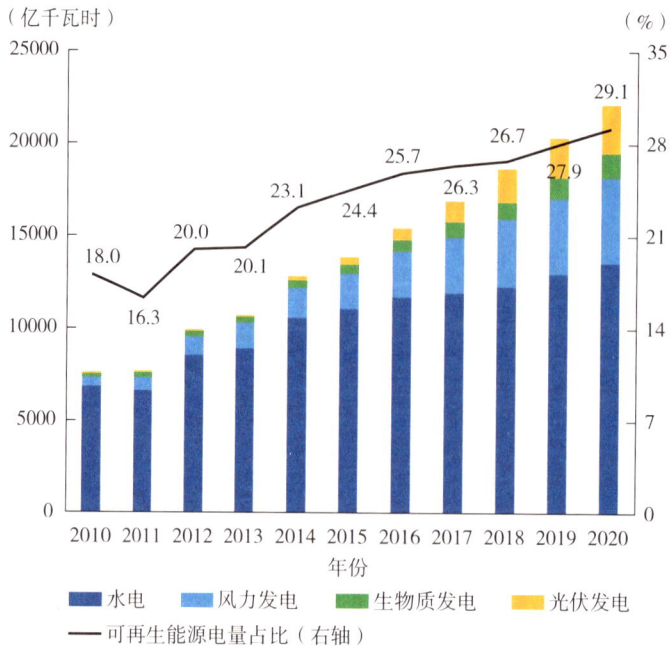

图 16-3　2010—2020 年各类可再生能源电力发电量变化及占比情况

资料来源：国家能源局

瓦时，占全国总发电量的 29.1%，其中水电 13552 亿千瓦时，风电 4665 亿千瓦时，光伏发电 2605 亿千瓦时，生物质发电 1326 亿千瓦时（见图 16-3）。[①]

风电市场快速发展。按照统筹规划、集散并举、陆海齐进、有效利用的原则，我国积极有序推进风电开发利用和大型风电基地建设，积极开发中东部分布式风电资源以及积极稳妥发展海上风电。我国风电年装机容量与年发电量持续快速增长，2020 年，全国风电新增并网装机 7167 万千瓦，其中陆上风电新增装机 6861 万千瓦、海上风电新增装机 306 万千瓦。到 2020 年底，全国风电累计装机 2.81 亿千瓦，较 2010 年提高了 8.5 倍，占全部电源总装机容量的 12.8%，比 2010 年提高 9.7 个百分点，其中陆上风电累计装机 2.71 亿千瓦、海上风电累计装机约 900 万千瓦。风电区域布局不断优化，中东南部地区新增装机占比已达 40%，累计装机占比达到 1/3，同比上年提高了 3 个百分点。2020 年，全国风电年平均利用小时数 2097 小时，总发电量 4655 亿千瓦时，占全部电源总发电量的 6.1%，相比 2010 年提高 4.9 个百分点。[②]通过风电的规模化开发利用有力促进风电制造产业发展，风电制造产业的创新能力和国际竞争力不断提升，风电开发进入平价发展阶段，未来将优先发展平价或低价风电项目。

光伏发电发展突飞猛进。通过实施光伏发电"领跑者"计划、采用竞争性配置资源等方式，推动光伏发电技术迭代、效率提升和成本下降。通过集中式与分布式并举、开发侧和消费侧并重，提升光伏发电的开发利用规模。我国光伏产业基本实现了全球"领跑"，光伏开发进入平价和低价发展阶段。2020 年，全国光伏新增装机 4820 万千瓦，其中集中式光伏电站 3268 万千瓦、分布式光伏电站 1552 万千瓦。截至 2020 年底，全国光伏发电累计装机容量达到 2.53 亿千瓦，较 2010 年提高了约 290 倍，占电源总装机容量的 11.5%，相比 2010 年提高了 11.4 个百分点。2020 年，全国光伏发电量达到 2605 亿千瓦时，较 2010 年提高了约 500 倍，占全部电源总发电量的 3.4%，较 2010 年提高了约 3.4 个百分点。[③]

多元并举，结合各地资源禀赋合理发展生物质能、地热能和海洋能等其他可再生能源。推动生物质发电、垃圾焚烧发电、生物天然气、农村沼气、地热能集中和分布式供暖、地热发电等各种形式的可再生能源发电和非电应用，推动潮流能、波浪

---

① 数据来源：国家统计局，国家能源局。
② 数据来源：国家能源局，中国可再生能源学会风能专业委员会。
③ 数据来源：国家能源局。

能等海洋能技术的规模化发展应用。2020 年，我国生物能利用总量约 6000 万吨标准煤，其中，生物质发电约 3500 万吨标准煤，生物质固体燃料约 1000 万吨标准煤、生物液体燃料约 430 万吨标准煤，沼气和生物天然气约 1100 万吨标准煤。生物质发电依然是生物质能产业的支柱，2020 年底的生物质发电累计装机达到 2952 万千瓦，较上年增长 543 万千瓦，同比增长 22.5%；生物质发电量 1326 亿千瓦时，同比增长 19.4%，继续保持稳步增长势头[①]。

（二）典型新能源装备产业发展情况

1. 光伏产业技术发展情况

光伏产业已成为我国为数不多、可同步参与国际竞争并在产业化方面取得领先优势的产业。新增装机规模从 2013 年起，累计装机规模从 2015 年起，产业规模从 2007 年起已连续多年位居世界第一。产业化技术处于全球先进水平，前沿技术加速布局，主要装备制造基本实现国产化，制造企业实力稳步增强，在多晶硅、硅片、电池片、组件制造环节均有 5 家以上企业位居全球前十，已在全球近 20 个国家和地区建厂。

技术迭代加速，电池和组件效率不断提升。经过十余年的发展，目前，我国光伏电池产业化量产技术水平已处于世界领先地位，天合、晶科、隆基等企业多次刷新产业化电池、组件转换效率世界纪录。规模化生产的使用钝化发射极和背面触点（PERC）电池技术的单晶电池效率达到 22.8%。第三批光伏领跑基地入选项目中，光伏电池转换效率最高达到 23.85%[②]。新型高效电池技术与高效组件技术快速发展，产业化水平不断提高，部分技术已具备一定规模化生产能力及较强的国际竞争力。

成本持续大幅下降，规模效应叠加技术进步驱动行业降本增效。光伏行业呈现持续性的成本下降和转换效率提升趋势。2007—2019 年，光伏系统成本的降低主要由组件贡献，组件在系统成本占比从 2007 年的 60% 降至 2019 年的 38.5%。[③] 随着全球光伏需求增速和发电效率提升速度放缓，光伏各环节成本下降趋势趋于平缓，技术进步成为驱动成本下降的主要因素。

产业规模世界领先，龙头企业产能持续扩张。从 2013 年开始，国内光伏制造市场大规模启动，光伏制造业步入发展快车道，已形成完备的光伏产品生产制造

---

① 数据来源：国家能源局。
② 数据来源：中国光伏行业协会。
③ 数据来源：中国光伏行业协会。

全产业链、硅料、硅片、电池片、组件等 4 个主要生产环节产量均连续多年位居全球第一。2020 年，我国多晶硅料、硅片、电池片、组件的产量分别达到 39.2 万吨、161.3GW、134.8GW 和 124.6GW，分别同比上年增长 14.6%、19.7%、22.2% 和 26.4%，各环节在全球的占比均超过 70%，处于世界领先地位。还形成了一批具有较强国际竞争力的企业，在 2020 年各类光伏产品全球销量统计中，排名前十的企业绝大多数是中国企业。

装备制造水平大幅提高，基本实现国产化。我国光伏设备产业持续健康发展，技术水平明显提升，产品从低端向高端发展，产品定制化程度逐步提高，高产能与高效自动化能力不断提升，推动光伏制造向光伏智造转变。除个别高效电池生产用 PECVD 设备、硼扩散设备等外，多晶硅、硅片、电池片、组件各环节主要设备已基本实现国产化，投资成本大幅下降。未来随着设备性能、单台产能以及电池片效率不断提升，各环节生产线投资成本有望进一步降低。

2. 风电装备产业发展情况

我国风电产业实现了由跟跑向并跑的转变，已基本掌握了风电行业的关键核心技术，风电主要零部件从设计到制造的能力均位于世界前列，尤其是低风速风况和恶劣环境等条件下的风电机组开发取得了突破性进展。根据全球风能理事会（GWEC）的统计，2019 年全球十大风机制造商前十五强中，有 8 家中国企业在全球风电市场表现不俗。

整机制造企业前三甲优势明显，国内风机制造占据新增市场前十。2019 年，中国风电有新增装机的整机制造企业共 17 家，新增装机容量为 2678.5 万千瓦。其中金风科技新增装机容量达到 801 万千瓦，市场份额达到 30%，其后依次为远景能源、明阳智能、运达股份和东方电气，前 5 家企业市场份额合计达到 73.4%。

风电机组设备价格总体持续下降，是风电成本下降的最主要原因。过去 10 年，国内风电机组价格从 2010 年的 5000 元 / 千瓦左右下降到 2018 年的 3100 元 / 千瓦左右，2019 年以来由于项目储备量和并网时间要求等导致项目抢装，机组价格上涨，普遍在 4000 元 / 千瓦左右，2020 年年中受抢装潮影响逐渐减退，价格开始逐渐回落，到 2020 年年底已经普遍降低至 3100 元 / 千瓦左右水平。2021 年由于还处于抢装过后的消化期，新开工项目较少，风机中标价格不断下降，最低的风机价格甚至已经低于 2000 元 / 千瓦。

风电机组单机容量不断提升。风电技术水平不断进步，低风速风电、智能风电机组、智慧风场等技术将不断提升，部分领域已达国际先进水平。根据中国风能协会的统计，2020 年，中国新增装机的风电机组平均单机容量为 2668 千瓦，同比增长 8.7%，较 2015 年增长 45.2%。风电机组单机容量逐年增长，从近 5 年风电机组新增装机容量变化看，单机容量为 3 兆瓦及以上风电机组装机容量明显增加，2020 年 3 兆瓦及以上风电机组新增装机 5978 台，装机容量 2060.2 万千瓦，同比增长 184%。

叶轮直径和扫风面积不断加大。2020 年，平均风轮直径增长到 136 米，比 10 年前增加了 58 米，较 2010 年增长了 74%。2020 年轮毂高度最大值为 162 米，比 2019 年增长了 15 米。从新增装机容量来看，90 米高的轮毂装机容量占比最大，占全国新增的 43%，其次是 140 米高的轮毂，占比为 13.4%。由于扫风面积与风轮直径的平方成正比，即由于叶片加长，带来理论捕集风能的最大能力在过去 10 年提高了近 200%。

（三）产业和技术发展潜力

1. 光伏发电技术及成本下降潜力

未来，我国光伏产业仍将保持技术快速迭代和产业不断升级的态势，新技术、新工艺、新产品层出不穷，光伏电池效率和光伏发电系统效率将持续提升。根据国内主要企业调研和专家判断，在近中期光伏发电成本具有较大的下降潜力。光伏发电成本下降关键环节主要体现在以下 3 个方面。

光伏电池和组件转换效率提升。晶硅电池效率仍有 2 ~ 3 个百分点的提升空间，高效双结叠层电池效率在远期有望达 35%。业内普遍认为，因效率提升因素，中长期每瓦电池的非硅成本将比目前下降 40% 左右，各种组件基本上以不低于 5 瓦 / 年的增加速度推进，加上电池转换效率提升，每块组件的效率增加。2035 年每瓦组件的非硅成本将降至目前的 50% 左右，2050 年每瓦组件的非硅成本将降至目前的 25% 左右。

硅料成本价格下降和硅利用率的改善。多晶硅单位重量的原材料消耗量将下降，叠加产线投资持续减少、单位设备产能持续提升、人均产量持续升高等制造业规律，硅料市场价格可实现稳定下降。加上薄片化技术的更新、硅片尺寸增大、产能效率提升，将大幅降低每瓦硅片的加工成本。

电站系统优化。调研显示，支架、桩基、安装和土地等非组件的单位千瓦成本随组件单位千瓦成本的下降被摊薄，逆变器和变压器等电气设备、并网接入成本将随着光伏组件效率以及功率的提升被整体摊薄，电气设备制造工艺进步、系统应用技术进步等因素也将持续降低光伏发电的技术成本。

未来光伏电站投资成本将持续下降。在光伏组件成本大幅降低以及转换效率持续提升的带动下，2035 年和 2050 年光伏电站投资预计将比当前的水平分别下降 37% 和 53%。其中组件价格的下降贡献最大，通过技术进步和规模效应，2035 年和 2050 年组件价格预计将比 2021 年分别下降 55% 和 70% 以上，光伏电站投资下降中组件的贡献率超过 60%（见图 16-4）。组件效率的提升，将带动包括土地费用、支架、部分电气设备以及建筑施工等方面支出的下降。

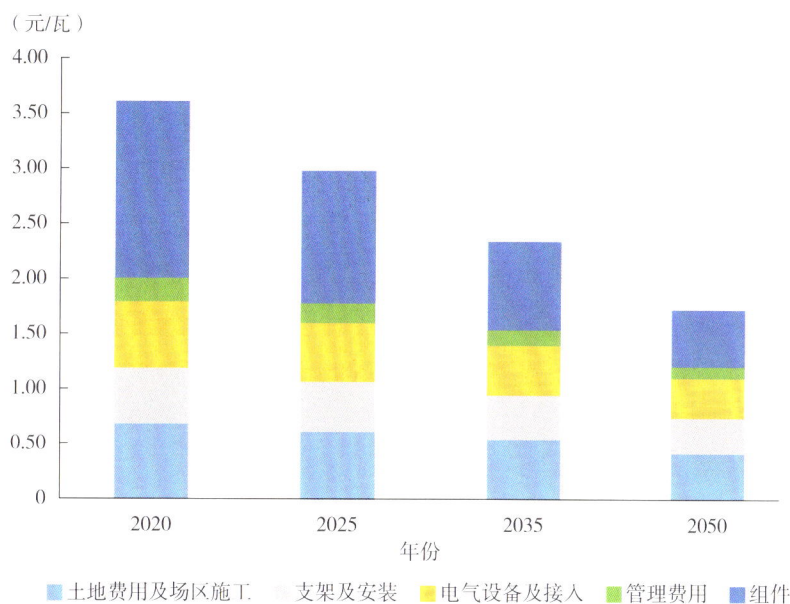

（元/瓦）

图 16-4　光伏电站投资造价组成及变化趋势展望

资料来源：企业调研和专家访谈

光伏发电系统效率将稳步提升，提高发电小时数。目前的光伏产品以单面组件为主，将来会逐步过渡到双面发电，增加光伏电站发电量，有效提升光伏组件的发电量（5% ～ 25%），跟踪系统也可以显著提高发电量（约 20%）。此外，光伏系统效率受逆变器效率、集电线路损耗、升压变压器损耗等因素影响，各组成部分性能将不断提升，从而提升光伏系统综合效率，目前的光伏系统综合效率约为 85% ～ 90%，还有约 5 个百分点的提升空间。

综合考虑以上因素，通过单位投资造价的降低以及系统效率提升和光衰降低带动发电利用小时数上升，光伏发电上网电价需求有望持续下降，预计 2025 年前光伏发电将成为最经济的新增发电技术。到 2025 年，光伏发电成本在所有发电技术新增装机中成本最低，其中新增集中式光伏电站上网平均电价需求预计降低至约 0.26 元 / 千瓦时，相比 2020 年降低 20% 左右，资源优异地区（小时数 1800 小时）的电价需求甚至可降低至 0.19 元 / 千瓦时。2025 年以后光伏发电预计仍将保持快速下降，到 2035 年和 2060 年新增光伏电站平均电价需求将分别降低至 0.19 元 / 千瓦时和 0.13 元 / 千瓦时的水平（见图 16-5）。

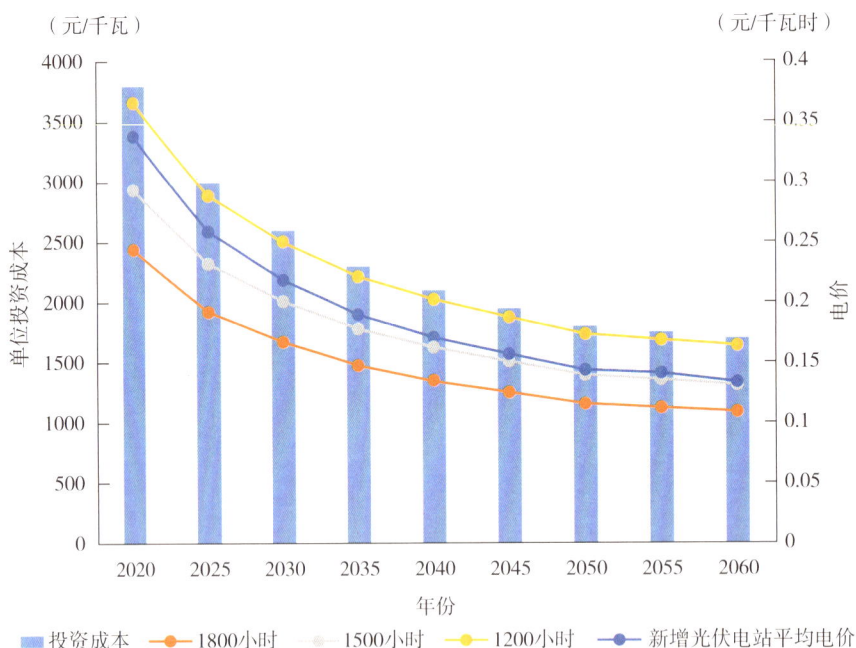

图 16-5　集中式电站单位投资成本和上网电价需求展望

注：按照资本金内部收益率 8%，运行期 20 年，贷款 15 年，贷款利率 4.9%，贷款比例 80%，固定资产残值 5% 进行测算。

资料来源：作者自绘

2. 陆上风电技术及成本下降潜力

根据企业调研和专家访谈结果，对风电产业发展进行分析预测。单纯从技术角度，未来陆上风电成本下降仍有空间，通过提高单机容量、挖掘低风速条件的发电量、先进制造和工艺提效等手段可以有效降低度电成本，依靠智慧风电场、智能运维应用等方式提高单个风机和整个风电场的运行效率和可靠性，还将带来风电整体效率的提升。此外，产业规模的扩大带来的规模效益也有助于降低技术成本。

风电场单位投资仍具备持续下降空间。由于"十三五"末期抢装等非技术因素导致风电投资成本相对较高,进入平价时代后,"十四五"期间的风电投资成本将实现较大幅度的下降,预计 2025 年风电场初始投资将在 2020 年基础上下降 1000 元 / 千瓦左右,"三北"和东中部地势平坦地区的单位投资可降至 5500 元 / 千瓦左右,东中部和南方等山地丘陵复杂地形地区的单位投资可降至 6400 元 / 千瓦左右。其中风电机组成本有较大的降低空间,预计机组价格将从 2020 年底的 3100 元 / 千瓦降低至 2025 年的 2600 元 / 千瓦左右。塔架和安装费用下降将通过加强内部管理、提高塔架质量标准、强化质量监造,采用新型柔性轻型塔架等实现;工程建设成本下降一方面要通过更高效的技术进步和管理手段,另一方面可以通过大容量机组的应用减小单位千瓦的安装费用。展望中长期,风电初始投资将保持稳定下降,预计 2035 年和 2060 年有望在 2025 年基础上再分别降低 10% 和 20% 左右。

单位千瓦运维成本将保持稳中有降。通过智能化应用在风电场设计,风机选型、风电场、风机运行和维护维修方面提高可利用率和发电效率,预计可提高 8% ~ 10% 的发电量。通过优化风机的偏航矫正、额定功率自适应等方式优化调整风机控制策略,还可进一步降低度电成本。结合风资源情况,通过提高风机基础的高度、优化风机叶片设计等方式,还可提高 10% ~ 15% 的发电量。通过风机技术进步和风电场优化设计和运行水平提高,预计 2025 年同等资源条件下发电量相比 2020 年有望提升 150 ~ 200 小时,2035 年和 2060 年则在 2025 年基础上再分别提高约 200 小时和 400 小时。

综合考虑以上因素,通过单位投资造价的降低以及发电利用小时数的上升,风电上网电价需求有望持续下降。预计 2025 年,全国陆上风电平价上网平均电价需求(含税和合理收益率,下同)将降低至 0.31 元 / 千瓦时,在 2020 年基础上降低 10% 左右,其中土地平坦且风资源优质地区(发电小时数达到 3000 小时)的电价需求可降至 0.23 元 / 千瓦时,山地丘陵且风资源一般地区的电价需求可降至 0.39 元 / 千瓦时。展望中长期,预计 2035 年和 2060 年全国陆上风电上网平均电价水平将分别降低至 0.25 元 / 千瓦时和 0.21 元 / 千瓦时,在 2025 年基础上分别降低 20% 和 30% 左右。其中,土地平坦且风资源优质地区 2035 年和 2060 年的电价需求将分别低于 0.2 元 / 千瓦时和 0.16 元 / 千瓦时。

3. 海上风电技术及成本下降潜力

国际能源署采用学习曲线的方法,预期到 2050 年,陆上风电的学习率是 7%,

海上风电的学习率是 9%，并以 2 摄氏度情景（2DS）和蓝图情景（BLUE Map）预测了海上风电投资成本的变化。2 摄氏度情景下，2030 年海上风电投资将较 2015 年（2900 美元／千瓦）下降 25% 左右，2050 年下降 35% 左右。海上风电运行成本到 2030 年和 2050 年将分别较 2015 年降低 30% 和 40% 左右。国际能源署预测海上风电技术进步潜力和成本下降主要来源于 3 个方面：一是风电技术，包括风机的设计改进、高级部件、运行与管理可靠性与测试；二是风能特性，包括风资源评估和风场选址、风能特性和外部条件对风机的影响、短期预报方法；三是风电供应链、生产和安装。而根据国际可再生能源机构的报告，预计到 2025 年，海上风电平准化度电成本将降为 0.12 美元／千瓦时。成本下降的主要因素是在施工和安装过程中的技术进步、流程优化以及项目开发经验不断增多、风电场效率提升等。6 兆瓦及以上大型风电机组的推广和新型风机技术升级会对未来海上风电的平准化度电成本下降带来最重要的影响。

与陆上风电相似，未来中国海上风电发电成本降低的一个关键因素是效率的提升。2019 年，国内海上风电新增主流机型为 4 ~ 6 兆瓦，最大机型为 10 兆瓦；国际最大单机的已安装投运的风电机组超过 12 兆瓦。预计"十四五"初期，6 ~ 8 兆瓦单机将成为新安装主流机型，风电场容量将在 2020 年基础上提升 1 ~ 2 个百分点。除了投资成本外，运行成本也将有一定程度的降低。通过风电机组可靠性提高，海上施工船舶技术的发展，施工设备及技术有不小进步，驱动运行维护成本降低。预计"十四五"期间运维成本会下降 10% 左右。

综合投资降低和发电效率提升对发电成本的影响，按照 25 年运行期测算，2025 年平均电价需求将降低至 0.52 元／千瓦时，2035 年和 2060 年的电价需求将分别相应降低至 0.40 元／千瓦时和 0.31 元／千瓦时（见表 16-1）。

表 16-1　海上风电成本下降潜力和电价需求测算

	2020 年	2025 年	2035 年	2060 年
初始静态投资（元／千瓦）	16500	13500	11500	10000
年均运营成本（元／千瓦）	320	300	240	200
年等效利用小时数	2700	2900	3300	3700
资本金 IRR=8% 时电价需求（元／千瓦时，运行 25 年）	0.71	0.52	0.40	0.31

资料来源：作者根据市场信息和预测测算结果

二、新能源发展的经济社会环境影响评估

（一）新能源发展的经济效应评估

新能源发展既是实现"双碳"目标的重要产业基础，也是支撑经济发展的新动能。在本研究中，我们主要对未来非化石能源快速发展带动相关产业发展规模进行初步估算，并结合我们对未来经济总规模的发展判断，得出非化石能源发展对未来经济增长的支撑作用。传统的情景分析法往往先在参考情景中对经济增长进行假设，然后再考虑额外新增可再生能源投资对经济的贡献。然而，综合考虑全球以数字和绿色双转型为经济社会发展的主航道，绿色发展已经是经济增长中不可缺少的内容，因此这种比较静态的分析方法对参考情景中的经济增长的基础假设内涵并不清晰，会低估可再生能源发展对经济增长的贡献。

本研究中，2021—2030 年可再生能源平均每年新增新能源电力装机 1.3 亿千瓦，2031—2060 年，平均每年需要新建装机 1.6 亿千瓦，综合考虑发电机组、输配电网及储能等基础设施，约折合每年投资 1 万亿~1.3 万亿元；同时年发电量从 2020 年的 1.8 万亿千瓦时增加到 2030 年的 5.8 万亿千瓦时，再增加到 2060 年的 16.6 万亿千瓦时。可再生能源发电及上下游产业规模有望长期稳定，储能、分布式能源系统也将进一步发展。这些举措不但可有效促进能源结构脱碳，还将进一步加强对经济增长的直接拉动作用。我们根据非化石能源发电量占发电总量比重的未来趋势为依据，估算在电力领域、电气设备制造等行业中绿色低碳成分的经济规模。初步计算结果如图 16-6 所示。非化石能源发电的增加值在 2020 年为 1.2 万亿元，到 2030 年提高到 3.2 万亿元，到 2060 年提高到 17.1 万亿元。非化石能源发电创造的增加值占 GDP 的比重从 2020 年的 1.3% 逐步增加到 2030 年的 2.2%，进一步增加到 2060 年的 5%。

（二）新能源发展的社会效应评估

中国"双碳"目标的提出和落实，不仅会对气候、环境产生显著影响，同样会对经济社会运行产生影响，尤其是产业布局的变化和就业结构的变化。一方面，相较于 2022 年，2060 年一半以上的煤电将退出，煤电和煤炭产业的部分工人需要分流至其他产业和行业；另一方面，新能源的大幅扩张，将会产生新的就业增长点。本部分通过两方面模拟分析碳中和电力系统转型的就业效应：一是分析以风光电为代表的新能源未来产生的就业效应；二是量化因电力系统转型产生的净就业效应。

（亿元，2015年价）　　　　　　　　　　　　　　　　　　　　　　（%）

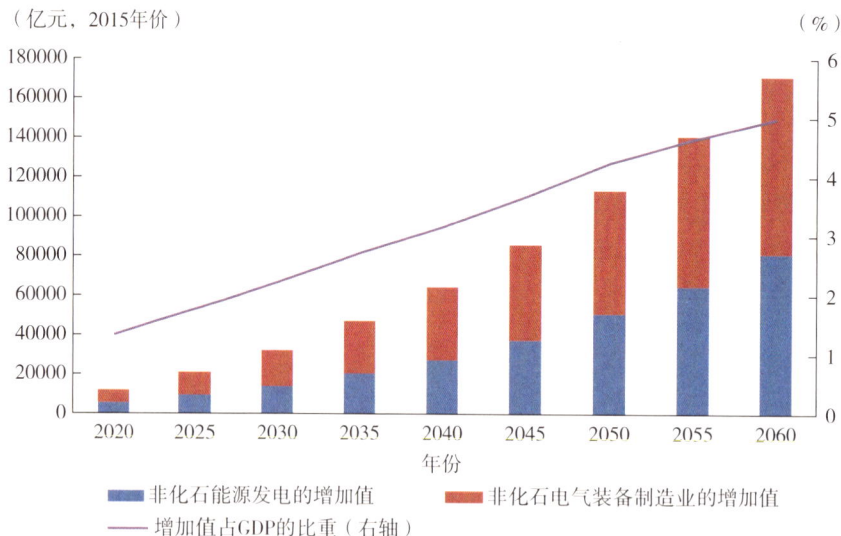

图 16-6　可再生能源发展对经济的直接拉动作用

资料来源：作者自绘

1. 全生命周期就业核算模型

本研究识别了新能源制造、安装、运维和回收 4 个阶段的就业影响，因此各类可再生能源技术的就业量等于 4 个阶段的就业量之和，如式 16-1 所示。

$$TE_{t,s} = \sum E_{t,s,g,p} \tag{16-1}$$

其中，t 表示年份，s 表示各类可再生能源技术，g 表示全生命周期阶段，p 表示不同产品或过程。$E_{t,s,g,p}$ 指细分技术、阶段、过程的就业量，而 $TE_{t,s}$ 则指某年某类可再生能源技术的总就业量。

首先，新能源制造阶段的就业量等于当年制造量与就业系数的乘积，制造量等于当年新增装机和当年出口量之和。本研究根据 2020 年基年数据率决定出口量与新增装机量的比率，并假设未来随着规模增大这一比率不发生改变。

其次，新能源安装阶段的就业量等于当年新增装机量与就业系数的乘积；运维阶段则等于现有装机量总量与就业系数的乘积；回收阶段等于当年退役容量与就业系数的乘积。

风电、光伏的设计寿命为 20 ~ 25 年，因此在实现碳中和前存在退役的可能，从而需要进行回收。为此，本研究考虑到未来技术的发展，假设其寿命为 25 年，以在给定每年总容量的条件下计算制造量、新增装机量和回收量。水电、核电的设计寿命较长，因此本研究不考虑对于上述两类技术机组的回收阶段。

对于各类就业系数，本研究采取了国家发展改革委能源研究所、国际可再生能源机构等多篇文献的调研结果，识别了各类能源技术在各阶段的就业效应，并考虑到未来因技术进步和规模效应等所产生的就业系数的下降，以发达国家的就业系数作为参考确定了未来就业系数变动的不确定性区间。

基于上述方法与数据，本研究对于电力系统转型的就业效应进行评估。

2. 研究结果

（1）风光电行业的就业促进效应

从总量上看，由于未来可再生能源的迅猛发展，风光电行业的就业岗位将会迅速增长，2045 年风电行业就业量将会达到峰值，就业人数将达到 300 万人左右；光伏行业则于 2050 年就业量达到峰值，达到 700 万人左右。尽管此后由于新增装机量的下降，就业量将会有所下降，但到 2060 年，仍有 230 万人左右的风电行业就业和 520 万人左右的光伏行业就业。因此，光伏行业和风电行业在未来迅猛发展的同时也会产生显著的社会效益，就业岗位将会继续增加（见图 16-7）。

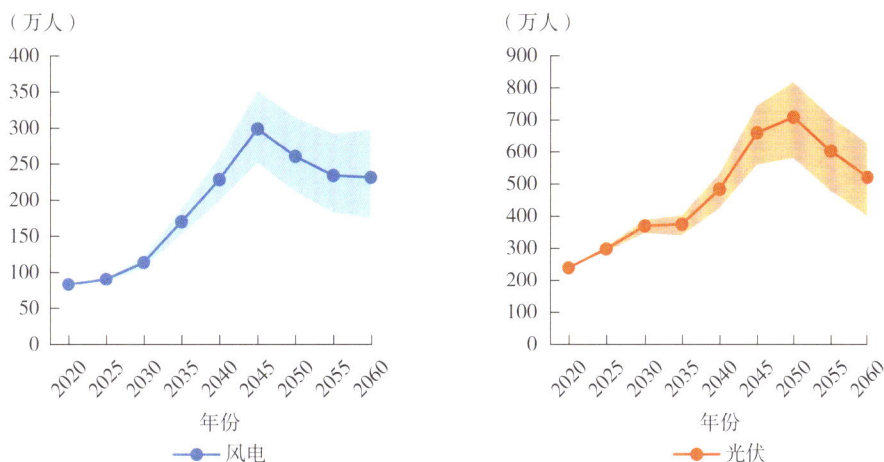

图 16-7　风电与光伏行业的总体就业效应

资料来源：作者自绘

分环节来看，本研究识别了风电和光伏在制造、安装、运维和回收全生命周期 4 个阶段的就业效应。无论是风电还是光伏，随着装机规模的迅速增大，所需要的

面向未来 助力增长：构建中国新型能源体系

运维总人数也相应持续增长。风电行业运维总人数从 2020 年的 10.6 万人逐步增长到 2060 年的 80.9 万人，而光伏行业运维总人数则从 2020 年的 8.2 万人逐步增长到 2060 年的 92.5 万人，接近百万人（见图 16-8）。

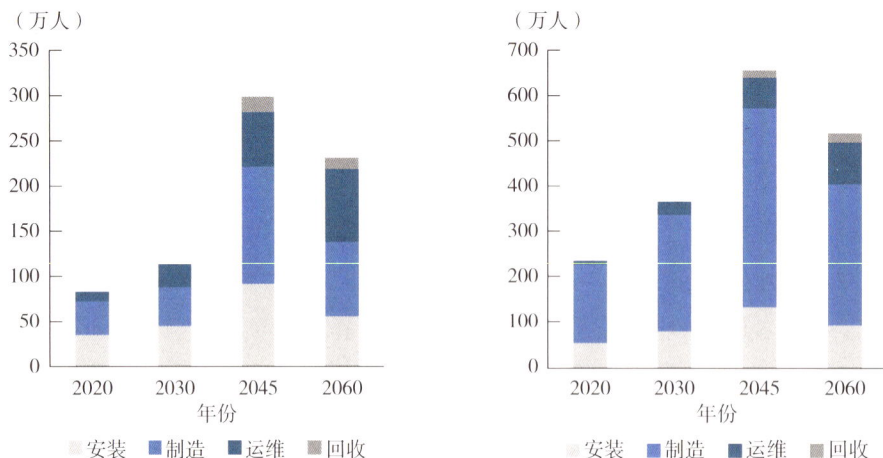

图 16-8　风电（左图）与光伏（右图）行业的分环节就业效应

资料来源：作者自绘

在制造和安装岗上，风光电均表现出先增长后降低的趋势。这是因为到 2050 年左右，全社会用电需求已经逐渐趋于平稳，风光电装机也逐步趋向饱和，新增装机规模逐渐下降。尽管早期所安装的风光电装机退役需要进行补充，但总体新增量已经不大，从而使得风光产业所促进的安装制造就业量有所下降。具体来看，风电到 2060 年将促进 82.2 万人的制造就业和 55.6 万人的安装就业；而光伏到 2060 年将促进 313.1 万人的制造就业和 94.8 万人的安装就业。更大量的光伏制造就业一方面是因为光伏产业链更为复杂，包括晶硅、硅片、电池片、组件等多个环节，单位光伏组件制造量具有更大的就业系数；另一方面则是因为我国光伏产业具有更高的产能和出口竞争力。2020 年，全国组件产量达到 124.6GW，而新增光伏并网装机容量仅为 48.2GW，超过一半的光伏组件出口国外，弥补国外光伏需求。本研究在假设未来出口规模时按照 2020 年的出口比例进行外推，即是要求国内光伏企业始终保持较高的出口竞争力和出口规模。然而，未来东南亚国家光伏产业链的完善，会对中国光伏企业形成竞争，因此出口规模并不会按照预想结果迅猛发展。在极端假设下，倘若未来中国光伏净出口规模降为 0，光伏制造环节的就业量将会降至 121.2 万人，这一规模甚至将低于 2020 年光伏制造环节的就业量。因此，维持我国光伏产业在世界市场的竞争力，对于促进可持续就业具有重要价值。

最后，本研究同样识别了风光电回收环节的就业效应。由于风机和光伏组件主要由各类可回收物组成，如钢材、贵重金属、玻璃等，因此具有非常高的回收价值。考虑到 2035 年后将会开始迎来风机光伏组件的回收潮且回收规模将不断扩大，到 2060 年风电和光伏回收环节就业效应将分别达到 12.6 万人和 20.3 万人。

（2）电力系统转型的就业效应

从总量上看，电力系统转型过程中，电力行业各阶段的就业总和在未来呈现出不确定的变动。到 2060 年，直接就业总量将达到 781.5 万人，相比于 2020 年的 860.0 万人，呈现不确定的变动。其中的原因主要是随着技术进步和规模经济的发展，各类发电技术的就业系数将持续下降。以煤炭和煤电为例，我国煤矿产业工人数量在过去 10 年间显著下降，2010 年超过 500 万人，而到 2020 年已经降至 300 万人左右，200 万人在 10 年间因为小型煤矿关停等政策退出了煤矿产业，大型煤矿利用更先进、更节约人力、更具效率的方式进行作业，就业效应不断降低。尽管如此，发达国家的煤矿产业就业系数甚至更低，因此在未来，即使没有电力结构的转型，煤矿产业工人数量也会不断下降，从而使得就业总量出现下降。与之类似，光伏、风电等仍然处于技术进步中，就业系数都会不断下降，因此未来电力系统总体就业规模仍然是不确定的，尽管到 2050 年会不断上升，但因为从 2050 年到 2060 年风光电就业需求的下降，到 2060 年总体就业规模会有所下降。

尽管从总量规模上讲存在不确定性，但从结构上讲，就业岗位发生从煤电向风光电的迅速转变是显著而确定的，化石能源发电行业的总就业规模从 2020 年的 467.7 万人持续下降到 2060 年的 33.3 万人，化石能源发电行业几乎清零。与此同时，可再生能源发电行业的总就业规模从 2020 年的 308.0 万人增长到最高的 828.0 万人，2060 年将达到 640.1 万人，新增就业岗位 300 万 ~ 500 万。显著的就业流动将会产生一定的社会风险，加强煤电产业工人培训与再就业，在短期内具有重要意义。

（三）新能源发展的污染物排放效应评估

中国"双碳"目标的提出，重点在于减缓日益严峻的气候变化，从而推动电力系统显著发生从高碳向低碳的转型，这一过程将同时产生多种环境协同效益。首先，空气污染物与二氧化碳往往同时产生，具有高度的同源性，因而"双碳"目标落实会对空气质量产生显著的效益；其次，不同电力技术对水资源的影响存在差异，可再生能源，尤其是风光电相比于化石能源的影响往往更低，从而会降低水资源压力。本章基于技术现实与未来预期重点分析电力系统转型对于大气和水环境的协同效益。

电力行业空气污染物减排可以通过两种方式实现，一是通过采取末端治理技术，安装脱硫脱硝与除尘等装置降低发电过程的空气污染物浓度；二是利用风电光伏等零排放技术替代燃料发电，从前端避免污染物的产生。自 2015 年起，原环境保护部、国家发展改革委和国家能源局全面实施燃煤电厂超低排放和节能改造，要求到 2020 年所有具备改造条件的燃煤电厂力争实现超低排放，煤电超低排放改造使得煤电排放显著降低[1]。然而，随着煤电等技术基本全部完成超低排放改造，结构调整的作用愈发重要。

由于节能减排技术进步和超低排放改造等政策的存在，各类发电技术排放系数并非始终不变，而往往在不断下降，为此获取动态排放系数变动趋势对于客观评估未来电力系统转型的空气质量协同效益至关重要。近年来为履行国家环保监管的要求，中国绝大多数电厂已经安装监测设施，建成了烟气连续排放监测系统，从而可以实现连续动态高时间分辨率的厂级排放核算，核算方法如式 16-2 所示。

$$EF_{p,t,e,y,i}=\overline{C_{p,t,y}} \times V_{t,e} \times M_{i,y} \qquad (16\text{-}2)$$

其中，$EF_{p,t,e,y,i}$ 指 y 年 i 火电机组采取 t 类技术用 e 类燃料对 p 类污染物的排放系数，根据本研究时间分辨率取年，$\overline{C_{p,t,y}}$ 指年平均烟气污染物浓度，$V_{t,e}$ 指采取 t 类技术用 e 类燃料时单位燃料使用的烟气量，$M_{i,y}$ 指 y 年 i 火电机组的平均供电燃料消耗量。

Tang 等[2]利用监测数据对火电排放系数进行了动态化评估，检验了该方法的有效性，同时也得到了 Li 等[3]和 Zhang 等[4]同样利用监测数据的排放系数计算结果的支持，提供了本研究用于未来电力系统排放情景分析的基准参数，如表 16-2 所示，其基于厂级排放评估得到各类发电技术年平均排放系数。

---

[1] 环境保护部、国家发展和改革委员会、国家能源局：《关于印发〈全面实施燃煤电厂超低排放和节能改造工作方案〉的通知》，2015 年 12 月 11 日。

[2] Tang, L., Xue, X., Qu, J. et al. Air pollution emissions from Chinese power plants based on the continuous emission monitoring systems network. Sci Data 7, 325 (2020).

[3] Li, J., et al. (2020). Incorporating Health Cobenefits in Decision-Making for the Decommissioning of Coal-Fired Power Plants in China. Environmental Science & Technology, 54, 21, 13935-13943.

[4] Zhang, Y. , Bo, X, Zhao, Y. et al. (2019). Benefits of current and future policies on emissions of china's coal-fired power sector indicated by continuous emission monitoring. Environmental Pollution, 251(AUG.), 415-424.

表 16-2 利用监测数据的排放系数评估结果总结（克/千瓦时）

	煤电	燃气发电	生物质发电	煤电	煤电（300～600 兆瓦）
SO$_2$	0.165	0.026	0.435	0.152	0.282
NO$_x$	0.239	0.151	0.881	0.208	0.350
PM	0.028	0.008	0.146	0.024	0.060
年份	2017	2017	2017	2018	2015
参考文献	Tang 等	Tang 等	Tang 等	Li 等	Zhang 等

资料来源：作者整理

在排放系数评估的基础上，进一步采取情景分析方法对未来排放系数进行合理假设。首先，根据超低排放改造标准，PM、NO$_x$ 和 SO$_2$ 排放浓度分别不高于 10mg/m^3、35mg/m^3、50mg/m^3，且平均供电煤耗低于 310 克/千瓦时，因而可根据式 16-2 计算超低排放改造后的煤电理论排放系数可分别低至 0.106 克/千瓦时、0.152 克/千瓦时和 0.030 克/千瓦时，SO$_2$ 和 NO$_x$ 排放系数将低于现有监测结果。为此，本研究假设到 2020 年，煤电 PM 排放系数保持不变，而 SO$_2$ 和 NO$_x$ 排放系数降低至 0.120 克/千瓦时和 0.170 克/千瓦时，这是因为本研究考虑到仍然有部分小型机组无法进行超低排放改造。

考虑未来末端治理力度的不同可能，本研究设定了两种末端减排情景，即既定政策情景和最佳技术情景。在既定政策情景中，只考虑现有的超低排放改造政策，故而煤电排放系数将在 2021 年后维持在 2020 年水平不变；考虑到燃气发电排放系数已经极低，故燃气发电排放系数始终保持不变；对于生物质发电，考虑到目前排放系数仍然极高，故假设未来将有中等程度的下降，但不考虑其实现超低排放，到 2030 年 SO$_2$、NO$_x$ 和 PM 排放系数分别达到 0.260 克/千瓦时、0.576 克/千瓦时、0.116 克/千瓦时，此后保持不变。在最佳技术情景中，考虑煤电、气电、生物质发电排放系数的进一步下降，从而能够与 CCS 部署的空气污染物浓度要求相匹配，到 2060 年，SO$_2$ 排放系数能够低于 0.030 克/千瓦时，NO$_x$ 排放系数低于 0.152 克/千瓦时，PM 排放系数低于 0.032 克/千瓦时。

为评估电力系统转型的空气质量协同效益，需要设定两个电力系统结构情景，即参考情景（REF）和碳中和情景（CN）。两类情景假设的发电总量相同，但在参考情景中，本研究假设各类电力技术发电量等比例增长，即不发生结构转型；碳中和情景中，本研究假设电力系统发生快速深刻的转型，可再生能源发电量大幅度增长，CCS 有所应用，最终实现零排放乃至负排放。情景组合设定如表 16-3 所示，由于在参考情景下不存在 CCS 的应用，故仅假设末端治理保持在既定政策情景，而不考虑最佳技术情景。

表 16-3　情景组合设定总结

	参考情景	碳中和情景
既定政策情景	REF	CN-Current
最佳技术情景		CN-Max

资料来源：作者自制

若不考虑电力系统转型，电力需求量的大幅度上升，将会带来各类空气污染物排放的持续增长，然而由于超低排放改造，SO_2、NO_x、PM 三类常规大气污染物的排放量均不会大幅增加，分别为 142.4 万吨、214.6 万吨和 30.7 万吨。其中，SO_2 和 PM 的排放量低于 2015 年的排放水平（162.7 万吨和 31.6 万吨），而 NO_x 的排放量较 2015 年水平（187.5 万吨）增长也不大。这表明超低排放改造已经使得电力空气污染物的基准排放控制在较低水平，然而从长期来看，为进一步实现空气质量提升，电力结构转型仍然能够产生显著的协同效益。

在考虑电力系统转型后，由于煤电发电量迅速下降，被风电、光伏、水电、核电等零空气污染物排放技术所抵消，排放总量也呈现达峰后迅速下降的趋势，SO_2、NO_x、PM 分别于 68.3 亿吨、108.6 亿吨和 15.8 亿吨达峰，到 2060 年分别稳定在 18.4 亿吨、38.0 亿吨和 6.2 亿吨，相比于 REF 情景分别降低至 12.7%、17.7% 和 19.4%，绝对值分别降低了 49.9 万吨、78.6 万吨和 9.6 万吨。由于生物质发电并没有实现超低排放改造，剩余的排放主要因新增的生物质发电所产生。

可以发现，在 CN-Current 情景中由于生物质发电的排放系数较高，其排放量也较高，SO_2、NO_x 和 PM 分别为 9.9 亿吨、22.0 亿吨和 4.4 亿吨，分别占电力系统总排放量的 53.7%、57.7% 和 70.9%。因此，如果没有针对生物质发电的末端治理技术的提升，碳中和背景下的电力系统排放将主要由生物质发电而非化石能源发电产生，在电力结构转型的同时进一步加强生物质发电的末端治理仍然非常重要。若考虑到最佳技术部署，即实现 CCS 相匹配的标准，SO_2 浓度要求将会极低，从而使得 SO_2 排放总量低至 4.0 亿吨，仅为 CN-Current 情景的 21.5%，且这一减排同时由生物质发电和煤电共同提供；而由于 CCS 对 NO_x 的浓度要求相对较低，且目前火电 PM 浓度已经基本可以满足 CCS 的要求，因而煤电和天然气发电的 NO_x 和 PM 排放量将基本不变，但生物质发电的排放显著下降。可以看到，在电力结构转型的同时辅助以额外地针对生物质发电的超低排放改造，对于实现近零空气污染物排放的电力系统至关重要，得以协同实现碳中和与空气质量管理目标。

2015—2020 年，煤电机组的超低排放改造显著降低了现有火电的空气污染物排放，从而从绝对量上降低了目前因电力结构转型所产生的空气污染物协同效应。然而，从长期来看，各省均实现世界卫生组织（WHO）所规定的 $10\mu g/m^3$ 的 $PM_{2.5}$ 浓度限值时，需要实现全行业广泛而深刻的空气污染物减排。评估发现，这一目标实现时，全社会 SO_2、NO_x 和 PM 排放要分别降低至 142.8 万吨、477.2 万吨和 241.3 万吨。本研究所评估的协同效益，尽管 PM 相对较低，但 SO_2、NO_x 两类污染物减排量分别达到了这一剩余排放量的 34.9% 和 14.2%，因而在相对值上仍然具有显著的协同效益。

最后，值得讨论的是，"双碳"目标要求电气化率的大幅度提升，因而未来可再生能源大幅度增长必然伴随着电气化进程，从而在实际情况中，可再生能源增长一方面替代了煤电的存量，另一方面替代了其他行业的化石能源消费，从而降低了其他行业的化石能源排放。由于大多数行业尚未进行超低排放改造，使得单位化石能源能耗的排放系数远大于电力行业，因此若按照这一评估方式，可再生能源对化石能源的替代将会产生更为显著的空气质量协同效益。出于篇幅和研究重心为电力行业的原因，本研究将不量化这一评估方式的结果。

（四）可再生能源发展的水资源协同效益

1. 研究方法

电力系统在电力生产过程中将不可避免地产生对水资源的需求，而不同电力技术存在显著差异，为此量化电力系统转型的协同效益具有重要意义。

通常评估发电技术对水资源的影响，往往通过两个指标，即取水量和耗水量。取水量指直接从水源实际提取的水量，耗水量不包括经废水处理后重新排入水体的部分，即仅包括因蒸发等原因所产生的损耗量，因此耗水量往往低于取水量。

取水量和耗水量的大小与发电技术及其冷却技术高度相关。从冷却技术来看，目前主要包括如下几类技术：直流冷却，即将冷却水从水源取得进行冷却后直接排到取水口下游的方式，这种方式需要取用大量的水，但仅仅极少部分的水资源被消耗掉，因此一般适用于沿海沿江水源充足的地带，大多分布在长江三角洲沿岸；循环冷却，即将冷却水通过冷凝器后重新返回冷却塔再利用，由于不断循环，其取水量往往较低，但绝大多数取水量均会因为蒸发等被消耗掉，这种方式在北方大量应用；空气冷却，亦称作干冷，即使用空冷器进行冷却，可以避免取水，这一方式往往在华北和西北采用[1]。

各类发电技术及冷却技术的取水和耗水系数的文献综述结果如表 16-4 和表 16-5 所示，对于火电和煤电，不同冷却技术的耗水量均呈现出循环冷却大于直流冷却大于空气冷却的趋势，但取水量呈现出直流冷却远大于循环冷却和空气冷却的特征；光伏和风电的耗水量和取水量极低，主要用于清洗而非冷却；水电站因其发电特点和功能，耗水量的争议较大，因此本研究在研究过程中假设其取水耗水量为 0。

表 16-4　煤电取水耗水量的文献综述结果（m^3/MWh）

		Ref1[2]	Ref2[3]	Ref3[4]	本研究
耗水量	直流冷却	0.15 ~ 1.2	0.34	0.43	0.34
	循环冷却	1.2 ~ 20	2.02	1.87	1.87
	空气冷却	0.2 ~ 0.4	0.39	/	0.39
取水量	直流冷却	75.7 ~ 259.1		102.5	102.5
	循环冷却	1.5 ~ 7.6		2.4	2.4
	空气冷却	0.3 ~ 0.5			0.5

资料来源：作者根据相关文献整理

表 16-5　各类发电技术取水耗水量的文献综述结果（m^3/MWh）

		燃气发电		生物质发电		核电		光伏		风电	
		耗水	取水	耗水	取水	耗水	取水	耗水	取水	耗水	取水
Ref1	直流冷却			1.4	127.3	0.2 ~ 1.5	172.9 ~ 178				
Ref1	循环冷却			2.1 ~ 2.2	2.5 ~ 2.6	2.3 ~ 3.1	4.2 ~ 7.0				
Ref1	空气冷却			0.2	0.3	0.3 ~ 0.5	0.4 ~ 0.5				
Ref1	平均	0.8 ~ 1.2	/	1.8		3.0 ~ 4.2	/				
Ref3	直流冷却	0.9	43.1	1.1	132.5	1.0	167.9				

[1]　Zhang, X., et al. (2017). China's coal-fired power plants impose pressure on water resources. Journal of Cleaner Production, S0959652617307485.
[2]　王春艳，田磊，俞敏，等：《电力行业水—能耦合关系研究综述》，《中国环境科学》2018 年第 12 期。
[3]　Zhang, X., et al. (2017). China's coal-fired power plants impose pressure on water resources. Journal of Cleaner Production, S0959652617307485.
[4]　Macknick, J., Newmark, R., Heath, G., & Hallett, K. C.. (2012). Operational water consumption and withdrawal factors for electricity generating technologies: a review of existing literature. Environmental Research Letters, 7(4), 189-190.

续表

		燃气发电		生物质发电		核电		光伏		风电	
		耗水	取水	耗水	取水	耗水	取水	耗水	取水	耗水	取水
Ref3	循环冷却	1.5	1.9	2.1	3.3	2.5	4.2				
Ref3	空气冷却	0.008	0.008	0.1	0.1	/	/				
Ref4[①]	平均							0.02	0.02	0.005	0.006

资料来源：作者根据相关文献整理

获取各类发电技术单位取水耗水量后，即采取自下向上核算加情景分析的方法评估各电力技术耗水取水量和电力系统转型所产生的水资源协同效益，如式 16-3、式 16-4、式 16-5、式 16-6 所示：

$$WC_T=\sum_s Gen_T \times Coolshare_{T,S} \times WCI_{T,S} \tag{16-3}$$

$$TWC=\sum WC_T \tag{16-4}$$

$$WW_T=\sum_s Gen_T \times Coolshare_{T,S} \times WWI_{T,S} \tag{16-5}$$

$$TWW=\sum WW_T \tag{16-6}$$

其中，WC_T 指 T 技术的耗水量，WW_T 指 T 技术的取水量，TWC 指某年电力系统发电总耗水量，TWW 指某年电力系统发电总取水量。Gen_T 指 T 技术发电量，$Coolshare_{T,S}$ 指各类冷却技术占比，$WCI_{T,S}$ 和 $WWI_{T,S}$ 分别指某发电技术应用各类冷却技术的耗水和取水强度。针对各类冷却技术占比，Li 等[①] 评估得到 2018 年煤电直流冷却、循环冷却和空气冷却发电量分别为 1.13 万亿千瓦时、2.18 万亿千瓦时和 0.91 万亿千瓦时，从而可以得到 3 类冷却技术占比分别为 26.8%、51.6% 和 21.6%。燃气发电主要为空气冷却，核电主要为直流冷却，生物质发电按照煤电比例设定。在未来情景设定中，假设火电冷却技术应用比例保持不变，但考虑到核电规模的快速增大，需要有一定比例的循环冷却机组逐步部署，故假设到 2040 年逐步有 50% 的循环冷却机组发电，随后保持不变。

2. 研究结果

从全国尺度看，耗水量代表了电力系统对水资源产生的直接消耗。如果不发生低碳转型，火电和核电的持续快速增长将会造成耗水总量的快速上升，从 2020 年的

① Li, H., Cui, X., Hui, J., He, G., Weng, Y., & Nie, Y., et al. (2021). Catchment-level water stress risk of coal power transition in china under 2℃ /1.5℃ targets. Applied Energy, 294.

1.1 亿立方米水耗上升到 2060 年的 155.0 亿立方米水耗，从而可能对水资源产生较大的压力。"双碳"目标下的电力系统转型将促使耗水量有所下降，这是因为大量电力将由风光电两类能源提供，这两类能源的耗水量极低，每兆瓦时光伏和风电发电量分别仅需消耗 20 升和 5 升的水，主要用来清洗光伏板和风机。尽管因为核电和生物质发电量的增长，耗水总量将在 2050 年后有所回升，但到 2060 年仅 59.7 亿立方米，低于 2020 年的耗水量，这表明电力系统转型有助于抑制耗水量的持续上升。到 2060 年相比于参考情景下降了 95 亿立方米。同样，对于取水量而言，参考情景将持续增长至 4053 亿立方米，绝大多数取水量来源于直流冷却水消耗，而在电力系统转型情景下取水量在 2035 年后开始缓慢降低，到 2060 年降至 2514 亿立方米，相比于碳中和情景降低了 1539 亿立方米。

上述耗水量的下降主要来自于煤电发电量的下降，尽管如此，电力系统耗水量和取水量仍然保持在较高的水平，这主要是因为核电冷却水的大量需求，如图 16-9 所示。可以看到，到 2060 年，煤电的耗水量和取水量分别为 7.7 亿立方米和 181.4 亿立方米，占总量比重极低；绝大多数的耗水量和取水量均来自于核能发电。由于核电单位发电量所需的冷却水量更大，这进一步加剧了核能发电对未来耗水量和取水量的压力。因此，促进核能冷却技术的发展，降低取水和耗水强度对于实现更大幅度降低水资源压力具有重要作用。

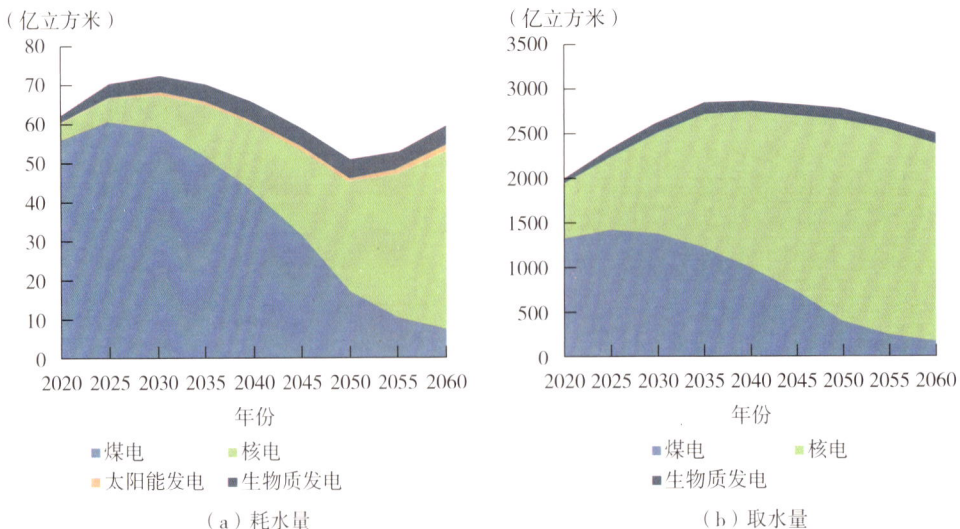

图 16-9　碳中和电力系统转型的耗水量、取水量来源

资料来源：作者分析测算

除了从全国总量上实现耗水量和取水量需求的下降，从分区域的水压力来看同样具有重要的意义。我国水资源呈现南北分布、东西分布不均的特点，东多西少、南多北少。冷却技术的选择与当地水资源丰富程度高度相关，例如煤电直流冷却大多分布在东中部，而循环冷却和空气冷却大多分布在西北、华北等地区。即便如此，由于西北水资源短缺，水资源压力上仍然呈现西北高于东南的特征。电力系统转型促进了煤电快速退出，风光电大幅度部署，这将大大减轻西北发电的水压力。核能发电将主要在沿海、沿河、沿湖兴建，由于流域水资源相对丰富，因此不会产生显著的水压力。因此，电力系统转型在实现水资源消耗和取用总量下降的同时，也使得取水耗水压力发生空间转移，减轻了西北、华北等缺水地区的水资源压力。

三、政策建议

（一）构建以新能源为主体的新型电力系统

面对可再生能源电力，特别是风电和光伏等新能源电力的快速发展，必须做好源网荷储各方面的适应性，构建新型电力系统，实现高比例风光并网利用。以可再生能源发电、分布式电源、微电网、储能、电动汽车为代表的能源生产消费技术正在加速传统电力行业向新能源电力系统演变。加快构建具备"高比例新能源广泛接入、高弹性电网灵活可靠配置资源、高度电气化的负荷多元互动、基础设施多网融合数字赋能"特征的新型电力系统。在发电环节，主要方向是围绕高比例新能源接入，构建合理的调峰电源体系，推动火电具备灵活机动、深度调峰、快速启停能力，使新能源机组具备智能灵活、友好并网的特点。融合城乡建设和用户需求，大力发展分布式发电。在电网环节，主要方向是建设高弹性电网，充分发挥电网大范围和双向资源配置的能力，包括构建交直流远距离输电、区域互联、主网与微网互动的形态，建立全网协同、数据驱动、主动防御、智能决策的新一代调度体系。在用电环节，主要方向是实现高度电气化负荷多元互动，并且挖掘用户侧潜力，通过互联网聚合下的用户互动与需求响应，提升系统效率。同时，加大力度发展抽水蓄能、电池储能、储热储氢等多样化多时间尺度储能技术，积极促进储能在大规模新能源基地、微电网及用户侧的广泛高效应用，提高新能源消纳能力。

在"十四五"期间，要按照高比例新能源电力系统灵活运行要求，大力创新电力系统规划、运行方式。研究高比例新能源电力系统运行机理，创新源网荷储一体化参与电力平衡的规划设计方法、协同运行理论，开展适应分布式新能源接入的直流配电网系统应用示范，修订更新配套的电力系统规划技术规程，加快推动电力系统向"柔性、韧性、扁平化"转型升级。到 2035 年，新型电力系统初见成效，2060 年前全面建成新型电力系统。

（二）推进新能源产业发展

1. 建立实施可再生能源优先发展制度体系

建立与"双碳"目标相适应的总体目标责任体系和可再生能源优先发展机制。落实可再生能源中长期开发利用总量目标制度，制定颁布全国和各省级行政区域可再生能源中长期开发利用总量目标，各省级行政区域可再生能源占能源消费比重目标作为约束性指标按年度进行监测考核。可再生能源开发利用总量目标不受能源消费总量和强度双控目标限制。

建立实施可再生能源优先发展规划体系。全面落实可再生能源优先开发利用原则，以最严格标准控制新增化石能源项目投资和生产消费。各领域各部门建立实施可再生能源专项规划编制和公示制度。加快提高中东部地区可再生能源开发率和自给率，持续提高西部能源基地及外送电力的可再生能源比重。按照高比例可再生能源要求修订能源电力系统规划技术规程，对标国际领先水平制定实施源网荷储灵活资源专项规划。

落实可再生能源电力消纳责任权重制度。按照全国长期目标导向和各地责任一致原则制定颁布各省级行政区域可再生能源电力消纳责任权重指标。完善可再生能源消纳监测体系，按年度对各省级行政区域进行监测评价。加快推进完善可再生能源绿色证书管理体系，明晰市场规则，为大规模推广实施创造有利条件。

建立全社会优先消费可再生能源制度。建立完善可再生能源消费绿色认证标准、标识体系和公示制度，引导企业和社会消费由绿色能源制造的产品。完善相关绿色服务政策和法规，提升绿色产品生产和消费竞争力。完善可再生能源绿色电力证书自愿认购机制，引导企业、社会机构和个人形成绿色消费行为。

2. 建立健全新能源与国土空间和生态保护融合机制

针对未来数十亿千瓦风电和光伏的用地瓶颈问题，建立可再生能源与国土空间规划协同机制，特别是要充分考虑风电、光伏等新能源用地用海需求，在国土空间用途规划中增加新能源用地、用海专项规划（或类别），为新能源开发利用预留足够的国土空间和供地计划指标，并保持用地、用海规划的稳定性。在省市县各级"多规合一"空间规划中纳入各类可再生能源及相关基础设施项目，保障项目用地。

3. 深入研究新型电力系统安全问题和解决方案

建设以新能源为主体的新型电力系统。未来每年上亿千瓦的新增新能源装机，需要全面提升电力系统调峰能力和灵活性。必须严控新增煤电规模，转变在运煤电机组的运行方式，尽快安排煤电机组灵活性改造，煤电装机不需退出，但煤电必须从电量型电源转为电力型电源。此外需要充分发挥新能源多能互补优势、发挥源网荷储一体化作用，推进新能源省间交易和跨省跨区输送，实现新能源在更大范围内消纳。

对新能源发电可靠性问题进行系统研究，提出系统性的解决方案。针对高比例可再生能源、高比例电力电子装置的电力系统，加大对基础理论、基础材料、认知技术、控制技术、装备技术的研发支持力度，解决电网结构构建、新型电力系统仿真、随机大波动下的电力平衡控制、大扰动下的电网稳定控制、新型安全防御体系等关键问题，补足高比例新能源电力系统安全短板。

4. 完善竞争性电力市场条件下的新能源交易机制

做好新能源电力保障性收购和市场化交易衔接。存量补贴项目、平价示范项目严格落实保障性收购制度，执行保量保价，合理小时数补贴完毕后全面进入市场交易。有序推动新增新能源发电项目逐步参与电力市场交易。推动新能源电力消纳责任主体与新增新能源发电项目签订长期购电协议。在电力现货试点地区，鼓励地方政府通过差价合约支持新能源发电。

5. 加快能源技术装备供应链补短板、强基础、促升级

坚持自主可控、安全高效，将重大工程和集中科技攻关相结合，集中力量解决大容量绝缘栅双极型晶体管（IGBT）等关键部件、关键原材料、检测设备等严重依赖进口的"卡脖子"问题。面向钙钛矿（叠层）等先进光伏电池技术路线、大容量漂浮式风电机组和相关技术、风电场和风机设计仿真平台、低成本绿氢制备储存和运输技术、大容量长周期和快速启停的储能技术等产业技术发展方向，全面提升基础原材料、基础零部件、基础软件、基础工艺等产业基础能力和创新水平，到 2025 年实现可再生能源技术创新能力和产业竞争力的大幅提升，在光伏、陆上风电、动力电池领域保持全球引领，海上风电和绿氢技术达到世界先进水平。

构建以国家能源实验室为引领的战略科技力量和公共服务平台。面向"双碳"目标和构建新型能源体系，结合当前能源转型实践中面临的突出问题，以前瞻性低碳

技术为主要发展方向，统筹推进国家低碳创新能力建设，建设和利用好国家实验室，布局具有战略性、前瞻性、基础性的公共重大能源创新平台和基础设施，开展基础和前沿技术研究，以及重点技术、核心装备的攻关。借鉴美国国家可再生能源实验室（NREL）、德国弗劳恩霍夫协会（Fraunhofer-Gesellschaft）的经验，建设好中国的能源实验室，强化公共资源开放共享的主体责任，创新运行机制，以公共创新目标为导向，支持协同创新和公共知识的流动和共享。

6. 完善新能源发展的价格、财税和金融政策体系

加快推广峰谷电价和分时电价，降低输配电价，减免交叉补贴。落实减税和降费政策。加大财政专项资金，支持原创技术和核心装备研制示范。清理规范可再生能源资源费、城镇土地使用税，规范土地使用收费，鼓励通过差别化用地政策降低可再生能源项目土地成本；利用国有未利用土地开发可再生能源项目的，可无偿使用土地。减免风电设备等大型部件交通运输相关费用。健全绿色金融体系，建立符合可再生能源特点的信用评价体系，显著降低可再生能源融资成本。

7. 推进新能源"放管服"改革和监管制度建设

简化政府审批（备案）程序。建立新能源项目集中审批绿色通道，提高行政管理效率。风电项目由核准制调整为备案制，明确并简化风电、光伏电站退役更新审批及并网流程。对以新能源为主体的多能互补、源网荷储、微电网等综合能源项目，可以作为整体进行统一备案（或核准）。

健全可再生能源（电力、热力和燃气）无障碍入网、过网和公平调度服务监管规则。探索建立城镇供暖管网、燃气管网和电网综合规划和统一监管体系。实施（输）配电网规划建设和运行信息公开制度，市级以上电网公司须建立新能源电力系统规划建设的信息平台和一站式服务平台，明确配电网接入新能源发电容量空间和技术规范。做好输配电网成本监审，建立绩效电网监管机制，允许接纳高比例新能源和分布式发电的电网企业获得更高的回报。

（三）推进中欧新能源国际合作的建议

1. 双方合作的现状和基础

（1）中欧可再生能源领域合作交流机制现状

中欧间已建立能源合作交流机制。中国国家能源局与欧盟能源委员会于2005年建立了政府间能源交流合作机制，每年一次轮流在中国和欧盟举办中欧能源政策对话。交流内容主要包括能源政策、能源安全、能源基础设施和可再生能源等方面，并达成

了一系列合作成果。

近年来中方与多个欧盟成员国建立了双边能源合作机制,其中包括中法能源对话、中瑞(士)能源工作组会议、中芬能源工作组会议、中德能源工作组会议、中丹海上风电交流等,重点在能源转型、核电、先进光伏、储能、系统灵活性、清洁供暖与制冷、能源技术创新等领域,不断拓展与深化合作。

(2)中欧低碳能源领域的贸易和投资现状

低碳能源领域投资项目方面。中欧双方主要在核电、光伏和水电等领域开展合作。为落实中德能源工作组合作备忘录有关内容,中国国家能源局与德国联邦经济事务和能源部共同开展中德能源转型二期项目,围绕能源系统转型、电力市场改革、可再生能源等进行深入研究。

核电领域。中国企业与欧盟企业在核电站建设、合作开发第三国核电市场等方面开展了长期合作。中欧双方核电领域投资项目如表 16-6 所示。

表 16-6　中欧双方核电领域投资项目

项目名	开展阶段	合作方	项目所在地
台山核电项目	已于 2019 年建成	中国广核、法国电力集团	中国广州台山
欣克利角—揽子核电项目	英国欣克利角项目已完成整体结构浇筑,其余项目正接受英方国家安全审查	中国广核、法国电力集团、英国政府	英国欣克利角、塞兹维尔和布拉德韦尔
中东欧核电市场开发	可行性研究	中国、部分欧盟成员国	保加利亚、捷克等中东欧地区

资料来源:作者根据公开资料整理

海上风电领域。中国已与丹麦、荷兰建立了海上风电的双边合作机制,在政策、规划、技术和标准上开展交流与合作。多年来,国投电力、上海电气、长江三峡集团等中国企业与欧盟企业在股权投资与项目上开展了多项合作。2019 年上半年,法国电力集团与中国国家能源投资集团合作,共同投资位于江苏省沿海的东台四期和东台五期海上风电项目,这是法国电力集团在中国开展的首批海上风电项目,也是外资首次参与的中国海上风电项目。

光伏领域。中国对欧盟光伏组件的出口额持续增长,晶科电力、正泰新能源等企业相继在荷兰、西班牙等国中标光伏电站项目,双方可再生能源领域的合作进一步深化。另外,在地热能、生物甲烷、水电开发等方面,中欧之间也开展了丰富而互利共赢的合作。

2. 双方合作的潜力与机遇

中欧双方在可再生能源领域具有各自的优势并可互补。中方在光伏的零部件生产方面具有一定优势，如单晶硅、多晶硅等在国际上处于相对领先水平，2019 年在全球排名前 40 位的光伏企业中，有 36 家企业来自中国。陆上风电方面，2019 年中国占据了全球陆上风电累计装机容量的 37%。然而，目前中国在能源系统、储运设备及能源生产数控系统等核心关键技术方面尚有欠缺，氢能与生物质能综合应用能力相对不足。相比较而言，欧方长期投资可再生能源关键装备和技术，目前掌握大量的先进技术成果，氢能、生物天然气等储运精密仪器和技术是欧方的强项。德国制定了《国家氢能战略》，目前在电解、储运氢技术方面已有突破，其电网智能化控制系统为世界一流水平，2018 年就曾短暂实现过 100% 的可再生能源电力供应，证明了分布式能源并网的智能化控制系统的有效性；挪威等国生物质能应用成本不断降低，已走上产业化道路，并掌握了包括发电、发酵或生物燃料制备的完整技术体系；丹麦的海上风机与发电控制系统技术成熟。

中欧双方均具有广阔的可再生能源市场。从目前形势看，中国控制碳排放、应对气候变化任务艰巨，《中国 2050 高比例可再生能源发展情景暨路径研究》提出，到 2050 年中国可再生能源消费占比应达到 62%，与目前不足 20% 的占比相比存在巨大的发展空间；欧方为实现 2030 年的新减排目标与 2050 年的碳中和目标，同时实现疫情后经济的绿色复苏，防止化石能源使用反弹，仍要在可再生能源领域加大投资开发力度。

疫情后全球经济绿色复苏和气候治理创造历史性机遇。双方可以利用自身在新能源领域的优势，在对方市场开展投资，并加强可再生能源技术与装备贸易，取长补短，进一步提高双方可再生能源在能源生产和消费中的比例。同时开展联合技术研发和科研攻关等工作，强化人员之间的交流和培训，鼓励本国学生和研究人员以留学、访学等方式相互学习、借鉴可再生能源技术和发展模式与理念。而且，还可集双方所长和优势技术，联合向第三方出口或进行可再生能源项目投资，以此推动全球能源的绿色转型。

3. 深化双方合作的政策建议

中国希望在可再生能源领域双方坚持和平共处、坚持开放合作、坚持多边主义、坚持对话协商 4 点原则，推动中欧可再生能源领域合作进入新阶段。

（1）坚持和平共处

国家和地区安全离不开经济安全和产业安全，但并非所有商品的进口都意味着本国产业链不安全。例如，2012 年起欧方针对中方光伏设备的"双反"调查严重打击了中欧双方的光伏设备贸易。2018 年取消后光伏设备贸易迅速反弹，说明了光伏设备贸易对中欧双方新能源发展而言均具有重大意义。可再生能源技术范围广、产业多样且仍处于快速发展阶段，某一国在某种可再生能源领域有所欠缺并不意味着国家能源安全的缺失，可再生能源领域的技术和装备贸易不应受国家安全等问题过多限制。

（2）坚持开放合作

中国仍将通过不断挖掘内需潜力，帮助中欧两大市场、两方资源更好联通，实现更大效益，推动中欧共同发展更加强劲、更可持续。疫情后的经济复苏，以及能源绿色转型对中欧双方而言并非"零和博弈"。双方可依据已有的大型核电、风电项目的经验，逐步将合作拓展至生物质能、氢能领域、可再生能源储运项目及能源互联网、智慧能源等领域，并共同开发除中欧双方外的第三方市场，如促进南美、南亚与东南亚相对发达地区的能源绿色转型。同时中方仍要坚持加快能源领域市场化改革。完善针对可再生能源补贴、税收优惠等政策的进入和退坡机制，进一步还原能源商品属性。例如，中国将尽快针对不同发展阶段的可再生能源技术研发制定政策退出的时间表，保证国内和国际市场的公平竞争；中国正在实施的"新型基础设施建设（新基建）"，以拉动需求，可有效地帮助可再生能源消纳。同时将进一步深化开放可再生能源领域市场，鼓励包括欧盟成员国及英国在内的各国能源企业和基金，不设阻碍地在中国市场上开展可再生能源业务。例如，欧盟已拥有一套成熟的生物质能源商业化运行方案，技术等方面在全球处于领先水平。基于中国未来的巨大市场，中欧可采取多种合作方式，包括但不限于合作研发、技术入股、技术转让，加大中国生物质能源项目的投资力度。

（3）坚持多边主义

自 1992 年起，全球各国陆续签订了《联合国气候变化框架公约》《巴黎协定》等国际公约，为应对全球气候变暖给人类经济和社会带来的不利影响起到了关键作用。近年来，反对多边主义、以双边主义甚至单边主义代替全球治理体系作用的声音和做法开始抬头。中欧双方均要明确，在全球气候治理进程中单靠某个或少数国家的努力是无法实现全球碳减排和减缓气候变暖目标的，中欧双方应当一起做全球多边治理体系的维护者，保证《巴黎协定》等国际气候变化协定能够得到履行并发挥重要作用。

（4）坚持对话协商

中欧要把握好中欧关系合作发展的主流，以对话化解误解，以发展破除难题，妥善管控分歧。希望未来欧方借助"一带一路"倡议，在新能源领域与中方共商共建、共享成果，共同带领世界实现经济绿色复苏与能源转型。在可再生能源领域应针对不同领域和层次建立更为详细的合作和交流机制，同时开展更广泛的交流，鼓励双方学生和学者互访，针对老旧居民区绿色化改造、生产设备能源效率提升等具体课题开展政（政府）、产（产业）、学（学校）、研（研究机构）、融（金融）、用（用户）的全方位和多角度交流，找出双方更多的共同兴趣点和可能合作点。

参考文献

[1]   Balch, O. 'Energy co-ops: why the UK has nothing on Germany and Denmark', The Guardian, 2 October. 2015.

[2]   BUND. Marktrealität von Bürgerenergie und mögliche Auswirkungen von regulatorischen Eingriffen. Luneburg. 2014.

[3]   Caramizaru, A. and Hihlein, A. Energy communities: an overview of energy and social innovation. 2020.

[4]   Element Energy. (2020). Development of trajectories for residential heat decarbonisation to inform the Sixth Carbon Budget: A study for the Committee on Climate Change. (December).

[5]   Fan, J.L., Wei, S., Shen, S., et al.. Geological storage potential of CO2 emissions for China's coal-fired power plants: A city-level analysis. International Journal of Greenhouse Gas Control. 2021(106).

[6]   Fan, J.L., Xu, M., Wei, S., et al. Carbon reduction potential of China's coal-fired power plants based on a CCUS source-sink matching model. Resources, Conservation and Recycling. 2021(168).

[7]   Fan, J.L., Xu, M., Yang, L., et al. How can carbon capture utilization and storage be incentivized in China? A perspective based on the 45Q tax credit provisions. Energy Policy. 2019(132).

[8]   Fuss., S., Lamb., W. F., Callaghan., M. W., et al. Negative emissions-Part2: Costs, potentials and side effects. Environment Research Letters. 2018(13).

[9]   GCCSI. Global costs of carbon capture and storage. Melbourne: Global CCS Institute, 2017.

[10]   GCCSI. Global status of CCS. Melbourne: Global CCS Institute, 2019.

[11]   GCCSI. Global status of CCS. Melbourne: Global CCS Institute, 2021.

[12]   GCCSI. Technical readiness and costs of CCS. Melbourne: Global CCS Institute, 2021.

[13]   Hong, L., Zhou, N., Fridley, D., Feng, W., Khanna, N., & Berkeley, L. (2014). Modeling China's Building Floor-Area Growth and the Implications for Building

Materials and Energy Demand. ACEEE Summer Study on Energy Efficiency in Buildings, 146–157.

[14] ICAP. Benefits of Emissions Trading: Taking Stock of the Impacts of Emissions Trading Systems Worldwide. Berlin: ICAP. 2018.

[15] IEA. Financing clean energy transitions in emerging and developing economies. 2021.

[16] IEA. CCUS in Clean Energy Transitions, IEA, Paris. 2020.

[17] IEA. Net Zero by 2050, IEA, Paris. 2021.

[18] IPCC. Mitigation of Climate Change. Contribution of Working Group III to the Fifth Assessment Report of the Intergovernmental Panel on Climate Change. Cambridge, UK: Cambridge University Press. 2014.

[19] IPCC. Global warming of 1.5℃. Seoul: Intergovernmental Panel on Climate Change. 2018.

[20] IPCC. Climate Change 2022: Mitigation of Climate Change. Contribution of Working Group III to the Sixth Assessment Report of the Intergovernmental Panel on Climate Change. 2022.

[21] IRENA. Aggregators Innovation Landscape Brief. Abu Dhabi. 2019.

[22] Li, K., Shen, S., Fan, J.-L., Xu, M., Zhang, X.. The role of carbon capture, utilization and storage in realizing China's carbon neutrality: A source-sink matching analysis for existing coal-fired power plants. Resources, Conservation and Recycling. 2022(178).

[23] Lu, M., M. G. Pollitt, K. Wang and Y. Wei. The Incremental Impact of China's Carbon Trading Pilots. EPRG Working Paper. 2023.

[24] NGFS. Central Banks and Supervisors Network for Greening the Financial System, NGFS. 2020.

[25] Nikolaidi, M. Greening the UK Financial System, Common Wealth. 2019.

[26] OECD. Investing in Climate, Investing in Growth. Paris: OECD Publishing. 2017.

[27] OECD. Investing in Climate, Investing in Growth. 2017. Paris: OECD Publishing. Available at: http://dx.doi.org/10.1787/9789264273528-en.

[28] Ofgem. Electricity system flexibility, Ofgem. 2020.

[29] Parry, I. Putting a Price on Pollution, IMF. 2019.

[30] Wei, N., Jiao, Z., Ellett, K., et al. Decarbonizing the Coal-Fired Power Sector

in China via Carbon Capture, Geological Utilization, and Storage Technology. Environmental Science & Technology. 2021(19).

[31] Wei, Y. M., Kang, J. N., Liu, L. C., et al. A proposed global layout of carbon capture and storage in line with a 2 C climate target. Nature Climate Change. 2021(2).

[32] WWEA. Bürgerwind im zweiten Jahr der Ausschreibungen: Viel Schatten, wenig Licht. 2019.

[33] Yao, X., Zhong, P., Zhang, X., et al. Business model design for the carbon capture utilization and storage (CCUS) project in China. Energy Policy. 2018(121).

[34] 樊静丽，张贤等．中国燃煤电厂 CCUS 项目投资决策与发展潜力研究．北京：科学出版社，2020.

[35] 方圆．落实"双碳"目标化工建设企业大有可为——陕西国华锦界 15 万 t/a 二氧化碳捕集（CCS）示范工程建设纪实．石油化工建设．2021(43).

[36] 国际能源署．到 2050 年实现净零排放 - 全球能源部门的路线图．2021.

[37] 国际清洁交通委员会（ICCT）．欧盟新汽车和轻型商用车 2020—2030 二氧化碳排放标准．2016.

[38] 国家统计局．中华人民共和国 2021 年国民经济和社会发展统计公报．北京：中国统计出版社，2022.

[39] 黄晶等．中国碳捕集利用与封存技术评估报告．北京：科学出版社，2021.

[40] 加州空气资源委员会．零排放汽车计划．2020a.

[41] 加州空气资源委员会．先进清洁汽车计划．2020b.

[42] 加州空气资源委员会．32 号议会法案气候变化范围计划．2020c.

[43] 科学技术部社会发展科技司．中国碳捕集利用与封存技术发展路线图（2019）．北京：科学出版社，2019.

[44] 欧盟运输与环境联合会．氢燃料电池卡车与纯电动卡车对比：研究方法和基本假设．2020.

[45] 壳牌．中国净零排放路线图．2021.

[46] 全球能源互联网发展合作组织．中国 2030 年能源电力发展规划研究及 2060 年展望．2021.

[47] 世界银行．世界 2020 年银行年报．华盛顿特区：世界银行．2020. doi:10.1596/978-1-4648-1619-2

[48] 魏宁，姜大霖，刘胜男，等 . 国家能源集团燃煤电厂 CCUS 改造的成本竞争力分析 . 中国电机工程学报，2020(40).

[49] 张希良，黄晓丹，张达，等 . 碳中和目标下的能源经济转型路径与政策研究 . 管理世界，2022(1).

[50] 张贤，李凯，马乔，等 . 碳中和目标下 CCUS 技术发展定位与展望 . 中国人口·资源与环境，2021(31).

[51] 张贤，李阳，马乔，等 . 我国碳捕集利用与封存技术发展研究 . 中国工程科学，2021(23).